U0939354

本书编委会

主　　编：杨晓慧
执行主编：王占仁　金　昕
编委会成员：（按姓氏笔画为序）
王占仁　孔洁珺　刘　铸　刘海滨
李亚员　李　健　杨晓慧　金　昕
荆德刚　徐小洲

中国大学生就业创业发展报告（2013—2014）

杨晓慧　主编

人民出版社

教育部哲学社会科学发展报告项目
“中国大学生就业创业发展报告”(13JBGP036)

中国大学生就业创业发展报告（2013—2014）

杨晓慧　主编

人民出版社

教育部哲学社会科学发展报告项目
“中国大学生就业创业发展报告”(13JBGP036)

前　言

大学生就业创业始终是国家、社会关注的重要民生问题。近年来，持续严峻的大学生就业形势与迅速发展的大学生创业环境一直受到国家、高校、社会和企业等各行各业的高度重视与关注。我们认为，在高等教育不断推进内涵式发展，提高教育质量的重要转折阶段，全面准确把脉中国大学生就业创业的现实状况、总体形势、基本经验、发展走向等重要问题，既是在新的发展阶段与形势下，充分认识与加强协同，健全促进就业创业体制机制建设，做好大学生就业创业工作的现实基础，也是站在新的发展起点上，面对经济社会发展的新形势新任务，深化高等教育改革和发挥教育重要作用，落实“走中国特色自主创新道路”，实施国家创新驱动发展战略，培养大批创新型人才的现实需要。

自 2008 年起，东北师范大学针对大学生创业就业问题进行了科学、深入的研究，编辑出版了中国大学生就业创业发展系列年度报告。目前已经出版了《中国大学生就业创业发展报告 · 2008》、《中国大学生就业创业发展报告 · 2009》、《中国大学生就业创业发展报告 · 2010》、《中国大学生就业创业发展报告 · 2011》等系列报告。该系列报告系统地梳理了我国大学生就业创业的现状及该领域涌现出的研究成果，在此基础上进行了严谨的实证研究和深入的理论探索，试图揭示造成大学生就业创业问题的深层次原因，并从不同视角阐释了相关问题的内在规律。该系列报告发表以后，得到了较多学者和同行的认可与关注。此次出版的《中国大学生就业创业发展报告（2013—2014）》，是该系列报告的延续。较以往版本不同的是，这次出版的年度报告按照教育部关于发布毕业生就业质量报告的精神要求，紧密围绕大学生就业创业的主体内容，在结构上作了较大的调整，特别是在“大学生创业”的实证研究方面，采取实地问卷调查、对象访谈等方式获取了真实、权威的数据，更能全面、如实反映中国大学生创业的现实状况与实际问题。我们希望，报告能够为相关领域的学术研究、政策制定和决策参考提供有益借鉴与启示。

《中国大学生就业创业发展报告（2013—2014）》包括主报告和中国大学生就业发展报告、中国大学生创业发展报告两个分报告。其中，主报告重点介绍了发展报告出版的背景环境、研究概况和主要结论，两个分报告分别从八个维度对大学生就业创业状况进行了全面的分析和研判。

分报告一“中国大学生就业发展报告”包括八章。第一章“就业率”在对现行的高校毕业生就业率统计方法及其存在的问题进行梳理与归纳的基础上，提出毕业生 N 就业率的概念，并重点对 2014 届毕业生的就业情况从 N 就业率、N 签约率、N 灵活就业率、本科生升学率四个方面进行描述和分析；第二章“就业去向”在对毕业生就业区域、就业行业和单位性质三个维度调研的基础上，重点对 2014 届毕业生就业去向进行了描述和分析；第三章“就业质量”在对毕业生就业满意度、薪酬状况、专业匹配度、职业期待吻合度四个维度调研的基础上，重点对 2014 届毕业生的就业质量进行了分析；第四章“就业能力”提出了更具科学性和本土化的大学生就业能力结构模型，从大学生对就业能力的重视程度及其认为就业能力的具备程度两个维度对大学生就业能力进行了分析；第五章“求职行为”在对毕业生求职动机、求职渠道、求职周期、求职成本和求职过程五个维度调研的基础上，重点对 2014 届毕业生求职行为进行了描述和分析；第六章“就业政策”在对适用于 2014 届高校毕业生就业政策梳理以及毕业生对就业政策认知度、就业政策满意度两个维度调研的基础上，重点对现行的就业政策及基层就业项目进行了分析；第七章“就业服务”在对目前高校开展就业服务内容梳理归纳的基础上，重点调研和分析了毕业生对高校就业服务的认知度、接受度和满意度；第八章“教育教学反馈”着重以 2014 届大学生对人才培养、教师素质、专业课程、专业实践教学、就业指导课、就业指导方式的评价为基础，重点研究和分析了大学生对高校课程设置和教育教学满意度。

分报告二“中国大学生创业发展报告”也包括八章。第一章“创业率”主要从全国大学生创业率总体状况、全国大学生创业率差异比较和大学生创业规避三个维度探讨了“有多少大学生在创业”的问题；第二章“创业者”在对大学生创业者个人自然情况、学业情况、家庭情况、社会实践情况等维度进行数据分析的基础上，主要展现创业大学生基本特征，探讨了“什么样的大学生在创业”的问题；第三章“创业决策”主要分析了大学生创业者创业兴趣、创业时机选择、创业原因、创业影响因素等，重点探讨了“大学生为什么选择创业”的问题；第四章“创业能力”重点从创业人格、基本创业能力、核心创业能力、社会应对能力四个方面，着重分析和研究了大学生在创业方面各项能力的现实情况；第五章“创业选择”主要是调查分析了大学生创业者如何进行区域选择、行业选择、领域选择、形式选择以及融资选择等，主要是解决大学生怎样进行创业选择的问题；第六章“创业质量”重点分析和研究了大学生所创办企业的运营效果、发展情况和影响因素，呈现和回答目前大学生创业水平问题；第七章“创业教育”重点从创业知识来源、创业教育经历、创业教育满意度和创业教育形式偏好四个方面入手，分析、研究和回答了大学生创业者需要什么样有效创业教育的问题；第八章“创业扶持”主要从 2014 年大学生创业过程中所面临的困境、希望得到的创业扶持、国家创业扶持政策以及大学生创业环境四个维度的调研，对现行的大学生创业相关帮扶措施以及大学生创业环境进行了分析。

中国大学生就业创业发展系列年度报告的编写工作由东北师范大学大学生就业创业教育研究院主持完成。联合国教科文组织中国创业教育联盟副主席、东北师范大学党委书记杨晓慧教授任丛书主编，分册再设执行主编。本年度报告由王占仁、金昕担任执行主编，具体内容由李亚员、刘海滨、孔洁珺进行编撰。于游、于磊、王兴阳、王贵新、毛一然、朱春楠、孙晓明、李健、李中原、李金地、吴欣阳、吴晓庆、沈雯、张思奇、张泽强、赵建立、胡范坤、高旭军、高慎波、郭宝付、曹傲然、商英美、韩冰、管立国、樊磊参与了具体编写工作，在此表示衷心感谢。在本书编撰的过程中，还得到了教育部高校学生司、全国高等学校学生信息咨询与就业指导中心领导、同仁的无私帮助，在此一并致以诚挚的谢意！

成书过程中，编者进行了大量细致的工作，但文不厌精，由于水平和资料特别是 2014 年度就业创业数据时间节点的限制，难免存在诸多不足。希望各位同仁能够不吝赐教，以期精益求精。

编 者

2015 年 3 月

目 录

CONTENTS

主报告 中国大学生就业创业发展报告

分报告一 中国大学生就业发展报告

分报告二 中国大学生创业发展报告

主 报 告

中国大学生就业创业发展报告

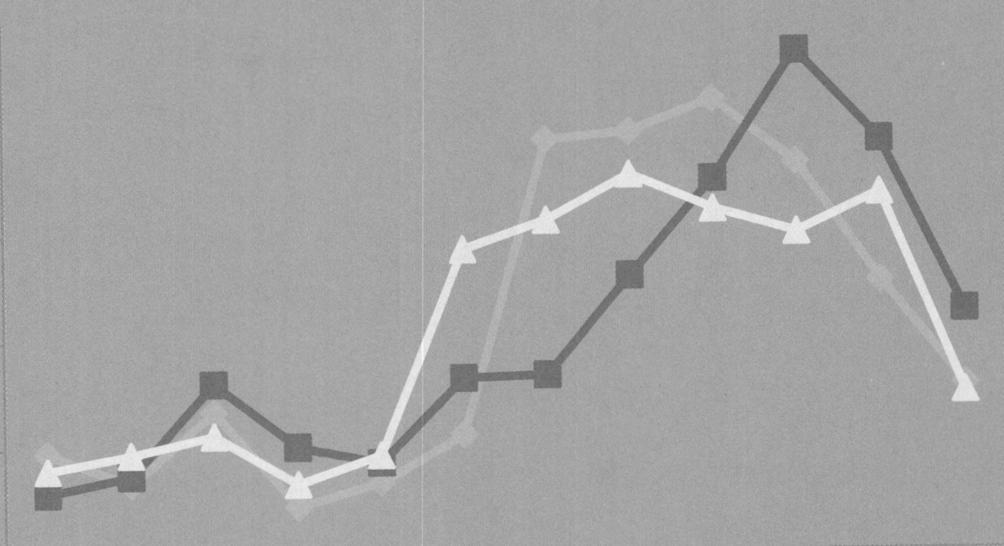

一、背景介绍

高校毕业生就业创业问题涉及亿万家庭福祉，事关改革发展稳定全局，是教育领域重要的民生工程。党中央、国务院高度重视高校毕业生就业创业工作。习近平总书记多次作出重要指示，强调要切实做好以高校毕业生为重点的青年就业工作，强化就业创业服务体系建设，支持帮助学生们迈好走向社会的第一步。党的十八届三中全会也明确提出，健全促进就业创业体制机制。

高校毕业生就业质量是高等学校教育教学和人才培养质量的重要反映。高校毕业生就业创业质量报告，是高等学校建立健全就业状况反馈机制、引导高校优化招生和专业结构、改进人才培养模式、及时回应社会关切的一项重要工作。2013 年 11 月，教育部发布《关于编制发布高校毕业生就业质量年度报告的通知》（以下简称《通知》），要求从 2014 年起，高校要编制和发布本校毕业生就业质量年度报告。《通知》强调要把高校毕业生就业质量年度报告的相关信息，作为招生计划安排、学科专业调整、教育教学改革等方面的重要参考，健全专业预警、退出和动态调整机制，使高校学科专业设置与社会需求相匹配，不断加大应用型、复合型、创新型人才培养力度，增强高校毕业生就业创业和职业转换能力。2014 年 3 月，75 所部属高校均已发布年度报告，这也是教育部首次组织编制和发布高校毕业生就业质量报告，引起了社会广泛关注。

2014 年，全国高校毕业生人数 727 万人，比 2013 年增长 28 万人，再创历史新高。在经济增速放缓、岗位有效需求不足的形势下，2014 年全国高校毕业生就业创业工作平稳有序，大学生就业创业比例均有提高。教育部统计资料显示，截至 2014 年 7 月 1 日，全国大学毕业生初次就业率超过 70%，与 2013 年基本持平。本报告以全国高校 2014 届毕业生为研究对象，通过不同维度的分析，全面反映全国高校 2014 届毕业生就业创业状况。

二、研究概况

（一）研究目标

通过对毕业生的调研，了解2014届全国高校毕业生的就业创业的实际情况，描述大学生就业创业的行为特点，分析影响大学生就业创业的关键因素，全面反映2014年大学生就业创业发展的基本状况。

（二）研究方法

本研究主要采用问卷调查方法。课题组根据往届毕业生就业创业状况，编制了“全国大学生就业状况调查问卷”和“全国大学生创业状况调查问卷”。调查通过现场调查与网络调查两种方式开展。调查问卷回收之后，由专业机构采取“独立双录入＋独立校对”的方式进行数据录入。课题组参照GB/T2828.1－2003《计数抽样检验程序》对结果进行抽查，抽查结果显示录入错误率低于万分之五。将数据整理后用SPSS软件对调查数据进行统计分析。

（三）研究对象

大学生就业状况调研对象为2014届大学毕业生，具体包括东北地区、北部沿海地区、东部沿海地区、南部沿海地区、黄河中游地区、长江中游地区、西南地区和西北地区八个地区中211高校、普通本科高校和高职高专院校不同学科、不同学历共202350名毕业生。在样本选取上，我们采取分层抽样方式，根据全国高校毕业生情况，确定本次调研的总样本量及样本层次，确保样本的学历类型、高校类型、地域分布、学科门类与全国实际情况保持一致。为了增加调研的有效性，我们根据样本类型发放指定邀请码，在数据核查时，如邀请码缺失、重复或不符，则视为无效样本。

大学生创业状况调研针对涵盖东北地区、华北地区、华中地区、西南地区、中南地区、华东地区、华南地区七大区域的16个典型城市的高校、创业园进行走访，具体城市有北京市、天津市、上海市、西安市、成都市、南京市、杭州市、温州市、义乌市、宁波市、武汉市、深圳市、广州市、中山市、哈尔滨市、大连市，走访对象包括毕业创业者和在校大学生创业者。经过筛选，获得有效样本 4935 个。

（四）研究过程

本研究 2013 年 10 月开始启动，2014 年 12 月形成报告，共分为三个阶段。

第一阶段：调查准备阶段（2013 年 10 月—2014 年 4 月）

在此阶段，课题组主要完成了问卷编制、搭建平台和制订方案三项内容。在问卷编制中，课题组在已经出版的 2010 年和 2011 年《中国大学生就业创业年度发展报告》问卷基础上，参考了 50 余部大学生就业创业报告专著中的问卷题目，完善形成了“2014 年全国大学生就业状况调查问卷”和“2014 年全国大学生创业状况调查问卷”。在搭建平台中，我们与已连续发布“中国理想雇主 Top100”上海优兴咨询合作，发挥其在高校和用人单位的链接作用，在全国网络调研中联合进行数据采集。在制订方案中，课题组根据就业和创业侧重内容，确定了不同的调研方案，并根据全国高校毕业生的实际分布，制定了调研样本的采样方案。

第二阶段：调查实施阶段（2014 年 5—9 月）

在此阶段，课题组主要进行了集中调研。调研以网络调研和现场调研相结合的方式进行。在调研类型上，大学生就业状况调研以网络调研为主，大学生创业状况调研以现场调研为主。2014 年 5—7 月，以校内高校大学生数据采集为主，重点完成就业调研。2014 年 8—10 月，以走访大学生创业园和典型高校为主，重点完成创业调研。

第三阶段：数据分析与报告形成阶段（2014 年 10—12 月）

在此阶段，课题组主要进行了信息校验、数据分析和撰写报告三项内容。2014 年 10 月，课题组对数据进行了信息校验，确保问卷回收科学性与准确性。11—12 月，课题组运用 SPSS、AMOS、ANTCONC 等软件，采取 T 检验、卡方检验、结构方程模型以及文本数据挖掘技术等方法，对调研数据进行统计分析，在基础上编写完成调查报告。

（五）研究样本

表 1　2014 届毕业生样本学历分布

（单位：%）

学　历	样本比例	全国比例①
博士研究生	0.62	0.87
硕士研究生	8.98	6.50
本　科　生	47.35	48.12
专　科　生	43.05	44.51

表 2　2014 届本科毕业生样本分布

（单位：%）

学　科	样本比例	全国比例
哲　学	0.07	0.07
经济学	5.80	5.93
法　学	3.92	3.80
教育学	3.61	3.54
文　学	10.22	10.62
艺术学	8.09	8.38
历史学	0.43	0.51
理　学	10.05	9.82
工　学	32.61	31.58
农　学	1.56	1.77
医　学	5.97	6.25
管理学	17.67	17.73

表 3　2014 届硕士毕业研究生样本分布

（单位：%）

学　科	样本比例	全国比例
哲　学	1.08	1.13
经济学	5.11	5.00

① 参见中华人民共和国国家统计局网站（年度数据之教育类），http://www.stats.gov.cn，下同。

学　科	样本比例	全国比例
法　学	7.34	7.23
教育学	4.02	3.96
文　学	10.43	10.61
历史学	1.36	1.27
理　学	13.01	12.95
工　学	36.30	36.38
农　学	3.29	3.38
医　学	9.38	9.41
军事学	0.08	0.06
管理学	8.60	8.62

表 4　2014 届博士毕业研究生样本分布

（单位：%）

学　科	样本比例	全国比例
哲　学	1.38	1.35
经济学	4.39	4.47
法　学	5.57	5.67
教育学	1.96	1.85
文　学	4.85	4.51
历史学	1.48	1.52
理　学	18.30	19.61
工　学	39.08	38.51
农　学	4.37	4.55
医　学	11.01	10.48
军事学	0.55	0.04
管理学	7.06	7.44

表 5　2014 届专科毕业生样本分布

（单位：%）

学　科	样本比例	全国比例
交通运输大类	4.21	4.40

学　科	样本比例	全国比例
生化与药品大类	2.19	2.36
资源开发与测绘大类	1.96	1.52
材料与能源大类	2.18	1.41
土建大类	10.09	11.68
水利大类	1.26	0.43
制造大类	11.88	13.00
电子信息大类	9.73	9.65
环保、气象与安全大类	1.12	0.48
轻纺食品大类	1.66	1.75
财经大类	22.03	21.32
医药卫生大类	10.84	9.59
旅游大类	3.28	3.34
公共事业大类	0.97	1.01
文化教育大类	9.89	10.97
艺术设计传媒大类	4.75	4.78
公安大类	0.89	0.34
法律大类	1.07	1.21

表 6　2014 届毕业生高校类型样本分布

（单位：%）

高校类型	样本比例	全国比例
211 高校	8.88	5.38
普通本科	39.20	33.96
高职高专	51.92	60.66

表 7　2014 届毕业生高校所在地样本分布

（单位：%）

高校所在地	高校所在省份	样本比例	全国比例
东北地区	辽宁、吉林、黑龙江	11.66	10.24
北部沿海地区	北京、天津、河北、山东	15.83	16.23
东部沿海地区	上海、江苏、浙江	12.27	12.68
南部沿海地区	福建、广东、海南	11.78	10.01

高校所在地	高校所在省份	样本比例	全国比例
黄河中游地区	陕西、山西、河南、内蒙古	13.99	14.22
长江中游地区	湖北、湖南、江西、安徽	18.43	17.96
西南地区	云南、贵州、四川、重庆、广西	12.25	14.03
西北地区	甘肃、青海、宁夏、西藏、新疆	3.79	4.63

表 8　大学生创业所在地样本分布

（单位：%）

地　区	单　位	样本数	全国比例
华南地区	博朗电子公司	24	12.70
	中山大学	51	
	广州创业园	396	
	深圳大学创业园	84	
	深圳硅谷大学城创业园	72	
西南地区	成都电视台青年创业大赛选手	54	7.17
	成都理工大学	252	
	成都市锦江区青年创业园	48	
西北地区	西安交通大学	177	4.44
	西安电子科技大学科技园	42	
东北地区	哈尔滨工业大学	30	6.50
	黑龙江大学	231	
	大连理工大学创新园	60	
华中地区	华中科技大学	30	8.09
	华中师范大学	114	
	武汉大学	90	
	武汉理工大学	165	
华东地区	江苏省苏州市	141	42.19
	南京财经大学	294	
	南京工业大学	48	
	南京农业大学	159	

地　区	单　位	样本数	全国比例
华东地区	宁波	306	42.19
	山东建筑大学	90	
	复旦大学	108	
	上海师范大学	36	
	上海市	33	
	上海市浦东新区	183	
	同济大学	30	
	温州大学	339	
	义乌工商职业技术学院	120	
	浙江大学	150	
	浙江工贸职业技术学院	45	
华北地区	北京航空航天大学	141	17.69
	北京师范大学	219	
	北京邮电大学	99	
	中国人民大学	150	
	天津青年创业园	264	
国　外	国外创业组	60	1.22

三、主要结论

（一）2014 届全国高校毕业生 N 就业率为 88.82%，不同学校类型、学历层次和学科门类大学生 N 就业率差异较大

① 从学校类型看，211 高校、普通本科高校和高职高专院校毕业生 N 就业率分别为 90.45%、88.72% 和 87.62%。

② 从学历层次看，研究生、本科生和专科生的就业率分别是 90.59%、88.68% 和 87.62%。

③ 从学科门类看，各学科门类毕业生 N 就业率差异较明显，管理学的

N就业率最高。

（二）2014届全国高校毕业生N签约率为66.95%，不同学校类型、学历层次和学科门类大学生N签约率差异明显

① 从学校类型看，211高校、普通本科高校和高职高专院校毕业生N签约率分别为71.47%、65.89%和63.9%。

② 从学历层次看，研究生、本科生和专科生的签约就业率分别是73.32%、65.77%和63.9%。

③ 从学科门类看，各学科门类毕业生N签约率差异较明显，经济学的N签约率最高。

（三）2014届全国高校毕业生N灵活就业率为16.37%，不同学校类型、学历层次和学科门类大学生N就业率差异较大

① 从学校类型看，211高校、普通本科高校和高职高专院校毕业生N灵活就业率分别为13.98%、17.83%和18.98%。

② 从学历层次看，研究生、本科生和专科生的N灵活就业率分别是14.77%、16.89%和18.98%。

③ 从学科门类看，各学科门类毕业生N灵活就业率差异较明显，艺术学的N灵活就业率最高。

（四）2014届全国高校毕业生升学率为12.87%，不同学校类型和学科门类大学生升学率差异明显

① 从学校类型看，211高校和普通本科高校的升学率分别为24.88%和8.9%。211高校升学率明显高于普通高校和高职高专院校。

② 从学科门类看，各学科门类毕业生升学率差异较明显，医学的升学率最高。

（五）在就业区域分布上，大学生选择在沿海地区就业的数量最多。不同学校类型、学历层次和学科门类大学生毕业区域分布差异不大，而不同高校所在地和生源地的大学生毕业区域分布各有特点

① 从学校类型、学历层次、学科门类上，大学生就业区域分布类似，均表现在沿海地区多，西北地区少。

② 从高校所在地看，大学生选择在高校所在地区域就业人数明显高于其他区域。

③ 从生源地看，大学生选择回生源地区域就业人数明显高于其他区域。

（六）在就业行业分布上，大学生就业最多的行业为金融业、教育和制造业。不同学校类型、学历层次和学科门类大学生就业行业差异较大

① 从学校类型看，211 高校和普通本科高校毕业生在教育、制造业和金融业就业人数较多，高职高专院校毕业生在制造业、卫生和社会工作、交通运输 / 仓储和邮政业、批发和零售业、住宿和餐饮业就业人数高于 211 高校和普通高校毕业生。

② 从学历层次看，研究生在公共管理、社会保障和社会组织、教育就业的人数较多，专科生在交通运输 / 仓储和邮政业、批发和零售业、卫生和社会工作、制造业、住宿和餐饮业的人数较多，本科生在房地产业、建筑业、金融业的人数较多。

③ 从学科门类看，法学、工学、教育学、经济学、农学、医学、军事学、艺术学专业大学生就业行业较集中，理学、历史学、哲学、文学、管理学专业大学生就业行业比较分散。

（七）在单位性质分布上，大学生就业最多的单位性质为民营企业。不同学校类型、学历层次和学科门类大学生就业行业差异明显

① 从学校类型看，211 高校和普通本科高校毕业生就业人数较多的单位性质是国企和民营企业。高职高专院校毕业生就业人数较多的单位性质是民营企业。

② 从学历层次看，研究生和本科生在国企就业人数明显高于专科生，专科生在民营企业就业人数明显高于研究生和本科生。

③ 从学科门类看，除了教育学、医学和军事学之外，其他学科毕业生集中在企业单位就业。

（八）68.21% 的调查对象对就业结果表示满意，其中就业满意因素较集中的前三个是工作地点、工作稳定、单位名气，不同学校类型、学历层次、学科门类毕业生就业满意度差异不大

① 从学校类型看，211 高校、普通本科高校和高职高专院校大学生就业满意度分别是 68.72%、67.57% 和 67.46%，三者差异不大。

② 从学历层次看，大专、本科、研究生的就业满意度依次为 67.46%、68.37%、69.32%，不同学历层次的毕业生就业满意度差异不明显。

③ 从学科门类看，不同学科门类毕业生就业满意度有所差异，但差异不明显。满意度最高的专业类型是经济学专业，约为 69.14%。

（九）被调查毕业生平均月薪为 3412 元，不同学校类型、学历层次、学科门类、就业行业和就业区域大学生的薪酬差异较大

① 从学校类型看，211 高校、普通本科高校和高职高专院校大学生的月薪分别是 4119 元、3557 元和 3062 元。

② 从学历层次看，研究生、本科生和专科生的月薪分别是 4667 元、3658 元和 3062 元。

③ 从学科门类看，不同学科门类大学生平均月薪集中在 3000 元至 4000 元，经济类大学生平均月薪最高，为 3908 元。

④ 从就业行业看，不同行业大学生月薪差异明显，科学研究与技术服务业就业大学生月薪最高，为 4603 元。

⑤ 从就业地点看，直辖市、沿海地区就业大学生月薪高于其他地区。月薪最高的三个省市依次是北京市（4338 元）、上海市（4226 元）、广东省（3930 元）。

（十）67.83% 的调查对象认为就业与专业相匹配，不同学校类型的毕业生就业与专业匹配度差异不明显，但不同学历层次、学科门类和学习成绩毕业生就业与专业匹配度差异显著

① 从学校类型看，211 高校、普通本科高校和高职高专院校大学生的就业与专业匹配度依次为 69.24%、66.52%、66.11%，学校类型的不同匹配度略有差异，但差异不大。

② 从学历层次看，研究生、本科生和专科生就业满意度依次是 78.14%、66.97% 和 66.11%。

③ 从学科门类看，大学生就业岗位与专业匹配度受到学科门类本身影响，专业技能越明显，就业与专业匹配度越高。

④ 从学习成绩看，学习成绩水平越高，就业与专业匹配度越高。

（十一）65.39% 的被调研对象认为目前工作与职业期待具有吻合因素，职业期待吻合度较高的前三个因素是工作地点、薪酬待遇、单位名气

① 从学校类型看，211 高校、普通本科高校、高职高专院校的已就业毕业生职业期待吻合度依次为 66.93%、64.78%、63.44%，不同学校类型毕业生职业期待吻合度差异不大。

② 从学历层次看，研究生、本科生和专科生就业满意度依次是 66.39%、64.82%、63.44%。

③ 从学科门类看，不同学科门类毕业生职业期待吻合因素较高的是工作地点、工作稳定和单位名气三个因素。

④ 从求职关注因素看，被调研对象对于“薪酬待遇”和“发展前景”两个因素的职业期待尚不够理性。

（十二）调查对象最重视的就业能力是“实践能力”、“问题解决能力”、“学习能力”、“逻辑分析能力”和“团队合作能力”，不同学校类型、学历层次和学科门类大学生在排序上和个别要素上有所差异

① 不同办学层次高校学生最重视的就业能力要素，按照 211 高校、普通本科高校、高职高专院校的顺序，呈现出“就业基本能力”层次要素越来越少、“社会应对能力”层次要素越来越多的趋势。

② 不同学历层次大学生中，本科生对学理性就业能力的重视程度明显高于其他两类人群，研究生对道德性就业能力的重视程度较高，而专科生对就业能力中心理因素、实践因素的重视程度较高。

③ 不同学科门类大学生中，“艺术学”和“文史哲”门类大学生认为就业能力的重要度与其他门类有一定差异，其对“就业人格”层次、“社会应对能力”层次等“软实力”的重视程度比其他几个学科门类要高。

（十三）调查对象认为最具备的就业能力是“职业责任感”、“敬业精神”、“积极乐观”，不同学校类型、学历层次和学科门类大学生在排序和个别要素上有所差异

① 不同办学层次高校大学生中，按照高职高专院校、普通本科高校、211 高校的顺序，大学生认为“就业基本能力”的具备程度越来越高。

② 不同学历层次大学生中，专科生认为比较具备“积极乐观”的品质，本科生认为比较具备“学习能力”，而研究生认为比较不具备“实践能力”。

③ 不同学科门类大学生认为就业能力的具备程度与总体基本一致，医学门类大学生在该项指标与其他门类差异明显，与其他学科门类大学生不同，其认为更具备“就业基本能力”。

（十四）“薪酬待遇”和“工作稳定”是各类毕业生在选择就业单位时最看重的因素，“发展空间大”和“交通发达、基础设施完善”是各类毕业生选择就业单位区域时考虑最多的因素

① 从学校类型看，办学层次越高的学校的毕业生，在选址就业单位时

对于“薪酬待遇”和“工作地点”的关注越低，在选址就业单位区域时对于“毕业高校所在地”和“生活成本低、竞争压力小”的关注就越高。

② 从学历层次看，各学历的毕业生在选址就业单位时差异不大，均将“薪酬待遇”、“发展前景”、“工作稳定”和“工作地点”排在前五位。学历层次越高的毕业生，在选址就业单位区域时越关注“发展空间大”和“交通发达 / 基础设施完善”，而对于“恋人或亲友所在地”和“毕业高校所在地”的关注则越少。

（十五）高校是毕业生落实就业岗位的主渠道，不同类别毕业生的求职过程有所差异

① 从求职渠道看，“学校组织的招聘会”、“学校发布的就业信息”和“专业化的招聘求职网站”是最主要的求职成功渠道。

② 从求职时间看，66.03% 的调查对象求职时间在 3 个月之内。学生干部经历越丰富、学习成绩越好的毕业生求职时间越短。

③ 从求职花费看，半数以上调查对象求职花费不超过 1500 元，“交通”、“形象包装”和“简历制作”是求职花费最主要的投入项目。

④ 从简历投递、面试机会及签约机会来看，调查对象在求职过程中简历投递数量主要在 20 份以内，参加面试次数主要在 3 至 10 次以内，取得签约机会主要为 2 至 3 次。

（十六）94.37% 的调查对象对国家促进大学生的政策表示认可，不同类型大学生对基层项目参与情况有所差异

① 从政策认知程度看，不同学校类型、学历层次和高校所在地大学生差异较大。在学校类型上，高职高专院校大学生对就业政策认知程度最高；在学历层次上，本科生对就业政策认知程度最高；在学校所在地上，沿海地区及长江中游地区大学生对就业政策认知程度最高。

② 从政策认知渠道看，不同学历层次大学生差异较大。在学历层次上，研究生更倾向于查阅官方资料，本科生和专科生更倾向于学校提供信息。

③ 从基层项目参与度看，不同学校类型、学历层次、高校所在地、户籍所在地大学生差异较大。在学历层次上，本科生参加基层项目人数明显高

于研究生和专科生；在高校所在地和户籍所在地上，长江中游地区大学生明显高于其他地区。

（十七）84.28% 的调查对象对高校就业服务表示满意，“职业生涯规划指导”是大学生最满意的就业服务项目，不同类型毕业生对高校就业服务认知、接受、满意程度呈现差异

① 从就业服务认知度看，不同学校类型和学历层次大学生差异较大。在学历层次上，专科生对就业服务的认知度高于研究生和本科生。

② 从就业服务接受度看，不同学校类型和学历层次大学生差异较大。在学历层次上，专科生对就业服务的接受度高于研究生和本科生。

③ 从就业服务满意度看，不同学校类型和学历层次大学生差异较大。在学历层次上，专科生对就业服务的满意度高于研究生和本科生。

（十八）调查对象普遍对高校教育教学表示满意，认为实践教学是改进的重点方向

① 从人才培养看，对“专业基础理论”、“专业应用能力”和“专业结构和知识体系”满意度较高。

② 从教师素质看，“科学理论素养深厚”、“专业知识面宽广”和“理论说服能力高超”满意度较高。

③ 从专业课程看，不同类型调查对象对高校专业课程表示满意度均超过 80%。

④ 从实践教学看，“专业实习”、“参观见习”和“调查活动”满意度较高。

（十九）“职业生涯规划类”是调查对象接受最多的就业指导课程，“教学手段多元”、“课程知识含量”和“专业教师素质”是课程应该改进的内容

① 从课程内容看，“职业生涯规划类”是大学生接受最多的就业指导课程，为 94.23%。

② 大学生对就业指导课程的满意度较高，为 94.23%。

③ 从改进方向看，大学生认为重点改进的方向集中在“课程知识含量”、“专业教师素质”、“教学手段多元”。

（二十）2014 届毕业生创业率为 2.16%，不同学科类别、学校类型、学历层次和不同性别等学生创业率存在明显差异

① 从性别看，男生自主创业比例（2.94%）明显高于女生（1.54%）。

② 从学科门类看，应用性较强的学科创业率较高。其中，创业率最高的学科为经济学，创业率达到 4.67%。其次是艺术学（3.98%）和工学（2.63%）。

③ 从学校类型看，高职高专学生创业率最高，达到 3.84%。本科院校中普通本科高校创业率最高，达到 3.11%，211 高校毕业生创业率最低，985 高校毕业生创业率略高于 211 高校。

④ 从学历层次看，大专学历学生创业率最高，达到 3.84%，其次为本科学历（2.23%），创业率最低的为硕士研究生学历（0.81%），博士研究生创业率为 1.67%。

⑤ 从学习情况看，学习成绩好的学生创业率较高。学习成绩排名在前 10% 的创业率为 2.56%；前 11%—30% 区间的学生创业率最高，创业率为 2.68%；成绩排名在后 10% 的学生创业率为 1.99%。

⑥ 从学生经济状况看，家庭经济状况很好或很不好的学生创业率更高。其中，家庭收入较高的学生（20 万以上）创业率最高，达到 3.81%；其次为家庭收入较低的群体（2 万以下），达到 2.82%。

⑦ 从不创业的原因看，大学生很少选择自主创业的原因排在前三位的依次是“缺乏好的项目与创意”（33.25%）、“害怕承担创业风险”（30.23%）和“追求稳定就业”（24.97%）。

（二十一）目前正在创业的大学生主体上是优秀学生，其中男生、重点学校、本科生、生源为县城以下的学生相对较多

① 正在创业的大学生中，男生比例（55.26%）显著高于女生（44.74%）。

② 正在创业的大学生中，来自 211 高校的占 44.19%，普通本科院校占 38.12%。

③ 正在创业的大学生中，70% 以上学习成绩优良。

④ 创业大学生中生源地为县城、乡镇、农村的学生占 54.64%。

（二十二）“朋友带动”、“成为创业者的个人理想”、“好的创业项目带动”是促进大学生选择自主创业的最主要的原因

① 大学生创业者普遍认同的最佳创业时机是工作 1—3 年后（36.77%）和在校期间（33.5%）。

② 大学生创业者产生创业想法的主要来源是朋友影响（21.84%）、社会实践启发（19.17%）和接触商业、企业活动影响（16.54%）。

③ 大学生创业者选择创业的最主要的三个原因是准备创业的朋友的带动（20.82%）、个人理想就是成为创业者（18.5%）、有好的创业项目（17.12%）。

④ 大学生创业者认为，影响大学生创业者创业成功的主观因素主要是合作意识（20.96%）、创新精神（20.29%）、市场意识（17.44%）和责任感（17.28%）。

⑤ 大学生创业者认为，影响大学生创业者创业成功的客观因素主要是市场环境（24.02%）、资金（20.29%）、人脉关系（20.36%）和政策（11.97%）。

（二十三）大学生创业者的创业能力整体较好，他们更注重的是领导能力、机会把握能力和创新能力

① 大学生创业能力主要包括创业人格（踏实执着、责任担当、勇气胆识和自信乐观）、基本创业能力（实践、学习与分析能力）、核心创业能力（资源整合能力、领导能力、创新能力和机遇把握能力）和社会应对能力（人际交往能力、团队合作能力和抗压能力）四个维度、14 个具体能力。

② 大学生创业者认为最重要的创业能力主要是领导能力（16.46%）、机遇把握能力（15.38%）、创新能力（14.37%）、资源整合能力（11.05%）。

③ 大学生创业者在创业能力量化评估方面平均得分为 3.58 分（满分为 5 分），且有 53% 的大学生创业者赞同“自身创业能力很好”的评价，这表明大学生创业者创业能力状况总体较好。

④ 总体看，学校层次、学历层次高的大学生创业者，创业能力评估分数更高。

⑤ 对创业伙伴的素质，大学生创业者认为最重要的是能够给予自己创业信心（16.29%）、具有良好的人际资源（11.49%）、在资金上能够给予自己帮助（10.76%）、具有较强的团队合作能力（9.89%）、与自己的性格互补（9.61%）。

⑥ 大学生创业者认为，与其他群体相比，大学生创业者的创业优势在于学习能力强（22.16%）、创新能力强（22.14%）、年轻有活力（19.06%）、接受能力强（12.05%）、专业素质高（10.8%）。

（二十四）大学生创业者主要选择在生源地或高校所在地创业，创业领域主要是自己感兴趣的或与自身专业密切结合的，主要创业行业是信息传输和计算机服务业、文化体育娱乐业以及批发和零售业

① 在创业地域选择方面，从回生源地创业和不回生源地创业比较来看，回生源地创业是多数大学生创业者的选择，占 57.12%；从高校所在地与非高校所在地创业比较来看，选择在高校所在区域创业的较多，占 73.28%；选择其他创业区域的创业者主要选择到华东地区创业。

② 在创业行业选择方面，大学生创业者选择最多的行业为信息传输和计算机服务业，占 18.54%；文化体育娱乐业，占 14.64%；批发和零售业，占 11.53%。

③ 在创业领域选择方面，多数大学生创业者选择自己感兴趣的领域创业，占 38.86%；其次会选择与自身专业相结合的领域，占 27.34%；往当今热门的方向发展的，占 19.86%；选择启动资金少、容易开业且风险相对较低的领域，占 13.94%。

④ 在创业形式选择方面，大学生创业者多数会选择"合伙投资经营，采取自我雇佣式管理"（31.1%）、"将自身专长或技术发明通过技术入股创办公司"（14.42%）以及"借助网络平台、电子商务等进行商贸交易"（13.92%）。

⑤ 在创业融资选择方面，大学生创业者多数通过家人或亲友融资，占 23.58%；靠个人积累的占 25.3%；与朋友或他人合资的占 17.35%。

（二十五）大学生创业企业规模较小，有一定的盈利能力，就业促进效应较为显著

① 创业企业规模普遍较小，平均企业全职员工数 16.9 人，平均固定资产为 42.5 万元，多数属于小微企业。

② 大学生创办的企业总体上处于盈利状态。年利润在 10 万元以下的，占 55.97%；年利润在 50 万元以下的占 79.84%；有 0.53% 的企业出现亏损。个别企业（0.53%）已经实现高盈利模式，盈利额度达 1000 万元。

③ 大多数大学生创业企业员工的平均年收入在 2 万至 5 万元之间。有 74.81% 的企业员工平均年收入在 5 万元以下；有 12.47% 的企业员工年平均收入在 1 万元以下；企业员工平均年收入超过 10 万元的占 2.39%。

④ 大学生创业显现出较好的就业效应。平均每个大学生创业者能拉动 3.63 人就业；平均每个创业企业能提供 16.72 个就业岗位。

⑤ 大学生创业企业对未来 5 年企业人数的预期是：56.76% 认为将会达到 20—60 人；32.89% 的认为可达 100 人以上；有 9.02% 的认为企业人数将会达到 200 人以上。

⑥ 大学生创业企业对预期未来 5 年企业利润的预期是：认为未来 5 年利润预期不足 10 万的有 22.02%；利润预期在 10 万—50 万元的占 21.22%；利润预期在 50 万—100 万元的占 16.45%；有 2.12% 企业的利润预期在 1000 万元以上。

（二十六）大学生创业者对当前高校创业教育评价不高，他们更倾向于接受实践性强的创业教育

① 大学生创业者获取创业知识的最主要来源是亲身实践（22.81%）、创业讲座（20.62%）、创业课程（15.01%）、同学或朋友（11.73%）、家庭环境（10.36%）、媒体和社会宣传（9.95%）。

② 多数大学生创业者没有接受过系统的创业教育。58.56% 的听过一些创业课程或讲座，24.09% 的从未接受过创业教育，9.27% 听过很多创业课程或讲座，5.93% 接受过较为系统的创业教育，2.15% 的接受过非常系统的创业教育。

③ 相当一部分大学生创业者认为学校创业教育的帮助不大。有 42.91% 的大学生创业者对“当前学校的创业教育对大学生创业帮助很大”表示赞同，有 15.74% 的明确表示不赞同。

④ 大学生创业者认为最好的高校创业教育形式是到企业实习实践 (22.99%)、创业园实训（17.96%）和 KAB 教学或 ERP 沙盘教学（12.79%）。

（二十七）大学生创业者对目前创业政策评价较好，认为大学生创业社会环境和机会较好，他们面临的主要创业难题是创业经验能力不足、资金短缺以及团队合作不好，需要的帮扶主要是创业基金支持、小额贷款及税收减免等政策扶持、社会专业机构的服务

① 大学生创业者面临的主要创业困境是个人创业经验能力不足 (50.52%)、资金短缺（25.53%）以及团队合作不好（20.91%）。

② 大学生创业者最需要的帮扶措施是创业基金支持（43.77%）、小额贷款及税收减免等政策扶持（36.47%）和社会专业机构的服务（22.98%）。

③ 多数大学生创业者对目前的创业政策评价较高。有 61.85% 的大学生创业者赞同“政府对大学生有许多优惠政策”观点，71.13% 的赞同“鼓励大学生创业的政策对大学生创业很有作用”。

④ 大学生创业者认为“有待落实的创业政策”主要是资金扶持政策（54.77%）、提供科技创业基地实习（32.4%）、培训指导服务政策 (31.31%)。

⑤ 52.44% 的大学生创业者认为“当前大学生创业的社会环境好”，64.77% 的认为“学校的校园文化鼓励创造、创新和创业”，46.56% 的认为“大学生创业者很受学校、亲朋的理解和支持”。

⑥ 多数大学生创业者认为目前大学生创业面临良好机遇。66.71% 的认为“大学生有很多创办新公司的好机会”，43.99% 的认为“大学生个人可以很容易把握创业机会”。

分 报 告 一

中国大学生就业发展报告

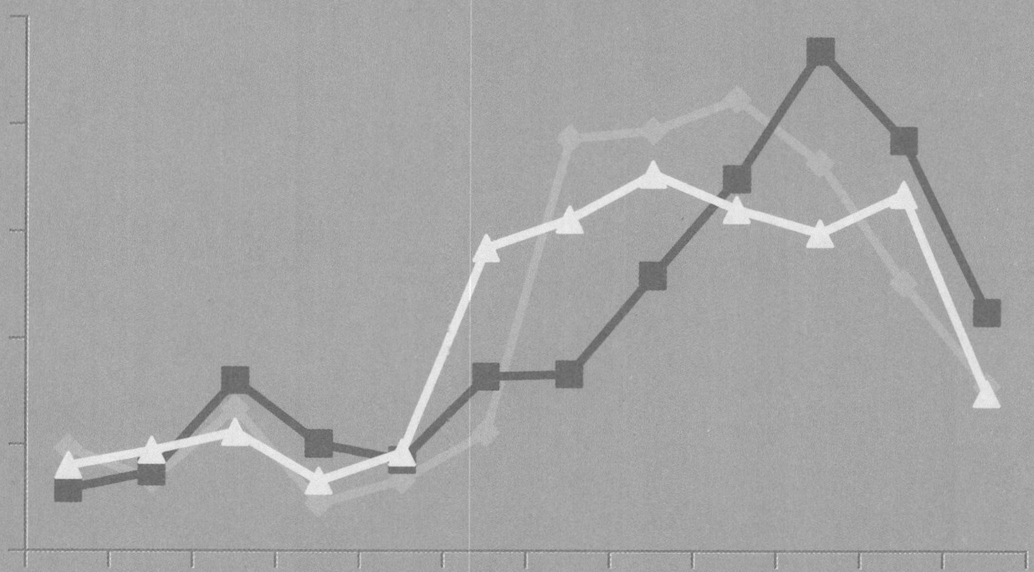

第一章　就 业 率

本章通过对现行的高校毕业生就业率统计方法及其存在的问题进行梳理与归纳，提出毕业生N就业率的概念，重点对2014届毕业生的就业情况从N就业率、N签约率、N灵活就业率、本科生升学率四个方面进行描述和分析。调查结果显示，2014届毕业生N就业率为88.82%、N签约率为66.95%、N灵活就业率为16.37%、本科生升学率为12.87%，不同学校类型、学历层次和学科门类毕业生的就业情况存在明显差异。

相关数据说明：

N就业率：N就业率＝［(已签约毕业生人数＋参与国家或地方就业项目毕业生人数＋灵活就业毕业生人数＋应征入伍毕业生人数）÷（大学应届毕业生总人数－未毕业人数－升学人数－出国出境人数－自愿性失业人数－暂时性失业人数)］ ×100%

N签约率：N签约率＝［(签订三方协议人数＋签订劳动合同人数＋由就业单位提供就业证明人数）÷（大学应届毕业生总人数－未毕业人数－升学人数－出国出境人数－自愿性失业人数－暂时性失业人数)］ ×100%

N灵活就业率：N灵活就业率＝［(自主创业人数＋自由职业人数）÷（大学应届毕业生总人数－未毕业人数－升学人数－出国出境人数－自愿性失业人数－暂时性失业人数)］ ×100%

本科生升学率：本科生升学率＝［(保送硕士研究生人数＋考取硕士研究生人数）÷ 大学应届毕业生总人数］ ×100%

一、N 就业率

（一）就业率现状分析

毕业生就业率是描述大学生就业状况的重要指标，是高校毕业生就业状况统计分析中的重要维度之一。目前，因就业去向的类型和就业率的统计时间各不相同，导致尚未形成统一的就业率统计方法。

1. 主要类型

第一种是教育部现行的高校毕业生就业率计算方法：2004 年 6 月 3 日，教育部发布了《教育部办公厅关于进一步加强和完善高校毕业生就业状况统计报告工作的通知》（教学厅［2004］7 号），其中明确了毕业生就业率的计算方法、统计时间和毕业生就业形式的七种类型，毕业生就业率分为“初次就业率”和“年终就业率”两次统计，统计截止时间分别为当年的 9 月 1 日和 12 月 31 日。

毕业生就业率 =［已就业毕业生人数 ÷（已就业毕业生人数 + 待就业毕业生人数 + 暂时不就业毕业生人数）］×100%

第二种是全国高等学校学生信息咨询与就业指导中心现行的就业率统计方法，将大学毕业生的就业状况分为已确定单位、待就业、不就业拟升学、其他暂不就业、自主创业、自由职业、其他灵活就业、升学、出国出境和其他。

大学毕业生就业率 =［（已确定单位 + 自主创业 + 自由职业 + 其他灵活就业 + 升学 + 出国出境）÷ 毕业生总人数］×100%

第三种是麦可思研究院现行的就业率统计方法，其中，已就业人数和需就业人数均不包括国内外读研人数。同时，遵循教育部规定高校毕业生的七种就业形式。

大学毕业生就业率 =（已就业人数 ÷ 需就业总人数）×100%

2. 主要问题

目前，我国大学生就业统计体系尚未完全建立，各高校、各研究机构对高校毕业生就业率统计方法、时间的界定等方面都有所不同，导致得出的就业率差别较大、争议较多。调查发现，目前研究领域对大学毕业生就业率的统计方法主要存在以下三个方面的争议：

一是统计方法不一致，影响就业率的科学性。缺乏科学、统一的高校毕业生就业率统计方法，导致计算结果存在很大的差异，对高校毕业生就业率无法进行科学比较，也无法客观地反映大学生就业的真实情况。一方面在"就业人数的统计中，是否应该将升学、出国等人群计入就业率的统计工作中"这一问题争议较大。很多学者认为"升学"、"出国"这部分毕业生并没有参加有报酬的劳动活动，不符合就业率的定义，也不能反映就业的水平，不应该计入就业率的统计工作中。另一方面在"如何认定已签约人数"这一问题上争议较大。很多学者认为，单纯以签订就业协议书作为统计就业的依据已不科学，目前有不少用人单位已经淡化了就业协议书和报到证的作用，但他们也符合就业的定义，如果不科学规范"已签约人数"就会影响统计数据的准确性。除此之外，在灵活就业毕业生的认定上也存在争议，主要集中在"认为灵活就业人数因无凭据性导致无法准确统计"。

二是统计时间需调整完善，否则影响就业率的实效性。目前，教育部规定每年9月1日、12月30日为毕业生就业率定期报告时间，但是由于大学生自身的特点及就业过程的特殊性，会影响大学毕业生选择就业的时间，同时也会存在大学生对初次工作不满意而导致毁约或者二次就业的现象。一方面，高校毕业生初次就业时，缺乏必要的求职知识、技巧和经验，因此初次就业率很难反映出毕业生就业的真实状况；另一方面，毕业生就业是一个动态过程，目前的统计结果来源于静态的统计分析，缺乏对学生毕业后的职业发展情况的长期关注、跟踪调查和信息反馈。

三是统计数据来源单一，影响就业率的权威性。目前，我国高校就业率的统计数据主要都是来源于各高校自己上报，而由于就业率会直接影响到学校的招生、培养等工作，直接关乎学校的自身利益，各高校在上报时难免会有所顾虑，这种靠学校单一统计机构公布的数据自然也就难以保证公正性和准确性。

（二）N 就业率的内涵界定

综合上述观点，本研究报告中首次运用高校毕业生 N 就业率的概念和统计方法，其提出旨在结合相关研究和实际工作，在传统就业率统计方法的基础上，更加科学地建立高校毕业生就业率的统计方法，客观地反映高校毕业生就业状况。

N 就业率计算方法为：

N 就业率 = [（已签约毕业生人数 + 参与国家或地方就业项目毕业生人数 + 灵活就业毕业生人数 + 应征入伍毕业生人数）÷（大学应届毕业生总人数 − 未毕业人数 − 升学人数 − 出国出境人数 − 自愿性失业人数 − 暂时性失业人数）] ×100%

其中，已签约毕业生是指已和工作单位签订三方协议、劳动合同或由就业单位提供就业证明的应届毕业生；参与国家或地方就业项目毕业生是指参与“大学生村官”、“科研助理”、“农村特岗计划”、“三支一扶”、“西部志愿者服务计划”、“选调生”等就业项目的应届毕业生；灵活就业毕业生包括自主创业毕业生和从事自由职业毕业生两个方面。自主创业包括毕业生自行组建创业团队或参加创业活动；自由职业主要指不受工作单位的制辖，以个体劳动为主的一种职业，如律师、自由撰稿人等。

N 就业率主要有以下三个方面改进：

一是数据统计方法更加规范。一方面，对“已就业人数”的认定进一步规范、科学。首先，是对“已签约毕业生”的认定。除了传统意义上的“签订就业协议”和“签订劳动合同”毕业生之外，还考虑到有些毕业生选择的单位，由于其规模较小、用人制度不完善等原因无法签订协议书或合同，但他们也符合大学毕业生就业的范畴，这类毕业生可以通过所在的就业单位开具相关证明予以认定。其次，是对“灵活就业毕业生”的认定。在统计灵活就业毕业生人数时，需要毕业生填写《大学毕业生灵活就业情况统计表》，其中包括灵活就业的形式、地点、证明材料等内容，由本人签字后方可将其计入“灵活就业”的范畴，并以电话、邮件、实地走访等形式进行情况调查及追踪。另一方面，对“应届毕业生总人数”的界定更加准确、全面。应届毕业生总人数应为当年度同时符合毕业资格和需要就业的学生数量，因此，以下三种情况不应计入应届毕业生总人数中。一是未完成学校人才培养计划要求即“未毕业人数”。二是没有就业意愿且自愿放弃就业机会的“自愿性失业人数”。三是由于暂无就业愿望、拟升学、身体原因及其他原因暂不就业的“暂时性失业人数”。

与此同时，将“升学”、“出国出境”、“回原定向、委培单位”这三类毕业生分别从“已就业人数”和“应届毕业生总人数”中剔除。“升学”、“出国出境”的毕业生并非真正就业，也并非需要在当年度就业，这一部分人并没有进入人才市场，不应被列在就业率统计中。另外，定向、委培毕业生在入学前就已经通过合同形式明确其毕业后到定向、委培单位工作，不需要寻找工作，因此也不列在就业率的统计中。

二是统计时间更加科学。目前，我国高校毕业生就业率的统计时间是9月1日和12月31日，即在毕业生毕业3个月和6个月时统计就业率。随着目前大学毕业生就业的情况越来越复杂、灵活度越来越大，本研究将在次年的6月至9月间增加一次统计，即统计毕业一周年时的就业情况，持续跟踪毕业生的就业情况和就业方向，这样可以更加客观全面地反映大学毕业生的就业状况，也可以更详细地明确社会对毕业生的需求情况，保持就业率统计时间的连续性。

三是统计渠道和机构更加多元。在统计渠道方面，N就业率中的各项指标均由“自我报告法”来收集数据、准确把握大学毕业生的就业去向，严格区分自愿性失业和暂时性失业的大学生，从而获得了相对比较真实的数据。

二、2014届毕业生就业率

（一）N就业率

1. 总体概述

2014届毕业生总体N就业率为88.82%，不同学校类型、学历层次、学科门类毕业生N就业率存在差异。不同学校类型中，211高校毕业生N就业率最高，为90.45%；不同学历层次中，研究生N就业率最高，为90.59%；

不同学科门类中，管理学 N 就业率最高，艺术学 N 就业率最低。

2. 学校类型

不同学校类型毕业生 N 就业率存在差异。 211 高校毕业生 N 就业率达到 90.45%，普通本科高校毕业生 N 就业率为 88.72%，高职高专院校毕业生 N 就业率仅为 87.62%。

表 1-1-1　不同学校类型毕业生 N 就业率

（单位：%）

学校类型	高职高专	普通本科	211 高校
N 就业率	87.62	88.72	90.45

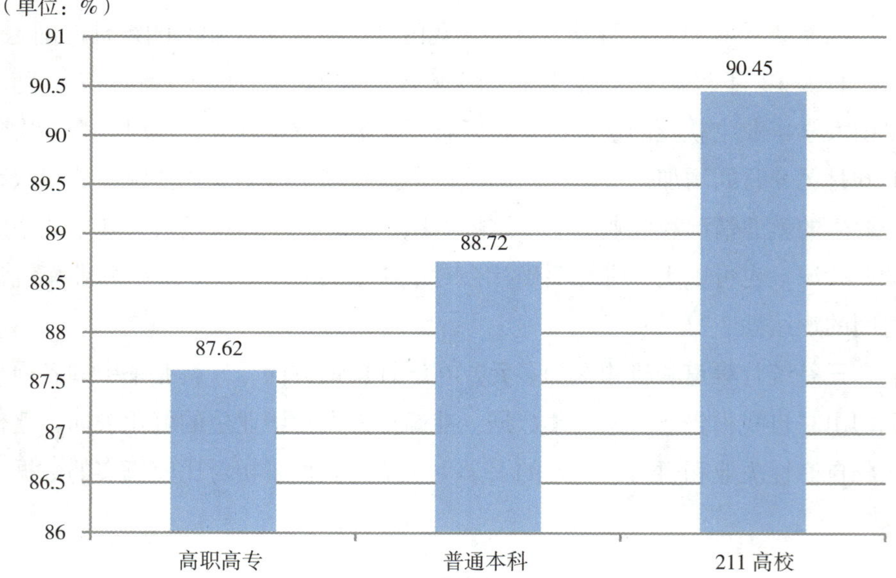

图 1-1-1　不同学校类型毕业生 N 就业率

3. 学历层次

不同学历层次毕业生 N 就业率差异明显。 研究生 N 就业率已达到 90.59%，本科生 N 就业率为 88.68%，专科毕业生 N 就业率仅为 87.62%。

表 1-1-2　不同学历层次毕业生 N 就业率

（单位：%）

学历层次	专　科	本　科	研究生
N 就业率	87.62	88.68	90.59

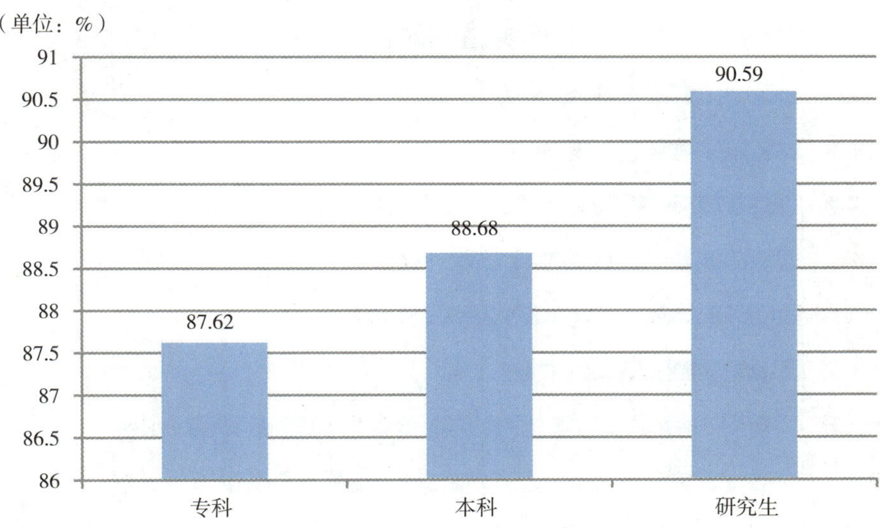

图 1-1-2 不同学历层次毕业生 N 就业率

4. 学科门类

各学科门类毕业生 N 就业率差异较明显，管理学 N 就业率最高，艺术学 N 就业率最低。管理学 N 就业率为 92.51%，成为 N 就业率最高的学科；其次是工学（91.99%）、经济学（91.58%）、教育学（91.44%）、农学（90.22%），N 就业率均达到了 90% 以上。N 就业率最低的学科为艺术学，仅为 84.39%。

表 1-1-3 不同学科门类毕业生 N 就业率

（单位：%）

学科门类	法学	工学	管理学	教育学	经济学	历史学	农学	文学	医学	艺术学	哲学	理学
N 就业率	87.46	91.99	92.51	91.44	91.58	85.69	90.22	86.61	89.13	84.39	86.24	88.58

（二）N 签约率

1. 总体概述

2014 届毕业生总体 N 签约率为 66.95%，各学校类型、学历层次、学科门类毕业生 N 签约率差异性较大。不同学校类型中，211 高校毕业生

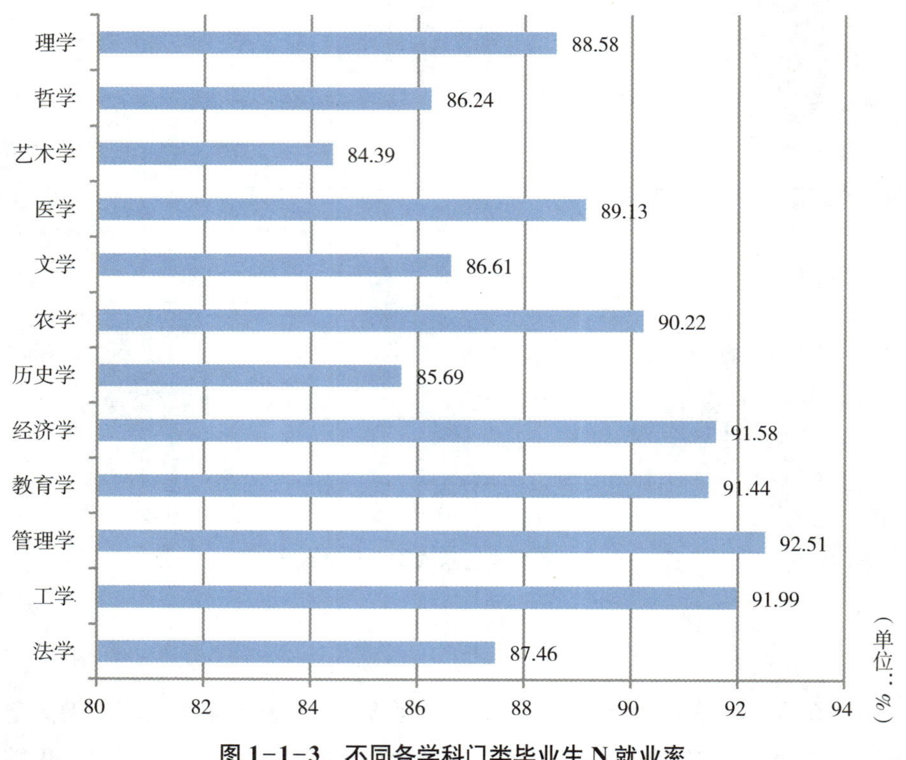

图 1-1-3　不同各学科门类毕业生 N 就业率

N 签约率最高，为 71.47%；不同学历层次中，研究生 N 签约率最高，为 72.32%；不同学科门类中，经济学 N 签约率最高，艺术学 N 签约率最低。

2. 学校类型

不同学校类型毕业生 N 签约率存在较大差异。高职高专院校毕业生 N 签约率为 63.90%，普通本科高校毕业生 N 签约率为 65.89%，211 高校毕业生 N 签约率为 71.47%。

表 1-1-4　不同学校类型毕业生 N 签约率

（单位：%）

学校类型	高职高专	普通本科	211 高校
N 签约率	63.90	65.89	71.47

3. 学历层次

不同学历层次毕业生 N 签约率差异性明显。专科毕业生的 N 签约率

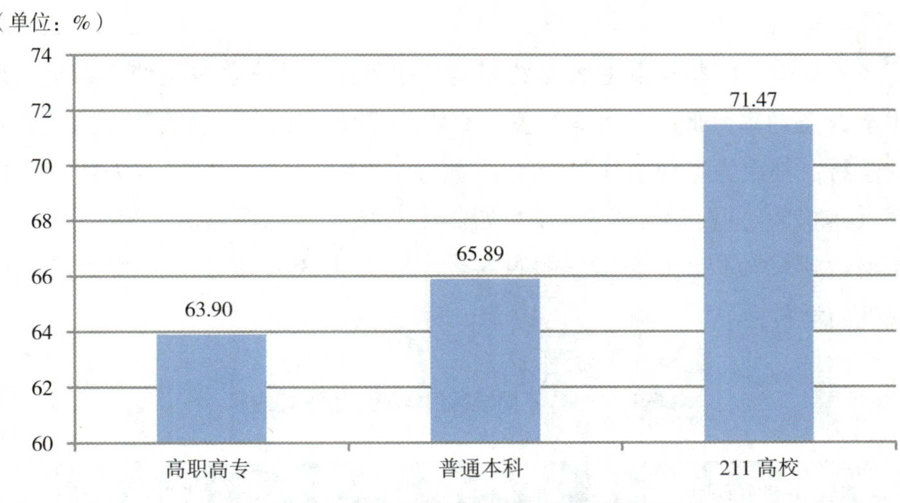

图 1-1-4 不同学校类型毕业生 N 签约率

为 63.90%，本科毕业生 N 签约率为 65.77%，研究生毕业生 N 签约率仅为 72.32%。

表 1-1-5 不同学历层次毕业生 N 签约率

（单位：%）

学历层次	专 科	本 科	研究生
N 签约率	63.90	65.77	72.32

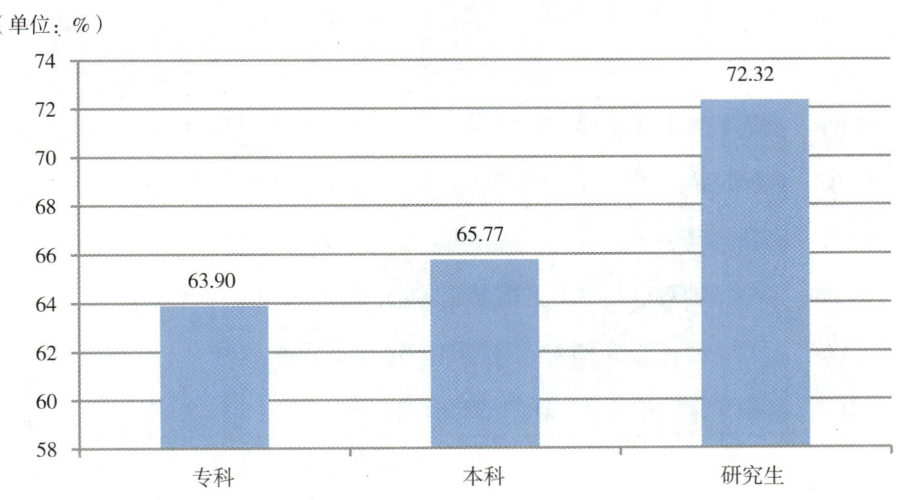

图 1-1-5 不同学历层次毕业生 N 签约率

4. 学科门类

不同学科门类毕业生N签约率差异性明显，经济学N签约率最高，艺术学N签约率最低。经济学N签约率为70.74%，成为毕业生N签约率最高的学科；其次为管理学（70.01%）、教育学（67.13%）、工学（69.04%）、理学（68.67%）、农学（68.33%）、文学（67.96%）、医学（67.47%），N签约率均达到67%以上；艺术学的N签约率仅为64.3%，成为毕业生N签约率最低的学科。

表1-1-6　不同学科门类毕业生N签约率

（单位：%）

学科门类	法学	工学	管理学	教育学	经济学	历史学	农学	文学	医学	艺术学	哲学	理学
N签约率	66.50	69.04	70.01	67.13	70.74	65.50	68.33	67.96	67.47	64.30	65.76	68.67

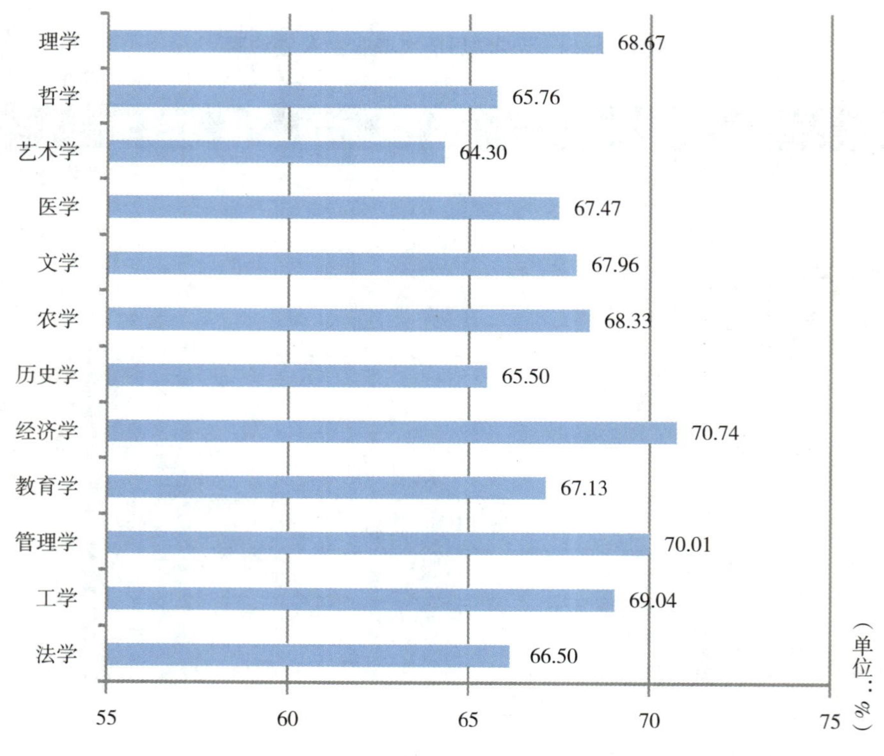

图1-1-6　不同学科门类毕业生N签约率

（三）N 灵活就业率

1. 总体概述

2014 届毕业生总体 N 灵活就业率为 16.37%，其中，自主创业率为 2.16%，自由职业率为 14.21%。不同学校类型中，高职高专院校毕业生 N 灵活就业率最高，为 18.98%；不同学历层次中，专科毕业生 N 灵活就业率最高，为 18.98%；不同学科门类中，艺术学 N 灵活就业率最高，理学 N 灵活就业率最低。

表 1-1-7 2014 届毕业生 N 灵活就业率、N 自主创业率、N 自由职业率

（单位：%）

就业形式	灵活就业	自主创业	自由职业
N 灵活就业率	16.37	2.16	14.21

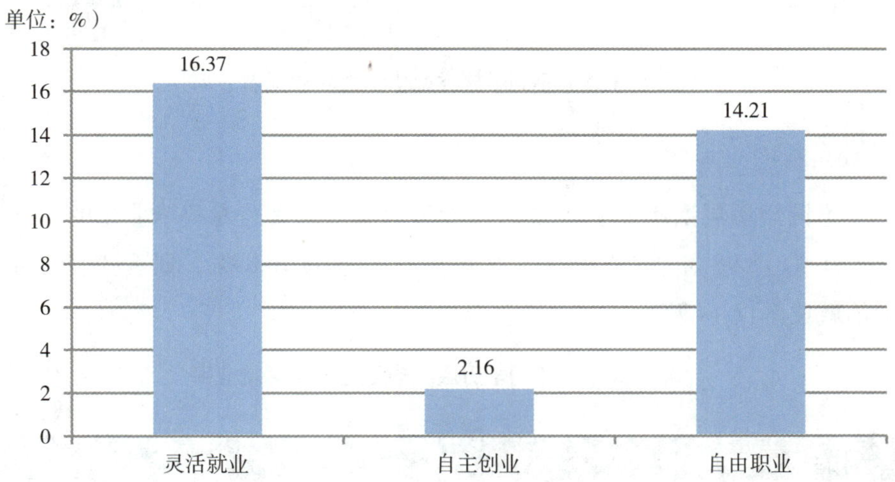

图 1-1-7 2014 届毕业生 N 灵活就业率、N 自主创业率、N 自由职业率

2. 学校类型

不同学校类别毕业生 N 灵活就业率差异明显。高职高专院校毕业生 N 灵活就业率达到 18.98%，普通本科高校毕业生 N 灵活就业率为 17.83%，211 高校毕业生 N 灵活就业率仅为 13.98%。

表 1-1-8　不同学校类型毕业生 N 灵活就业率

（单位：%）

学校类型	高职高专	普通本科	211 高校
N 灵活就业率	18.98	17.83	13.98

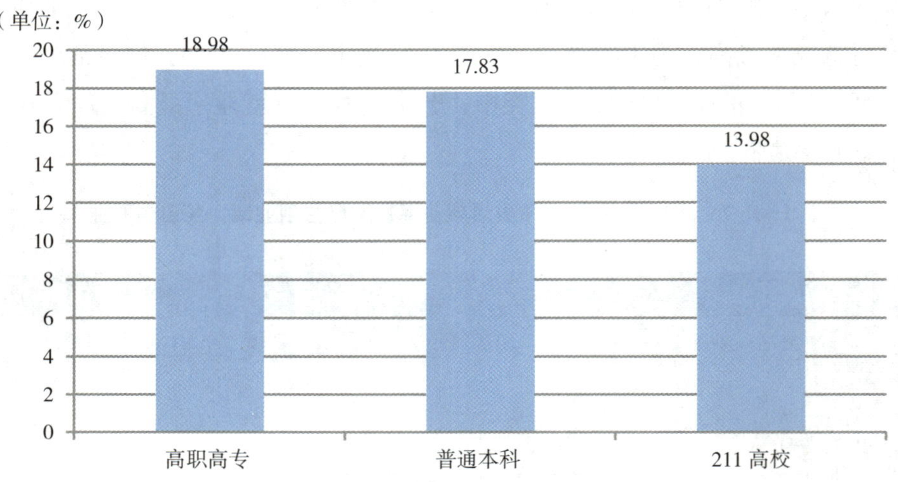

图 1-1-8　不同学校类型毕业生 N 灵活就业率

3. 学历层次

不同学历层次毕业生 N 灵活就业率差异性较大。专科毕业生的 N 灵活就业率为 18.98%，本科毕业生 N 灵活就业率为 16.89%，研究生毕业生 N 灵活就业率仅 14.77%。

表 1-1-9　不同学历层次毕业生 N 灵活就业率

（单位：%）

学历层次	专　科	本　科	研究生
N 灵活就业率	18.98	16.89	14.77

4. 学科门类

各学科门类毕业生 N 灵活就业率差异性明显，艺术学 N 灵活就业率最高，理学 N 灵活就业率最低。艺术学 N 灵活就业率为 18.09%，成为毕业生 N 灵活就业率最高的学科；其次为管理学（17.50%）、教育学（17.31%）、农学（16.89%）、医学（16.66%）、文学（16.65%），N 灵活就业率均达到 16%

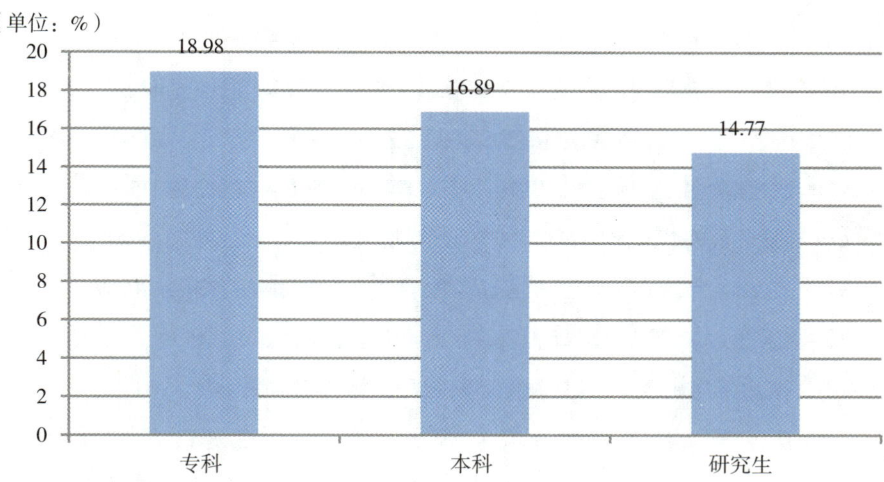

图 1-1-9 不同学历层次毕业生 N 灵活就业率

以上；理学的 N 灵活就业率仅为 14.91%，是 N 灵活就业率最低的学科。

表 1-1-10 不同学科门类毕业生 N 灵活就业率

（单位：%）

学科门类	法学	工学	管理学	教育学	经济学	历史学	农学	文学	医学	艺术学	哲学	理学
N 灵活就业率	15.96	15.95	17.50	17.31	15.84	15.19	16.89	16.65	16.66	18.09	15.48	14.91

（四）本科生升学率

1. 总体概述

2014 届本科毕业生总体升学率为 12.87%，不同学校类别、学科门类本科毕业生升学率差异性较大。不同学校类型中，211 高校本科毕业生升学率最高，为 24.88%；不同学科门类中，医学本科毕业生升学率最高，艺术学本科毕业生升学率最低。

2. 学校类型

不同学校类别毕业生升学率存在较大差异，211 高校本科毕业生升学率明显高于普通本科高校。211 高校本科毕业生升学率达到 24.88%，普通本

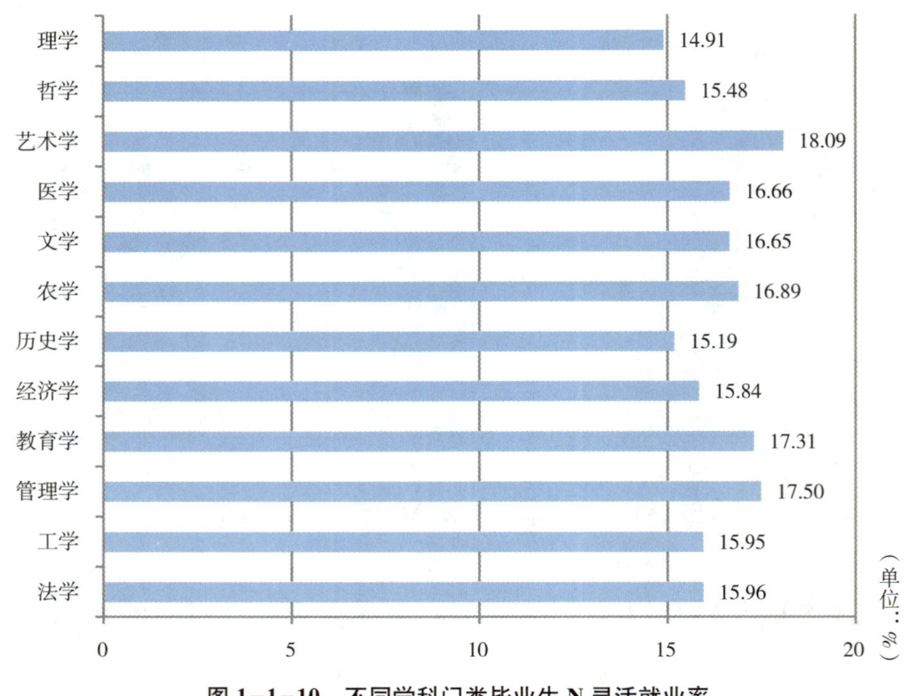

图 1-1-10　不同学科门类毕业生 N 灵活就业率

科高校毕业生升学率仅为 8.9%。

表 1-1-11　不同学校类型本科毕业生升学率

（单位：%）

高校类别	普通本科	211 高校
本科生升学率	8.90	24.88

3. 学科门类

各学科门类本科毕业生升学率差异明显，医学本科生升学率最高，艺术学科生升学率最低。医学升学率为 16.59%，成为本科毕业生升学率最高的学科，其次为理学（15.84%）、工学（14.79%）、农学（13.73%）、法学（13.25%）、文学（12.45%），均达到 12% 以上的升学率。而艺术学的本科生升学率为 8.95%，是升学率最低的学科。

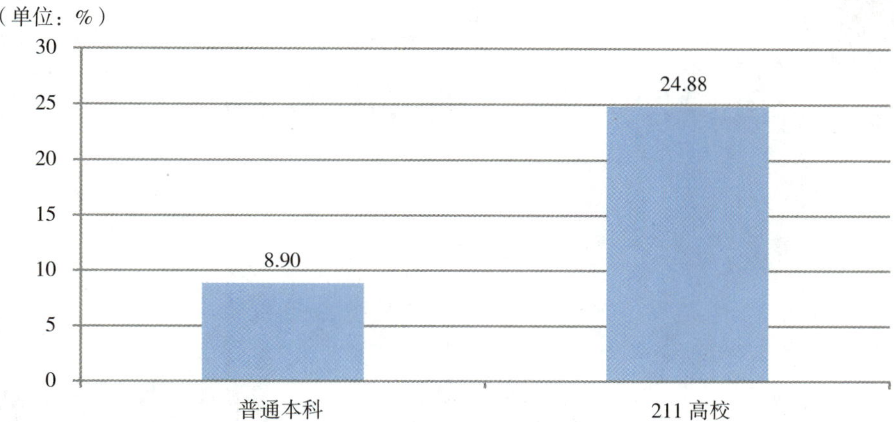

图 1-1-11 不同学校类型本科毕业生升学率

表 1-1-12 不同学科门类本科毕业生升学率

（单位：%）

学科门类	法学	工学	管理学	教育学	经济学	历史学	农学	文学	医学	艺术学	哲学	理学
本科生升学率	13.25	14.79	10.40	10.48	11.36	11.82	13.73	12.45	16.59	8.95	10.73	15.84

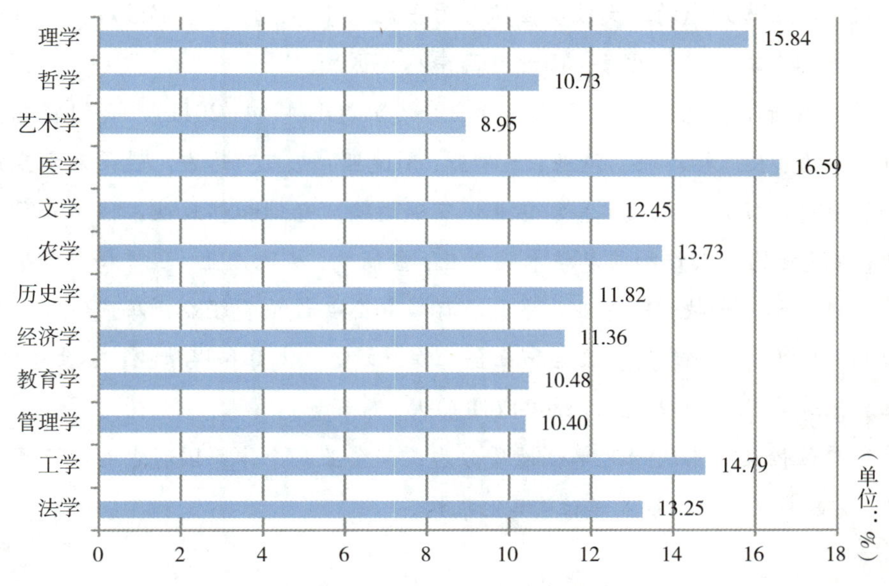

图 1-1-12 不同学科门类本科毕业生升学率

第二章　就业去向

本章通过对毕业生就业区域、就业行业和单位性质三个维度的调研，重点对2014届毕业生就业去向进行描述和分析。调查结果显示，在就业区域分布上，大学生选择在沿海地区就业的数量最多；在就业行业分布上，大学生就业最多的行业为金融业、教育和制造业；在单位性质分布上，民营企业、个体是大学生就业最多的选择。不同学校类型、学历层次和学科门类大学生的就业去向差异显著。

相关数据说明：

就业区域：结合毕业生就业的地点，按照国务院《地区协调发展的战略和政策》报告划分的八大经济区域分为东北、北部沿海、东部沿海、黄河中游、长江中游、南部沿海、西北、西南八大区域。

就业行业：根据《国民经济行业分类》(GB/4754−2011)，我们将总体行业分为：农、林、牧、渔业；采矿业；制造业；电力、热力、燃气及水生产和供应业；建筑业；批发和零售业；交通运输、仓储和邮政业；住宿和餐饮业；信息传输、软件和信息技术服务业；金融业；房地产业；租赁和商务服务业；科学研究和技术服务业；水利、环境和公共设施管理业；居民服务、修理和其他服务业；教育；卫生和社会工作；文化、体育和娱乐业；公共管理、社会保障和社会组织；国际组织以及军队。

单位性质：本次研究单位性质分为民营企业、个体；国有企业；三资企业；党政机关；其他事业单位；其他机构。

一、区域分布

（一）总体概述

从毕业生区域流向看，主要集中在沿海地区。表 1-2-1 报告了被调查毕业生的就业区域分布，67.86% 的毕业生选择去沿海城市就业，包括东部沿海（23.90%），南部沿海（22.18%），北部沿海（21.78%）。统计显示，高校毕业生的就业存在着较为显著的地域分流，沿海地区是毕业生的主要就业流入地区，吸纳了超过 3/5 的毕业生；而西北地区只吸纳了 2.42% 的毕业生。

表 1-2-1 毕业生总体就业区域分布

（单位：%）

就业区域	东北地区	北部沿海地区	东部沿海地区	南部沿海地区	黄河中游地区	长江中游地区	西北地区	西南地区
比例	4.12	21.78	23.90	22.18	5.57	8.28	2.42	11.75

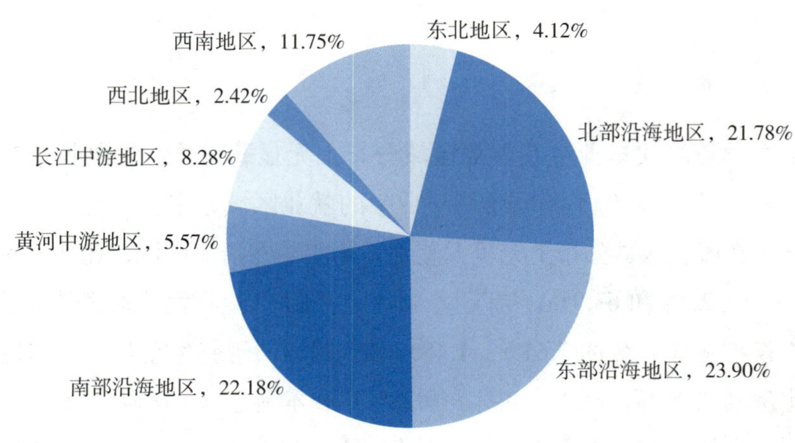

图 1-2-1 全体调查对象的毕业区域分布

（二）学校类型

不同学校类型毕业生的就业区域无明显差异，主要集中在沿海区域。表1-2-2报告了不同学校类型毕业生的就业区域分布。211高校、普通本科高校和高职高专院校毕业生的就业区域主要集中在沿海区域，比例分别为64.06%、66.23%和74.79%。211高校和普通本科高校毕业生在东北、西南区域就业的比例无明显差异，两者都高于高职高专毕业生。（见图1-2-2）

表1-2-2 按照学校类型分类的就业区域分布

（单位：%）

就业区域	211高校	普通本科	高职高专
东　　北	5.41	3.51	2.32
北部沿海	20.76	16.31	28.99
东部沿海	20.70	27.41	26.67
黄河中游	4.98	5.87	5.51
长江中游	7.68	8.56	9.28
南部沿海	22.60	22.51	19.13
西　　北	2.09	2.45	2.61
西　　南	15.78	13.38	5.49

（三）学历层次

不同学历层次毕业生在就业区域分布上无显著差异，主要集中在沿海区域。表1-2-3报告了不同学历毕业生的就业区域分布。专科生、本科生和研究生在就业区域分布上无较大差别，均集中在沿海区域，比例分别达到74.79%、65.22%和63.9%；专科生、本科生和研究生在西北地区就业的比例较少，仅占相应人数的2.61%、1.48%和3.21%；研究生在长江中游区域就业的比例（14.16%）高于专科生（9.28%）和本科生（7.18%），后两者无显著差别；本科生在西南区域就业的比例（16.01%）高于研究生（8.42%）和专科生（5.49%），后两者的比例无显著差异。

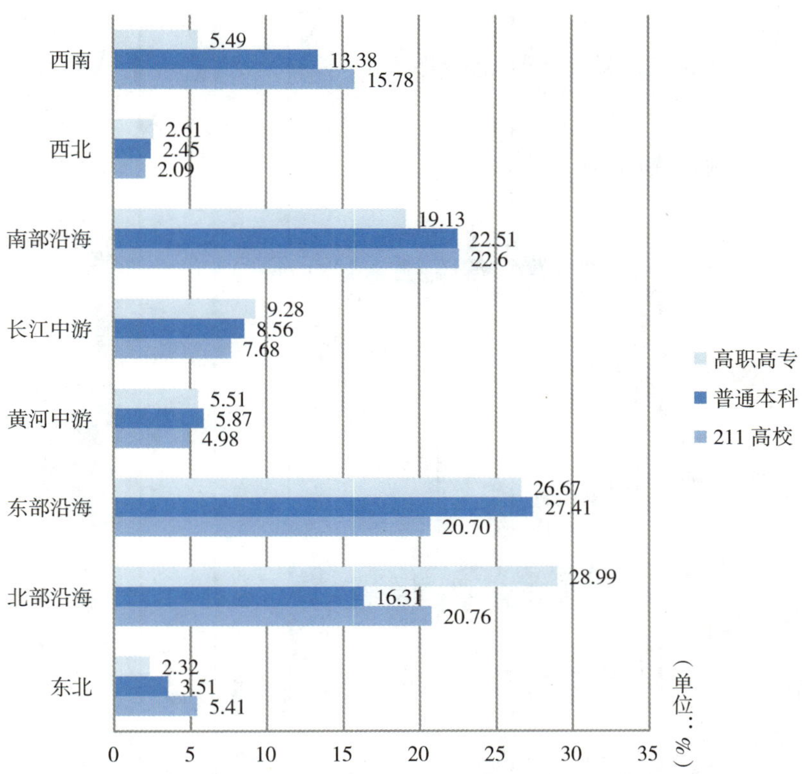

图 1-2-2 按照学校类型分类的就业区域分布

表 1-2-3 按照学历层次分类的就业区域分布

（单位：%）

就业区域	专　科	本　科	研究生
东　　北	2.32	4.73	3.79
北部沿海	28.99	18.45	20.87
东部沿海	26.67	24.99	14.58
黄河中游	5.51	5.38	6.54
长江中游	9.28	7.18	14.16
南部沿海	19.13	21.78	28.45
西　　北	2.61	1.48	3.21
西　　南	5.49	16.01	8.42

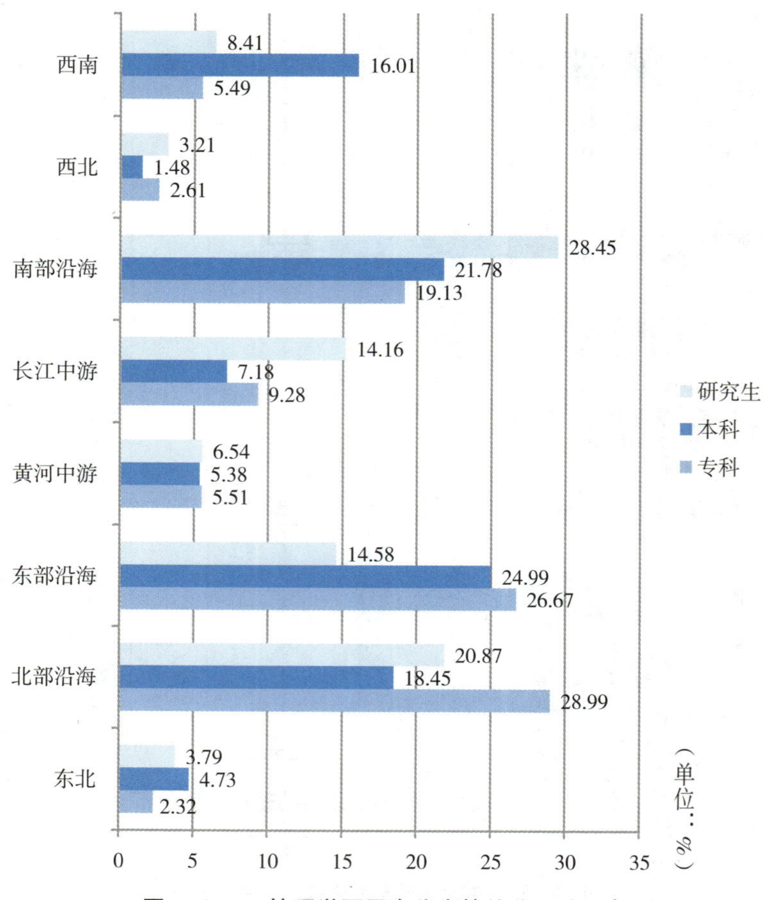

图 1-2-3　按照学历层次分类的就业区域分布

（四）学科门类

不同学科门类毕业生在就业区域分布上无明显差异，主要集中在沿海区域。表 1-2-4 报告了不同学科门类毕业生的就业区域，不同学科毕业生就业区域主要集中在沿海区域，由高到低的排序依次是：管理学（73.59%）、文学（72.50%）、工学（71.69%）、医学（68.64%）、理学（67.53%）、历史学（64.37%）、教育学（62.63%）、农学（60%）、经济学（59.4%）、哲学（58.97%）法学（53.66%）、艺术学（52.32%）。艺术学、经济学毕业生中在西南地区就业的比例明显高于其他学科毕业生。

表 1-2-4 按照学科门类分类的就业区域分布

（单位：%）

就业区域	法学	工学	管理学	教育学	经济学	理学	历史学	农学	文学	医学	艺术学	哲学
东　北	3.41	2.38	4.83	3.85	5.58	3.45	5.75	2.67	8.33	7.10	8.61	7.69
北部沿海	24.39	22.35	16.48	26.37	20.14	19.83	14.94	20.00	27.50	15.38	16.56	25.64
东部沿海	14.15	28.97	28.13	16.48	21.66	21.84	20.69	20.00	23.75	23.67	26.49	12.82
南部沿海	15.12	20.37	28.98	19.78	17.60	25.86	28.74	20.00	21.25	29.59	9.27	20.51
黄河中游	9.76	4.89	5.68	8.24	3.21	4.60	6.90	13.33	6.67	5.92	3.31	10.26
长江中游	17.56	7.41	8.81	10.99	7.78	7.18	12.64	6.67	5.00	7.10	3.97	10.26
西　南	13.17	12.43	5.97	10.44	22.84	14.94	8.05	10.67	5.42	7.69	29.80	5.13
西　北	2.44	1.20	1.12	3.85	1.19	2.29	2.30	6.66	2.08	3.55	1.99	7.69

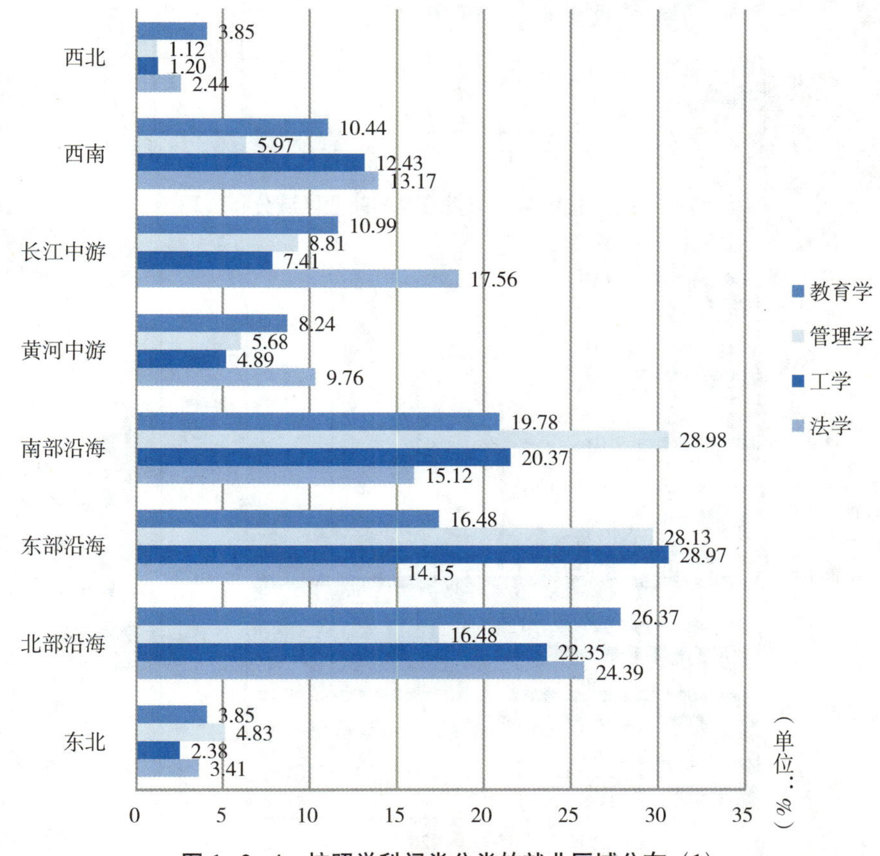

图 1-2-4 按照学科门类分类的就业区域分布（1）

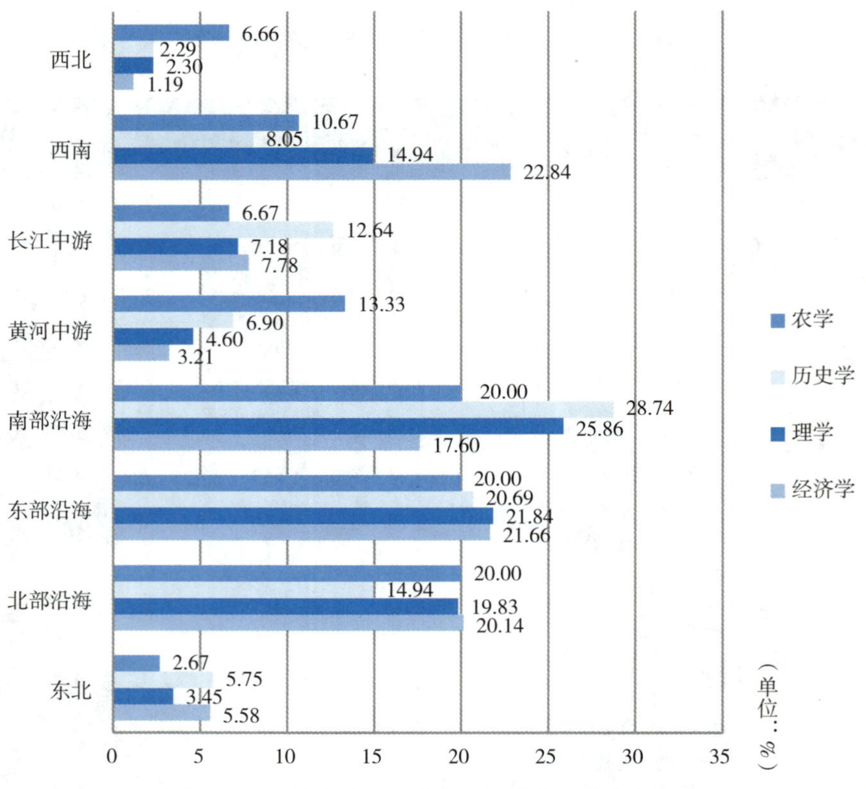

图 1-2-5　按照学科门类分类的就业区域分布（2）

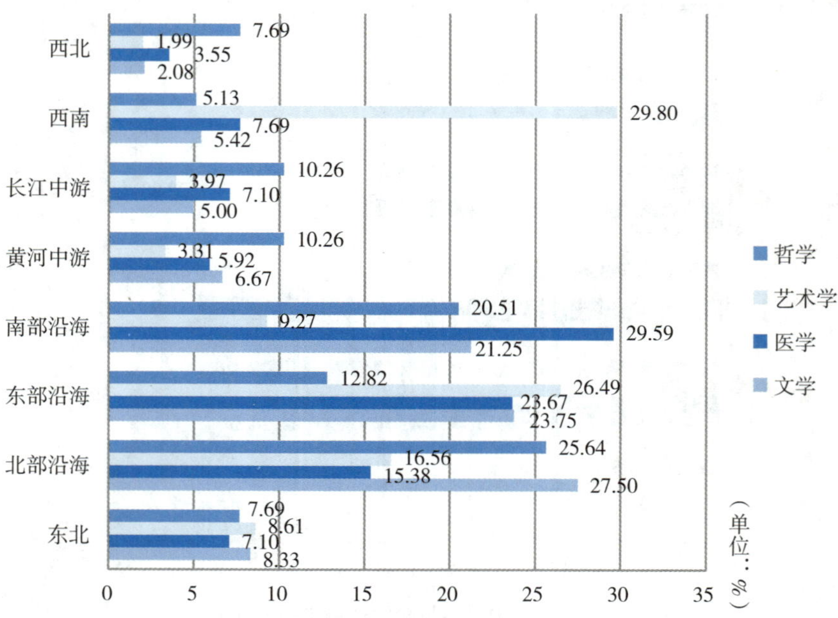

图 1-2-6　按照学科门类分类的就业区域分布（3）

（五）高校所在区域

毕业生就业区域主要集中在高校所在区域。表 1–2–5、图 1–2–7 报告了 2014 届不同地域高校大学生的就业区域，在高校所在区域就业比例由高到低排序依次是：南部沿海（87.12%）、西南（86.84%）、东部沿海（80.10%）、北部沿海（71.83%）、东北（62.24%）、长江中游（45.68%）、黄河中游（43.61%）、西北（34.77%）。西北地区高校毕业生就业区域相对分散，未回高校所在地就业的比例（65.23%）明显高于其他地区高校毕业生。

表 1–2–5 按照高校所在地分类的就业区域分布

（单位：%）

就业区域＼高校区域	北部沿海	东北	东部沿海	黄河中游	长江中游	南部沿海	西南	西北
北部沿海	71.83	16.78	7.98	18.05	11.73	2.37	2.87	8.70
东　　北	3.13	62.24	1.14	1.50	1.85	0.51	0.24	8.70
东部沿海	4.07	3.50	80.10	11.65	12.35	2.20	3.35	8.70
黄河中游	4.07	2.80	1.14	43.61	1.54	1.19	0.48	13.04
长江中游	5.16	4.20	4.18	6.77	45.68	2.88	0.48	13.04
南部沿海	6.26	6.99	3.80	9.02	21.30	87.12	5.02	4.35
西　　南	1.88	1.40	1.01	7.14	4.63	3.05	86.84	8.70
西　　北	3.60	2.09	0.65	2.26	0.92	0.68	0.72	34.77

（六）生源地所在区域

回生源地区域就业是多数毕业生的选择，且独生子女所占比例较高，女生比例高于男生。图 1–2–8 报告了 2014 届不同生源地大学生的就业区域，回生源地区域就业的毕业生比例（68.61%）明显高于未回生源地就业的比例（31.39%）；图 1–2–9 报告了独生子女回生源地比例，独生子女回生源地就业的比例（69.73%）明显高于未回生源地就业的比例（37.38%）。

表 1–2–6 报告了不同生源地毕业生的就业区域分布。回生源地区域就业比例由高到低排序依次是南部沿海（86.56%）、东部沿海（85.85%）、西南（80.93%）、北部沿海（74.9%）、黄河中游（47.29%）、东北（42.71%）、

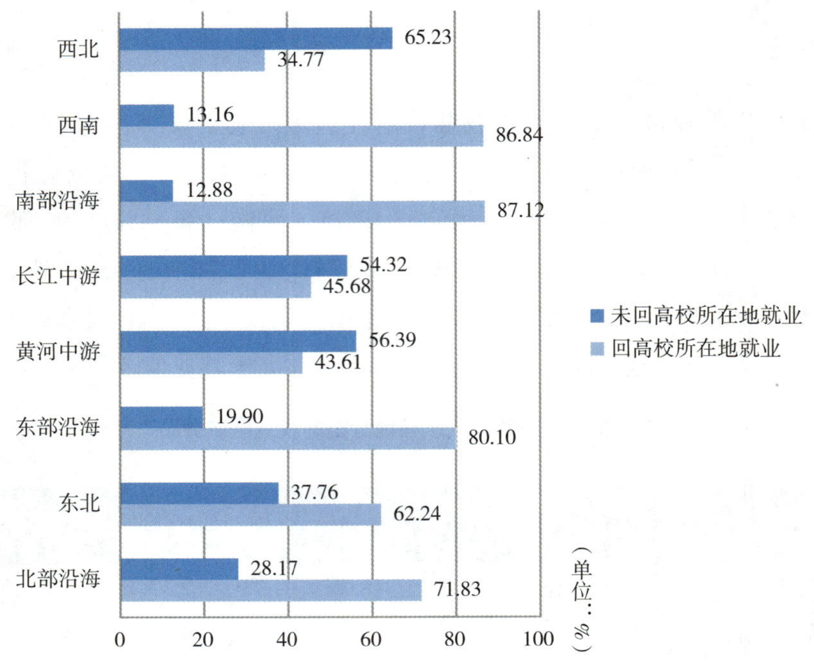

图 1-2-7　按照高校所在地分类的就业区域分布

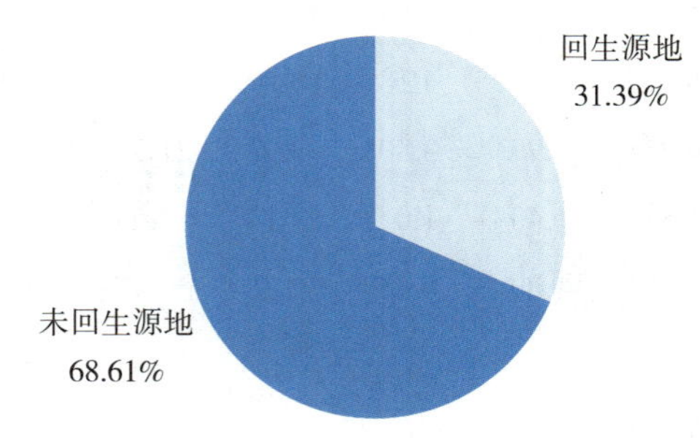

图 1-2-8　毕业生回生源地比例

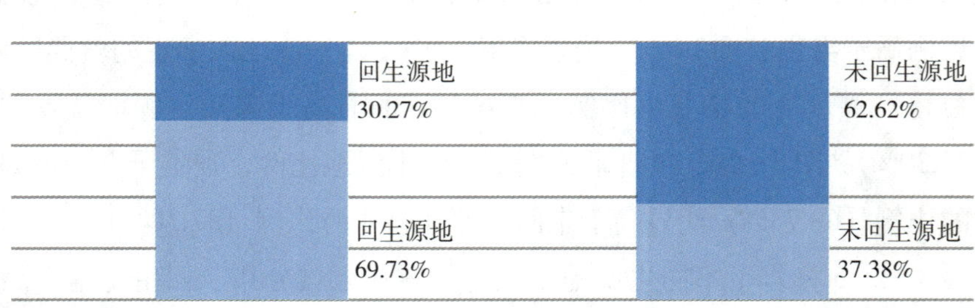

图 1-2-9　独生子女回生源地比例

长江中游（39.15%）、西北（25.83%）。不同生源地毕业生在就业区域上存在着显著差异，反映出不同特点。

第一，从回生源地区域就业的分布来看，沿海地区和西南地区毕业生回生源地的比例明显高于其他四个区域。

第二，从未回生源地区域就业的分布来看，东北、黄河中游、长江中游和西北四个地区未回生源地就业的毕业生，就业区域主要集中在沿海地区，比例分别为42.72%、41.86%、51.92%和54.16%。

表1-2-6 按照生源地分类的就业区域分布

（单位：%）

就业区域＼生源地区域	北部沿海	东北	东部沿海	黄河中游	长江中游	南部沿海	西南	西北
北部沿海	74.90	24.12	5.29	17.44	16.17	6.72	5.07	22.50
东　　北	4.66	42.71	1.40	1.55	1.49	0.19	0.41	3.33
东部沿海	7.09	7.54	85.85	15.12	15.11	2.69	3.45	18.33
黄河中游	1.62	3.02	1.09	47.29	2.77	0.19	0.81	9.17
长江中游	2.23	6.53	2.33	5.81	39.15	2.30	1.42	4.17
南部沿海	8.91	11.06	3.11	9.30	20.64	86.56	7.30	13.33
西　　南	0.41	2.51	0.62	2.71	2.98	0.77	80.93	3.33
西　　北	0.18	2.51	0.31	0.78	1.69	0.58	0.61	25.84

表1-2-7报告了2014届回生源地就业学生的男女比例。在回生源地就业的毕业生中，男生占41.89%，女生占58.11%，女生明显高于男生。除西北地区外，其他回生源地区域就业的女性均高于男性，平均高出13.58%。

表1-2-7 回生源地就业学生男女比例

（单位：%）

就业区域	男生比例	女生比例
北部沿海	47.84	52.16
东　　北	41.18	58.82
东部沿海	38.77	61.23
黄河中游	49.18	50.82
南部沿海	43.46	56.54

就业区域	男生比例	女生比例
西　　北	51.61	48.39
西　　南	32.58	67.42
长江中游	49.46	50.54

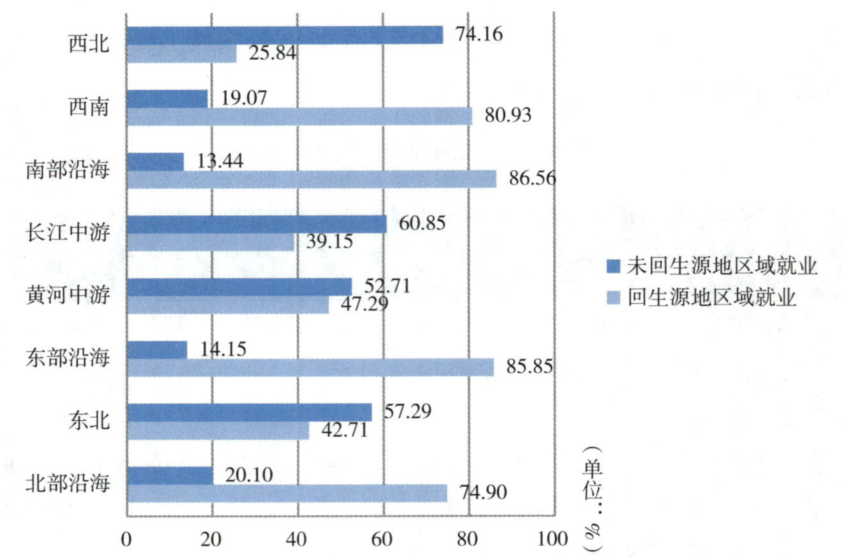

图 1-2-10　按照生源地分类的就业区域分布

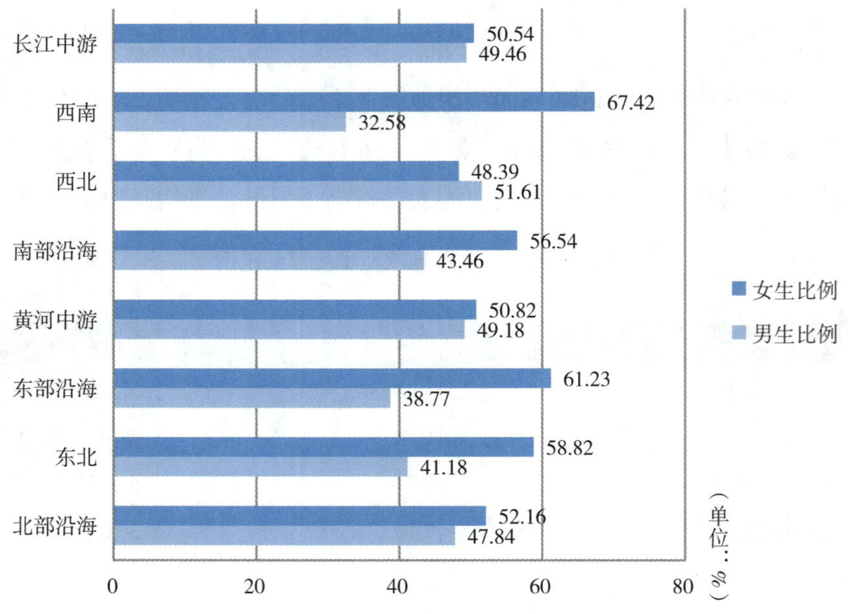

图 1-2-11　回生源地就业学生男女比例

二、行业分布

（一）总体概述

在就业行业分布上，大学生就业最多的行业为金融业、教育和制造业。表 1-2-8 报告了 2014 届毕业生的总体行业分布。排名前五的行业依次是金融业，教育，制造业，信息传输、软件和信息技术服务业，文化、体育和娱乐业，所占比例分别为 12.44%、11.64%、8.69%、8.51% 和 6.85%。

表 1-2-8 全体调查对象总体行业分布

（单位：%）

从事行业	毕业生分布
金融业	12.44
教育	11.64
制造业	8.69
信息传输、软件和信息技术服务业	8.51
文化、体育和娱乐业	6.85
电力、热力、燃气及水生产和供应业	6.32
卫生和社会工作	6.15
建筑业	5.35
批发和零售业	5.07
公共管理、社会保障和社会组织	5.04
房地产业	3.86
科学研究和技术服务业	3.75
农、林、牧、渔业	3.30
采矿业	3.06
交通运输、仓储和邮政业	2.61
水利、环境和公共设施管理业	2.22
住宿和餐饮业	1.63

从事行业	毕业生分布
租赁和商务服务业	1.46
居民服务、修理和其他服务业	1.29
军队	0.45
国际组织	0.31

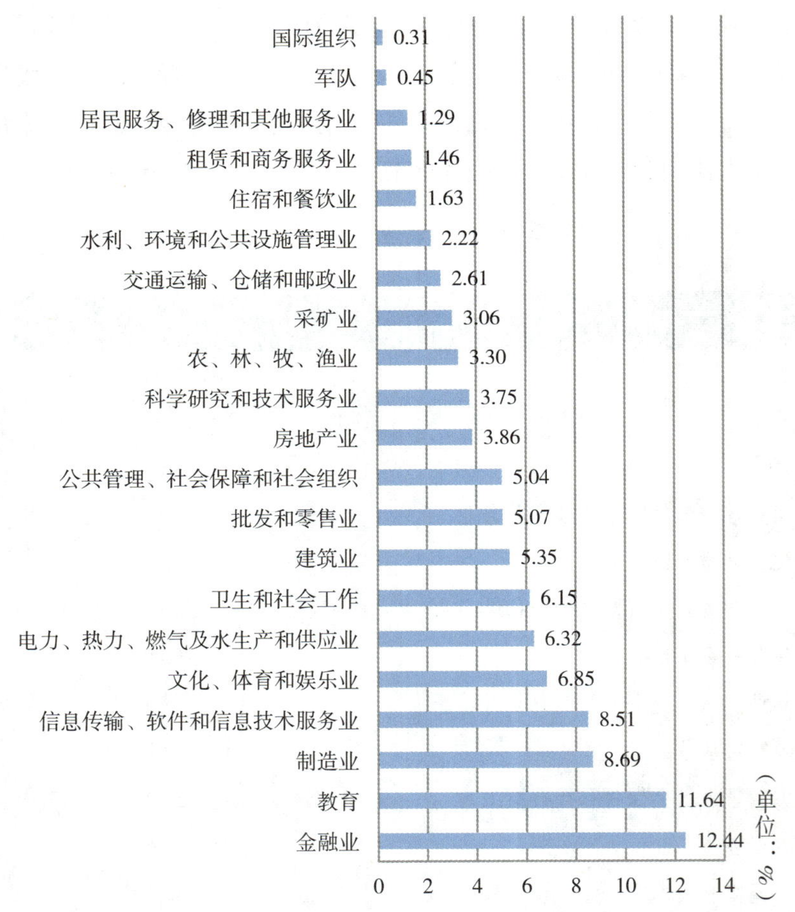

图 1-2-12　全体调查对象总体行业分布

（二）学校类型

不同学校类型毕业生行业分布差异显著。表 1-2-9 报告了不同学校类别的毕业生就业行业分布。211 高校毕业生从事教育业的比例明显高于普通本科和高职高专院校，后两者无明显差异；普通本科高校毕业生从事文化、体育和娱乐业，建筑业的比例明显高于211高校和高职高专院校，后两者无显著差异；高职高专毕业生从事制造业，卫生和社会工作，交通运输、仓储和邮政业，住宿和餐饮业的比例高于211高校和普通本科高校毕业生；211高校和普通本科高校毕业生从事金融业，科学研究和技术服务业，房地产业的比例明显高于高职高专毕业生比例，且前两者无显著性差异。

表1-2-9 按照高校类别分类的行业分布

（单位：%）

行业	211高校	普通本科	高职高专
采矿业	4.00	1.34	3.12
电力、热力、燃气及水生产和供应业	6.81	5.60	5.97
房地产业	4.25	3.92	2.08
公共管理、社会保障和社会组织	5.50	4.48	4.42
国际组织	0.31	0.22	0.52
建筑业	4.06	7.84	4.92
交通运输、仓储和邮政业	2.56	1.01	6.49
教育	12.75	10.53	9.61
金融业	12.94	12.89	9.35
居民服务、修理和其他服务业	1.38	1.12	1.30
军队	0.31	0.56	0.78
科学研究和技术服务业	4.63	3.58	0.52
农、林、牧、渔业	3.13	3.70	3.12
批发和零售业	4.31	5.71	6.75
水利、环境和公共设施管理业	2.31	2.24	1.82
卫生和社会工作	5.06	7.05	8.57
文化、体育和娱乐业	4.94	11.09	4.94
信息传输、软件和信息技术服务业	8.63	8.73	7.53
制造业	9.06	6.49	12.21
住宿和餐饮业	1.50	0.78	4.16
租赁和商务服务业	1.56	1.12	1.82

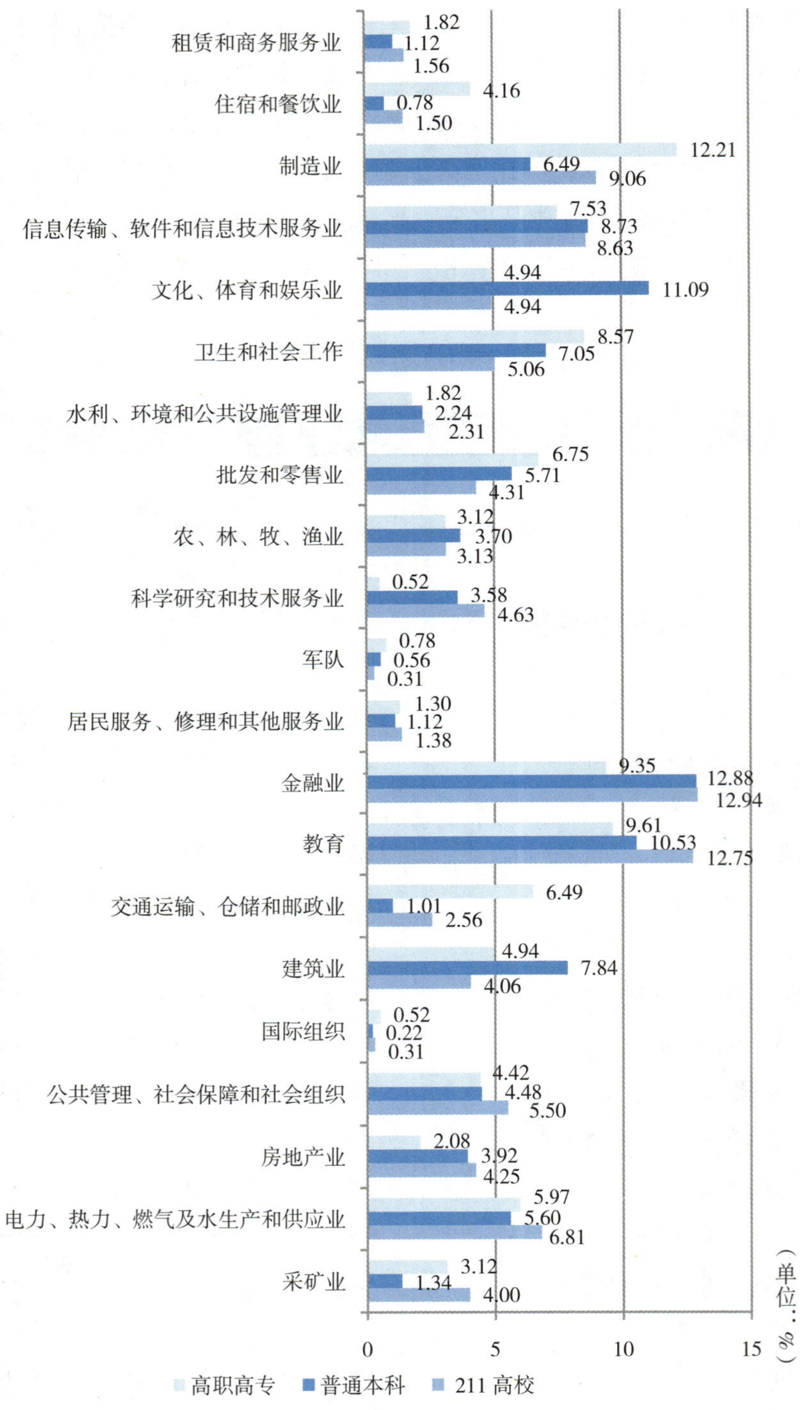

图 1-2-13　按照高校类别分类的行业分布

（三）学历层次

不同学历毕业生所从事行业存在明显不同。表 1-2-10 报告了不同学历毕业生的就业行业分布。本科生中从事房地产业、建筑业、金融业的总体比例（22.61%）高于专科生（16.37%）和研究生（13.77%）；专科生中从事交通运输、仓储和邮政业，批发和零售业，卫生和社会工作，制造业，住宿和餐饮业的总比例（38.18%）高于本科生（25.81%）和研究生（19.67%）；研究生从事公共管理、社会保障和社会组织，教育的总比例（20.51%）高于专科生（14.03%）和本科生（16.03%）。

表 1-2-10 按照学历层次分类的行业分布

（单位：%）

行 业	专 科	本 科	研究生
采矿业	3.12	2.53	4.49
电力、热力、燃气及水生产和供应	5.97	6.25	7.02
房地产业	2.08	4.05	1.97
公共管理、社会保障和社会组织	4.42	4.53	7.87
国际组织	0.52	0.16	0.28
建筑业	4.94	5.73	3.37
交通运输、仓储和邮政业	6.49	2.53	2.81
教育	9.61	11.50	12.64
金融业	9.35	12.83	8.43
居民服务、修理和其他服务业	1.30	1.12	1.12
军队	0.78	0.32	0.56
科学研究和技术服务业	0.52	3.37	8.15
农、林、牧、渔业	3.12	3.13	4.49
批发和零售业	6.75	5.49	4.78
水利、环境和公共设施管理业	1.82	2.00	3.37
卫生和社会工作	8.57	6.33	5.34
文化、体育和娱乐业	4.94	6.69	7.30
信息传输、软件和信息技术服务业	7.53	8.62	8.43
制造业	12.21	9.70	6.18
住宿和餐饮业	4.16	1.76	0.56
租赁和商务服务业	1.80	1.36	0.84

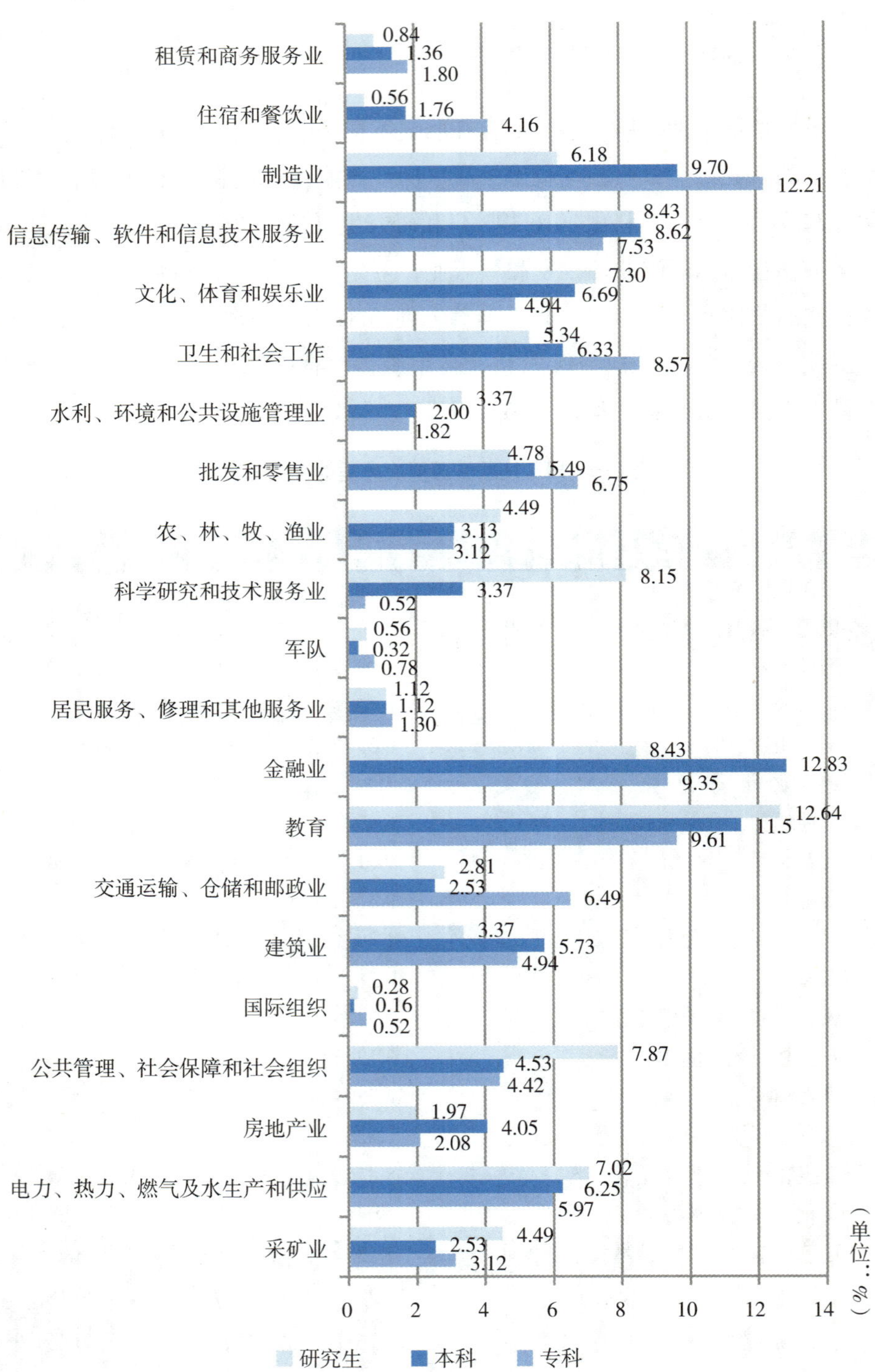

图 1-2-14　按照学历层次分类的行业分布

（四）学科门类

不同学科门类毕业生就业行业分布存在显著差异，呈现不同特点。表1-2-11报告了不同学科门类毕业生的就业行业分布。可划分以下类型：

专业匹配度高型：我们将毕业生从事某一行业比例接近或超过50%的专业视为专业与从事行业匹配度高。教育学毕业生从事教育行业比例达到68.13%，经济学毕业生从事金融业的比例为55.03%，历史学毕业生从事教育行业的比例为56.12%，农学毕业生从事农、林、牧、渔业的比例为56.76%，医学毕业生从事卫生和社会工作的比例为80.84%，艺术学的毕业生从事文化、体育和娱乐业的毕业为49.32%。

就业行业多元型：法学、工学、管理学、理学、文学和哲学的毕业生就业行业分布广泛。

表1-2-11 按照学科门类分类的行业分布

（单位：%）

行业分布	法学	工学	管理学	教育学	经济学	理学	历史学	农学	文学	医学	艺术学	哲学
采矿业	3.41	5.28	1.13	2.20	3.24	2.01	2.04	—	2.08	0.60	0.68	—
电力、热力、燃气及水生产和供应业	2.93	15.57	2.54	3.30	3.41	7.18	2.04	2.70	1.25	1.20	1.37	10.26
房地产业	4.39	3.30	5.37	0.55	4.09	4.60	2.04	1.35	3.33	0.60	4.11	2.56
公共管理、社会保障和社会组织	22.44	1.72	9.32	2.20	3.07	2.30	3.06	—	5.00	4.79	2.05	10.26
国际组织	0.49	0.13	—	0.55	0.34	—	—	—	—	—	—	2.56
建筑业	2.93	13.98	3.39	1.10	2.21	4.31	3.06	2.70	0.83	0.60	4.79	2.56
交通运输、仓储和邮政业	3.41	4.35	5.65	—	1.87	3.16	1.02	2.70	2.50	—	—	7.69
教育	11.22	2.37	3.11	68.13	1.87	17.82	56.12	2.70	25.42	1.80	10.96	20.51
金融业	8.29	1.85	21.75	3.85	55.03	8.62	2.04	—	5.83	0.60	3.42	12.82
居民服务、修理和其他服务业	1.46	0.79	1.41	1.65	0.51	1.15	—	—	0.42	—	1.37	—

行业分布	法学	工学	管理学	教育学	经济学	理学	历史学	农学	文学	医学	艺术学	哲学
军队	0.49	0.13	0.28	—	0.51	0.29	—	—	0.42	0.60	1.37	—
科学研究和技术服务业	0.49	5.67	1.41	1.65	0.68	7.18	3.06	5.41	2.92	4.79	1.37	2.56
农、林、牧、渔业	3.41	1.72	2.26	1.65	1.36	1.72	1.02	56.76	1.25	0.60	0.68	12.82
批发和零售业	4.39	0.92	6.21	2.75	3.41	2.59	1.02	4.05	4.58	0.60	2.05	—
水利、环境和公共设施管理业	2.44	3.43	1.41	0.55	0.68	2.30	1.02	9.46	0.83	—	0.68	—
卫生和社会工作	5.85	0.92	3.67	2.20	1.02	3.45	1.02	2.70	5.00	80.84	0.68	2.56
文化、体育和娱乐业	4.88	1.72	5.37	2.75	2.04	2.87	12.24	2.70	20.83	1.20	49.32	2.56
信息传输、软件和信息技术服务业	5.37	13.85	9.60	1.65	5.28	15.80	4.08	1.35	6.67	—	8.22	—
制造业	8.29	21.11	7.06	2.75	6.30	11.21	3.06	4.05	7.08	1.20	3.42	7.69
住宿和餐饮业	—	0.79	5.65	0.55	2.04	1.15	2.04	1.35	2.08	—	2.05	2.56
租赁和商务服务业	3.41	0.40	3.39	—	1.02	0.29	—	—	1.67	—	1.37	—

注：统计中，不足 0.05% 的用“—”表示。

三、性质分布

（一）总体概述

在单位性质分布上，大学生就业最多的单位性质为民营企业、个体。表 1-2-12 报告了 2014 届毕业生总体单位性质分布，分别为民营企业、个体（57.05%），国有企业（20.18），三资企业（9.01%），其他事业单位（7.8%），党政机关（5.96%）。

表 1-2-12 被调查毕业生总体单位性质分布

（单位：%）

单位性质	毕业生分布
民营企业、个体	57.05
国有企业	20.18
三资企业	9.01
其他事业单位	7.80
党政机关	5.96

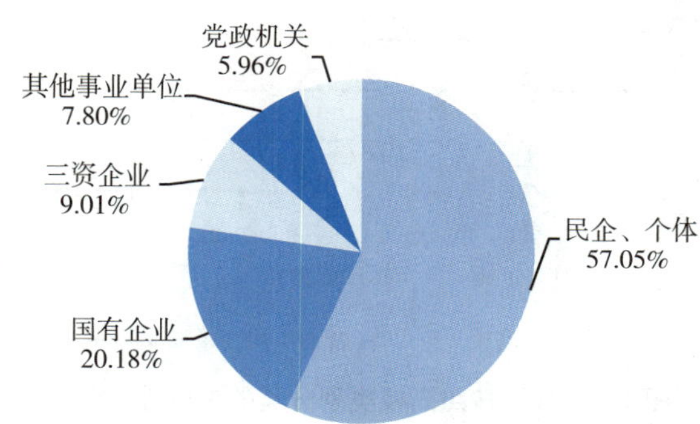

图 1-2-15 被调查毕业生总体单位性质分布

（二）学校类型

毕业生就业单位性质主要是企业，不同学校类型存在明显差异。表 1-2-13 报告了 2014 届不同学校类别毕业生的单位性质分布，211 高校毕业生在三资企业、其他事业单位就业的比例明显高于普通本科和高职高专院校毕业生；普通本科高校毕业生在党政机关的比例高于 211 高校和高职高专毕业生；高职高专毕业生在民营企业、个体，国有企业的比例明显高于 211 高校和普通本科高校毕业生。

表 1-2-13 按照高校类别分类的单位性质分布

（单位：%）

单位性质	211 高校	普通本科	高职高专
民营企业、个体	53.45	59.01	62.72
国有企业	20.99	19.29	20.80

单位性质	211 高校	普通本科	高职高专
三资企业	10.87	7.08	10.12
其他事业单位	8.96	7.74	3.47
党政机关	5.73	6.88	2.89

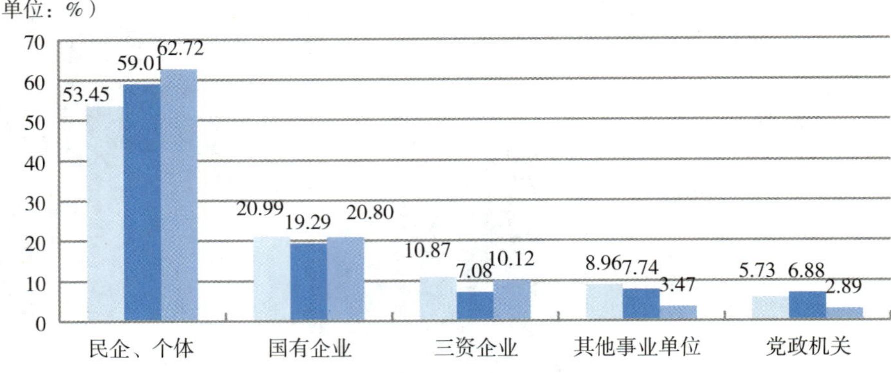

图 1-2-16　按照高校类别分类的单位性质分布

（三）学历层次

不同学历层毕业生就业单位性质主要是企业，较为集中。表 1-2-14 报告了不同学历层次大学生总体单位性质分布，专科生、本科生和研究生中，单位性质为企业（包括民营企业、个体，国有企业，三资企业）的占 93.65%、87.34% 和 86.92%。研究生在事业单位就业的比例高于专科生和本科生。

表 1-2-14　按照学历层次分类的单位性质分布

（单位：%）

单位性质	专　科	本　科	研究生
民营企业、个体	62.72	56.51	55.23
国有企业	20.81	20.02	20.06
三资企业	10.12	10.81	11.63
其他事业单位	2.89	6.81	10.47
党政机关	3.46	5.85	2.61

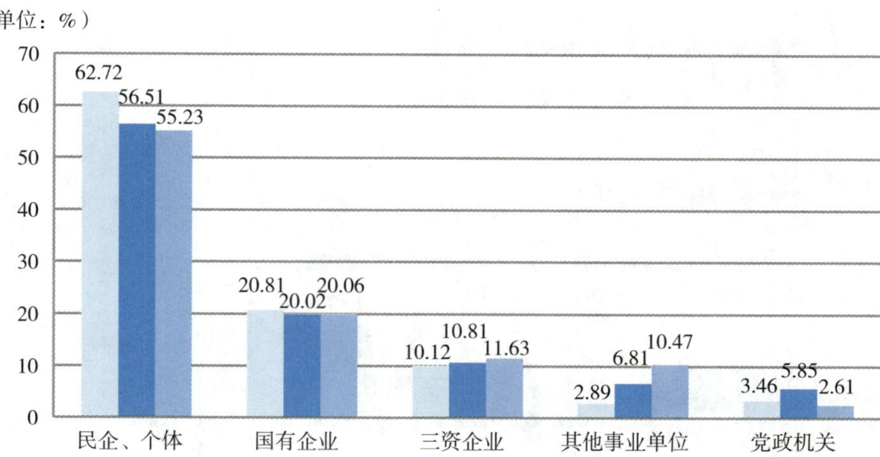

图 1-2-17 按照学历层次分类的单位性质分布

（四）学科门类

不同学科门类毕业生单位性质存在明显不同。表 1-2-15 报告了不同学科门类毕业生单位性质，各学科中在企业（民营企业、个体，国有企业，三资企业）就业比例前三位的依次为：工学（92.28%）、艺术学（90.13%）、经济学（90%）；在事业单位就业比例前三位的依次为：医学（44.91%）、教育学（43.23%）、历史学（26.8%）；在党政机关就业比例前三位的依次为：哲学（17.95%）、法学（17.31%）、历史学（14.43%）。

表 1-2-15 按照学科门类分类的单位性质

（单位：%）

单位性质	法学	工学	管理学	教育学	经济学	理学	历史学	农学	文学	医学	艺术学	哲学
民营企业、个体	38.46	47.70	48.68	33.85	44.36	50.00	34.02	59.46	51.82	22.16	60.56	41.03
国有企业	15.38	32.11	24.23	9.38	31.09	18.55	18.56	12.16	13.64	23.95	15.49	7.69
三资企业	9.62	12.47	12.11	5.73	14.55	11.02	6.19	10.81	15.00	4.79	14.08	7.69
其他事业单位	19.23	4.61	12.56	43.23	5.64	10.75	26.80	9.46	11.36	44.91	5.63	25.64
党政机关	17.31	3.11	2.42	7.81	4.36	9.68	14.43	8.11	8.18	4.19	4.24	17.95

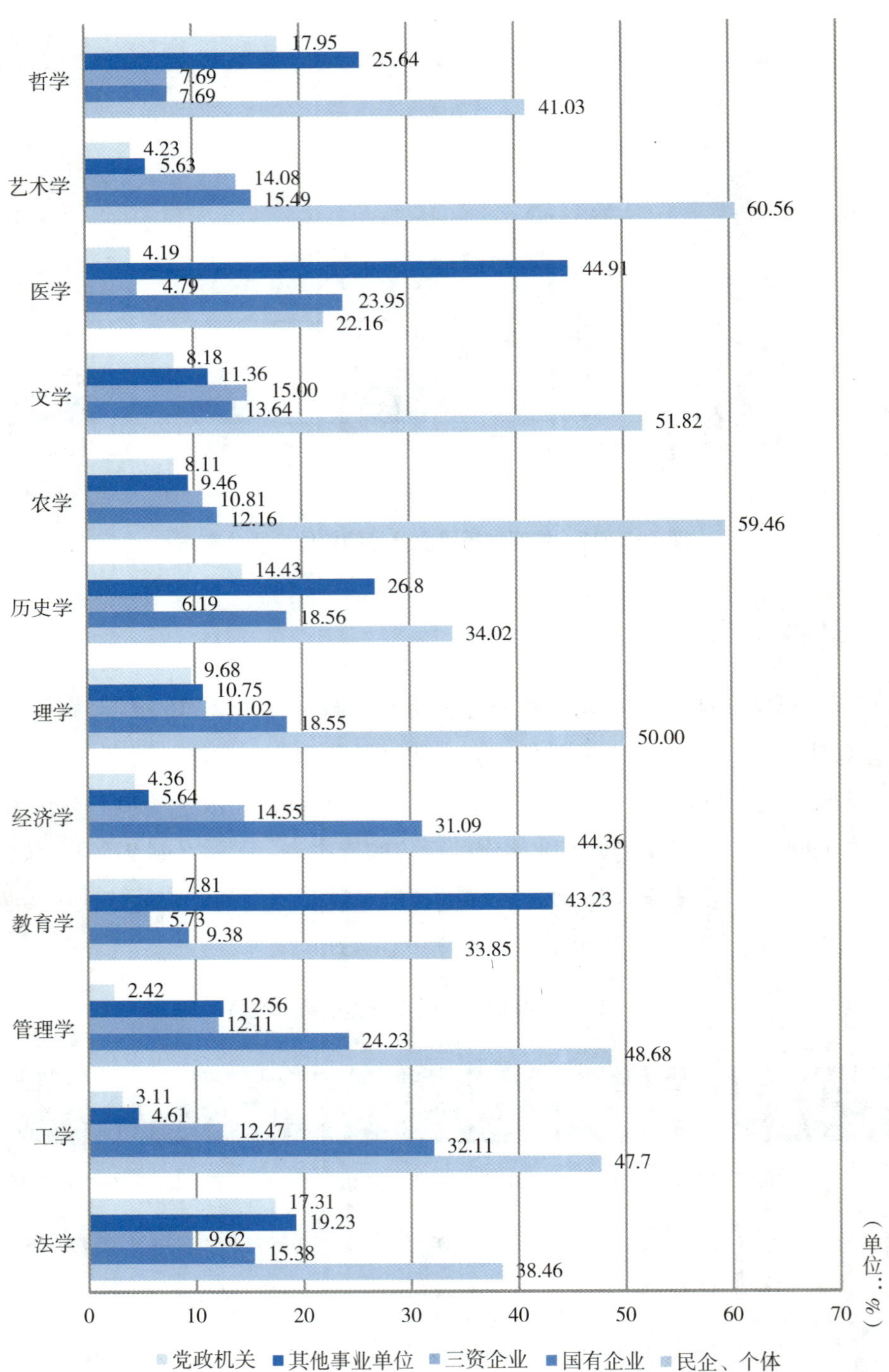

图 1-2-18　按照学科门类分类的单位性质

第三章 就业质量

本章通过对大学生毕业生就业满意度、薪酬状况、专业匹配度、职业期待吻合度四个维度的调研，对 2014 届大学生毕业生的就业质量进行分析。调查结果显示，在就业满意度上，68.21% 的调查对象对就业结果表示满意，其中首选就业满意因素较集中的前三个因素是：工作地点、薪酬待遇、单位名气；在薪酬状况上，全体调研对象的平均薪酬为 3412 元，约 65.39% 的已就业毕业生对目前的薪酬现状感到满意；在专业匹配度上，67.83% 的调查对象认为就业与专业相匹配，不同学历层次、不同学科门类和不同学习成绩水平的已就业毕业生专业匹配度差异显著；在职业期待吻合度上，65.38% 的被调查对象认为目前工作与职业期待具有吻合因素，而认为工作与职业期待不吻合因素中，较为集中的三个因素是：工作地点、薪酬待遇、单位名气，被调查对象在“薪酬待遇”、“发展前景”的职业期待因素方面尚不够理性。

相关数据说明：

就业满意度：调查对象对就业满意情况的主观判断。

薪酬满意度：调查对象对薪酬满意状况的主观判断。

专业匹配度：调查对象对所学专业与工作匹配情况的主观判断。

职业期待吻合度：调查对象对现实工作状况与职业期待吻合情况的主观判断。

一、就业满意度

（一）总体概述

68.21% 的调查对象对就业结果表示满意，其中首选就业满意因素较为集中的前三个因素是：工作地点、薪酬待遇、单位名气；较低的三个因素是：解决户口、工作假期、专业对口。不同学校类型、学历层次、学科门类毕业生就业满意度差异不大。

表 1-3-1　全体被调查者的就业满意因素调查

首选就业满意因素	工作地点	薪酬待遇	单位名气	发展前景	兴趣爱好	工作稳定	劳动强度	家人意见	专业对口	工作假期	解决户口
比例（%）	28.00	19.71	14.25	13.81	11.71	11.02	10.73	9.49	9.35	8.61	4.62

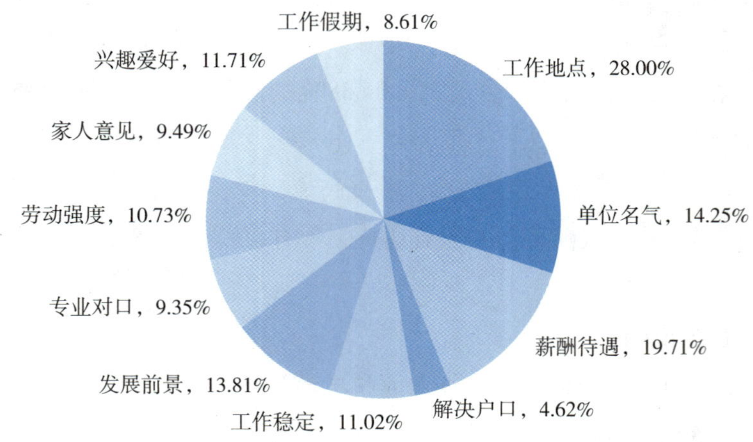

图 1-3-1　全体被调查者的就业满意因素

（二）学校类型

不同学校类型毕业生的就业满意度有所差异，但差异不明显。211 高校、普通本科和高职高专院校毕业生就业满意度分别是 68.72%、67.57% 和 67.46%，三者差异不大。

表 1-3-2 不同学校类型毕业生的就业满意度调查

（单位：%）

学校类型	211 高校	普通本科	高职高专
就业满意度	68.72	67.57	67.46

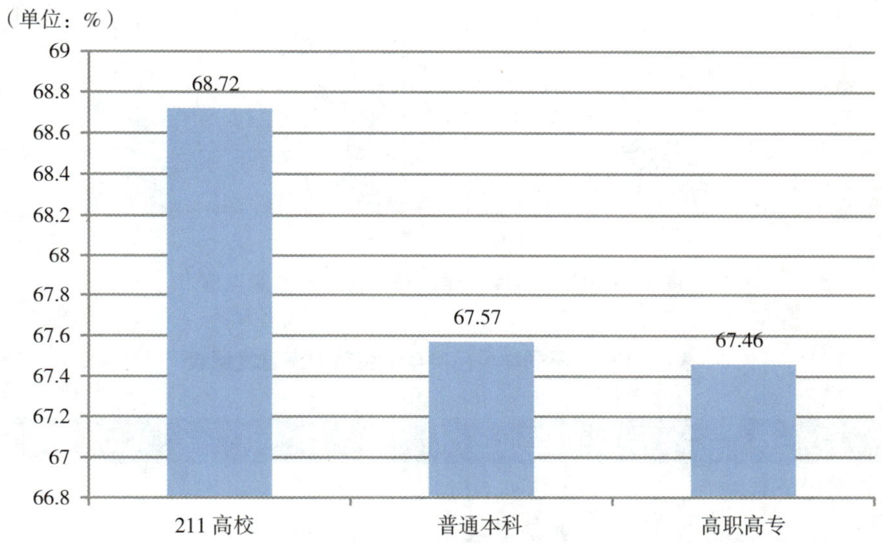

图 1-3-2 不同学校类型毕业生的就业满意度

（三）学历层次

随着学历层次的提高，调研对象的就业满意度有上升趋势，但差异不大。专科生、本科生、研究生的就业满意度依次为 67.46%、68.37%、69.32%。

表 1-3-3 不同学历层次毕业生就业满意度调查

（单位：%）

学　历	研究生	本　科	专　科
就业满意度	69.32	68.37	67.46

（四）学科门类

不同学科门类毕业生就业满意度有所差异，但差异不明显。满意度最高的专业类型是经济学，为 69.14%；满意度较低的专业是艺术学，为 67.07%。

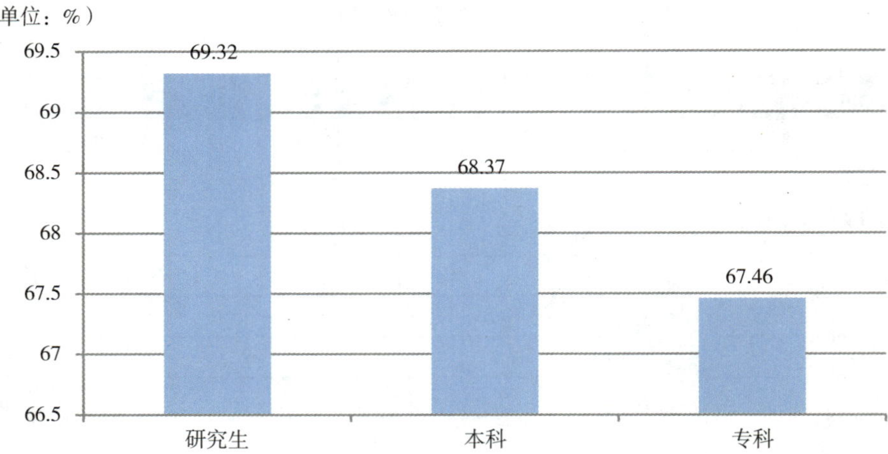

图 1-3-3　不同学历层次毕业生的就业满意度

表 1-3-4　不同学科门类毕业生就业满意度调查

（单位：%）

学　科	就业满意度	学　科	就业满意度
经济学	69.14	医　学	68.23
教育学	69.06	农　学	68.07
法　学	68.64	理工学	67.85
管理学	68.47	艺术学	67.07
文史哲	68.41		

注：个别学科门类因为样本较少，没有包括在内。

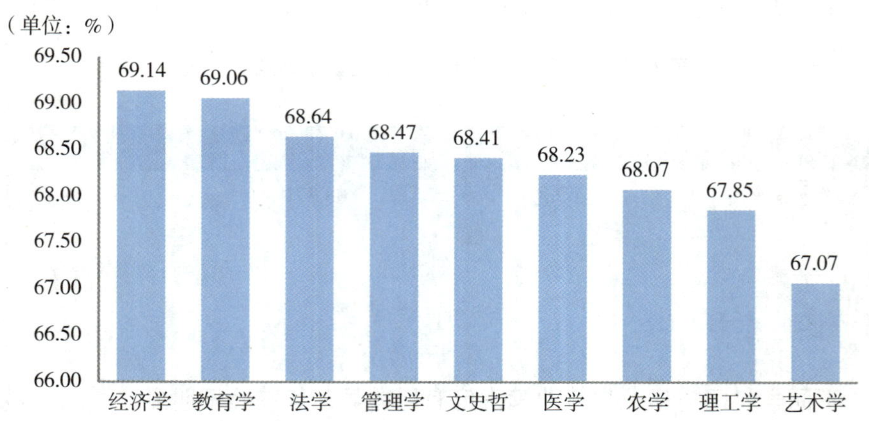

图 1-3-4　不同学科门类毕业生的就业满意度

二、薪酬状况

（一）总体概述

被调查毕业生平均月薪为3412元。由被调查毕业生对自己目前的薪酬状况进行主观判断，选项有“非常满意”、“满意”、“比较不满意”、“不满意”和“无法评估”，约65.39%的已就业毕业生对目前薪酬现状感到满意。不同学校类型、学历层次、就业行业和就业区域大学生的薪酬差异较大。

（二）学校类型

学校办学层次越高，毕业生的月薪越高。211高校、普通本科和高职高专院校毕业生的平均月薪分别是4119元、3557元和3062元。经过SPSS 17.0列联表相关分析，交叉表数据显示，两个变量所构成的列联表以卡方检验分析的结果发现：Cramer的V=0.188，P＜0.05，已达显著性水平。即在没有缺失值的情况下，学校类型与薪酬的相关性显著且呈正相关。

表1-3-5 不同学校类型毕业生薪酬待遇情况

（单位：%）

薪　酬	211高校	普通本科	高职高专
2000元以下	5.32	10.39	14.80
2000—3000元	21.28	32.41	43.62
3000—4000元	27.93	28.64	27.30
4000—5000元	23.94	15.24	10.46
5000—6000元	10.57	7.29	2.30
6000—7000元	4.85	3.35	0.51
7000—8000元	1.99	1.01	0.26
8000—9000元	1.86	0.59	0.26
9000—10000元	0.93	0.34	0.26
10000元以上	1.33	0.75	0.26

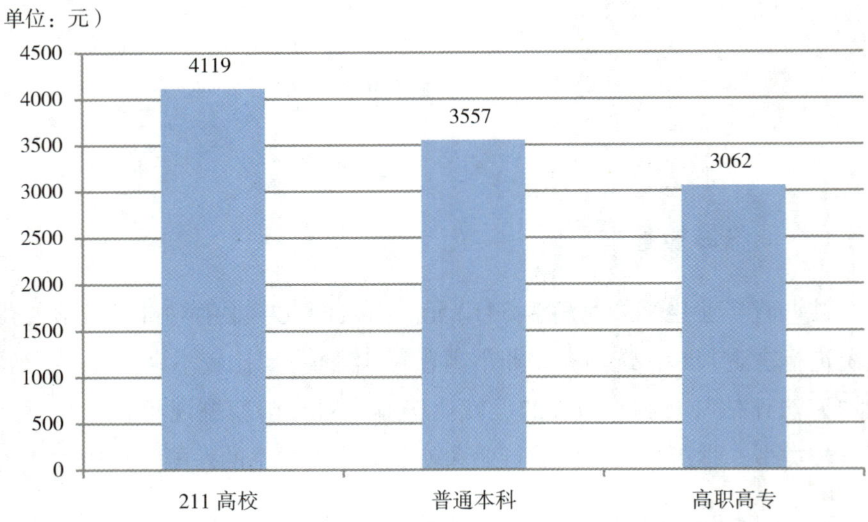

图 1-3-5 不同学校类型毕业生的薪酬状况

（三）学历层次

学历层次与毕业生薪酬呈正相关。 研究生、本科生和专科生的平均月薪分别是 4667 元、3658 元和 3062 元，随着学历层次水平的提高，毕业生薪酬水平上升。经过 SPSS 17.0 列联表相关分析，通过交叉表数据显示，两个变量所构成的列联表以卡方检验分析的结果发现：Cramer 的 V=0.121，$P<0.05$，已达显著性水平。即在没有缺失值的情况下，学历层次与薪酬的相关性显著且呈正相关，也就是说，学历层次越高，薪酬水平越高。

表 1-3-6 不同学历层次毕业生薪酬待遇情况

（单位：%）

薪　酬	研究生	本　科	专　科
2000 元以下	5.03	9.96	21.25
2000—3000 元	17.99	29.18	19.05
3000—4000 元	23.54	28.02	39.19
4000—5000 元	17.20	19.55	15.02
5000—6000 元	12.43	7.57	3.30
6000—7000 元	9.79	2.30	0.73

薪 酬	研究生	本 科	专 科
7000—8000 元	5.56	0.95	0.37
8000—9000 元	3.70	0.82	0.37
9000—10000 元	1.85	0.49	0.36
10000 元以上	2.91	1.15	0.36

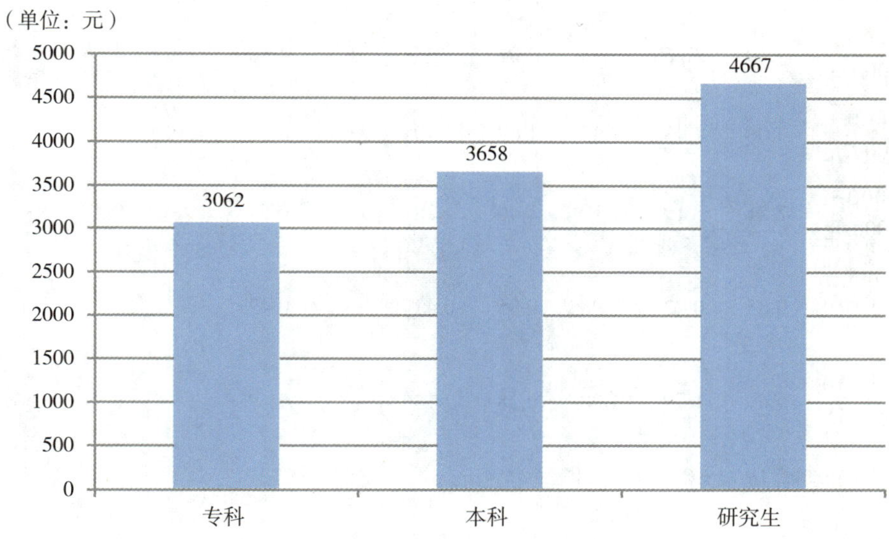

图 1-3-6 不同学历层次的毕业生薪酬

（四）学科门类

不同学科门类毕业生平均月薪差异不大。不同学科门类的毕业生平均月薪主要集中在 3000 元至 4000 元，经济学类大学生平均月薪最高，为 3908 元；教育学类大学生平均月薪最低，为 3164 元。

表 1-3-7 不同学科门类毕业生薪酬待遇情况

（单位：%）

薪 酬	经济学	工 学	管理学	理 学	法 学	文史哲	医 学	农 学	艺术学	教育学
2000 元以下	7.82	10.25	10.78	8.40	17.45	9.13	11.83	12.99	14.42	18.01
2000—3000 元	24.32	27.89	31.81	30.25	30.64	30.71	21.22	31.16	36.28	38.86

薪 酬	经济学	工 学	管理学	理 学	法 学	文史哲	医 学	农 学	艺术学	教育学
3000—4000 元	28.23	27.18	24.26	30.25	22.98	33.61	49.37	35.06	27.90	22.27
4000—5000 元	25.00	17.40	15.36	15.41	12.77	16.18	7.63	12.99	14.88	14.69
5000—6000 元	4.42	9.89	9.97	6.44	5.96	4.98	2.86	2.60	3.72	3.32
6000—7000 元	3.40	2.26	3.23	5.04	2.98	2.90	4.68	1.30	1.86	1.40
7000—8000 元	3.06	1.43	1.35	1.68	3.40	1.66	0.96	1.30	—	0.95
8000—9000 元	2.21	1.19	1.10	1.40	1.28	0.83	0.54	2.60	0.47	—
9000—10000 元	0.85	0.72	1.08	0.85	0.43	—	0.42	—	—	—
10000 元以上	0.69	1.79	1.08	0.28	2.13	—	0.49	—	0.47	—

注：个别学科门类因为样本较少，没有包括在内。

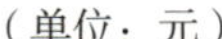

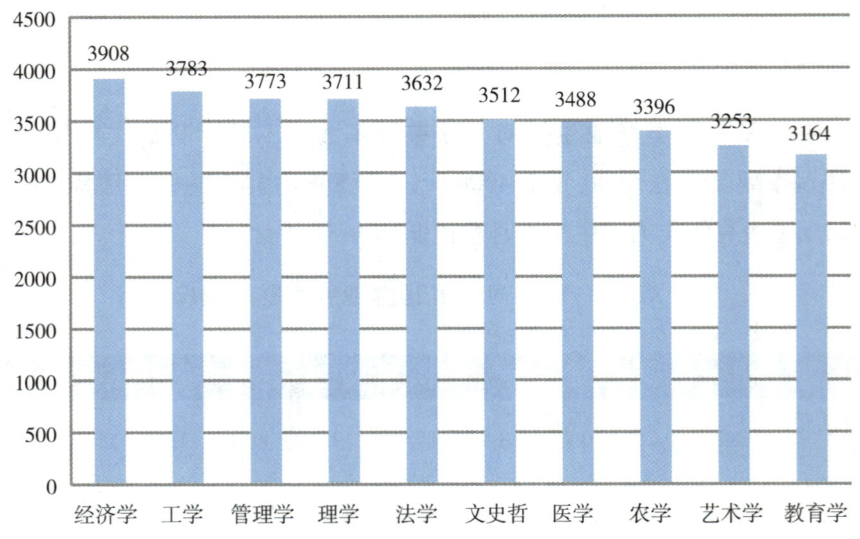

图 1-3-7　不同学科门类毕业生平均薪酬

（五）就业行业

2014 届毕业生因就业行业不同，薪酬差异明显，专业研究及技术类行业平均薪酬较高。科学研究与技术服务业就业大学生平均月薪最高，为 4674 元；农、林、牧、渔业就业大学生平均月薪最低，为 2992 元。

表 1-3-8 不同就业行业毕业生薪酬待遇情况

（单位：%）

薪酬 行业	2000 元以下	2000—3000 元	3000—4000 元	4000—5000 元	5000—6000 元	6000—7000 元	7000—8000 元	8000—9000 元	9000—10000 元	10000 元以上
农、林、牧、渔业	27.93	31.20	28.07	8.80	1.60	0.80	—	1.60	—	—
住宿和餐饮业	15.38	41.54	32.31	6.15	3.08	1.54	—	—	—	—
居民服务、修理和其他服务业	12.50	52.78	19.44	6.94	1.39	2.78	2.78	1.39	—	—
批发和零售业	11.96	40.22	28.26	10.87	5.43	1.07	1.11	—	—	1.09
教育	12.14	34.30	29.29	13.46	7.12	2.11	0.79	0.25	0.26	0.27
卫生和社会工作	19.05	32.38	23.33	14.76	2.38	4.76	0.95	0.47	0.49	1.43
制造业	9.84	44.26	24.59	9.84	3.28	4.92	—	—	—	3.28
交通运输、仓储和邮政业	4.90	23.08	48.95	16.08	4.20	1.40	0.71	0.69	—	—
文化、体育和娱乐业	20.00	28.97	24.83	10.34	5.52	3.45	0.69	2.76	1.38	2.07
建筑业	8.06	24.64	34.60	21.80	6.64	1.90	1.42	0.95	—	—
采矿业	11.18	29.41	24.12	18.82	10.00	1.76	2.94	0.59	—	1.21
公共管理、社会保障和社会组织	21.78	24.75	20.79	13.86	6.93	4.95	0.99	2.97	0.99	1.98
电力、热力、燃气及水生产和供应业	10.56	21.83	30.28	23.24	7.75	1.41	2.82	0.68	0.70	0.72
金融业	9.52	28.14	32.16	13.06	8.54	2.51	0.50	1.01	0.50	4.02

薪酬 行业	2000元以下	2000—3000元	3000—4000元	4000—5000元	5000—6000元	6000—7000元	7000—8000元	8000—9000元	9000—10000元	10000元以上
信息传输、软件和信息技术服务业	6.34	22.91	24.95	28.83	10.22	2.86	2.45	1.02	0.18	0.22
房地产业	6.02	30.08	25.19	16.92	7.14	4.89	1.88	2.63	3.03	2.26
科学研究和技术服务业	5.24	29.59	24.74	17.23	7.48	4.49	2.62	3.00	3.37	2.25

注：个别行业因为样本较少，没有包括在内。

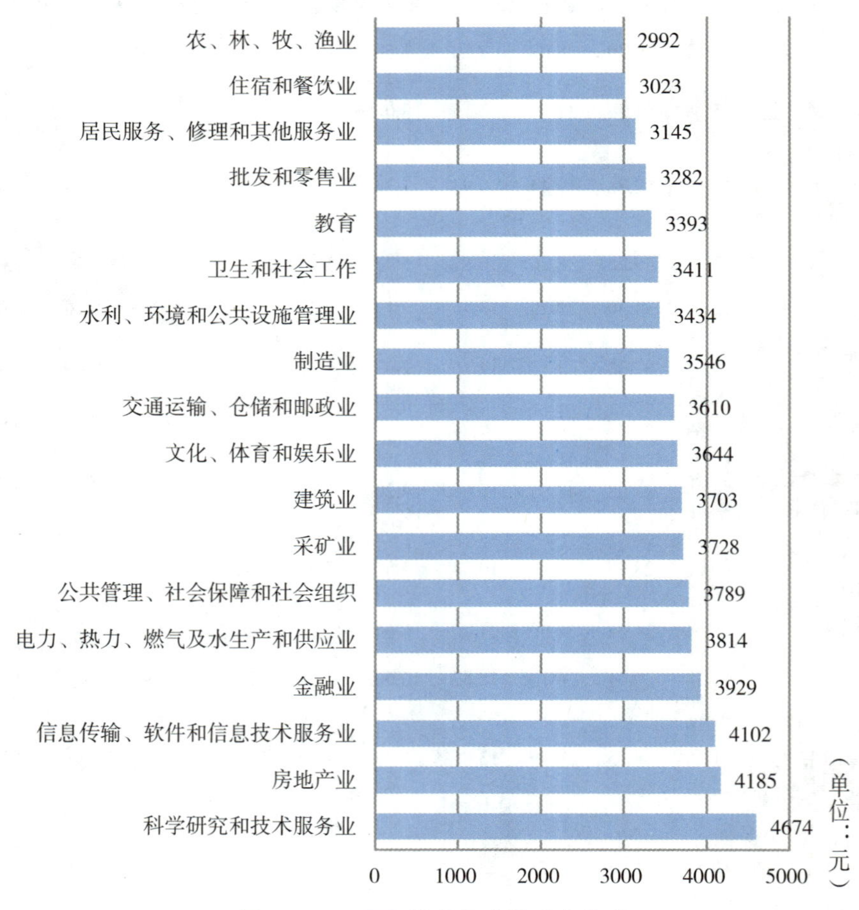

图 1-3-8　不同就业行业毕业生薪酬

注：个别行业因为样本较少，没有包括在内。

（六）就业地点

在不同地点就业的 2014 届毕业生薪酬有所不同，直辖市、沿海地区就业的毕业生平均月薪略高于其他地区。被调研毕业生在直辖市、沿海发达省市（除江苏、安徽、浙江外）就业的群体，薪酬稍高于内陆其他城市，在西北地区省市就业的毕业生群体，薪酬稍低于其他省市。月薪最高的三个省市依次是北京市（4338 元）、上海市（4226 元）、广东省（3930 元）。月薪较低的三个省市依次是甘肃省（3060 元）、河南省（2893 元）、宁夏回族自治区（2728 元）。

表 1-3-9 不同就业地点毕业生薪酬待遇情况

（单位：%）

省 份	2000 元以下	2000—3000 元	3000—4000 元	4000—5000 元	5000—6000 元	6000—7000 元	7000—8000 元	8000—9000 元	9000—10000 元	10000 元以上
宁夏回族自治区	22.86	42.86	25.71	5.71	2.86	—	—	—	—	—
河南省	21.43	50.00	14.27	5.39	5.33	—	1.77	1.81	—	—
甘肃省	12.12	40.32	28.26	19.30	—	—	—	—	—	—
西藏自治区	—	17.02	34.04	29.79	12.77	4.25	2.13	—	—	—
安徽省	21.90	33.33	26.67	8.57	3.81	2.86	0.96	0.95	—	0.95
广西壮族自治区	20.59	32.36	26.47	8.82	5.88	5.88	—	—	—	—
青海省	33.38	12.43	21.78	23.42	8.99	—	—	—	—	—
云南省	18.14	31.01	30.34	15.68	—	—	—	4.81	—	—
山西省	23.81	38.10	14.29	11.90	4.76	2.38	—	—	2.38	2.37
海南省	4.76	71.44	4.77	4.75	—	9.52	—	4.76	—	—
贵州省	12.90	22.58	48.39	6.45	9.68	—	—	—	—	—
湖南省	16.36	34.55	23.64	7.27	12.73	5.45	—	—	—	—
吉林省	3.92	48.04	32.35	5.88	2.94	1.96	3.93	0.98	—	—
天津市	—	41.77	41.55	12.50	—	4.16	—	—	—	—

省　份	2000元以下	2000—3000元	3000—4000元	4000—5000元	5000—6000元	6000—7000元	7000—8000元	8000—9000元	9000—10000元	10000元以上
江西省	6.06	35.35	42.42	7.07	4.05	3.03	2.02	—	—	—
内蒙古自治区	32.45	37.83	15.13	—	—	—	—	11.21	—	3.38
黑龙江省	11.36	40.91	20.45	13.64	6.82	4.55	2.27	—	—	—
河北省	7.14	50.00	17.14	12.86	7.14	2.86	—	1.43	—	1.43
新疆维吾尔自治区	1.28	7.69	44.87	21.79	14.10	6.41	2.56	—	1.28	—
陕西省	24.07	29.63	20.37	11.11	—	5.56	3.70	1.85	3.71	—
四川省	11.30	24.42	33.42	22.37	4.63	1.29	1.03	0.77	0.51	0.26
重庆市	11.76	32.35	35.29	11.76	—	2.94	—	—	2.93	2.95
江苏省	8.85	36.01	31.19	13.08	3.22	2.01	1.21	1.61	1.81	1.01
辽宁省	7.04	32.39	40.14	9.15	2.82	4.23	1.41	0.70	—	2.11
浙江省	7.06	30.59	45.29	4.71	3.53	2.94	2.35	1.76	1.18	0.59
湖北省	21.84	29.89	12.64	16.09	6.90	4.60	5.75	1.15	—	1.15
山东省	5.07	24.64	38.77	25.00	3.99	1.82	0.35	0.36	—	—
福建省	8.89	21.13	21.09	30.00	13.33	4.44	1.11	—	—	—
广东省	7.59	27.59	23.28	19.66	11.38	5.00	2.07	1.20	1.03	1.20
上海市	3.17	34.13	13.40	15.87	19.05	7.14	2.38	1.59	0.79	2.38
北京市	13.33	17.67	19.00	17.67	15.00	4.67	4.33	3.00	1.00	4.33

表 1-3-10　不同就业地点毕业生薪酬

省　份	薪酬区间
北京、上海	薪酬 4000 元以上
辽宁、山东、江苏、浙江、福建、广东、四川、重庆、湖北	薪酬 3500—4000 元
天津、新疆、西藏、内蒙古、甘肃、云南、山西、黑龙江、吉林、河北、贵州、广西、湖南、海南、青海、安徽、江西、陕西	薪酬 3000—3500 元
宁夏、河南	薪酬 3000 元以下

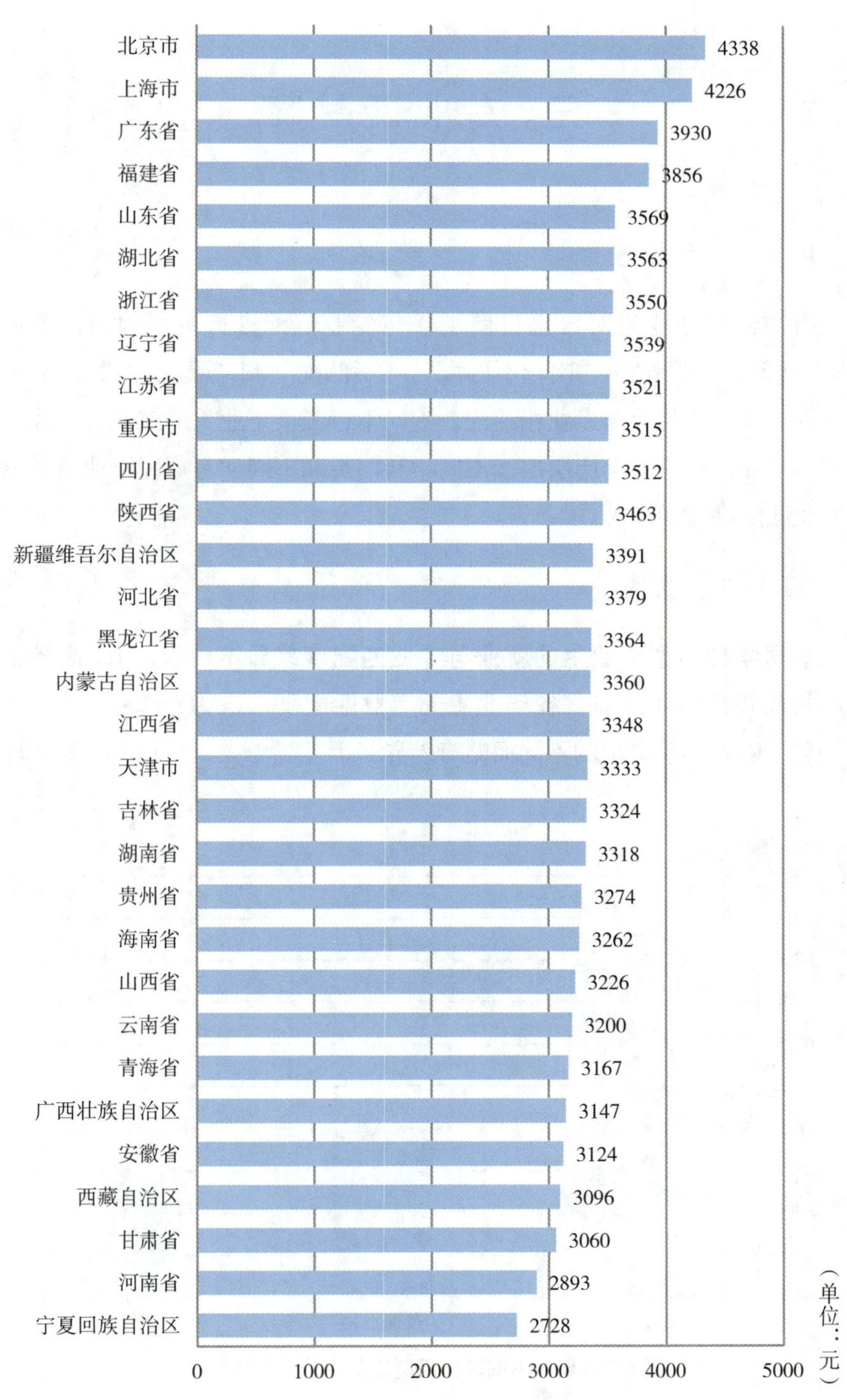

图 1-3-9　不同就业地点毕业生薪酬

三、专业匹配度

（一）总体概述

由被调查毕业生对自己目前工作与专业匹配进行主观判断，选项有“非常匹配”、“匹配”、“比较不匹配”、“不匹配”和“无法评估”，67.83%的调查对象认为就业与专业相匹配。不同学校类型毕业生的就业与专业匹配差异不明显，但不同学历层次、不同学科门类和不同学习成绩毕业生的就业与专业匹配度差异显著。

（二）学校类型

不同学校类型毕业生的就业与专业匹配度差异不明显。211高校、普通本科高校、高职高专院校毕业生的专业匹配度依次为69.24%、66.52%、66.11%，随着学校类型的不同而略有差异，但差异不大。（见图1-3-10）

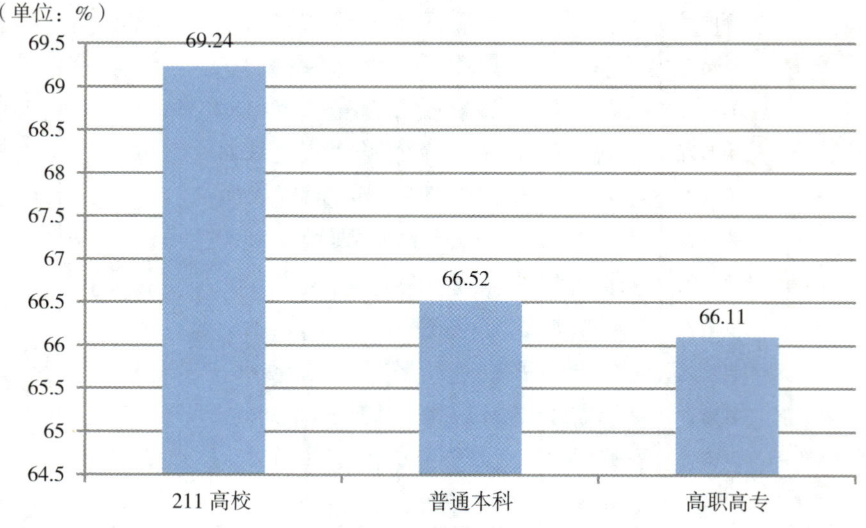

图1-3-10　不同学校类型毕业生的专业匹配度

（三）学历层次

学历层次越高的毕业生，工作与专业的匹配度越高。研究生、本科生和专科生就业满意度依次是 78.14%、66.97% 和 66.11%。通过交叉表数据显示，两个变量所构成的列联表以卡方检验分析的结果发现：Cramer 的 V=0.121，P＜0.05，已达显著性水平。即在没有缺失值的情况下，学历层次与专业匹配度的相关性显著且呈正相关，也就是说，学历层次越高，专业匹配度越高。

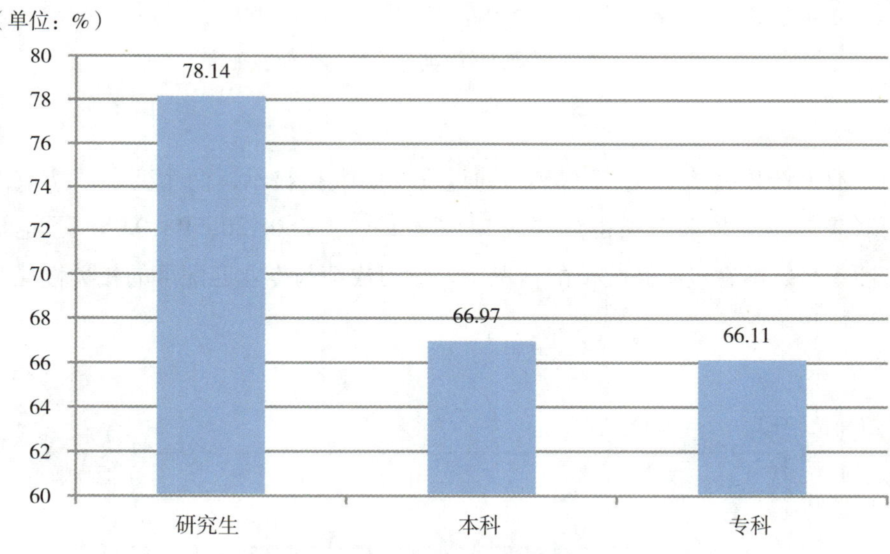

图 1-3-11　不同学历层次毕业生专业匹配度

（四）学科门类

大学生就业岗位与专业匹配程度受到学科门类本身影响，专业技能越明显，就业与专业匹配度越高。医学毕业生的专业匹配度最高，为 85.03%；法学毕业生的专业匹配度较低，为 56.09%。

（五）学习成绩

学习成绩水平越高，就业与专业匹配度越高。成绩排名前 10% 毕业生

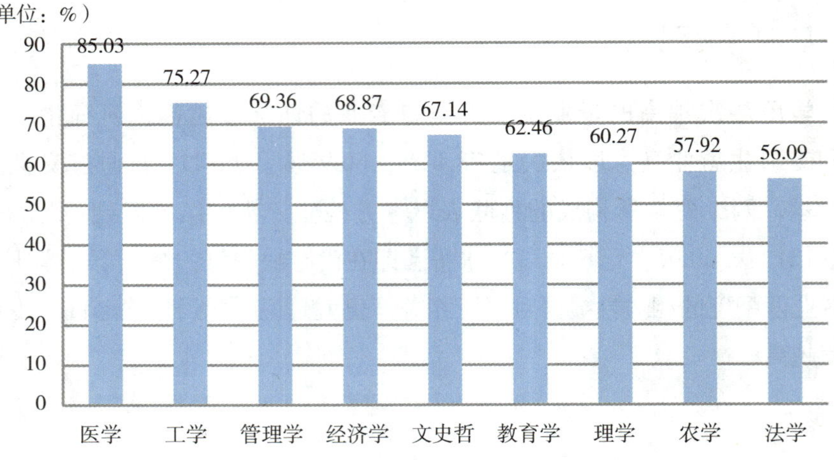

图 1-3-12　不同学科门类毕业生的专业匹配度

的专业匹配度最高，为 75.03%。通过交叉表数据显示，两个变量所构成的列联表以卡方检验分析的结果发现：Cramer 的 V=0.120，P＜0.05，已达显著性水平。即在没有缺失值的情况下，学习成绩与专业匹配度的相关性显著且呈正相关。

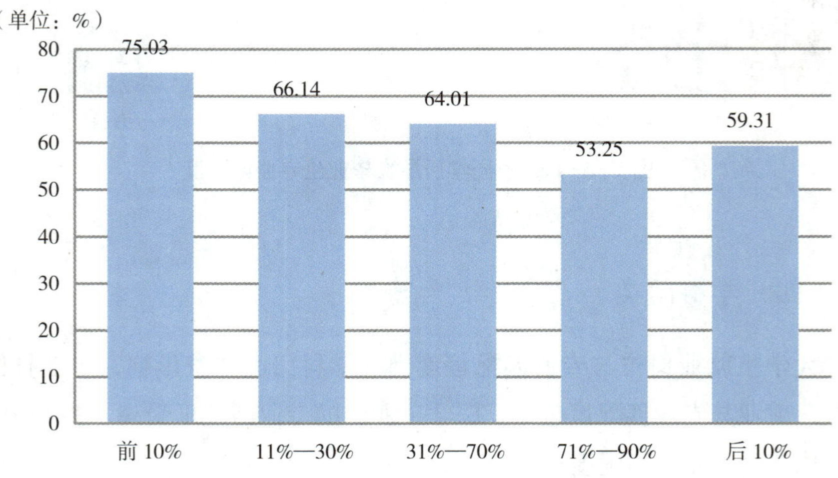

图 1-3-13　不同学习成绩水平毕业生的专业匹配度

四、职业期待吻合度

（一）总体概述

65.39% 的被调研毕业生认为目前工作与职业期待具有吻合因素，其中不同类型、不同学历层次、不同学科门类毕业生，首选职业期待吻合因素大体一致，较为集中的前三个因素是：工作地点、薪酬待遇、单位名气。

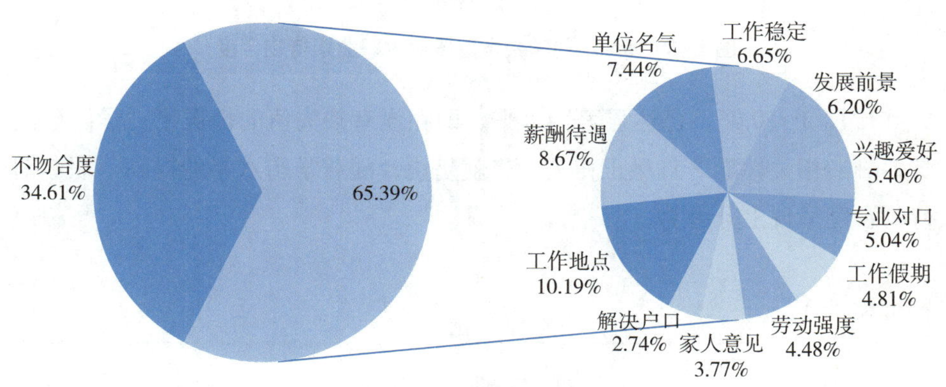

图 1-3-14　全体调研对象的职业期待吻合因素

（二）学校类型

不同学校类型毕业生职业期待吻合度差异不大。211 高校、普通本科高校、高职高专院校的已就业毕业生职业期待吻合度依次为 66.93%、64.78%、63.44%。

（三）学历层次

随着学历水平的提高，职业期待吻合度呈现上升趋势。研究生、本科生、专科生的职业吻合度分别为：66.39%、64.82%、63.44%。通过交叉表数据显示，两个变量所构成的列联表以卡方检验分析的结果发现：Cramer 的

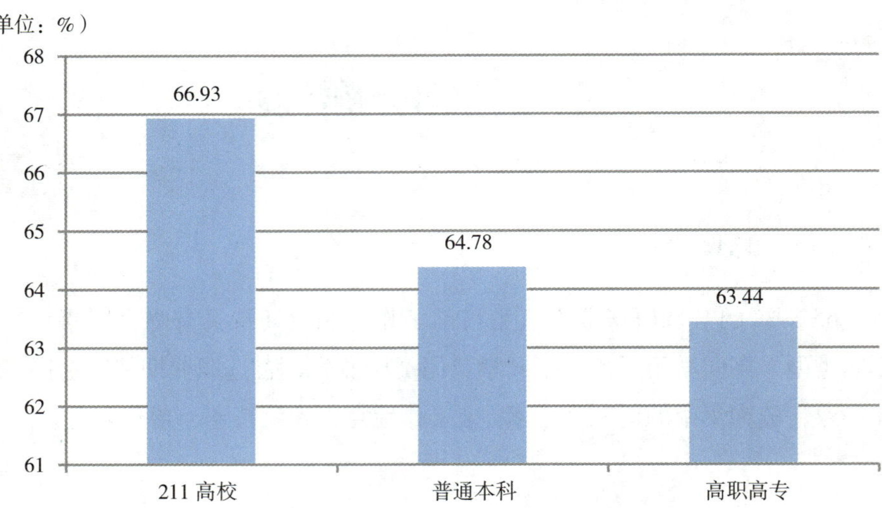

图 1-3-15　不同学校类型毕业生职业期待吻合度

V=0.121，P＜0.05，已达显著性水平。即在没有缺失值的情况下，学历层次与薪酬的相关性显著且呈正相关，也就是说，随着学历水平的提高，职业期待吻合度呈现上升趋势。

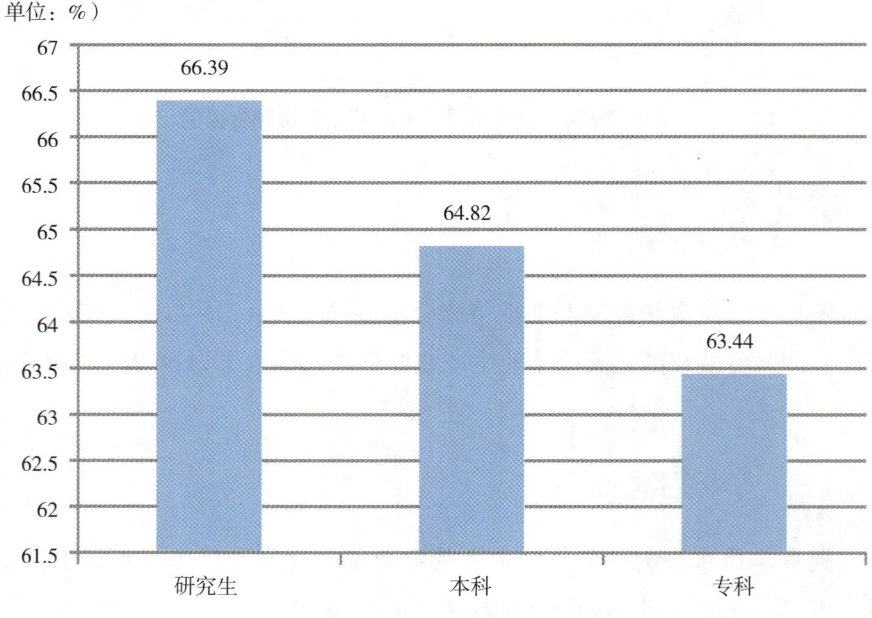

图 1-3-16　不同学历层次毕业生职业期待吻合度

（四）学科门类

不同学科门类毕业生职业期待吻合度有所不同。职业期待吻合度最高的是法学，为69.27%；最低的是艺术学，为63.96%。

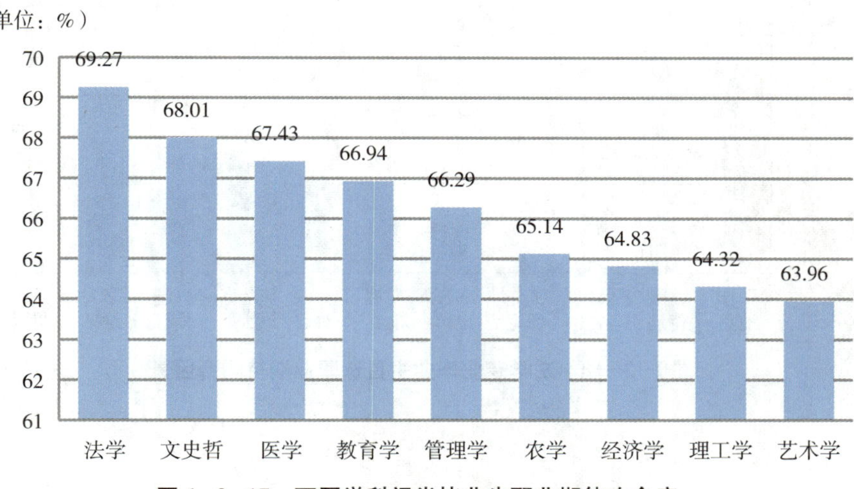

图1-3-17 不同学科门类毕业生职业期待吻合度

注：个别行业因为样本较少，没有包括在内。

（五）首选职业期待吻合因素

不同学科门类毕业生首选职业期待吻合因素较为集中，但艺术类、教育类、医学毕业生较为特殊。不同学科门类的毕业生，首选职业期待吻合因素较为集中的前三个因素是：工作地点、薪酬待遇和单位名气。但对艺术学专业的毕业生而言，首选“发展前景”和“劳动强度”吻合因素的比率偏高；对于医学专业的毕业生而言，首选“专业对口”吻合因素的比率偏高；对于教育学专业的毕业生而言，首选“工作假期”吻合因素的比率偏高。艺术学、医学、教育学专业毕业生首选职业期待吻合因素与此类专业特点和行业特点紧密相关。

值得注意的是，被调研对象对于“薪酬待遇”和“发展前景”两个因素的职业期待尚不够理性。从求职关注因素来看，被调查者最为关注的前三个因素是薪酬待遇、发展前景、工作稳定；最低的三个因素是：家人意见、

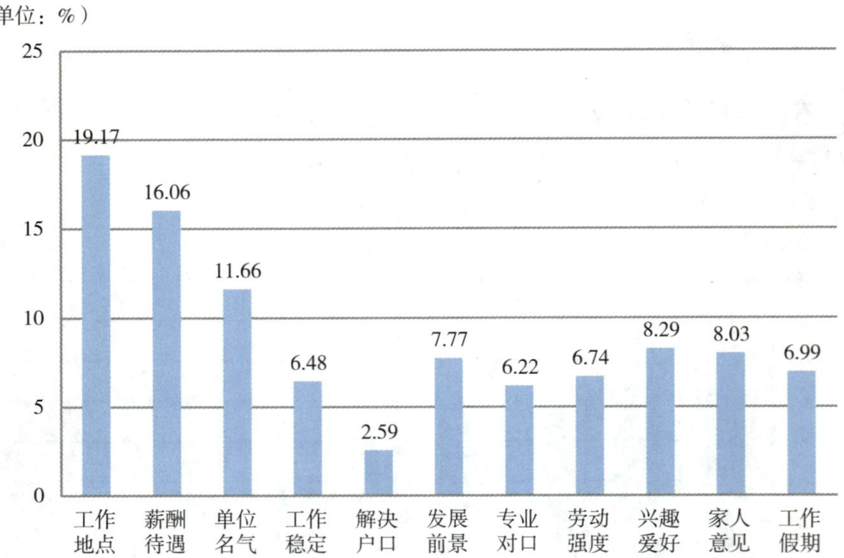

图 1-3-18　法学专业毕业生首选职业期待吻合因素

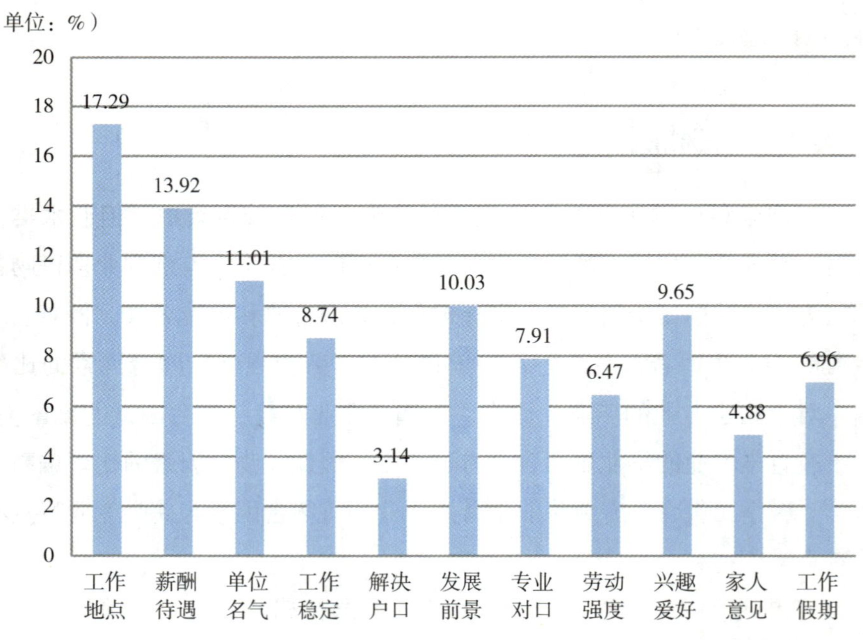

图 1-3-19　理工学专业毕业生首选职业期待吻合因素

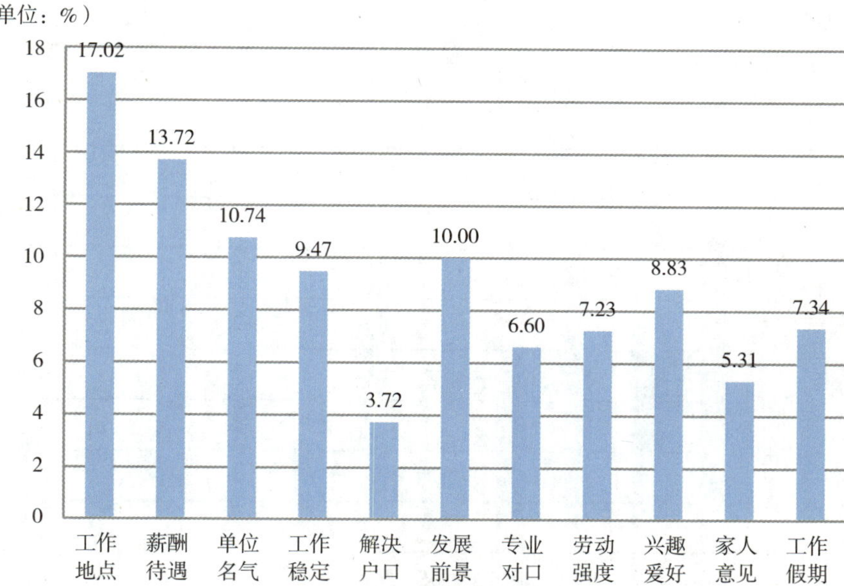

图 1-3-20 管理学专业毕业生首选职业期待吻合因素

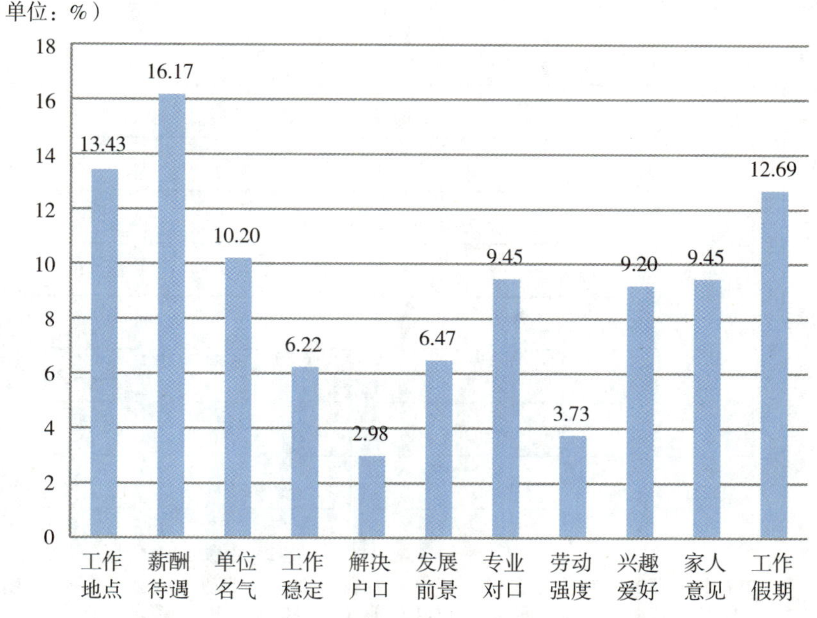

图 1-3-21 教育学专业毕业生首选职业期待吻合因素

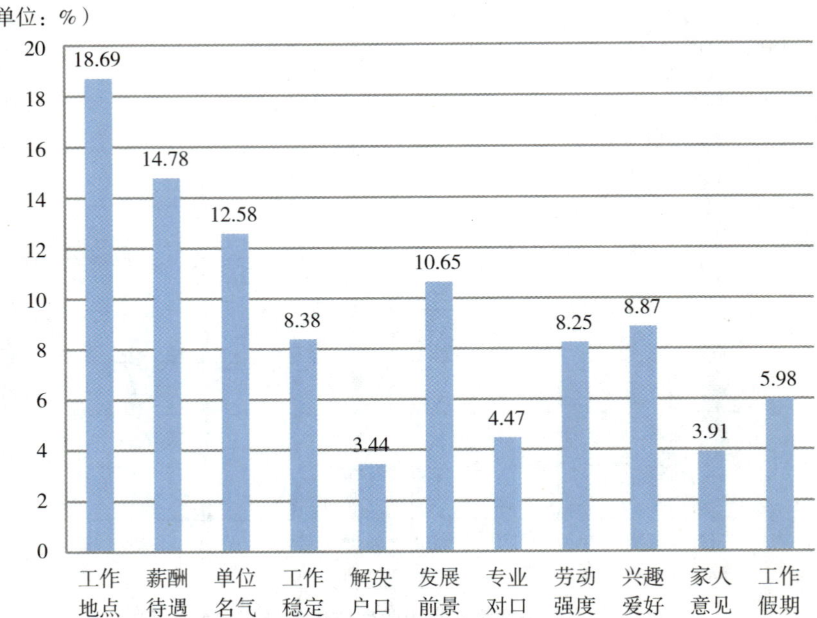

图 1-3-22　经济学专业毕业生首选职业期待吻合因素

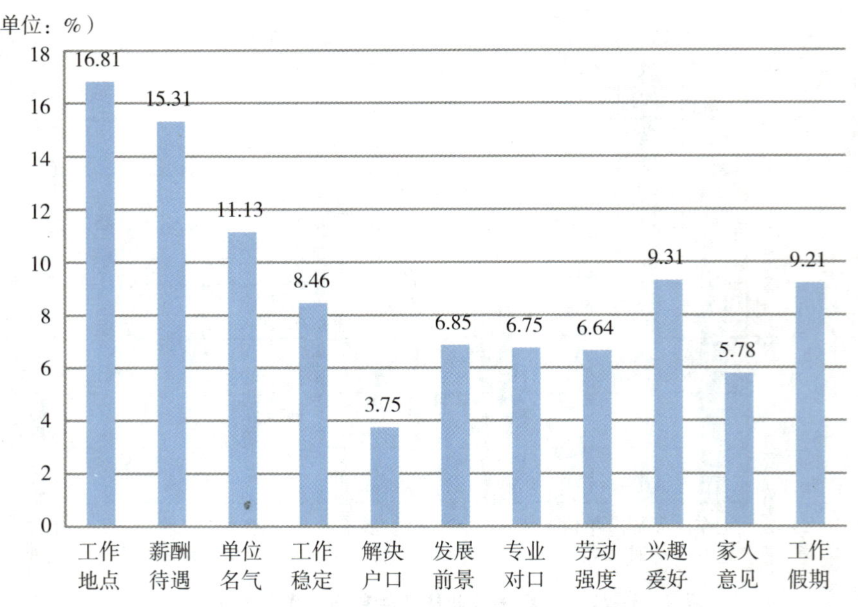

图 1-3-23　文史哲专业毕业生首选职业期待吻合因素

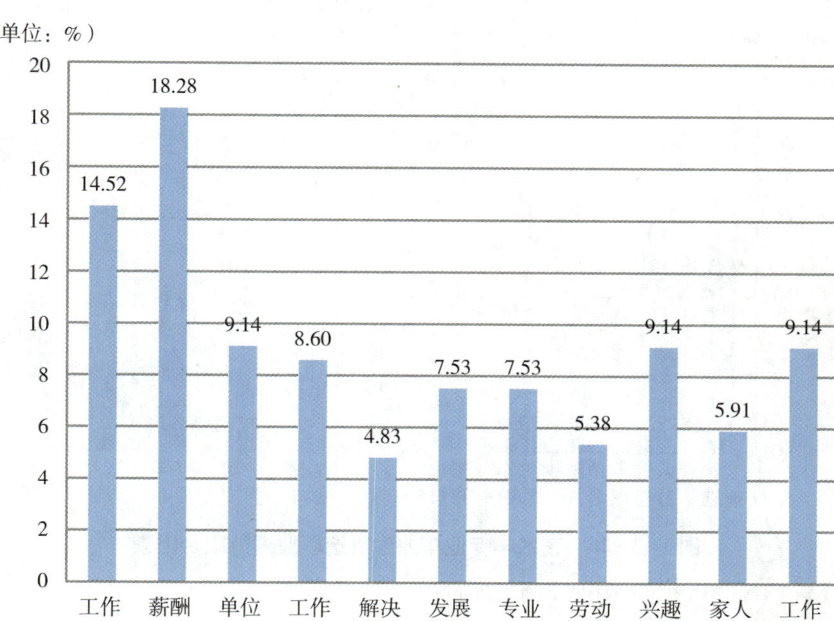

图 1-3-24 农学专业毕业生首选职业期待吻合因素

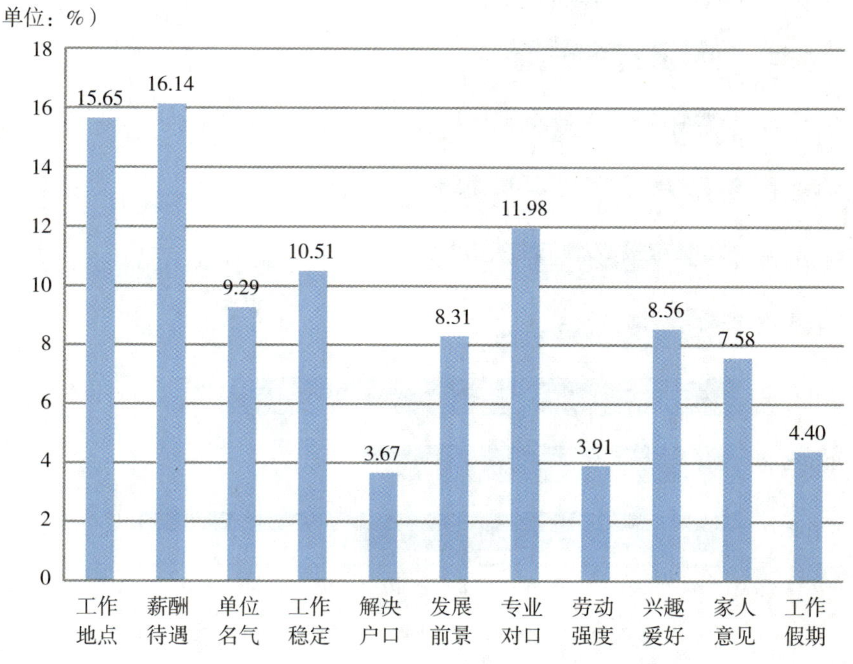

图 1-3-25 医学专业毕业生首选职业期待吻合因素

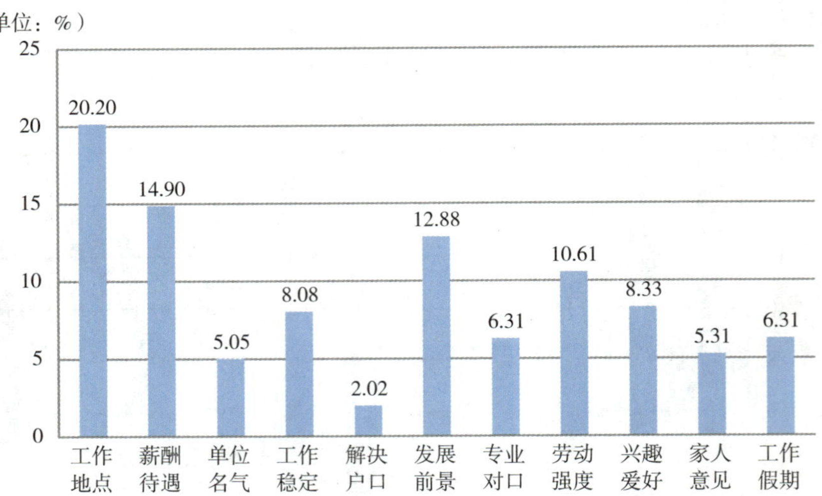

图 1-3-26　艺术学专业毕业生首选职业期待吻合因素

注：个别学科门类因为样本较少，没有包括在内。

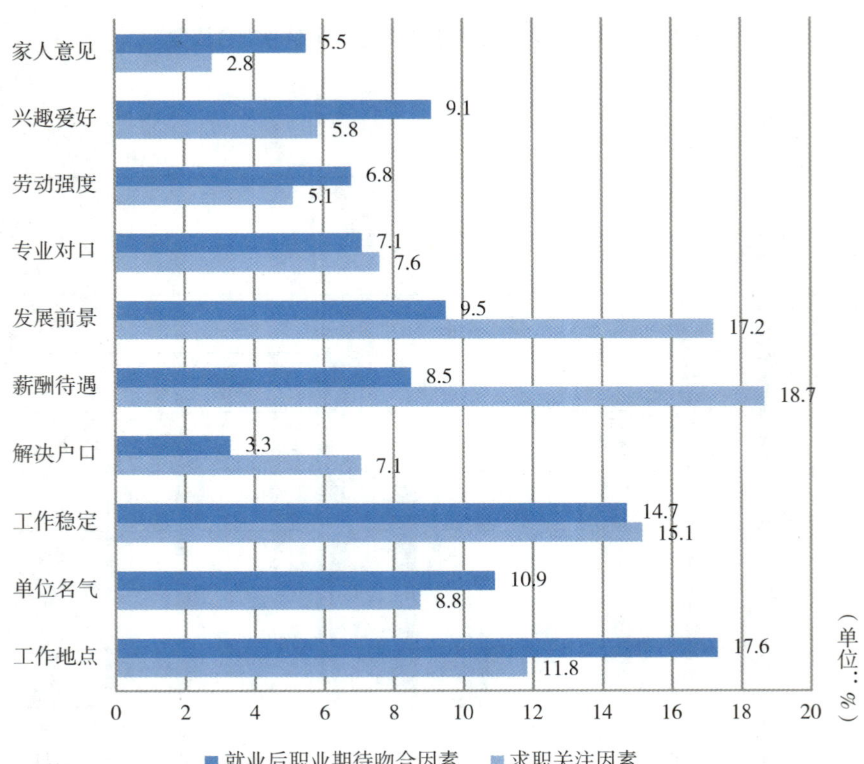

图 1-3-27　全体调研对象求职前关注因素与就业后职业期待吻合因素

劳动强度、兴趣爱好。而这部分毕业生在就业后的职业期待吻合因素最高的前三位依次是：工作地点、工作稳定和单位名气；求职关注因素中最高的“薪酬待遇”和“发展前景”在就业后的职业期待吻合比率大幅下降，这说明2014届毕业生对于“薪酬待遇”和“发展前景”两个因素的职业期待尚不够理性，有待更清楚地认识就业形势与就业市场。

第四章 就业能力

本章在前期研究课题——教育部哲学社会科学研究重大课题攻关项目“大学生就业创业教育研究”的有关成果基础上，提出了更具科学性、更加本土化的大学生就业能力的结构模型，从大学生对就业能力的重视程度及其认为就业能力的具备程度两个维度对大学生就业能力进行分析。调查结果显示，大学生最看重的就业能力是“实践能力”、“问题解决能力”、“学习能力”、“逻辑分析能力”、“团队合作能力”，不同学校类型、学历层次和学科门类大学生在排序和个别要素上有所不同；大学生认为最具备的就业能力是“职业责任感”、“敬业精神”、“积极乐观”、“团队合作能力”、“学习能力”，不同学校类型、学历层次和学科门类大学生在排序和个别要素上有所不同。

相关数据说明：

基本就业能力：实践能力、学习能力、问题解决能力、逻辑分析能力。

就业发展能力：就业展现能力、主动就业能力、就业发展能力。

就业人格：积极乐观、敬业精神、职业责任感。

社会应对能力：人际交往能力、团队合作能力、抗压能力。

一、就业能力结构

（一）大学生就业能力结构的要素提取

1. 学生角度的要素提取

我们走访了北京大学、吉林大学、东北师范大学、浙江大学、复旦大学等 14 所高校，对这些高校在校本科学生进行随机抽样访谈，最终获得 282 个学生的有效访谈材料。通过对访谈内容进行整理、分析、归纳、总结、合并，提取出大学生自身认为较为重要的 26 个就业能力要素。（见表 1–4–1）

表 1–4–1 来自 282 个大学生访谈的就业能力要素

序号	就业能力要素	频次	频率（%）	序号	就业能力要素	频次	频率（%）
1	人际交往	161	57	14	计算机能力（英语能力）	11	4
2	专业知识理解运用	144	51	15	自我展现能力	11	4
3	沟通表达能力	73	26	16	领导能力	11	4
4	学习能力	59	21	17	创新能力	6	2
5	组织协调能力	42	15	18	思考能力	6	2
6	实践应对能力	37	13	19	信息技术能力	6	2
7	诚实正直	31	11	20	抗压能力	6	2
8	积极乐观	31	11	21	主动性	6	2
9	自我发展能力	25	9	22	应变能力	6	2
10	适应能力	20	7	23	自信	6	2
11	逻辑思维能力	17	6	24	理解分析能力	3	1
12	团队合作能力	14	5	25	独立自主	3	1
13	文字处理能力	14	5	26	判断决策能力	3	1

2. 社会角度的要素提取

我们在 2011 年 9 月至 2012 年 3 月期间，集中地收集了清华大学、东北大学、复旦大学、南京大学、浙江大学、中国传媒大学、东北师范大学、合肥工业大学等 20 所高校的校园招聘广告，最终筛选其中 16824 条有效招聘广告，提取出 29 个就业能力要素。

表 1-4-2　来自 16824 条校园招聘广告的就业能力要素

序号	就业能力要素	频次	频率（%）	序号	就业能力要素	频次	频率（%）
1	沟通表达能力	6898	41	16	人际交往	1009	6
2	团队合作能力	6057	36	17	逻辑思维能力	1009	6
3	专业知识理解运用	5047	30	18	独立自主	673	4
4	责任感	3870	23	19	适应能力	673	4
5	文字处理能力	3701	22	20	应变能力	673	4
6	组织协调能力	3365	20	21	问题解决能力	505	3
7	计算机能力	3028	18	22	思考能力	505	3
8	敬业精神	2524	15	23	领导能力	505	3
9	诚实正直	2187	13	24	实践应对能力	336	2
10	积极乐观	2019	12	25	自我发展能力	168	1
11	学习能力	2019	12	26	信息技术能力	168	1
12	抗压能力	1851	11	27	判断决策能力	168	1
13	创新能力	1346	8	28	自信	168	1
14	理解分析能力	1346	8	29	情商	168	1
15	主动性	1178	7				

3. 文献角度的要素提取

我们收集、阅读、整理了国内外有关就业能力结构和要素研究方面文献资料 109 份。然后，按文献索引率、发表刊物的级别等条件挑选出权威性较强、学术质量较高的文献 39 篇。提取每一篇文献所提及的能力指标，并对每一篇文献提到的能力指标根据文献中所表达的意思进行定义，然后，把从 39 个文献中提取出来的所有能力指标进行汇总，并将只是名称定义不同，但同指的是一个能力的指标进行合并。最终获得 31 个就业能力要素。

表 1-4-3 来自 39 个文献的就业能力要素

序号	就业能力要素	频次	频率（%）	序号	就业能力要素	频次	频率（%）
1	团队合作能力	26	9.8	17	文字处理能力	7	2.6
2	沟通表达能力	25	9.6	18	职业意识	7	2.6
3	解决问题能力	19	6.9	19	判断决策能力	6	2.1
4	学习能力	19	6.9	20	应变能力	6	2.1
5	专业知识理解运用	18	6.5	21	主动性	6	2.1
6	创新能力	10	3.6	22	独立自主	5	1.8
7	信息技术能力	10	3.6	23	抗压能力	5	1.8
8	自我管理能力	10	3.6	24	实践应对能力	5	1.8
9	逻辑思维能力	9	3.2	25	（职业）责任感	5	1.8
10	领导能力（影响能力）	8	2.9	26	自我展现能力	5	1.8
11	人际交往	8	2.9	27	计算机能力	4	1.4
12	适应能力（适应性）	8	2.9	28	敬业精神	4	1.4
13	诚实正直	7	2.6	29	积极乐观	4	1.4
14	理解与分析能力	7	2.6	30	思考能力	4	1.4
15	自信	7	2.6	31	情商	3	1.1
16	组织协调能力	7	2.6				

综合以上三个维度的要素分析，我们初步认为大学生就业能力主要涉及 32 个要素：专业知识理解运用、学习能力、问题解决能力、计算机能力、实践应对能力、文字处理能力、创新能力、逻辑思维能力、信息技术能力、理解与分析能力、思考能力、判断决策能力、沟通表达能力、团队合作能力、人际交往、组织协调能力、自我展现能力、职业意识、领导能力、诚实正直、责任感、敬业精神、自我发展能力、积极乐观、主动性、自信、独立自主、吃苦耐劳、适应能力、抗压能力、应变能力、情商。

（二）大学生就业能力结构模型的理论假设

目前研究者还没有形成关于大学生就业能力结构的一致看法。但综合当前有关研究以及我们自己所做的访谈、调研等情况来看，大学生就业能力可以归到四个主要维度下：一是基本就业能力，即一个大学生想要成功就业和在就业中获得成功所必备的一些最为基本、一般性的能力，比如大家广泛提及的专业知识理解运用能力、实践能力、问题解决能力、学习能力，等等；二是就业发展能力，是指与大学生就业发展更为密切和直接的能力品质，比如有关研究提到的求职力、职业动机、应聘能力等；三是就业人格，即那些与大学生就业密切相关的个性品质，比如职业责任感、积极乐观心态、敬业精神，等等；四是社会应对能力，即那些在就业过程中处理人与人之间、人与社会之间、大学生自我与自我之间关系的能力，比如社会交往能力、团队合作能力、沟通表达能力，等等。这四个维度既可以涵盖我们提取出来的 32 种就业能力要素，也能较好地涵盖已有研究提出的就业能力要素。由此，我们初步提出一个四个二级维度、32 种具体要素构成的大学生就业能力结构模型的理论假设（见图 1-4-1）。

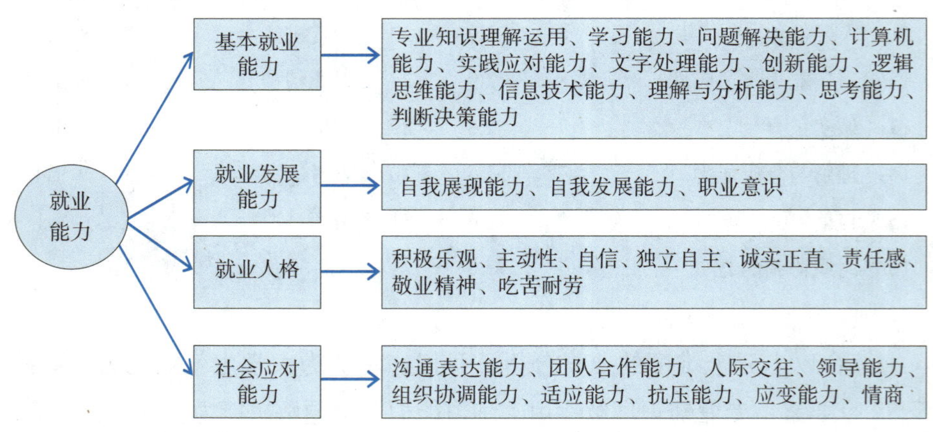

图 1-4-1　大学生就业能力结构模型理论假设示意图

（三）大学生就业能力结构模型的实证研究

1. 大学生就业能力结构模型的初步确定

根据大学生就业能力结构模型的理论假设，我们从基本就业能力、就业发展能力、就业人格和社会应对能力四个维度、按 32 个具体就业能力要素编制大学生就业能力自评量表，测验题目共计 189 项。问卷采用李克特自评 5 点量表形式，每个项目从“非常不符合”到“非常符合”分别记 1 分到 5 分。为保证问卷结构合理、通俗易懂，邀请相关专家、部分大学师生对问卷进行评定，找出意思表达含糊不清、难以理解的题项，进行反复修订、整理，最终保留了 162 个题项。通过对吉林省三所高校 782 名学生测试数据的项目分析和探索性因素分析，形成了包含基本就业能力、就业发展能力、就业人格和社会应对能力四个分问卷、共计 87 个项目的正式施测问卷。

使用正式施测问卷对北京、上海、吉林、黑龙江、辽宁、安徽、重庆、广东、湖南、福建、陕西 11 个省（市）的 3200 名学生进行测试，收回有效问卷 2870 份。将有效问卷按单、双数平均分成两份样本数据。使用 SPSS15.0 软件对样本数据一进行探索性因素分析（采用主成分分析法和最大变异法），初步确定大学生就业能力的构成因素。

探索性因素分析的主要统计学指标有三类①：**一是是否适合进行探索性因素分析的统计指标**，主要是 KMO 指数和 Bartlett 球形检验统计量。KMO 指数是比较变量间简单相关系数矩阵和偏相关系数的重要指标，KMO 值越接近 1 越适合做因素分析，一般要求 KMO 值至少要大于 0.7。Bartlett 球形度检验的原假设是相关系数矩阵为单位矩阵，如果 Sig 值拒绝原假设表示变量之间存在相关关系，因此适合做因素分析，也就是要求 Bartlett 球形检验的 P 值至少要小于 0.05。**二是确定因子数目的统计指标**。要综合多个方面来判断是否保留某个因素，其中主要有四个：第一，因素的特征值。保留下来的因素特征值至少要大于 1。第二，据碎石图显示确定因子。主要是根据碎石图中因素变异量的变化情形来决定保留哪些因素，要去除因素变异量图形陡坡转为平坦的拐点以后的共同因素。第三，保证所有题目负荷量大于 0.3。因素负荷量反映了题项变量与共同因素的关联程度，要将小于因素负荷小于 0.3 的项目予以剔除。第四，每个因子至少包含 3 个题目。如果某个因素包括的题项少于 3 个，则要考虑删除。同时，因素包括的题目也不宜太多，如果 3 个题目就能很好说明这个因素则仅保留 3 个即可。**三是显示探索性因素分析总体有效性的指标**。主要是因素的贡献率，即探索出的各个因素相加后能解释总方差的比例，一般要求解释方差的贡献率至少要大于 40%。

① 参见张文彤、董伟：《SPSS 统计分析高级教程》，高等教育出版社 2004 年版，第 213—227 页。

参照有关研究，本研究对四个分量表分别进行主成分分析，提取共同因素，求得初始因素负荷矩阵，再用最大变异法求得旋转因素负荷矩阵。大学生就业能力四个分量表的探索性因素分析结果如下：

（1）基本就业能力结构的初步确定与子维度命名

基本就业能力分量表共计 25 个题目，量表的 KMO 指数为 0.910，Bartlett 球形检验统计量为 4273.127（df=78，P＜0.001），表明基本就业能力分量表适合进行探索性因素分析。运用主成分分析法，最终抽取了 4 个因素，因素特征值都大于 1；共保留了 13 个题目，每个维度题目都至少包括 3 个；各题目的最高负荷为 0.775，最低负荷为 0.551；4 个因素 13 个题目共解释了总变异量的 57.47%。各项指标完全符合统计学要求，表明基本就业能力包括四个子维度。因素一包括 4 个题项，所涉及的内容主要是个体发现问题本质、提出好见解、逻辑思维水平、作出正确决定等，可命名为“逻辑思维能力”；因素二包括 3 个题项，内容主要与问题解决相关，体现了个体理解、分析、解决问题的能力，可命名为“问题解决能力”；因素三包括 3 个题项，内容涉及参加社会实践、担任学生干部、积累工作经验等，是与就业工作实践相关的维度，可命名为“实践能力”；因素四包括 3 个题项，内容涉及专业知识技能学习掌握、新知识技能学习、高效获取学习信息等，可命名为“学习能力”。（见表 1-4-4）

表 1-4-4　基本就业能力问卷正式题项之因素分析结果

题　号	题　项	共同度	因素负荷
因素一（特征值 2.175，贡献率 16.734）			
a86	我善于发现一个问题的本质所在	0.653	0.775
a85	我对很多问题都能提出一些好的见解	0.617	0.725
a78	我的思维逻辑性很强	0.496	0.588
a71	我常常能作出正确的决定	0.425	0.551
因素二（特征值 1.888，贡献率 14.519）			
a60	我能很好地解决学习或工作中遇到的难题	0.625	0.694
a59	我善于在学习生活中总结出一些带有规律性的东西	0.603	0.621
a62	我善于理解、分析学习或工作中遇到的各种问题	0.542	0.613

题 号	题 项	共同度	因素负荷
因素三（特征值 1.746，贡献率 13.431）			
a83	我经常参加各种社会实践活动	0.654	0.760
a32	大学期间曾出色地担任过学生组织的主要职务	0.599	0.716
a73	我善于通过参加社会实践等方式积累工作经验	0.509	0.600
因素四（特征值 1.622，贡献率 12.786）			
a6	我的专业知识和技能掌握得很好	0.605	0.728
a22	我能快而容易地掌握所需的新知识或新技能	0.537	0.664
a35	我善于有针对性地高效获取与工作相关的信息	0.506	0.584

（2）就业发展能力结构的初步确定与子维度命名

就业发展能力分量表共计 10 个题目，量表的 KMO 指数为 0.868，Bartlett 球形检验统计量为 2304.379（df=36，P＜0.001），表明就业发展能力分量表适合进行探索性因素分析。运用主成分分析法，最终抽取了 3 个因素，因素特征值都大于 1；共保留了 9 个题目，每个维度包括 3 个题目；各题目的最高负荷为 0.760，最低负荷为 0.548；三个因素 9 个题目共解释了总变异量的 56.621%。各项指标完全符合统计学要求，表明就业发展能力包括三个子维度。因素一包括 3 个题项，所涉及的内容主要是展示自己的才能、面试中展示自己的优势、发挥个人特长等，可命名为“自我展现能力”；因素二包括 3 个题项，内容主要涉及确定发展目标、规划好要做的事、谋划自己的发展蓝图，可命名为“自我发展能力”；因素三包括 3 个题项，内容涉及能积极主动地了解就业信息和形势、主动寻找就业机会、综合分析自身条件寻找合适的就业岗位，可命名为“主动就业能力”。（见表 1-4-5）

表 1-4-5 就业发展能力问卷正式题项之因素分析结果

题 号	题 项	共同度	因素负荷
因素一（特征值 1.848，贡献率 20.538）			
a63	我能在工作中恰当地展示自己的才能	0.582	0.738
a81	我善于在面试中展现自己的优势	0.543	0.672
a5	我善于在工作中发挥自己的优长	0.508	0.597

题　号	题　项	共同度	因素负荷
	因素二（特征值 1.757，贡献率 19.517）		
a11	我善于为自己确定就业发展目标	0.609	0.736
a30	我能规划好就业相关的事情	0.582	0.708
a33	我善于谋划自己的就业发展蓝图	0.520	0.548
	因素三（特征值 1.491，贡献率 16.566）		
a18	我能够做到积极主动地了解有关就业信息和形势	0.654	0.760
a43	我会通过校友、亲朋好友等多种渠道寻找就业机会	0.599	0.716
a27	我会在综合分析自身条件基础上寻找合适的就业岗位	0.509	0.600

（3）就业人格结构的初步确定与子维度命名

基本就业能力分量表共计 21 个题目，量表的 KMO 指数为 0.873，Bartlett 球形检验统计量为 2978.059（df=66，P＜0.001），表明就业人格分量表适合进行探索性因素分析。运用主成分分析法，最终抽取了 3 个因素，因素特征值都大于 1；共保留了 12 个题目，每个维度题目都至少包括 3 个；各题目的最高负荷为 0.785，最低负荷为 0.512；三个因素 12 个题目共解释了总变异量的 49.595%。各项指标完全符合统计学要求，表明基本就业能力包括三个子维度。因素一包括 5 个题项，所涉及的内容主要是工作中精益求精、一丝不苟、尽善尽美等品质，可命名为“敬业精神”；因素二包括 4 个题项，其内容主要涉及虚心听取他人意见、公平公正处理工作问题、勇于承认错误并及时改正等，可命名为“职业责任感”；因素三包括 3 个题项，内容涉及精神抖擞、充满激情、善于发现事物的积极一面等，可命名为“积极乐观”。（见表 1-4-6）

表 1-4-6　就业人格问卷正式题项之因素分析结果

题　号	题　项	共同度	因素负荷
	因素一（特征值 2.437，贡献率 20.312）		
a51	我经常在学习或工作中精益求精	0.591	0.761
a53	我做事情总是认真负责、一丝不苟	0.507	0.678
a49	我总是能全身心地投入自己的学业或工作	0.475	0.648

题 号	题 项	共同度	因素负荷
a47	我愿意付出超常规的努力来完成任务	0.432	0.630
a58	我总是力图把事情做得尽善尽美	0.453	0.621
因素二（特征值 2.015，贡献率 16.788）			
a8	我能虚心听取他人意见，并不断完善自己	0.538	0.712
a7	我能公平公正地处理工作中的问题	0.491	0.648
a2	我能清楚地意识到自身的优缺点	0.415	0.625
a4	我勇于承认工作或生活中的错误并及时改正	0.434	0.597
因素三（特征值 1.499，贡献率 12.496）			
a21	我常常精神抖擞	0.634	0.785
a19	我总是充满激情地面对生活	0.593	0.707
a14	我善于发现事物积极的一面	0.390	0.512

（4）社会应对能力结构的初步确定与子维度命名

社会应对分量表共计 31 个题目，量表的 KMO 指数为 0.862，Bartlett 球形检验统计量为 2487.494（df=55，P＜0.001），表明社会应对分量表适合进行探索性因素分析。运用主成分分析法，最终抽取了 3 个因素，因素特征值都大于 1；共保留了 11 个题目，每个维度题目都至少包括 3 个；各题目的最高负荷为 0.788，最低负荷为 0.542；三个因素 11 个题目共解释了总变异量的 49.780%。各项指标完全符合统计学要求，表明基本就业能力包括三个子维度。因素一包括 4 个题项，所涉及的内容主要是在艰苦环境下工作、能吃苦耐劳、善于调整情绪、能承受大的挫折，可命名为“抗压能力”；因素二包括 4 个题项，内容主要涉及和异性相处、第一印象、人际信任、保持良好人际关系等，可命名为“人际交往能力”；因素三包括 3 个题项，内容涉及与他人合作、协同攻关、关注团体发展等，可命名为“团队合作能力”。（见表 1-4-7）

表 1-4-7　社会应对能力问卷正式题项之因素分析结果

题　号	题　项	共同度	因素负荷
	因素一（特征值 2.008，贡献率 18.255）		
a67	我能在十分艰苦的条件下生活或工作	0.590	0.753
a41	我很能吃苦耐劳	0.451	0.640
a66	我善于通过多种方式使自己较快走出生命中的低潮	0.460	0.631
a25	我能经受住大的挫折	0.437	0.627
	因素二（特征值 1.885，贡献率 17.140）		
a29	我和异性之间的关系很好	0.594	0.766
a31	我善于给别人留下很好的第一印象	0.489	0.674
a28	我善于赢得他人对我的信任	0.534	0.657
a50	我能很好地与他人建立和保持良好的人际关系	0.425	0.460
	因素三（特征值 1.499，贡献率 12.496）		
a44	我喜欢和不同部门或团队中的人一起做事情	0.639	0.788
a46	我善于与他人一起合作解决难题	0.595	0.736
a13	我十分关注所在团体或工作单位的未来发展	0.361	0.542

（5）大学生就业能力结构模型的初步构建

将因素分析结果与理论假设模型维度比较可以发现二者总体上基本吻合，但也存在不完全吻合的方面，具体表现在：**基本能力层面**，理论假设中包括专业知识理解运用、学习能力、问题解决能力、计算机能力、实践应对能力、文字处理能力、创新能力、逻辑推理能力、信息技术能力、理解与分析能力、思考能力、判断决策能力等因子。但因素分析时，仅实践能力和问题解决能力两个因子独立存在。专业知识理解运用和学习能力则共同合并为“学习能力”因子，表明这两个因子关系极为密切、不可简单分割。逻辑推理能力、信息技术能力、理解与分析能力、思考能力、判断决策能力等因子则合并为“逻辑分析能力”因子，这可能主要因为思考、分析、判断、决策等是相互关联的过程，不能人为地区为各个独立的过程。计算机能力、文字处理能力、创新能力则没能被保留下来，表明这些能力并不是重要的就业能力。**就业发展能力层面**与构想基本吻合，包括了自我展现能力、自我发展能

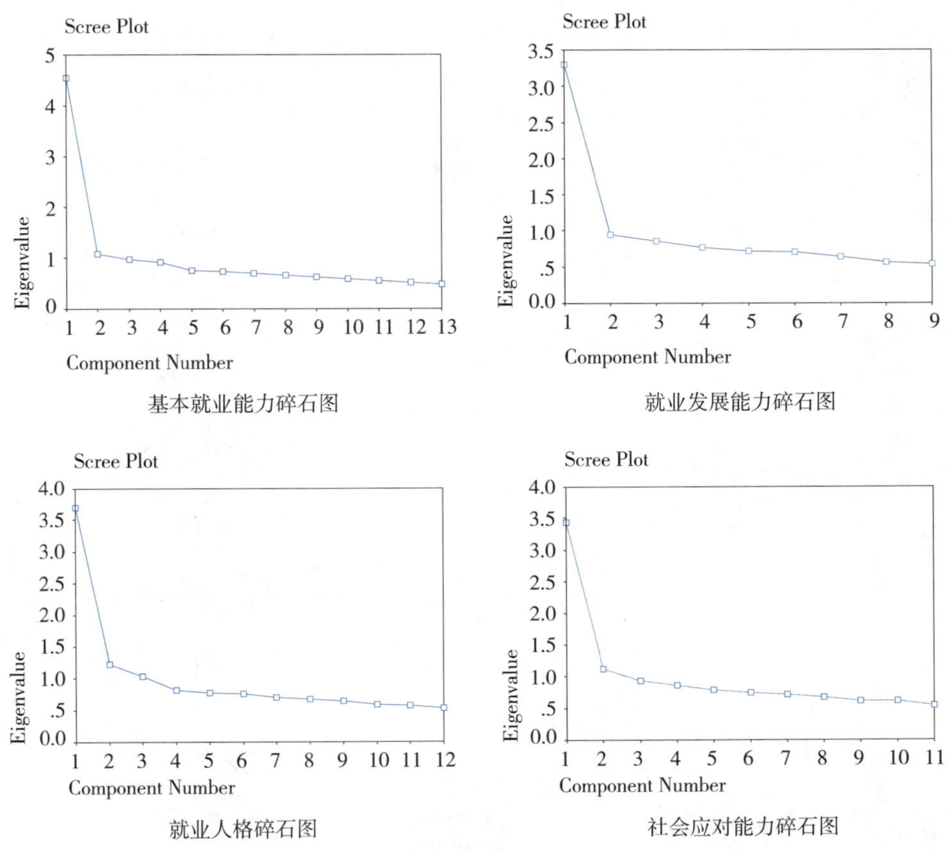

图 1-4-2　四种就业能力探索性因素分析的碎石图

力、主动就业能力三个子维度。**就业人格层面**与构想维度吻合度也较高，其中，责任感、敬业精神、积极乐观较好地保留下来。主动性、自信、独立自主、诚实正直几个维度的题目没有保留下来，可能因为这几个维度与就业能力相关较低。**社会应对层面**有三个因素比较完整地保留下来，即人际交往能力、抗压能力、团队合作能力。沟通表达能力与人际交往能力关系密切，有关题目合并到了交往能力维度之下。适应能力、应变能力、情商的有关题目合并到了抗压能力之下。领导能力、组织协调能力则没有保留下来。

综合上述分析结果，可以初步构建出大学生就业能力结构模型。（见图 1-4-3）

2. 大学生就业能力结构模型的验证

上述研究通过探索性因素分析的结果初步探明了大学生就业能力的

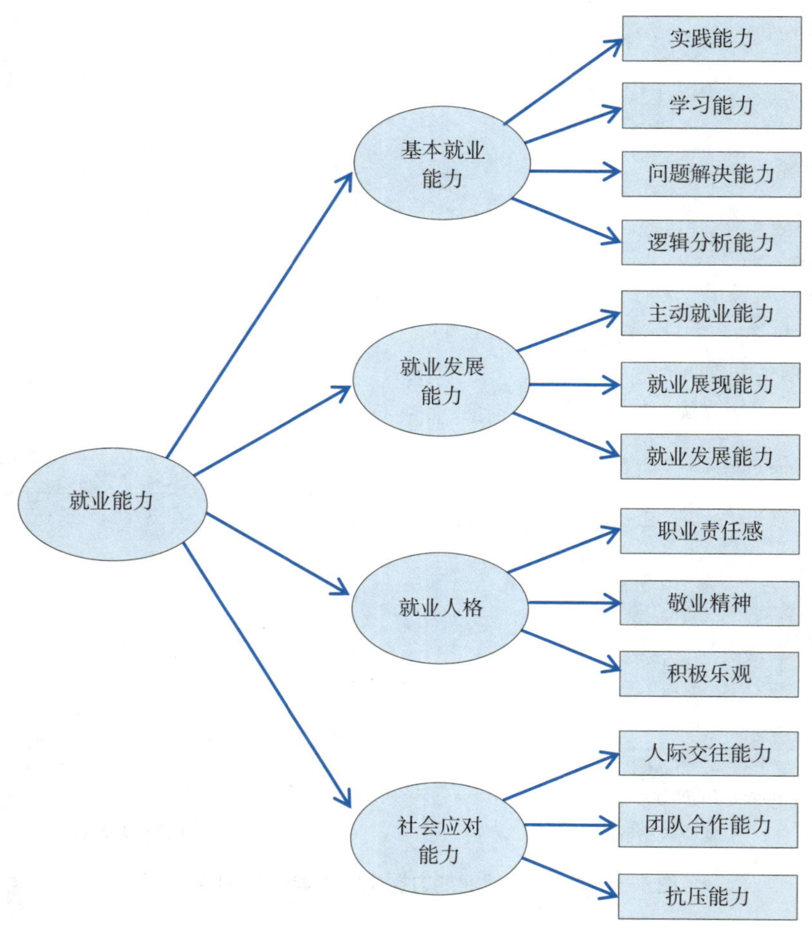

图 1-4-3　大学生就业能力结构模型的初步构想图

结构模型，但这个结构模型是通过理论假设与探索研究相结合而得到的初步结构，这个模型是否合理还需要通过验证性因素分析来验证。我们采用 Amos20.0 结构方程统计分析软件对“样本数据二”（正式实测获得的 2870 个学生数的另外一半）进行分析，以验证探索性因素分析得到的结构模型。关于验证性因素分析的关键统计，学者们通常采用多个指标综合分析的方法，从有关研究看比较重要的指标如下①：一是卡方自由度。一般用 χ^2/df（卡方自由度比）来做替代性指标，其值越小表明模型拟合越好。良好

① 参见荣泰生：《AMOS 与研究方法》，重庆大学出版社 2009 年版，第 128—129 页。

模型与数据的拟合度标准为 χ^2/df 的值在 5 左右。二是模型拟合的有关指数。主要包括 NFI、RFI、IFI、TLI、CFI 等指标。这些指标值越接近 1 表示模型拟合度越好。以上指标要大于 0.80，如能达到 0.90 以上更好。三是近似误差均方根（RMSEA），其值越接近 0 表示模型拟合度越好，通常采 RMSEA＜0.1。若要了解模型的拟合成功与否，需要结合多个指标进行判断，下面通过这些指标对就业能力结构模型及各分量表结构模型的拟合程度逐步进行考察。

（1）基本就业能力结构模型的验证

基本就业能力的验证性因素分析发现“a78”题项的指标不够好，删除此题。删除后，基本就业能力结构模型的 χ^2/df 为 5.749，RMSEA 值为 0.041，小于 0.1，其余各项指标 NFI、RFI、IFI、TLI、CFI 的值也均在 0.90 以上，达到了很好的拟合水平，模型的拟合度较好，可以接受关于基本就业能力结构模型的建构。（见表 1-4-8）

表 1-4-8　大学生基本就业能力结构模型验证性因素分析结果

拟合指数	χ^2	df	χ^2/df	RMSEA	NFI	RFI	IFI	TLI	CFI
基本就业能力四因素模型	287.466	50	5.749	0.041	0.967	0.949	0.973	0.958	0.973

以上数据说明此测量基本就业能力的 12 个观测变量由 4 个潜变量所决定，研究假设的结构模型是比较合理的。这验证了大学生基本就业能力结构模型假设，即大学生基本就业能力包括四个维度，分别是实践能力、学习能力、问题解决能力和逻辑分析能力。（见图 1-4-4）

（2）就业发展能力结构模型的验证

就业发展能力结构模型的 χ^2/df 为 5.749，RMSEA 值为 0.044，小于 0.1，其余各项指标 NFI、RFI、IFI、TLI、CFI 的值也均在 0.90 以上，达到了很好的拟合水平，模型的拟合度较好，可以接受关于就业发展能力结构模型的建构。（见表 1-4-9）

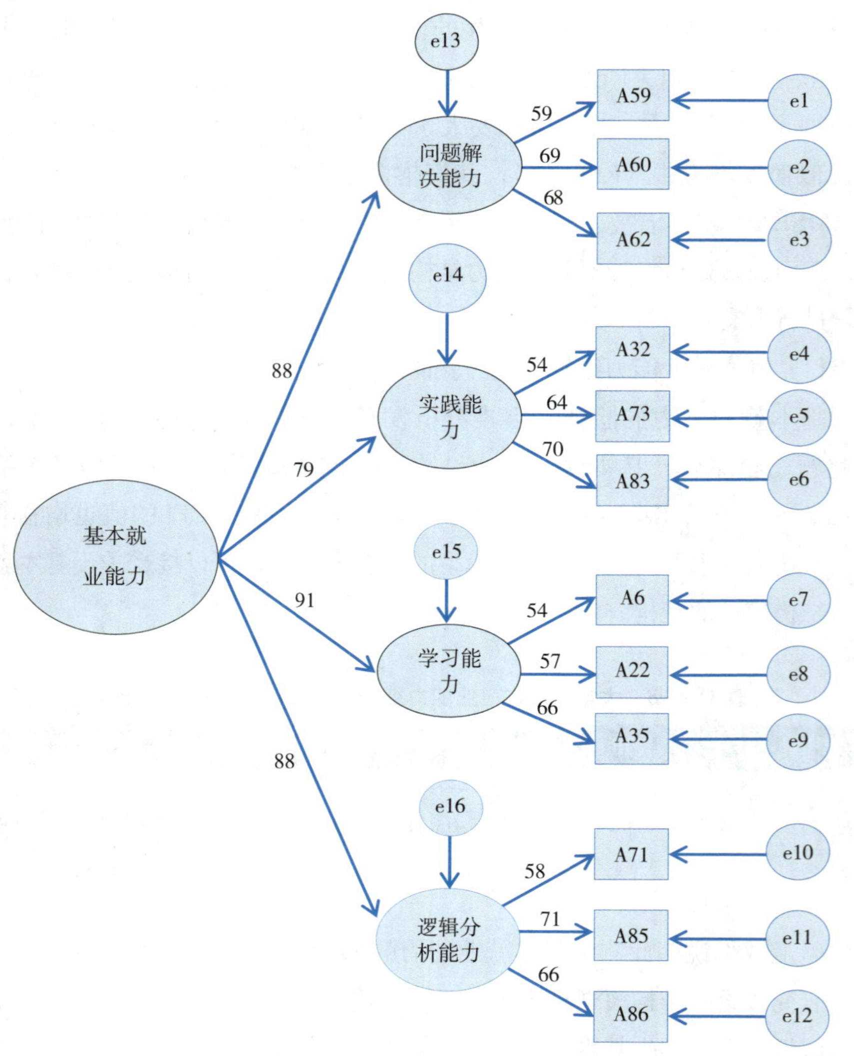

图 1-4-4　大学生基本就业能力结构模型图

表 1-4-9　大学生就业发展能力结构模型验证性因素分析结果

拟合指数	χ^2	df	χ^2/df	RMSEA	NFI	RFI	IFI	TLI	CFI
就业发展能力三因素模型	157.875	24	6.578	0.044	0.970	0.944	0.974	0.952	0.974

以上数据说明测量就业发展能力的 9 个观测变量由 3 个潜变量所决定，研究假设的结构模型是比较合理的。大学生就业发展能力结构模型包括三个维度，分别是主动就业能力、自我发展能力、自我展现能力。(见图 1-4-5)

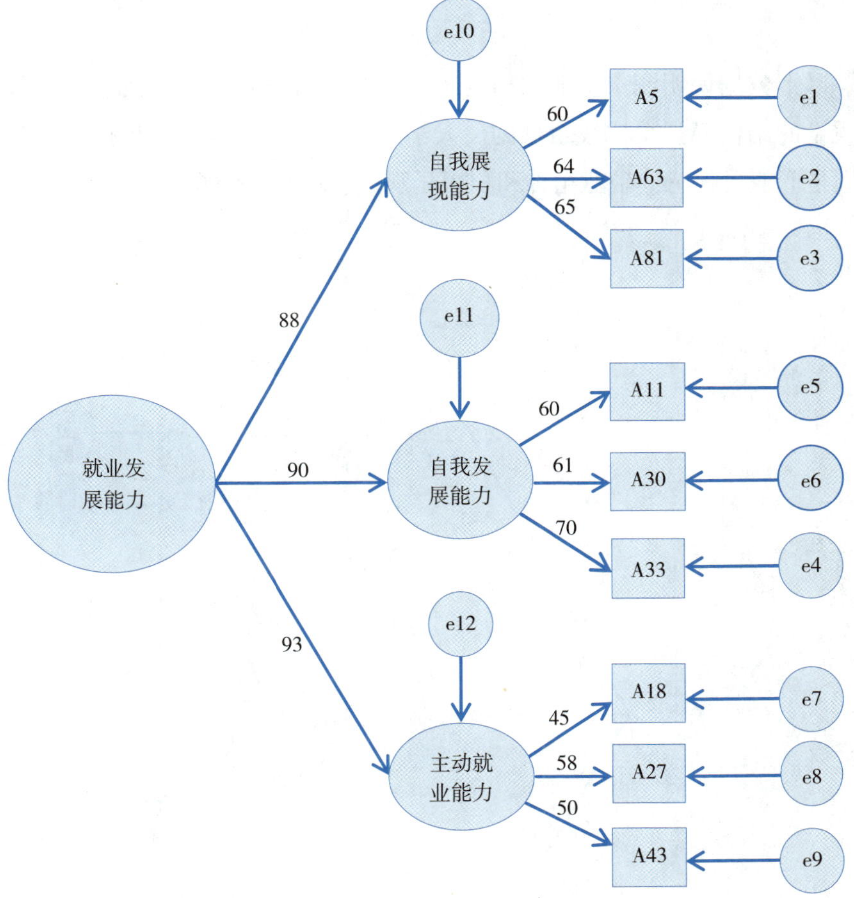

图 1-4-5 大学生就业发展能力结构模型图

(3) 就业人格结构模型的验证

就业人格结构模型的 χ^2/df 为 5.749，RMSEA 值为 0.034，小于 0.1，其余各项指标 NFI、RFI、IFI、TLI、CFI 的值也均在 0.90 以上，达到了很好的拟合水平，模型拟合度较好，可以接受关于就业人格结构模型的建构。(见表 1-4-10)

表 1-4-10　大学生就业人格结构模型验证性因素分析结果

拟合指数	χ^2	df	χ^2/df	RMSEA	NFI	RFI	IFI	TLI	CFI
就业人格三因素模型	223.944	51	4.391	0.034	0.970	0.954	0.976	0.964	0.976

以上数据说明测量就业人格的 12 个观测变量由 3 个潜变量所决定，研究假设的结构模型是比较合理的。大学生就业人格结构模型包括三个维度，分别是职业责任感、敬业精神和积极乐观。（见图 1-4-6）

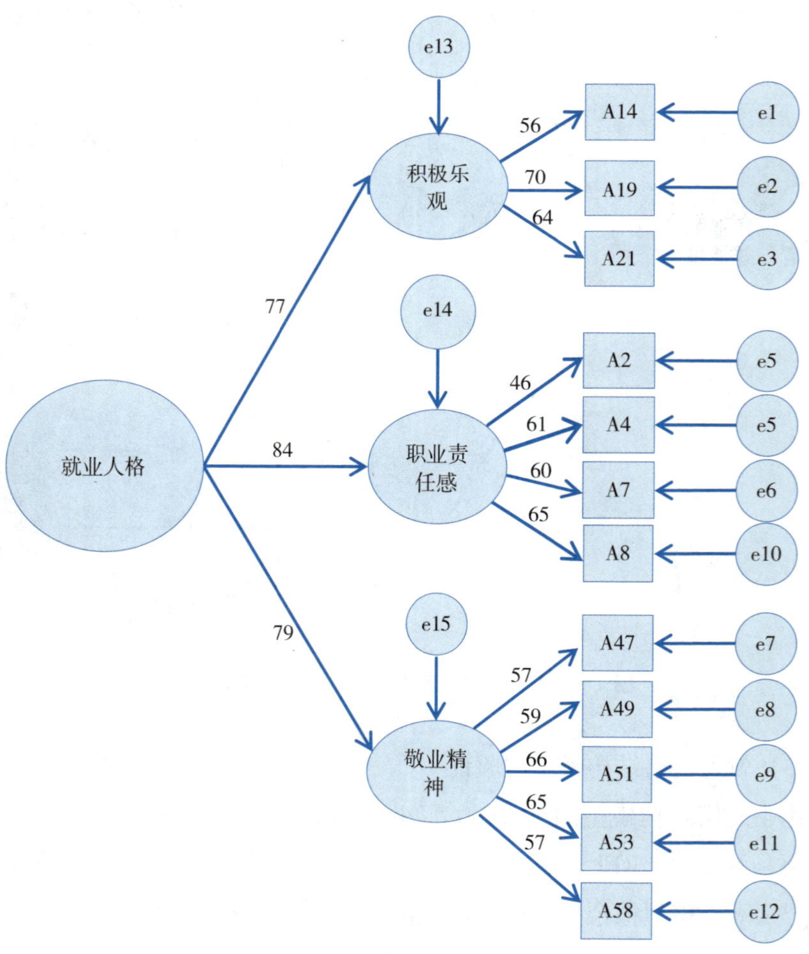

图 1-4-6　大学生就业人格结构模型图

(4) 社会应对能力结构模型的验证

社会应对能力的验证性因素分析发现“a50”题项的指标不够好，删除此题。删除后，社会应对能力结构模型的 χ^2/df 为 6.986，RMSEA 值为 0.046，小于 0.1，其余各项指标 NFI、RFI、IFI、TLI、CFI 的值也均在 0.90 以上，达到了很好的拟合水平，模型的拟合度较好，可以接受关于社会应对能力结构模型的建构。(见表 1-4-11)

表 1-4-11 大学生社会应对能力结构模型验证性因素分析结果

拟合指数	χ^2	df	χ^2/df	RMSEA	NFI	RFI	IFI	TLI	CFI
社会应对三因素模型	223.550	32	6.986	0.046	0.958	0.927	0.963	0.937	0.963

以上数据说明测量社会应对能力的 10 个观测变量由 3 个潜变量所决定，研究构想的结构模型是比较合理的。大学生社会应对能力结构模型包括三个维度，分别是人际交往能力、团队合作能力和抗压能力。(见图 1-4-7)

4. 大学生就业能力结构模型的确定

通过对大学生就业能力四个分量表的结构模型的验证表明，大学生就业能力四个分维度的设想符合统计学要求，各拟合指数均达到较好的拟合水平。接下来，我们还需要验证这四个分维度能否集中反应就业能力这一总维度。这就需要以就业能力为一级维度，以基本就业能力、就业发展能力、就业人格及社会应对能力为二级维度进行验证性因素分析。就业能力结构模型的 χ^2/df 为 87.259，RMSEA 值为 0.173，这两个指标虽然不是十分理想，但各项拟合指标 NFI、RFI、IFI、TLI、CFI 的值均在 0.90 以上，达到了很好的拟合水平，模型的合度较好，可以接受关于大学生就业能力结构总模型的建构。(见表 1-4-12)

表 1-4-12 大学生就业能力结构总模型验证性因素分析结果

拟合指数	χ^2	df	χ^2/df	RMSEA	NFI	RFI	IFI	TLI	CFI
就业能力四因素模型	174.518	2	87.259	0.173	0.979	0.937	0.979	0.938	0.979

以上数据说明大学生就业能力由基本就业能力、就业发展能力、就业

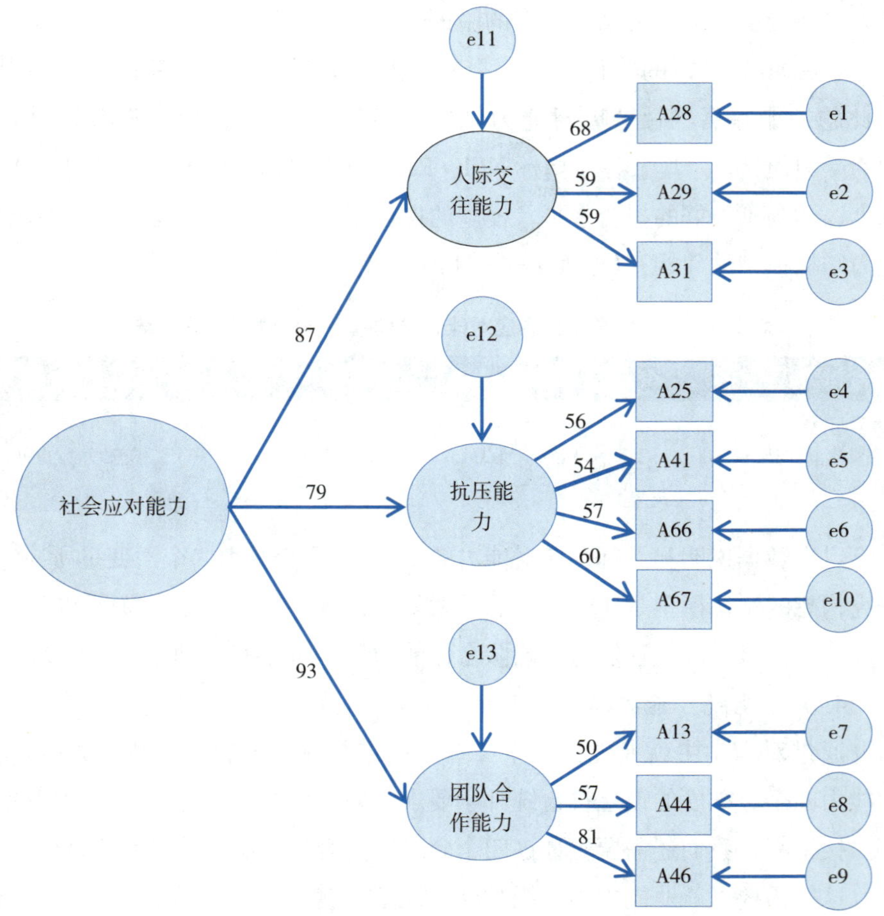

图 1-4-7 大学生社会应对能力结构模型图

人格和社会应对能力构成，研究假设的结构模型是比较合理的。大学生就业能力结构总模型。（见图 1-4-8）

由此，我们可以最终确定大学生就业能力的结构模型。（见图 1-4-9）

二、就业能力重视因素

本部分调研了大学生对上述十三个就业能力（见图 1-4-9）的重视程度。问卷中，每个题对应一项就业能力，每题的答案按照五级评分制设置，

就业能力
85
86
86
87
就业人格
社会应对
就业发展能力
就业基本能力
e1
e2
e3
e4

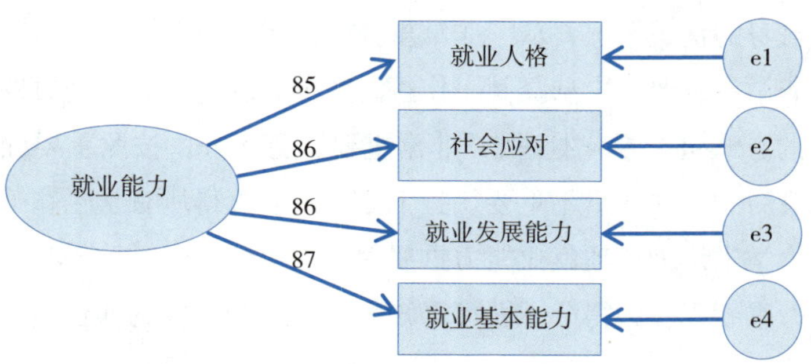

图 1-4-8 大学生就业能力结构模型简图

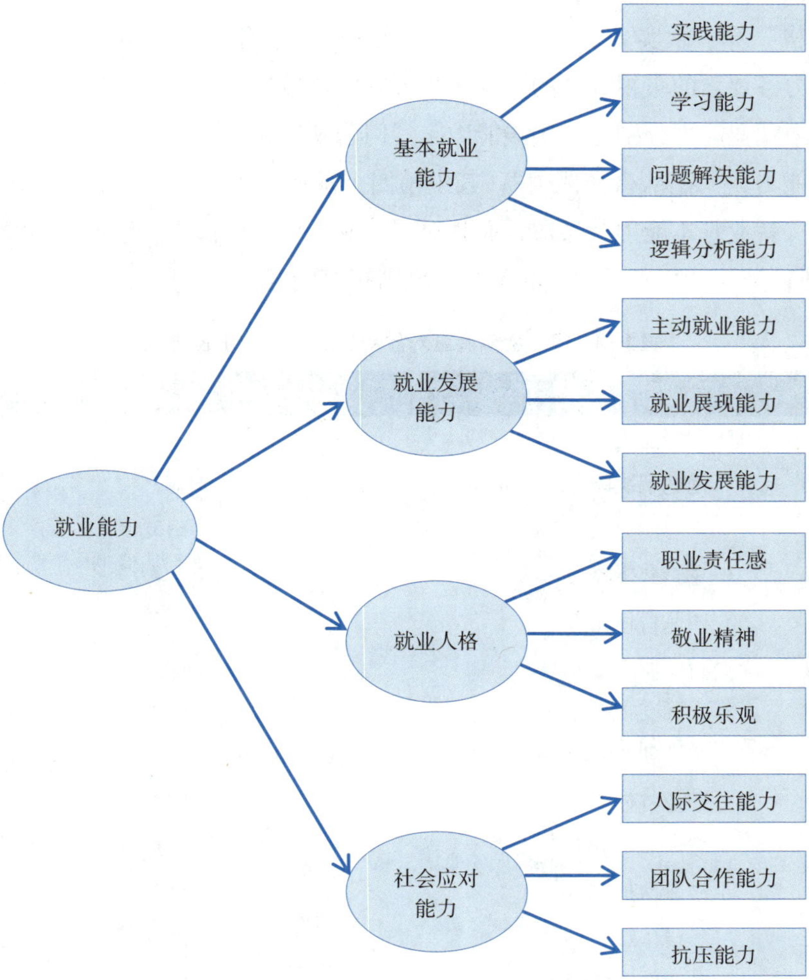

就业能力
基本就业能力
就业发展能力
就业人格
社会应对能力
实践能力
学习能力
问题解决能力
逻辑分析能力
主动就业能力
就业展现能力
就业发展能力
职业责任感
敬业精神
积极乐观
人际交往能力
团队合作能力
抗压能力

图 1-4-9 大学生就业能力结构模型详图

学生根据自身的认识情况，从“非常重要”、“比较重要”、“一般”、“比较不重要”、“非常不重要”中选择其一作答。数据处理时，我们将每题答案按照加权打分的方式进行量化处理，“非常重要”打5分，按照重要程度分数依次递减，最后一项“非常不重要”打1分。最后算得所有学生在某题的平均得分，即为学生认为该项就业能力重要程度的得分。通过比较学生认为的各项就业能力重要程度的得分，即可得知大学生比较重视的就业能力因素。

（一）总体概述

大学生总体上比较重视“就业基本能力”等“硬实力”，比较轻视“就业人格”等“软实力”。表1-4-13、图1-4-10分别是全体调查对象对就业能力各要素的重视程度的数据表和直方图，数据显示：大学生认为最重要的五项就业能力分别是“实践能力”、“问题解决能力”、“学习能力”、“逻辑分析能力”、“团队合作能力”；其中前四个都属于前述大学生就业能力结构中的“就业基本能力”层次，而其对“就业人格”层次中的“职业责任感”、“敬业精神”、“积极乐观”的重视程度则相对较低。

表1-4-13　全体调查对象对就业能力的重视程度

就业能力要素	得　分
实践能力	4.66
问题解决能力	4.42
学习能力	4.13
逻辑分析能力	3.87
团队合作能力	3.63
抗压能力	3.53
人际交往能力	3.38
主动就业能力	3.29
职业责任感	3.15
就业展现能力	3.03
敬业精神	2.89
积极乐观	2.81
就业发展能力	2.66

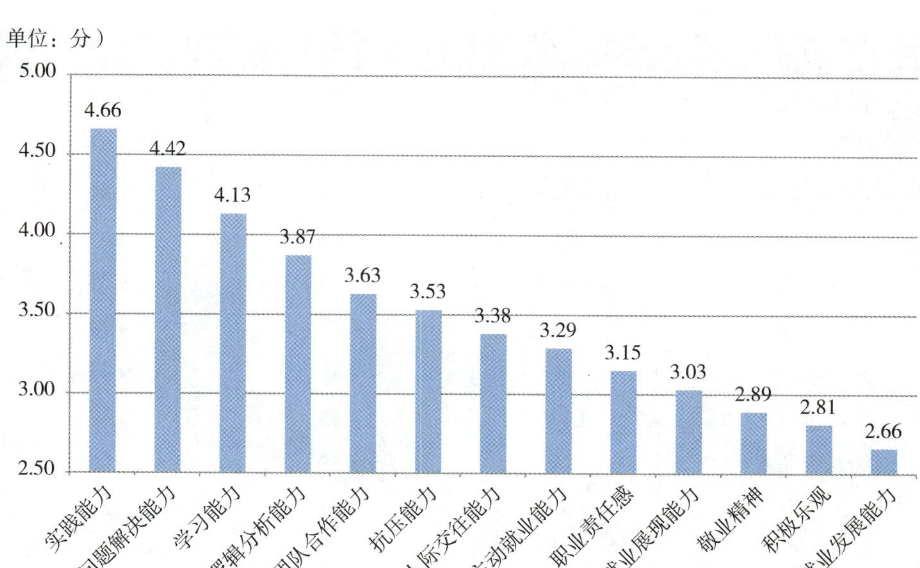

图 1-4-10 全体调查对象对就业能力的重视程度

（二）学校类型

不同办学层次高校学生最重视的就业能力要素，按照 211 高校、普通本科高校、高职高专的顺序，呈现出“就业基本能力”层次要素越来越少、“社会应对能力”层次要素越来越多的趋势。表 1-4-14、图 1-4-11 分别是不同类型高校大学生对就业能力重视程度的数据表和直方图，数据显示：211 高校大学生认为最重要的就业能力是“问题解决能力”、“实践能力”、“学习能力”、“逻辑分析能力”、“主动就业能力”；普通本科高校大学生认为最重要的就业能力是“实践能力”、“问题解决能力”、“团队合作能力”、“学习能力”、“人际交往能力”；高职高专院校大学生认为最重要的就业能力是“实践能力”、“问题解决能力”、“团队合作能力”、“人际交往能力”、“抗压能力”。

表 1-4-14 不同类型高校大学生对就业能力的重视程度

（单位：分）

就业能力要素	211 高校	普通本科	高职高专
积极乐观	2.68	3.01	3.12
敬业精神	2.82	3.11	2.63
就业发展能力	2.92	2.61	2.76

就业能力要素	211 高校	普通本科	高职高专
就业展现能力	3.07	2.74	2.87
抗压能力	3.54	3.37	3.64
逻辑分析能力	3.91	3.26	3.28
人际交往能力	3.16	3.60	3.88
实践能力	4.44	4.64	4.71
团队合作能力	3.40	4.07	4.14
问题解决能力	4.67	4.39	4.43
学习能力	4.18	3.83	3.38
职业责任感	3.30	3.50	3.02
主动就业能力	3.64	2.87	3.55

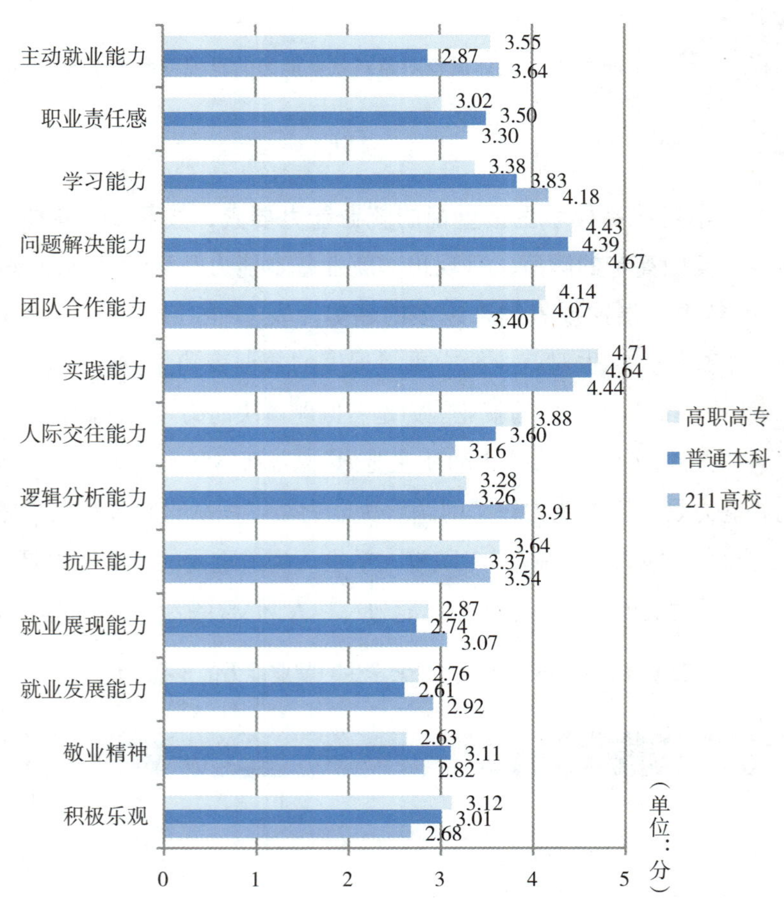

图 1-4-11　不同类型高校大学生对就业能力的重视程度

（三）学历层次

不同学历层次大学生中，本科生对“逻辑分析能力”的重视程度明显高于其他两类人群，研究生对“职业责任感”的重视程度较高，而专科生对“社会应对能力”的重视程度较高。表1-4-15是不同学历大学生认为各就业能力要素重要程度的排序表，数据显示：第一，本科生对“逻辑分析能力”的重视程度在所有就业能力中排序第四，而研究生、专科生该指标的排序分别为第十、第八；第二，研究生对“职业责任感”的重视程度在所有就业能力中排序第三，而本科生、专科生该指标的排序分别为第七、第十，进一步研究还可以发现，博士生该项指标的排序为第二（如表1-4-16、图1-4-12所示），表明学历层次越高，大学生对“职业责任感”的重视程度越高；第三，专科生对“社会应对能力”层次中的“团队合作能力”、“人际交往能力”、“抗压能力”的重视程度总体上比本科生、研究生要高。

表1-4-15 不同学历大学生对就业能力的重视程度排序表

就业能力要素	专 科	本 科	研究生
积极乐观	9	12	9
敬业精神	13	11	12
就业发展能力	12	13	13
就业展现能力	11	10	11
抗压能力	5	6	8
逻辑分析能力	8	4	10
人际交往能力	4	8	5
实践能力	1	1	1
团队合作能力	3	5	6
问题解决能力	2	2	2
学习能力	7	3	4
职业责任感	10	7	3
主动就业能力	6	9	7

表 1-4-16　博士研究生对就业能力的重视程度

就业能力要素	得　分
实践能力	4.76
职业责任感	4.50
主动就业能力	4.24
人际交往能力	4.00
学习能力	3.76
团队合作能力	3.67
问题解决能力	3.52
积极乐观	3.42
逻辑分析能力	3.27
就业展现能力	3.17
抗压能力	3.03
敬业精神	2.93
就业发展能力	2.78

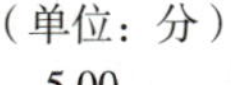

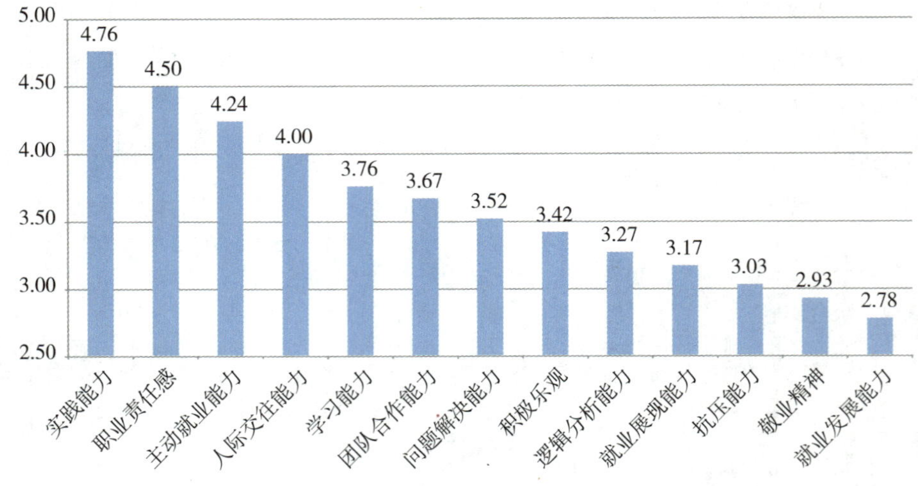

图 1-4-12　博士研究生对就业能力的重视程度

（四）学科门类

不同学科门类大学生中，"艺术学"和"文史哲"门类大学生认为就业能力的重要度与其他门类有一定差异，其对"就业人格"层次、"社会应对能力"层次等"软实力"的重视程度比其他几个学科门类要高。表 1-4-17 是所有学科门类大学生对就业能力的重视程度数据表（军事学由于数据不足，没有列入表中）。图 1-4-13 至图 1-4-16 是上述几个学科门类大学生对各就业能力重视程度的直方图。数据显示，与其他学科门类大学生就业能力重要程度排在前五位的要素绝大多数属于"就业基本能力"不同，"哲学"门类学生比较重视"实践能力"、"职业责任感"、"学习能力"、"就业展现能力"、"团队合作能力"；"艺术学"门类学生比较重视"实践能力"、"团队合作能力"、"问题解决能力"、"职业责任感"、"人际交往能力"；"文学"门类学生比较重视"实践能力"、"问题解决能力"、"抗压能力"、"学习能力"、"主动就业能力"；"历史学"门类学生比较重视"实践能力"、"问题解决能力"、"抗压能力"、"学习能力"、"职业责任感"。

表 1-4-17 不同学科门类大学生对就业能力的重视程度

（单位：分）

就业能力要素	法学	工学	管理学	教育学	经济学	历史学	农学	医学	艺术学	理学	文学	哲学
积极乐观	2.81	2.81	2.81	2.81	2.81	2.99	3.07	2.68	3.46	2.87	2.66	2.96
敬业精神	2.90	2.90	2.90	2.90	2.90	3.22	2.84	2.81	3.35	2.63	2.80	3.32
就业发展能力	2.66	2.66	2.66	2.66	2.67	2.63	2.93	2.47	2.84	2.76	2.90	2.81
就业展现能力	3.03	3.03	3.03	3.03	3.05	2.85	3.30	2.59	2.70	3.01	3.06	3.77
抗压能力	3.53	3.53	3.53	3.53	3.32	4.06	3.17	3.24	3.63	3.27	4.17	2.72
逻辑分析能力	3.87	3.87	3.87	3.87	4.12	2.76	2.69	3.78	2.93	3.59	3.57	2.56

就业能力要素	法学	工学	管理学	教育学	经济学	历史学	农学	医学	艺术学	理学	文学	哲学
人际交往能力	3.38	3.38	3.38	3.38	3.41	3.09	3.64	2.90	3.73	3.36	3.33	3.23
实践能力	4.66	4.66	4.66	4.66	4.70	4.61	4.36	4.50	4.71	4.64	4.76	4.47
团队合作能力	3.63	3.63	3.63	3.63	3.64	3.49	4.12	3.03	4.47	3.85	3.43	3.55
问题解决能力	4.43	4.43	4.43	4.43	4.44	4.34	4.61	4.27	4.22	4.41	4.46	3.45
学习能力	4.13	4.13	4.13	4.13	3.87	3.81	3.39	4.02	3.19	4.13	3.93	4.01
职业责任感	3.15	3.15	3.15	3.15	3.16	3.58	3.87	3.12	3.97	3.13	3.17	4.25
主动就业能力	3.29	3.29	3.29	3.29	3.55	3.31	3.54	3.33	3.09	3.50	3.66	3.05

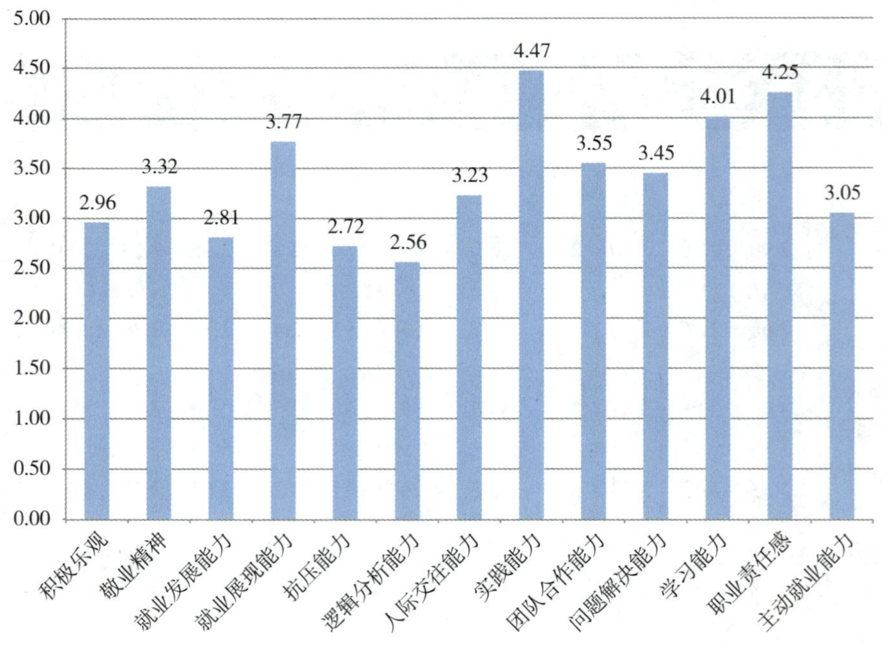

图 1-4-13　哲学门类大学生对就业能力的重视程度

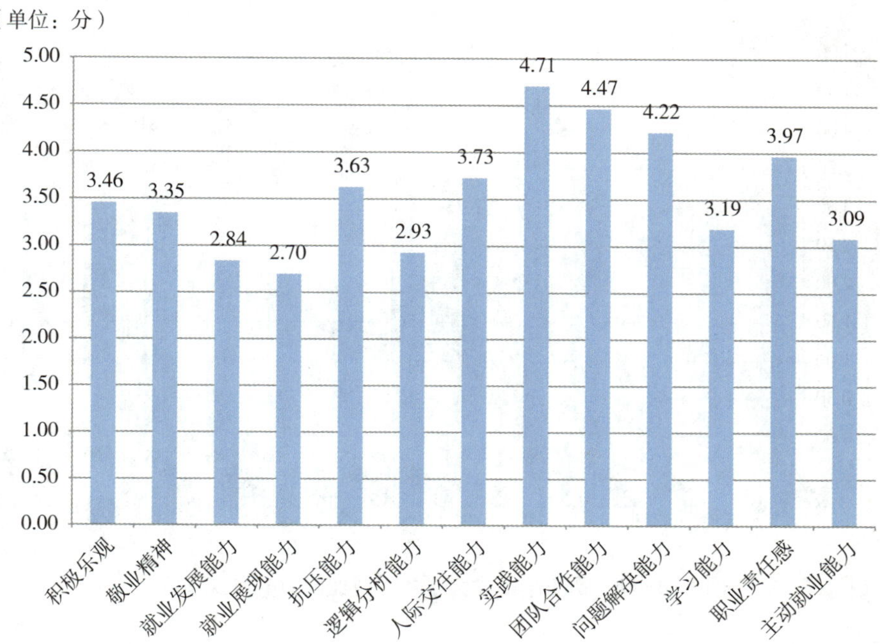

图 1-4-14　艺术学门类大学生对就业能力的重视程度

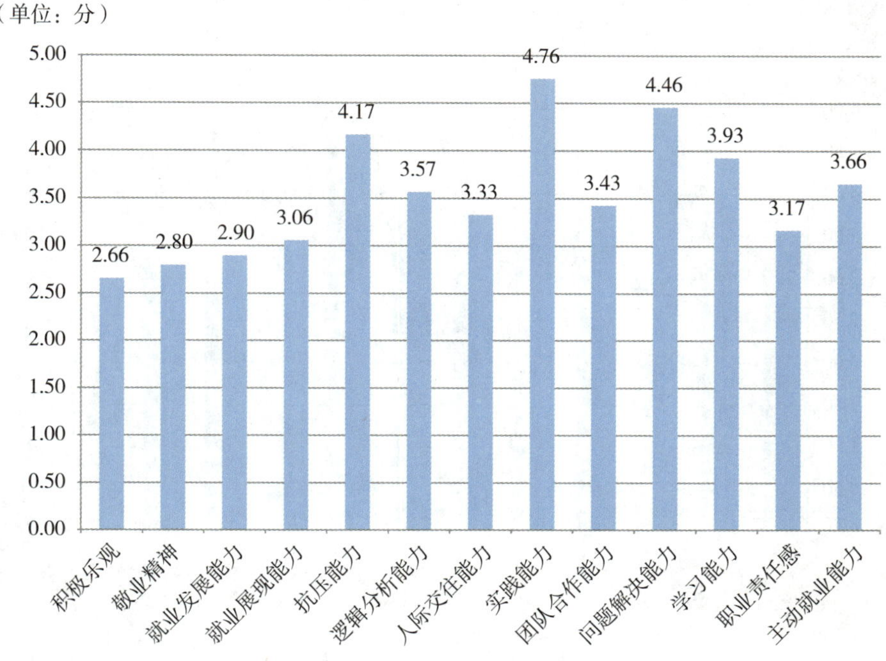

图 1-4-15　文学门类大学生对就业能力的重视程度

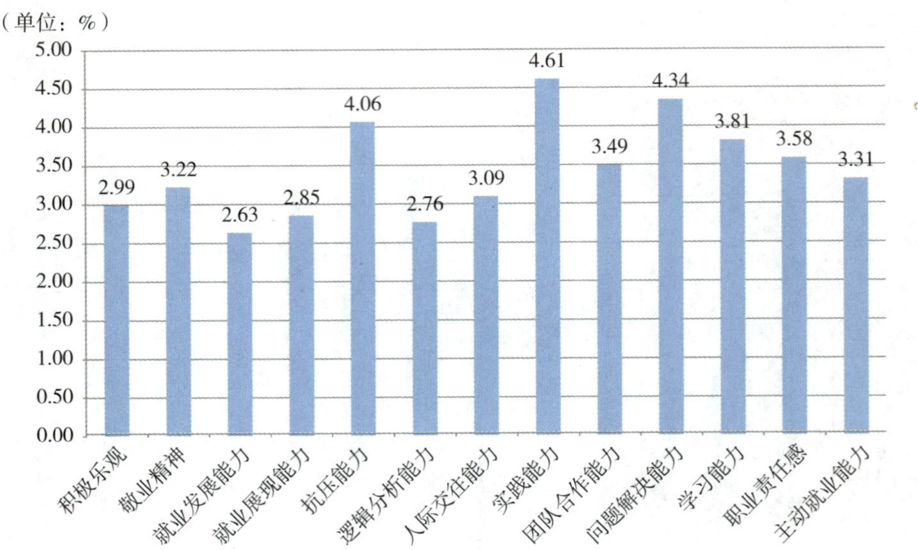

图 1-4-16　历史学门类大学生对就业能力的重视程度

十三个学科门类当中，除了艺术学、文学、历史学、哲学几个学科门类之外，其余几个学科门类大学生对就业能力的重视程度差异不大（军事学因为合格样本较少，没有包括在内），如图 1-4-17 至图 1-4-24 所示。

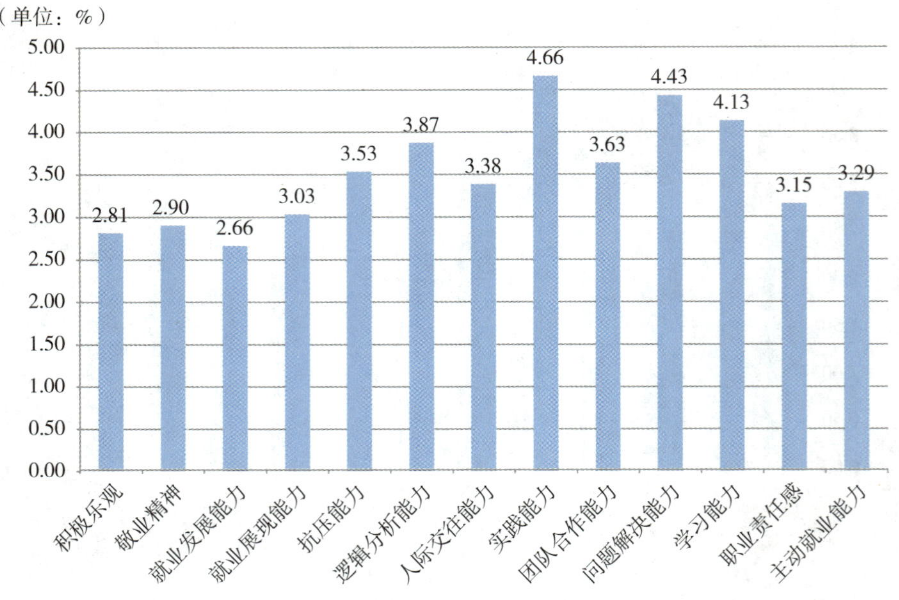

图 1-4-17　法学门类大学生对就业能力的重视程度

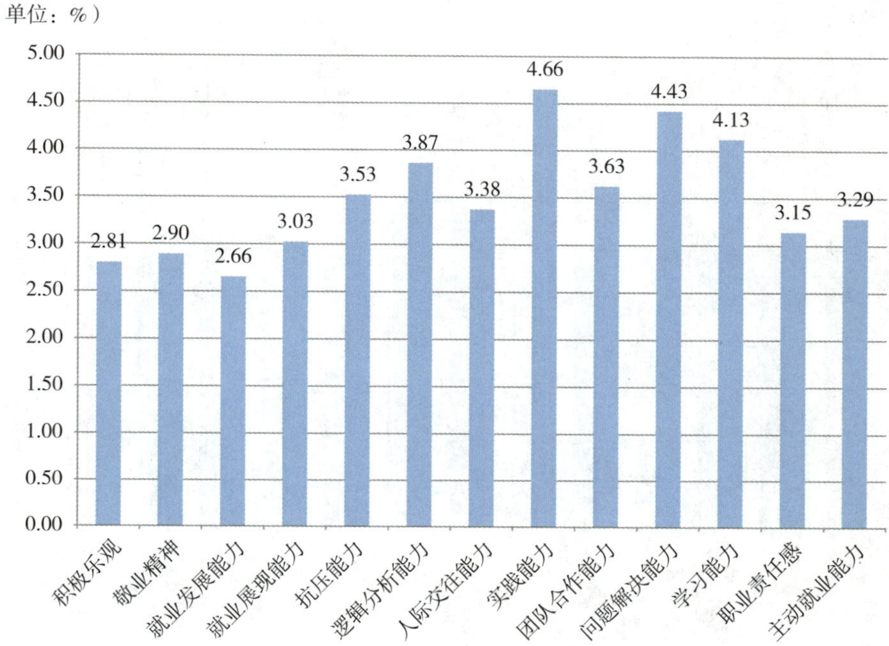

图 1-4-18 工学门类大学生对就业能力的重视程度

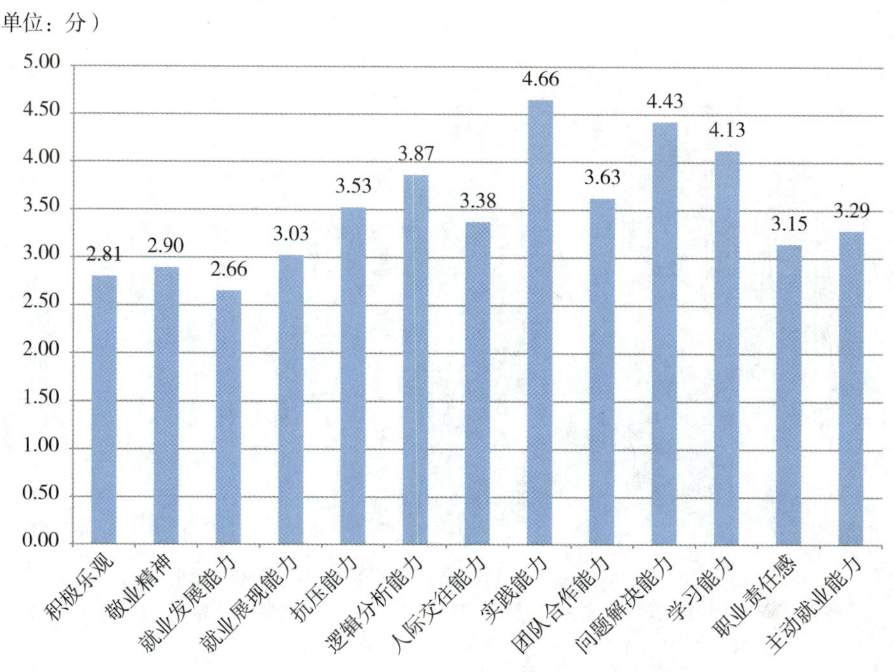

图 1-4-19 管理学门类大学生对就业能力的重视程度

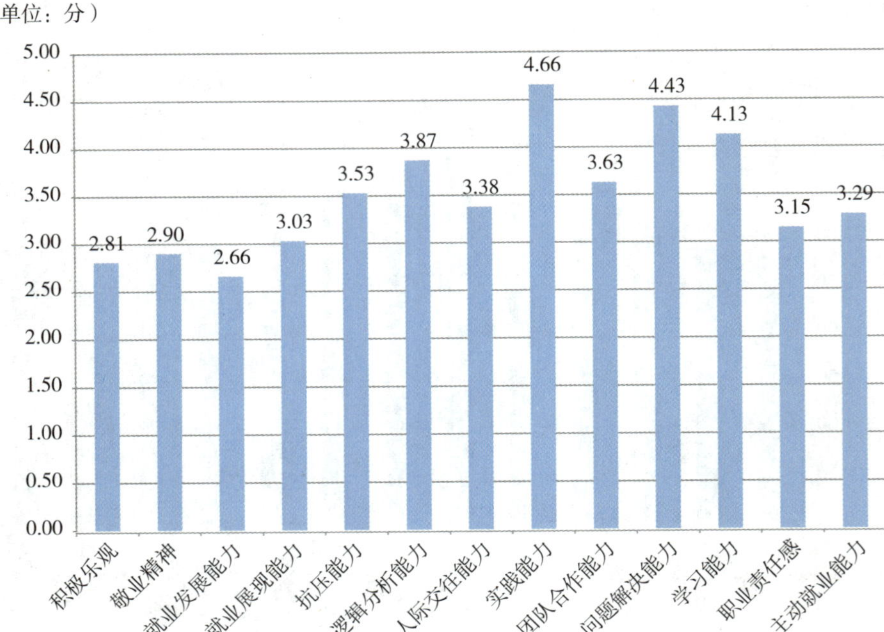

图 1-4-20　教育学门类大学生对就业能力的重视程度

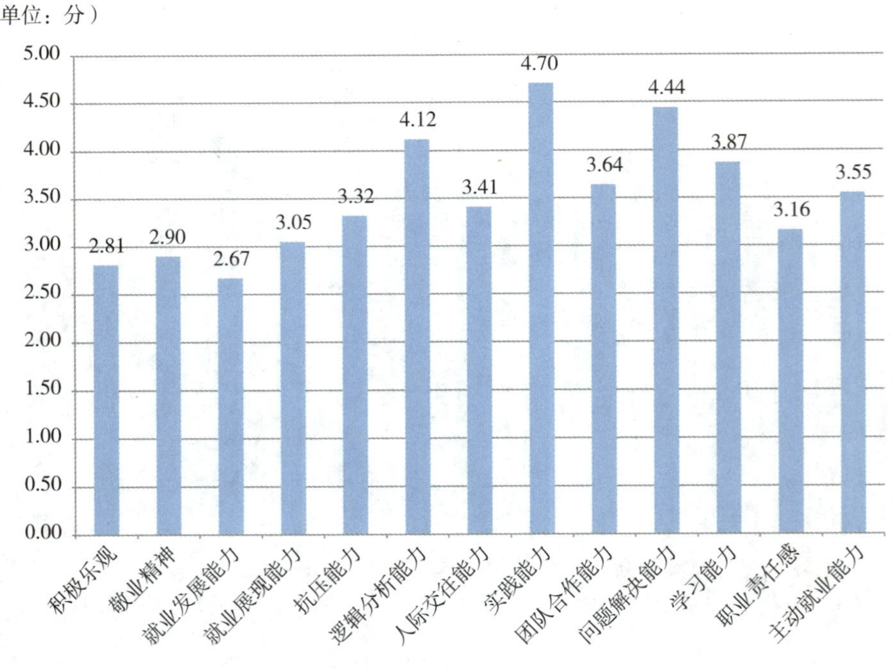

图 1-4-21　经济学门类大学生对就业能力的重视程度

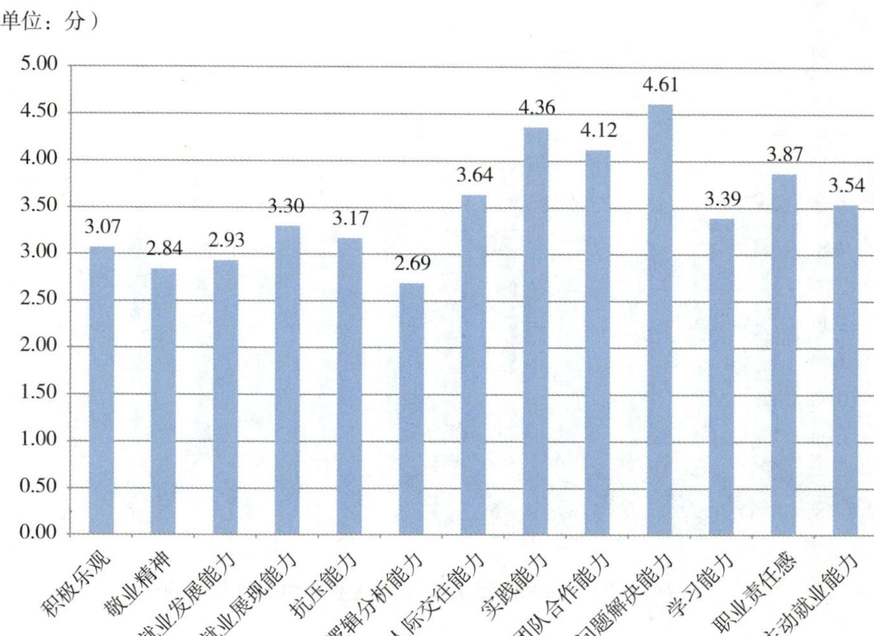

图 1-4-22 农学门类大学生对就业能力的重视程度

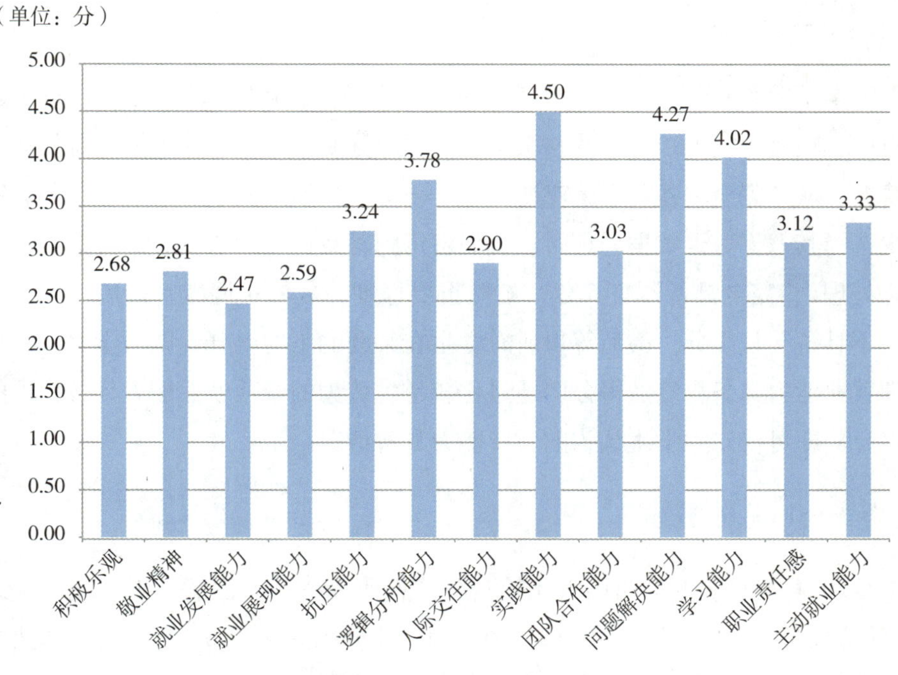

图 1-4-23 医学门类大学生对就业能力的重视程度

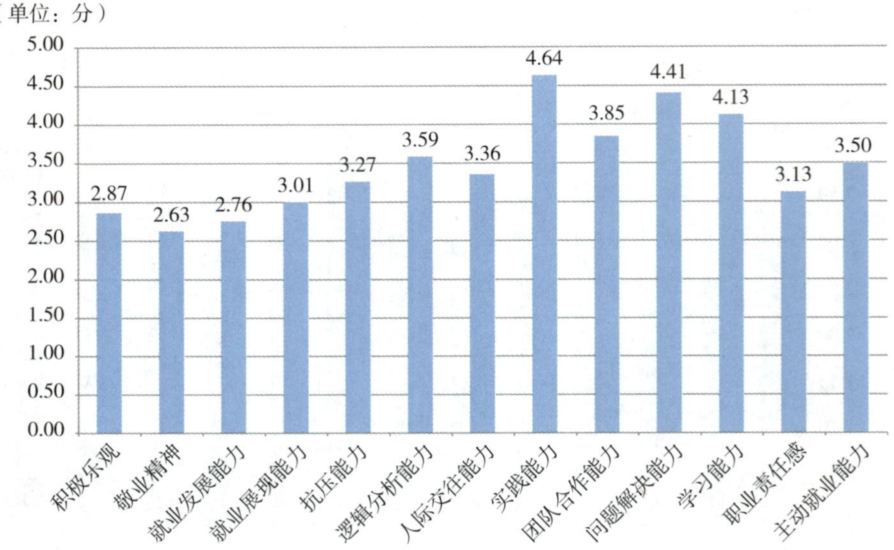

图 1-4-24　理学门类大学生对就业能力的重视程度

三、就业能力具备情况

本部分调研了大学生认为自身就业能力的具备情况。问卷中，每个题对应一项就业能力，每题的答案按照五级评分制设置，学生根据自身的认识情况，从“完全具备”、“比较具备”、“一般”、“比较不具备”、“完全不具备”中选择其一作答。数据处理时，我们将每题答案按照加权打分的方式进行量化处理，“完全具备”打 5 分，按照重要程度分数依次递减，最后一项“完全不具备”打 1 分。最后算得所有学生在某题的平均得分，即为学生认为该项就业能力具备程度的得分。通过比较学生认为的各项就业能力具备程度的得分，即可得知大学生认为的就业能力具备情况。

（一）总体概述

2014 届大学生总体认为比较具备“就业人格”方面的能力，比较缺乏“就业发展能力”。表 1-4-18、图 1-4-25 分别是 2014 届大学生总体认为就业能力的具备程度的数据表和直方图，从中可以发现，大学生认为就业能力各要素具备程度排在前五位的分别是“职业责任感”、“敬业精神”、“积极乐观”、“团队合作能力”、“学习能力”、排在后三位的分别是“主动就业能力”、“就业发展能力”、“就业展现能力”。

表 1-4-18 全体调查对象认为就业能力的具备程度

就业能力要素	得 分
职业责任感	4.12
敬业精神	3.91
积极乐观	3.68
团队合作能力	3.47
学习能力	3.26
实践能力	3.15
问题解决能力	3.03
抗压能力	2.95
逻辑分析能力	2.81
人际交往能力	2.72
主动就业能力	2.59
就业发展能力	2.48
就业展现能力	2.35

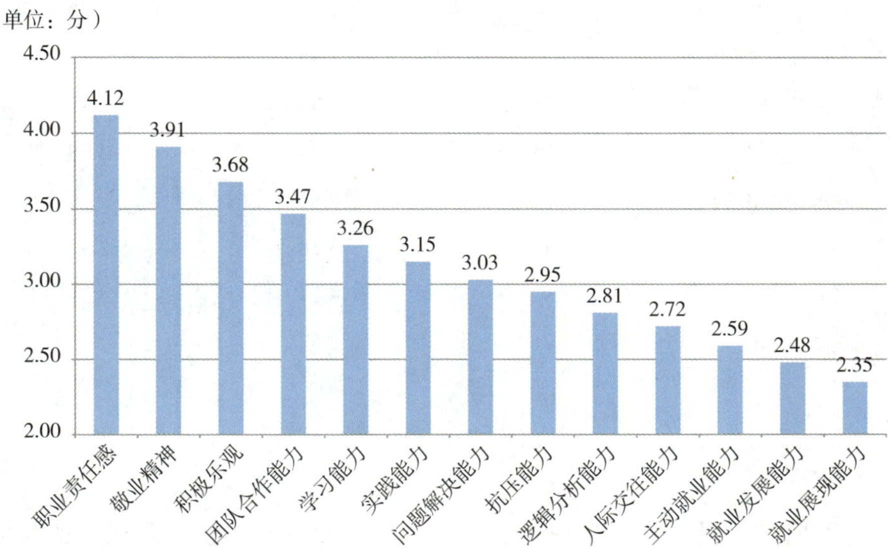

图 1-4-25 全体调查对象认为就业能力的具备程度

（二）学校类型

不同类型高校大学生认为就业能力的具备程度具有一定差异，211 高校大学生认为“就业基本能力”的具备程度略高于其他两类学校。表 1-4-19、图 1-4-26 分别是不同类型高校大学生认为就业能力具备程度的数据表和直方图，从中可以发现，211 高校大学生认为最具备的五项就业能力分别是“学习能力”、“职业责任感”、“敬业精神”、“问题解决能力”、“实践能力”，其中有三项属于就业基本能力层次，而高职高专院校大学生认为最具备的五项就业能力分别是“积极乐观”、“敬业精神”、“团队合作能力”、“职业责任感”、“人际交往能力”，其中无一项是“就业基本能力”。

表 1-4-19　不同类型高校大学生认为就业能力的具备程度

就业能力要素	211 高校	普通本科	高职高专
积极乐观	2.99	3.67	4.03
敬业精神	3.71	3.92	3.78
就业发展能力	2.41	2.42	2.18
就业展现能力	2.53	2.27	2.32
抗压能力	2.86	3.09	3.03
逻辑分析能力	3.08	2.65	2.46
人际交往能力	2.63	2.95	3.13
实践能力	3.29	2.74	2.83
团队合作能力	3.21	3.44	3.58
问题解决能力	3.50	2.86	2.59
学习能力	4.15	3.18	2.91
职业责任感	3.92	4.14	3.35
主动就业能力	2.76	2.52	2.68

（三）学历层次

不同学历层次大学生中，专科生认为比较具备“积极乐观”的品质，本科生认为比较具备“学习能力”，而研究生认为比较不具备“实践能力”。

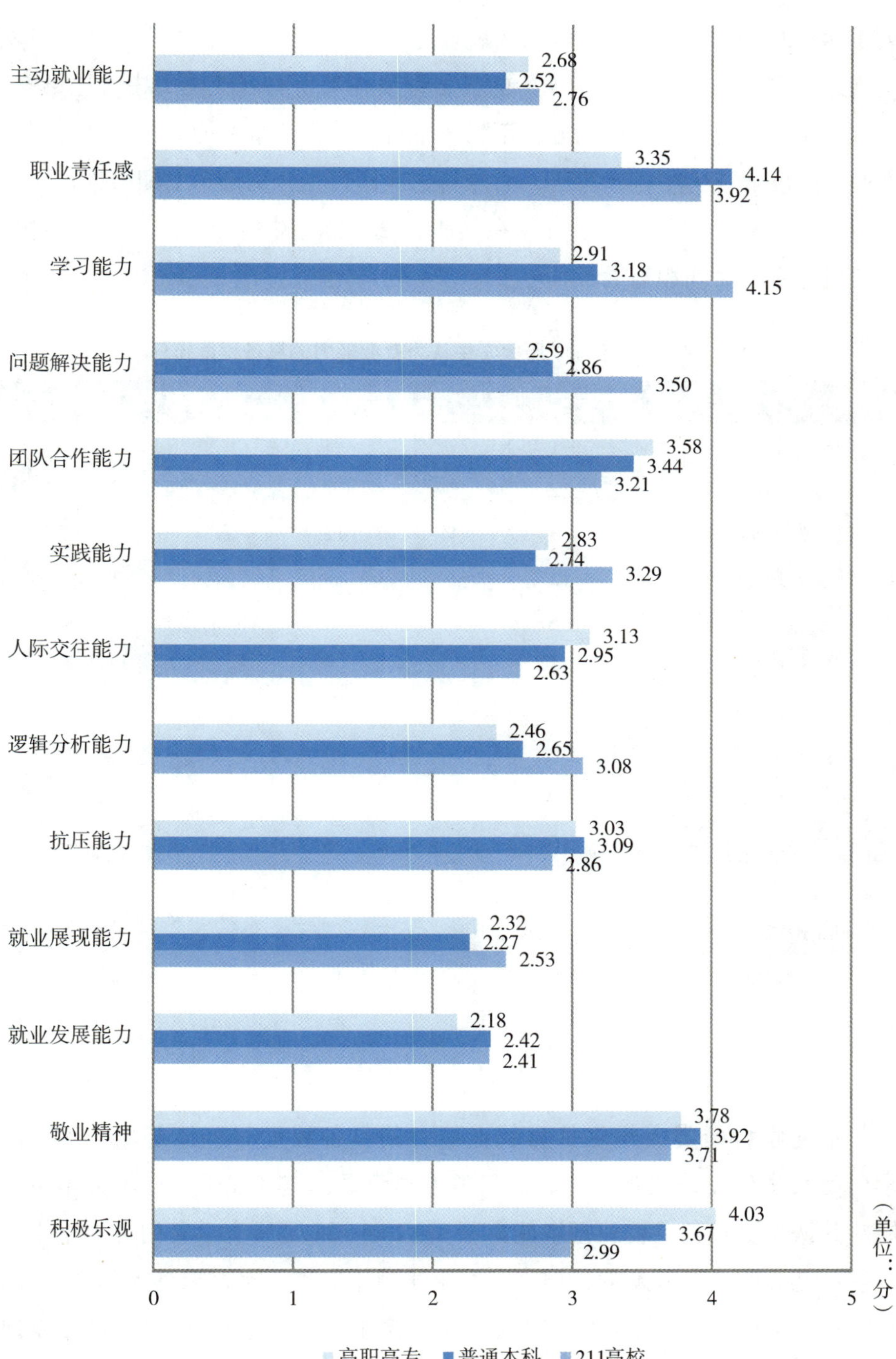

图 1-4-26 不同类型高校大学生认为就业能力的具备程度

表 1-4-20 是不同学历大学生认为就业能力的具备程度的排序表，从中可以发现，专科生认为“积极乐观”的具备程度在其所有就业能力中排序第一，而本科生、研究生分别排第五、第三，本科生认为“学习能力”的具备程度在其所有就业能力中排序第三，而专科生、研究生分别排第七和第六，研究生认为“实践能力”的具备程度在其所有就业能力中排第十二，而专科生、本科生分别排第八和第七。

表 1-4-20　不同学历大学生认为就业能力的具备程度排序

就业能力要素	专　科	本　科	研究生
积极乐观	1	5	3
敬业精神	2	2	1
就业发展能力	13	12	9
就业展现能力	12	13	13
抗压能力	6	8	5
逻辑分析能力	11	9	7
人际交往能力	5	10	10
实践能力	8	7	12
团队合作能力	3	4	4
问题解决能力	10	6	8
学习能力	7	3	6
职业责任感	4	1	2
主动就业能力	9	11	11

（四）学科门类

不同学科门类大学生认为就业能力的具备程度与总体基本一致，医学门类大学生在该项指标与其他门类差异明显，与其他学科门类大学生不同，其认为更具备“就业基本能力”。表 1-4-21 是所有学科门类大学生认为就业能力的具备程度的数据表（军事学由于数据不足，未列入其中）。图 1-4-27 是不同学科门类大学生认为就业能力的具备程度直方图，从中发现医学门类大学生认为最具备的五项就业能力分别是“实践能力”、“学习能力”、“问题解决能力”、“逻辑分析能力”、“职业责任感”，其前四项都属于

“就业基本能力”层次，与总体情况及其他学科门类的情况差异比较明显。

表 1-4-21 不同学科门类大学生认为就业能力的具备程度

（单位：分）

就业能力要素	法学	工学	管理学	教育学	经济学	理学	哲学	艺术学	医学	文学	农学	历史学
积极乐观	3.55	3.55	3.81	3.60	3.31	3.29	3.65	3.93	2.93	3.38	3.34	3.53
敬业精神	3.75	3.78	4.28	4.06	3.73	3.93	4.11	3.71	3.01	3.80	4.37	3.98
就业发展能力	2.41	2.35	2.76	2.23	2.36	2.33	2.66	2.50	2.50	2.38	2.63	2.21
就业展现能力	2.28	2.23	2.62	2.36	2.23	2.21	2.88	2.30	2.37	2.25	2.50	2.34
抗压能力	2.64	3.04	3.56	2.89	2.99	2.99	3.43	3.11	2.59	3.15	3.65	2.43
逻辑分析能力	2.72	2.88	2.85	2.46	2.57	2.64	2.46	2.42	3.62	2.48	2.97	2.56
人际交往能力	2.84	2.59	3.32	2.68	3.07	2.43	2.54	3.22	2.71	2.82	2.73	2.85
实践能力	3.14	2.67	3.08	3.01	2.77	2.76	2.27	2.64	4.31	2.92	3.19	2.96
团队合作能力	3.34	3.35	4.04	3.14	3.51	3.49	3.88	3.50	2.81	3.59	3.89	3.28
问题解决能力	2.93	2.80	2.99	2.58	2.66	2.85	2.96	2.85	3.87	2.71	3.10	2.76
学习能力	3.05	3.14	3.23	3.34	2.85	3.09	2.74	2.94	4.08	3.05	3.44	3.07
职业责任感	3.97	3.99	4.54	3.84	3.92	3.70	3.22	4.17	3.22	4.02	4.13	3.74
主动就业能力	2.50	2.46	3.46	2.80	2.45	2.55	3.13	2.72	3.14	2.62	2.88	2.65

十三个学科门类中，除医学学科门类之外，其余各个学科门类大学生对就业能力的重视程度差异不大（军事学因为合格样本较少，没有包括在内），如图 1-4-28 至图 1-4-38 所示。

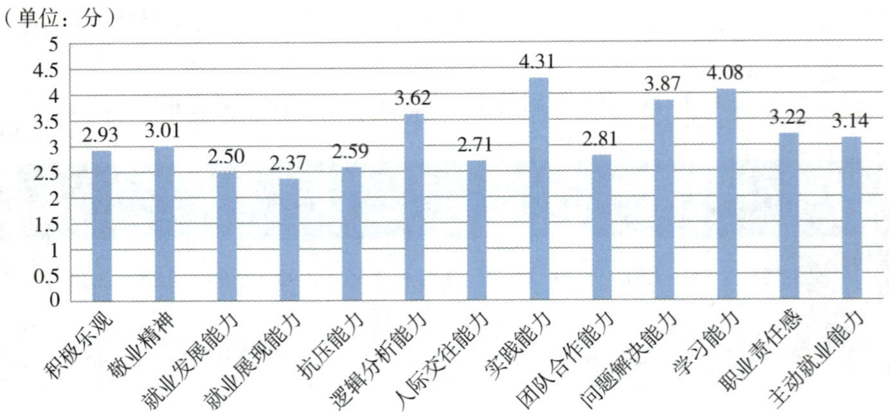

图 1-4-27　医学门类大学生认为就业能力的具备程度

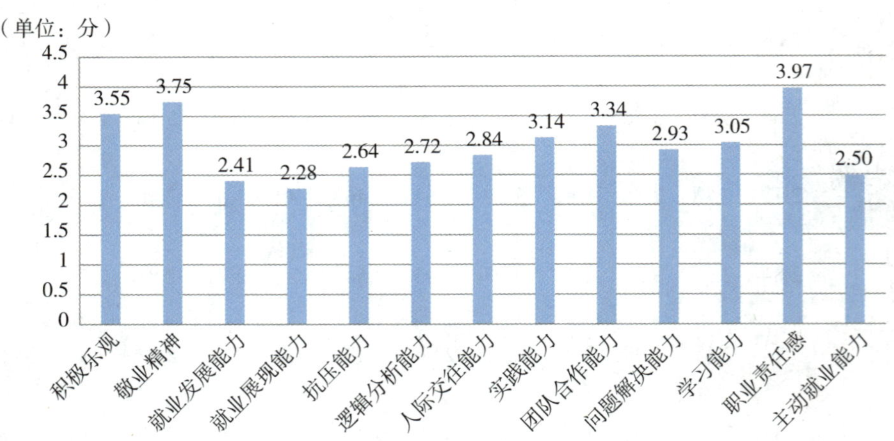

图 1-4-28　法学门类大学生认为就业能力的具备程度

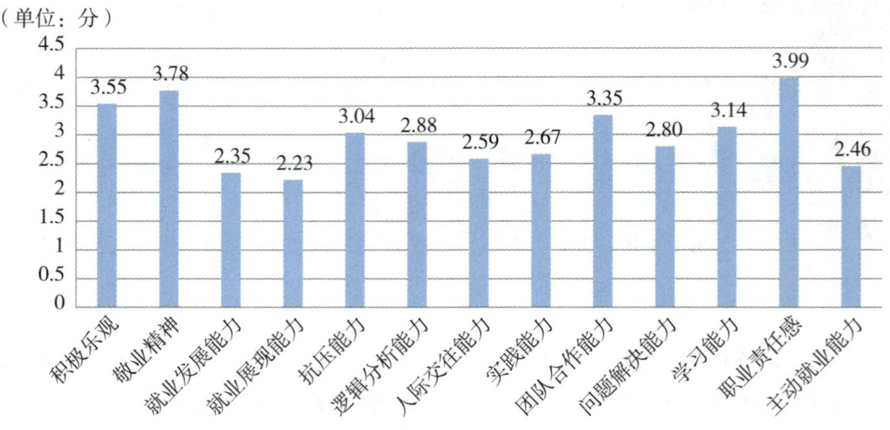

图 1-4-29　工学门类大学生认为就业能力的具备程度

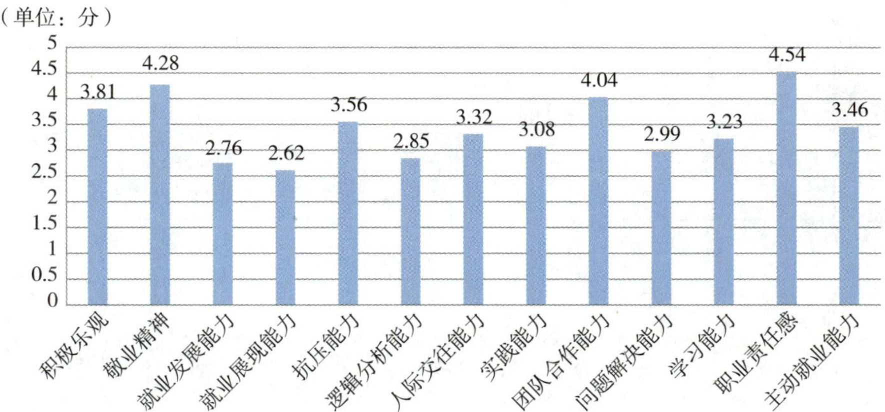

图 1-4-30 管理学门类大学生认为就业能力的具备程度

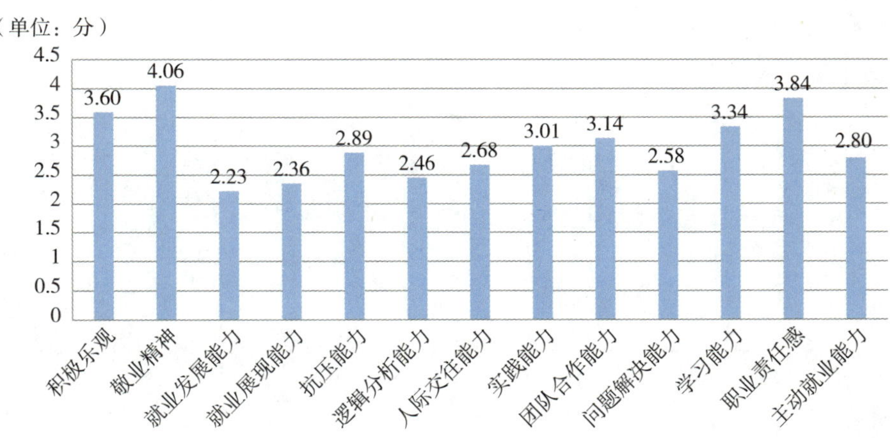

图 1-4-31 教育学门类大学生认为就业能力的具备程度

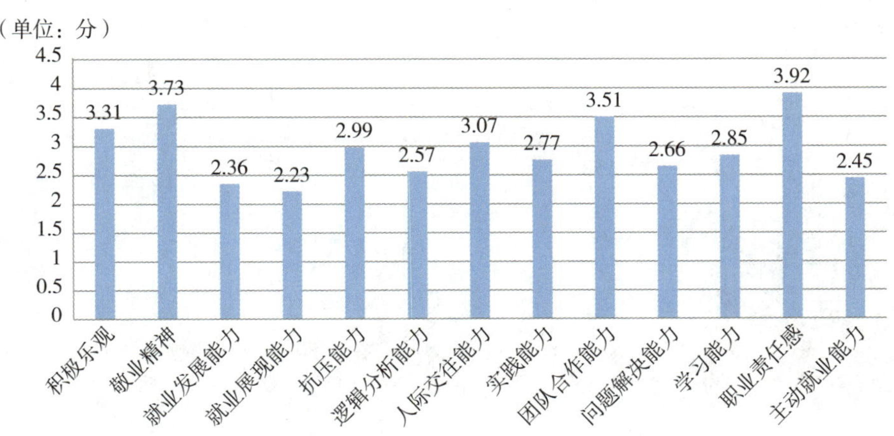

图 1-4-32 经济学门类大学生认为就业能力的具备程度

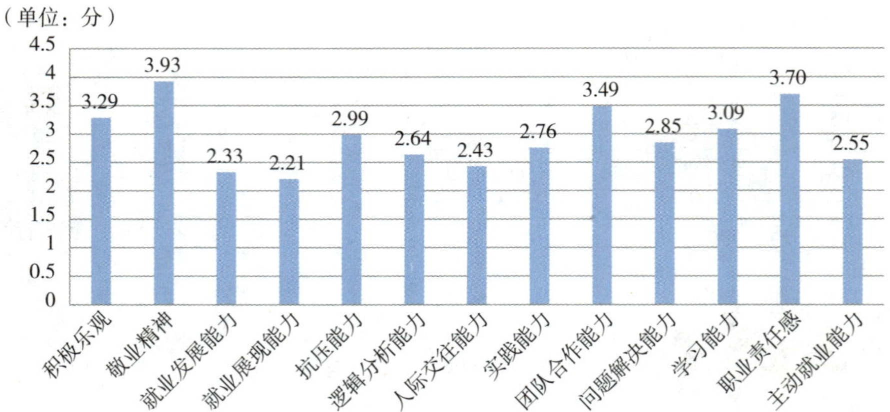

图 1-4-33　理学门类大学生认为就业能力的具备程度

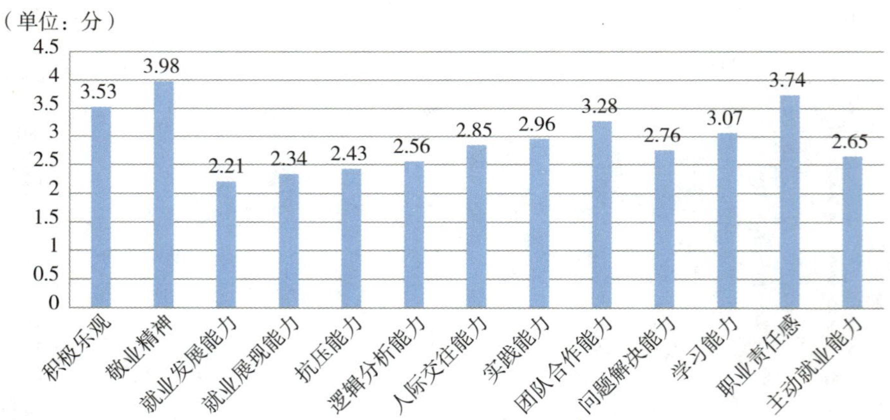

图 1-4-34　历史学门类大学生认为就业能力的具备程度

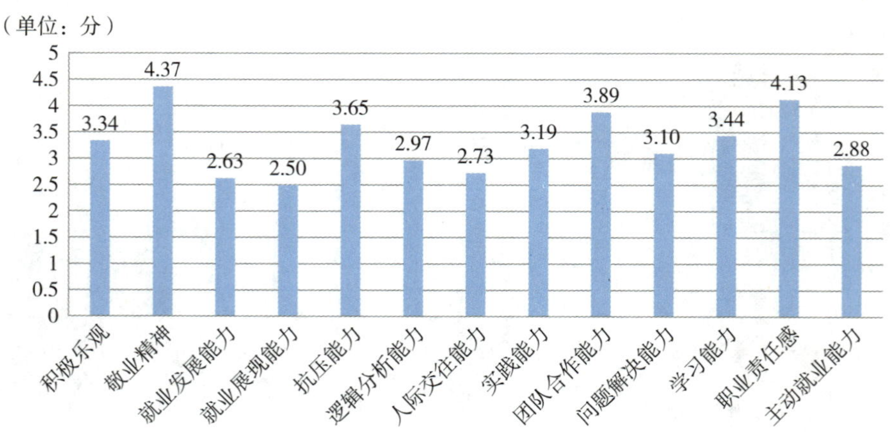

图 1-4-35　农学门类大学生认为就业能力的具备程度

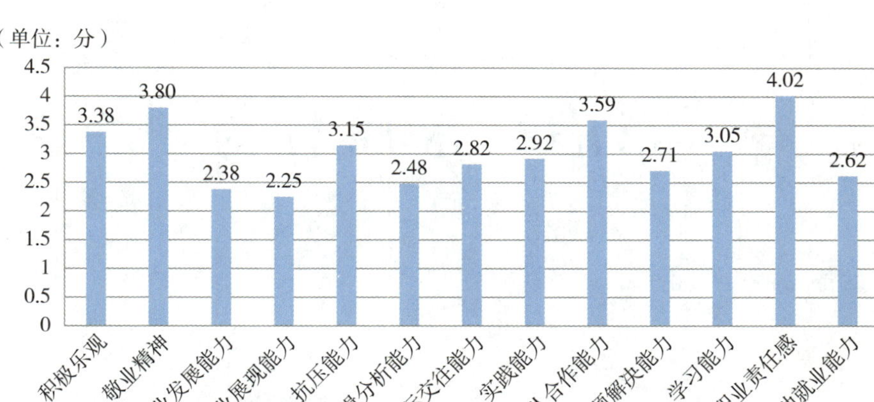

图 1-4-36 文学门类大学生认为就业能力的具备程度

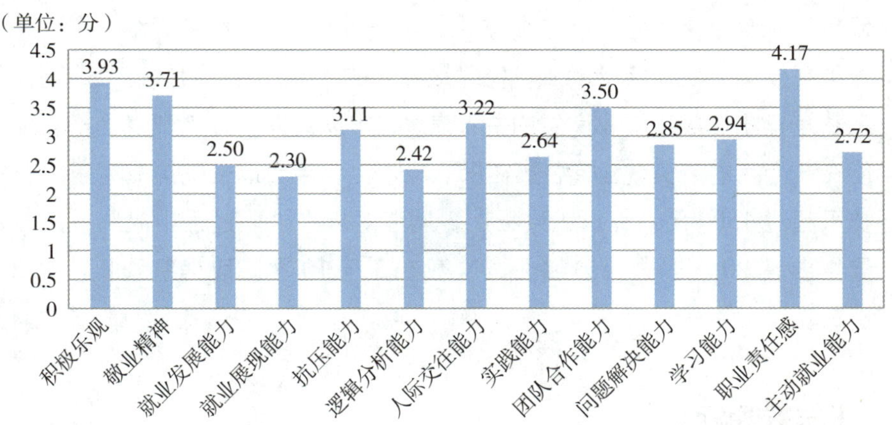

图 1-4-37 艺术学门类大学生认为就业能力的具备程度

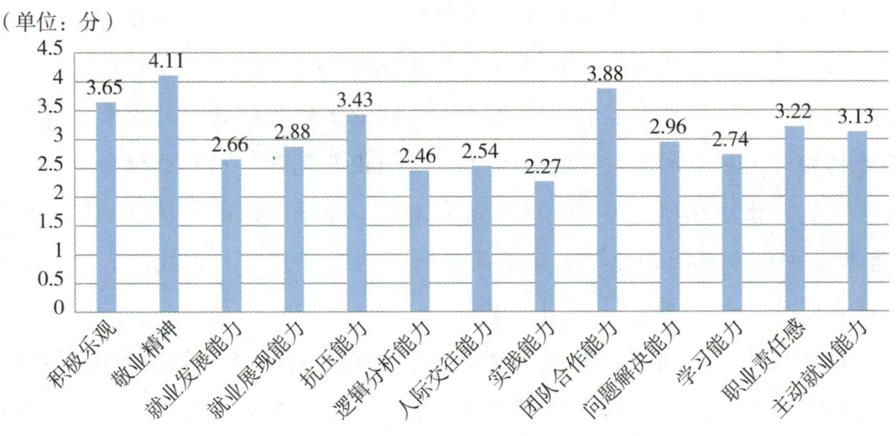

图 1-4-38 哲学门类大学生认为就业能力的具备程度

第五章　求职行为

本章通过对毕业生求职动机、求职渠道、求职周期、求职成本和求职过程五个维度的调研，重点对2014届毕业生求职行为进行描述和分析。调查结果显示，在求职动机上，“薪酬待遇”和“工作稳定”是各类高校毕业生在选择就业单位时最看重的因素；在求职渠道上，高校依然是毕业生落实就业岗位的主渠道；在求职周期上，半数以上毕业生能在3个月内落实就业岗位；在求职成本上，半数以上的毕业生求职花费不超过1500元；在求职过程上，调查对象在求职过程中简历投递数量主要在20份以内，参加面试次数在3至10次，取得签约机会为2至3次。

相关数据说明：

求职关注因素：指大学生在求职过程中所关注的因素，我们将其概括为薪酬待遇、发展前景、工作稳定、工作地点、单位名气、专业对口、解决户口、兴趣爱好、劳动强度、家人意见和其他等11个内容。

就业区域关注因素：指大学生在选择就业区域时所关注的因素，我们将其概括为“发展空间大”、“交通发达，基础设施完善”、“就业机会多”、“距离家乡近，生活环境较习惯”、“生活成本低，竞争压力小”、“自然环境好”、“恋人或重要亲友所在地”、“毕业高校所在地”、“吸引人才政策有力”、“国家建设需要”和“其他”等11个内容。

求职渠道使用情况：指大学生在求职过程中对于求职渠道的使用情况，我们将其分为学校组织的现场招聘会、学校发布的就业信息、专业化的招聘求职网站、工作实习、其他高校的招聘会/招聘信息、意向单位网站、校方的直接推荐、政府/社会机构组织的招聘会、主动申请、家庭或社会关系和其他等 11 个求职渠道。

关注求职渠道因素：指大学生在选择求职渠道时所关注的因素，我们将其概括为信息质量、信息准确、更新频率、容易获取和信息数量等 5 个内容。

求职时间：指在大学生从开始寻找就业去向到最终落实就业岗位的时间周期。

签约时间：指大学生最终落实就业岗位的时间节点。

求职花费金额：指大学生在求职过程中所花费的金额。

求职花费项目：指大学生求职花费所投入的具体项目，我们将其概括为交通、形象包装、简历制作、通信、住宿、招聘会门票、中介和其他等 8 个内容。

简历投递情况：指大学生在求职过程中所投递的简历的数量。

面试情况：指大学生在求职过程中所参加的面试的次数。

签约机会：指大学生在求职过程中所取得的签约机会的次数。

一、求职动机

（一）求职关注因素

1. 总体概述

2014 届毕业生在选择就业单位时最看重的因素排在前五位的依次是：“薪酬待遇”、“发展前景”、“工作稳定”、“工作地点”和“单位名气”，选择这些内容的比例占到了 73.72%，而“专业对口”、“解决户口”、“兴趣爱好”、“劳动强度”和“家人意见”等因素在大学生选择就业单位过程中所占比例相对较小。

表 1-5-1 全体调查对象求职关注因素的描述性统计

求职关注因素	比例（%）	排 序
薪酬待遇	18.76	1
发展前景	17.04	2
工作稳定	14.75	3
工作地点	13.95	4
单位名气	9.22	5
专业对口	6.98	6
解决户口	6.78	7
兴趣爱好	5.33	8
劳动强度	4.38	9
家人意见	2.43	10
其 他	0.38	11

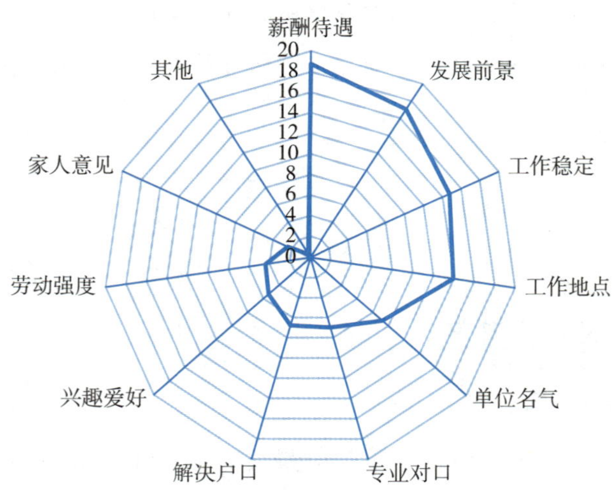

图 1-5-1 全体调查对象求职关注因素

2. 学校类型

不同学校类型的高校毕业生在求职个别关注因素上存在差别。从调查数据中可以看出，211 高校、普通本科和高职高专院校毕业生对于“薪酬待遇”和“工作地点”的关注度在逐步降低，211 高校毕业生对于“单位名气”和“解决户口”的关注度要显著高于其他类型高校。

表 1-5-2 不同学校类型毕业生求职关注因素的描述性统计

（单位：%）

求职关注因素	高职高专	普通本科	211 高校
薪酬待遇	20.96	20.42	17.51
发展前景	18.90	19.14	15.88
工作稳定	15.21	14.55	14.78
工作地点	15.21	13.92	13.54
单位名气	7.43	7.03	10.70
专业对口	6.74	6.64	7.20
解决户口	3.15	4.84	8.38
兴趣爱好	5.81	6.88	4.39
劳动强度	3.49	3.78	4.84
家人意见	2.41	2.34	2.48
其　　他	0.69	0.46	0.30

3. 学历层次

不同学历层次高校毕业生在求职关注因素上态度较为均衡，部分关注因素存在认知差别。从调查数据中可以看出，不同学历毕业生在选择就业单位过程中最看重的前五位因素依然是薪酬待遇、发展前景、工作稳定、工作地点和单位名气，与总排序情况相同。但在不同的关注要素上则存在差异，在“薪酬待遇”、“发展前景”、“工作稳定”和“工作地点”的关注度排序依次为：研究生、本科生和专科生，而在“单位名气”、“专业对口”、“解决户口”、“兴趣爱好”和“劳动强度”上的关注排序则依次为：专科生、本科生和研究生。

表 1-5-3 不同学历毕业生求职关注因素的描述性统计

（单位：%）

求职关注因素	专　科	本　科	研究生
薪酬待遇	20.63	18.62	18.35
发展前景	18.60	17.37	13.67
工作稳定	14.96	14.85	13.88
工作地点	16.56	14.09	11.04

求职关注因素	专　科	本　科	研究生
单位名气	7.31	9.40	9.46
专业对口	6.63	6.96	7.37
解决户口	3.10	6.65	10.40
兴趣爱好	5.71	5.11	6.51
劳动强度	3.44	4.36	5.18
家人意见	2.37	2.24	3.74
其　他	0.69	0.35	0.40

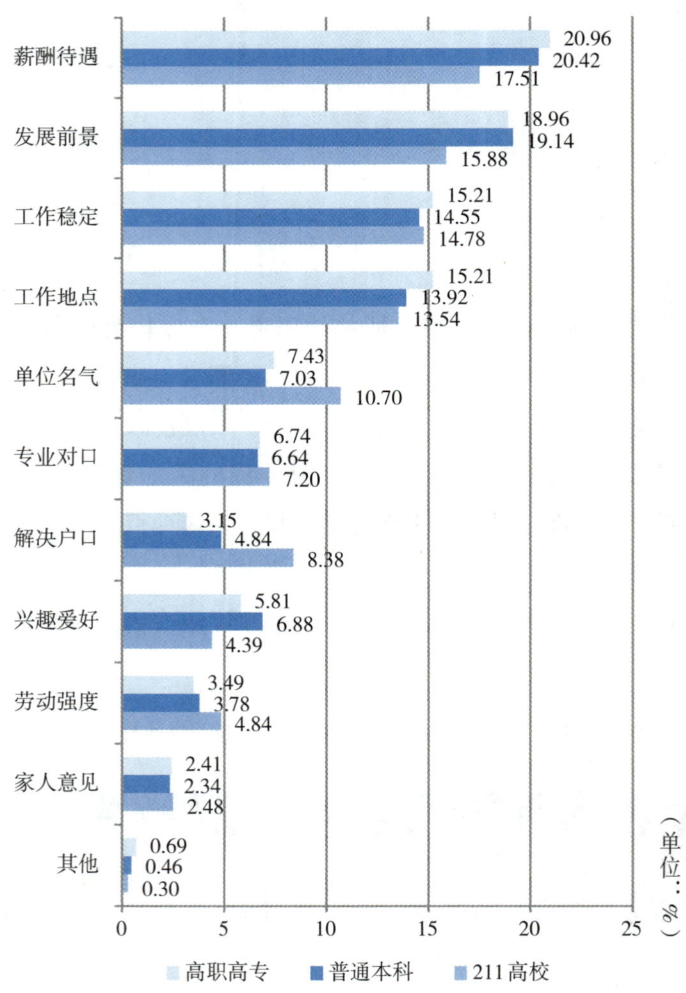

图 1-5-2　不同学校类型毕业生求职关注因素

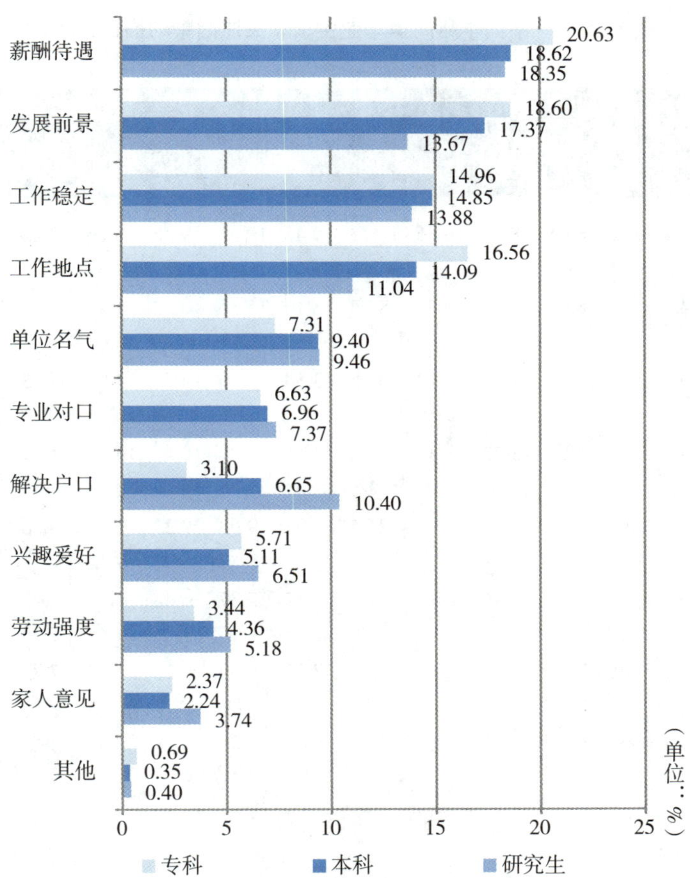

图 1-5-3 不同学历毕业生求职关注因素

4. 学科门类

薪酬待遇是所有学科毕业生在选择就业单位时较为看重的因素，部分学科在求职关注因素上存在差异。从调查数据中可以看出，“薪酬待遇”在所有学科毕业生选择就业单位时最看重因素中均排在前三位。同时相较于其他学科毕业生而言，军事类学科毕业生选择“家人意见”的比重略高、看重“工作地点”的比例较低，可以看出由于军事学科毕业生毕业后从事行业的特殊性，毕业生在选择就业单位时会更为慎重地听取家人的意见，同时在何地完成工作、工作地点的优劣对于军事学科的毕业生来说，也并不在重点考虑的内容之列。

表 1-5-4　不同学科门类毕业生求职关注因素的描述性统计

（单位：%）

求职关注因素	法学	工学	管理学	教育学	经济学	军事学	理学	历史学	农学	文学	医学	艺术学	哲学
薪酬待遇	17.41	20.52	18.61	18.66	19.86	16.73	19.45	19.31	19.45	20.06	13.84	17.50	17.27
发展前景	17.04	19.67	16.93	14.38	19.77	8.94	18.10	15.86	16.33	17.47	10.46	18.56	12.27
工作稳定	16.29	12.93	14.52	17.23	14.12	16.35	13.58	15.35	14.46	14.95	17.73	15.38	19.09
工作地点	14.28	15.21	10.22	13.72	12.34	4.37	13.45	12.92	10.85	14.71	21.19	11.98	15.91
单位名气	9.87	8.05	9.19	8.78	8.97	12.74	8.95	9.08	9.23	7.51	13.26	6.47	10.45
专业对口	6.35	7.16	6.84	8.45	8.17	6.46	6.82	5.37	6.48	6.75	5.21	9.65	6.34
解决户口	7.71	5.49	7.94	6.59	5.62	11.41	7.02	9.59	9.23	5.62	7.85	3.71	10.02
兴趣爱好	4.86	4.88	6.39	5.61	4.30	9.13	5.69	5.88	6.48	6.37	3.62	7.42	2.73
劳动强度	3.29	3.77	5.77	3.51	4.48	8.56	4.67	3.82	4.74	4.35	3.34	5.62	3.18
家人意见	2.54	1.82	3.12	2.73	2.03	4.94	1.87	2.80	2.37	2.02	3.23	2.97	2.28
其他	0.36	0.50	0.47	0.34	0.34	0.37	0.40	0.02	0.38	0.19	0.27	0.74	0.46

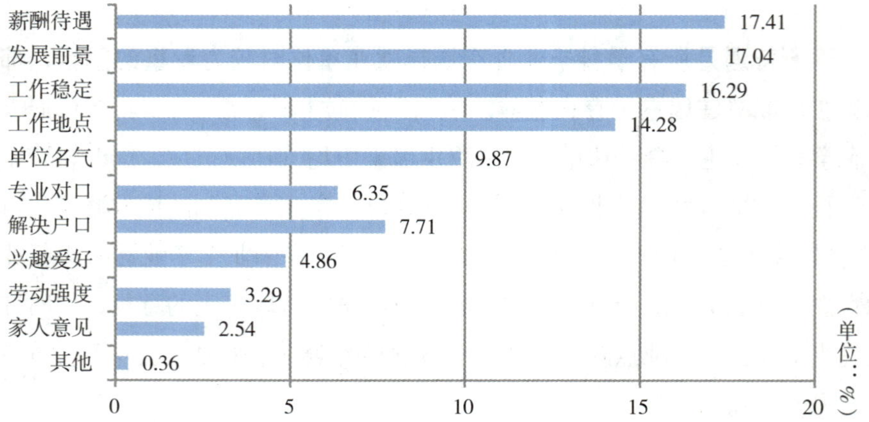

图 1-5-4　法学毕业生求职关注因素

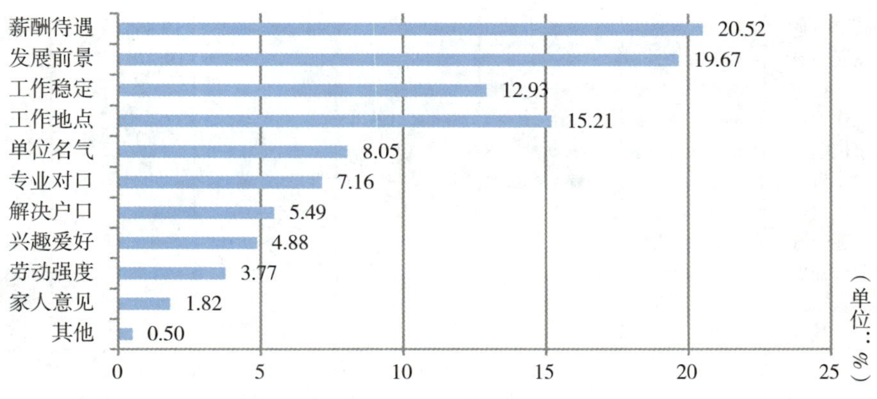

图 1-5-5 工学毕业生求职关注因素

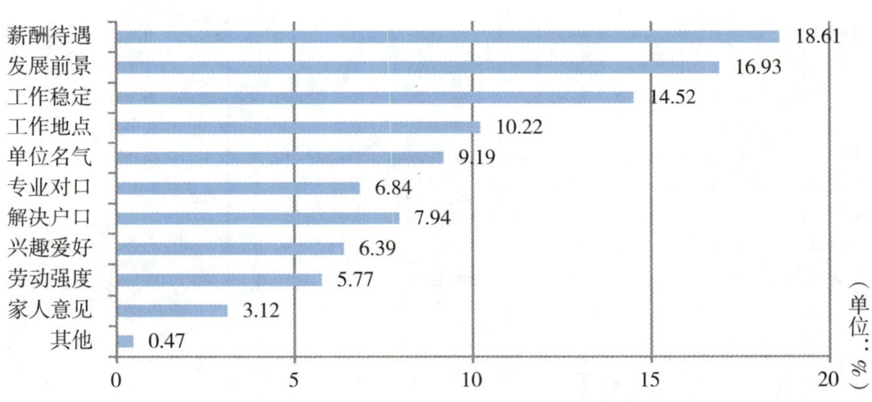

图 1-5-6 管理学毕业生求职关注因素

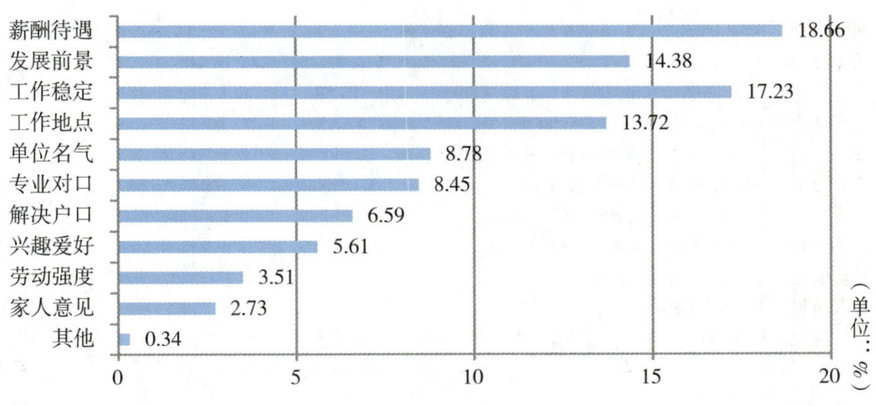

图 1-5-7 教育学毕业生求职关注因素

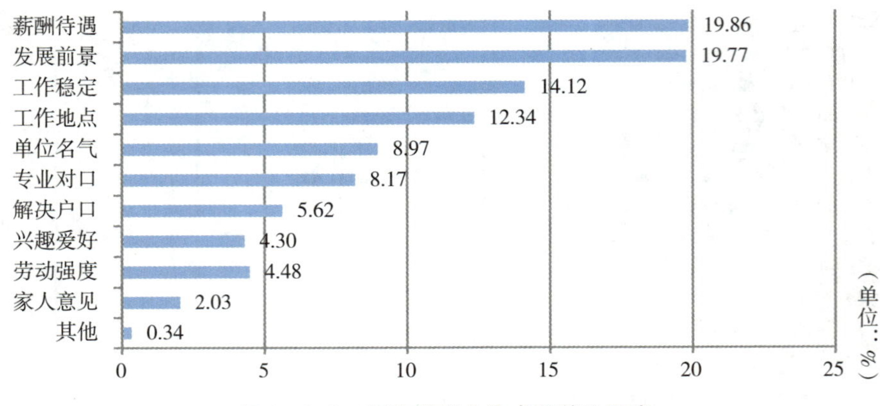

图 1-5-8　经济学毕业生求职关注因素

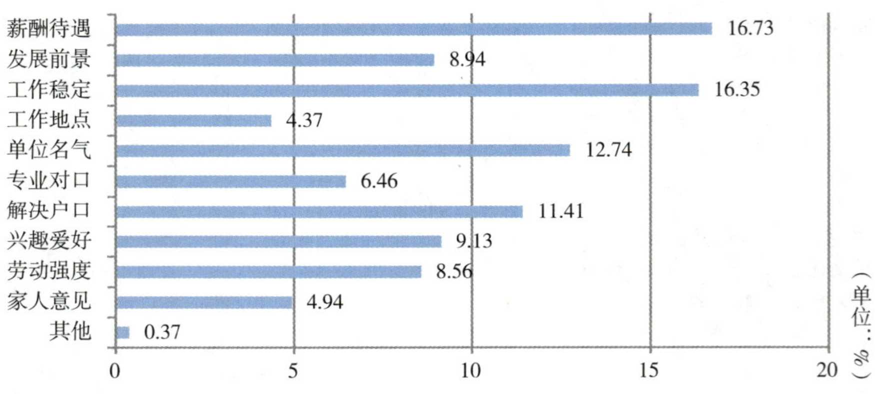

图 1-5-9　军事学毕业生求职关注因素

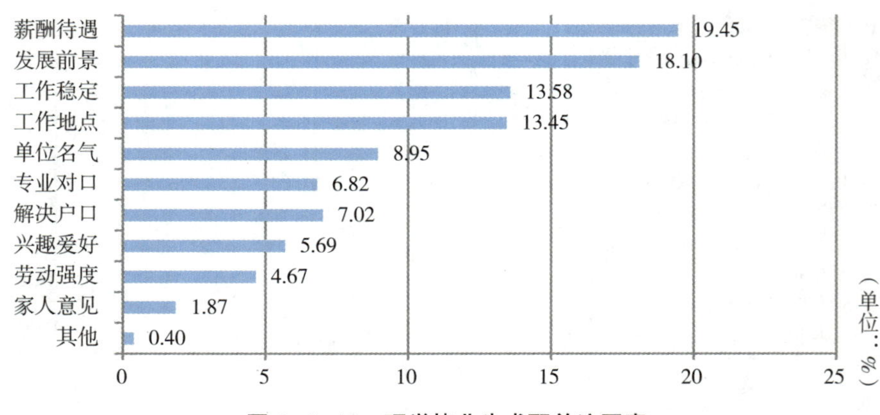

图 1-5-10　理学毕业生求职关注因素

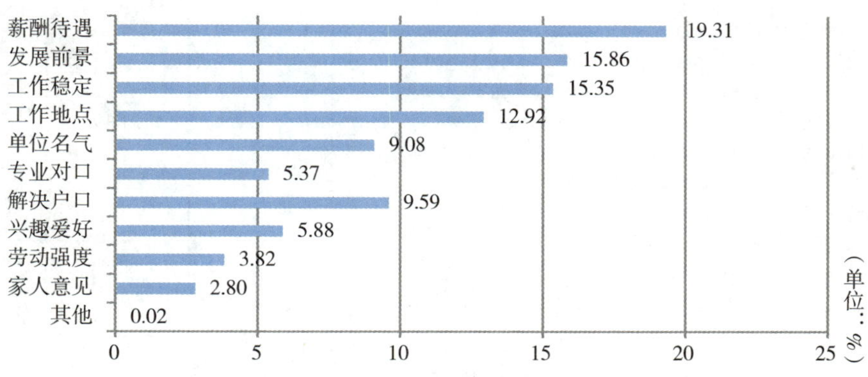

图 1-5-11 历史学毕业生求职关注因素

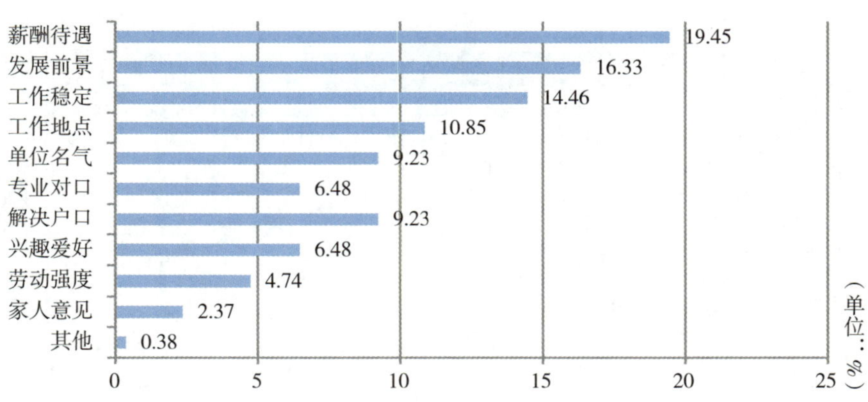

图 1-5-12 农学毕业生求职关注因素

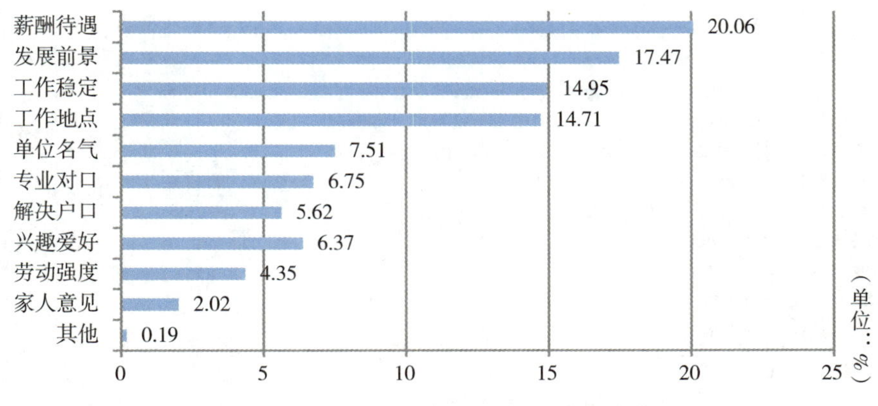

图 1-5-13 文学毕业生求职关注因素

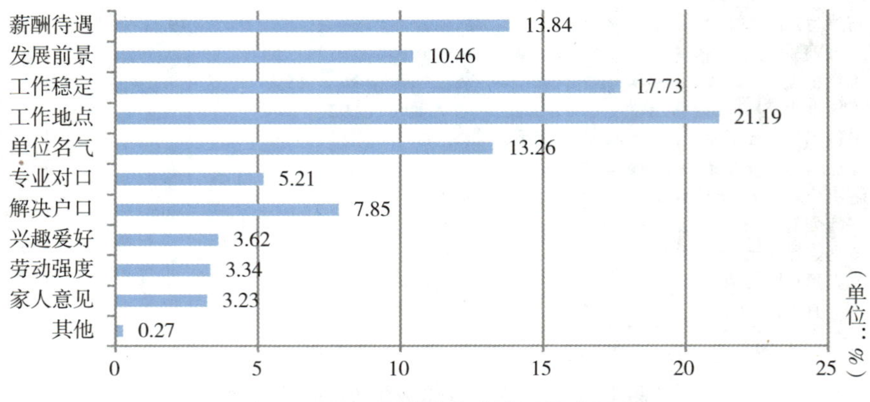

图 1-5-14　医学毕业生求职关注因素

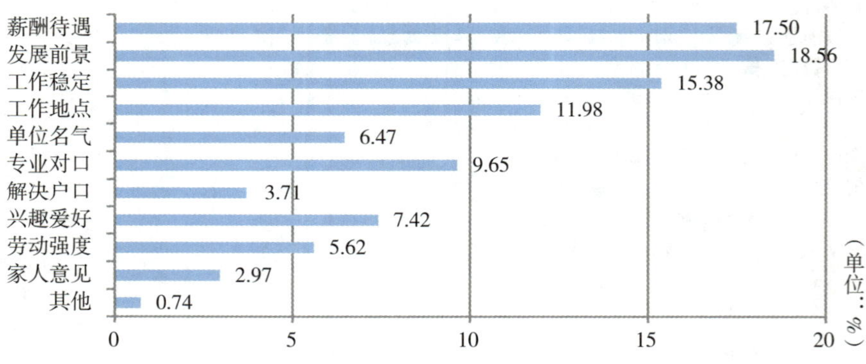

图 1-5-15　艺术学毕业生求职关注因素

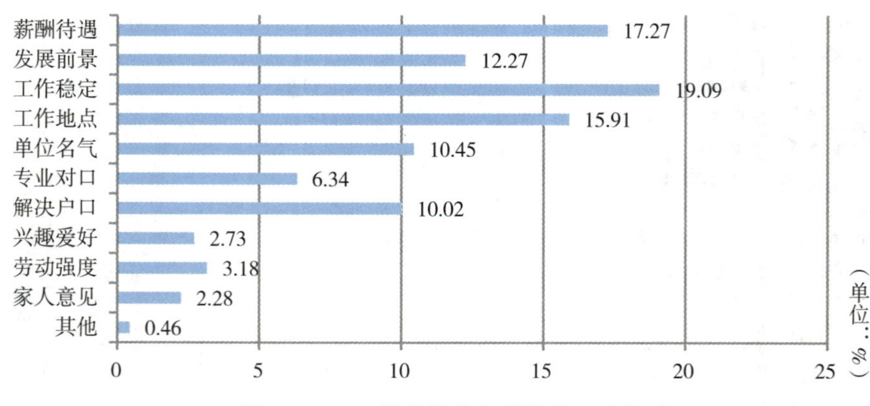

图 1-5-16　哲学毕业生求职关注因素

5. 性别分类

不同性别的毕业生在求职关注因素上差异性较小，个别关注要素有细微差别。从调查数据中可以看出，在最看重的因素的前两位和最不看重的因素的前四位上均有相同观点，即最看重的因素的前两位都为“薪酬待遇”和“发展前景”，最不看重因素的前四位都为“兴趣爱好”、“劳动强度”、“家人意见”和“其他”。

从其余关注的要素的比较来看，女性毕业生在看重“工作稳定”和“专业对口”的比例上略高于男性。女性毕业生更希望获得一份匹配自我成长要求、符合自身专业定位同时安全稳定的职业作为自己的首份工作，而男性在“工作地点”比例上的微高，则表明其更加关注工作是否具有长远发展潜力、工作地点能否提供必要的政策保障以满足对未来生活的总体规划。

表 1-5-5　不同性别毕业生求职关注因素的描述性统计

（单位：%）

求职关注因素	男		女	
	比　例	排　序	比　例	排　序
薪酬待遇	18.40	1	19.08	1
发展前景	16.76	2	17.28	2
工作稳定	14.21	4	15.20	3
工作地点	15.63	3	12.51	4
单位名气	9.34	5	9.12	5
专业对口	6.65	7	7.27	6
解决户口	6.69	6	6.85	7
兴趣爱好	5.59	8	5.11	8
劳动强度	4.14	9	4.58	9
家人意见	2.08	10	2.73	10
其　　他	0.51	11	0.27	11

6. 签约形式

不同签约就业形式毕业生求职关注差异较小，个别就业类型存在明显特征。从调查数据中可以看出，以选调生、大学生村官、农村特岗计划、西

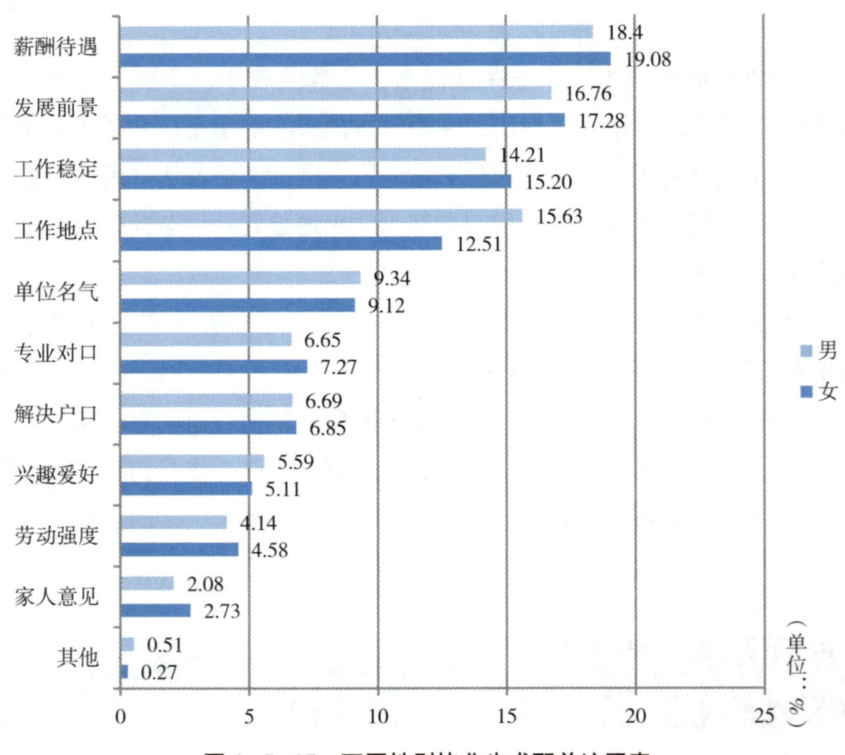

图 1-5-17　不同性别毕业生求职关注因素

部志愿者服务计划和应征入伍等国家（地方）项目签约形式的毕业生选择“工作地点”的比例要大幅度低于其他签约形式的毕业生，这表明由于受到政策限制和个人意向的影响，这些毕业生较少关注工作地点，更多的是按照国家需要来工作；以自主创业为签约形式的毕业生选择“发展空间”和“兴趣爱好”的比例要高于其他签约形式的毕业生，这表明对于自主创业的毕业生来说其创业的想法更多源自于个人的兴趣爱好，同时创业发展的持续性和延展力是其关注的重要因素。

表 1-5-6　不同签约形式毕业生求职关注因素

（单位：%）

求职关注因素	国家（地方）项目	升学	签劳动合同形式就业	自主创业	自由职业	出国出境	签三方协议形式就业	待就业
薪酬待遇	16.24	19.05	20.17	18.57	21.15	21.17	17.26	21.86

求职关注因素	国家（地方）项目	升学	签劳动合同形式就业	自主创业	自由职业	出国出境	签三方协议形式就业	待就业
发展前景	12.00	16.74	17.78	19.81	17.77	21.17	18.54	19.01
工作稳定	14.96	14.31	15.78	12.92	15.89	10.25	15.46	13.63
工作地点	7.11	19.02	13.68	14.78	12.08	1.02	13.87	13.39
单位名气	10.51	10.62	7.49	7.95	7.01	14.08	10.04	6.01
专业对口	7.58	5.71	7.54	6.15	6.95	7.55	7.95	7.06
解决户口	12.22	6.41	4.51	5.71	7.57	11.37	5.51	4.71
兴趣爱好	6.95	3.52	5.46	8.39	7.01	7.09	3.61	7.54
劳动强度	7.47	2.91	4.32	2.86	2.32	3.72	5.44	3.93
家人意见	4.62	1.56	2.78	1.68	1.69	2.25	2.04	2.39
其他	0.34	0.15	0.49	1.18	0.56	0.33	0.28	0.47

（二）选择就业区域关注因素

1. 总体概述

2014届毕业生在选择就业单位区域时考虑最多的因素排在前五位的依次为："发展空间大"、"交通发达，基础设施完善"、"就业机会多"、"距离家乡近，生活环境较习惯"和"生活成本低，竞争压力小"。

表1-5-7　全体调查对象选择就业区域关注因素的描述性统计

（单位：%）

就业区域关注因素	比　例	排　序
发展空间大	17.09	1
交通发达，基础设施完善	16.01	2

就业区域关注因素	比　例	排　序
就业机会多	12.92	3
距离家乡近，生活环境较习惯	12.83	4
生活成本低，竞争压力小	12.37	5
自然环境好	9.65	6
恋人或重要亲友所在地	6.56	7
毕业高校所在地	5.46	8
吸引人才政策有力	4.53	9
国家建设需要	2.47	10
其他	0.20	11

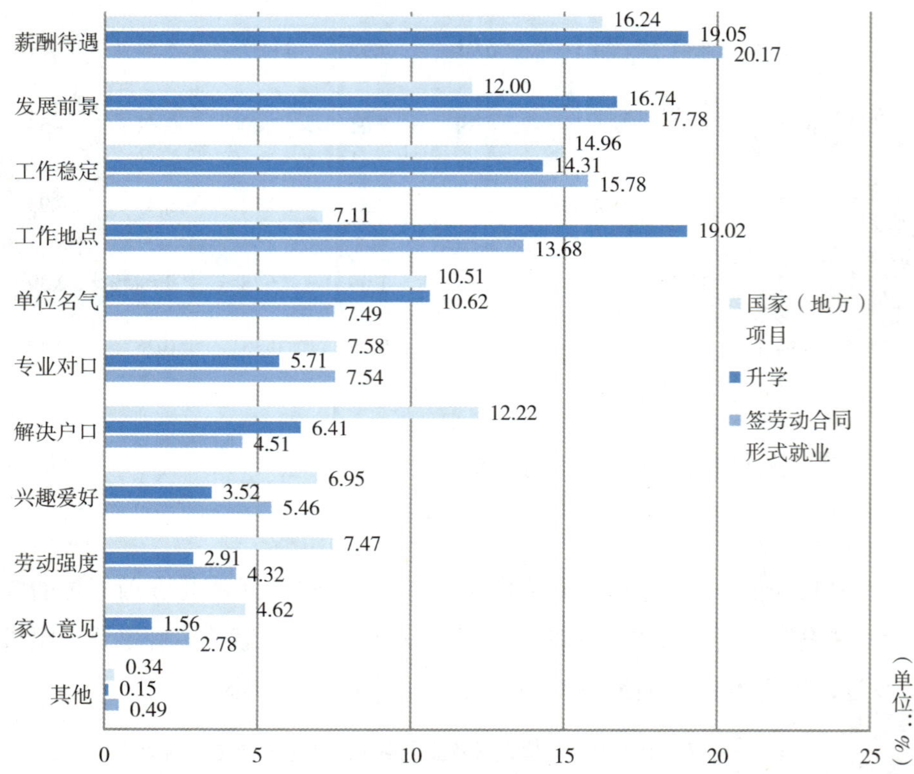

图 1-5-18　国家（地方）项目、升学、签约劳动合同形式毕业生求职关注因素

2. 学校类型

不同高校层次毕业生在选择就业地区时的关注因素存在细微差别。从

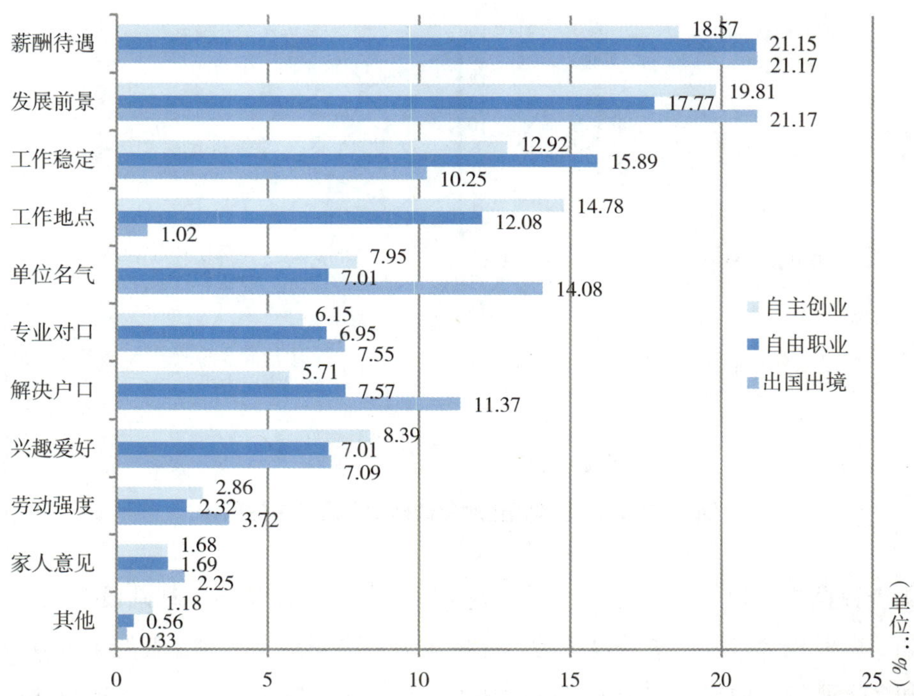

图 1-5-19　自主创业、自由职业、出国出境形式就业毕业生求职关注因素

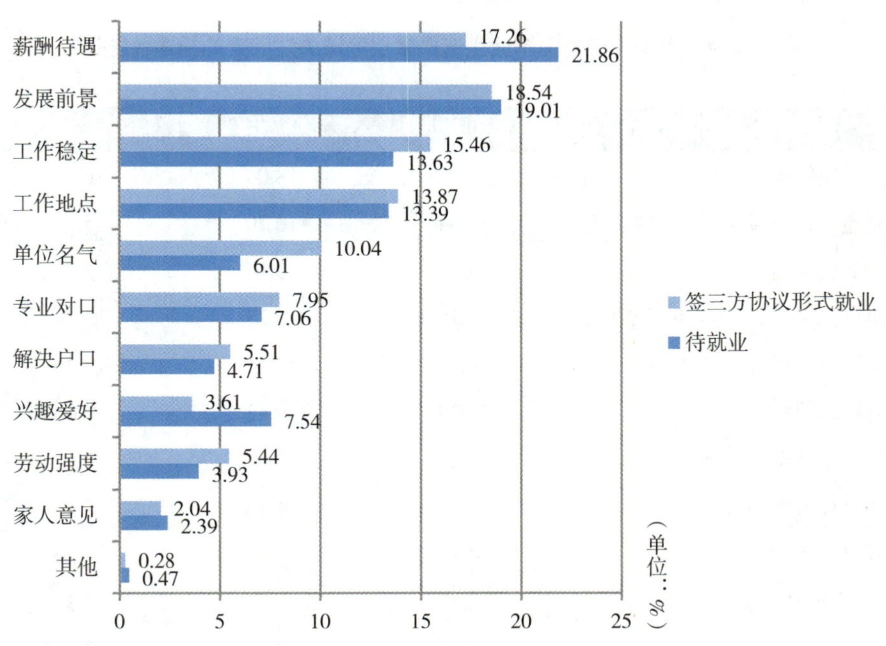

图 1-5-20　签三方协议形式、待就业毕业生求职关注因素

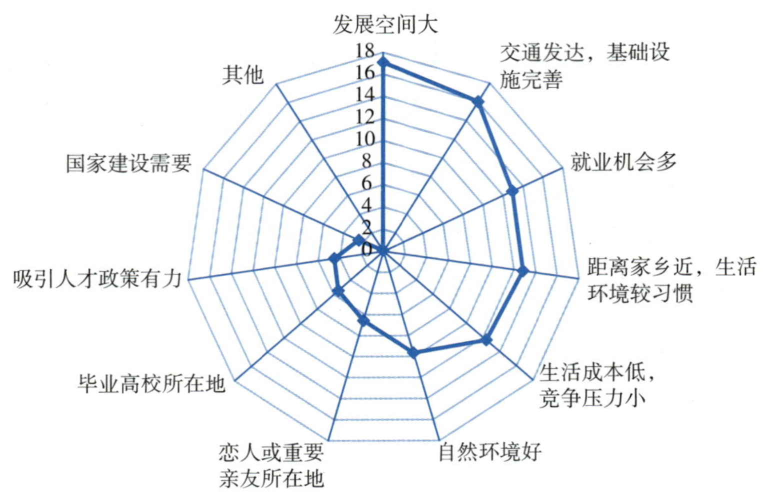

图 1-5-21　全体调查对象选择就业区域关注因素

调查数据中可以看出，在对于“发展空间大”、“交通发达，基础设施完善”和“就业机会多”的关注度上的排序依次为：高职高专院校、普通本科高校和 211 高校，而对于“毕业高校所在地”和“生活成本”的关注度的排序则与之相反，排序依次为：211 高校、普通本科高校和高职高专院校。

表 1-5-8　不同学校类型毕业生选择就业区域关注因素的描述性统计

（单位：%）

就业区域关注因素	高职高专	普通本科	211 高校
发展空间大	20.05	18.04	16.06
交通发达，基础设施完善	17.44	16.70	15.39
就业机会多	13.27	13.16	12.72
距离家乡近，生活环境较习惯	12.78	12.27	13.17
生活成本低，竞争压力小	10.43	11.21	13.36
自然环境好	10.38	9.43	9.66
恋人或重要亲友所在地	5.41	7.01	6.47
毕业高校所在地	3.55	4.14	6.54
吸引人才政策有力	4.13	5.18	4.22
国家建设需要	2.48	2.74	2.31
其他	0.08	0.12	0.11

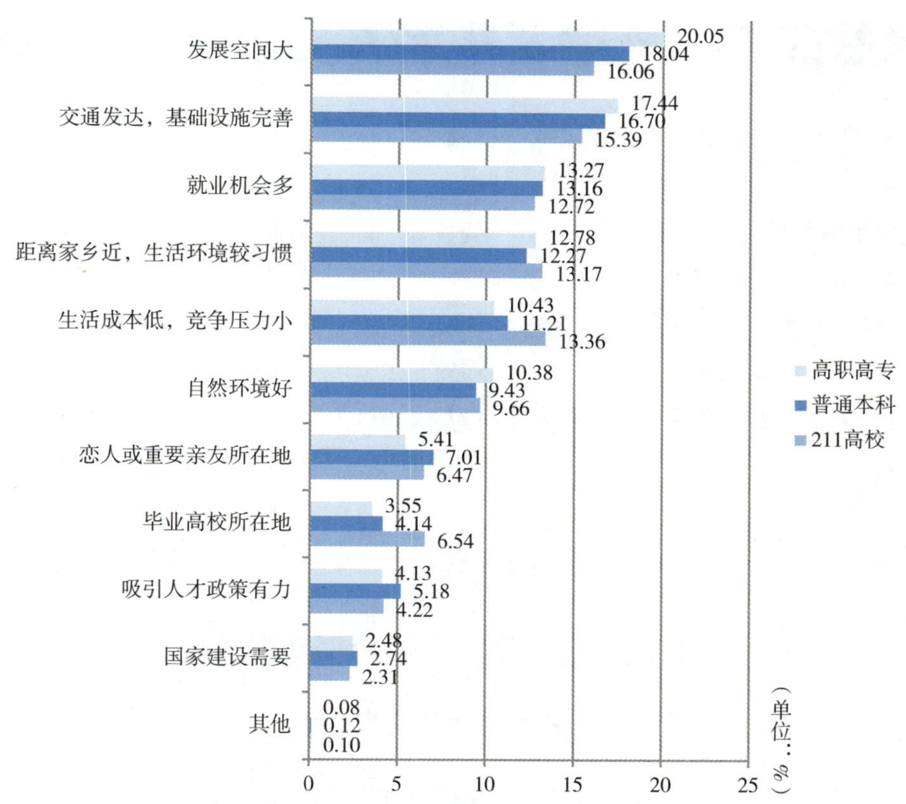

图 1-5-22 不同学校类型毕业生选择就业区域关注因素

3. 学历层次

不同学历层次毕业生在选择就业地区关注因素上排序较为一致，但在部分因素上存在差异。通过调查数据我们可以看出，对于“发展空间大”和“交通发达，基础设施完善”的重视程度排序，依次为：研究生、本科生和专科生，而对于“生活成本低，竞争压力小”、“恋人或重要亲友所在地”和“毕业高校所在地”则与之相反，依次为：专科生、本科生和研究生。

表 1-5-9 不同学历毕业生选择就业区域关注因素的描述性统计

（单位：%）

就业区域关注因素	专 科	本 科	研究生
发展空间大	16.85	16.88	18.85
交通发达，基础设施完善	15.15	16.01	16.91

就业区域关注因素	专　科	本　科	研究生
就业机会多	13.01	12.88	13.05
距离家乡近，生活环境较习惯	12.32	12.92	12.57
生活成本低，竞争压力小	14.26	12.35	10.82
自然环境好	6.34	10.02	9.91
恋人或重要亲友所在地	7.76	6.48	6.01
毕业高校所在地	5.66	5.61	4.22
吸引人才政策有力	5.25	4.43	4.62
国家建设需要	3.27	2.32	2.91
其他	0.13	0.10	0.13

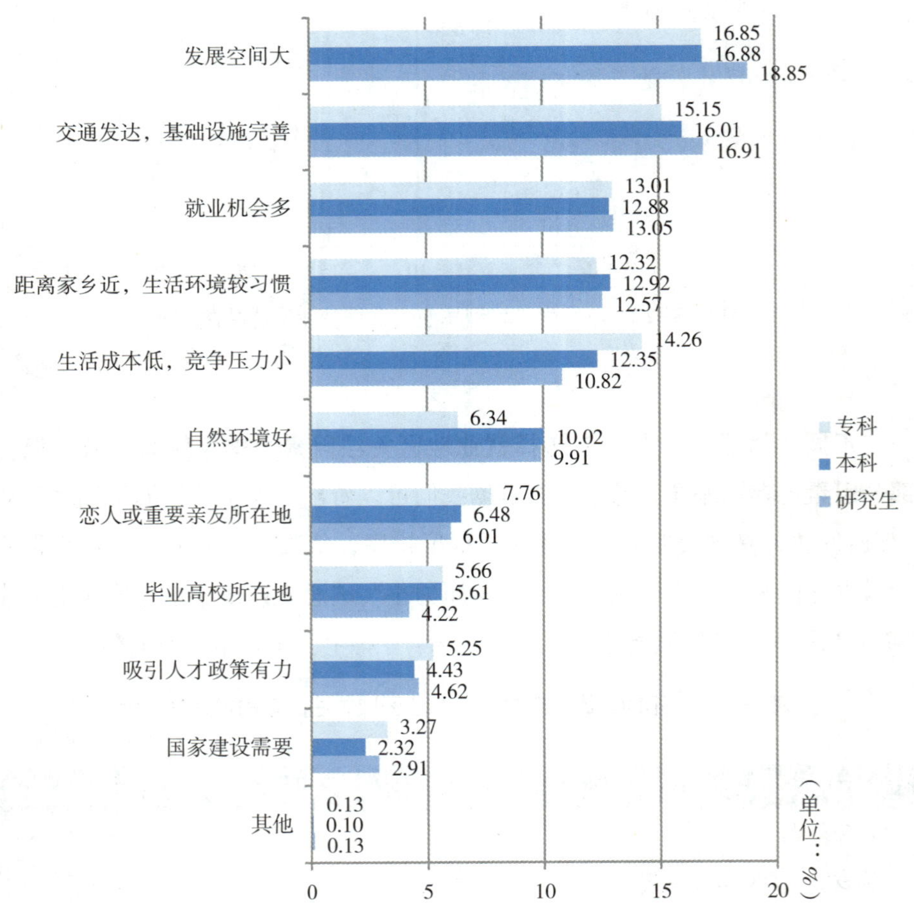

图 1-5-23　不同学历毕业生选择就业区域关注因素

4. 学科门类

不同学科门类毕业生选择就业地区关注因素较为均衡，部分学科门类存在其特殊性。通过调查数据我们可以看出，相较于其他学科毕业生而言，军事学毕业生在选择就业单位地点时更加看重“生活成本低，竞争压力小”和“国家建设的需要”，而考虑“就业机会多”和“自然环境好”因素的比例较小。可以说军事类毕业生由于其在就业行业选择上的稳定性和就业领域的特殊性，使其就业压力较小，服务国家、建设国家是其选择单位地点时的重要需求，就业地点自然环境的好坏在军事行业的相关性上作用较小。

表 1-5-10 不同学科门类毕业生选择就业区域关注因素的描述性统计

（单位：%）

学科 \ 就业区域关注因素	发展空间大	交通发达，基础设施完善	就业机会多	距离家乡近，生活环境较习惯	生活成本低，竞争压力小	自然环境好	恋人或重要亲友所在地	毕业高校所在地	吸引人才政策有力	国家建设需要	其他
法 学	16.82	17.55	15.76	16.73	13.40	10.15	3.33	3.01	1.87	1.22	0.16
工 学	9.70	9.92	6.49	18.81	11.11	8.19	11.94	9.34	8.87	5.37	0.26
管理学	18.09	15.43	13.45	12.28	13.63	6.97	7.15	5.45	4.64	2.83	0.08
教育学	17.20	16.77	12.18	16.24	11.65	8.76	6.20	5.98	2.67	2.14	0.21
经济学	17.92	16.10	12.88	13.60	11.43	7.51	7.06	6.52	4.70	2.15	0.13
军事学	13.68	16.14	12.66	7.07	11.21	2.72	3.48	3.81	8.29	20.84	0.10
理 学	18.19	14.42	13.46	12.79	11.56	9.63	6.96	5.63	4.96	2.30	0.10
历史学	17.38	14.69	12.48	14.81	11.38	8.20	6.61	6.49	5.39	2.45	0.12
农 学	16.81	16.57	14.15	13.78	13.91	5.68	6.17	5.08	4.84	2.90	0.11
文 学	17.53	16.58	13.18	14.49	11.69	8.77	6.20	5.31	4.35	1.73	0.17
医 学	11.32	18.15	10.84	8.56	17.37	19.85	4.51	4.27	3.02	2.07	0.04
艺术学	18.14	16.75	14.87	15.76	12.26	8.92	4.06	6.84	1.68	0.52	0.23
哲 学	6.33	7.59	5.06	6.33	3.82	3.82	25.32	15.15	15.19	8.86	2.53

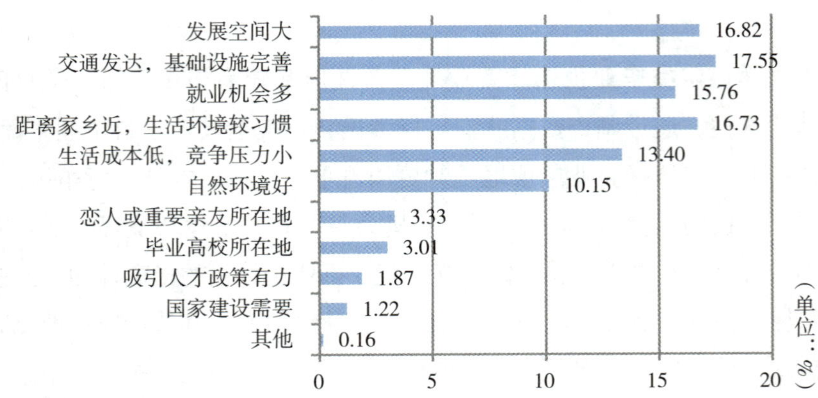

图 1-5-24　法学毕业生选择就业区域关注因素

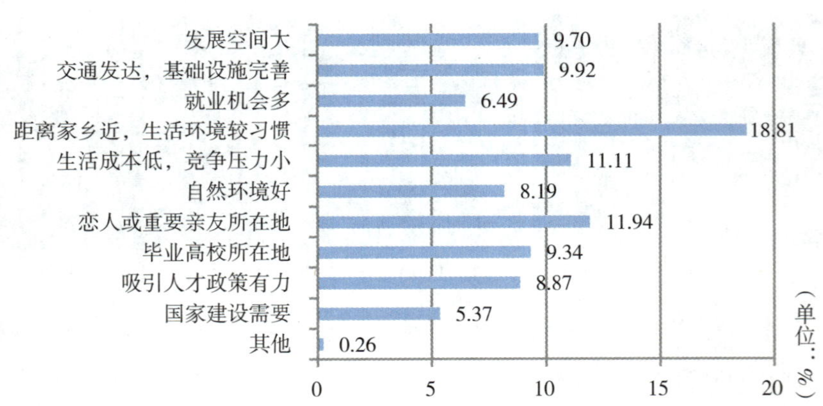

图 1-5-25　工学毕业生选择就业区域关注因素

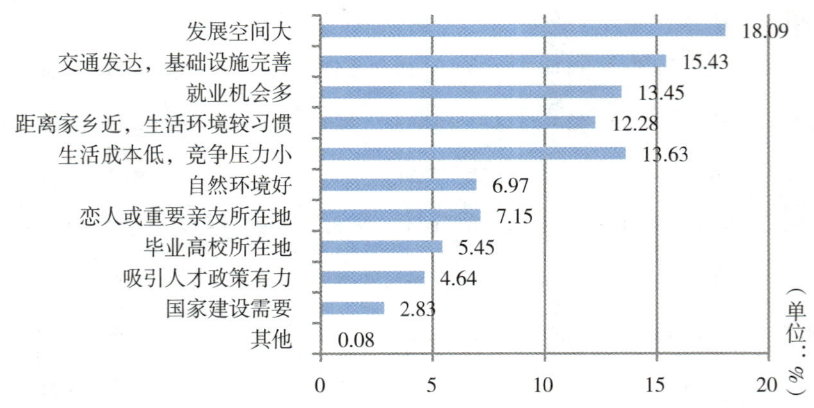

图 1-5-26　管理学毕业生选择就业区域关注因素

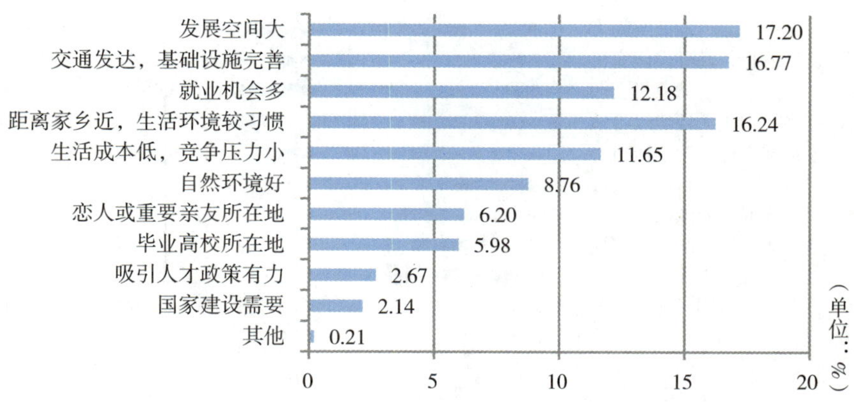

图 1-5-27 教育学毕业生选择就业区域关注因素

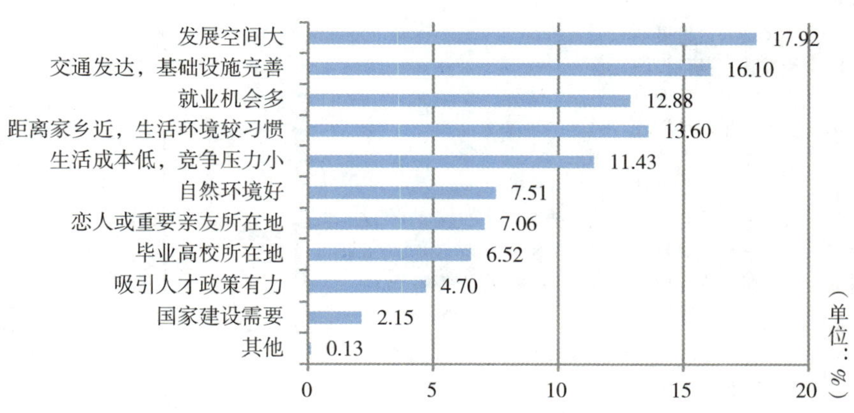

图 1-5-28 经济学毕业生选择就业区域关注因素

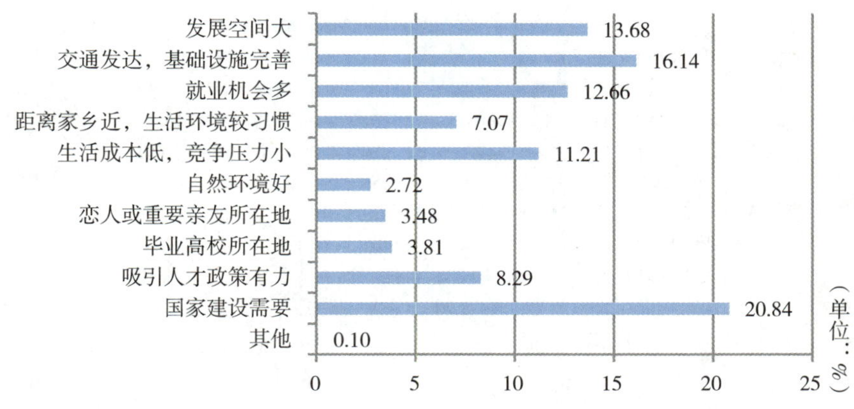

图 1-5-29 军事学毕业生选择就业区域关注因素

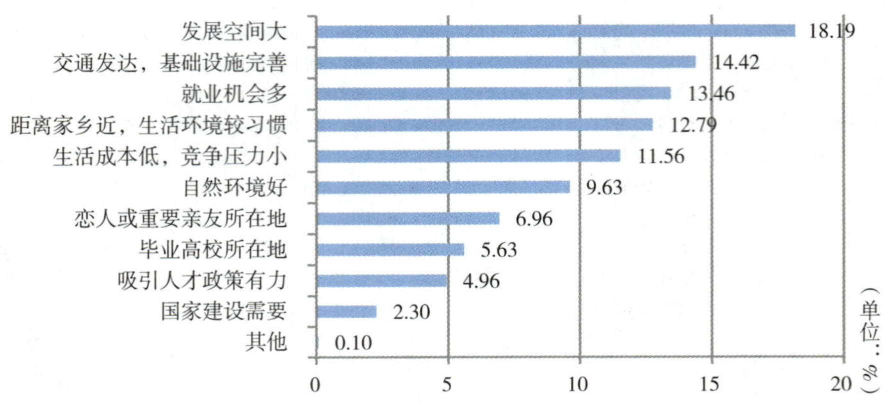

图 1-5-30　理学毕业生选择就业区域关注因素

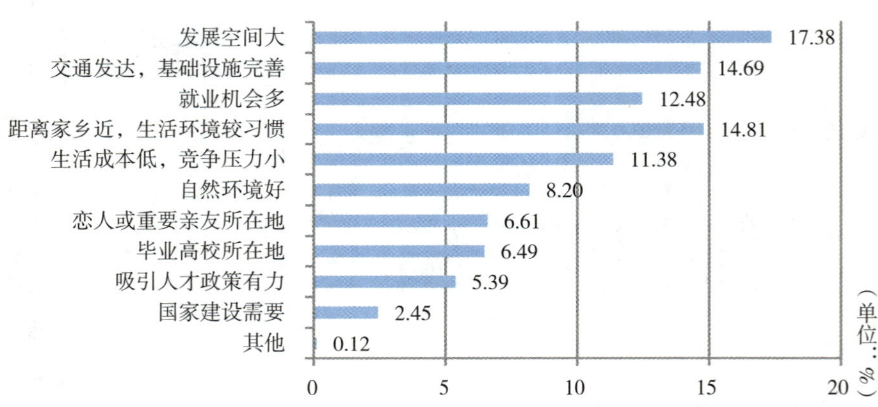

图 1-5-31　历史学毕业生选择就业区域关注因素

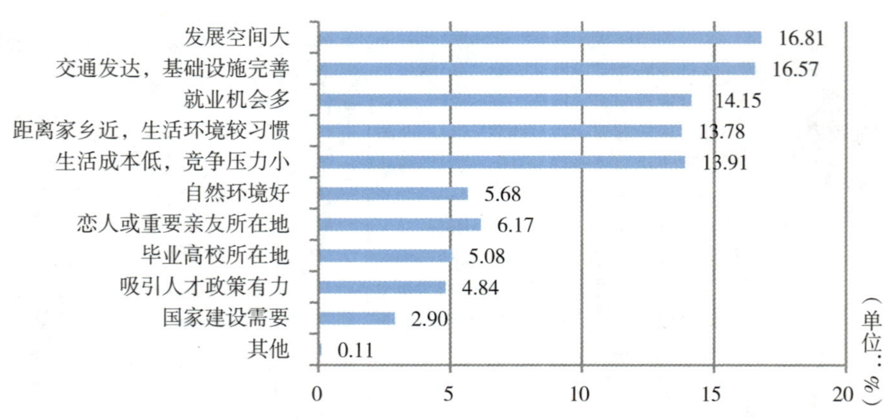

图 1-5-32　农学毕业生选择就业区域关注因素

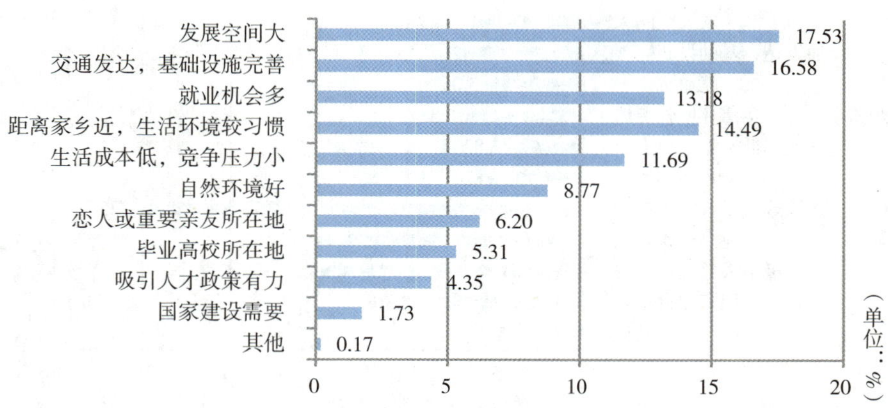

图 1-5-33 文学毕业生选择就业区域关注因素

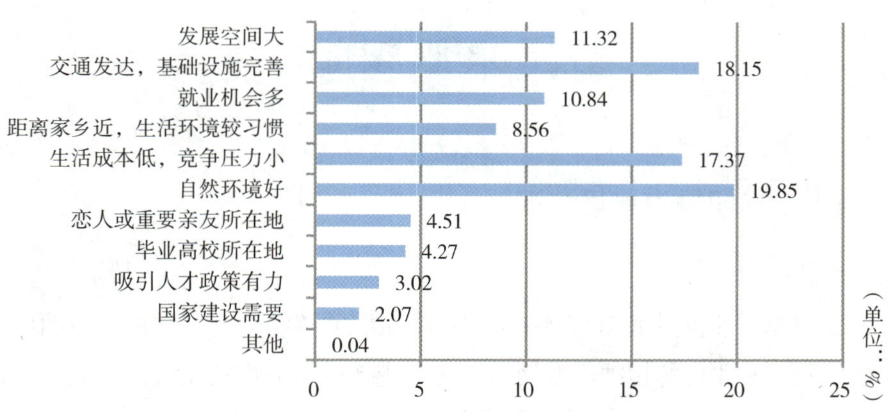

图 1-5-34 医学毕业生选择就业区域关注因素

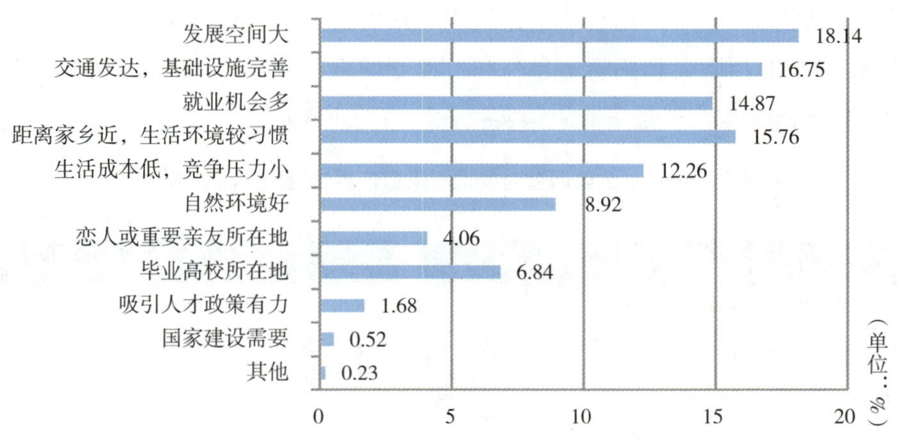

图 1-5-35 艺术学毕业生选择就业区域关注因素

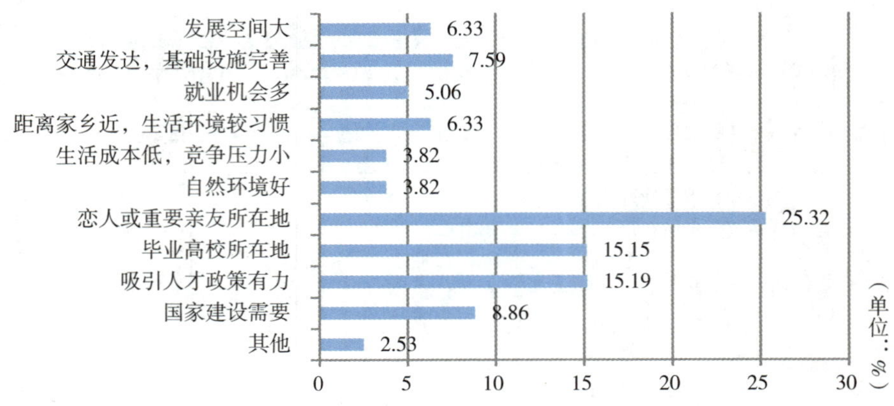

图 1-5-36 哲学毕业生选择就业区域关注因素

二、求职渠道

（一）求职渠道使用情况

1. 总体概述

2014 届毕业生求职渠道多样，“学校组织的招聘会”、“学校发布的就业信息”和“专业化的招聘求职网站”是最主要的求职成功渠道。从调研数据中我们可以看出，在不同内容的求职渠道上均有毕业生进行不同比例的选择，显示出不同求职渠道对于不同学生的吸引和有用程度各有不同；同时累计 51.17% 的毕业生是通过“学校组织的招聘会”、“学校发布的就业信息”、“其他高校的招聘会和招聘信息”和“校方的直接推荐”的学校资源求职成功，显示出高校依然是毕业生落实就业岗位的主渠道。

表 1-5-11 全体调查对象求职渠道使用情况的描述性统计

（单位：%）

求职渠道	比 例	排 序
学校组织的现场招聘会	18.42	1
学校发布的就业信息	17.45	2
专业化的招聘求职网站	15.13	3
工作实习	8.15	4

求职渠道	比 例	排 序
其他高校的招聘会 / 招聘信息	7.99	5
意向单位网站	7.63	6
校方的直接推荐	7.31	7
政府 / 社会机构组织的招聘会	6.15	8
主动申请	5.45	9
家庭或社会关系	4.79	10
其他	1.53	11

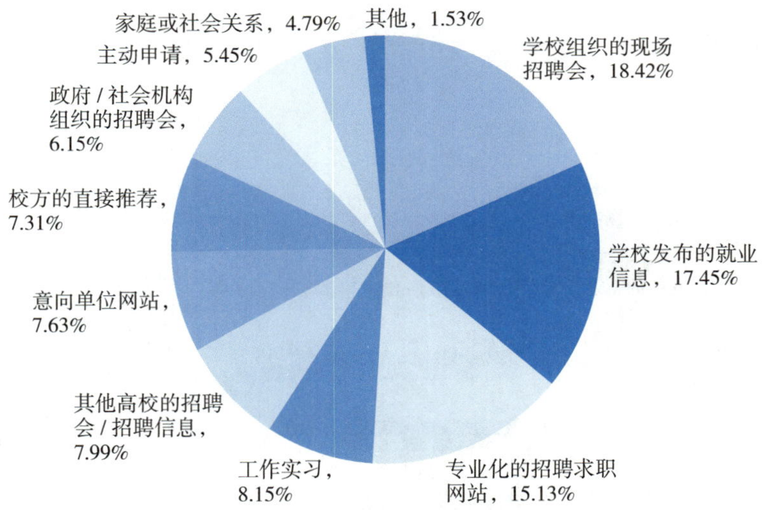

图 1-5-37 全体调查对象求职渠道使用情况

2. 学校类型

“学校组织的招聘会”、“学校发布的就业信息”和“专业化的招聘求职网站”是所有类型高校毕业生最常用的三种求职渠道。总体而言，相较于 211 高校和普通本科高校，高职高专院校毕业生在就业中更多地使用校方的直接推荐资源。

表 1-5-12 不同学校类型毕业生求职渠道使用情况的描述性统计

（单位：%）

求职渠道	高职高专	普通本科	211 高校
学校组织的现场招聘会	15.43	18.55	18.91

求职渠道	高职高专	普通本科	211 高校
学校发布的就业信息	18.13	14.40	19.63
专业化的招聘求职网站	18.36	13.25	15.94
工作实习	8.45	10.03	6.70
其他高校的招聘会 / 招聘信息	3.72	7.53	9.11
意向单位网站	7.43	7.45	7.82
校方的直接推荐	9.12	6.47	7.58
政府 / 社会机构组织的招聘会	4.62	7.19	5.67
主动申请	6.53	7.07	4.01
家庭或社会关系	5.63	6.24	3.53
其他	2.58	1.82	1.10

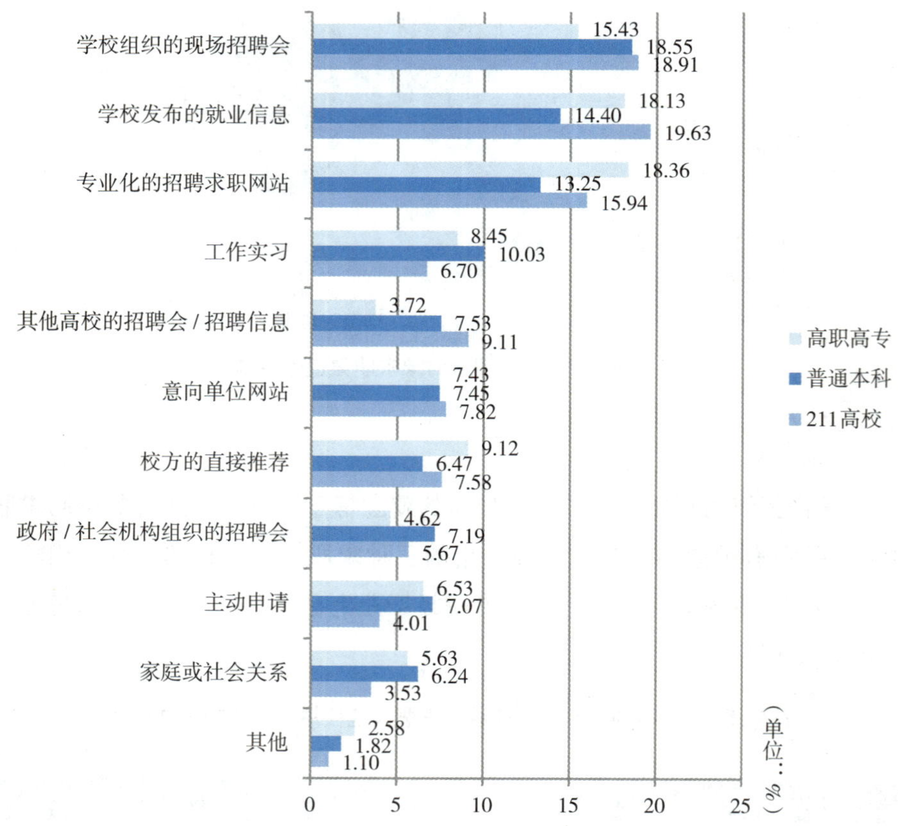

图 1-5-38　不同学校类型毕业生求职渠道使用情况

3. 学历层次

不同学历层次毕业生在常用的求职渠道排序上较为一致，但在个别求职渠道上存在差异。从调研数据中可以看出，专科学历毕业生选择“校方的直接推荐”、“主动申请”和“家庭与社会关系”的比例要略高于其他学历层次的毕业生。这表明对于专科毕业生来说，在就业过程中一方面更加具有积极性和竞争意识，能够主动寻找适合自己的工作岗位；另一方面也更加依靠来自外在的帮扶力量，如学校方面的直接推荐、家人对于工作的意见和帮助等。研究生选择“工作实习”和“主动申请”的比例较小。可以说研究生由于其自身学历上的优势和用人单位的需求倾向，使其较少需要通过在用人单位实习和主动上门求职就业过程，而通过政府、校方和社会机构的招聘等方式就可满足部分毕业生的就业需求。

表 1-5-13 不同学历毕业生求职渠道使用情况的描述性统计

（单位：%）

求职渠道	专 科	本 科	研究生
学校组织的现场招聘会	15.43	18.77	18.64
学校发布的就业信息	18.13	16.83	21.61
专业化的招聘求职网站	18.36	14.52	16.84
工作实习	8.45	8.67	4.03
其他高校的招聘会 / 招聘信息	3.72	8.32	9.32
意向单位网站	7.43	7.66	7.63
校方的直接推荐	9.12	7.05	7.52
政府 / 社会机构组织的招聘会	4.62	6.24	6.89
主动申请	6.53	5.48	4.13
家庭或社会关系	5.63	4.96	2.65
其他	2.58	1.50	0.74

4. 学科门类

不同学科门类毕业生在常用求职渠道上存在差别。从调查数据中可以看出，军事学毕业生选择“校方的直接推荐”和“政府 / 社会机构组织的招聘会”的比例要略高于其他学科，而对于“专业化的招聘求职网站”和“其他高校的招聘会 / 招聘信息”的关注度则较少。可以说军事类学科就业行业

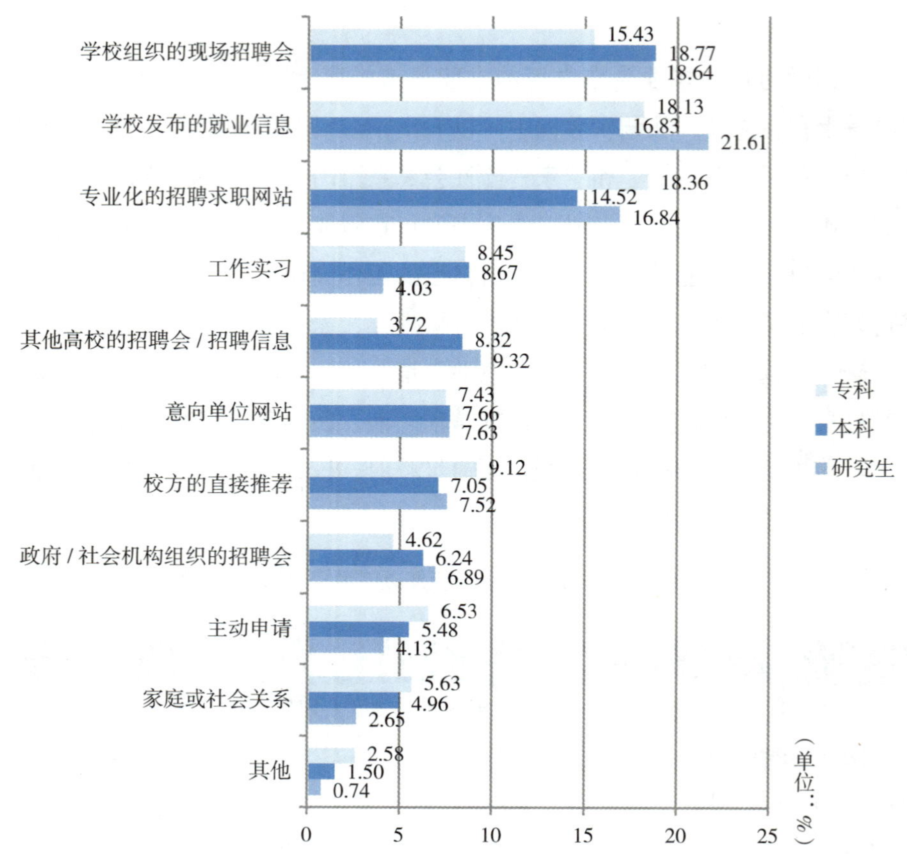

图 1-5-39　不同学历毕业生求职渠道使用情况

的特殊性使得其毕业生较少需要通过大量网上应聘、参加不同高校招聘会的形式来达成就业意向，而通过校方和用人单位、政府机构的双向需求即可解决大部分毕业生的工作岗位。

表 1-5-14　不同学科门类毕业生求职渠道使用情况的描述性统计

（单位：%）

求职渠道 / 学科	学校组织的现场招聘会	学校发布的就业信息	专业化的招聘求职网站	工作实习	其他高校的招聘会 / 招聘信息	意向单位网站	校方的直接推荐	政府 / 社会机构组织的招聘会	主动申请	家庭或社会关系	其他
法　学	18.46	15.42	13.39	6.09	10.95	8.52	6.68	7.31	6.09	4.87	2.22
工　学	20.71	18.41	13.92	7.21	7.84	7.57	7.05	5.71	6.12	3.96	1.50

求职渠道＼学科	学校组织的现场招聘会	学校发布的就业信息	专业化的招聘求职网站	工作实习	其他高校的招聘会/招聘信息	意向单位网站	校方的直接推荐	政府/社会机构组织的招聘会	主动申请	家庭或社会关系	其他
管理学	17.48	16.34	17.48	9.31	8.17	7.14	5.69	6.41	6.20	4.34	1.44
教育学	16.81	16.59	16.59	7.64	8.30	6.77	8.95	6.33	6.33	4.59	1.10
经济学	17.04	16.64	15.08	10.42	7.31	8.69	8.18	5.18	4.14	6.11	1.21
军事学	20.01	6.65	0.01	13.33	6.67	6.66	20.01	13.33	6.67	6.65	0.01
理　学	19.48	18.79	14.91	6.56	8.85	7.46	6.86	5.67	5.96	4.47	0.99
历史学	20.38	20.38	15.47	5.28	6.79	5.66	9.06	5.66	5.66	4.15	1.51
农　学	19.61	17.08	14.57	6.03	7.54	8.54	6.53	7.54	5.03	5.03	2.50
文　学	15.44	18.89	20.54	5.84	7.51	7.35	6.61	7.94	4.95	3.61	1.32
医　学	18.66	18.66	12.36	10.63	5.42	6.29	7.59	8.03	5.86	4.77	1.73
艺术学	16.11	13.56	13.36	11.98	9.04	8.45	7.46	5.31	4.13	7.47	3.13
哲　学	23.08	23.08	12.09	2.21	8.74	4.41	10.99	9.89	1.11	2.21	2.19

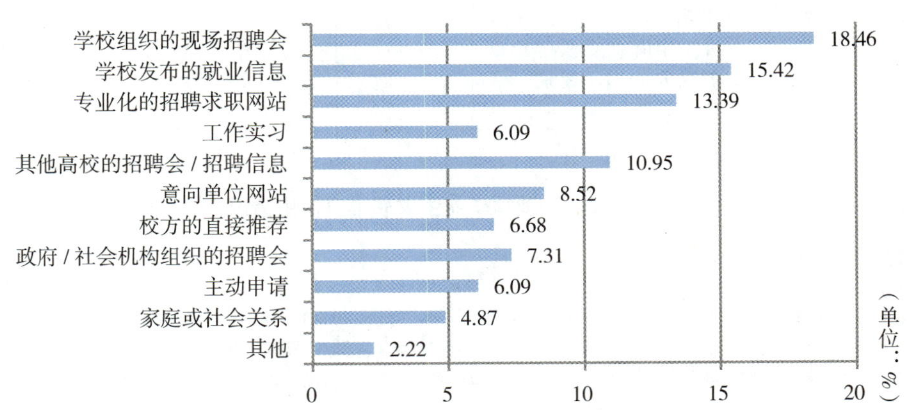

图 1-5-40　法学毕业生求职渠道使用情况

（二）关注求职渠道因素

信息的质量和准确是 2014 届毕业生在获取就业信息时最为关注的两个因素。从调查数据中可以看出，选择“信息质量”和“信息准确”的比例占到了 54.59%，其余关注因素的排序依次为更新频率、容易获取和信息数量，

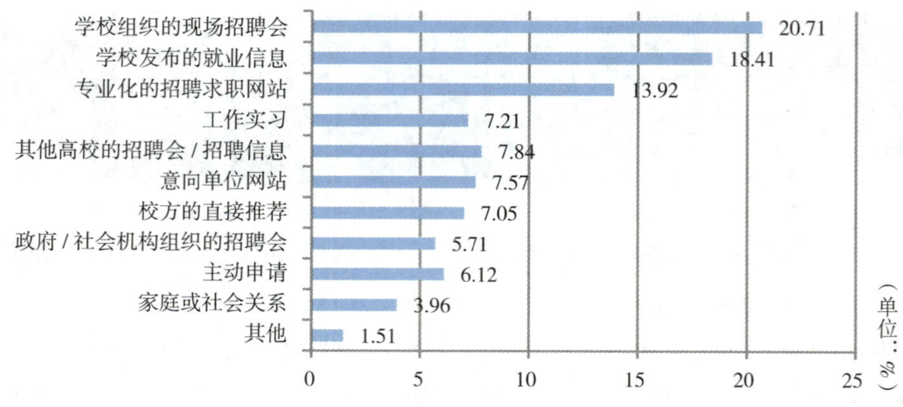

图 1-5-41　工学毕业生求职渠道使用情况

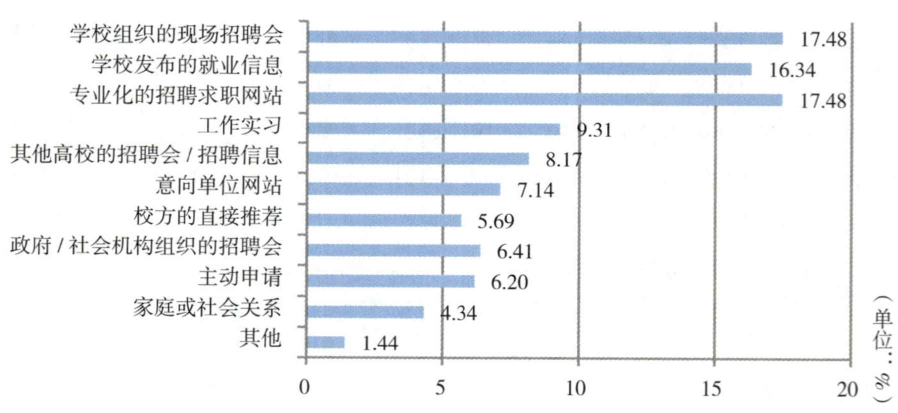

图 1-5-42　管理学毕业生求职渠道使用情况

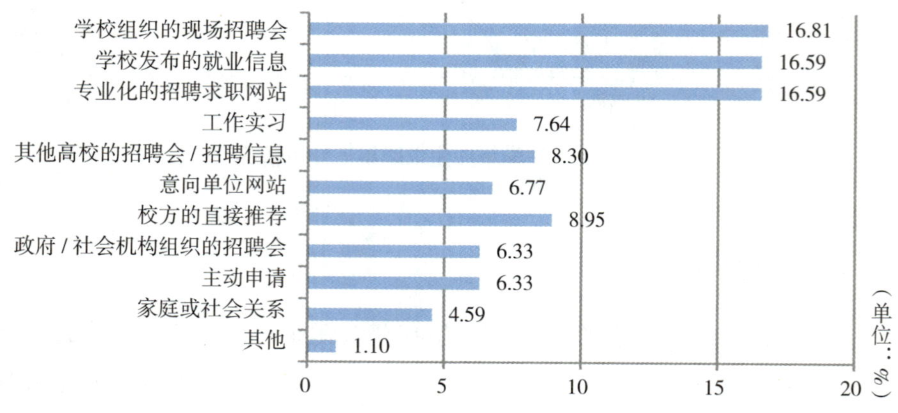

图 1-5-43　教育学毕业生求职渠道使用情况

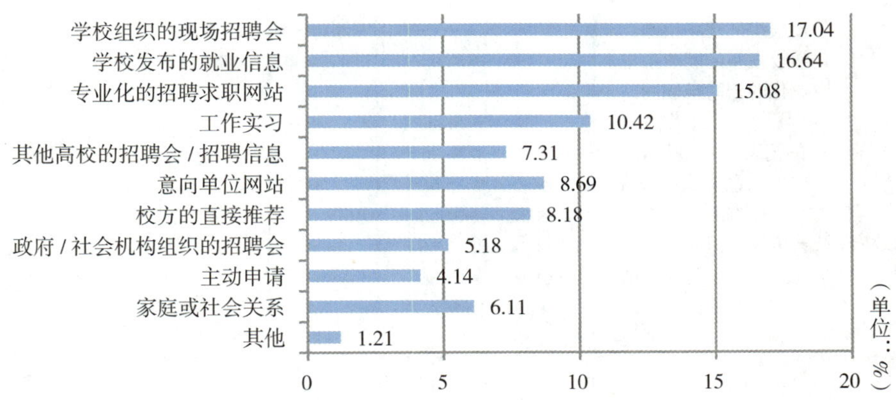

图 1-5-44 经济学毕业生求职渠道使用情况

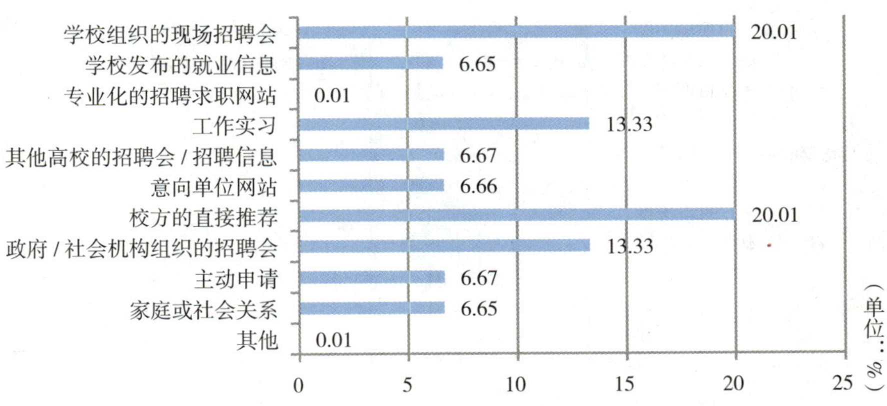

图 1-5-45 军事学毕业生求职渠道使用情况

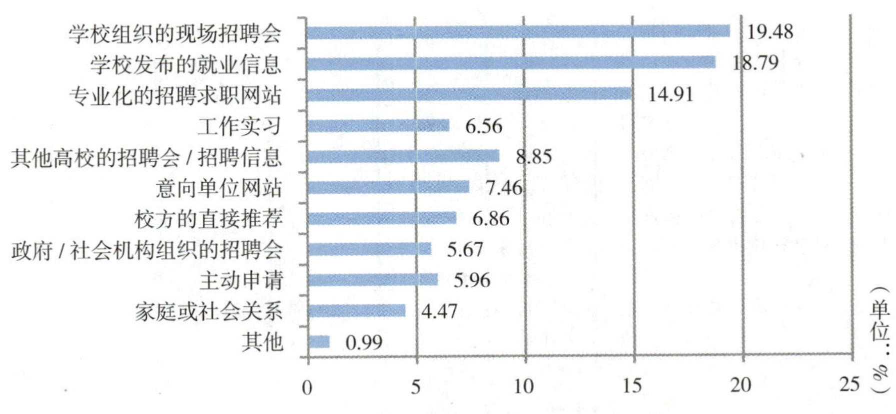

图 1-5-46 理学毕业生求职渠道使用情况

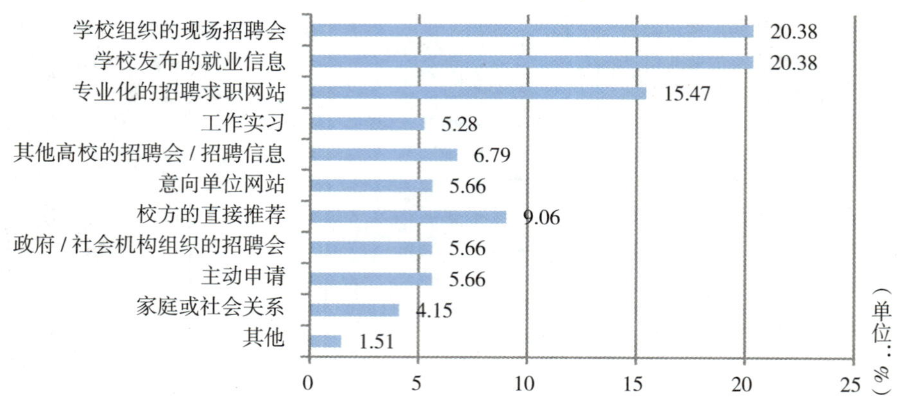

图 1-5-47 历史学毕业生求职渠道使用情况

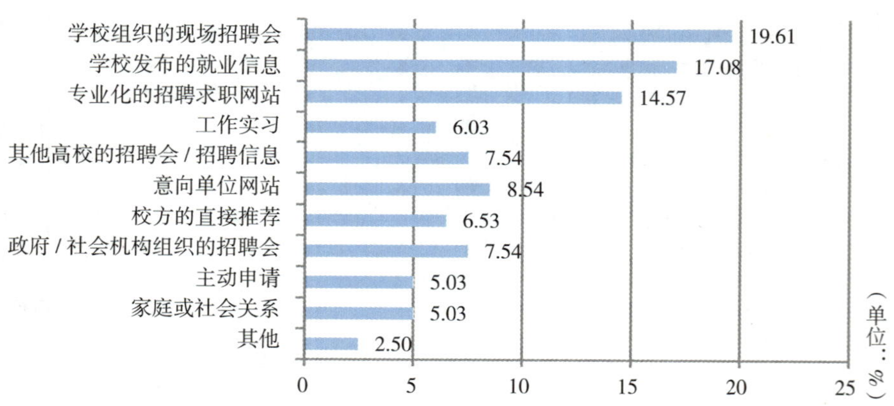

图 1-5-48 农学毕业生求职渠道使用情况

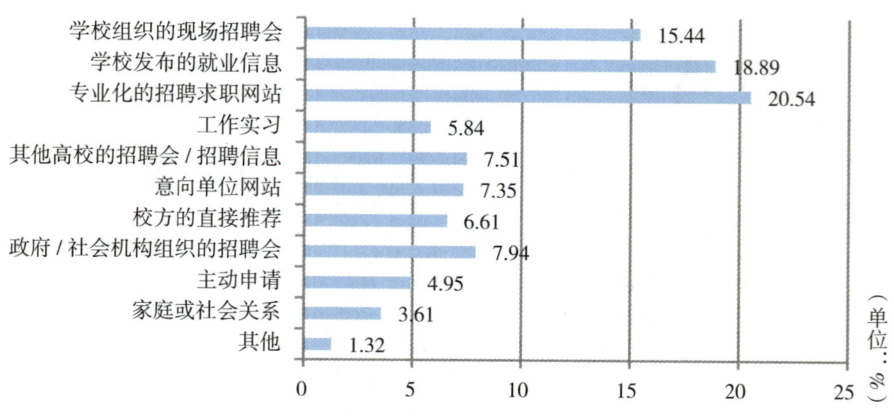

图 1-5-49 文学毕业生求职渠道使用情况

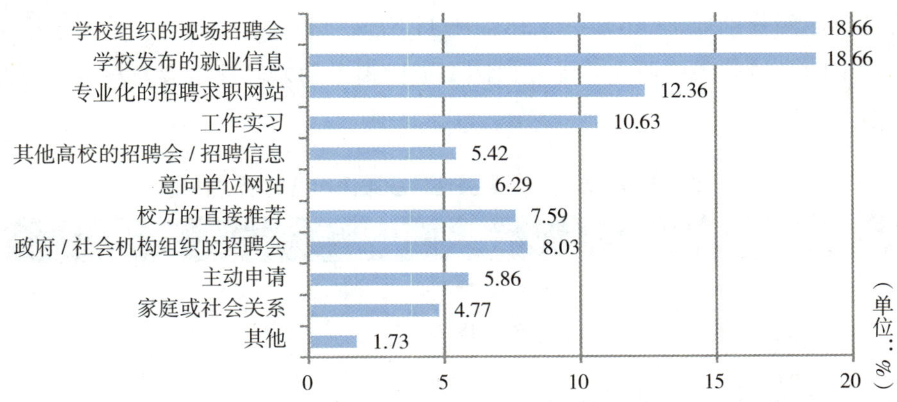

图 1-5-50 医学毕业生求职渠道使用情况

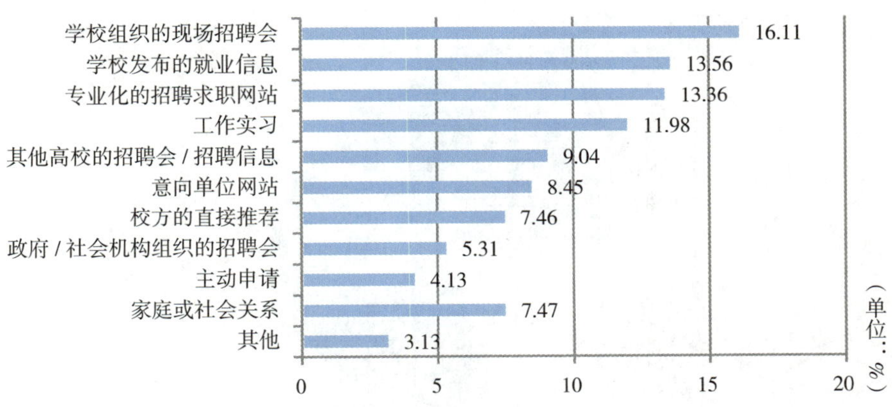

图 1-5-51 艺术学毕业生求职渠道使用情况

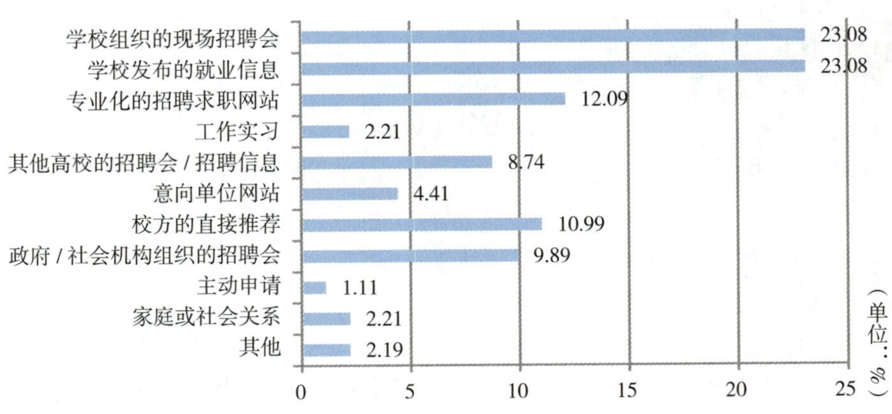

图 1-5-52 哲学毕业生求职渠道使用情况

其选择比例分别为18.46%、15.28%和11.67%。不同学校类型、不同学历层次和不同学科门类毕业生在关注求职渠道因素上的差异性不大，与总体关注情况一致。

表 1-5-15　全体调查对象关注求职渠道因素的描述性统计

求职渠道关注因素	比例（%）	排　序
信息质量	34.82	1
信息准确	19.77	2
更新频率	18.46	3
容易获取	15.28	4
信息数量	11.67	5

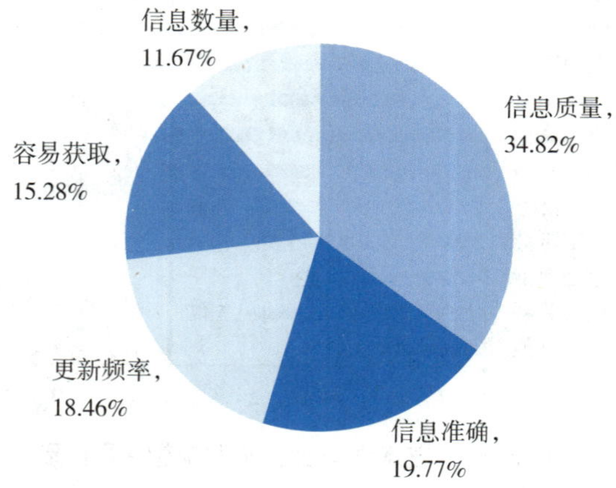

图 1-5-53　全体调查对象关注求职渠道因素

三、求职周期

（一）求职时间

1. 总体概述

2014届毕业生求职时间普遍较短，半数以上的毕业生在3个月之内可以落实就业岗位。从调查数据中可以看出，毕业生在求职过程中求职时间主要可以分为三个阶段：第一阶段为求职时间在 3 个月之内，可以落实就业岗位的毕业生占到了毕业生总数的 66.03%，这其中又以 1 至 3 个月最为集中，占到了 46.88%；第二个阶段为求职时间在 3 至 6 个月，这一阶段落实就业岗位的毕业生占到了 25.64%；6 个月以上为求职时间的第三个阶段，这一阶段落实就业岗位的毕业生人数较少，比例占到了 8.33%。

表 1-5-16　全体调查对象求职时间的描述性统计

求职时间	比例（%）	排　序
1—3 月	46.88	1
3—6 月	25.64	2
1 月以内	19.15	3
6—9 月	6.36	4
9—12 月	1.12	5
12 月以上	0.85	6

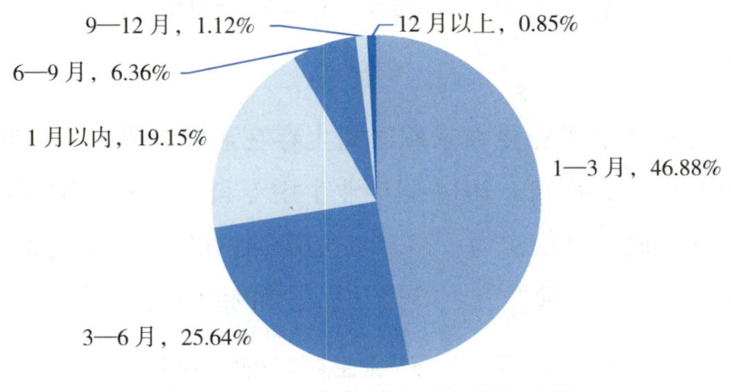

图 1-5-54　全体调查对象求职时间

2. 学校类型

不同的学校类型毕业生在求职时间上存在显著差异。从调查数据中可以看出，就高校办学层次而言，2014 届毕业生中高职高专院校、普通本科高校和 211 高校在 3 个月内落实工作岗位的比例依次为：73.22%、67.88% 和 63.36%。随着高校类型的不同，毕业生在最终选择就业单位上所花费的时间也有所不同。

表 1-5-17　学校类型毕业生求职时间的描述性统计

（单位：%）

求职时间	高职高专	普通本科	211 高校
1 月以内	30.87	20.57	15.46
1—3 月	42.35	47.32	47.85
3—6 月	20.77	23.86	27.86
6—9 月	4.64	5.82	7.12
9—12 月	0.55	1.24	1.08
12 月以上	0.82	1.18	0.63

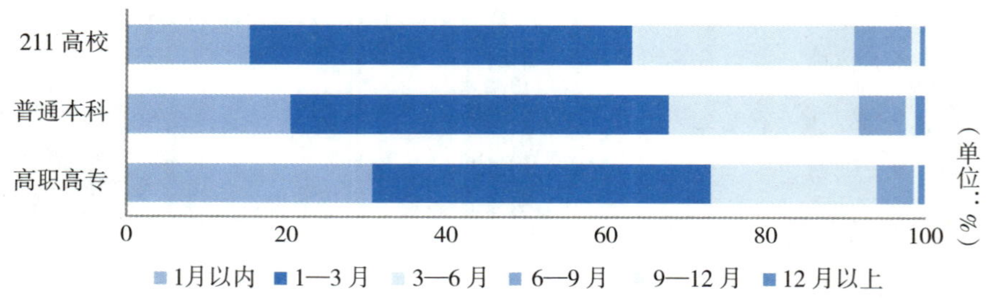

图 1-5-55　不同学校类型毕业生求职时间

3. 学历层次

不同学历层次的毕业生在求职时间上存在显著差异。从调查数据中可以看出，就学历层次而言，2014 届毕业生中专科、本科和研究生在 3 个月内落实工作岗位的比例依次为：73.22%、67.24% 和 49.85%，随着学历层次的不同，毕业生在最终选择就业单位上所花费的时间也不同。

表 1-5-18　不同学历毕业生求职时间的描述性统计

（单位：%）

求职时间	专　科	本　科	研究生
1 月以内	30.87	18.46	11.73
1—3 月	42.35	48.78	38.12
3—6 月	20.77	25.07	34.61
6—9 月	4.64	5.73	12.91
9—12 月	0.55	1.15	1.47
12 月以上	0.82	0.81	1.15

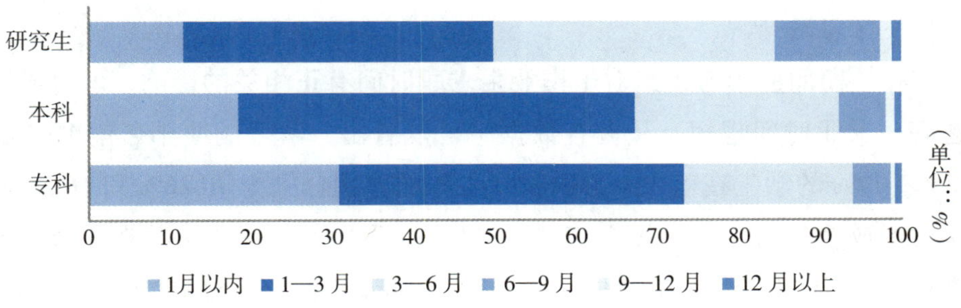

图 1-5-56 不同学历毕业生求职时间

4. 学科门类

不同学科门类毕业生在求职时间上略有不同。从调查数据中可以看出，艺术学、工学和理学毕业生在3个月内找到工作的比例要高于管理学、人文、社科和农/医/军类的毕业生，其求职时间相对较短。

表 1-5-19 不同学科门类毕业生求职时间的描述性统计

（单位：%）

求职时间	工 学	管理学	理 学	艺术学	人 文	社 科	农/医/军
1—3月	21.91	21.75	16.36	26.03	17.21	14.97	22.96
3—6月	46.31	40.96	50.47	55.48	43.12	45.36	40.37
1月以内	23.88	26.55	26.21	15.75	30.41	21.95	25.19
6—9月	6.23	9.04	5.45	0.68	6.61	10.12	8.15
9—12月	0.73	0.85	1.07	0.68	2.12	7.05	1.85
12月以上	0.94	0.85	0.44	1.38	0.53	0.55	1.48

注：个别学科门类因为样本较少，予以整合。

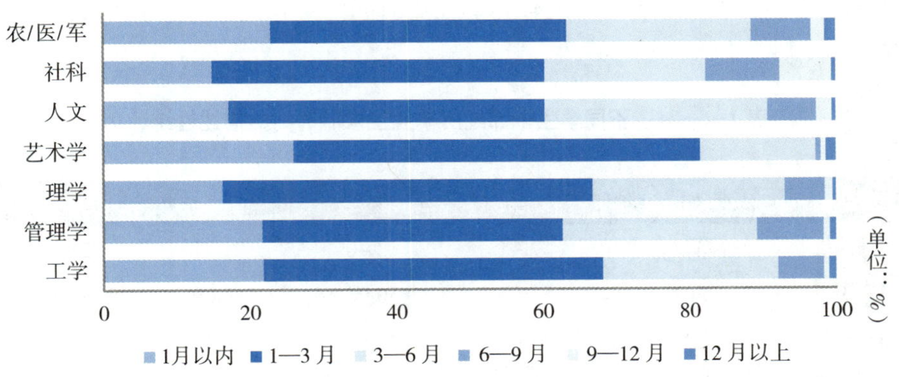

图 1-5-57 不同学科门类毕业生求职时间

5. 学习成绩

在校期间的学习成绩对于毕业生求职时间有正相关的影响，学习成绩越好，求职时间越短。从调查数据中可以看出，学习成绩排名前10%和11%—30%的学生在前3个月内找到工作的比例分别为70.26%和66.55%，而学习成绩排名31%—70%、71%—90%和后10%的毕业生其在3个月内找到工作的比例分别为61.51%、60%和63.08%，前者的比例要远高于后者。毕业生在校期间的学习成绩越好，越早找到适合自己的工作岗位。

表1-5-20　不同学习成绩毕业生求职时间的描述性统计

（单位：%）

求职时间	前10%	11%—30%	31%—70%	71%—90%	后10%
1月以内	24.36	15.95	17.82	24.00	29.23
1—3月	45.90	50.60	43.69	36.00	33.85
3—6月	23.07	25.97	28.35	24.00	23.08
6—9月	4.92	6.21	7.28	13.00	7.69
9—12月	0.70	0.99	1.43	2.00	3.08
12月以上	1.05	0.28	1.43	1.00	3.07

6. 学生干部经历

学生干部经历对于毕业生的求职时间具有正相关的影响，有学生干部经历的毕业生，求职时间较短。从调查数据中可以看出，2014届毕业生中在3个月内找到工作的学生干部比例和非学生干部比例分别为75.02%和66.61%，前者高出后者8.41个百分点。可以说担任某种级别的学生干部比未担任过学生干部的毕业生更有利于在短时间内寻找到工作，在求职时间上更占有优势。

表1-5-21　不同学生干部经历毕业生求职时间的描述性统计

（单位：%）

求职时间	省市级	校　级	院系级	班　级	未担任过
1月以内	32.00	17.43	13.40	21.21	28.03
1—3月	30.00	51.62	50.94	44.09	38.58
3—6月	22.00	24.86	27.55	26.35	22.49
6—9月	12.00	4.86	6.60	6.17	7.61

求职时间	省市级	校 级	院系级	班 级	未担任过
9—12 月	2.00	0.68	1.04	1.41	1.38
12 月以上	2.00	0.55	0.47	0.77	1.91

（二）签约时间

1. 总体概述

2014 届毕业生签约时间主要集中在 5 至 8 月份。从调查数据中可以看出，毕业生的签约时间大体可以分为三个阶段：第一阶段为 5—8 月份，这一时间段内签约的毕业生占到了 55.03%，为集中签约的高峰期；第二阶段在 3—4 月份和 9 月份，这一时间内签约的毕业生占到了 26.6%，是签约的第二个高峰期；其余月份为毕业生签约的第三个阶段，签约比例占到了 18.37%，是毕业生签约人数相对较少的月份。

表 1-5-22 全体调查对象签约时间的描述性统计

签约时间	比例（%）	排 序
2014 年 7 月	14.86	1
2014 年 6 月	13.78	2
2014 年 8 月	13.72	3
2014 年 5 月	12.67	4
2014 年 4 月	10.34	5
2014 年 3 月	8.88	6
2014 年 9 月	7.38	7
2013 年 12 月	5.25	8
2014 年 2 月	3.56	9
2013 年 11 月	3.37	10
2013 年 10 月	3.12	11
2014 年 1 月	3.07	12

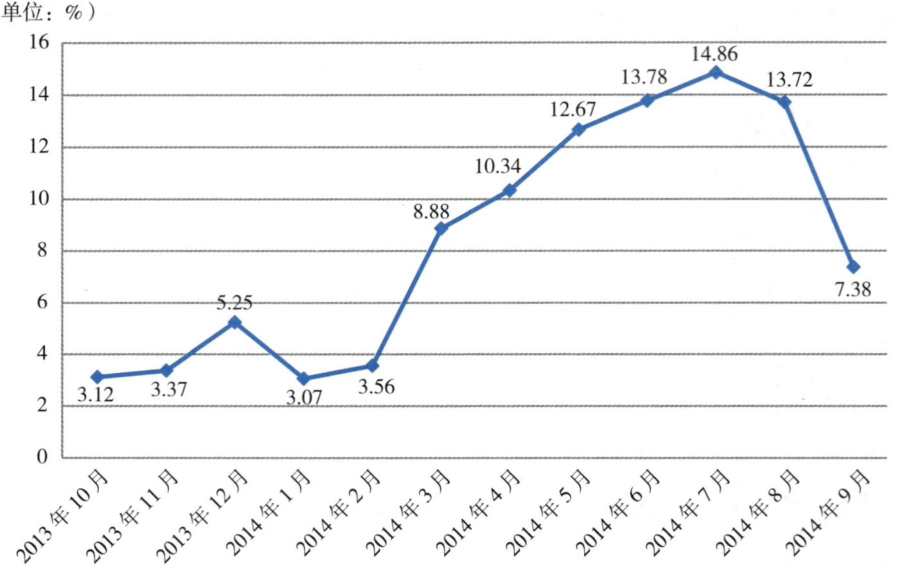

图 1-5-58　全体调查对象签约时间

2. 学校类型

不同学校类型的高校毕业生在签约时间上差异较小。从调查数据中可以看出，高职高专院校毕业生的签约时间集中在 4—7 月份，普通本科高校毕业生的签约时间主要集中在 6—8 月份，211 高校毕业生的签约时间主要集中在 4—8 月份。

表 1-5-23　不同学校类型毕业生签约时间的描述性统计

（单位：%）

签约时间	高职高专	普通本科	211 高校
2013 年 10 月	3.87	2.34	3.21
2013 年 11 月	2.68	2.98	3.78
2013 年 12 月	5.36	6.42	4.47
2014 年 1 月	1.79	4.04	2.64
2014 年 2 月	2.68	3.43	3.71
2014 年 3 月	4.46	6.58	11.39
2014 年 4 月	15.48	6.67	12.46
2014 年 5 月	15.77	10.37	14.16

签约时间	高职高专	普通本科	211 高校
2014 年 6 月	16.96	13.98	12.84
2014 年 7 月	14.58	18.76	11.96
2014 年 8 月	10.12	15.42	13.42
2014 年 9 月	6.25	9.01	5.96

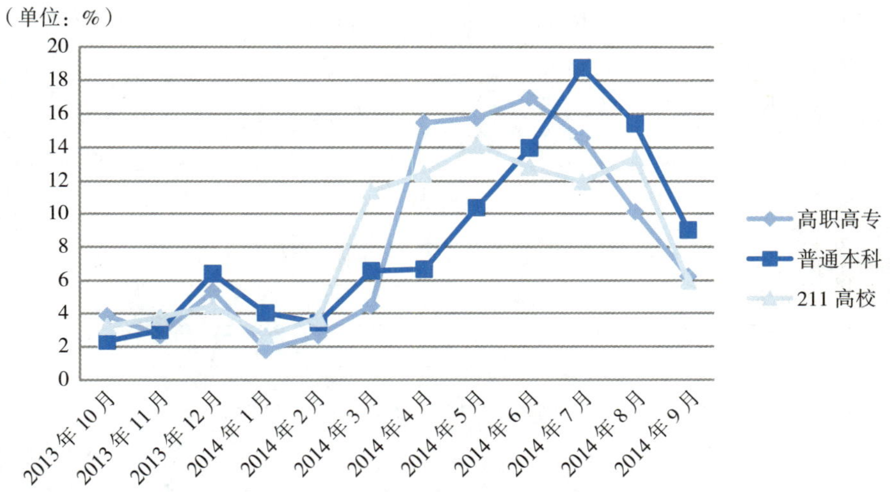

图 1-5-59 不同学校类型毕业生签约时间

3. 学历层次

不同学历层次毕业生在签约时间上有所差异。从调查数据中可以看出，专科生的签约时间主要集中在 4—7 月份，本科生的签约时间主要集中在 5—8 月份，研究生的签约时间主要集中在 3—6 月份，比例分别为：62.07%、56.21% 和 60.54%。

表 1-5-24 不同学历毕业生签约时间的描述性统计

（单位：%）

签约时间	本 科	专 科	研究生
2013 年 10 月	3.02	4.02	2.71
2013 年 11 月	3.48	3.16	3.31
2013 年 12 月	5.32	5.46	5.42
2014 年 1 月	3.36	2.01	2.41

签约时间	本　科	专　科	研究生
2014 年 2 月	3.77	2.87	3.31
2014 年 3 月	8.99	4.31	13.55
2014 年 4 月	9.44	14.94	13.55
2014 年 5 月	12.01	15.23	16.27
2014 年 6 月	13.05	17.53	17.17
2014 年 7 月	15.62	14.37	11.75
2014 年 8 月	15.53	9.48	6.02
2014 年 9 月	6.41	6.62	4.53

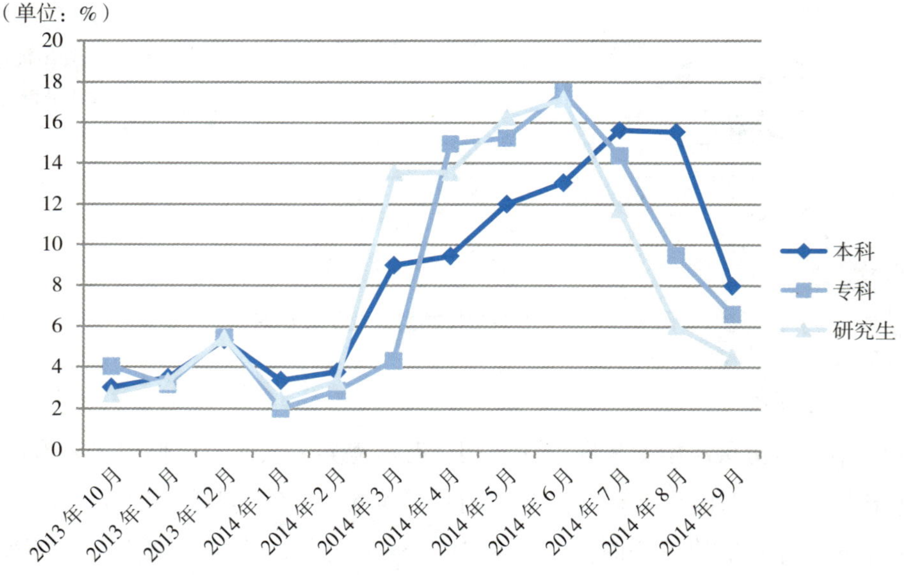

图 1-5-60　不同学历毕业生签约时间分布

4. 学科门类

不同学科门类的毕业生在签约时间上有明显差异。从调查数据中可以看出，艺术学主要集中在 6—8 月份，管理学主要集中在 4—7 月份，理学主要集中在 4—5 月份和 7—8 月份，社科类主要集中在 5—8 月份，农 / 医 / 军、工学、人文类主要集中在 5—7 月份。

表 1-5-25 不同学科门类毕业生签约时间的描述性统计

（单位：%）

签约时间	工 学	管理学	理 学	艺术学	人 文	社 会	农 / 医 / 军
2013 年 10 月	5.10	2.05	2.99	2.13	2.77	2.77	0.83
2013 年 11 月	6.06	2.34	1.50	4.26	4.16	2.03	2.92
2013 年 12 月	5.37	6.43	4.49	2.13	6.09	4.91	7.50
2014 年 1 月	3.58	4.09	2.10	1.42	2.77	2.67	4.58
2014 年 2 月	2.89	4.68	2.40	2.84	3.32	4.59	2.50
2014 年 3 月	7.99	8.48	9.88	4.26	11.08	10.25	4.17
2014 年 4 月	9.37	11.70	13.47	4.26	10.53	10.78	10.42
2014 年 5 月	12.26	11.11	15.57	17.09	14.40	12.91	13.75
2014 年 6 月	13.77	13.45	9.28	17.02	13.85	12.59	23.33
2014 年 7 月	18.04	18.13	17.96	16.35	12.74	11.42	12.08
2014 年 8 月	8.95	7.89	12.57	20.46	11.91	19.10	7.08
2014 年 9 月	6.62	9.65	7.79	7.78	6.38	5.98	10.84

注：个别学科门类因为样本较少，予以整合。

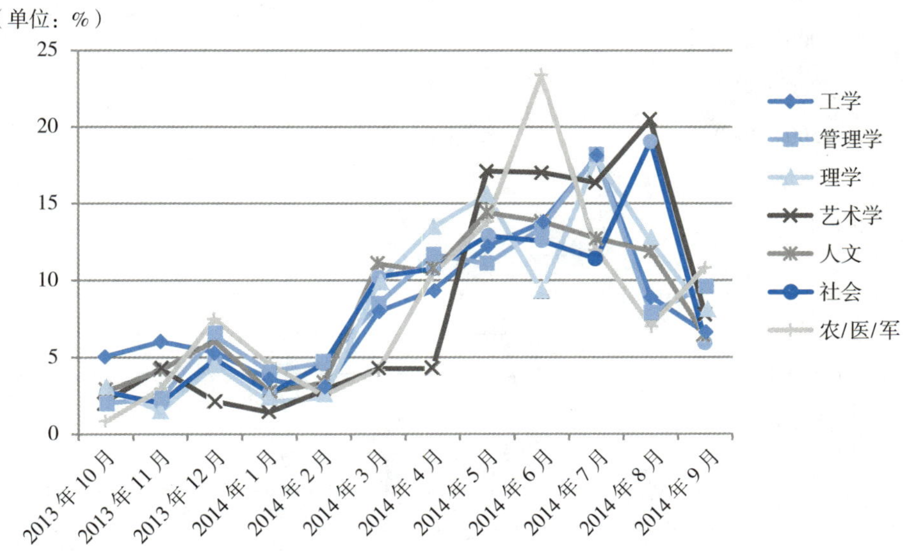

图 1-5-61 不同门类毕业生签约时间分布

注：个别学科门类因为样本较少，予以整合。

四、求职成本

（一）求职花费金额

1. 总体概述

2014 届毕业生求职花费水平总体较低，花费金额主要集中在 1500 元以下。从调查数据中可以看出，2014 届毕业生在求职过程中选择求职花费在 500 元以下、500—1000 元和 1000—1500 元的比例分别为 20.71%、23.92% 和 30.82%，占到了总选择的 75.43%，这一阶段为毕业生求职花费的集中阶段。

表 1-5-26　全体调查对象求职花费金额的描述性统计

求职花费金额	比例（%）	排　序
1000—1500 元	30.82	1
500—1000 元	23.92	2
500 元以下	20.71	3
1500—2000 元	14.43	4
2000—2500 元	5.78	5
3000 元以上	3.21	6
2500—3000 元	1.13	7

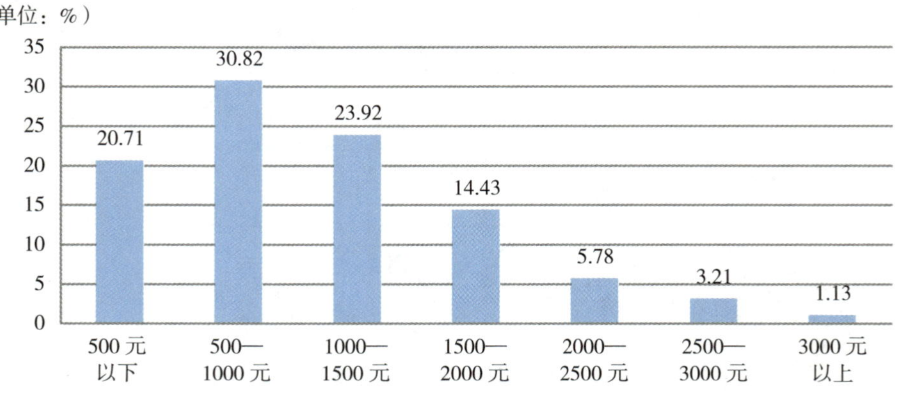

图 1-5-62　全体调查对象求职花费金额

从单因素分析中我们可以看出，可将求职花费在1500元以下的作为参照。求职花费在学历层次存在不同差异，专科、本科和研究生的求职花费在1500元以下的比例分别为：81.44%、71.05%和62.95%；求职花费与高校办学层次不同存在差异，高职高专院校、普通本科高校和211高校毕业生的求职花费在1500元以下的比例分别为：81.42%、70.66%和69.46%；从学科上来看，人文类、社科类和农/医/军类毕业生求职花费要略高于工学、艺术学、管理学和理学类毕业生。

表1-5-27 不同学历层次毕业生求职花费金额的描述性统计

（单位：%）

求职花费金额	专 科	本 科	研究生
500元以下	27.07	20.47	19.51
500—1000元	32.52	29.79	20.41
1000—1500元	21.85	20.79	23.03
1500—2000元	9.29	14.98	16.03
2000—2500元	3.81	5.45	10.52
2500—3000元	1.91	3.56	2.62
3000元以上	3.55	4.93	7.88

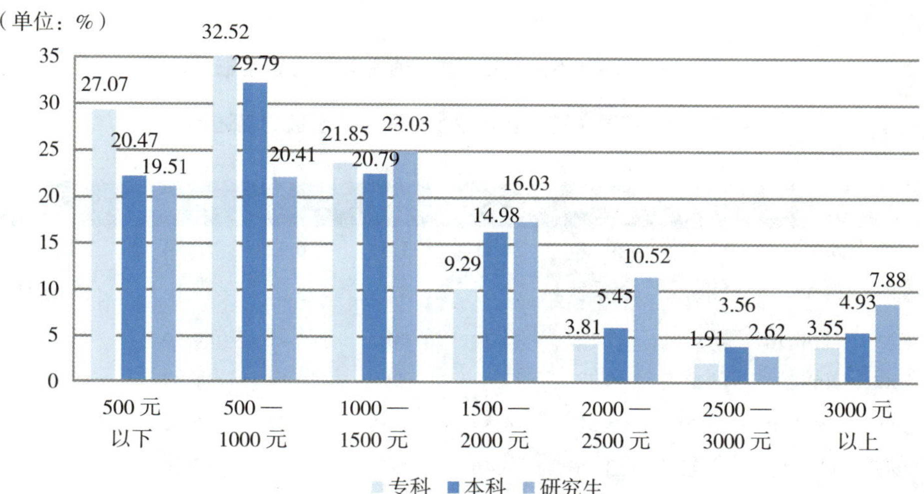

图1-5-63 不同学历毕业生求职花费金额

表 1-5-28　不同高校类型毕业生求职花费金额的描述性统计

（单位：%）

求职花费金额	高职高专	普通本科	211 高校
500 元以下	28.52	21.67	19.23
500—1000 元	32.07	29.14	28.41
1000—1500 元	20.83	19.85	21.82
1500—2000 元	9.29	14.84	15.31
2000—2500 元	3.83	4.89	6.87
2500—3000 元	1.91	4.13	2.95
3000 元以上	3.55	5.48	5.41

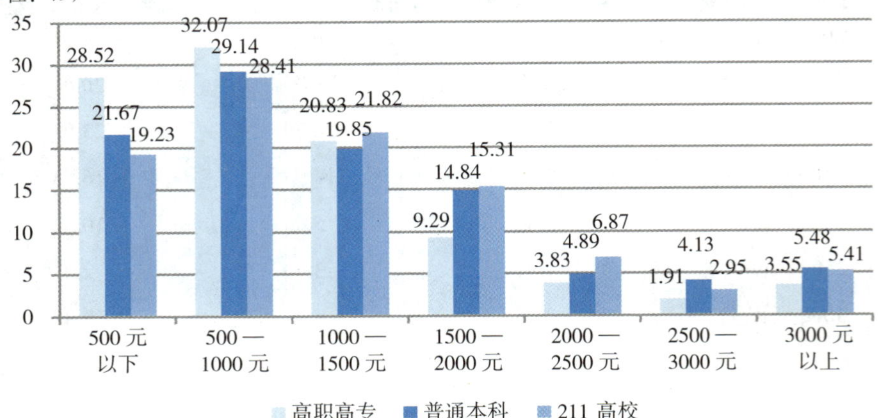

图 1-5-64　不同学校类型毕业生求职花费金额

表 1-5-29　不同学科门类毕业生求职花费金额的描述性统计

（单位：%）

求职花费金额	工　学	管理学	理　学	艺术学	人　文	社　科	农 / 医 / 军
500 元以下	27.97	29.38	24.71	31.51	20.42	16.84	28.51
500—1000 元	21.64	25.42	25.57	14.38	23.08	27.12	18.47
1000—1500 元	23.09	21.19	23.56	26.03	25.20	25.46	21.69
1500—2000 元	13.46	9.32	11.49	22.62	13.53	17.84	12.05
2000—2500 元	6.99	5.37	4.89	1.35	5.31	6.06	6.43
2500—3000 元	2.77	3.95	5.46	1.37	3.18	2.16	6.43
3000 元以上	4.08	5.37	4.32	2.74	9.28	4.52	6.42

注：个别学科门类因为样本较少，予以整合。

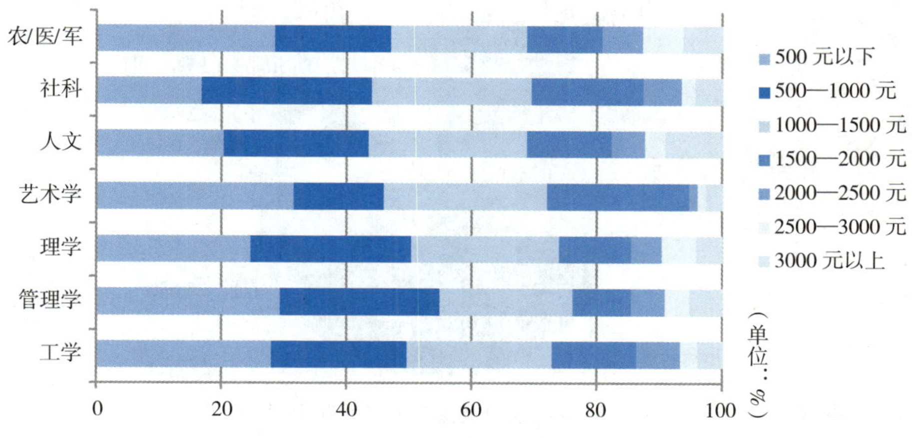

图 1-5-65 不同学科门类毕业生求职花费金额

注：个别学科门类因为样本较少，予以整合。

（二）求职花费项目

2014 届毕业生求职投入项目较为多样，交通、形象包装和简历制作等项目为毕业生在求职过程中花费较为集中的内容。从调查数据中可以看出，毕业生在求职花费投入的项目上可分为三个层级：投入花费最为集中的第一层级为“交通”、“形象包装”和“简历制作”，共计占到了 65.91%；投入花费属于居中水平的第二层级为“通信”和“住宿”，共计占到了 25.42%；而“招聘会门票”、“中介”和“其他项目”则是毕业生在求职花费上投入较少的内容，共计占到了 8.73%。

表 1-5-30 全体调查对象求职花费项目的描述性统计

求职花费金额	比例（%）	排　序
交通	23.58	1
形象包装	22.27	2
简历制作	20.02	3
通信	14.33	4
住宿	11.11	5
招聘会门票	5.41	6
中介	2.61	7
其他	0.67	8

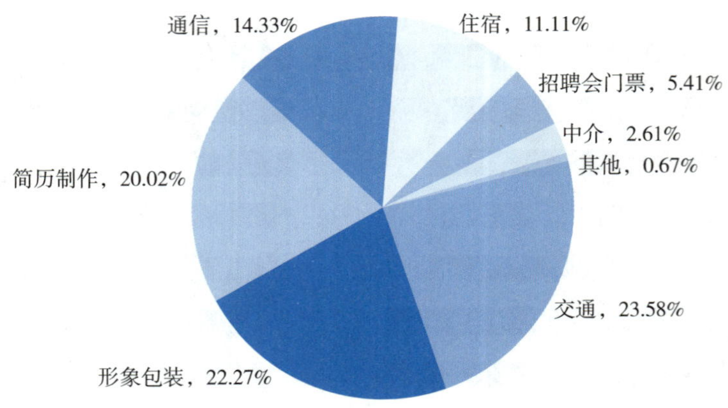

图 1-5-66　全体调查对象求职花费项目

五、求职过程

（一）简历投递

2014 届毕业生简历投递数量集中在 20 份以内。从调查数据中可以看出，1—20 份是毕业生简历投递数量的峰值，所选比例达到了 61.01%。毕业生在简历投递数量上呈现出三阶段的发展态势：简历投递数量在 1—20 份为第一个阶段，这一阶段是毕业生简历投递数量的集中区域，选择比例占到了 61.01%；第二个阶段是 21—30 份，为简历投递数量的平缓区，所占比例为 22.75%；第三个阶段是 31 份以上，所占比例为 16.24%。

表 1-5-31　全体调查对象简历投递数量的描述性统计

简历数量	比例（%）	排　序
11—20 份	31.32	1
1—10 份	29.69	2
21—30 份	22.75	3
31—50 份	9.23	4
51—70 份	2.74	5
71—100 份	2.34	6
100 份以上	1.93	7

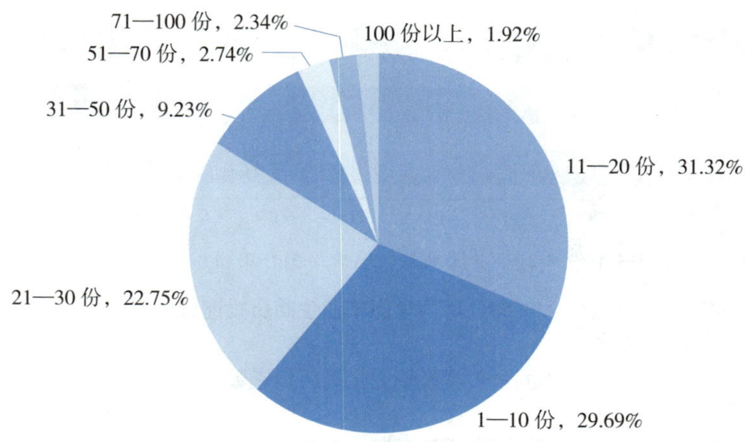

图 1-5-67 全体调查对象简历投递数量

单因素方差分析显示，简历投递数量因学校类型、学历层次、学科门类不同分别存在显著差异。我们以选择第一阶段即 20 份以下简历的比例为参照，简历投递数量在学历层次上存在显著差距，排序依次为：研究生、本科生和专科生；简历投递数量在高校层次上存在显著差距，排序依次为：211 高校、普通本科高校和高职高专院校；从不同学科类毕业生来看，农 / 医 / 军、工学和人文类毕业生简历投递数量要略高于管理学、理学、艺术和社科类毕业生。

表 1-5-32 不同学历层次毕业生简历投递数量的描述性统计

（单位：%）

简历数量	专 科	本 科	研究生
1—10 份	47.54	27.55	26.24
11—20 份	31.42	31.64	28.86
21—30 份	12.84	24.15	23.32
31—50 份	4.12	9.37	13.72
51—70 份	1.07	3.04	2.31
71—100 份	2.46	2.28	2.62
100 份以上	0.55	1.97	2.93

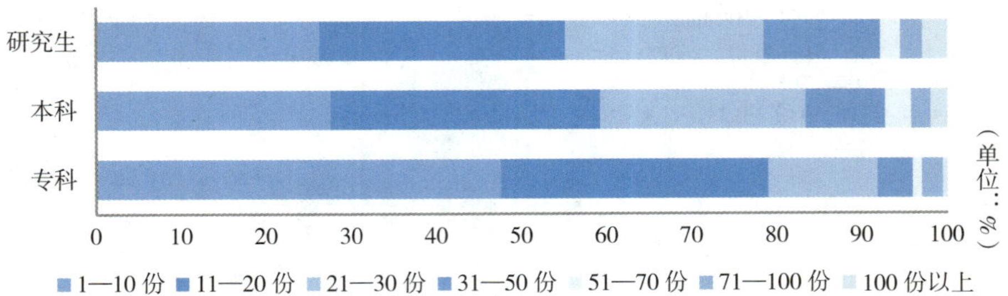

图 1-5-68　不同学历毕业生简历投递数量

表 1-5-33　不同学校类型毕业生简历投递数量的描述性统计

（单位：%）

简历数量	高职高专	普通本科	211 高校
1—10 份	47.54	32.21	23.94
11—20 份	31.42	28.75	33.13
21—30 份	12.84	22.43	25.21
31—50 份	4.12	9.11	10.44
51—70 份	1.09	3.29	2.72
71—100 份	2.44	2.36	2.32
100 份以上	0.55	1.85	2.24

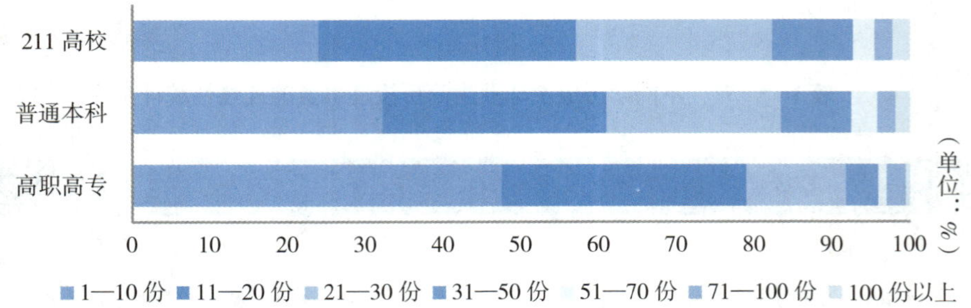

图 1-5-69　不同学校类型毕业生简历投递数量

表 1-5-34　不同学科门类毕业生简历投递数量的描述性统计

（单位：%）

简历数量	工　学	管理学	理　学	艺术学	人　文	社　科	农 / 医 / 军
1—10 份	32.97	28.53	27.01	28.08	28.65	26.08	41.94
11—20 份	32.45	29.38	27.59	27.42	35.54	32.55	27.02

简历数量	工学	管理学	理学	艺术学	人文	社科	农/医/军
21—30 份	18.62	17.51	27.59	39.04	18.83	26.49	18.15
31—50 份	8.97	10.17	12.62	2.74	9.28	9.03	8.47
51—70 份	1.98	7.06	1.72	0.66	2.92	2.67	1.61
71—100 份	2.51	3.95	2.32	0.68	2.65	1.95	1.61
100 份以上	2.50	3.40	1.15	1.38	2.13	1.22	1.20

注：个别学科门类因为样本较少，予以整合。

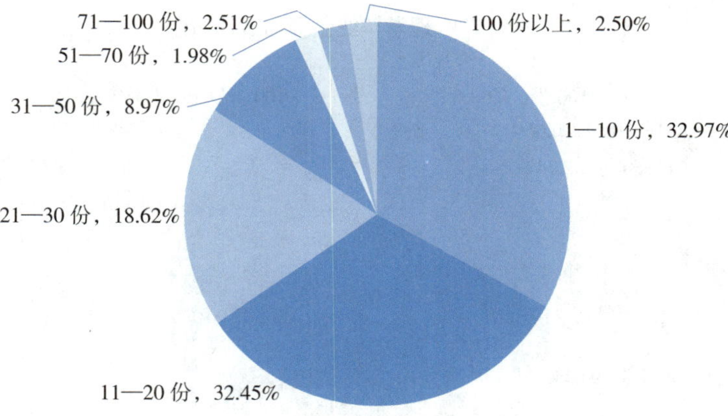

图 1-5-70 工学毕业生简历投递数量

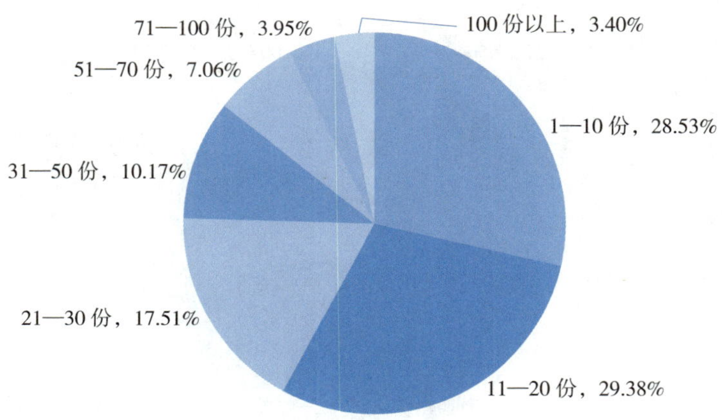

图 1-5-71 管理学毕业生简历投递数量

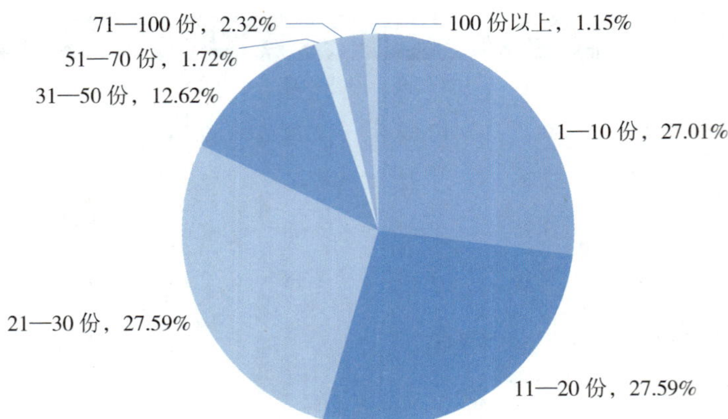

图 1-5-72　理学毕业生简历投递数量

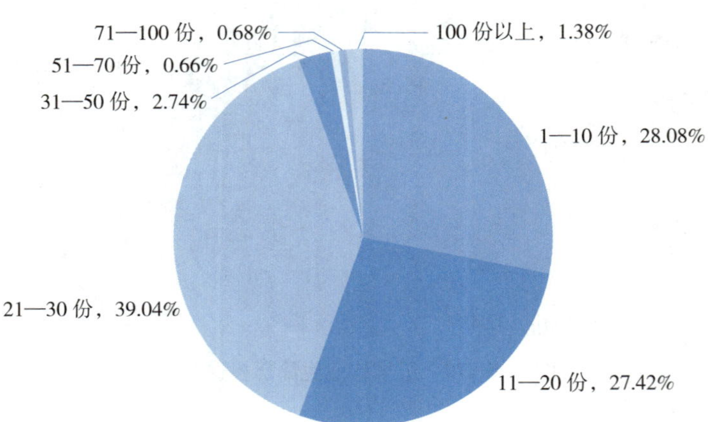

图 1-5-73　艺术学毕业生简历投递数量

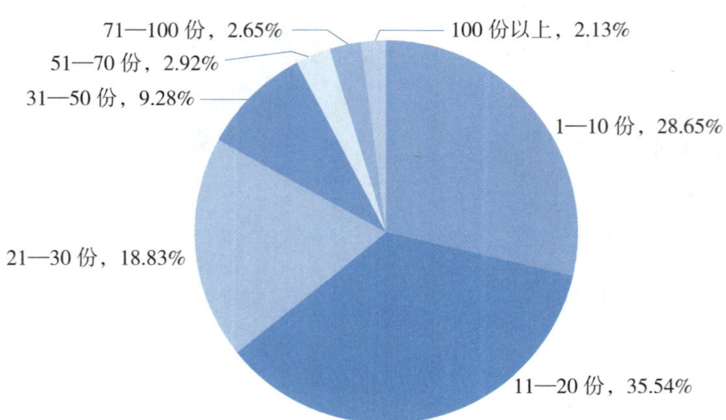

图 1-5-74　人文类毕业生简历投递数量

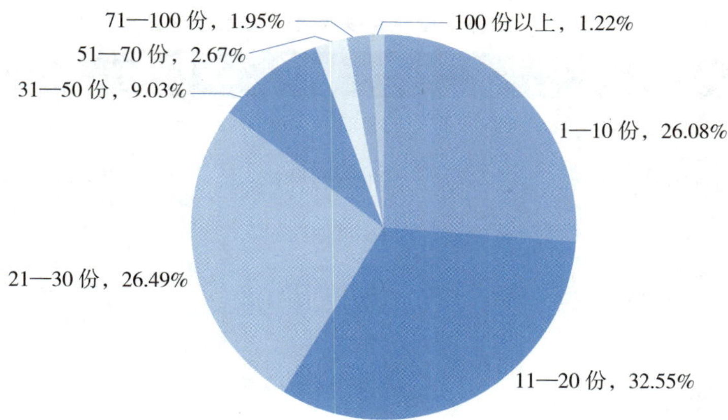

图 1-5-75 社科类毕业生简历投递数量

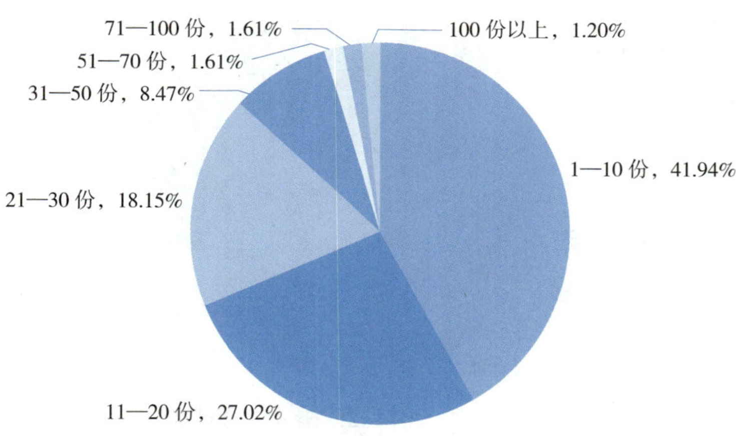

图 1-5-76 农 / 医 / 军类毕业生简历投递数量

（二）面试情况

2014 届毕业生在求职过程中求职面试次数集中在 3—10 次。从调查数据中可以看出，毕业生参加面试的次数呈现中间高、两端低的发展趋势。即以 3—10 次为中间点，其选择比例达到 62.91%，为毕业生参加面试的集中次数；其左右两侧的 1—2 次和 11—20 次开始逐步减少，所占比例为 32.60%；而从 21 次开始，参加面试次数出现大幅减少，所占比例为 4.49%。

表 1-5-35　全体调查对象参加面试次数的描述性统计

面试次数	比例（%）	排　序
3—5 次	38.83	1
6—10 次	24.08	2
1—2 次	16.44	3
11—20 次	16.16	4
21—30 次	2.68	5
30 次以上	1.81	6

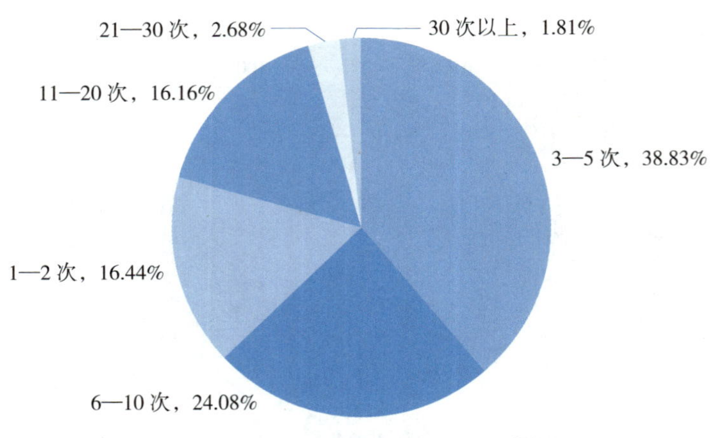

图 1-5-77　全体调查对象参加面试次数

单因素方差分析显示，毕业生获得的面试机会因学校类型、学历层次、学科门类不同分别存在着显著差异。我们以选择参加 21 次以上面试次数的比例为参照，参加面试次数在学历层次上有显著差距，排序依次为：研究生、本科生和专科生；高校层次与简历投递数量无明显影响特征，普通本科高校毕业生参加面试次数高于 211 高校毕业生，211 高校毕业生参加面试次数高于高职高专院校毕业生；从不同学科类毕业生来看，人文、管理学和工学类毕业生参加面试次数要显著高于农 / 医 / 军、社科、艺术和理学类毕业生。

表 1-5-36　不同学历层次毕业生参加面试次数的描述性统计

（单位：%）

面试次数	专　科	本　科	研究生
1—2 次	30.05	14.58	15.45
3—5 次	41.82	38.61	37.32
6—10 次	19.93	24.51	25.36
11—20 次	5.74	17.82	15.16
21—30 次	1.09	2.56	5.25
30 次以上	1.37	1.92	1.46

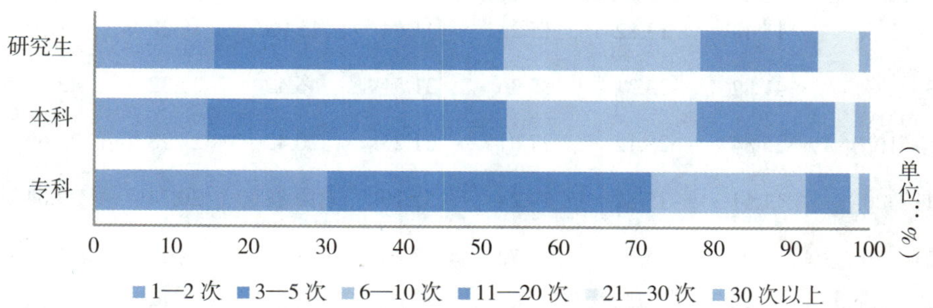

图 1-5-78　不同学历毕业生参加面试次数

表 1-5-37　不同学校类型毕业生参加面试次数的描述性统计

（单位：%）

面试次数	高职高专	普通本科	211 高校
1—2 次	30.05	15.35	14.21
3—5 次	41.82	38.79	38.21
6—10 次	19.93	24.37	24.79
11—20 次	5.74	16.02	18.54
21—30 次	1.09	3.29	2.62
30 次以上	1.37	2.18	1.63

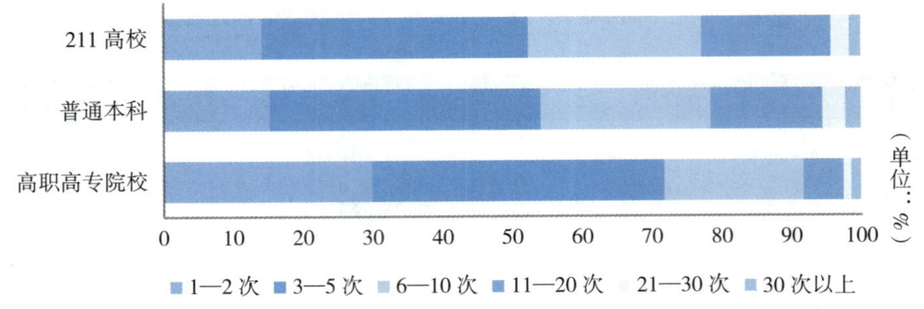

图 1-5-79　不同学校类型毕业生参加面试次数

表 1-5-38　不同学科门类毕业生参加面试次数的描述性统计

（单位：%）

面试次数	工　学	管理学	理　学	艺术学	人　文	社　科	农 / 医 / 军
1—2 次	15.44	13.82	15.23	11.64	15.92	18.28	21.29
3—5 次	41.82	35.31	37.36	31.51	46.42	35.32	43.37
6—10 次	25.84	29.12	27.01	21.23	20.42	22.28	21.69
11—20 次	11.61	15.82	17.24	32.19	10.88	20.74	9.64
21—30 次	2.92	4.52	1.72	2.05	3.45	2.26	1.61
30 次以上	2.37	1.41	1.44	1.38	2.91	1.12	2.40

注：个别学科门类因为样本较少，予以整合。

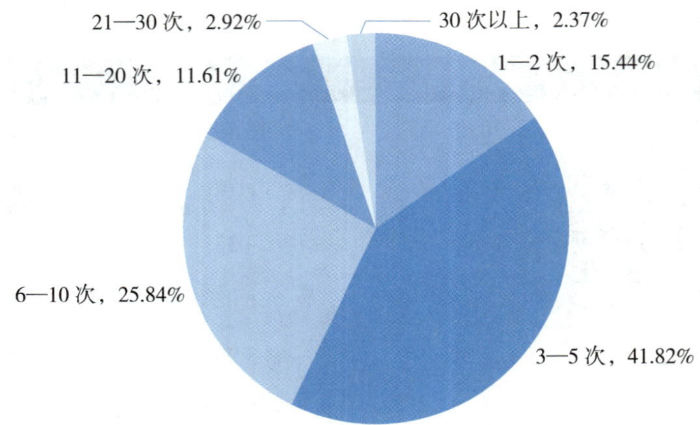

图 1-5-80　工学毕业生参加面试次数

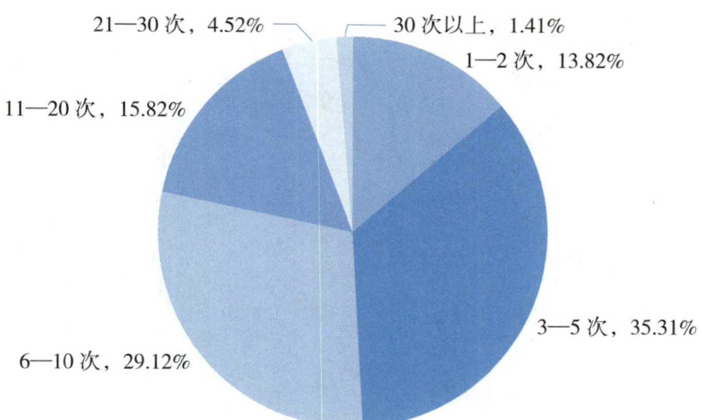

图 1-5-81 管理学毕业生参加面试次数

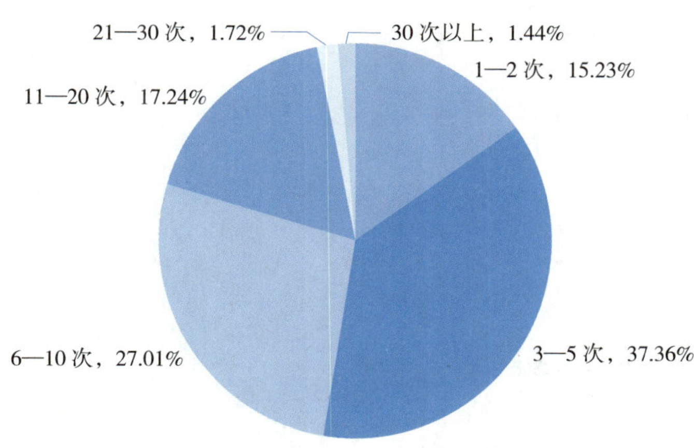

图 1-5-82 理学毕业生参加面试次数

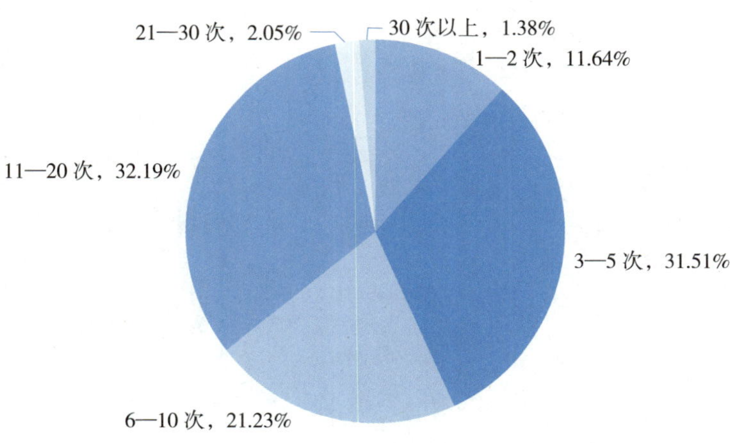

图 1-5-83 艺术学毕业生参加面试次数

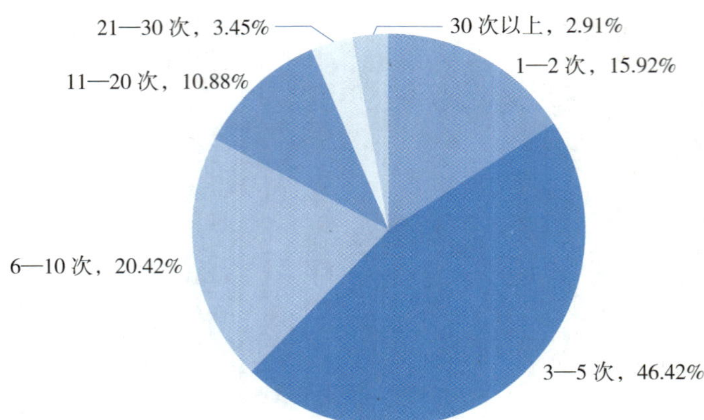

图 1-5-84　人文类毕业生参加面试次数

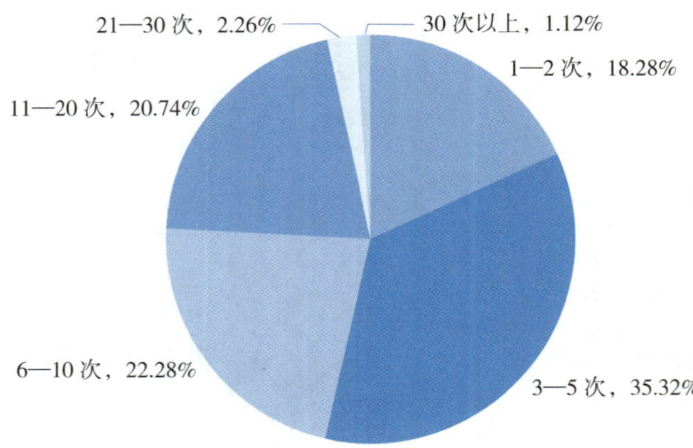

图 1-5-85　社科类毕业生参加面试次数

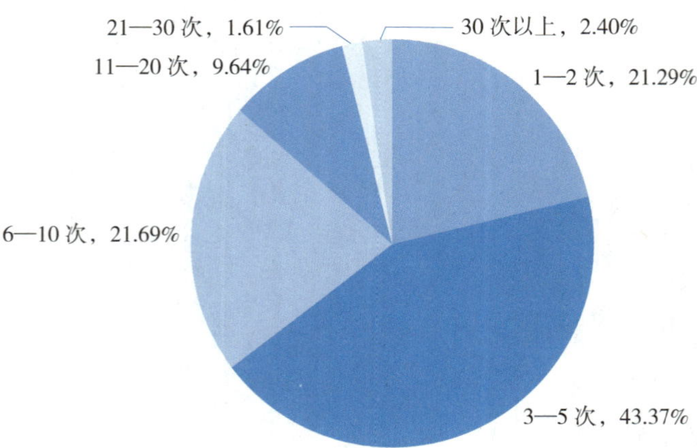

图 1-5-86　农 / 医 / 军类毕业生参加面试次数

（三）签约机会

2014 届毕业生在求职过程中取得签约次数集中在 2—3 次。从调查数据中可以看出，选择 2—3 次的人数最为集中，以 55.12% 的比例达到了峰值；其次为 4—5 次和 1 次，所选比例分别为 24.30% 和 15.00%；从 6 次开始，所选人数大幅度减少，选择比例为 5.58%。

表 1-5-39 全体调查对象取得签约机会次数的描述性统计

签约机会	比例（%）	排 序
2—3 次	55.12	1
4—5 次	24.32	2
1 次	15.02	3
6—10 次	3.73	4
10 次以上	1.81	5

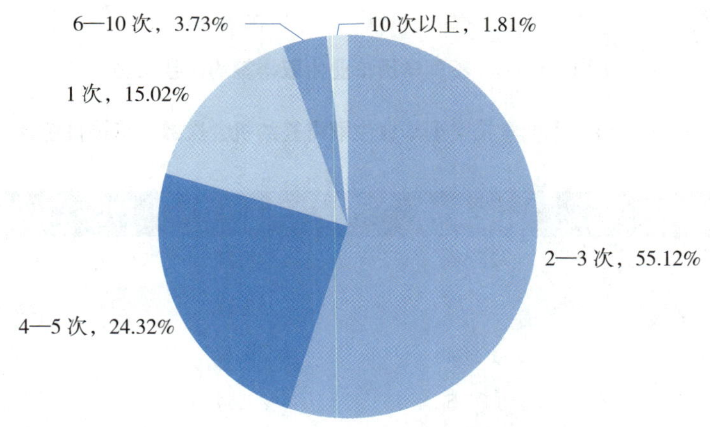

图 1-5-87 全体调查对象取得签约机会次数

单因素方差分析显示，毕业生获得的签约机会因学校类型、学历层次、学科门类不同分别存在着显著差异。我们以选择获得 6 次以上签约机会的比例为参照，学历层次与参加面试次数无明显影响特征，本科生获得签约机会略高于专科生和研究生；高校层次与取得签约机会无明显影响特征，211 高校毕业生高于高职高专院校毕业生，高职高专院校毕业生高于普通本科高校毕业生；从不同学科类毕业生来看，工学、农 / 医 / 军、管理学和社科类毕业生获得签约机会次数要高于人文、艺术和理学类毕业生。

表 1-5-40　不同学历层次毕业生取得签约机会次数的描述性统计

（单位：%）

签约机会	本　科	专　科	研究生
1 次	12.74	28.96	16.62
2—3 次	55.27	52.73	56.56
4—5 次	26.39	12.84	21.26
6—10 次	3.84	3.55	3.52
10 次以上	1.76	1.92	2.04

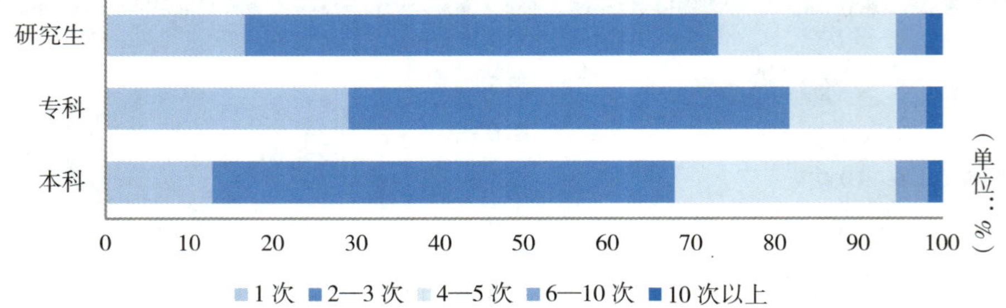

图 1-5-88　不同学历毕业生取得签约机会次数

表 1-5-41　不同学校类型毕业生取得签约机会次数的描述性统计

（单位：%）

签约机会	高职高专	普通本科	211 高校
1 次	28.96	13.41	13.06
2—3 次	52.73	55.31	55.52
4—5 次	12.84	26.22	25.45
6—10 次	3.55	3.54	3.95
10 次以上	1.92	1.52	2.02

211 高校
普通本科
高职高专
0 10 20 30 40 50 60 70 80 90 100
（单位：%）
1 次 2—3 次 4—5 次 6—10 次 10 次以上

图 1-5-89　不同学校类型毕业生取得签约机会次数

表 1-5-42 不同学科门类毕业生取得签约机会次数的描述性统计

（单位：%）

签约机会	工 学	管理学	理 学	艺术学	人 文	社 科	农/医/军
1 次	14.12	14.12	16.65	15.07	14.59	14.58	18.88
2—3 次	59.12	58.19	54.62	45.89	59.68	50.72	55.02
4—5 次	20.16	22.03	24.71	34.25	20.69	29.16	20.06
6—10 次	4.62	3.67	2.59	2.74	3.45	3.59	4.82
10 次以上	1.98	1.99	1.43	2.05	1.59	1.95	1.22

注：个别学科门类因为样本较少，予以整合。

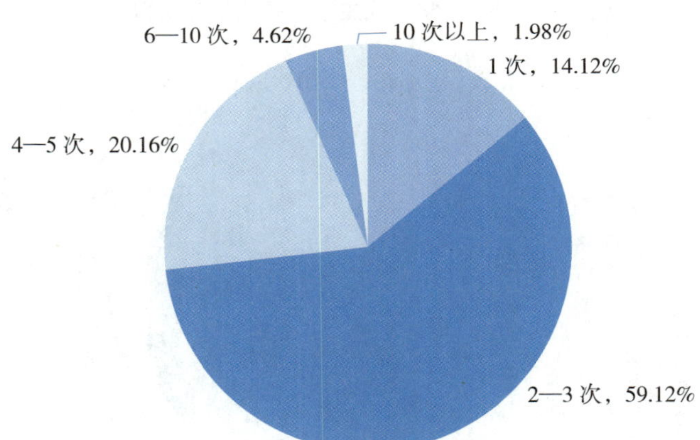

图 1-5-90 工学毕业生取得签约机会次数

注：个别学科门类因为样本较少，予以整合。

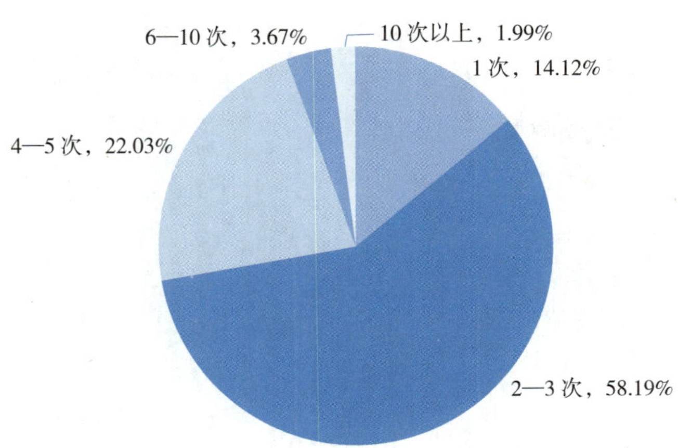

图 1-5-91 管理学毕业生取得签约机会次数

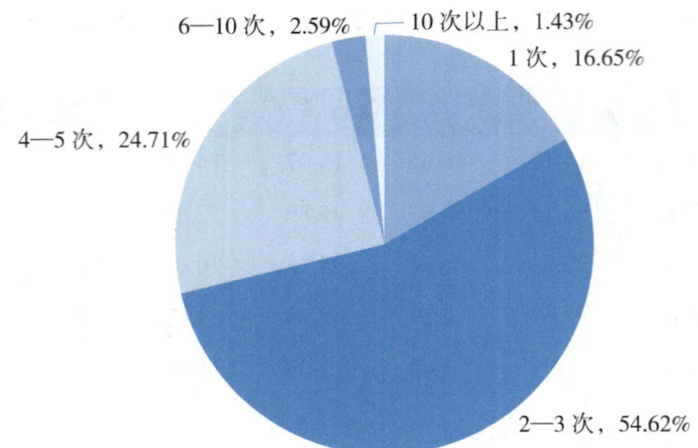

图 1-5-92　理学毕业生取得签约机会次数

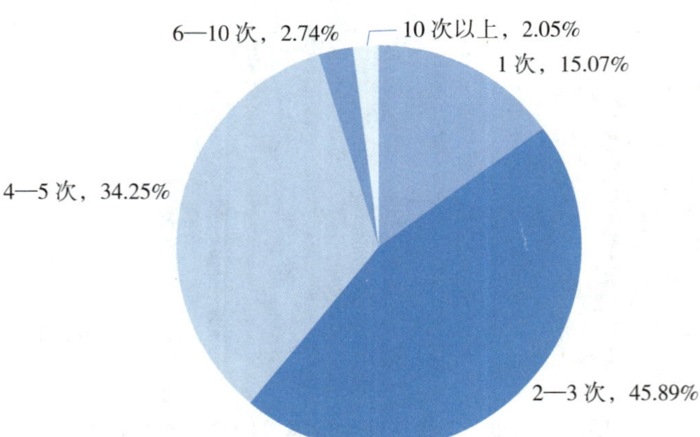

图 1-5-93　艺术学毕业生取得签约机会次数

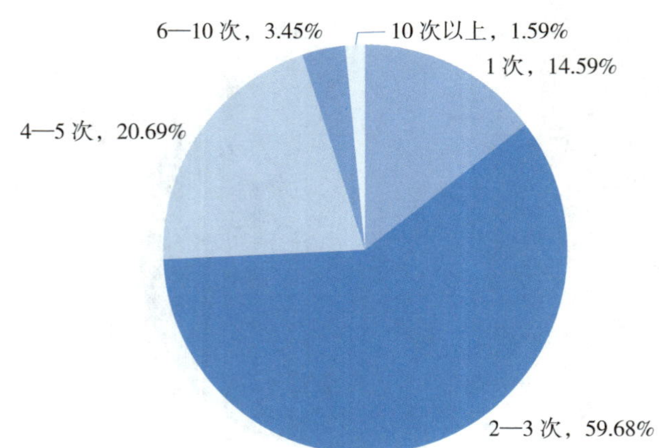

图 1-5-94　人文类毕业生取得签约机会次数

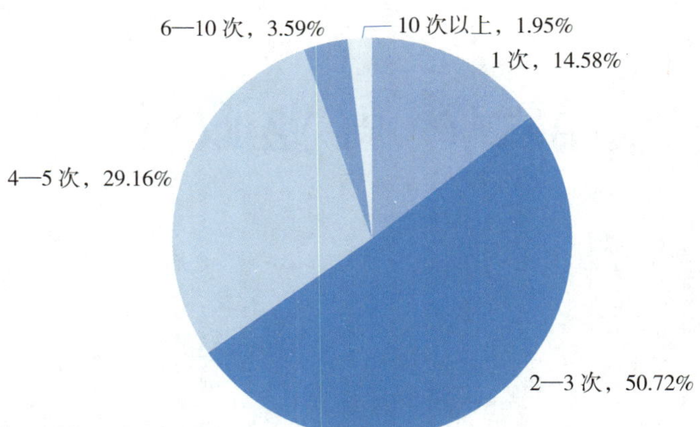

图 1-5-95 社科类毕业生取得签约机会次数

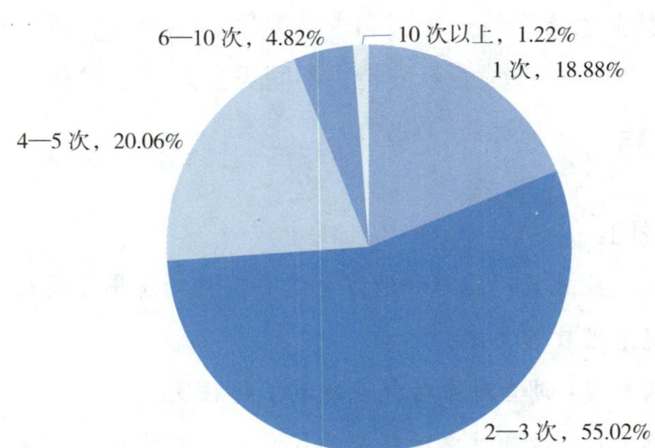

图 1-5-96 农 / 医 / 军类毕业生取得签约机会次数

第六章 就业政策

本章通过对适用于2014届高校毕业生就业政策的梳理以及毕业生对就业政策认知度、就业政策满意度两个维度的调研，对现行的就业政策及基层就业项目进行分析。调查结果显示，99%的调查对象对国家促进大学生就业的政策表示支持，不同类型大学生对就业政策认知情况和基层项目参与情况差异较大。

相关数据说明：

高校毕业生就业政策：国家和地方制定并实施的适用于高校毕业生群体就业的一系列规范性政策文本。

就业政策认知度：调查对象对就业政策了解程度。

就业政策满意度：调查对象对就业政策满意状况的主观判断。

一、就业政策分析

高校毕业生就业政策直接关乎高校毕业生的就业，基于就业政策文本，对适用于2014届高校毕业生的现行就业政策进行全面深入分析，这对于充分了解和掌握2014届高校毕业生就业的总体状况具有重要意义。

（一）样本选取

1. 分析对象

政策文本分析对象是现行并适用于2014届高校毕业生的就业政策，主要是党中央、国家政府以及国家政府职能部门出台的与高校毕业生就业相关的文本。地方性就业政策也是高校毕业生就业政策的重要组成部分，由于受客观条件限制，分析对象暂不包括各省、自治区、直辖市和各地方政府根据国家方针政策和本地方实际情况所制定的适用于2014届高校毕业生的地方性就业政策。

2. 文本范围

本研究选取的政策文本是近年来国家层面制定和实施的，在时间和效力上适用于2014届高校毕业生的就业政策文本。范围内的政策文本数量共计59份。

3. 文本来源

本研究选取的政策文本主要来源于人力资源和社会保障部网络专题《高校毕业生就业有关文本汇编》①、全国大学生就业公共服务立体化平台(新职业)②、中国国家人才网③、吉林省高校毕业生就业促进会等编写的《高校毕业生就业创业政策法规选编》④和国务院、教育部、人力资源和社会保障部等官方网站。

4. 分析方法

依据高校毕业生就业政策出台的现实背景和实际效果，对高校毕业生就业政策文本进行定量与定性相结合的综合分析。

（二）文本分析

1. 就政策文本的出台数量而言，中央文件提纲挈领，文本数量较少；部门文件配套出台，文本数量居多

党中央、国务院的政策文本层面。近年来，党中央、国务院高度

---

① 《高校毕业生就业有关文件汇编》，http://www.chinajob.gov.cn/zb/gxbysjyfg/node_3313.htm，2014年10月。

② 全国大学生就业公共服务立体化平台（新职业），http://www.ncss.org.cn/zx/zcfg/index.shtml，2014年10月。

③ 《高校毕业生就业有关文件汇编》，http://www.newjobs.com.cn/zhuanti/zchb.html，2014年10月。

④ 吉林省高校毕业生就业促进会、中国吉林高新技术人才市场指导委员会办公室、吉林省人才交流开发中心编：《高校毕业生就业创业政策法规选编》，2011年。

重视大学生就业工作，每年均发布与大学生就业相关的政策文本（见表1-6-1）。党中央、国务院发布的政策文本，内容简明扼要，突出重点问题，从宏观层面上规划和指导全国高校毕业生就业工作。从国家中央文本层面看，现行并适用于2014届高校毕业生的就业政策文本共计5份，分别是《国务院办公厅转发人力资源社会保障部等部门关于促进以创业带动就业工作指导意见的通知》（国办发［2009］111号）、《国务院关于批转促进就业规划（2011—2015年）的通知》（国发［2012］6号）、《国务院关于进一步支持小型微型企业健康发展的意见》（国发［2012］14号）、《国务院办公厅关于加强普通高等学校毕业生就业工作的通知（国办发［2013］35号）》以及《国务院办公厅关于做好2014年全国普通高等学校毕业生就业创业工作的通知（国办发［2014］22号）》等。

表1-6-1　近年来国务院关于高校毕业生就业政策文本的制定和出台情况

年份	数量	政策文本
2009	2	《国务院办公厅关于加强普通高等学校毕业生就业工作的通知》（国办发［2009］3号）
		《国务院办公厅转发人力资源社会保障部等部门关于促进以创业带动就业工作指导意见的通知》（国办发［2009］111号）
2010	1	《国务院关于加强职业培训促进就业的意见》（国发［2010］36号）
2011	1	《国务院关于进一步做好普通高等学校毕业生就业工作的通知》（国发［2011］16号）
2012	2	《国务院关于进一步支持小型微型企业健康发展的意见》（国发［2012］14号）
		《国务院关于批转促进就业规划（2011—2015年）的通知》（国发［2012］6号）
2013	1	《国务院办公厅关于做好2013年全国普通高等学校毕业生就业工作的通知》（国办发［2013］35号）
2014	1	《国务院办公厅关于做好2014年全国普通高等学校毕业生就业创业工作的通知》（国办发［2014］22号）

国家职能部门的政策文本层面。根据中央文本精神和相关工作部署，国家主要职能部门积极认领责任，专项式地对相关政策进行了政策细分，配套出台各类高校毕业生就业政策文本，切实为高校毕业生就业提供具体的政策保障。截至2014年10月，国家职能部门制定和发布的现行并适用于2014届高校毕业生的就业政策文本共计54份，从数量统计比例上看（见表1-6-2），

教育部、人力资源和社会保障部是单独发布或者牵头制定2014届高校毕业生就业相关政策的最主要国家职能部门。其中，教育部单独发布或者牵头制定的政策文本数量最多，共21份，比例为38.89%；人力资源和社会保障部单独发布或牵头制定的政策文本数量次之，共15份，比例为27.18%。同时，中共中央组织部、共青团中央、全国大学生志愿服务西部计划项目管理办公室、财政部、科学技术部、工业和信息化部、国家工商总局、国家税务总局、国有资产管理委员会、中国残联、全国总工会、总参谋部等部门也单独发布或牵头制定了适用于2014届高校毕业生的相关就业政策。

表1-6-2 适用于2014届高校毕业生的现行就业政策文本数量及比例

（按发布或牵头部门统计）

发布或牵头部门	数量	比例（%）
教育部	21	38.89
人力资源和社会保障部	15	27.18
财政部	4	7.40
中共中央组织部	2	3.70
中国残联	2	3.70
科学技术部	2	3.70
共青团中央	1	1.85
工业和信息化部	1	1.85
国有资产管理委员会	1	1.85
全国大学生志愿服务西部计划项目管理办公室	1	1.85
国家工商总局	1	1.85
国家税务总局	1	1.85
全国总工会	1	1.85
总参谋部	1	1.85
合计	54	—

2. 就部门政策文本的出台主体而言，以单一部门为主，也有部分文件由多部门协同制定、共同出台、联合推进

现行适用于2014届高校毕业生的就业政策文本由单一部门制定和发布的数量最多（24份），比重最大，为44.44%。部分政策文本是多部门协同

制定、共同出台、联合推进的，由两个部门联合（12 份）和三个部门联合（7 份）制定和出台的政策文本数量较多，比例分别是 22.22% 和 12.96%。

参与制定 2014 届高校毕业生现行就业政策的部门包括教育部、人力资源和社会保障部、中共中央组织部、财政部、共青团中央、全国大学生志愿服务西部计划项目管理办公室、工业和信息化部、科学技术部、国家工商总局、国家税务总局、国资委、中国残联、全国总工会、中国人民银行、商务部、发展改革委员会、民政部、中央编办、公安部、国家自然科学基金委员会、全国工商联、卫生部、农业部、国家林业局、国家粮食局、国务院扶贫办、全国妇联、总参谋部、总政治部等部门单位。

表 1-6-3　适用于 2014 届高校毕业生的现行就业政策文本出台联合情况

部　门	数　量	比例（%）
单一部门	24	44.44
2 个部门联合	12	22.22
3 个部门联合	7	12.96
4 个部门联合	4	7.40
5 个部门联合	2	3.70
6 个部门联合	1	1.86
9 个部门联合	2	3.70
11 个部门联合	1	1.86
12 个部门联合	1	1.86
合计	54	—

3. 从部门政策文本的主题内容而言，就业政策的主题鲜明，内容明确，契合 2014 届高校毕业生就业的现实需要

现行适用于 2014 届高校毕业生的就业政策文本主题内容可划分为十个方面，即综合性政策、面向基层就业、以创业带动就业、就业见习与技能培训、就业服务、科研项目吸纳政策、入伍服兵役、就业援助、就业公平、就业指导与就业教育等。从表 1-6-4 可知，“就业服务”所占比重最大，为 33.33%，其次是“面向基层就业”，为 20.37%，可见，就业服务和面向基层

就业是2014届高校毕业生适用的现行就业政策中最为关注的主题内容。

表1-6-4 适用于2014届高校毕业生的现行就业政策文本主题内容数量分布统计

主题内容	数 量	比例（%）
综合性政策	5	9.26
面向基层就业	11	20.37
以创业带动就业	5	9.26
就业见习与职业培训	2	3.70
就业服务	18	33.33
科研项目吸纳政策	3	5.56
入伍服兵役	3	5.56
就业援助	4	7.40
公平就业	2	3.70
就业教育与就业指导	1	1.85

其中，以“就业服务”为主题内容的政策文本中，“举办就业招聘活动”的文本、通知数量最多，比重最高，为55.55%（见表1-6-5）。可见，“举办就业招聘活动”是国家相关职能部门对2014届高校毕业生最主要的就业服务内容和方式。另外，还较为侧重“针对某特殊群体专项就业服务”，如针对研究生、免费师范生、残疾高校毕业生等群体制定和出台专项就业服务政策。

表1-6-5 以“就业服务”为主题内容的政策文本数量分布统计

主要内容	数量	比例（%）	政策文本例子
举办就业招聘活动	10	55.55	《关于举办“战略性新兴产业面向应届高校毕业生网上招聘活动”的通知》（教学厅函［2014］10号）、《关于联合举办2014年全国高校毕业生就业网络联盟招聘周活动有关事项的通知》（教学厅函［2014］9号）、《关于联合举办2014年全国中小企业网上百日招聘高校毕业生活动的通知》（工信厅联企业［2014］34号）等
推进就业信息服务	2	11.76	《关于使用“全国大学生就业信息服务一体化系统”的通知》（教学厅函［2010］30号）等

主要内容	数量	比例（%）	政策文本例子
加强就业政策宣传	1	5.88	《关于进一步加强高校毕业生就业创业政策宣传工作的通知》（人社厅函［2014］312号）
针对某特殊群体专项就业服务	4	22.22	《关于构建全日制专业学位硕士研究生就业服务体系有关工作的通知》（教学厅［2010］3号）、《关于做好2014年残疾高校毕业生就业创业工作的通知》（残联厅发［2014］30号）等
其他	1	5.88	《教育部办公厅关于做好2014年离校未就业高校毕业生就业服务工作的通知》（教学厅［2014］3号）

以“面向基层就业”为主题内容的政策文本中，现行并适用于2014届高校毕业生基层就业的政策文本主要包括“三支一扶计划”、“西部志愿者计划”、“农村教师特岗计划”、“村官计划”、“学费代偿”、“到基层或中西部就业的其他专项政策措施”等（见表1-6-6）。近年来，每年国家相关部门都会出台一系列基层就业政策文件，积极引导和鼓励高校毕业生到城乡基层、中西部地区、艰苦边远地区工作。同时，国家各相关部委职能部门、各地方政府也都出台各类基层就业政策，统筹实施“农村教师特岗计划”、“西部志愿者计划”、“三支一扶计划”、“到村任职计划”、“农技特岗计划”等各类基层就业项目。另外，也高度重视教育部直属师范大学免费师范毕业生到基层教育岗位就业的相关工作，积极出台了一系列相关政策文件，确保免费师范生到基层就业工作的有序实施。

表1-6-6　以“面向基层就业”为主题内容的政策文本数量分布统计

基层就业项目	数量	政策文本例子
三支一扶计划	1	《关于做好2014年高校毕业生“三支一扶”计划实施工作的通知》（人社部发［2014］37号）
西部志愿者计划	2	《关于认真做好2014年西部计划招募选拔工作的通知》（全国项目办发［2014］7号）等
村官计划	3	《关于进一步加强大学生村官工作意见》（组通字［2012］36号）、《关于做好大学生村官有序流动工作的意见》（组通字［2010］32号）等
农村教师特岗计划	1	《教育部办公厅财政部办公厅关于做好2014年农村义务教育阶段学校教师特设岗位计划有关实施工作的通知》（教师厅函［2014］2号）

基层就业项目	数量	政策文本例子
学费代偿	1	《关于印发〈高等学校毕业生学费补偿和国家助学贷款代偿暂行办法〉的通知》(财教［2009］15号)
到基层或中西部就业的其他专项政策措施	1	《关于印发〈教育部直属师范大学免费师范毕业生就业实施办法〉》(教师厅函［2013］11号)
其他	2	《关于做好艰苦边远地区基层公务员考试录用工作的意见》(人社部发［2014］61号)等

二、政策认知

(一)认知程度

1. 总体概述

从政策认知程度看,不同学校类型、学历层次和高校所在地大学生有所不同。在学校类型上,各类型高校毕业生对就业政策认知程度差异不大;在学历层次上,本科生对就业政策认知程度最高;在学校所在区域上,沿海地区及长江中游地区大学生对就业政策认知程度较高。

当前2014届高校毕业生认知程度较高的现行就业政策依次为"西部志愿者计划"、"村官计划"、"应征入伍服兵役"、"三支一扶计划";对"农村教师特岗计划"、"对困难家庭毕业生就业援助"、"参与国家和地方重大科研项目(科研助理)"政策认知程度没有明显差异;对"毕业生到基层或中西部就业的其他专项政策措施"的认知程度低于对其他政策的认知程度。

表1-6-7 全体调查对象对现行就业政策的认知程度

(单位:%)

现行基层就业项目和就业政策	比 例
三支一扶计划	80.33
西部志愿者计划	90.92
村官计划	87.68
应征入伍服兵役	83.00

现行基层就业项目和就业政策	比　例
到中小企业就业	78.49
农村教师特岗计划	77.34
对困难家庭毕业生就业援助	77.33
参与国家和地方重大科研项目（科研助理）	77.43
鼓励高校毕业生灵活就业、自主创业的相关政策	76.98
毕业生到基层或中西部就业的其他专项政策措施	66.67

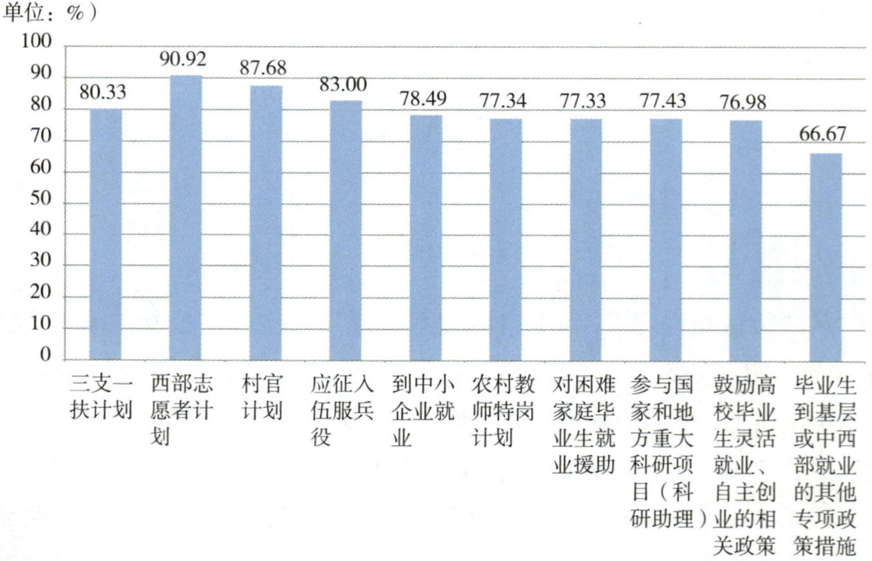

图 1-6-1　全体调查对象对现行就业政策的认知程度

2. 学校类型

不同学校类型毕业生对现行基层就业项目和就业政策的认知程度有所差异，但整体差别不大。211 高校毕业生对“到中小企业就业”、“毕业生到基层或中西部就业的其他专项政策措施”的认知程度高于其他类型高校毕业生；普通本科高校毕业生对“西部志愿计划”、“三支一扶计划”、“村官计划”的认知程度高于其他类型高校毕业生；高职高专毕业生对“应征入伍”、“参与国家和地方重大科研项目（科研助理）”、“对困难家庭毕业生就业援助”、“农村教师特岗计划”、“鼓励高校毕业生灵活就业、自主创业的相关政策”的认知程度高于其他类型高校毕业生。

表 1-6-8 不同学校类型毕业生对现行基层就业项目和就业政策的认知程度

（单位：%）

现行基层就业项目和就业政策	211 高校	普通本科	高职高专
三支一扶计划	70.05	71.00	67.00
西部志愿者计划	74.57	78.00	70.00
村官计划	73.07	75.00	71.00
应征入伍服兵役	71.56	71.00	72.00
到中小企业就业	69.55	68.00	69.00
农村教师特岗计划	68.54	68.00	70.00
对困难家庭毕业生就业援助	69.05	66.00	74.00
参与国家和地方重大科研项目（科研助理）	69.55	66.00	70.00
鼓励高校毕业生灵活就业、自主创业的相关政策	68.04	68.00	70.00
毕业生到基层或中西部就业的其他专项政策措施	64.02	63.00	63.00

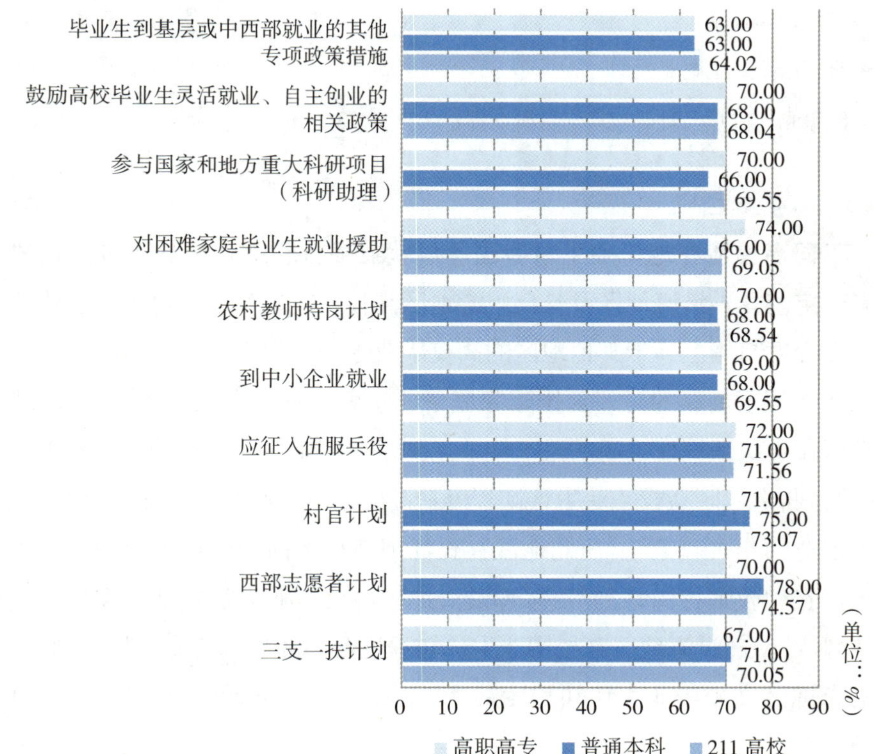

图 1-6-2 不同学校类型毕业生对现行基层就业项目和就业政策的认知程度

3. 学历层次

不同学历层次高校毕业生对现行就业政策的认知差异显著。本科生对我国基层就业项目和就业服务政策的认知程度最高，均在 75.5% 以上，明显高于其他学历层次高校毕业生；专科生对我国基层就业项目和就业服务政策的认知程度均高于研究生。

表 1-6-9　不同学历层次毕业生对现行基层就业项目和就业政策的认知程度

（单位：%）

现行基层就业项目和就业政策	研究生	本　科	专　科
三支一扶计划	59.52	84.24	66.24
西部志愿者计划	51.06	83.05	65.89
村官计划	52.38	80.83	66.78
应征入伍服兵役	54.54	76.32	69.15
到中小企业就业	54.38	76.98	68.64
农村教师特岗计划	53.92	76.33	69.75
对困难家庭毕业生就业援助	50.89	75.50	73.60
参与国家和地方重大科研项目（科研助理）	50.73	79.46	69.81

4. 高校所在地

不同高校所在地毕业生对我国基层就业项目和就业服务政策的认知情况有一定差异。沿海地区及长江中游地区高校所在地毕业生对现行就业政策的认知程度整体上高于其他地区的高校毕业生的认知程度。东北地区高校毕业生认知程度最高的是“对困难家庭毕业生就业援助政策”；黄河中游地区高校毕业生认知程度最高的是“毕业生到基层或中西部就业的其他专项政策措施”；西南地区高校毕业生认知程度最高的是“鼓励高校毕业生灵活就业、自主创业的相关政策”；西北地区、长江中游地区高校毕业生认知程度最高的是“农村教师特岗计划”；东部沿海地区高校毕业生认知度最高的是“村官计划”；南部沿海地区高校毕业生认知程度最高的是“三支一扶计划”；北部沿海地区高校毕业生认知程度最高的是“参与国家和地方重大科研项目（科研助理）”。

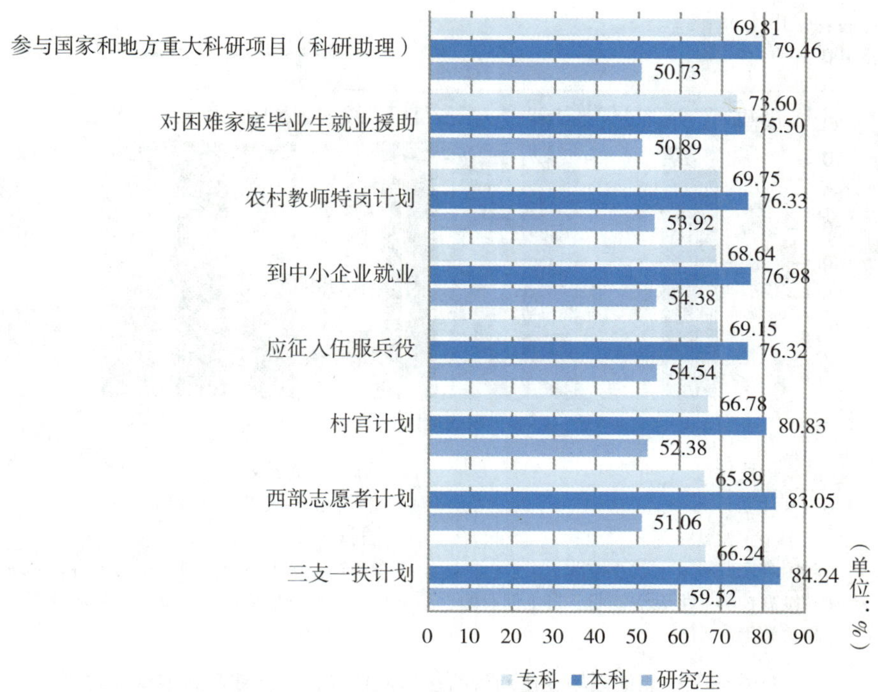

图 1-6-3 不同学历层次毕业生对现行基层就业项目和就业政策的认知程度

表 1-6-10 东北地区毕业生对现行基层就业项目和就业政策的认知程度

（单位：%）

现行基层就业项目和就业政策	东北地区
三支一扶计划	73.19
西部志愿者计划	74.08
村官计划	74.02
应征入伍服兵役	75.22
到中小企业就业	74.53
农村教师特岗计划	75.07
对困难家庭毕业生就业援助	75.38
参与国家和地方重大科研项目（科研助理）	74.00
鼓励高校毕业生灵活就业、自主创业的相关政策	75.12
毕业生到基层或中西部就业的其他专项政策措施	75.30

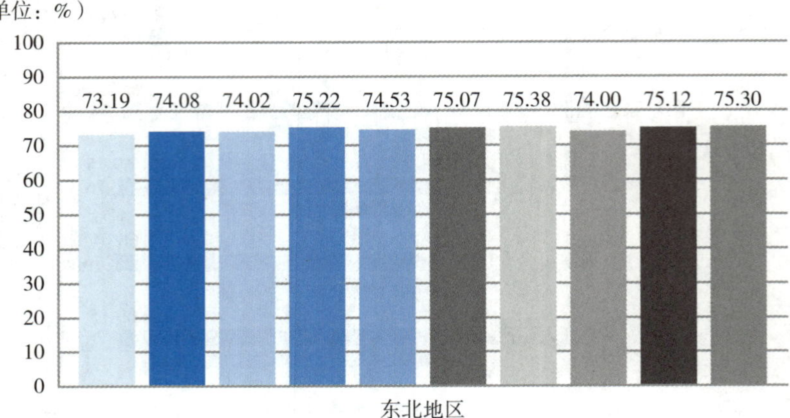

图 1-6-4　东北地区毕业生对现行基层就业项目和就业政策的认知程度

表 1-6-11　黄河中游地区毕业生对现行基层就业项目和就业政策的认知程度

（单位：%）

现行基层就业项目和就业政策	黄河中游地区
三支一扶计划	77.24
西部志愿者计划	76.47
村官计划	76.72
应征入伍服兵役	76.05
到中小企业就业	75.70
农村教师特岗计划	76.38
对困难家庭毕业生就业援助	75.90
参与国家和地方重大科研项目（科研助理）	74.11
鼓励高校毕业生灵活就业、自主创业的相关政策	73.61
毕业生到基层或中西部就业的其他专项政策措施	78.85

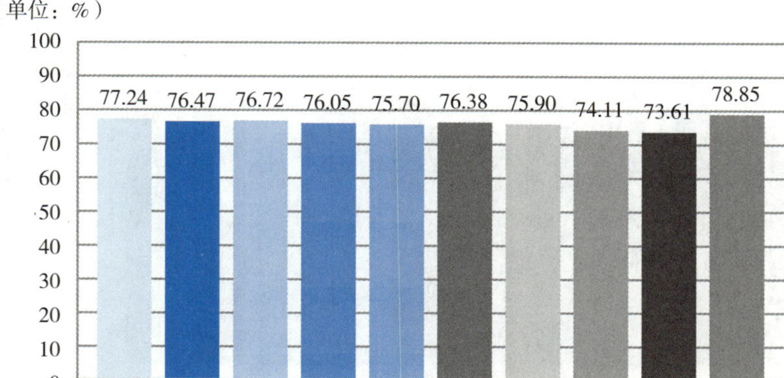

三支一扶计划
西部志愿者计划
村官计划
应征入伍服兵役
到中小企业就业
农村教师特岗计划
对困难家庭毕业生就业援助
参与国家和地方重大科研项目（科研助理）
鼓励高校毕业生灵活就业、自主创业的相关政策
毕业生到基层或中西部就业的其他专项政策措施

图 1-6-5　黄河中游地区毕业生对现行基层就业项目和就业政策的认知程度

表 1-6-12　西南地区毕业生对现行基层就业项目和就业政策的认知程度

（单位：%）

现行基层就业项目和就业政策	西南地区
三支一扶计划	76.83
西部志愿者计划	81.81
村官计划	76.20
应征入伍服兵役	74.92
到中小企业就业	81.06
农村教师特岗计划	75.07
对困难家庭毕业生就业援助	73.82
参与国家和地方重大科研项目（科研助理）	72.55
鼓励高校毕业生灵活就业、自主创业的相关政策	83.21
毕业生到基层或中西部就业的其他专项政策措施	78.29

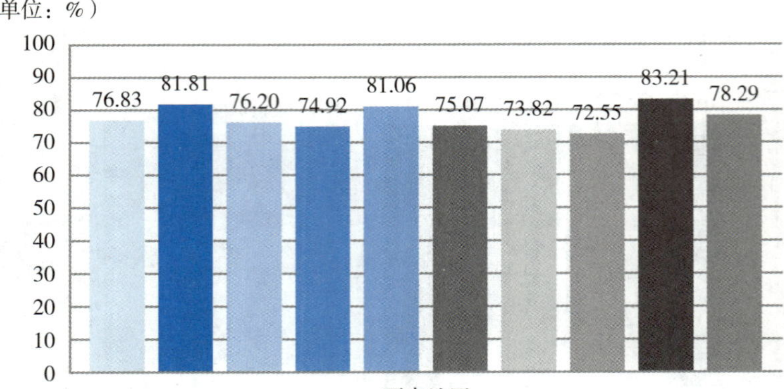

图 1-6-6　西南地区毕业生对现行基层就业项目和就业政策的认知程度

表 1-6-13　西北地区毕业生对现行基层就业项目和就业政策的认知程度

（单位：%）

现行基层就业项目和就业政策	西北地区
三支一扶计划	72.36
西部志愿者计划	73.80
村官计划	72.51
应征入伍服兵役	73.69
到中小企业就业	75.45
农村教师特岗计划	75.98
对困难家庭毕业生就业援助	74.60
参与国家和地方重大科研项目（科研助理）	73.24
鼓励高校毕业生灵活就业、自主创业的相关政策	71.70
毕业生到基层或中西部就业的其他专项政策措施	74.13

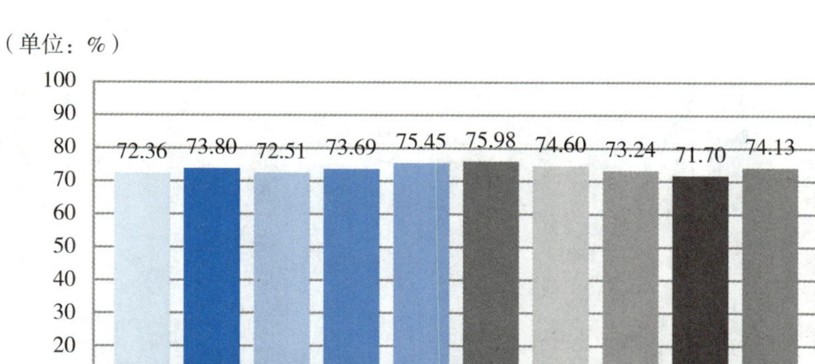

图 1-6-7　西北地区毕业生对现行基层就业项目和就业政策的认知程度

表 1-6-14　东部沿海地区毕业生对现行基层就业项目和就业政策的认知程度

（单位：%）

现行基层就业项目和就业政策	东部沿海地区
三支一扶计划	81.28
西部志愿者计划	84.81
村官计划	87.95
应征入伍服兵役	81.31
到中小企业就业	77.88
农村教师特岗计划	74.86
对困难家庭毕业生就业援助	75.80
参与国家和地方重大科研项目（科研助理）	73.78
鼓励高校毕业生灵活就业、自主创业的相关政策	78.79
毕业生到基层或中西部就业的其他专项政策措施	78.40

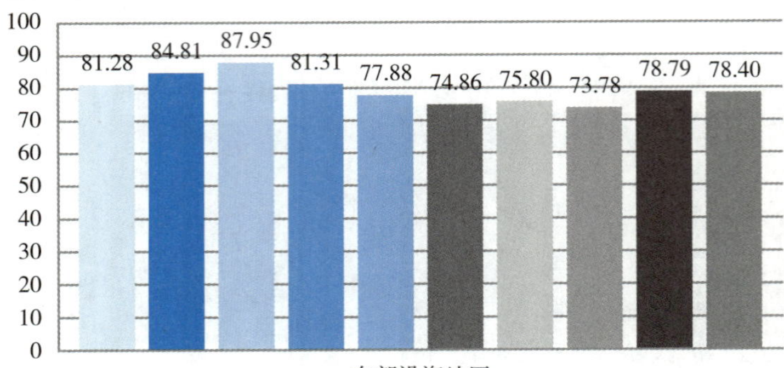

图 1-6-8　东部沿海地区毕业生对现行基层就业项目和就业政策的认知程度

表 1-6-15　南部沿海地区毕业生对现行基层就业项目和就业政策的认知程度

（单位：%）

现行基层就业项目和就业政策	南部沿海地区
三支一扶计划	94.35
西部志愿者计划	83.18
村官计划	83.66
应征入伍服兵役	76.57
到中小企业就业	74.41
农村教师特岗计划	73.37
对困难家庭毕业生就业援助	72.27
参与国家和地方重大科研项目（科研助理）	70.13
鼓励高校毕业生灵活就业、自主创业的相关政策	71.63
毕业生到基层或中西部就业的其他专项政策措施	73.90

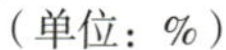

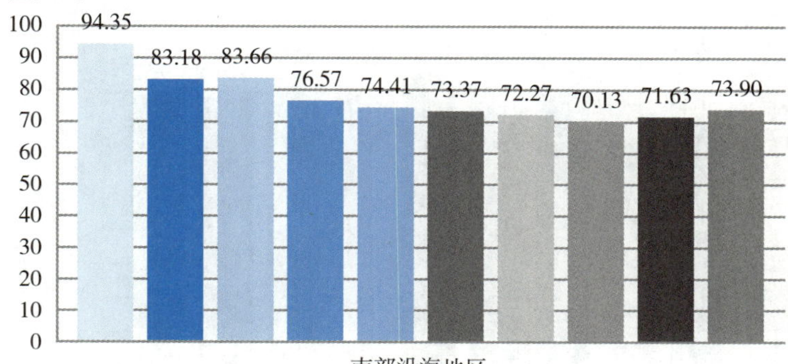

图 1-6-9 南部沿海地区毕业生对现行基层就业项目和就业政策的认知程度

表 1-6-16 长江中游地区毕业生对现行基层就业项目和就业政策的认知程度

（单位：%）

现行基层就业项目和就业政策	长江中游地区
三支一扶计划	69.38
西部志愿者计划	71.53
村官计划	72.47
应征入伍服兵役	81.14
到中小企业就业	82.68
农村教师特岗计划	85.95
对困难家庭毕业生就业援助	82.86
参与国家和地方重大科研项目（科研助理）	85.59
鼓励高校毕业生灵活就业、自主创业的相关政策	78.62
毕业生到基层或中西部就业的其他专项政策措施	79.52

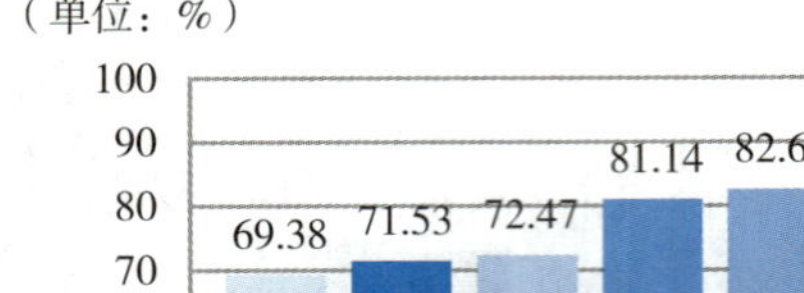
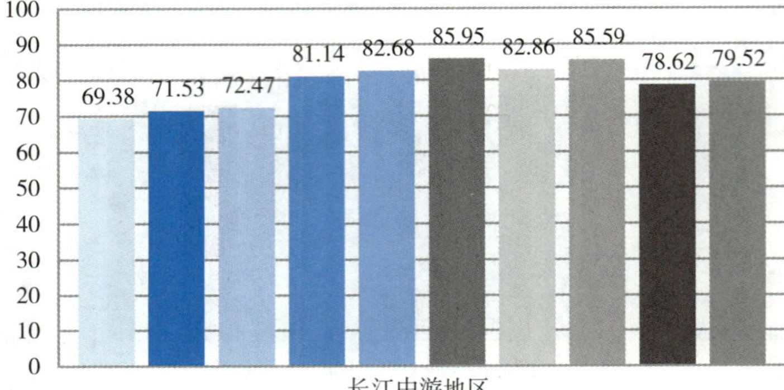

图 1-6-10　长江中游地区毕业生对现行基层就业项目和就业政策的认知程度

表 1-6-17　北部沿海地区毕业生对现行基层就业项目和就业政策的认知程度

（单位：%）

现行基层就业项目和就业政策	北部沿海地区
三支一扶计划	76.17
西部志愿者计划	77.14
村官计划	77.87
应征入伍服兵役	83.92
到中小企业就业	83.13
农村教师特岗计划	88.10
对困难家庭毕业生就业援助	93.56
参与国家和地方重大科研项目（科研助理）	99.55
鼓励高校毕业生灵活就业、自主创业的相关政策	88.45
毕业生到基层或中西部就业的其他专项政策措施	85.00

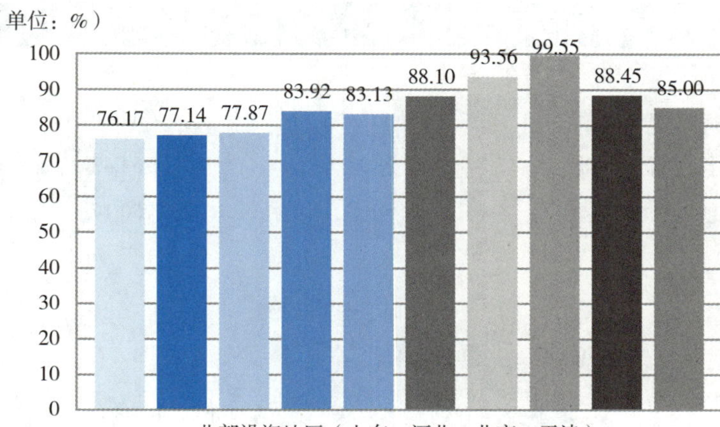

图 1-6-11 北部沿海地区毕业生对现行基层就业项目和就业政策的认知程度

（二）认知渠道

1. 总体概述

从政策认知渠道看，不同学校类型毕业生对相同基层就业项目和就业政策的主要认知渠道的差异不明显。不同学历层次高校毕业生对现行基层就业项目和就业政策的主要认知渠道差异不大。不同高校所在地毕业生对现行基层就业项目和就业政策的主要认知渠道存在较显著差异。

表 1-6-18 全体调查对象对现行基层就业项目和就业政策的主要认知渠道

毕业生对现行就业政策的主要认知渠道	比例（%）
校就业信息网站或相关宣传资料	80.47
教育部门网站或相关宣传资料	79.70
新闻媒体	77.49
学校老师介绍与解读	77.79

毕业生对现行就业政策的主要认知渠道	比例（%）
用人单位介绍	70.49
同学或学长介绍	69.46
家长介绍	64.43
其他	60.17

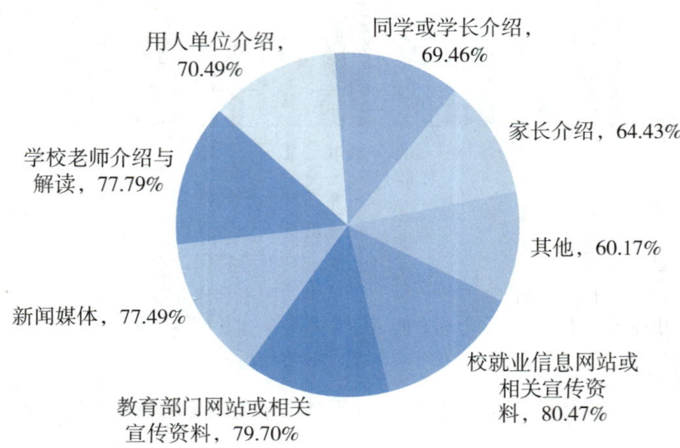

图 1-6-12　全体调查对象对现行基层就业项目和就业政策的主要认知渠道

2. 学校类型

不同学校类型毕业生对相同基层就业项目和就业政策的主要认知渠道的差异不明显。调查对象对现行基层就业项目和就业政策的主要认知渠道中，“家长介绍”的比例较低。

表 1-6-19　不同学校类型毕业生对现行基层就业项目和就业政策的主要认知渠道

（单位：%）

毕业生对现行就业政策的主要认知渠道	211 高校	普通本科	高职高专
校就业信息网站或相关宣传资料	79.57	81.69	81.80
教育部门网站或相关宣传资料	80.34	78.14	78.89
新闻媒体	77.41	77.18	77.72
学校老师介绍与解读	78.46	80.28	75.82
用人单位介绍	70.59	69.80	70.49
同学或学长介绍	69.31	68.39	70.03

毕业生对现行就业政策的主要认知渠道	211 高校	普通本科	高职高专
家长介绍	64.21	64.00	64.99
其他	60.12	60.51	60.26

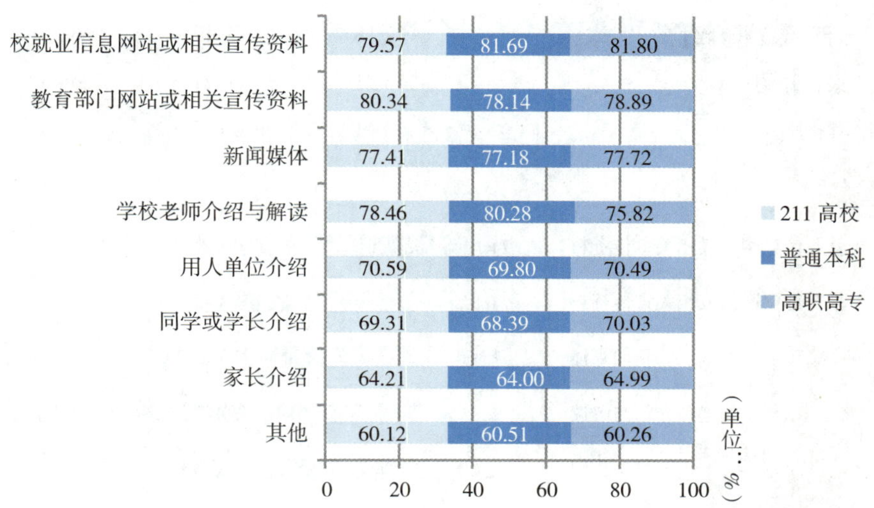

图 1-6-13 不同学校类型毕业生对现行基层就业项目和就业政策的主要认知渠道

3. 学历层次

不同学历层次高校毕业生对现行基层就业项目和就业政策的主要认知渠道差异不大。研究生毕业生主要认知渠道前三项为“教育部门网站或相关宣传资料”、“学校老师介绍与解读”、“新闻媒体”。本科毕业生的主要认知渠道前三项为“学校就业信息网站宣传或相关宣传资料”、“教育部门网站或相关宣传资料”、“新闻媒体”；专科毕业生的主要认知渠道前三项为“学校老师介绍与解读”、“学校就业信息网站宣传或相关宣传资料”、“教育部门网站或相关宣传资料”。

表 1-6-20 不同学历层次毕业生对现行基层就业项目和就业政策的主要认知渠道

（单位：%）

毕业生对现行就业政策的主要认知渠道	研究生	本　科	专　科
校就业信息网站或相关宣传资料	74.19	81.25	80.48
教育部门网站或相关宣传资料	80.82	79.78	78.73

毕业生对现行就业政策的主要认知渠道	研究生	本 科	专 科
新闻媒体	75.60	77.79	76.93
学校老师介绍与解读	77.85	77.41	79.77
用人单位介绍	72.02	70.33	70.15
同学或学长介绍	72.18	69.12	68.91
家长介绍	66.91	64.21	64.60
其他	60.41	60.12	60.43

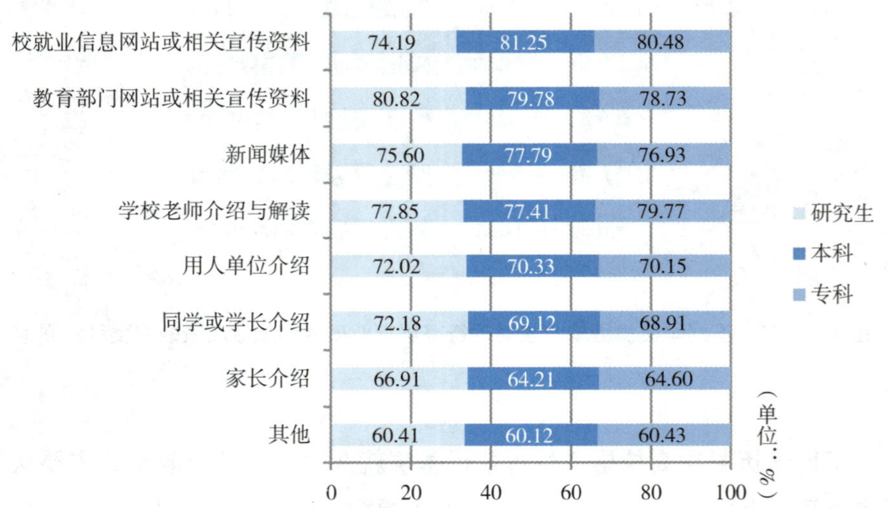

图 1-6-14　不同学历层次毕业生对现行基层就业项目和就业政策的主要认知渠道

4. 高校所在地

不同高校所在地高校毕业生对现行基层就业项目和就业政策的主要认知渠道存在较显著差异。沿海地区以及长江中游地区高校所在地毕业生对各认知渠道比例整体高于西北地区、东北地区和西南地区高校毕业生。

表 1-6-21　东北地区毕业生对基层就业项目和就业政策的主要认知渠道

（单位：%）

毕业生对现行就业政策的主要认知渠道	东北地区
校就业信息网站或相关宣传资料	70.16
教育部门网站或相关宣传资料	70.95

毕业生对现行就业政策的主要认知渠道	东北地区
新闻媒体	71.17
学校老师介绍与解读	71.29
用人单位介绍	72.71
同学或学长介绍	72.79
家长介绍	71.95
其他	70.03

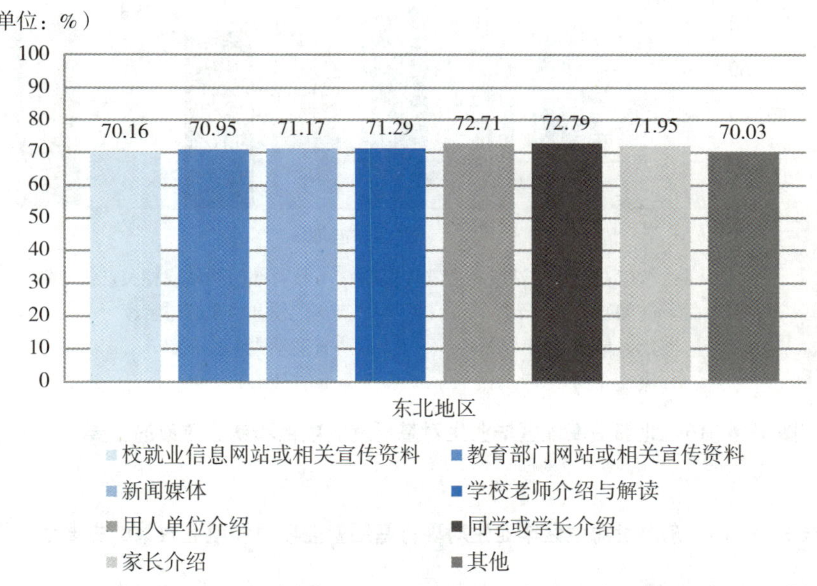

图 1-6-15 东北地区毕业生对基层就业项目和就业政策的主要认知渠道

表 1-6-22 北部沿海地区毕业生对基层就业项目和就业政策的主要认知渠道

（单位：%）

毕业生对现行就业政策的主要认知渠道	北部沿海地区
校就业信息网站或相关宣传资料	79.96
教育部门网站或相关宣传资料	80.33
新闻媒体	79.43
学校老师介绍与解读	87.30

毕业生对现行就业政策的主要认知渠道	北部沿海地区
用人单位介绍	80.20
同学或学长介绍	77.20
家长介绍	75.82
其他	84.24

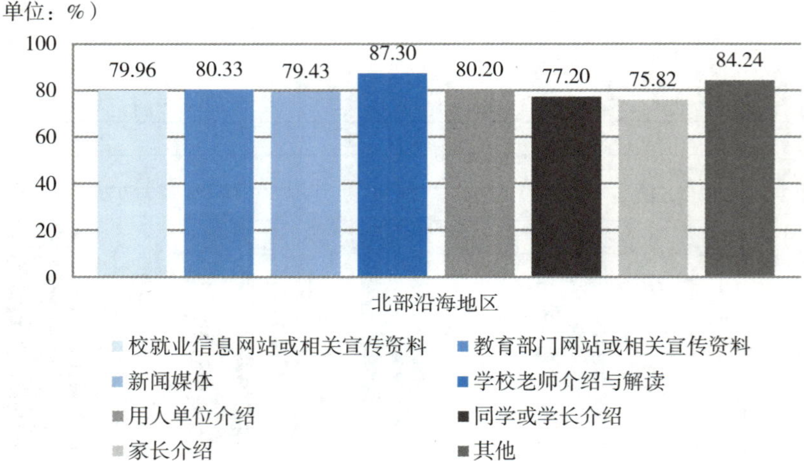

图 1-6-16　北部沿海地区毕业生对基层就业项目和就业政策的主要认知渠道

表 1-6-23　东部沿海地区毕业生对现行基层就业项目和就业政策的主要认知渠道

（单位：%）

毕业生对现行就业政策的主要认知渠道	东部沿海地区
校就业信息网站或相关宣传资料	82.31
教育部门网站或相关宣传资料	79.34
新闻媒体	81.16
学校老师介绍与解读	78.64
用人单位介绍	79.97
同学或学长介绍	79.82
家长介绍	83.08
其他	73.06

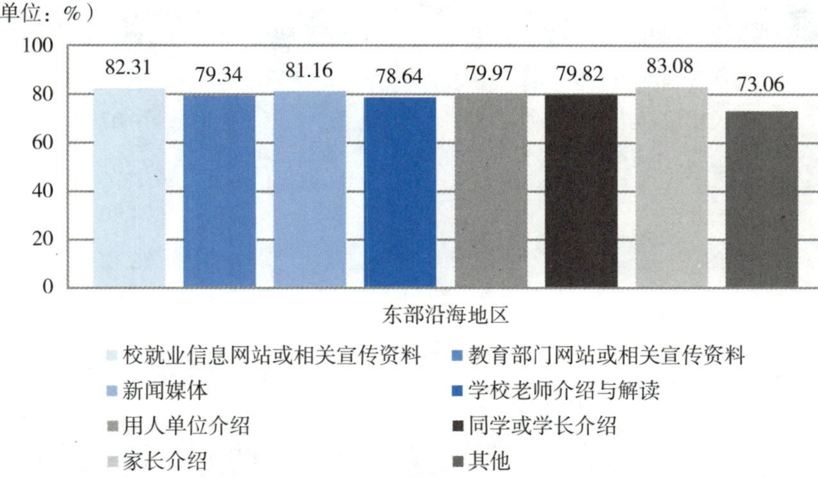

图 1-6-17 东部沿海地区毕业生对基层就业项目和就业政策的主要认知渠道

表 1-6-24 南部沿海地区毕业生对基层就业项目和就业政策的主要认知渠道

（单位：%）

毕业生对现行就业政策的主要认知渠道	南部沿海地区
校就业信息网站或相关宣传资料	85.49
教育部门网站或相关宣传资料	80.87
新闻媒体	80.93
学校老师介绍与解读	73.53
用人单位介绍	73.05
同学或学长介绍	71.78
家长介绍	71.76
其他	78.18

表 1-6-25 黄河中游地区毕业生对基层就业项目和就业政策的主要认知渠道

（单位：%）

毕业生对现行就业政策的主要认知渠道	黄河中游地区
校就业信息网站或相关宣传资料	67.20
教育部门网站或相关宣传资料	69.87
新闻媒体	71.65

毕业生对现行就业政策的主要认知渠道	黄河中游地区
学校老师介绍与解读	72.87
用人单位介绍	74.07
同学或学长介绍	73.01
家长介绍	74.40
其他	72.12

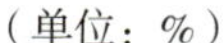

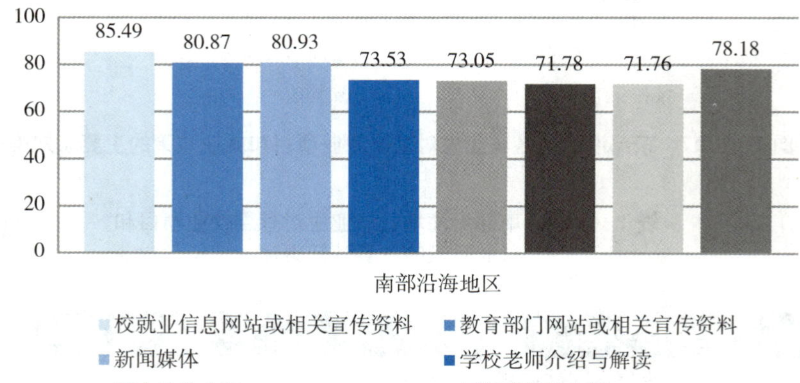

图 1-6-18　南部沿海地区毕业生对基层就业项目和就业政策的主要认知渠道

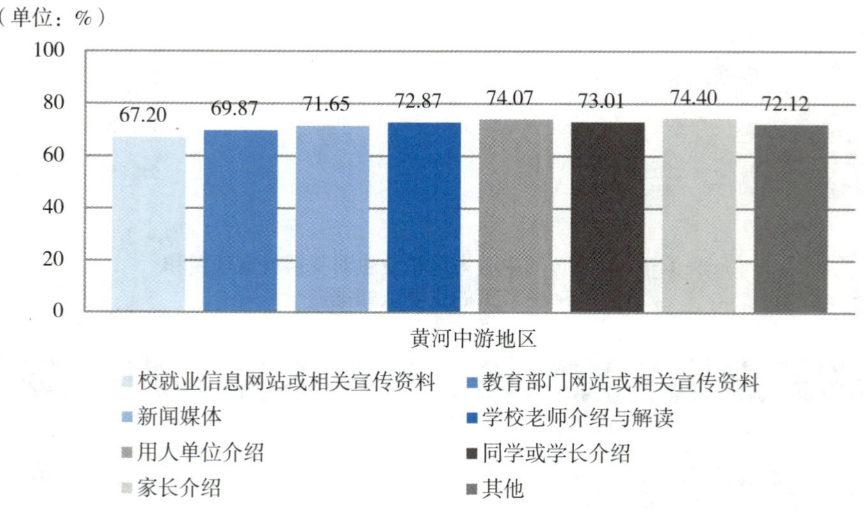

图 1-6-19　黄河中游地区毕业生对基层就业项目和就业政策的主要认知渠道

表 1-6-26 长江中游地区毕业生对基层就业项目和就业政策的主要认知渠道

（单位：%）

毕业生对现行就业政策的主要认知渠道	长江中游地区
校就业信息网站或相关宣传资料	71.93
教育部门网站或相关宣传资料	79.32
新闻媒体	73.21
学校老师介绍与解读	78.72
用人单位介绍	78.67
同学或学长介绍	82.02
家长介绍	81.54
其他	87.27

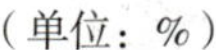

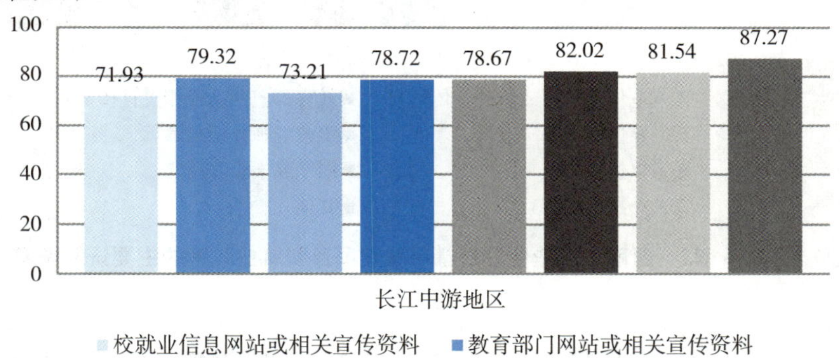

图 1-6-20 长江中游地区毕业生对基层就业项目和就业政策的主要认知渠道

表 1-6-27 西南地区毕业生对基层就业项目和就业政策的主要认知渠道

（单位：%）

毕业生对现行就业政策的主要认知渠道	西南地区
校就业信息网站或相关宣传资料	69.03
教育部门网站或相关宣传资料	65.63
新闻媒体	68.79
学校老师介绍与解读	63.91

毕业生对现行就业政策的主要认知渠道	西南地区
用人单位介绍	67.34
同学或学长介绍	69.42
家长介绍	67.47
其他	66.06

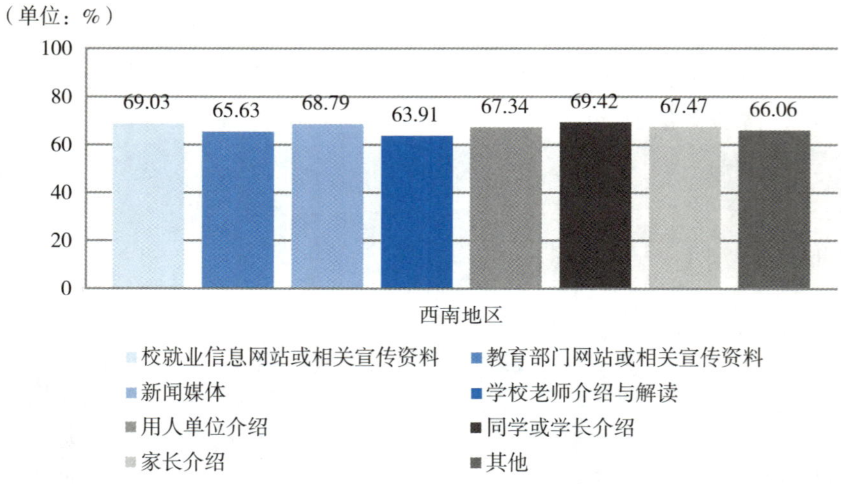

图 1-6-21　西南地区毕业生对基层就业项目和就业政策的主要认知渠道

表 1-6-28　西北地区毕业生对基层就业项目和就业政策的主要认知渠道

（单位：%）

毕业生对现行就业政策的主要认知渠道	西北地区
校就业信息网站或相关宣传资料	60.81
教育部门网站或相关宣传资料	60.67
新闻媒体	60.53
学校老师介绍与解读	60.66
用人单位介绍	60.84
同学或学长介绍	60.87
家长介绍	60.88
其他	60.00

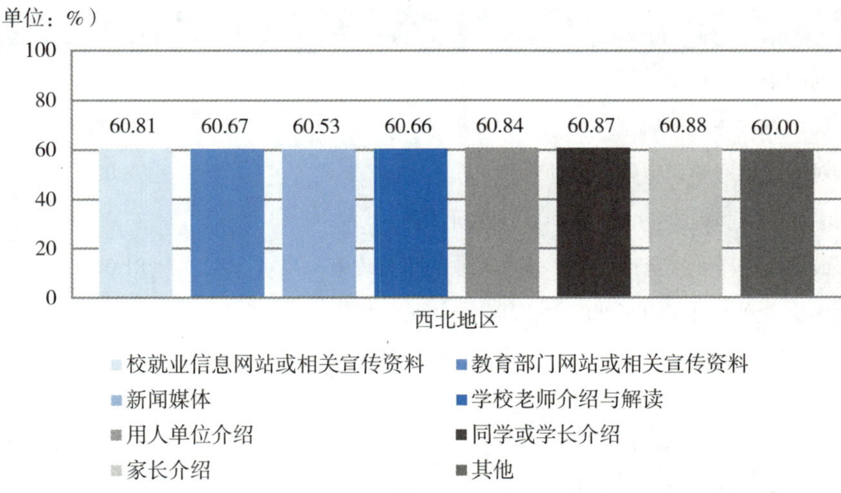

图 1-6-22　西北地区毕业生对基层就业项目和就业政策的主要认知渠道

三、政策认同程度

（一）总体概述

全体调查对象对现行高校毕业生的就业政策和就业项目的认同程度高达 94.37%。其中，83% 的调查对象对“西部志愿者计划”最为认同，82% 的调查对象对“应征入伍服兵役”的相关政策最为认同；调查对象对“到中小企业就业”、“三支一扶计划”、“鼓励高校毕业生灵活就业、自主创业”及“村官计划”最认同的比例各占 81%。

表 1-6-29　全体调查对象对现行的高校毕业生就业政策和就业项目的满意程度

（单位：%）

现行基层就业项目和就业政策	高校毕业生满意程度
三扶一支计划	81.00
西部志愿者计划	83.00
村官计划	81.00
应征入伍服兵役	82.00

现行基层就业项目和就业政策	高校毕业生满意程度
到中小企业就业	81.00
农村教师特岗计划	78.00
对困难家庭毕业生就业援助	78.00
参加国家和地方重大科研项目（科研助理）	77.00
鼓励高校毕业生灵活就业、自主创业的相关政策	81.00
毕业生到基层或中西部就业的其他专项政策措施	73.00

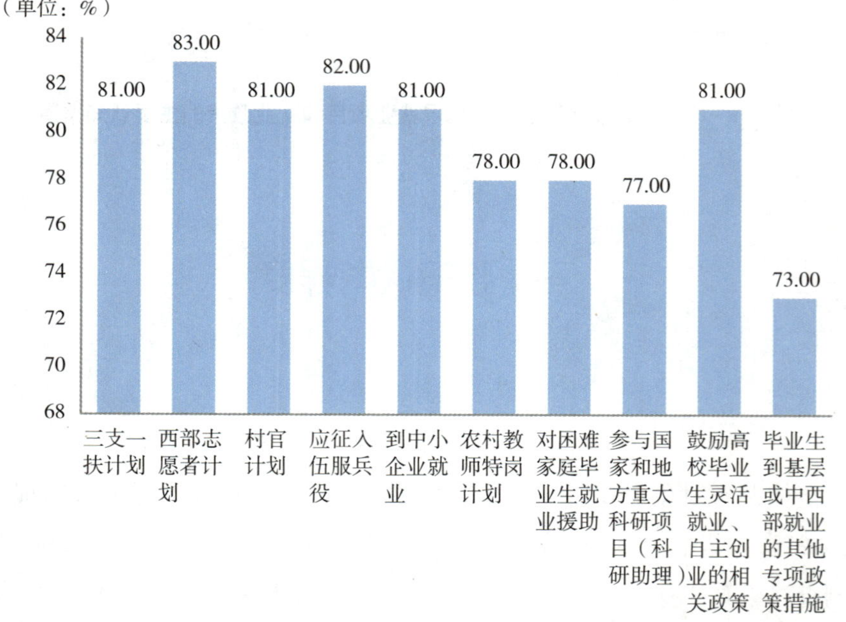

图 1-6-23　全体调查对象对现行的高校毕业生就业政策和就业项目的满意程度

（二）学校类型

不同学校类型的高校毕业生对到基层或中西部就业政策的认同度均为最低。学校类型为 211 和普通本科的高校毕业生对“西部志愿者计划”最为认同；高职高专毕业生最认同的政策为“对困难家庭毕业生就业援助”政策。

表 1-6-30 不同学校类型毕业生对现行就业政策和就业项目的认同程度

（单位：%）

现行基层就业项目和就业政策	211 高校	普通本科	高职高专
三扶一支计划	70.95	72.00	67.00
西部志愿者计划	73.43	73.00	68.00
村官计划	71.44	71.00	68.00
应征入伍服兵役	72.44	69.00	72.00
到中小企业就业	70.45	70.00	70.00
农村教师特岗计划	67.96	66.00	69.00
对困难家庭毕业生就业援助	68.46	67.00	74.00
参加国家和地方重大科研项目（科研助理）	67.96	66.00	68.00
鼓励高校毕业生灵活就业、自主创业的相关政策	69.45	72.00	72.00
毕业生到基层或中西部就业的其他专项政策措施	63.48	63.00	63.00

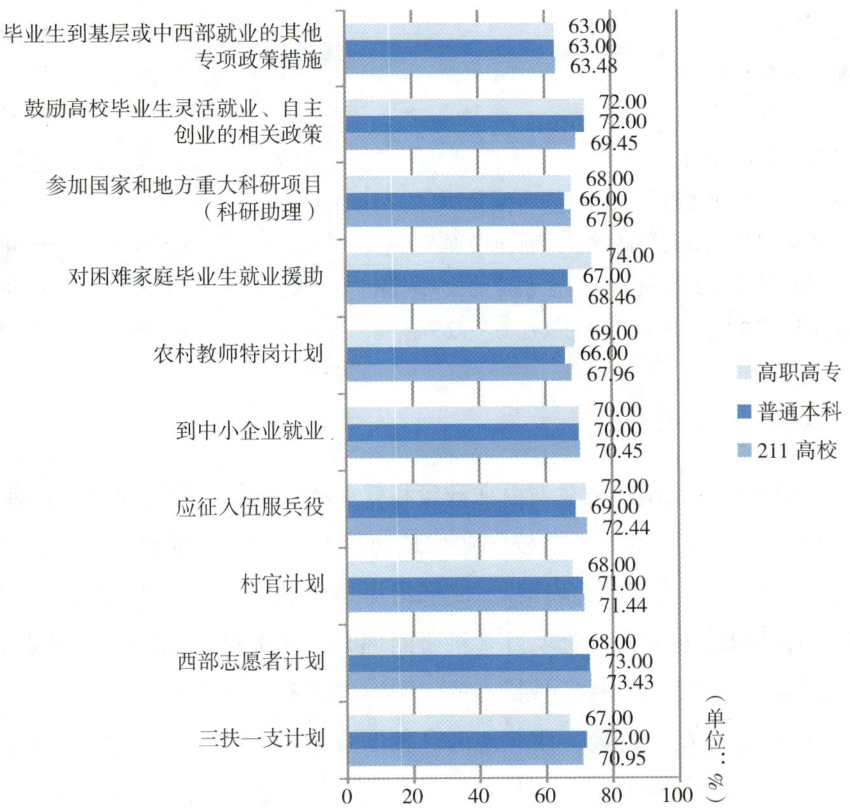

图 1-6-24 不同学校类型毕业生对现行就业政策和就业项目的认同程度

（三）学历层次

不同学历层次的调查对象对就业政策的认同程度存在差异。研究生最为认同的政策排序前三位的是“西部志愿者计划”、“应征入伍服兵役”、“村官计划”；本科生最为认同的政策排序前三位的是“西部志愿者计划”、“三支一扶计划”、“应征入伍服兵役”；而对专科生来说最认同的政策排序前三位的是“对困难家庭毕业生就业援助”、“应征入伍服兵役”、“鼓励高校毕业生灵活就业、自主创业的相关政策”。

表 1-6-31　不同学历层次毕业生对现行就业政策和就业项目的认同程度

（单位：%）

现行基层就业项目和就业政策	研究生	本　科	专　科
三支一扶计划	66.86	72.11	66.79
西部志愿者计划	73.91	73.08	68.24
村官计划	73.66	70.96	68.12
应征入伍服兵役	73.78	71.16	72.36
到中小企业就业	73.16	70.27	70.42
农村教师特岗计划	69.02	67.35	69.21
对困难家庭毕业生就业援助	67.60	68.10	74.18
参与国家和地方重大科研项目（科研助理）	67.23	67.34	68.48
鼓励高校毕业生灵活就业、自主创业的相关政策	66.74	71.14	71.88
毕业生到基层或中西部就业的其他专项政策措施	64.51	62.96	62.79

（四）高校所在地

不同高校所在地毕业生对就业政策和就业项目的认同程度存在一定差异。东北地区、东部沿海地区高校毕业生认可度最高的是“鼓励高校毕业生灵活就业、自主创业的相关政策”；北部沿海地区高校毕业生认可度最高的是“参与国家和地方重大科研项目（科研助理）”；南部沿海地区高校毕业生认可度最高的是“三支一扶计划”；黄河中游地区高校毕业生认可度最高的是“到中小企业就业”政策；西北地区高校毕业生认可度最高的是“西部志愿者计划”；长江中游地区高校毕业生认可度最高的是“村官计划”；西南地区高校毕业生认可程度最高的是“到基层或中西部就业的其他专项政策措施”。

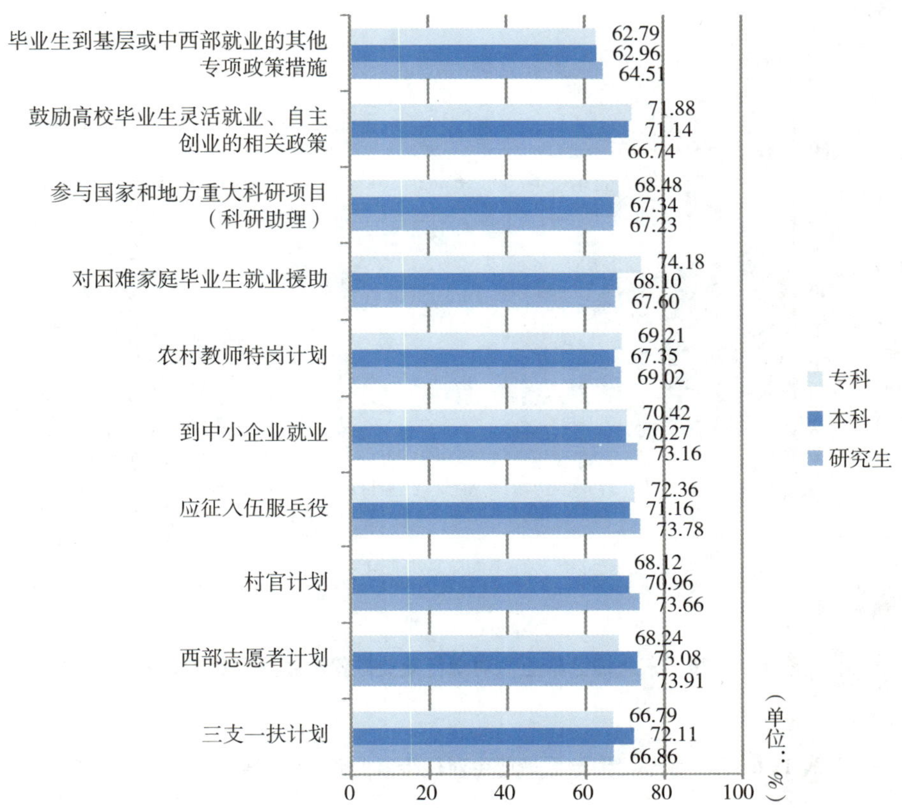

图 1-6-25 不同学历层次毕业生对现行就业政策和就业项目的认同程度

表 1-6-32 东北地区毕业生对现行就业政策和就业项目的认同程度

（单位：%）

现行基层就业项目和就业政策	认同比例
三支一扶计划	61.99
西部志愿者计划	63.89
村官计划	63.07
应征入伍服兵役	64.00
到中小企业就业	63.83
农村教师特岗计划	64.01
对困难家庭毕业生就业援助	63.31
参与国家和地方重大科研项目（科研助理）	64.23
鼓励高校毕业生灵活就业、自主创业的相关政策	64.33
毕业生到基层或中西部就业的其他专项政策措施	61.84

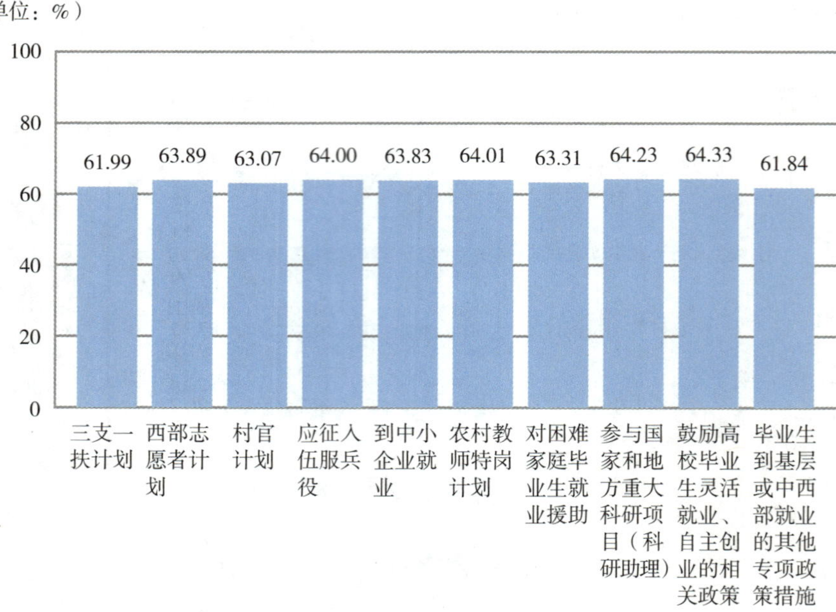

图 1-6-26　东北地区毕业生对现行就业政策和就业项目的认同程度

表 1-6-33　北部沿海地区毕业生对现行就业政策和就业项目的认同程度

（单位：%）

现行基层就业项目和就业政策	认同比例
三支一扶计划	68.47
西部志愿者计划	72.72
村官计划	74.24
应征入伍服兵役	78.91
到中小企业就业	78.77
农村教师特岗计划	80.95
对困难家庭毕业生就业援助	79.17
参与国家和地方重大科研项目（科研助理）	80.99
鼓励高校毕业生灵活就业、自主创业的相关政策	79.00
毕业生到基层或中西部就业的其他专项政策措施	75.92

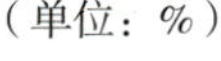

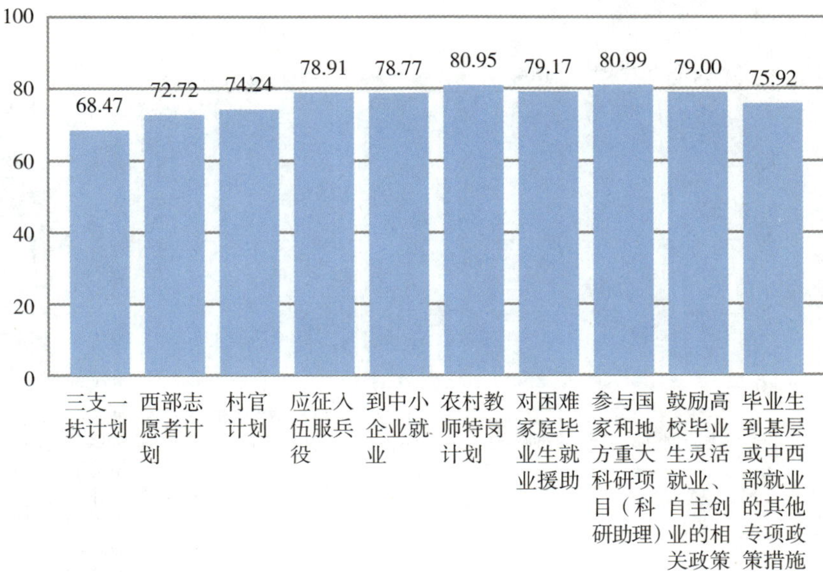

图 1-6-27 北部沿海地区毕业生对现行就业政策和就业项目的认同程度

表 1-6-34 东部沿海地区毕业生对现行就业政策和就业项目的认同程度

（单位：%）

现行基层就业项目和就业政策	认同比例
三支一扶计划	75.30
西部志愿者计划	79.64
村官计划	78.14
应征入伍服兵役	71.55
到中小企业就业	70.80
农村教师特岗计划	72.14
对困难家庭毕业生就业援助	74.91
参与国家和地方重大科研项目（科研助理）	75.82
鼓励高校毕业生灵活就业、自主创业的相关政策	80.79
毕业生到基层或中西部就业的其他专项政策措施	68.98

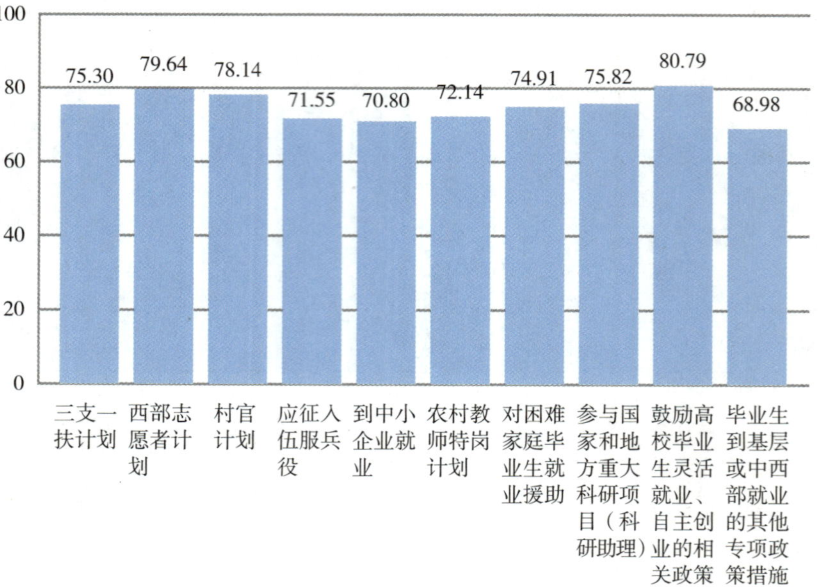

图 1-6-28　东部沿海地区毕业生对现行就业政策和就业项目的认同程度

表 1-6-35　南部沿海地区毕业生对现行就业政策和就业项目的认同程度

（单位：%）

现行基层就业项目和就业政策	认同比例
三支一扶计划	77.82
西部志愿者计划	75.69
村官计划	77.15
应征入伍服兵役	74.51
到中小企业就业	75.82
农村教师特岗计划	72.25
对困难家庭毕业生就业援助	76.86
参与国家和地方重大科研项目（科研助理）	76.43
鼓励高校毕业生灵活就业、自主创业的相关政策	76.63
毕业生到基层或中西部就业的其他专项政策措施	70.00

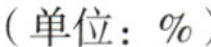

（单位：%）

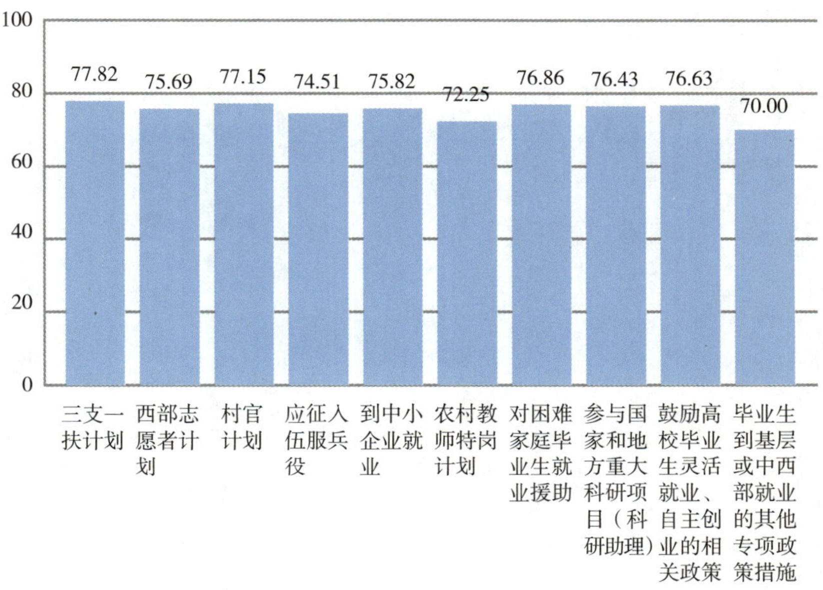

图 1-6-29 南部沿海地区毕业生对现行就业政策和就业项目的认同程度

表 1-6-36 黄河中游地区毕业生对现行就业政策和就业项目的认同程度

（单位：%）

现行基层就业项目和就业政策	认同比例
三支一扶计划	66.74
西部志愿者计划	73.64
村官计划	71.48
应征入伍服兵役	74.21
到中小企业就业	74.63
农村教师特岗计划	73.25
对困难家庭毕业生就业援助	70.62
参与国家和地方重大科研项目（科研助理）	70.27
鼓励高校毕业生灵活就业、自主创业的相关政策	69.35
毕业生到基层或中西部就业的其他专项政策措施	68.16

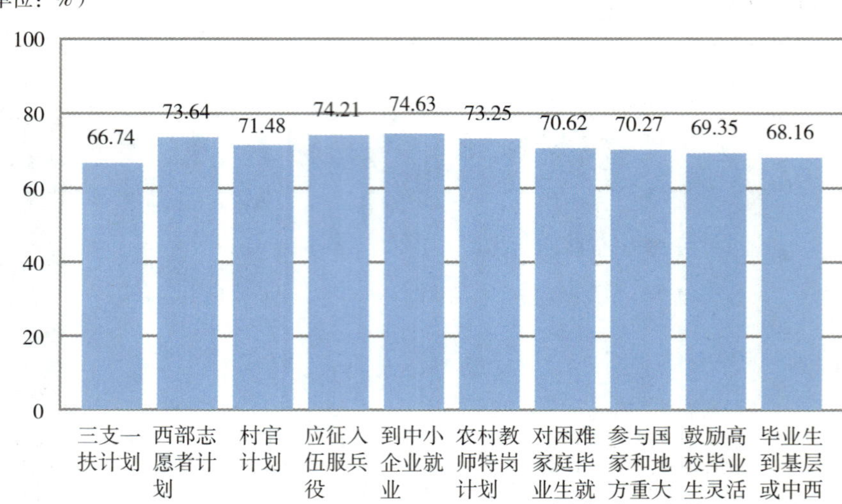

图 1-6-30　黄河中游地区毕业生对现行就业政策和就业项目的认同程度

表 1-6-37　长江中游地区毕业生对现行就业政策和就业项目的认同程度

（单位：%）

现行基层就业项目和就业政策	认同比例
三支一扶计划	72.45
西部志愿者计划	78.82
村官计划	80.90
应征入伍服兵役	70.24
到中小企业就业	79.68
农村教师特岗计划	78.73
对困难家庭毕业生就业援助	75.96
参与国家和地方重大科研项目（科研助理）	76.74
鼓励高校毕业生灵活就业、自主创业的相关政策	69.19
毕业生到基层或中西部就业的其他专项政策措施	76.88

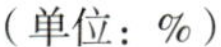

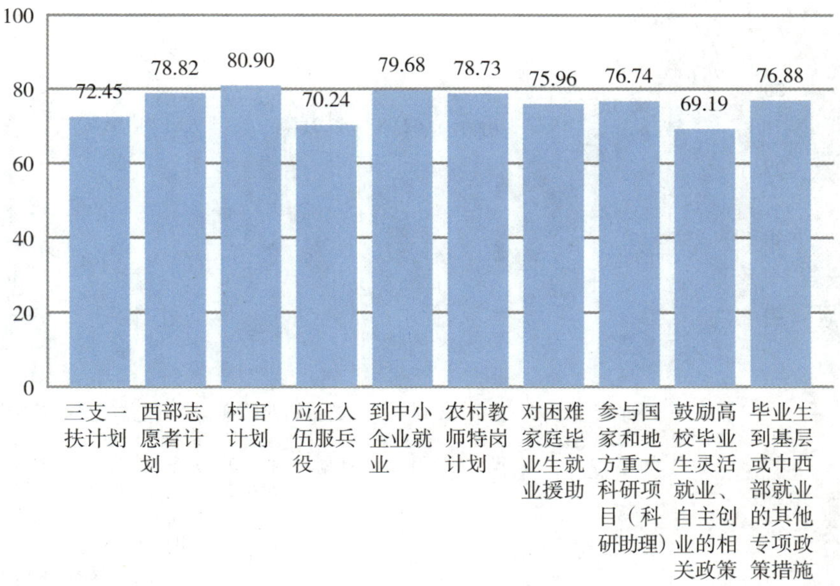

图 1-6-31 长江中游地区毕业生对现行就业政策和就业项目的认同程度

表 1-6-38 西南地区毕业生对现行就业政策和就业项目的认同程度

（单位：%）

现行基层就业项目和就业政策	认同比例
三支一扶计划	76.63
西部志愿者计划	68.55
村官计划	63.72
应征入伍服兵役	62.07
到中小企业就业	62.98
农村教师特岗计划	63.01
对困难家庭毕业生就业援助	68.77
参与国家和地方重大科研项目（科研助理）	63.17
鼓励高校毕业生灵活就业、自主创业的相关政策	64.63
毕业生到基层或中西部就业的其他专项政策措施	85.20

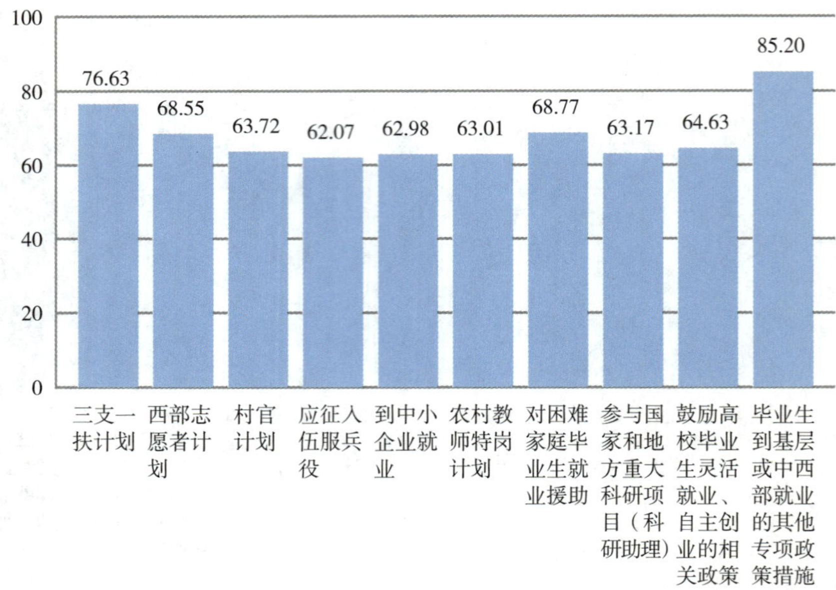

图 1-6-32　西南地区毕业生对现行就业政策和就业项目的认同程度

表 1-6-39　西北地区毕业生对现行就业政策和就业项目的认同程度

（单位：%）

现行基层就业项目和就业政策	认同比例
三支一扶计划	60.52
西部志愿者计划	62.85
村官计划	62.97
应征入伍服兵役	60.44
到中小企业就业	60.43
农村教师特岗计划	60.56
对困难家庭毕业生就业援助	60.29
参与国家和地方重大科研项目（科研助理）	62.36
鼓励高校毕业生灵活就业、自主创业的相关政策	62.49
毕业生到基层或中西部就业的其他专项政策措施	62.82

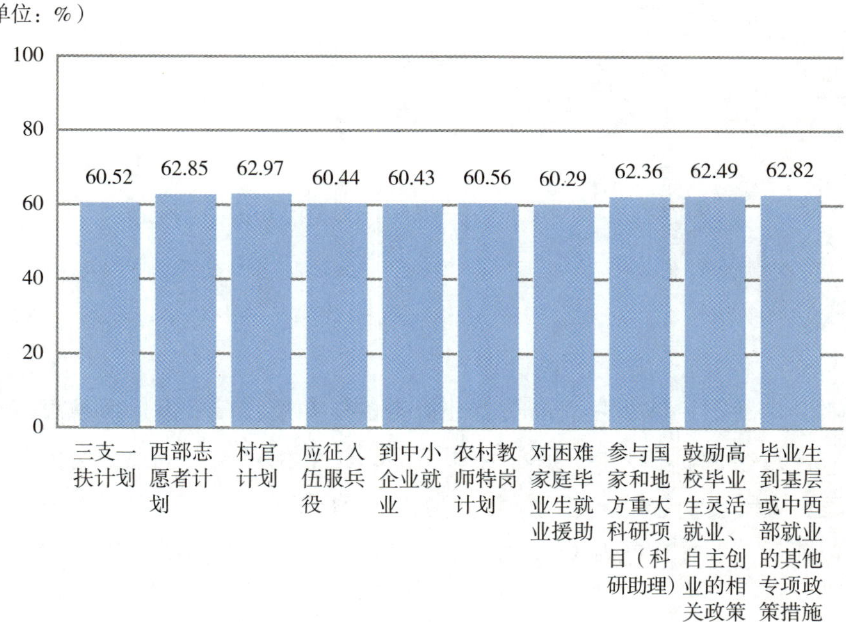

图 1-6-33　西北地区毕业生对现行就业政策和就业项目的认同程度

第七章 就业服务

本章围绕毕业生对高校就业服务的认知度、接受度、满意度三个维度进行调研和分析。调查结果显示，毕业生对高校就业服务的认知度和接受度均较高，不同学校类型和学历层次差异显著；毕业生对高校就业服务的满意度为 84.28%，不同学校类型和学历层次有明显差异。

相关数据说明：

就业服务：我们把目前高校已经开展的就业服务归为 12 项，分别是职业生涯规划指导、简历制作与求职面试指导、就业政策宣传解读、招聘信息的搜集与发布、就业形势分析与判断、就业心理辅导、创业指导与训练、就业实习与实践、举办校园招聘会、毕业生的就业跟踪服务、就业困难学生的帮扶、升学（出国）指导。

一、就业服务认知度

（一）总体概述

2014 届高校毕业生对“职业生涯规划指导”和“简历制作与求职面试指导”的认知度最高，分别有 92.38% 和 90.68% 的毕业生了解此项就业服务；而对“升学（出国）指导”的认知度较低，约为 55.02%。

表 1-7-1 全体调查对象对学校就业服务的认知度

（单位：%）

就业服务方式	认知度
职业生涯规划指导	92.38
简历制作与求职面试指导	90.68
招聘信息的搜集与发布	86.41
就业困难学生的帮扶	82.35
创业指导与训练	78.63
就业形势分析与判断	72.14
就业政策宣传解读	68.69
就业心理辅导	66.36
举办校园招聘会	65.84
就业实习与实践	59.32
毕业生的就业跟踪服务	58.16
升学（出国）指导	55.02

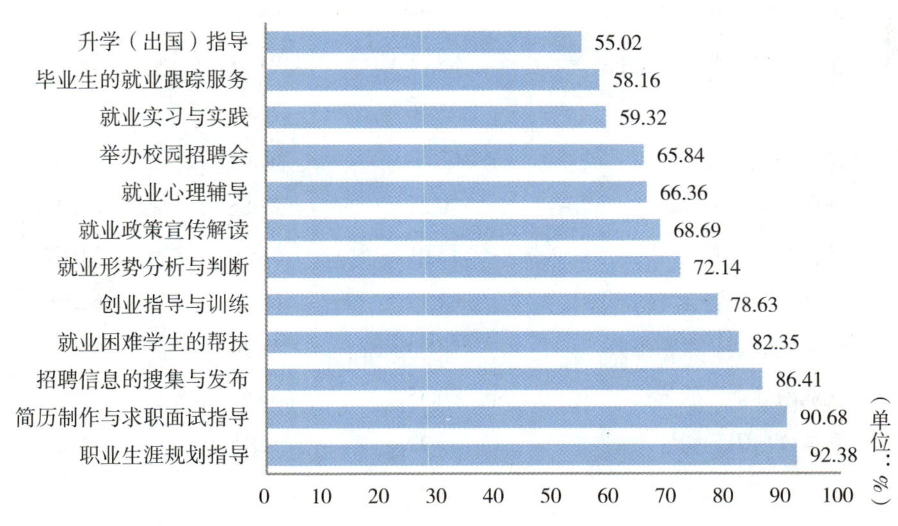

图 1-7-1 全体调查对象对学校就业服务的认知度

（二）学校类型

从毕业生对就业服务的认知度来看，不同类型高校存在显著差异。其中，211 高校毕业生对“就业政策宣传解读”的认知度要高于其他类院校，普通本科高校毕业生对“职业生涯规划指导”、“简历制作与求职面试指导”、“举办校园招聘会”、“就业困难学生的帮扶”、“升学（出国）指导”的认知度要高于其他类院校。高职高专毕业生对其他 6 项就业服务的认知度要高于其他类院校。

从认知度较高和较低的就业服务上看，不同办学层次的高校毕业生无明显差异，认知度较高的就业服务主要集中在“简历制作与求职面试指导”、“职业生涯规划指导”、“招聘信息的搜集与发布”、“就业困难学生的帮扶”，认知度较低的就业服务主要集中在“毕业生的就业跟踪服务”和“升学（出国）指导”。

表 1-7-2　不同学校类型毕业生对就业服务的认知度

（单位：%）

就业服务方式	211 高校	普通本科	高职高专
职业生涯规划指导	90.55	94.91	92.42
简历制作与求职面试指导	88.94	94.55	92.94
就业政策宣传解读	70.85	65.56	68.15
招聘信息的搜集与发布	85.41	84.38	88.61
就业形势分析与判断	73.56	70.65	75.27
就业心理辅导	63.34	66.09	68.30
创业指导与训练	79.25	75.86	81.79
就业实习与实践	55.01	58.30	64.42
举办校园招聘会	62.75	68.40	66.36
毕业生的就业跟踪服务	57.90	58.14	58.73
就业困难学生的帮扶	78.65	86.69	83.30
升学（出国）指导	55.92	56.75	54.85

（三）学历层次

整体上看，不同学历层次毕业生对就业服务的认知度差异不大。各学历层次毕业生认知度较高的就业服务均集中在“职业生涯规划指导”和“简历制作与求职面试指导”，超过 90% 的毕业生对以上两项就业服务均有所了

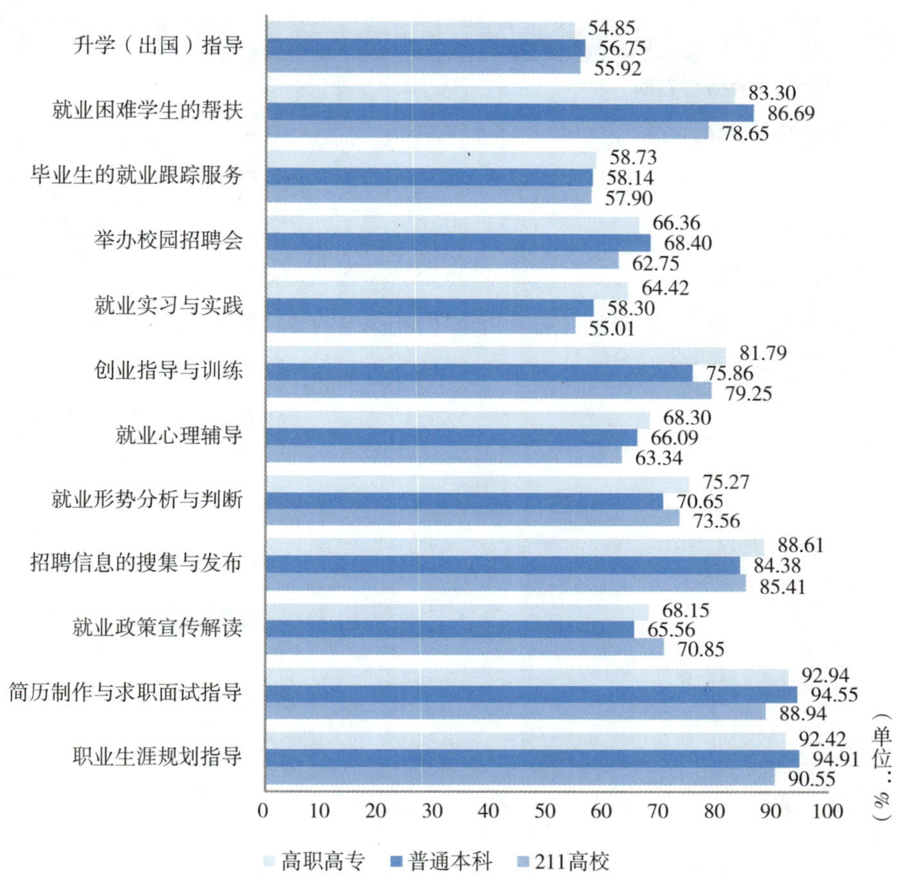

图 1-7-2 不同学校类型毕业生对就业服务的认知度

解。而对"升学（出国）指导"、"毕业生的就业跟踪服务"的认知度较低，均不超过 60%。研究生对"升学（出国）指导"的认知度要高于本科生和专科生。

表 1-7-3 不同学历层次毕业生对就业服务的认知度

（单位：%）

就业服务方式	研究生	本 科	专 科
职业生涯规划指导	90.48	93.57	94.15
简历制作与求职面试指导	90.02	92.63	91.54
就业政策宣传解读	66.84	70.28	67.16
招聘信息的搜集与发布	81.44	84.16	91.84

就业服务方式	研究生	本　科	专　科
就业形势分析与判断	70.35	73.55	74.09
就业心理辅导	58.37	68.43	72.88
创业指导与训练	73.35	80.60	85.48
就业实习与实践	50.19	52.33	69.03
举办校园招聘会	56.05	68.70	68.45
毕业生的就业跟踪服务	59.81	57.90	59.91
就业困难学生的帮扶	87.88	77.40	87.88
升学（出国）指导	57.49	56.59	53.06

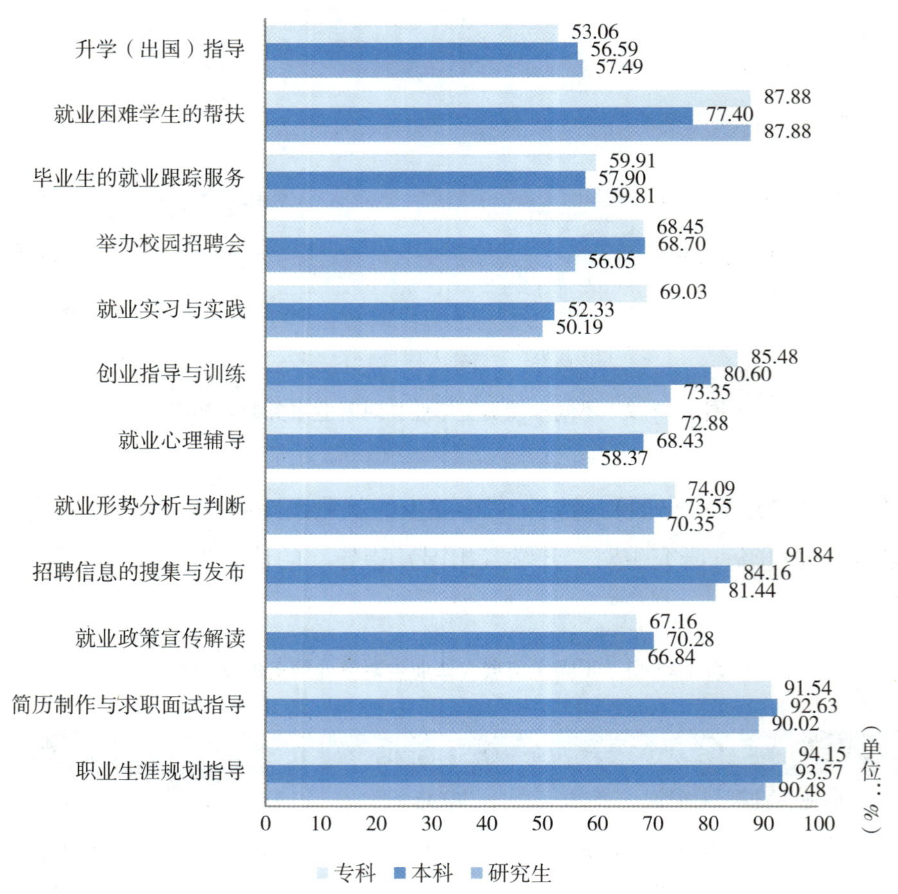

图 1-7-3　不同学历层次毕业生对就业服务的认知度

二、就业服务需求并接受度

（一）总体概述

2014 届高校毕业生需求并接受度较高的就业服务是“职业生涯规划指导”、“简历制作与求职面试指导”，均有超过 90% 的学生需求并接受过此项就业服务，而需求并接受度较低的就业服务则集中在“升学（出国）指导”和“毕业生的就业跟踪服务”，均低于 70%。

表 1-7-4 全体调查对象对就业服务的需求并接受度

（单位：%）

就业服务方式	需求并接受度
职业生涯规划指导	95.40
简历制作与求职面试指导	92.03
招聘信息的搜集与发布	89.61
就业政策宣传解读	87.06
就业困难学生的帮扶	85.59
创业指导与训练	82.66
就业形势分析与判断	78.87
就业心理辅导	78.80
举办校园招聘会	72.75
就业实习与实践	71.82
毕业生的就业跟踪服务	68.92
升学（出国）指导	65.11

（二）学校类型

从毕业生对就业服务的需求并接受度看，不同学校类型的毕业生差异较大。211 高校毕业生对“就业政策宣传解读”的需求并接受度要高于其他类院校，普通本科高校毕业生对“简历制作与求职面试指导”、“举办校园招

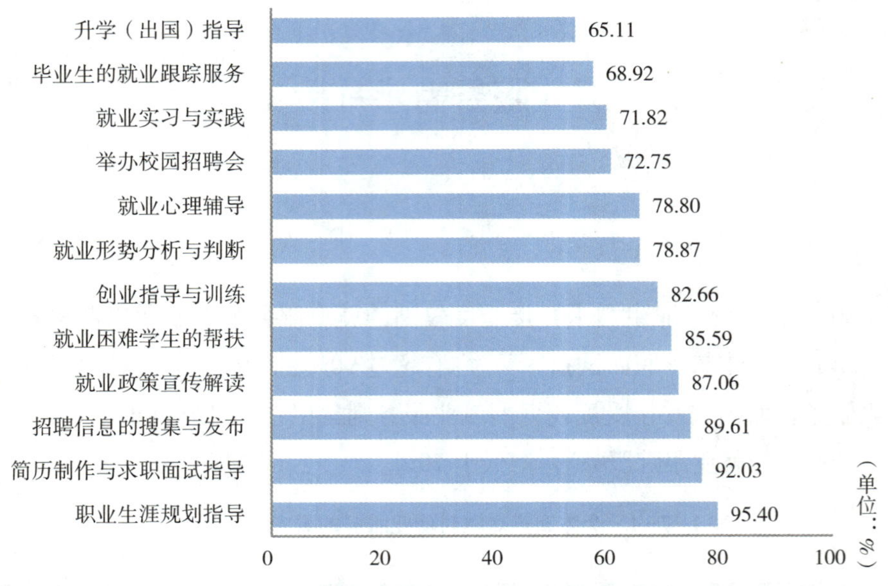

图 1-7-4　全体调查对象对就业服务的需求并接受度

聘会”、“就业困难学生的帮扶”、“升学（出国）指导”的需求并接受度要高于其他类院校，而高职高专毕业生对其他 7 种就业服务的需求并接受度均高于 211 高校和普通本科高校。

211 高校毕业生需求并接受度较高的前五位就业服务依次是：“职业生涯规划指导”、“简历制作与求职面试指导”、“招聘信息的搜集与发布”、“就业政策宣传解读”、“就业困难学生的帮扶”。普通本科高校毕业生需求并接受度较高的前五位就业服务依次是：“职业生涯规划指导”、“简历制作与求职面试指导”、“就业政策宣传解读”、“就业困难学生的帮扶”、“招聘信息的搜集与发布”。高职高专毕业生需求并接受度较高的前五位就业服务依次是：“职业生涯规划指导”、“招聘信息的搜集与发布”、“简历制作与求职面试指导”、“创业指导与训练”、“就业困难学生的帮扶”。

表 1-7-5　不同学校类型毕业生对就业服务的需求并接受度

（单位：%）

就业服务方式	211 高校	普通本科	高职高专
职业生涯规划指导	92.72	96.19	96.77
简历制作与求职面试指导	91.28	93.81	93.54

就业服务方式	211 高校	普通本科	高职高专
就业政策宣传解读	89.21	87.75	84.09
招聘信息的搜集与发布	89.60	84.41	93.66
就业形势分析与判断	78.18	76.54	80.25
就业心理辅导	77.27	78.40	79.85
创业指导与训练	79.26	78.63	89.75
就业实习与实践	65.99	70.48	79.44
举办校园招聘会	70.22	75.40	73.50
毕业生的就业跟踪服务	68.81	66.24	70.37
就业困难学生的帮扶	83.76	86.26	86.10
升学（出国）指导	66.31	66.38	63.66

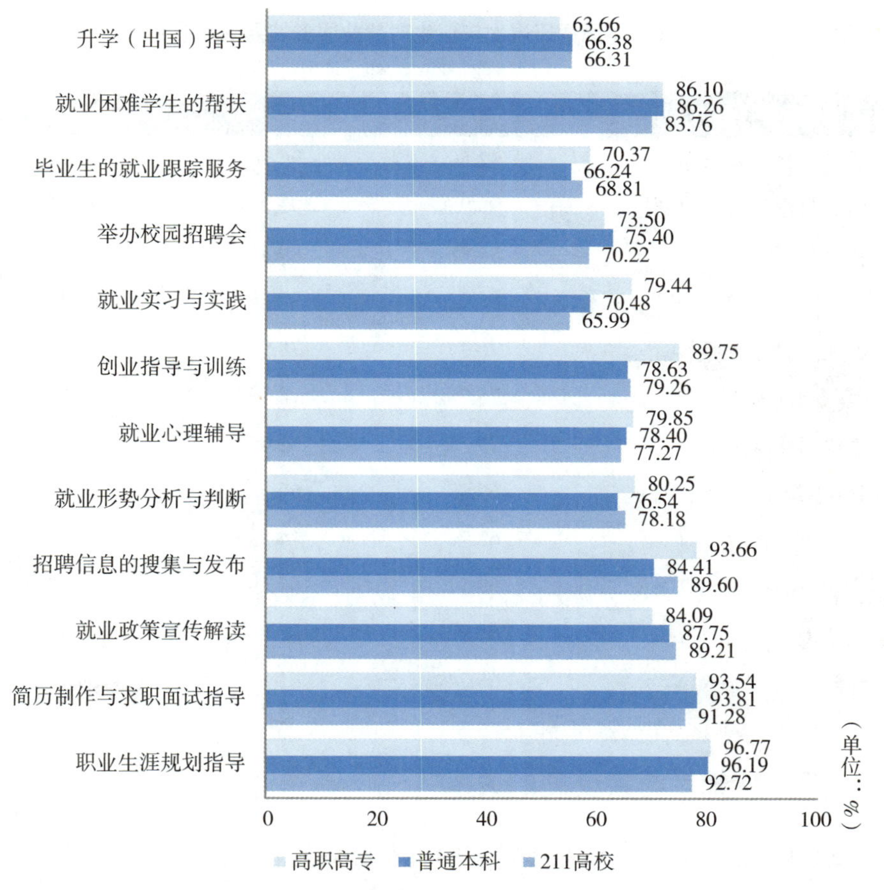

图 1-7-5 不同学校类型毕业生对就业服务的需求并接受度

（三）学历层次

不同学历层次的毕业生对就业服务的需求并接受度存在差异。整体看来，专科生对就业服务的需求并接受度较高，这也与专科生较高的签约率形成呼应。专科生和本科生需求并接受度较高的就业服务集中在“职业生涯规划指导”、“简历制作与求职面试指导”、“招聘信息的搜集与发布”，而对“升学（出国）指导”的需求并接受度较低，其中专科生对“升学（出国）指导”的需求并接受度要明显低于本科生和研究生。研究生需求并接受度较高的就业服务集中在“职业生涯规划指导”、“简历制作与求职面试指导”、“招聘信息的搜集与发布”、“就业困难学生的帮扶”，对“升学（出国）指导”的需求并接受度要略高于本科生和专科生。

表 1-7-6　不同学历层次毕业生对就业服务的需求并接受度

（单位：%）

就业服务方式	研究生	本　科	专　科
职业生涯规划指导	92.50	96.70	96.89
简历制作与求职面试指导	90.93	93.04	92.72
就业政策宣传解读	84.78	89.83	87.46
招聘信息的搜集与发布	86.92	87.26	93.97
就业形势分析与判断	76.74	78.90	79.95
就业心理辅导	75.26	78.76	80.13
创业指导与训练	79.55	82.09	85.78
就业实习与实践	65.09	67.91	79.85
举办校园招聘会	67.70	74.89	74.73
毕业生的就业跟踪服务	69.31	67.69	69.37
就业困难学生的帮扶	85.92	85.00	85.93
升学（出国）指导	65.74	65.13	64.10

（四）认知度与接受度的关系

2014 届高校毕业生认知度较高的就业服务其需求并接受度也较高，反之亦然。认知度较高的就业服务如“职业生涯规划指导”（92.38%）和“简

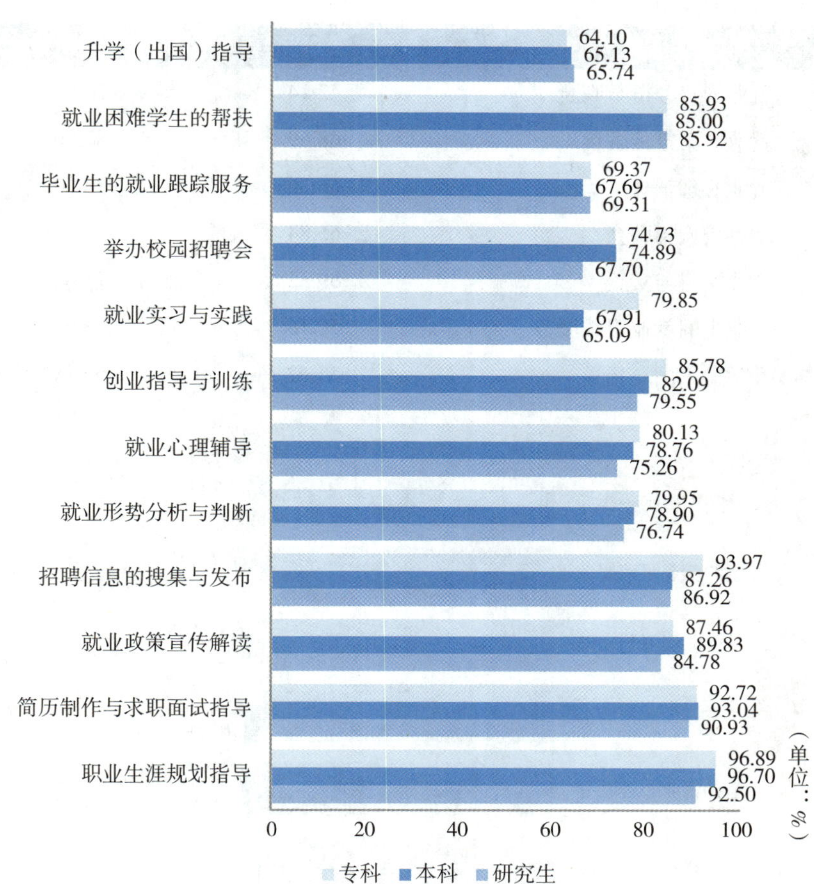

图 1-7-6　不同学历层次毕业生对就业服务的需求并接受度

历制作与求职面试指导”（90.68%）相对应的接受度也较高，分别为“职业生涯规划指导”（95.4%）和“简历制作与求职面试指导”（92.03%）。

表 1-7-7　就业服务的认知度与需求并接受度相关性

（单位：%）

就业服务方式	认知度	需求并接受度
职业生涯规划指导	92.38	95.40
简历制作与求职面试指导	90.68	92.03
招聘信息的搜集与发布	86.41	89.61
就业困难学生的帮扶	82.35	85.59
创业指导与训练	78.63	82.66

就业服务方式	认知度	需求并接受度
就业形势分析与判断	72.14	78.87
就业政策宣传解读	68.69	87.06
就业心理辅导	66.36	78.80
举办校园招聘会	65.84	72.75
就业实习与实践	59.32	71.82
毕业生的就业跟踪服务	58.16	68.92
升学（出国）指导	55.02	65.11

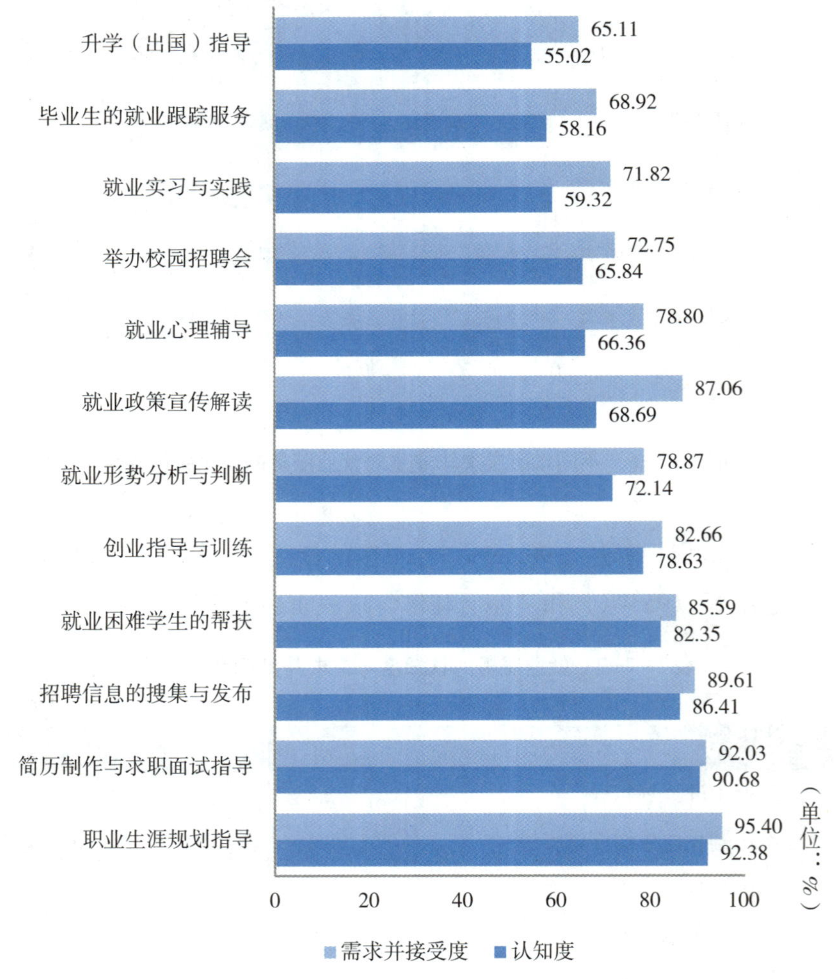

图 1-7-7　就业服务的认知度与需求并接受度相关性

三、就业服务满意度

（一）总体概述

2014 届高校毕业生对就业服务的满意度较高，满意度达 84.28%。毕业生对就业服务满意度最高的是“职业生涯规划指导”，其次为“简历制作与求职面试指导”、“就业政策宣传解读”、“招聘信息的搜集与发布”、“就业困难学生的帮扶”和“创业指导与训练”。毕业生对就业服务满意度最低的是“升学（出国）指导”，满意度仅为 60.74%，满意度较低的就业服务依次为“毕业生的就业跟踪服务”、“就业实习与实践”、“举办校园招聘会”、“就业心理辅导”和“就业形势分析与判断”。

毕业生对面向全体的就业服务认可度比较高，如“职业生涯规划指导”、“招聘信息的搜集与发布”，而对面向部分群体的就业服务认可度均较低，如“毕业生的就业跟踪服务”和“升学（出国）指导”，此类就业服务仍有待进一步加强和完善。

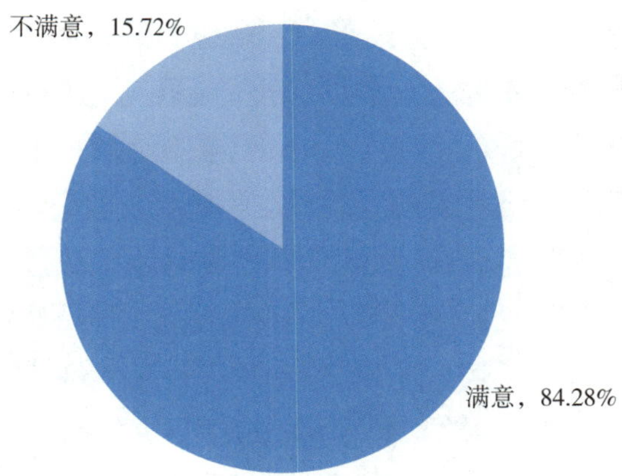

图 1-7-8 全体调查对象对学校就业服务的满意度

表 1-7-8　全体调查对象对学校各项就业服务的满意度

（单位：%）

就业服务方式	满意度
职业生涯规划指导	86.02
简历制作与求职面试指导	84.03
就业政策宣传解读	81.64
招聘信息的搜集与发布	80.44
就业困难学生的帮扶	78.46
创业指导与训练	75.64
就业形势分析与判断	73.80
就业心理辅导	70.36
举办校园招聘会	69.87
就业实习与实践	65.13
毕业生的就业跟踪服务	62.61
升学（出国）指导	60.74

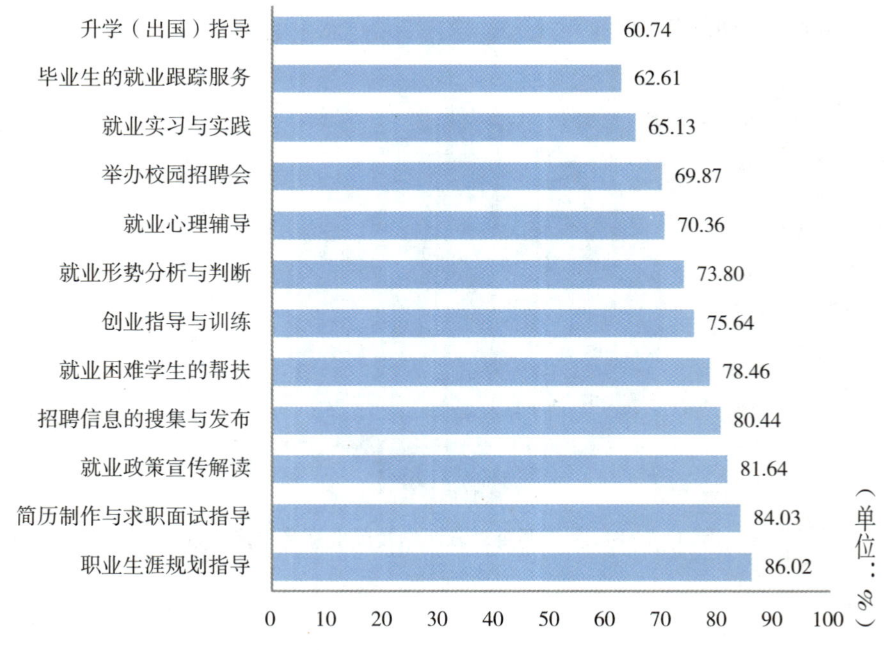

图 1-7-9　全体调查对象对学校各项就业服务的满意度

（二）学校类型

不同类型高校毕业生对就业服务的满意度存在差异，高职高专毕业生对就业服务的整体满意度为89.70%，普通本科为86.44%，211高校为82.57%。211高校毕业生对“就业政策宣传解读”和“升学（出国）指导”的满意度要高于其他类院校，普通本科高校毕业生对“简历制作与求职面试指导”、“举办校园招聘会”的满意度要高于其他类院校，而高职高专院校毕业生对其他8种就业服务的满意度均高于211高校和普通本科高校。

211高校毕业生满意度较高的前五位就业服务依次是：“就业政策宣传解读”、“职业生涯规划指导”、“简历制作与求职面试指导”、“招聘信息的搜集与发布”、“就业困难学生的帮扶”。普通本科高校毕业生满意度较高的前五位就业服务依次是：“简历制作与求职面试指导”、“职业生涯规划指导”、“就业政策宣传解读”、“就业困难学生的帮扶”、“招聘信息的搜集与发布”。高职高专毕业生满意度较高的前五位就业服务依次是：“职业生涯规划指导”、“招聘信息的搜集与发布”、“简历制作与求职面试指导”、“创业指导与训练”和“就业困难学生的帮扶”。

表1-7-9 不同学校类型毕业生对就业服务的满意度

（单位：%）

就业服务方式	211高校	普通本科	高职高专
职业生涯规划指导	82.85	86.51	90.18
简历制作与求职面试指导	82.73	86.57	85.09
就业政策宣传解读	84.01	81.39	78.55
招聘信息的搜集与发布	81.60	77.10	85.27
就业形势分析与判断	69.01	72.26	77.15
就业心理辅导	65.84	70.90	76.73
创业指导与训练	75.31	71.28	80.91
就业实习与实践	60.41	66.95	68.85
举办校园招聘会	64.72	74.73	70.09
毕业生的就业跟踪服务	61.23	61.48	63.82
就业困难学生的帮扶	76.97	78.51	79.21
升学（出国）指导	63.78	63.57	54.61

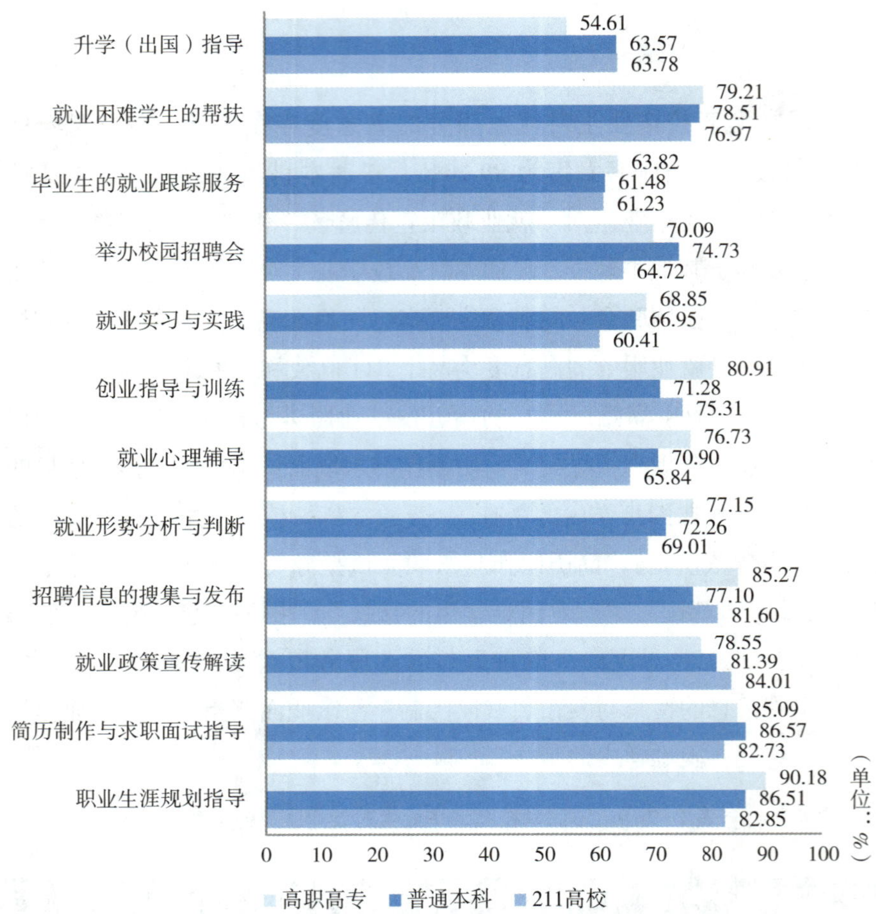

图 1-7-10　不同学校类型毕业生对就业服务的满意度

（三）学历层次

不同学历层次毕业生对就业服务的满意度差异明显，专科生对就业服务的整体满意度为 89.7%，本科生为 86.1%，研究生为 72.21%。专科生对就业服务的满意度相对较高，针对学生的就业困难和实际情况，高职高专院校为学生提供的就业服务比较充足，就业指导服务得到学生们的广泛认同。

专科生对就业服务满意度较高的前三项依次是："职业生涯规划指导"、"简历制作与求职面试指导"、"招聘信息的搜集与发布"；本科生对就业服务满意度较高的前三项依次是："职业生涯规划指导"、"简历制作与求职面试指导"、"就业政策宣传解读"；研究生对就业服务满意度较高的前三项依次是："就业政策宣传解读"、"职业生涯规划指导"、"简历制作与求职面试指导"。不同学历层次对就业服务满意度较低的项目均集中在"升学（出国）指导"和"毕业生的就业跟踪服务"。

表 1-7-10 不同学历层次毕业生对就业服务的满意度

（单位：%）

就业服务方式	研究生	本 科	专 科
职业生涯规划指导	80.47	87.05	90.18
简历制作与求职面试指导	78.21	86.71	87.09
就业政策宣传解读	83.73	86.26	76.55
招聘信息的搜集与发布	75.79	82.24	85.27
就业形势分析与判断	68.48	71.36	81.15
就业心理辅导	63.97	72.97	75.73
创业指导与训练	68.68	76.61	80.91
就业实习与实践	60.91	66.64	69.85
举办校园招聘会	69.57	68.83	70.09
毕业生的就业跟踪服务	62.50	60.85	64.82
就业困难学生的帮扶	76.42	77.19	80.97
升学（出国）指导	64.03	62.65	54.61

（四）用人单位

用人单位对就业服务满意度由高到低依次是"校园招聘会的组织"、"就业工作教师的专业化水平"、"招聘信息的发布"、"学校对毕业生的推荐工作"、"就业派遣手续的办理"、"对毕业生的就业 / 职业辅导"。

表 1-7-11 用人单位对就业服务的满意度

（单位：%）

就业服务方式	满意度
校园招聘会的组织	91.28
就业工作教师的专业化水平	88.49
招聘信息的发布	85.13
学校对毕业生的推荐工作	84.67

就业服务方式	满意度
就业派遣手续的办理	80.82
对毕业生的就业 / 职业辅导	75.36

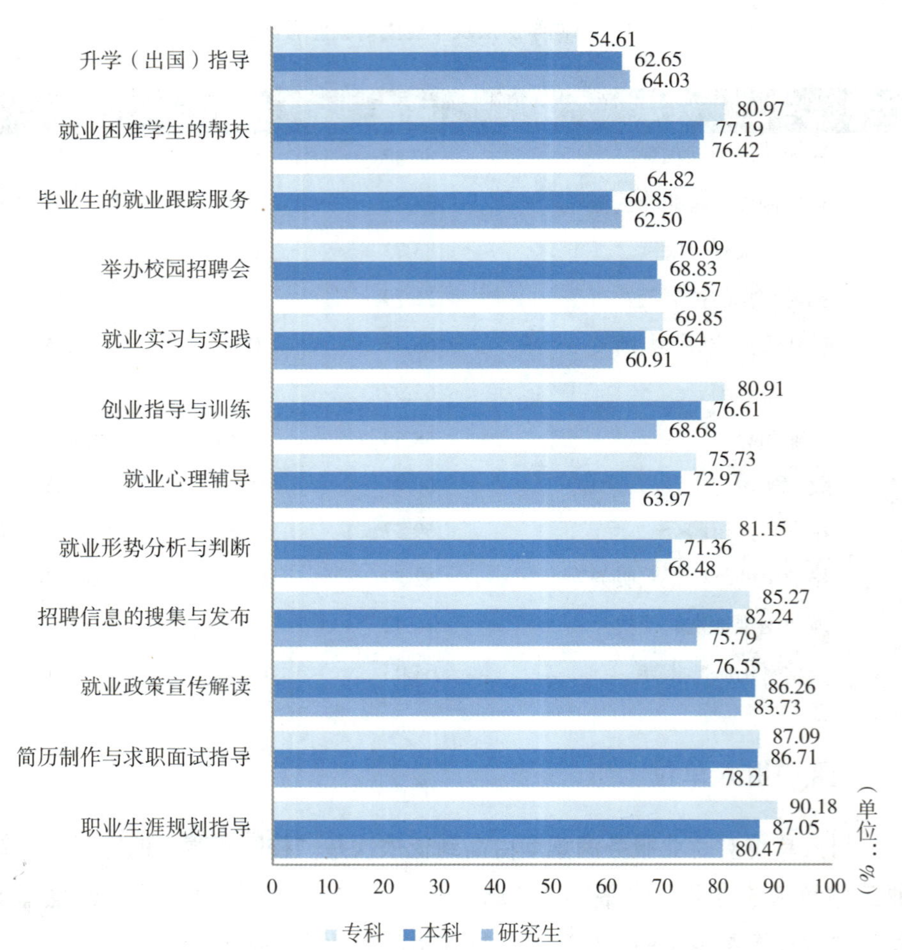

图 1-7-11　不同学历层次毕业生对就业服务的满意度

用人单位对面向全体学生的就业服务满意度较高，如“校园招聘会的组织”、“招聘信息的发布”，而对面向部分群体的就业服务满意度较低，如“就业派遣手续的办理”和“对毕业生的就业 / 职业辅导”。

不同行业对就业服务的满意度差异显著，满意度较高的前六种行业依次是：批发零售行业、餐饮住宿行业、金融业、制造业、医疗卫生、社会保障和福利行业。

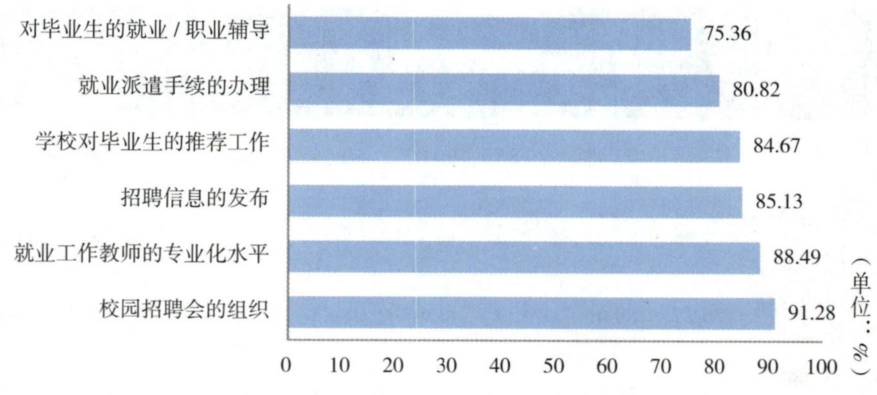

图 1-7-12 用人单位对就业服务的满意度

表 1-7-12 不同行业用人单位对就业服务的满意度

（单位：%）

就业服务方式	餐饮住宿	房地产	公共管理与社会组织	计算机、信息和软件	建筑业	教育	金融业	科研、勘探与技术服务
校园招聘会的组织	90.48	79.87	96.67	90.55	92.06	96.95	96.95	81.20
就业工作教师的专业化水平	91.84	78.95	93.34	86.71	91.76	92.77	95.29	72.80
招聘信息的发布	89.88	78.93	80.25	79.38	83.52	88.64	91.02	85.60
就业派遣手续的办理	90.46	74.16	85.66	78.92	78.26	81.31	79.78	66.82
学校对毕业生的推荐工作	94.75	72.38	80.75	78.49	84.05	85.97	89.99	75.37
对毕业生的就业 / 职业辅导	84.02	68.88	81.42	71.86	78.80	76.55	81.66	63.51

就业服务方式	农、林、牧、渔	批发零售	其他	水、电、煤等能源产业	文化体育和娱乐	医疗卫生、社会保障与福利	运输、仓储和邮政	制造业
校园招聘会的组织	84.58	99.93	84.84	88.38	92.80	95.54	92.80	95.49
就业工作教师的专业化水平	74.66	98.66	83.57	92.44	86.80	92.23	86.80	92.20

就业服务方式	农、林、牧、渔	批发零售	其他	水、电、煤等能源产业	文化体育和娱乐	医疗卫生、社会保障与福利	运输、仓储和邮政	制造业
招聘信息的发布	77.13	95.48	79.85	90.02	69.55	84.97	90.95	88.07
就业派遣手续的办理	74.96	88.56	77.23	88.12	74.53	85.66	82.24	85.25
学校对毕业生的推荐工作	76.27	89.45	79.29	88.87	88.83	90.79	88.83	90.60
对毕业生的就业／职业辅导	69.21	79.66	72.43	75.99	73.28	79.51	70.83	78.64

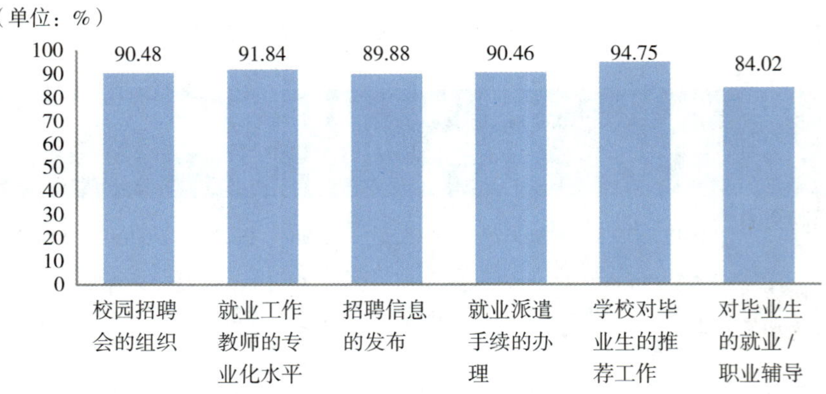

图 1-7-13　餐饮住宿行业对就业服务的满意度

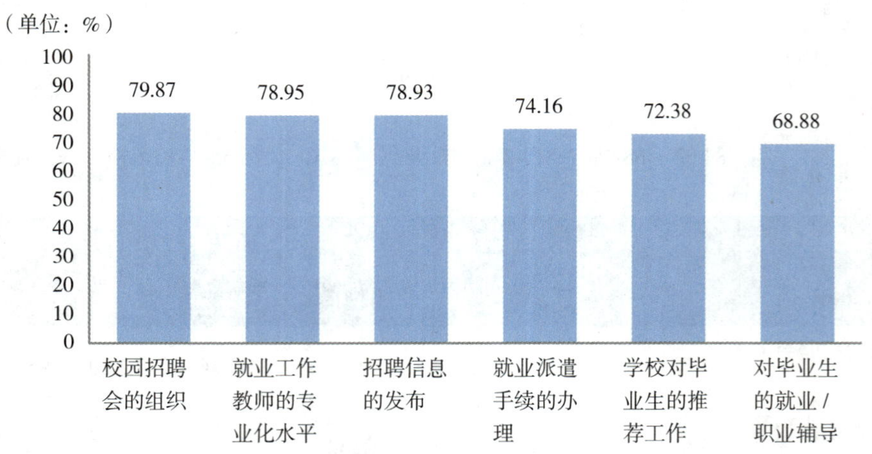

图 1-7-14　房地产行业对就业服务的满意度

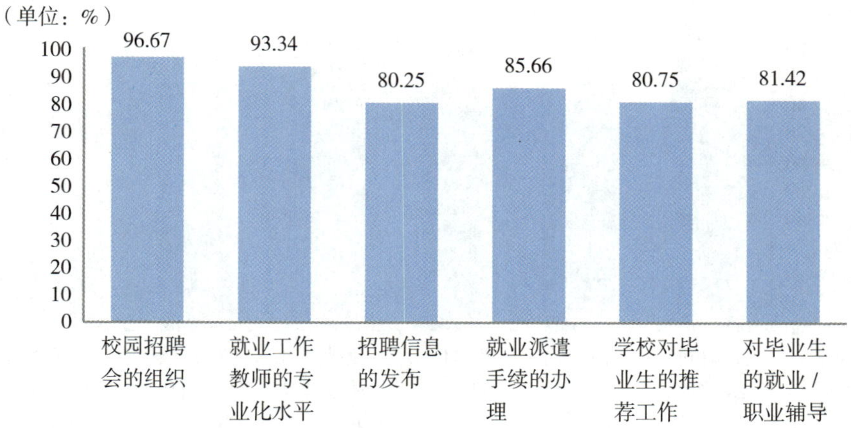

图 1-7-15 公共管理与社会组织行业对就业服务的满意度

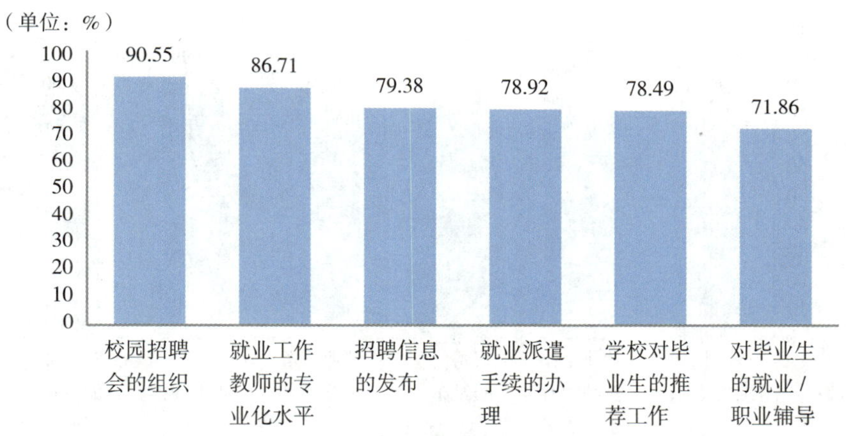

图 1-7-16 计算机、信息和软件行业对就业服务的满意度

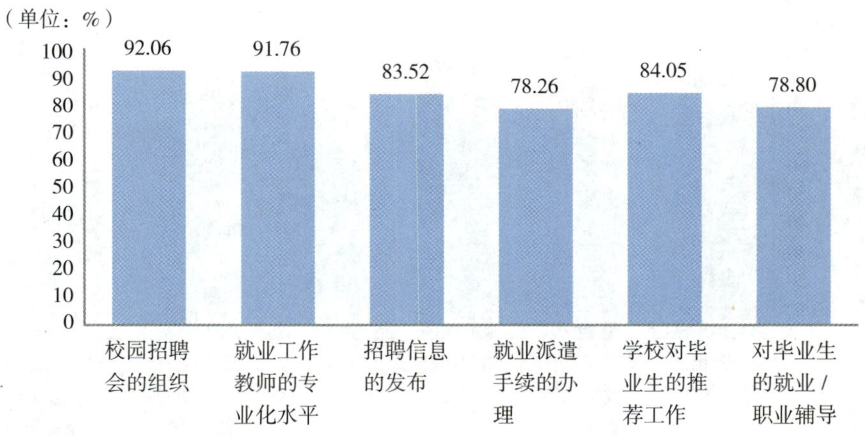

图 1-7-17 建筑行业对就业服务的满意度

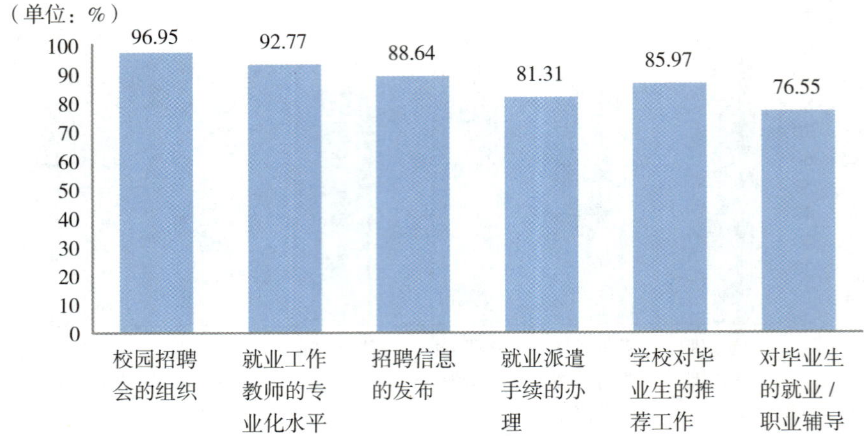

图 1-7-18　教育行业对就业服务的满意度

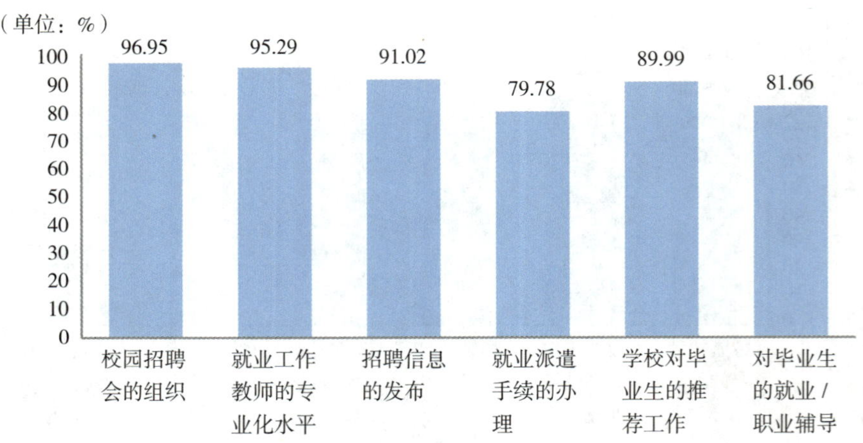

图 1-7-19　金融行业对就业服务的满意度

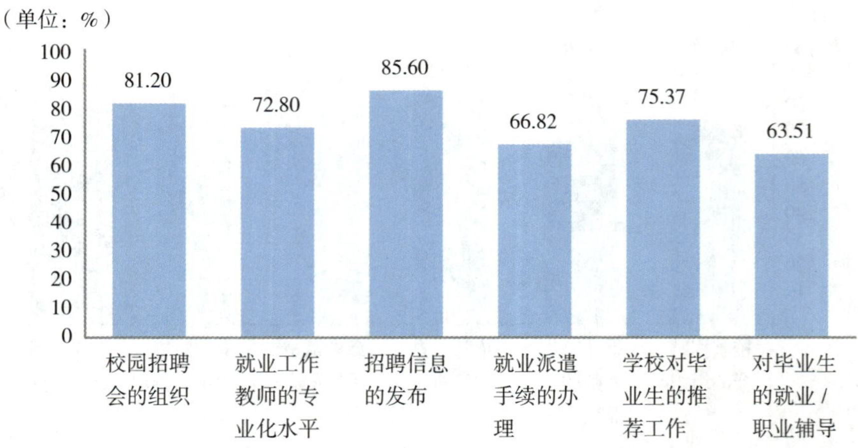

图 1-7-20　科研、勘探与技术服务行业对就业服务的满意度

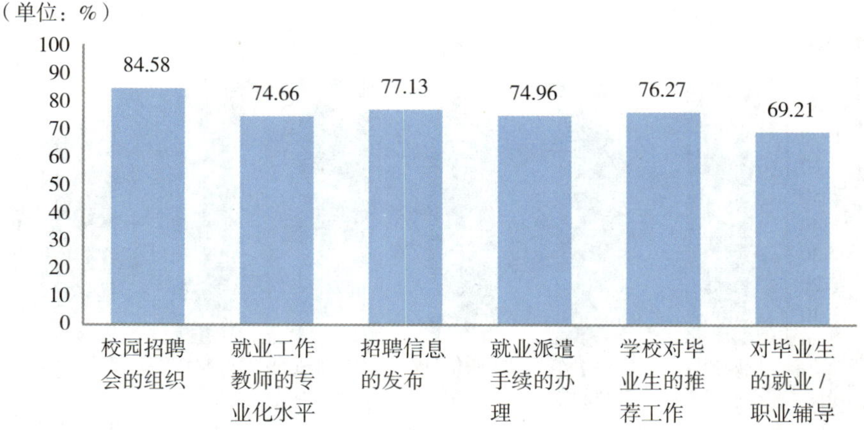

图 1-7-21 农、林、牧、渔行业对就业服务的满意度

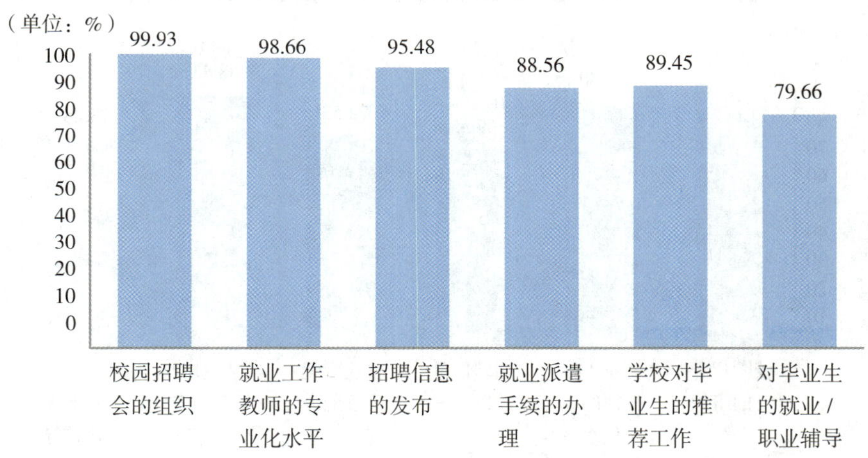

图 1-7-22 批发零售行业对就业服务的满意度

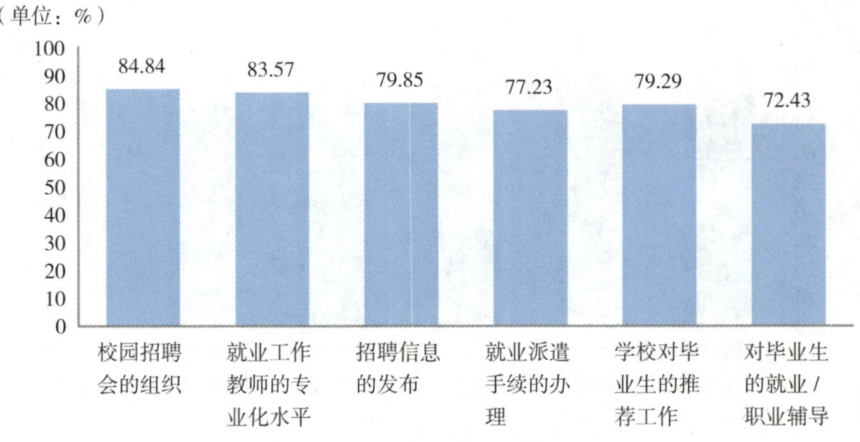

图 1-7-23 其他行业对就业服务的满意度

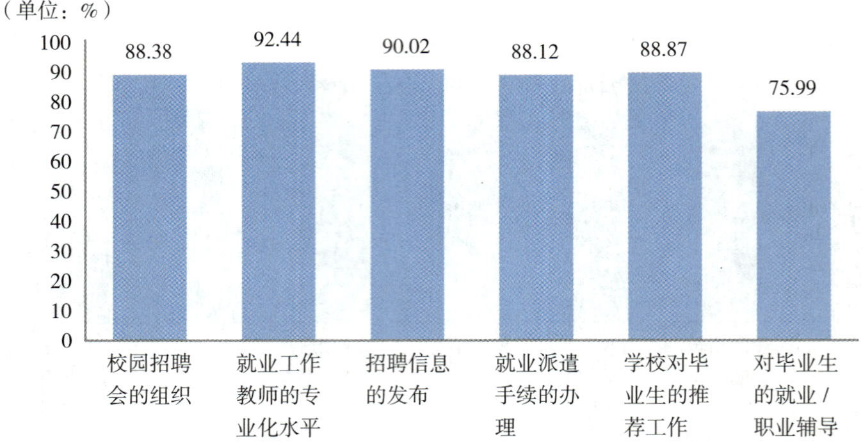

图 1-7-24　水、电、煤等能源产业行业对就业服务的满意度

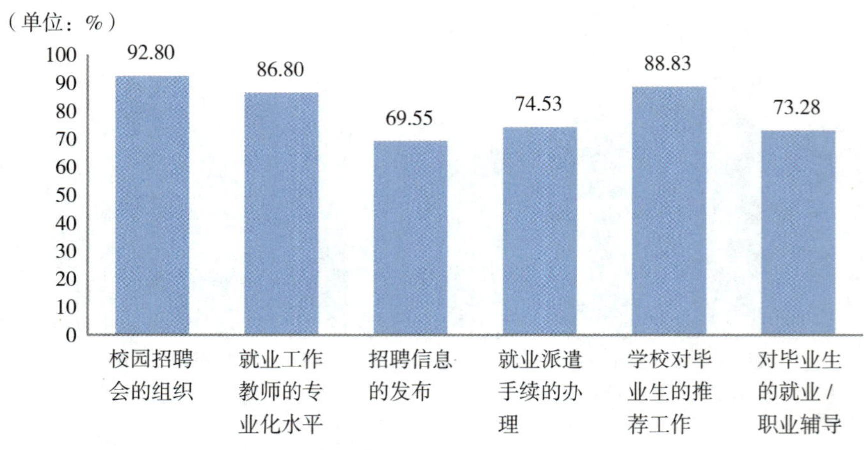

图 1-7-25　文化体育和娱乐行业对就业服务的满意度

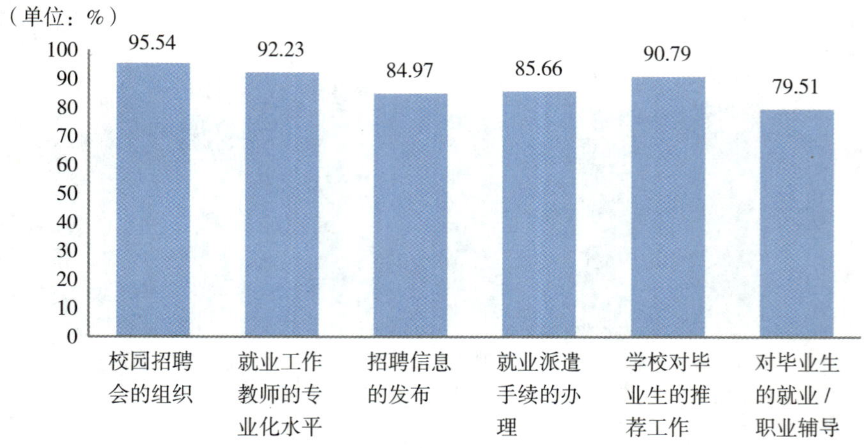

图 1-7-26　医疗卫生、社会保障与福利行业对就业服务的满意度

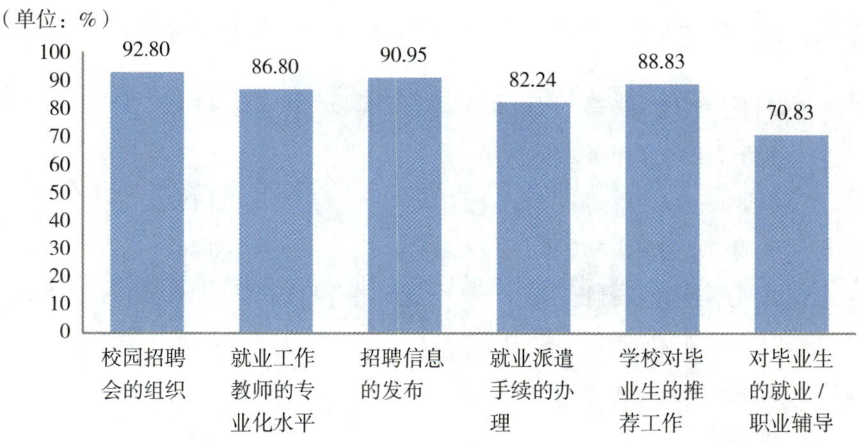

图 1-7-27　运输、仓储和邮政行业对就业服务的满意度

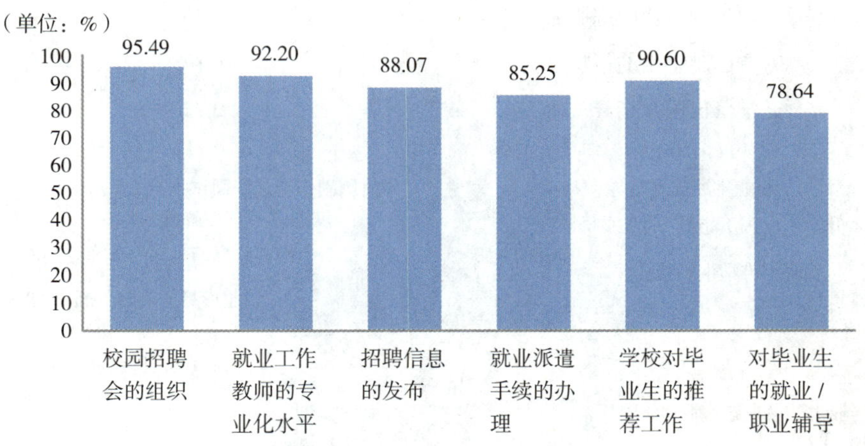

图 1-7-28　制造行业对就业服务的满意度

四、就业服务改进

（一）总体概述

毕业生认为最需要改进的就业服务是“举办校园招聘会”，排在前五位的还有“就业困难学生的帮扶”、“毕业生的就业跟踪服务”、“就业实习与实践”和“创业指导与训练”。

表 1-7-13　全体调查对象认为最需改进与完善的就业服务

（单位：%）

职业生涯规划指导	4.34
简历制作与求职面试指导	3.72
就业政策宣传解读	4.19
招聘信息的搜集与发布	3.46
就业形势分析与判断	4.25
就业心理辅导	6.39
创业指导与训练	8.63
就业实习与实践	9.98
举办校园招聘会	20.62
毕业生的就业跟踪服务	15.33
就业困难学生的帮扶	16.87
升学（出国）指导	2.22

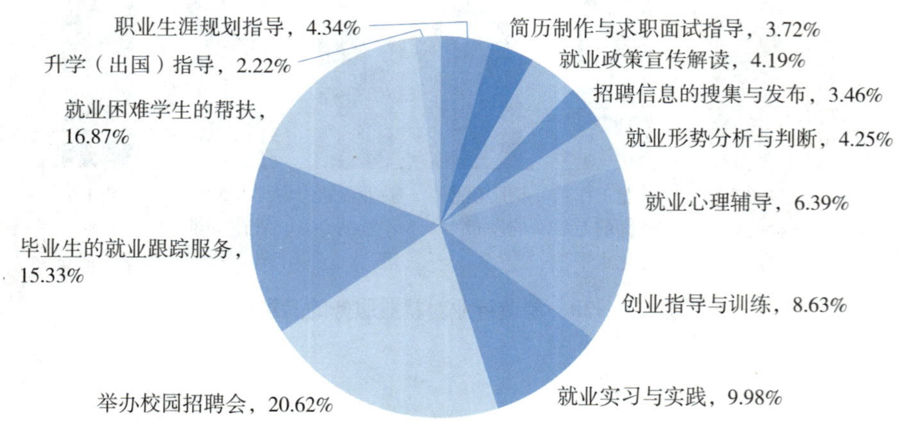

图 1-7-29　全体调查对象认为最需改进与完善的就业服务

（二）学校类型

从毕业生认为就业服务需要改进的情况看，不同类型高校存在差异。211 高校毕业生认为最需要改进的就业服务是“职业生涯规划指导”，在“职业生涯规划指导”、“简历制作与求职面试指导”、“招聘信息的搜集与发布”、“举办校园招聘会”、“毕业生的就业跟踪服务”、“就业困难学生的帮扶”、“升学（出国）指导”6项就业服务上，普通本科高校毕业生认为需要改进的比例要高于其他类高校毕业生，而其他5项高职高专毕业生认为需要改进的比例要高于其他类高校毕业生。

表1-7-14 不同学校类型毕业生认为最需改进与完善的就业服务

（单位：%）

就业服务方式	211高校	普通本科	高职高专
职业生涯规划指导	4.09	4.10	4.83
简历制作与求职面试指导	4.57	4.58	2.01
就业政策宣传解读	4.60	3.26	4.71
招聘信息的搜集与发布	3.40	3.57	3.41
就业形势分析与判断	3.93	3.94	4.88
就业心理辅导	6.19	6.20	6.78
创业指导与训练	8.15	8.17	9.57
就业实习与实践	9.80	9.81	10.33
举办校园招聘会	20.49	20.87	20.50
毕业生的就业跟踪服务	15.22	15.54	15.23
就业困难学生的帮扶	16.74	17.12	16.75
升学（出国）指导	2.82	2.84	1.00

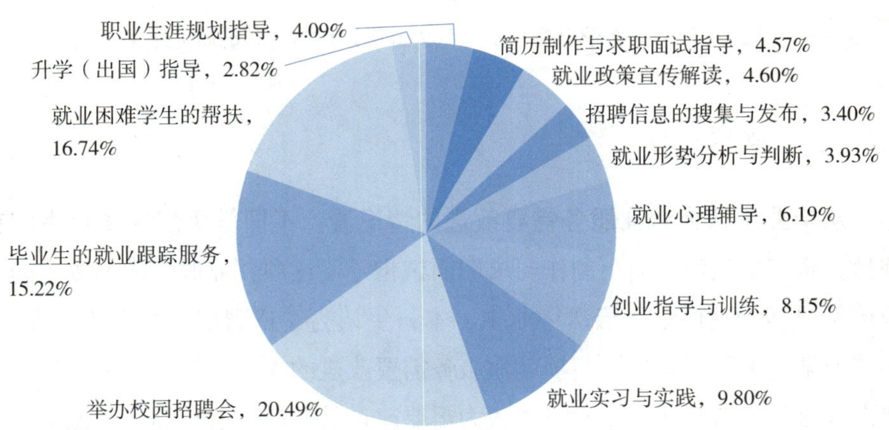

图1-7-30 211高校毕业生认为最需改进与完善的就业服务

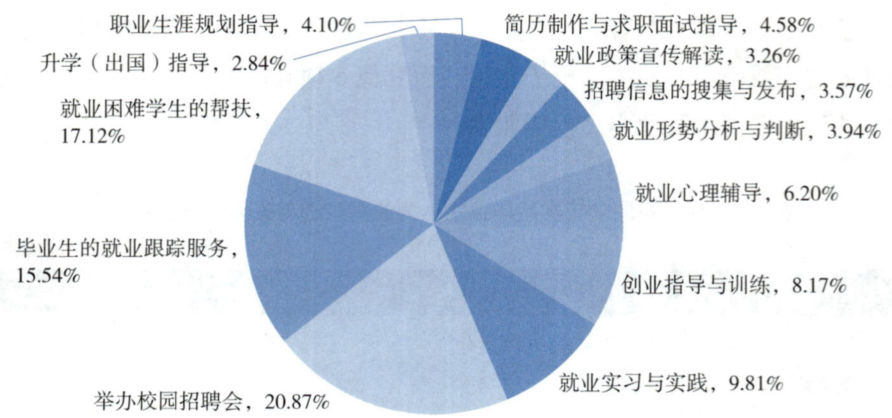

图 1-7-31　普通本科高校毕业生认为最需改进与完善的就业服务

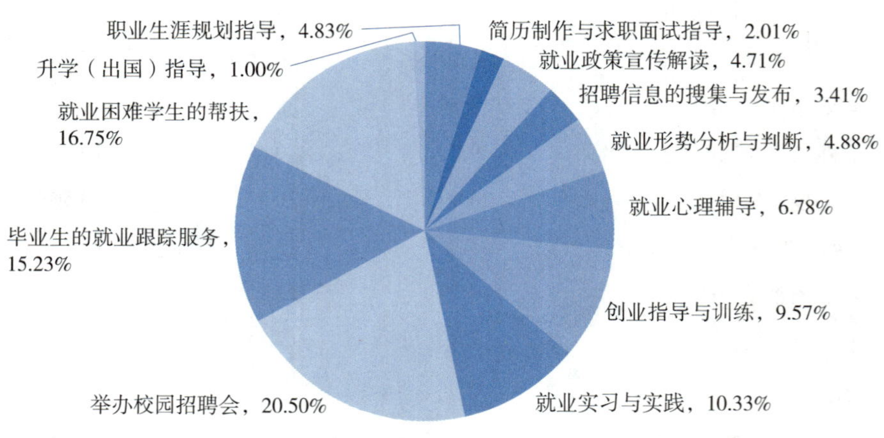

图 1-7-32　高职高专毕业生认为最需改进与完善的就业服务

（三）学历层次

从毕业生认为就业服务需要改进的情况看，不同学历层次毕业生存在差异。研究生认为“简历制作与求职面试指导”这项就业服务需要改进的人数比例要高于其他学历层次毕业生，本科生认为“招聘信息的搜集与发布”和“升学（出国）指导”两项就业服务需要改进的人数比例要高于其他学历层次毕业生，而其他 9 项专科生认为需要改进的人数比例要高于其他学历层次毕业生。专科生认为需要改进的就业服务人数比例相对较高。面临严峻的就业形势，高职高专院校提供的大量就业服务虽然得到学生的认同和接受，但是仍然不能满足学生在求职过程中遇到的现实问题，学生仍需要更优质有效的就业服务。

表 1-7-15 不同学历层次毕业生认为需改进与完善的就业服务

（单位：%）

就业服务方式	研究生	本 科	专 科
职业生涯规划指导	4.19	4.30	4.53
简历制作与求职面试指导	6.07	3.53	1.56
就业政策宣传解读	4.11	4.16	4.30
招聘信息的搜集与发布	3.05	3.96	3.37
就业形势分析与判断	4.24	4.33	4.48
就业心理辅导	6.18	6.31	6.38
创业指导与训练	8.47	8.55	8.87
就业实习与实践	9.66	9.73	10.55
举办校园招聘会	20.40	20.49	20.97
毕业生的就业跟踪服务	15.01	15.27	15.71
就业困难学生的帮扶	16.64	16.73	17.24
升学（出国）指导	1.98	2.64	2.04

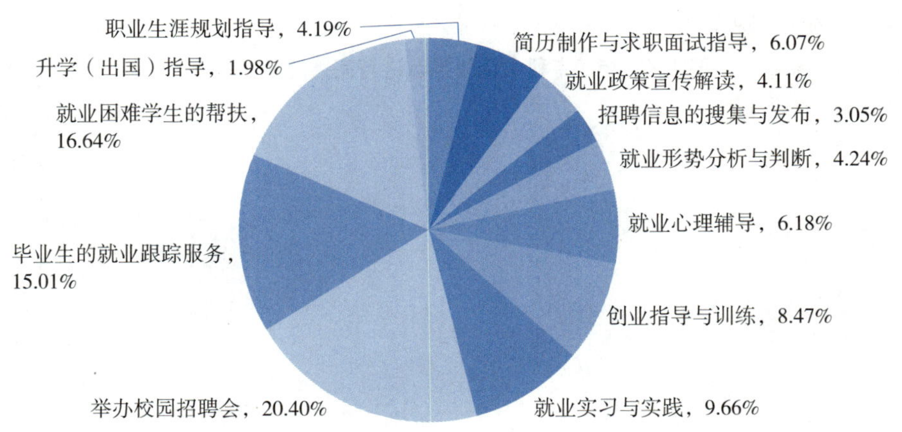

图 1-7-33 研究生认为需改进与完善的就业服务

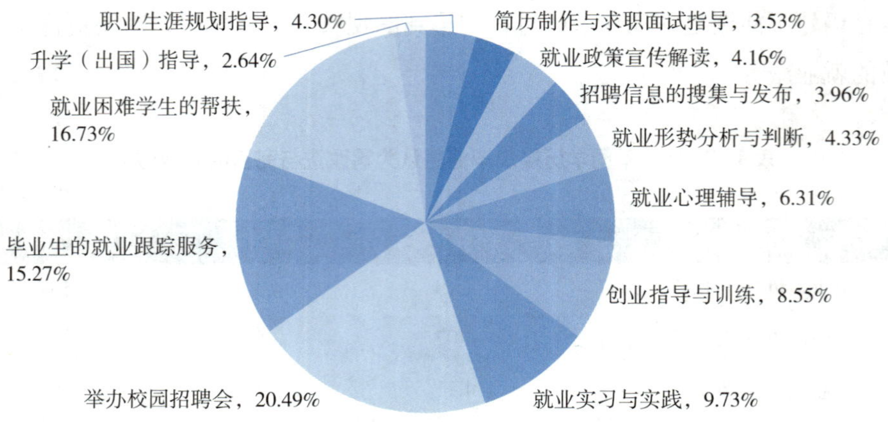

图 1-7-34　本科生认为需改进与完善的就业服务

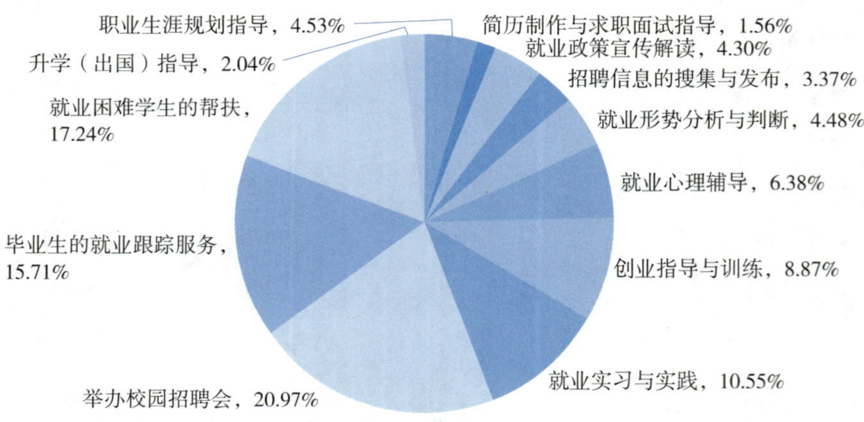

图 1-7-35　专科生认为需改进与完善的就业服务

第八章　教育教学反馈

教育教学是高等教育各项工作中的中心性、基础性环节，它直接决定着人才培养的质量。本章调研了2014届毕业生对所在院校人才培养、教师素质、专业课程、专业实践教学、就业指导课、就业指导方式等方面的评价情况。研究结果显示大多数调查对象对高校教育教学表示满意，认为实践教学是改进的重点方向。在就业指导课程评价上，“职业生涯规划类”是调查对象接受最多的课程内容。

一、专业教学评价

（一）人才培养

1. 总体概述

总体上看，全体调查对象就人才培养中“专业应用能力”（88.14%）、“专业基础理论”（87.54%）、“专业结构和知识体系”（83.45%）的满意度相对较高，“专业前沿知识”（75.26%）和“专业实践经历”（78.46%）的满意度相对较低。

2. 学校类型

不同学校类型毕业生的人才培养满意度存在一定差异，但是差异不显著。高职高专院校毕业生对人才培养中“专业实践经历”、“专业应用能力”最为满意，比例为82.67%和80.78%；211高校和普通本科高校毕业生对“专

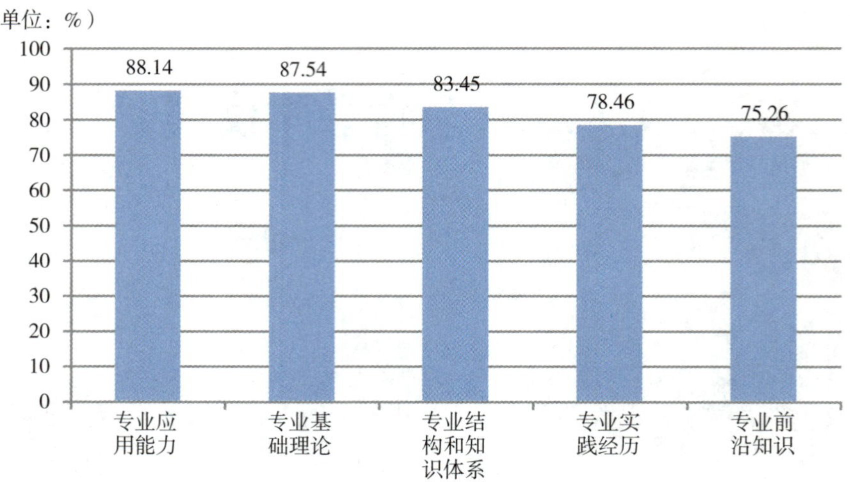

图 1-8-1　全体调查对象对人才培养的满意度

业基础理论”、“专业结构和知识体系”最为满意，其中 211 高校的比例为 87.35% 和 85.64%，普通本科高校的比例为 85.67% 和 80.58%。

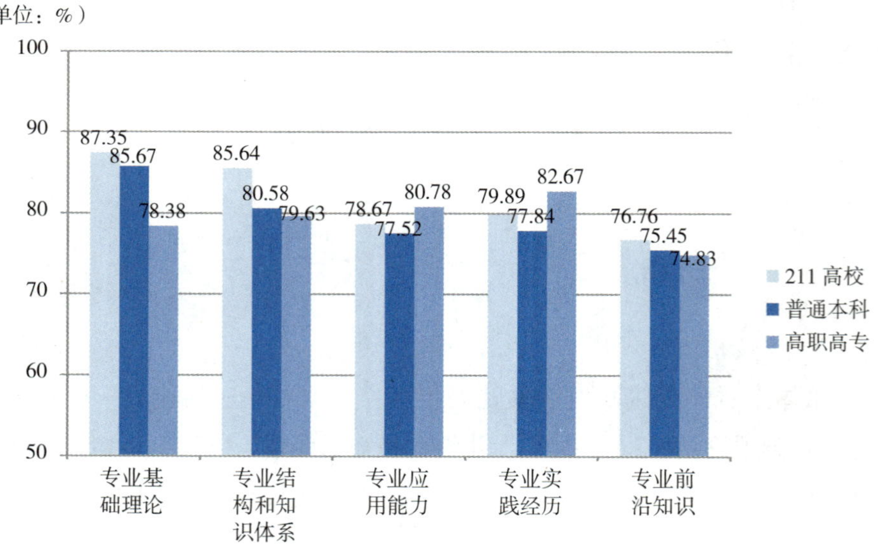

图 1-8-2　不同学校类型毕业生对人才培养的满意度

3. 学历层次

不同学历层次毕业生就业满意度有所差异，但差异不明显。本科毕业生比较满意的是“专业基础理论”和“专业结构和知识体系”，分别为

86.74% 和 85.86%；专科毕业生比较满意的是“专业应用能力”和“专业实践经历”，分别为 83.74% 和 80.87%；研究生比较满意的是“专业结构和知识体系”和“专业基础理论”，所占比例为 86.73% 和 84.68%。

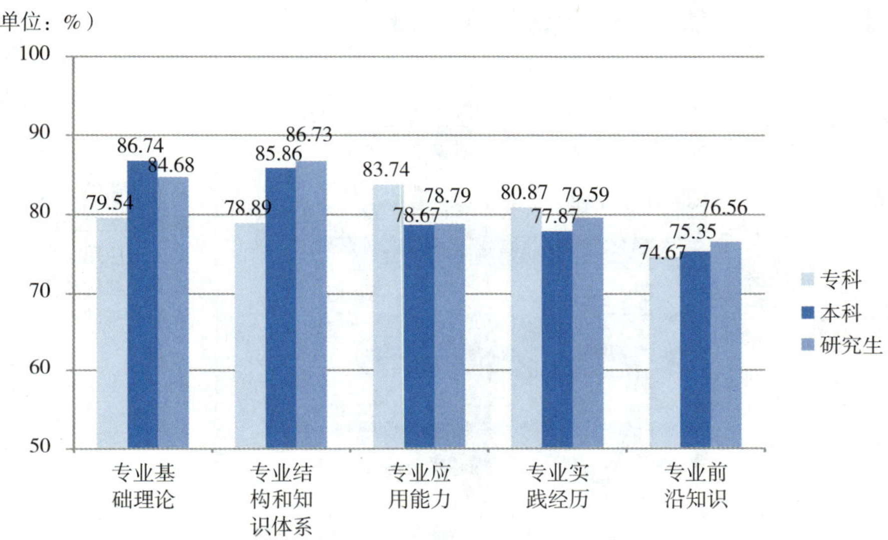

图 1-8-3　不同学历层次毕业生对人才培养的满意度

4. 学科门类

不同学科门类毕业生人才满意度有所差异，但差异不大。工 / 理学、艺术学毕业生对“专业实践经历”的满意度相对较高，分别为 85.85% 和 83.73%；法学、文 / 史 / 哲 / 教育学毕业生满意度较高的是“专业基础理论”，分别为 84.59% 和 86.43%；管理学对“专业结构和知识体系”的满意度相对较高，为 85.74%；其他学科门类的毕业生人才满意度相对均衡，无明显差异。

（二）教师素质

1. 总体概述

总体而言，全体调查对象对专业教师素质满意度评价中前三位的是“专业知识面宽广”、“科学理论素养深厚”和“教学方式变化多样”，分别为 86.74%、83.56% 和 81.69%；满意度最低的是“给予学生学习、生活和工作指引”，为 74.75%。

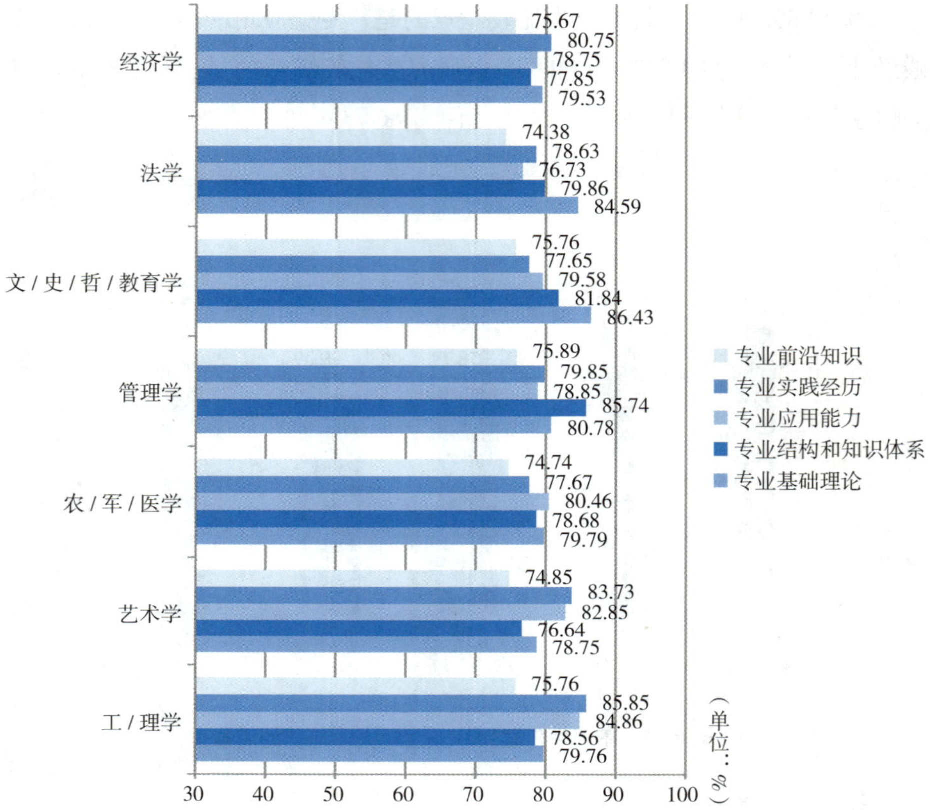

经济学
75.67
80.75
78.75
77.85
79.53
法学
74.38
78.63
76.73
79.86
84.59
文 / 史 / 哲 / 教育学
75.76
77.65
79.58
81.84
86.43
管理学
75.89
79.85
78.85
85.74
80.78
农 / 军 / 医学
74.74
77.67
80.46
78.68
79.79
艺术学
74.85
83.73
82.85
76.64
78.75
工 / 理学
75.76
85.85
84.86
78.56
79.76
30
40
50
60
70
80
90
100
（单位：%）
专业前沿知识
专业实践经历
专业应用能力
专业结构和知识体系
专业基础理论

图 1-8-4　不同学科门类毕业生对人才培养的满意度

注：因样本数据量过小，个别学科合并或不包括在内。

（单位：%）
100
90
80
70
60
50
83.56
86.74
81.69
77.82
75.84
74.75
科学理论素养深厚
专业知识面宽广
教学方式变化多样
理论说服能力高超
给予学生尊重、赏识和亲密沟通
给予学生学习、生活和工作指引

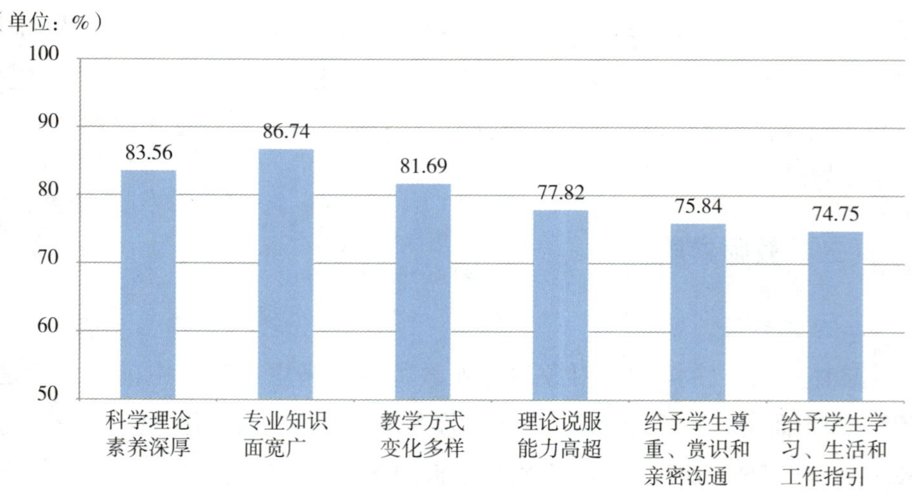

图 1-8-5　全体调查对象对教师素质的满意度

2. 学校类型

不同学校类型毕业生的就业满意度有所差异，但差异不明显。211 高校毕业生对教师素质中“科学理论素养深厚”和“专业知识面宽广”的满意度较高，为 85.68% 和 83.64%；普通本科高校毕业生对“专业知识面宽广”的满意度较高，为 81.53%；高职高专毕业生满意度最高的是“科学理论素养深厚”，所占比例为 79.78%。

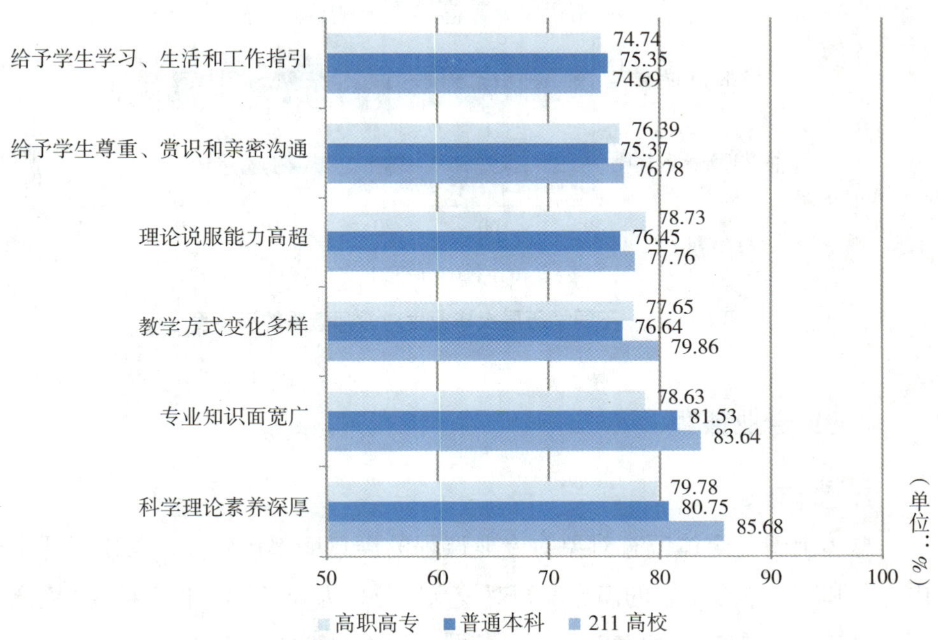

图 1-8-6　不同学校类型毕业生对教师素质的满意度

3. 学历层次

不同学历层次毕业生对教师素质满意度的差异不明显。研究生、本科生对“教学方式变化多样”和“专业知识面宽广”的满意度较高，分别为 90.33%、89.65% 和 90.65%、90.21%。

4. 学科门类

不同学科门类毕业生对教师素质满意度有所差异，但是差异不明显。经济学毕业生对“专业知识面宽广”的满意度都相对较高，为 90.72%；工 / 理学毕业生对“理论说服能力高超”的满意度都相对较高，为 90.08%；其他学科毕业生对教师素质满意度无明显差异。

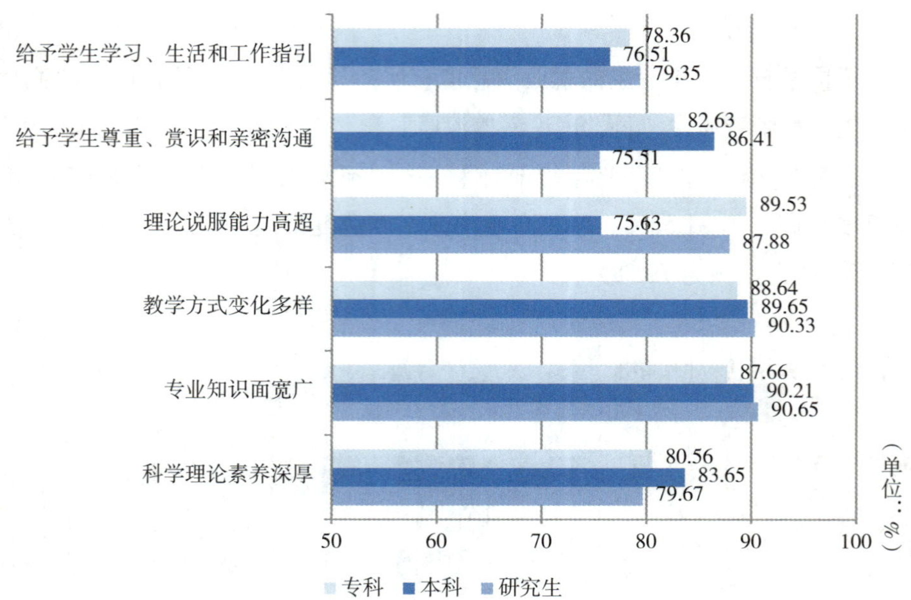

图 1-8-7　不同学历层次毕业生对教师素质的满意度

（三）专业课程

1. 总体概述

总体上看，全体调查对象对专业课程的满意度都比较高，其中“课堂内容”和“教学方法”的满意度相对较高，分别为 89.55% 和 87.41%，满意度相对较低的是“理论与实际密切程度”，为 80.05%。

2. 学校类型

不同学校类型毕业生对专业课程的满意度评价有所差异。高职高专毕业生对专业课程的满意度明显低于 211 高校、普通本科高校毕业生的满意度；普通高校毕业生对“课堂内容”的满意度明显较高；211 高校毕业生对专业课程的满意度无明显差异。

3. 学历层次

不同学历层次的毕业生对专业课程的满意度有所差异，但是差异不明显。本科生、研究生对“课程内容”最为满意，分别为 90.66% 和 89.15%；专科生对“教学方法”最为满意，为 90.53%。

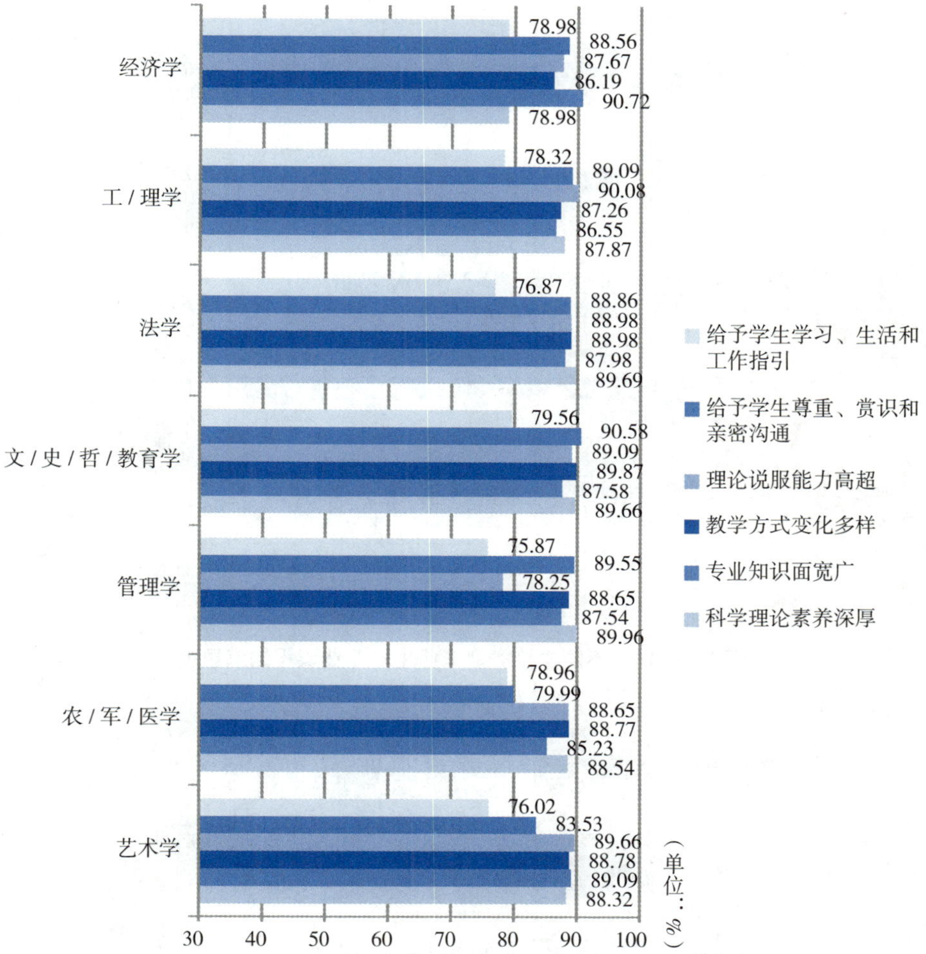

经济学
78.98
88.56
87.67
86.19
90.72
78.98
工 / 理学
78.32
89.09
90.08
87.26
86.55
87.87
法学
76.87
88.86
88.98
88.98
87.98
89.69
文 / 史 / 哲 / 教育学
79.56
90.58
89.09
89.87
87.58
89.66
管理学
75.87
89.55
78.25
88.65
87.54
89.96
农 / 军 / 医学
78.96
79.99
88.65
88.77
85.23
88.54
艺术学
76.02
83.53
89.66
88.78
89.09
88.32
30 40 50 60 70 80 90 100
（单位：%）
给予学生学习、生活和工作指引
给予学生尊重、赏识和亲密沟通
理论说服能力高超
教学方式变化多样
专业知识面宽广
科学理论素养深厚

图 1-8-8　不同学科门类毕业生对教师素质的满意度

注：因样本数据量过小，个别学科合并或不包括在内。

（单位：%）
90
80
70
60
80.05
81.91
83.19
87.41
89.55
理论与实际密切程度
课程时数
课程种类
教学方法
课堂内容

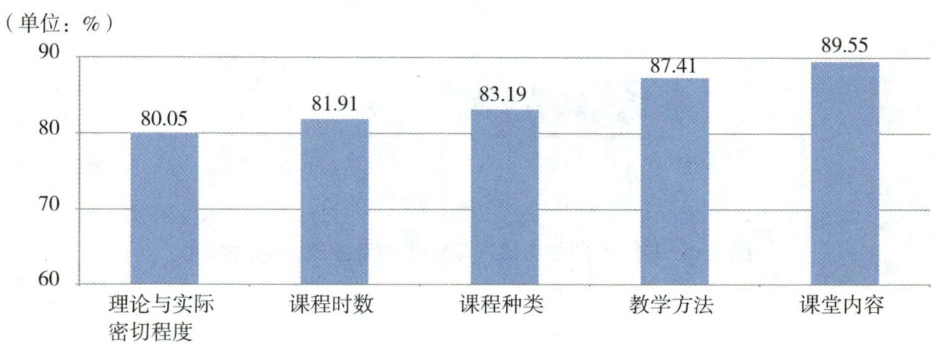

图 1-8-9　全体调查对象对专业课程的满意度

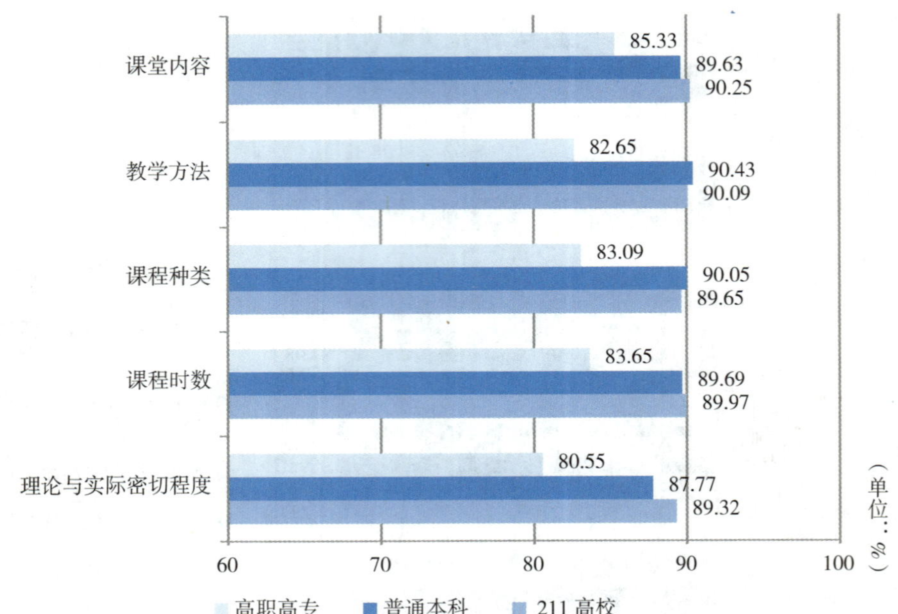

图 1-8-10　不同学校类型毕业生对专业课程的满意度

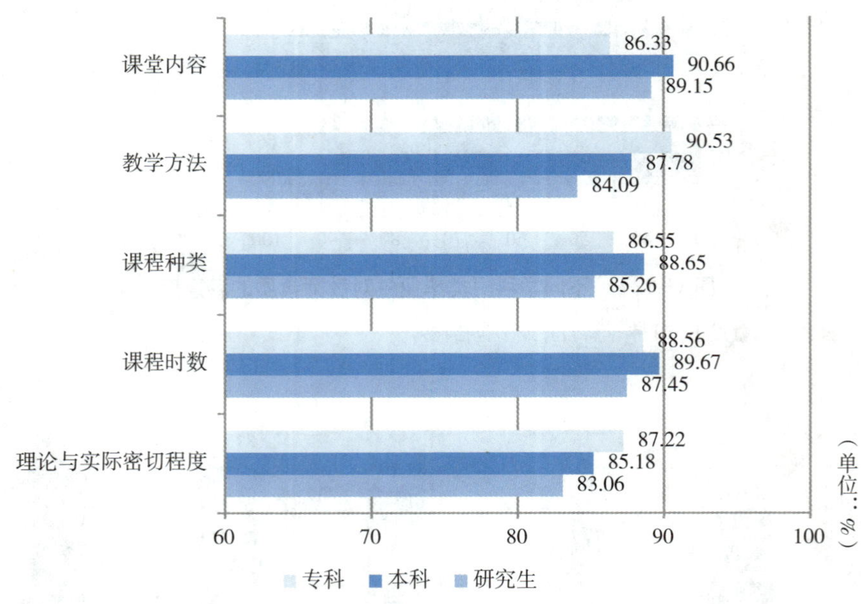

图 1-8-11　不同学历层次毕业生对专业课程的满意度

4. 学科门类

就学科门类而言，不同学科毕业生对专业课程的满意度评价差异不大。

具体而言，工/理学、文/史/哲/教育学、法学毕业生对“理论与实际密切程度”最为满意，分别为91.76%、90.76%和90.66%；艺术学、管理学和经济学毕业生对于“课程种类”较为满意，分别为90.68%、90.67%和90.87%。

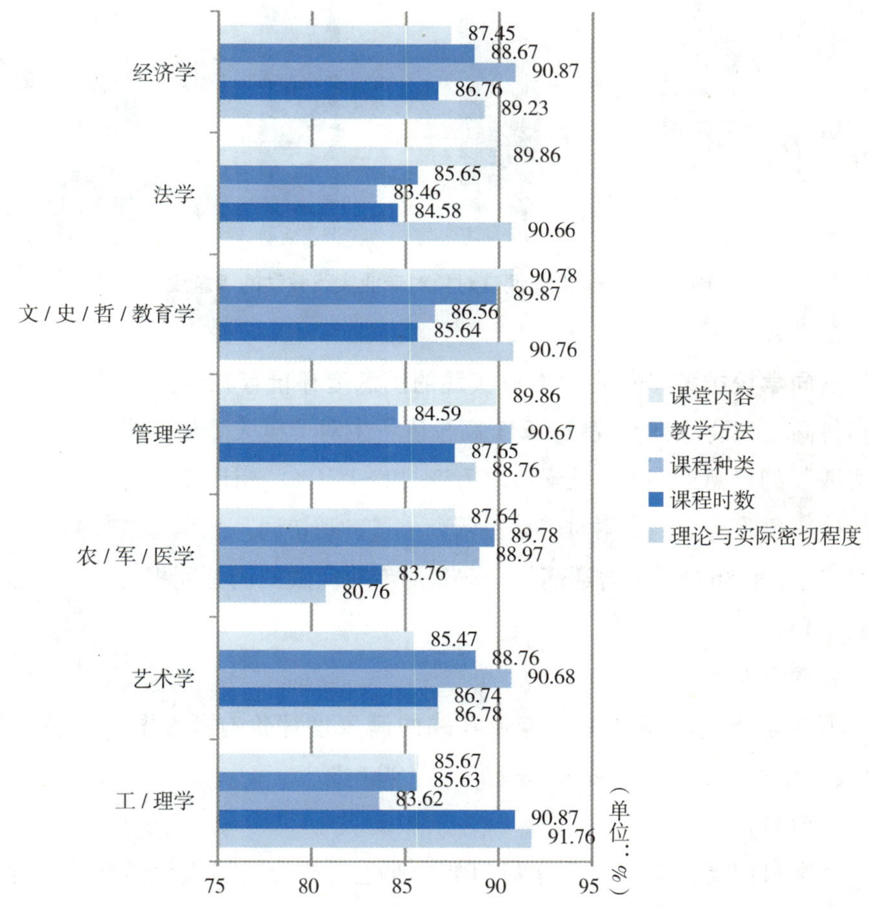

图1-8-12 不同学科门类毕业生对专业课程的满意度

（四）专业实践

1. 总体概述

总体而言，全体调查对象对专业实践的满意度依次是专业实习、参观访问、调查活动和志愿服务，分别为86.63%、83.24%、82.84%和79.35%。

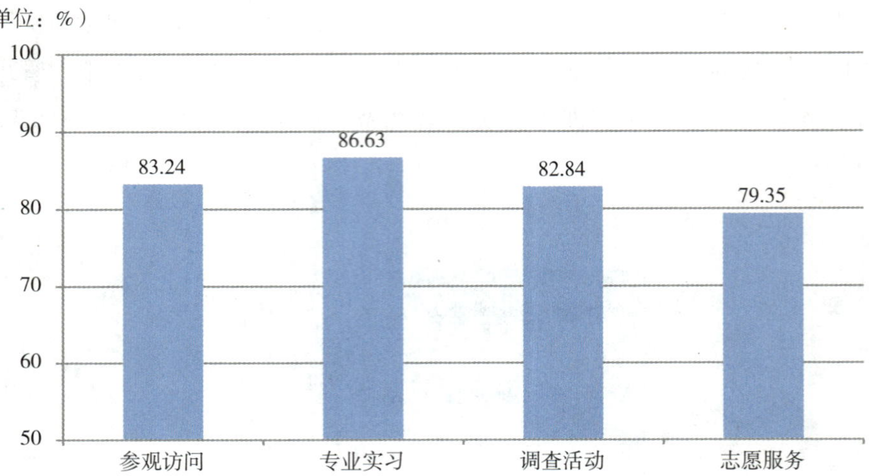

图 1-8-13 全体调查对象对专业实践教学的满意度

2. 学校类型

不同学校类型毕业生对专业实践的满意度评价存在一定差异。相比普通本科高校和高职高专院校，211 高校毕业生对“机关工作实习”、“企业生产实践”的满意度较高，分别为 87.5% 和 84.71%；相比 211 高校和普通本科高校，高职高专毕业生对“社会调查”、“参观访问”的满意度较高，分别为 89.44% 和 86.68%；普通高校毕业生对专业实践的满意度相对均衡，无较明显差异。

3. 学历层次

不同学历层次毕业生对专业实践的满意度评价有所差异。研究生对“机关工作实习”的满意度明显较高，为 90.61%。

4. 学科门类

就学科门类而言，不同学科门类毕业生对专业实践教学活动的满意度有所差异。工 / 理学毕业生对“企业生产实践”（86.28%）、“社会公益活动”（85.24%）的满意度相对较高；文 / 史 / 哲 / 教育学毕业生对“教育实习”（86.76%）的满意度相对较高，对“企业生产实践”（75.26%）的满意度较低；农 / 军 / 医学毕业生对“企业生产实践”（75.36%）、“机关工作实习”（74.52%）的满意度较低；艺术学毕业生对“企业生产实践”（74.02%）、“参观访问”（75.24%）、“社会调查”（75.32%）的满意度相对较低；其他无明显差异。

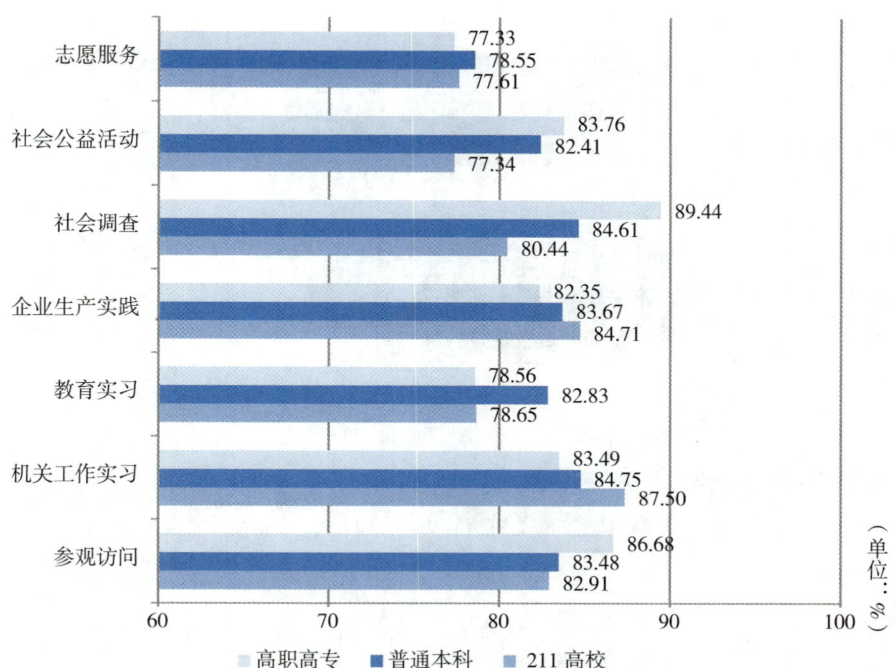

图 1-8-14 不同学校类型毕业生对专业实践教学的满意度

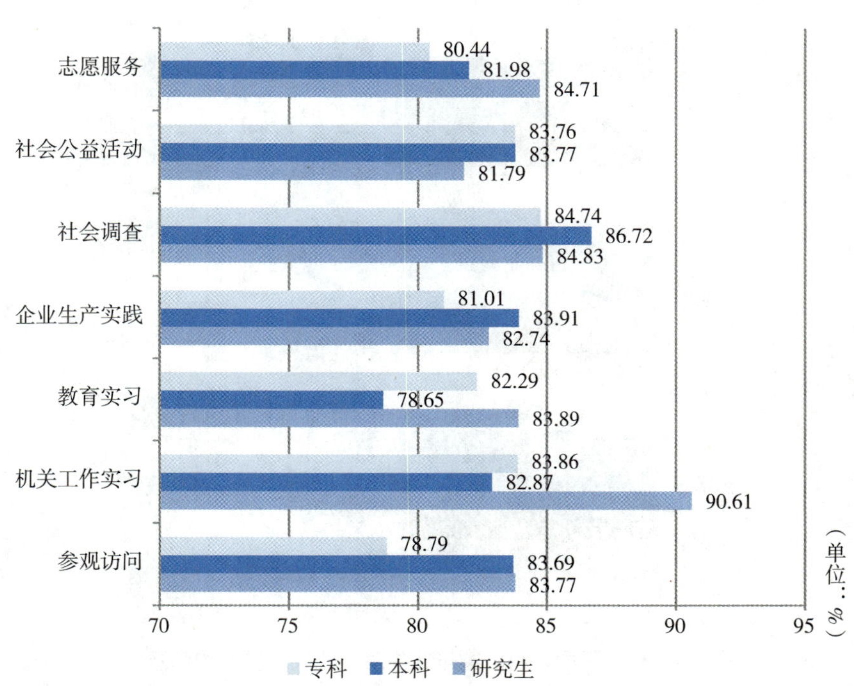

图 1-8-15 不同学历层次毕业生对专业实践教学的满意度

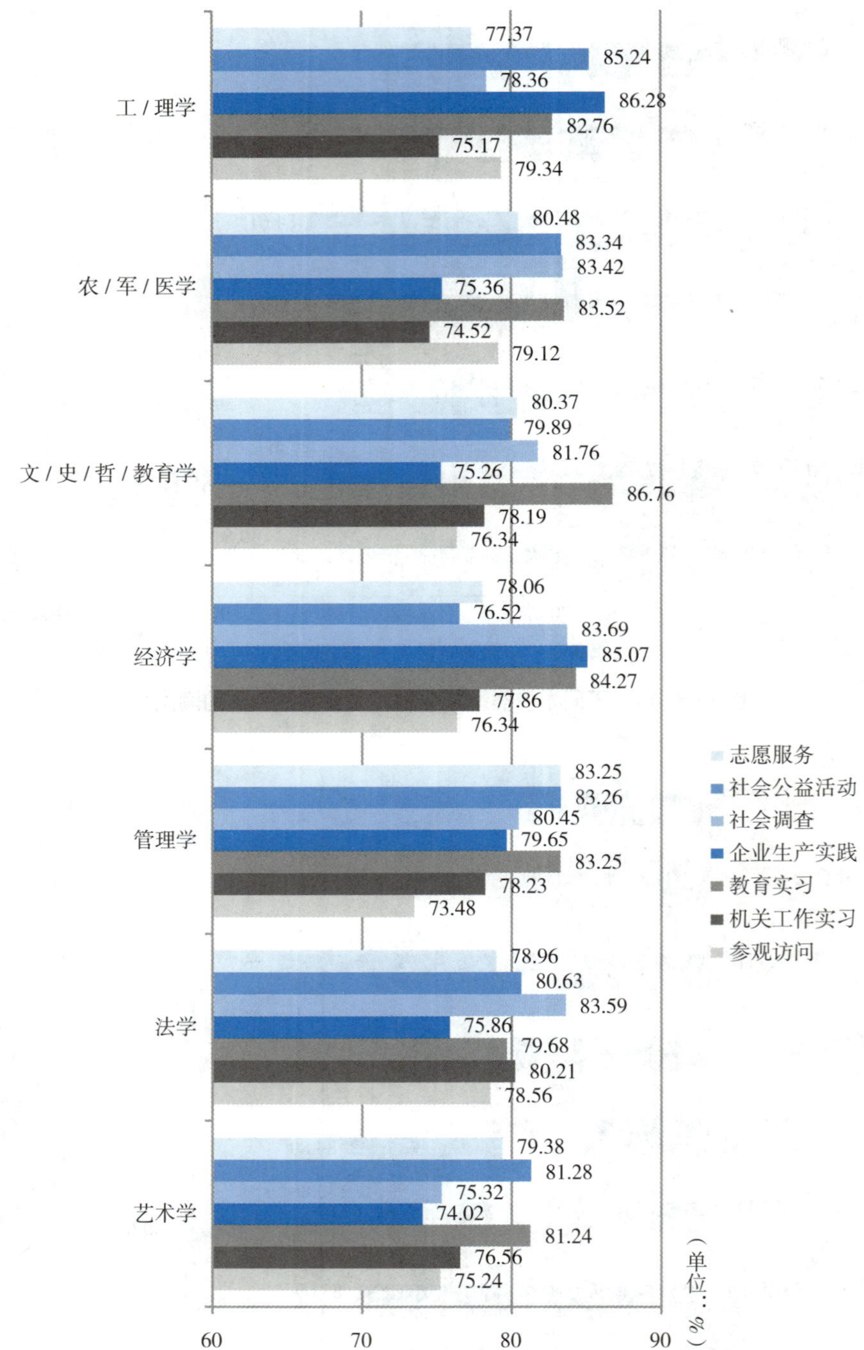

图 1-8-16　不同学科门类毕业生对专业实践教学的满意度

注：因样本数据量过小，个别学科合并或不包括在内。

二、就业指导课程评价

（一）总体概述

总体而言，全体调查对象接受的就业指导课程中以职业规划类和就业指导类课程居多，比例分别为94.23%和92.12%；模拟实训类课程相对较少，为83.48%。

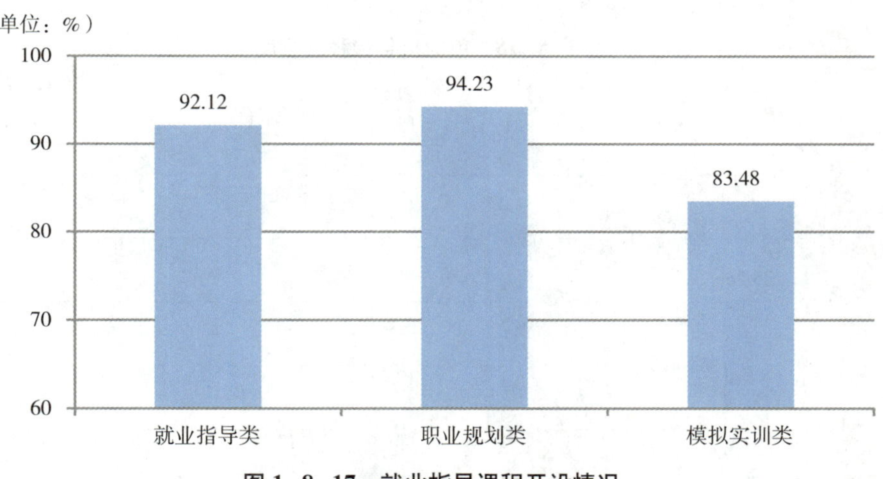

图1-8-17 就业指导课程开设情况

（二）满意度

全体调查对象对就业指导课程的满意度评价差异不大，总体上看，毕业生对就业指导课程都较为满意。

（三）改进意见

全体调查对象对就业指导课程的改进意见存在一定差异。在就业指导课程改进意见中，“课程知识含量”和“教师专业素养”是毕业生认为最需要改进的方面，比例为31.23%和25.26%。

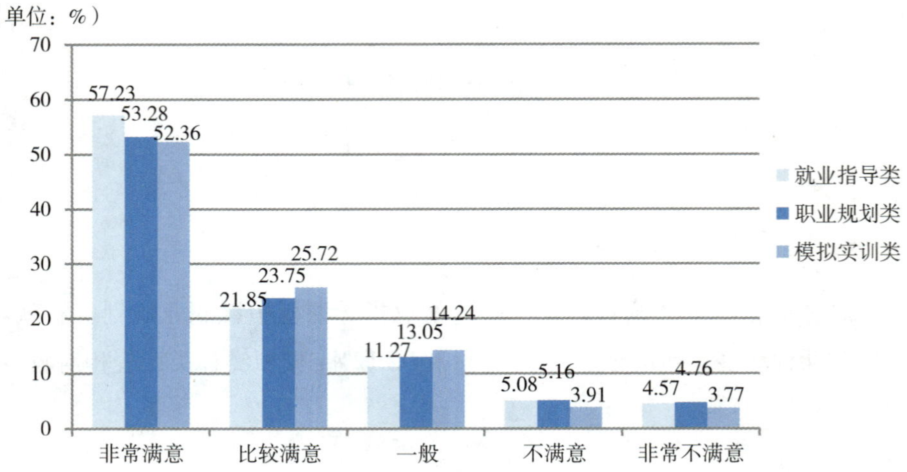

图 1-8-18　就业指导课程满意度

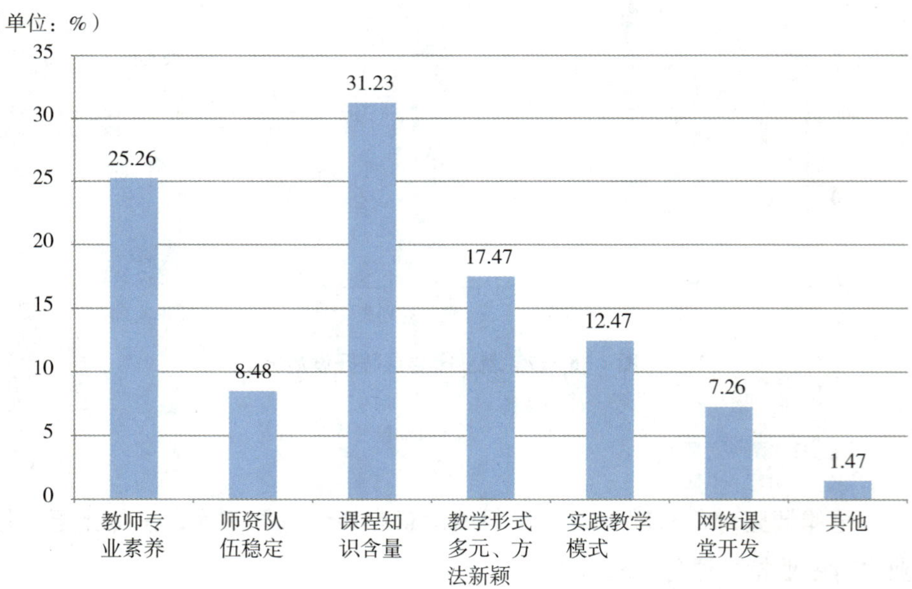

图 1-8-19　就业指导课程改进意见

分 报 告 二

中国大学生创业发展报告

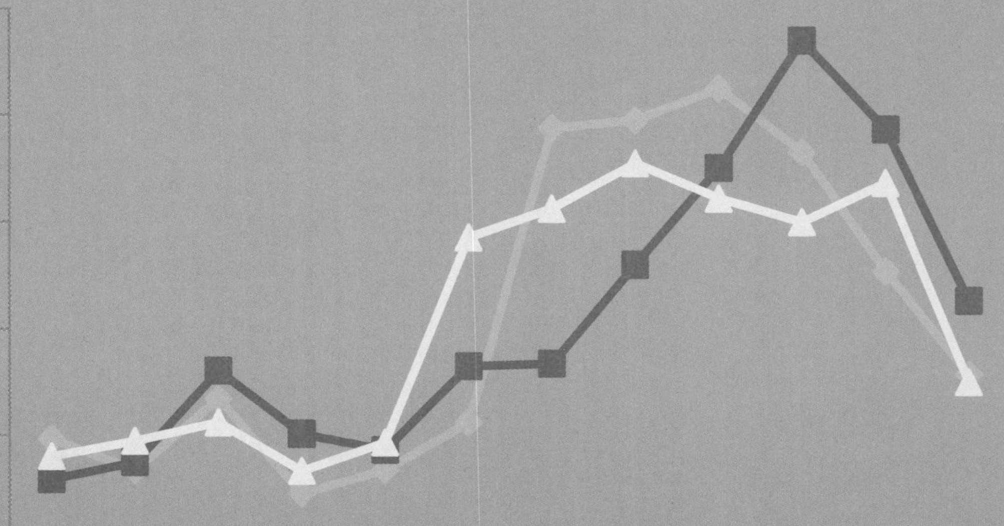

第一章　创业率

创业率研究主要从全国大学生创业率总体状况、全国大学生创业率差异比较和大学生创业规避三个维度进行，核心是要回答“有多少大学生在创业”的问题。调研结果显示，2014 届毕业生创业率为 2.16%，不同学科类别、学校类型、学历层次和不同性别等学生创业率存在明显差异。从性别看，男生自主创业比例（2.94%）明显高于女生（1.54%）。从学科类别看，应用性较强的学科创业率较高。其中，创业率最高的学科为经济学，创业率达到 4.67%。其次是艺术学（3.98%）和工学（2.63%）。从学校类型看，高职高专学生创业率最高，达到 3.84%。本科高校中普通本科高校创业率最高，达到 3.11%，211 高校毕业生创业率最低，985 高校毕业生创业率略高于 211 院校。从学历层次看，大专学历学生创业率最高，达到 3.84%，其次为本科学历（2.23%），创业率最低的为硕士研究生学历（0.81%），博士研究生创业率为 1.67%。从学习情况看，学习成绩好的学生创业率较高。学习成绩排名在前 10% 的创业率为 2.56%；前 11%—30% 区间的学生创业率最高，创业率为 2.68%；成绩排名在后 10% 的学生创业率为 1.99%。从学生经济状况看，家庭经济状况很好或很不好的学生创业率更高。其中，家庭收入较高的学生（20 万以上）创业率最高，达到 3.81%，其次为家庭收入较低的群体（2 万以下），达到 2.82%。

一、总体创业率

2014届全国高校毕业生总体创业率为2.16%。本次调查抽样202350人，调研统计，2014届全国高校毕业生创业人数为4371人，结合麦可思研究院2010—2013届《中国大学生就业报告》数据得出，近几年全国大学生创业率基本在2%左右。

表2-1-1　2010—2013届麦可思研究院全国大学生创业率统计

届　次	2010届	2011届	2012届	2013届
创业率（%）	1.50	1.60	2.0	2.30

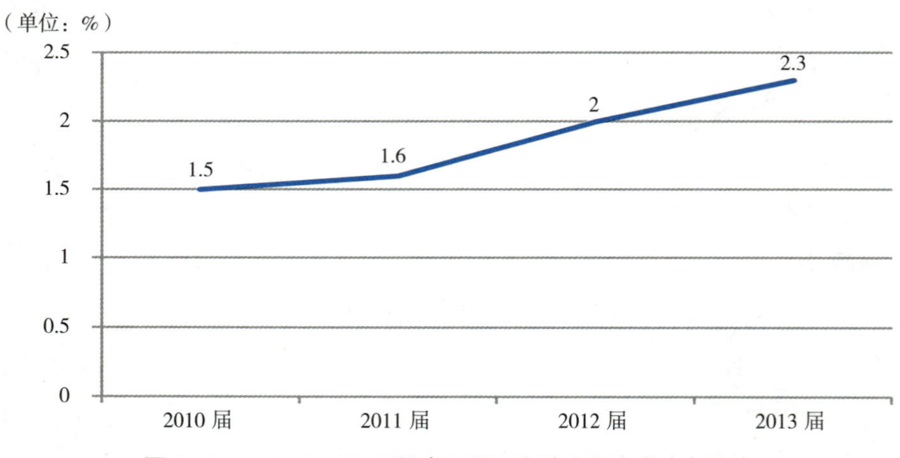

图2-1-1　2010—2013届麦可思研究院全国大学生创业率

二、创业率差异比较

（一）性别

从性别差异来看，全国大学生男生自主创业比例普遍高于女生。男生创业率为 2.94%，女生创业率为 1.54%，男生比女生高 1.4 个百分点。

表 2-1-2 全国大学生不同性别创业率统计表

性 别	创业人数	总人数	创业率（%）
男	2647	90060	2.94
女	1724	112290	1.54
合计	4371	202350	2.16

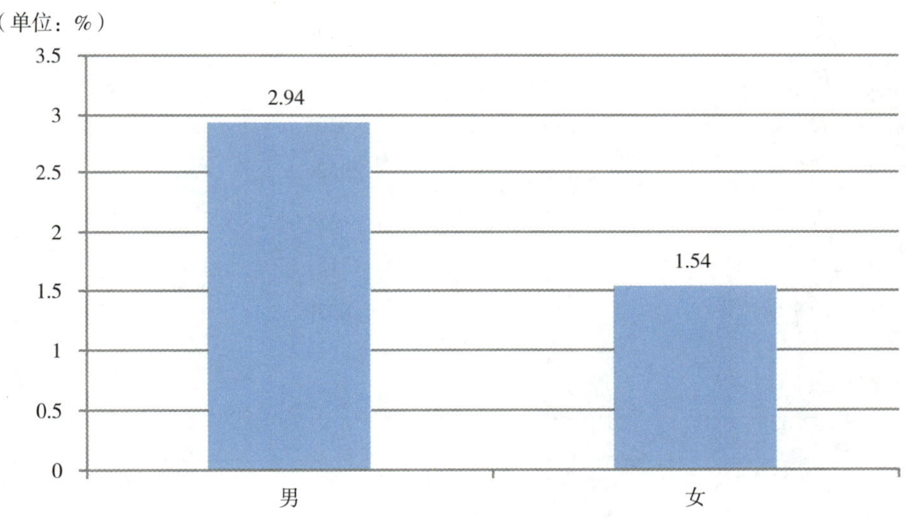

图 2-1-2 全国大学生男女创业率比较

（二）学科类别

总体来看，应用性较强的学科创业率较高。2014 届全国高校毕业生创业率最高的学科为经济学，创业率达到 4.67%。其次是艺术学（3.98%）和工学（2.63%）。

参照教育部的学科目录，本次调研覆盖了本科高校、高职高专所开设的包括经济学、理学、艺术学、法学等在内的 13 个学科门类。

不同学科门类大学生创业率 = 该学科年度创业人数 / 该学科年度毕业总人数

表 2-1-3　不同学科门类大学生创业率

学科类别	创业人数	总人数	创业率（%）
经济学	1149	24624	4.67
艺术学	287	7220	3.98
工　学	1011	38456	2.63
理　学	486	21242	2.29
教育学	150	6878	2.19
法　学	219	10222	2.14
文　学	233	12046	1.93
历史学	103	6061	1.69
农　学	130	8303	1.57
管理学	356	29526	1.20
哲　学	15	1691	0.89
医　学	205	27151	0.76
军事学	27	8930	0.31

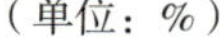

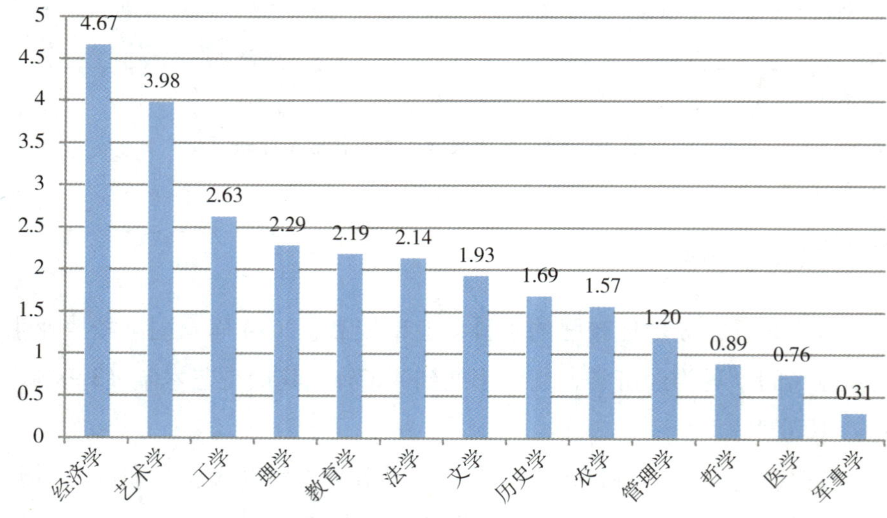

图 2-1-3　不同学科门类大学生创业率

图 2-1-3 显示了全国高校不同学科门类大学生创业率统计，可以看出，经济学学生创业率最高，达到 4.67%，其次是艺术学（3.98%）和工学

(2.63%)。创业率最低的是军事学类（0.31%），其次是医学（0.76%）和哲学（0.89%）。

（三）学校类型

不同学校类型大学生自主创业比例存在明显差异。高职高专学生创业率最高，达到3.84%。普通本科院校大学生创业率为3.11%，211高校大学生创业率最低，985高校毕业生创业率略高于211院校。

不同学校层次大学生创业率＝同一学校性质创业人数/该学校性质学生总数

本次调研分为四个学校类型，即高职高专、普通本科高校、211（非985）高校和985高校。

表2-1-4 不同学校类型大学生创业率

学校类型	创业人数	总人数	创业率（%）
高职高专	602	15675	3.84
普通本科	1874	60249	3.11
985高校	978	62415	1.57
211（非985）高校	917	64011	1.43

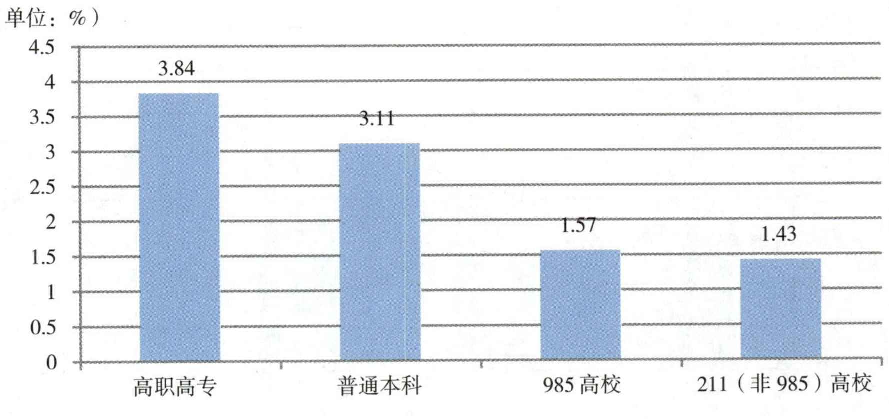

图2-1-4 不同学校类型大学生创业率

图2-1-4显示的是不同学校类型大学生创业率统计，高职高专创业率高于各类本科高校，创业率为3.84%，其次是普通本科院校，创业率为

3.11%，再次是985高校，创业率为1.57%，211高校大学生创业率最低，为1.43%。

（四）学历层次

不同学历层次大学生创业率差异比较明显。学历最低（即大专学历）的毕业生群体创业率最高，硕士研究生创业率最低。

本次调研将不同学历层次分为四个类型，即专科、本科、硕士研究生、博士研究生。

不同学校类别大学生创业率＝同一学校类别创业人数/该学校类别学生总数

表2-1-5 不同学历层次大学生创业率

学　历	创业人数	总人数	创业率（%）
专科	602	15675	3.84
本科	3482	155914	2.23
硕士研究生	212	26258	0.81
博士研究生	75	4503	1.67

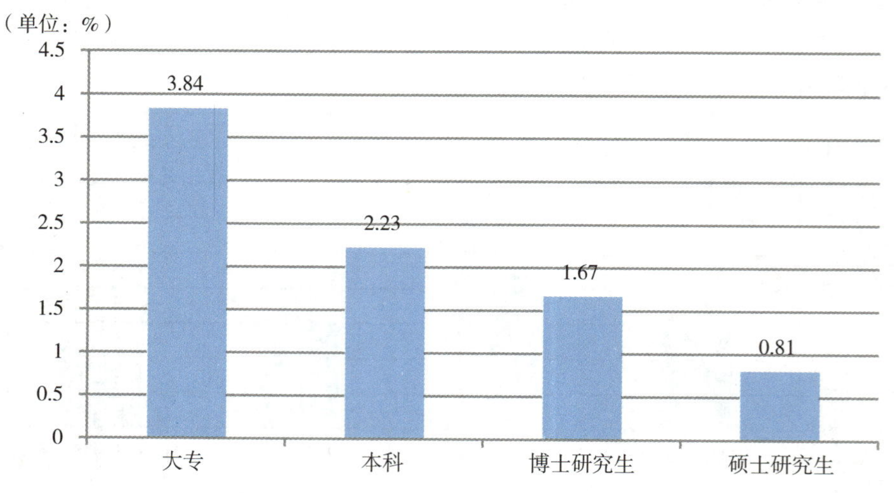

图2-1-5 不同学历层次大学生创业率

图2-1-5显示的是不同学历层次大学生创业率统计，调研显示，大专学历学生创业率最高，达到3.84%，其次为本科学历（2.23%），创业率最低

的为硕士研究生学历（0.81%），博士研究生创业率为 1.67%。

（五）学习成绩

学习成绩好的学生创业率较高。调研显示，学习成绩排名在前 10% 的创业率为 2.56；前 11%—30% 区间的学生创业率最高，为 2.68%；成绩排名在后 10% 的学生创业率为 1.99%。

调研将大学生在校期间学习成绩划分为 5 个区间：成绩排名前 10%；成绩排名 11%—30%；成绩排名 31%—70%；成绩排名 71%—90%；成绩排名后 10%。

不同成绩大学生创业率 = 成绩在同一区间内学生创业人数 / 成绩在同一区间内学生总数

表 2-1-6　不同学习成绩大学生创业率

学习成绩排名	创业人数	总人数	创业率（%）
前 10%	1127	44012	2.56
11%—30%	1084	40421	2.68
31%—70%	800	44012	1.82
71%—90%	1285	70130	1.83
后 10%	75	3775	1.99

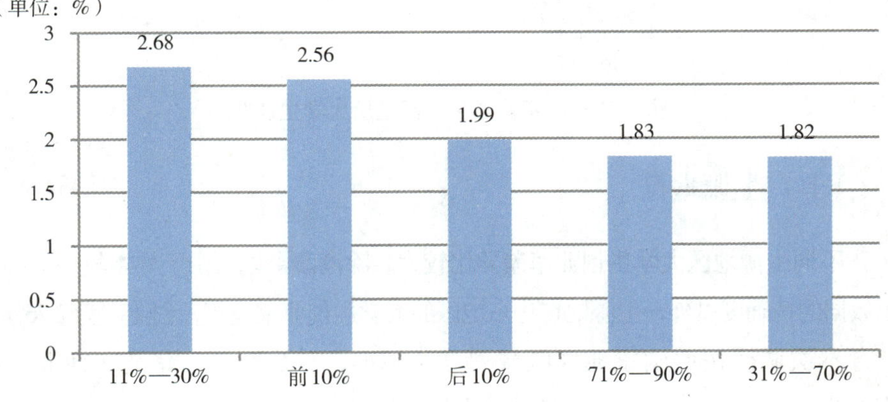

图 2-1-6　不同学习成绩的大学生创业率

图 2-1-6 显示的是不同学习成绩的大学生创业率统计，成绩排名前

10% 的大学生创业率为 2.56%；成绩排名 11%—30% 的大学生创业率为 2.68%，比例稍高；成绩排名 31%—70% 的大学生创业率为 1.82%；成绩排名 71%—90% 的大学生创业率为 1.83%；成绩排名后 10% 的大学生创业率为 1.99%。

（六）学生干部经历

调研结果显示，担任过大学生干部的学生创业率偏高，创业率为 2.25%，未担任过学生干部的大学生创业率为 1.68%。

表 2-1-7　不同学生干部经历大学生创业率

是否担任过学生干部	创业人数	总人数	创业率（%）
担 任 过	3815	169252	2.25
未担任过	556	33098	1.68

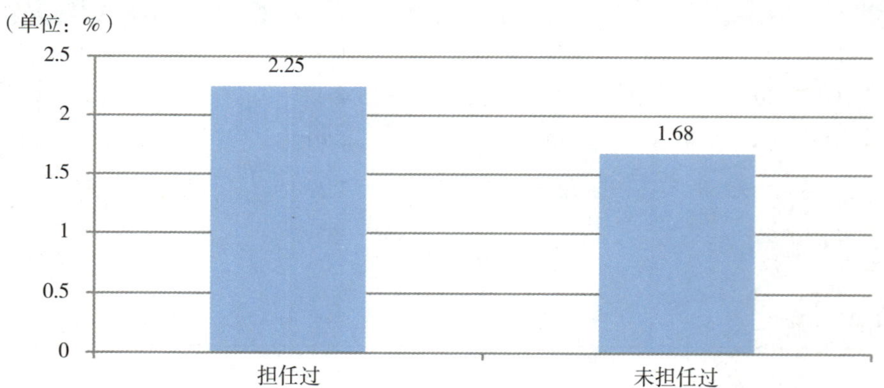

图 2-1-7　不同学生干部经历大学生创业率

（七）生源地区

不同生源地区大学生创业率差异比较大。除港澳台地区由于样本较小，影响了数据的精确度以外，生源地在华东地区的大学生创业率最高，创业率为 2.76%。

本次调研按照国家地理区域划分的标准，分为东北、华北、西北、西南、华南、华东、华中和港澳台 8 大块。

各生源地区大学生创业率 = 本生源所在地大学生创业人数 / 该生源所在地大学生总人数

表 2-1-8 不同生源所在地区大学生创业率

生源所在地区	创业人数	总人数	创业率（%）
港澳台	21	213	9.65
华 东	1904	69067	2.76
西 南	386	14473	2.66
华 北	610	25163	2.42
华 南	597	31177	1.92
华 中	421	27374	1.54
西 北	173	11912	1.45
东 北	260	22971	1.13

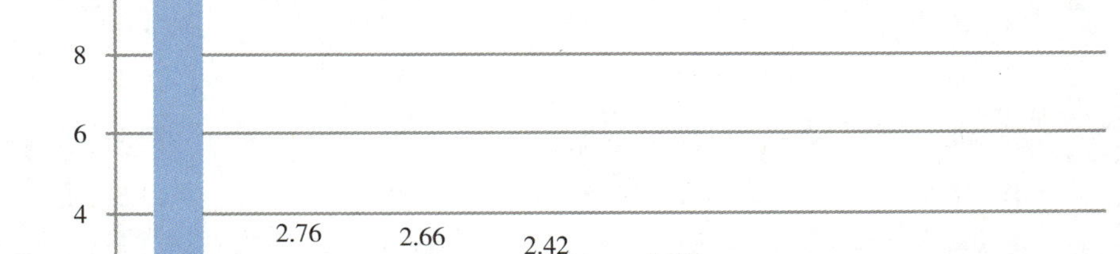

图 2-1-8 不同生源所在地大学生创业率

图 2-1-8 显示，除生源所在地为港澳台地区大学生创业率较高以外，其他 7 个区域创业率较高的生源地为华东地区（2.76%）、西南地区（2.66%）和华北地区（2.42%）。生源地位于华中地区、西北地区和东北地区的大学生创业率相对较低，分别为 1.54%、1.45% 和 1.13%。

（八）高校所在地

调研显示，除海外和港澳台地区外，华北地区高校大学生创业率最高，创业率为 3.81%，其次是西南地区和华东地区。

各地区高校大学生创业率较高的省份（直辖市）分别是华北地区的天

津市（5.76%）、华南地区的海南省（2.52%）、华中地区的江西省（4.51%）、华东地区的安徽省（3.11%）、西北地区的宁夏回族自治区（6.66%）、云南省（7.40%）、东北地区的吉林省（0.66%）和香港特别行政区（8.14%）。

本次调研将毕业生学校所在地划分为9个地区，即华北地区、华南地区、华中地区、华东地区、西北地区、西南地区、东北地区、港澳台地区和海外。

不同学校所在地大学生创业率 = 该学校所在地区大学生创业人数 / 该学校所在地区大学生总数

表 2-1-9　不同高校所在地区大学生创业率

高校所在地区	自主创业	总　计	创业率（%）
海　外	34	249	13.68
港澳台	14	229	6.10
华　北	873	22940	3.81
西　南	287	11699	2.45
华　东	2040	94358	2.16
东　北	137	6481	2.11
华　中	451	29460	1.53
华　南	472	31103	1.52
西　北	62	5831	1.06

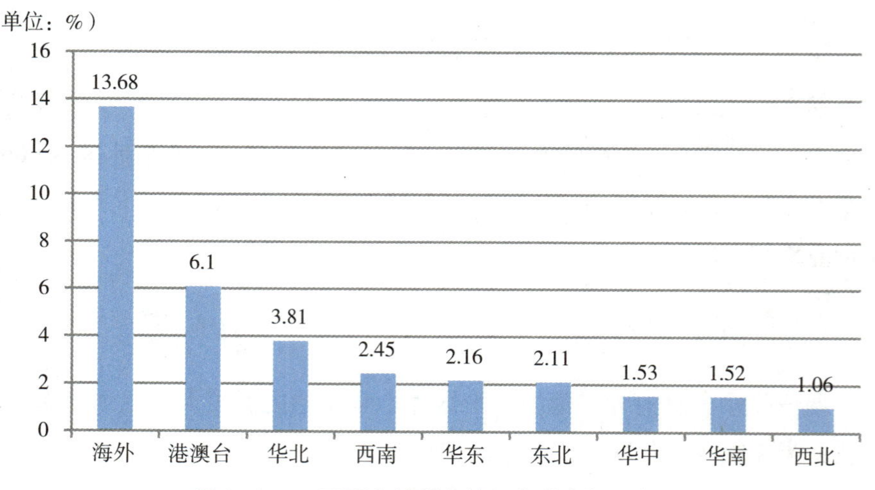

图 2-1-9　不同高校所在地区大学生创业率

图 2-1-9 显示，除港澳台地区、海外两个地区外，华北地区高校大学生创业率最高，达到 3.81%，其次为西南地区（2.45%）和华东地区（2.16%）。华南地区和西北地区高校大学生创业率较低，分别为 1.52% 和 1.06%。

表 2-1-10 华北地区高校大学生创业率

省份	创业人数	总人数	创业率（%）
天津	170	2944	5.76
山西	185	3766	4.92
北京	417	12961	3.22
河北	70	2275	3.08
内蒙古	31	994	3.07

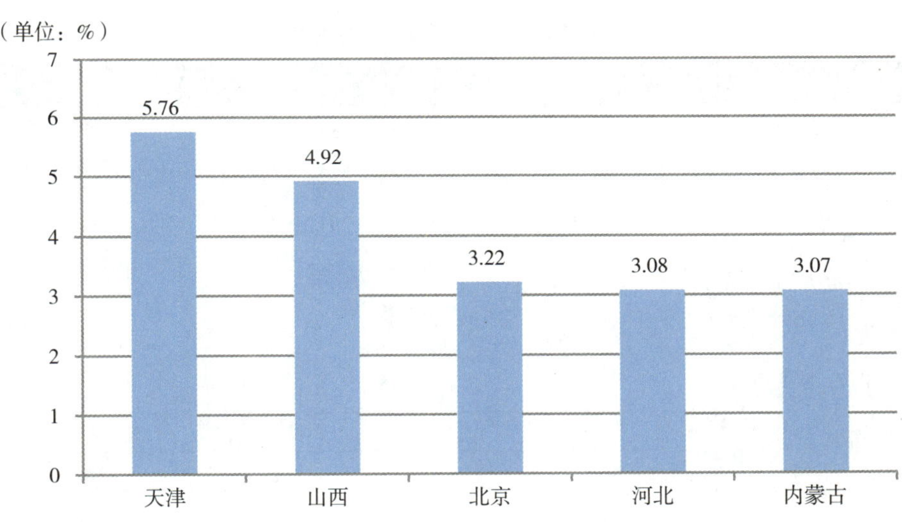

图 2-1-10 华北地区高校大学生创业率

表 2-1-11 华南地区高校大学生创业率

省份	创业人数	总人数	创业率（%）
海南	14	554	2.52
广西	14	688	2.03
广东	444	29860	1.49

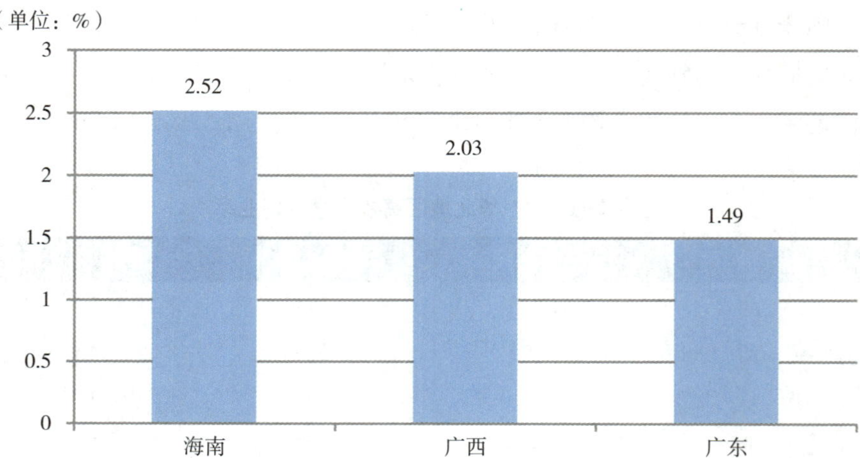

图 2-1-11　华南地区高校大学生创业率

表 2-1-12　华中地区高校大学生创业率

省　份	创业人数	总人数	创业率（%）
江　西	62	1373	4.51
河　南	144	8228	1.75
湖　北	212	12911	1.64
湖　南	34	6947	0.49

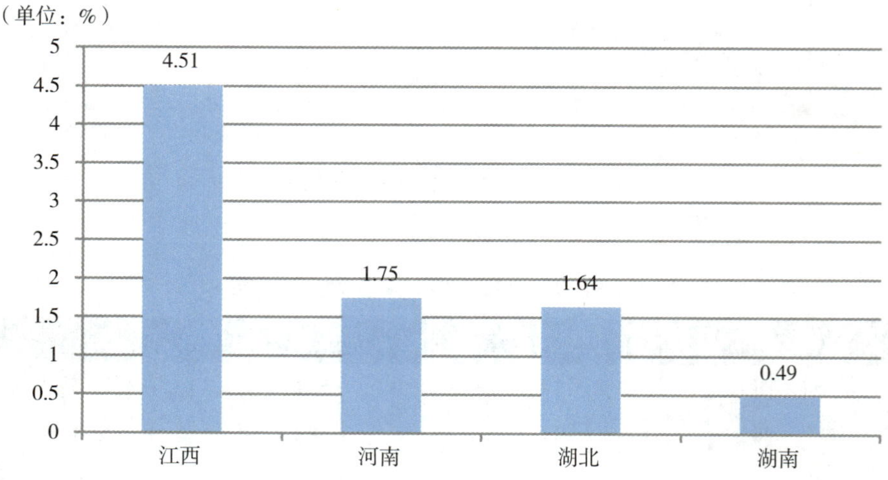

图 2-1-12　华中地区高校大学生创业率

表 2-1-13 华东地区高校大学生创业率

省 份	创业人数	总人数	创业率（%）
安 徽	232	7440	3.11
上 海	309	10138	3.04
江 苏	834	35286	2.36
浙 江	112	4899	2.28
福 建	70	4349	1.60
山 东	484	32247	1.50

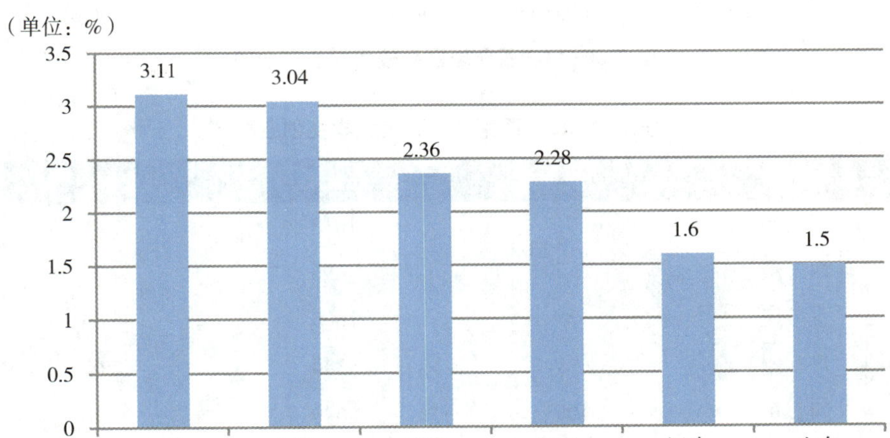

图 2-1-13 华东地区高校大学生创业率

表 2-1-14 西北地区高校大学生创业率

省 份	自主创业	总 计	创业率（%）
宁 夏	14	210	6.66
甘 肃	21	879	2.39
陕 西	27	4607	0.59
青 海	0	76	0
新 疆	0	57	0

注：创业率为 0 代表该省份创业样本小于 5%，下同。

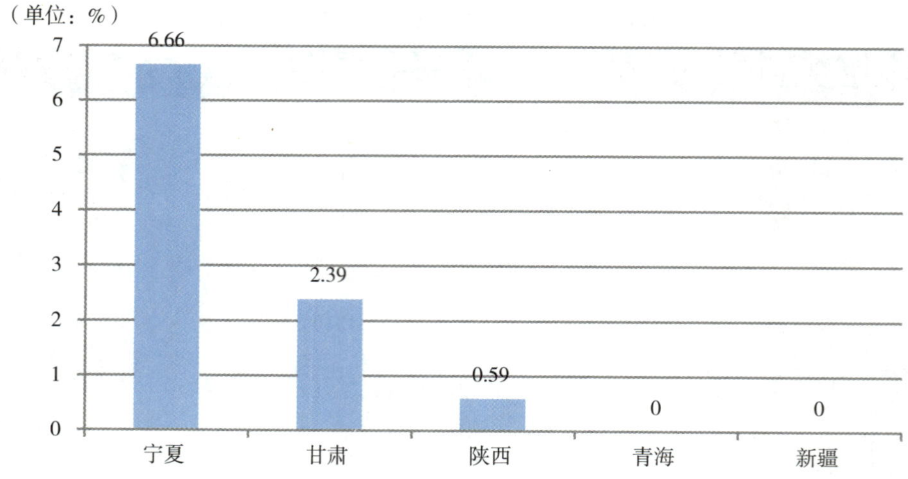

图 2-1-14　西北地区高校大学生创业率

表 2-1-15　西南地区高校大学生创业率

省　份	创业人数	总人数	创业率（%）
云　南	75	1013	7.40
西　藏	7	96	7.32
重　庆	89	1606	5.54
贵　州	7	344	2.03
四　川	109	8640	1.26

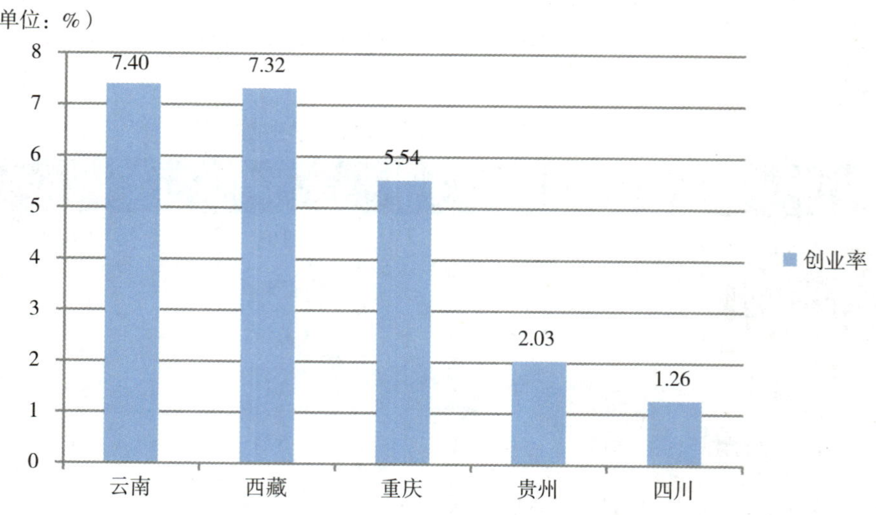

图 2-1-15　西南地区高校大学生创业率

表 2-1-16 东北地区高校大学生创业率

省 份	创业人数	总人数	创业率（%）
吉 林	39	5887	0.66
辽 宁	75	12113	0.62
黑龙江	23	4940	0.46

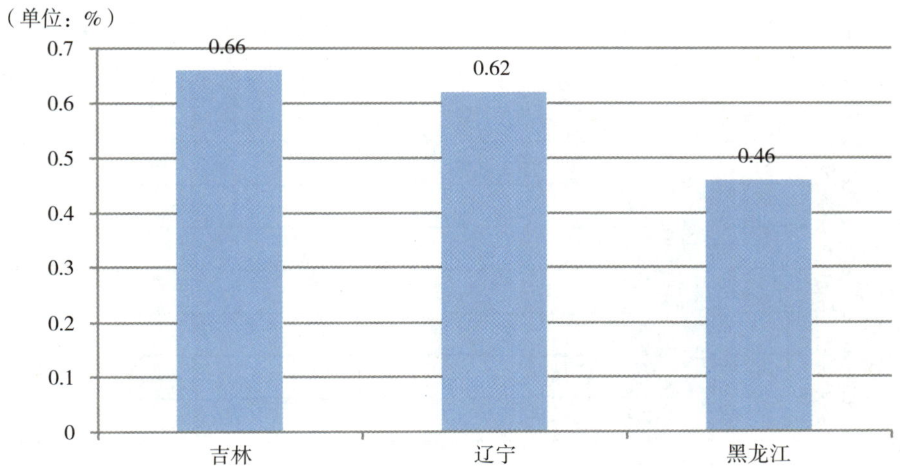

图 2-1-16 东北地区高校大学生创业率

表 2-1-17 港澳台地区高校大学生创业率

地 区	创业人数	总人数	创业率（%）
香 港	14	172	8.14
澳 门	0	19	0
台 湾	0	38	0

表 2-1-18 不同生源所在地区与不同高校所在地区创业率比较

地 区	创业人数	总人数	不同生源所在地创业率（%）	创业人数	总人数	不同高校所在地创业率（%）
东 北	260	22971	1.13	137	6481	2.11
港澳台	21	213	9.65	14	229	6.10
海 外	0	0	0	34	249	13.68
华 北	610	25163	2.42	873	22940	3.81

地 区	创业人数	总人数	不同生源所在地创业率（%）	创业人数	总人数	不同高校所在地创业率（%）
华 东	1904	69067	2.76	2040	94358	2.16
华 南	597	31177	1.92	472	31103	1.52
华 中	421	27374	1.54	451	29460	1.53
西 北	173	11912	1.45	62	5831	1.06
西 南	386	14473	2.66	287	11699	2.45

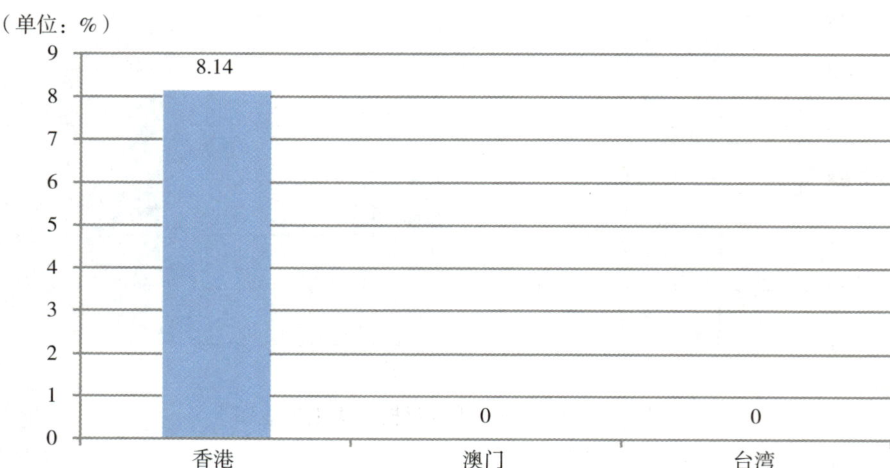

图 2-1-17 港澳台地区高校大学生创业率

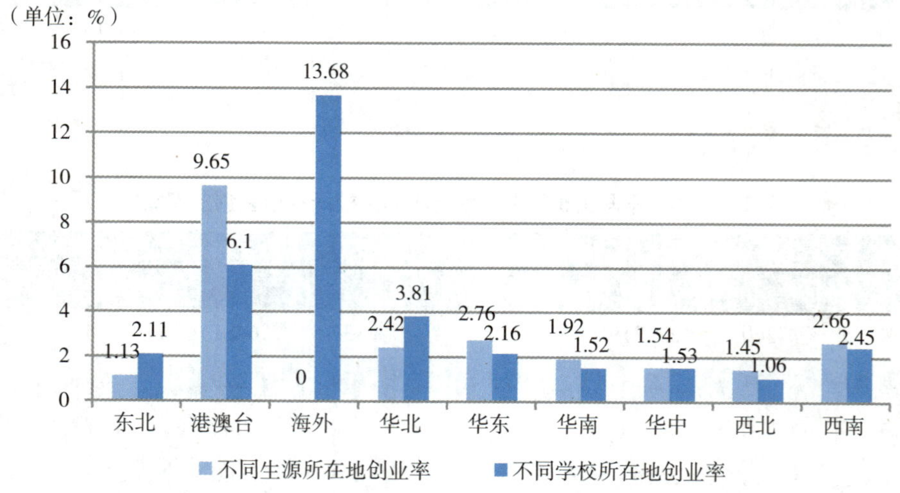

图 2-1-18 不同生源所在地与不同高校所在地区创业率比较

图 2-1-18 显示的是不同高校所在地和不同生源所在地大学生创业率比较，可以看出，差异最明显的是华北地区，该地区高校大学生创业率较高，达到 3.81%，而生源所在地是华北地区的大学生创业率则为 2.42%。差异比较明显的还有东北地区，该地区"高校所在地"创业率 2.11%，"生源所在地"创业率为 1.13%。除学校在海外地区以外，其他地区不同学校所在地和不同生源所在地大学生创业率差异并不明显。华北、华东和东北地区高校大学生创业率较高，华南、华中、西北、西南地区生源所在地创业率较高。

（九）家庭收入

调研显示，**家庭收入对大学生创业的影响比较大**。家庭收入最高的学生创业率最高，达到 3.81%；其次为家庭收入最低的群体，达到 2.82%。

表 2-1-19　不同家庭收入大学生创业率

家庭收入（元）	创业人数	总人数	创业率（%）
2 万及以下	917	32490	2.82
2 万—5 万	1012	49457	2.05
5 万—10 万	999	48659	2.05
10 万—15 万	657	38570	1.70
15 万—20 万	383	22591	1.70
20 万及以上	404	10583	3.81

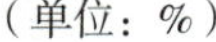

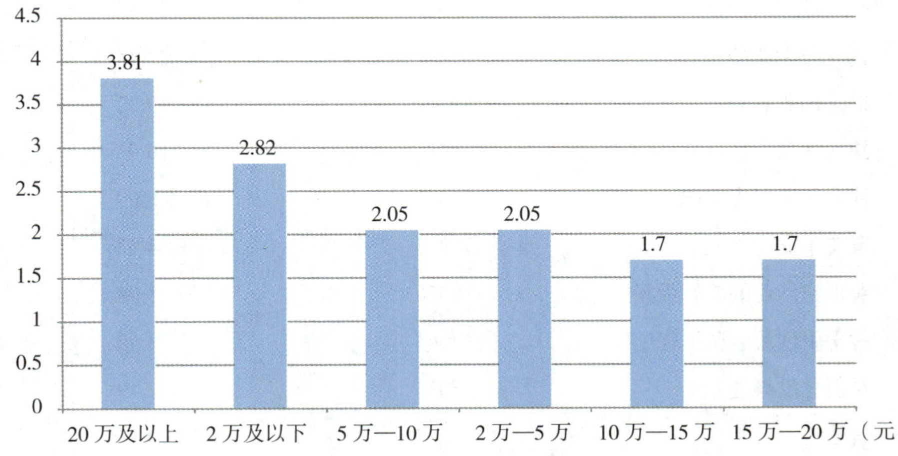

图 2-1-19　不同家庭收入大学生创业率

三、创业规避

创业规避是对大学生不选择或很少选择创业的状态描述。为此本调研在问卷中设置了“您认为造成当前大学生很少选择自主创业最重要原因”一题，限选三项。调研将大学生创业规避的原因归纳为14种，主要从主观因素、客观因素两个方面全面了解大学生创业规避的原因。

（一）总体状况

大学生很少选择自主创业的原因排在前三位的依次是“缺乏好的项目与创意”、“害怕承担创业风险”和“追求稳定就业”。不同学科门类、学校类型、学历层次大学生对创业规避的原因认识存在差异。

表2-1-20　当前大学生很少选择自主创业的原因

很少选择自主创业原因	被选频次	比例（%）
缺乏好的项目或创意	67279	33.25
害怕承担创业风险	61161	30.23
追求稳定就业	50521	24.97
缺乏有效支持	50407	24.91
缺乏足够的资金	47633	23.54
创业与学业的矛盾	45429	22.45
缺乏创业意识	39102	19.32
缺乏社会关系	34257	16.93
社会舆论压力影响	16378	8.09
亲友不支持创业	9975	4.93
看不到创业的美好前景	8056	3.98
大学生创业素质不强	7068	3.49
对创业没兴趣	5035	2.49
其他	304	0.15

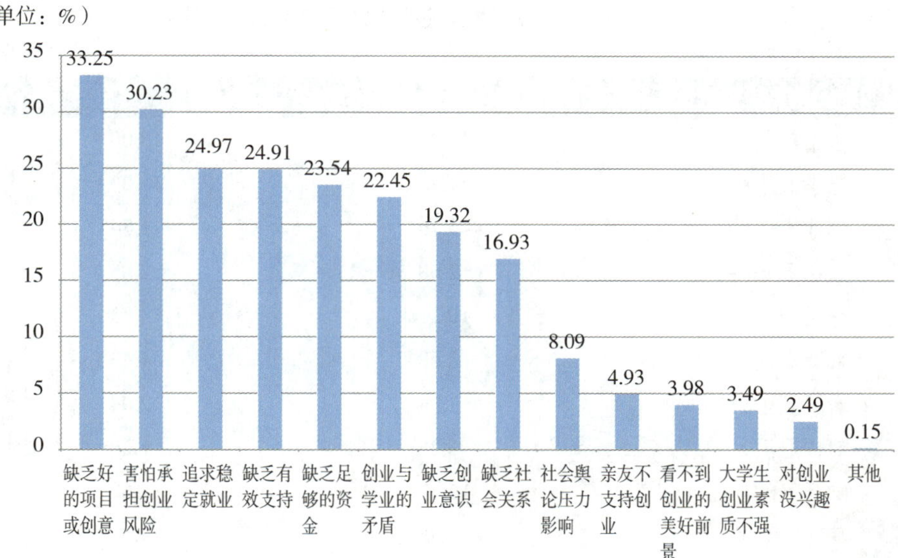

图 2-1-20 当前大学生很少选择自主创业的原因

图 2-1-20 是对当前大学生很少选择自主创业原因的统计，可以看出，大学生很少选择自主创业的原因排在第一位的是“缺乏好的项目与创意”（33.25%），其次是“害怕承担创业风险”（30.23%）和“追求稳定就业”（24.97%）。对大学生很少选择自主创业影响度低的分别是“对创业没兴趣”（2.49%）、“大学生创业素质不强”（3.49%）和“看不到创业的美好前程”（3.98%）。

（二）性别差异

调研显示，不同性别大学生创业规避原因存在差异。女生在“缺乏有效支持”和“追求稳定就业”方面明显比男生比例高。男生不选择自主创业的原因排在前三位的分别是“缺乏好的创意或项目”（15.67%）、“害怕风险”（15.25%）和“与学业矛盾”（11.46%）。女生不选择自主创业的原因排在前三位的分别是“缺乏好的创意或项目”（17.6%）、“害怕风险”（15%）和“缺乏有效支持”（14.96%）。男女差异比较明显。

表 2-1-21　不同性别大学生很少选择自主创业的原因

（单位：%）

很少选择自主创业原因	男	女
害怕风险	15.25	15.00
与学业矛盾	11.46	11.00
创业素质低	1.76	1.74
亲友不支持	2.08	2.85
缺乏资金	10.21	13.33
社会舆论压力	3.68	4.43
看不到前景	1.94	2.04
对创业没兴趣	1.25	1.25
缺乏好的项目或创意	15.67	17.60
缺乏社会关系	7.88	9.05
追求稳定就业	11.01	13.96
缺乏创业意识	9.24	10.34
缺乏有效支持	9.96	14.96
其他	0.16	0.15

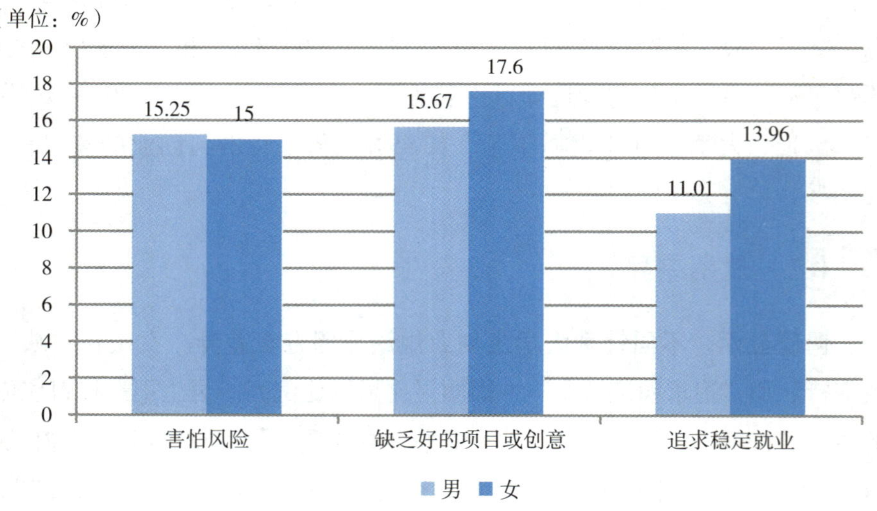

图 2-1-21　不同性别大学生很少选择自主创业的原因

（三）学科类别

不同学科门类大学生很少选择自主创业的原因存在差异。法学、工学、管理学、教育学、经济学、理学和文学选择“缺乏好的项目或创意”居多；军事学、历史学和农学选择“追求稳定就业”居多；医学和哲学学科选择“害怕风险”居多。

表 2-1-22　不同学科门类大学生很少选择自主创业的原因

（单位：%）

学科门类	害怕风险	追求稳定就业	缺乏好的项目或创意
法　学	1.56	1.46	1.89
工　学	6.41	4.96	7.15
管理学	2.93	3.48	3.69
教育学	1.15	1.12	1.24
经济学	3.88	3.01	4.77
军事学	0.14	1.00	0.61
理　学	3.00	2.91	3.90
历史学	0.93	1.07	1.06
农　学	0.75	0.97	0.84
文　学	2.14	1.86	2.28
医　学	5.81	2.12	4.43
艺术学	1.19	0.86	1.12
哲　学	0.35	0.13	0.30

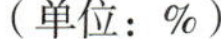

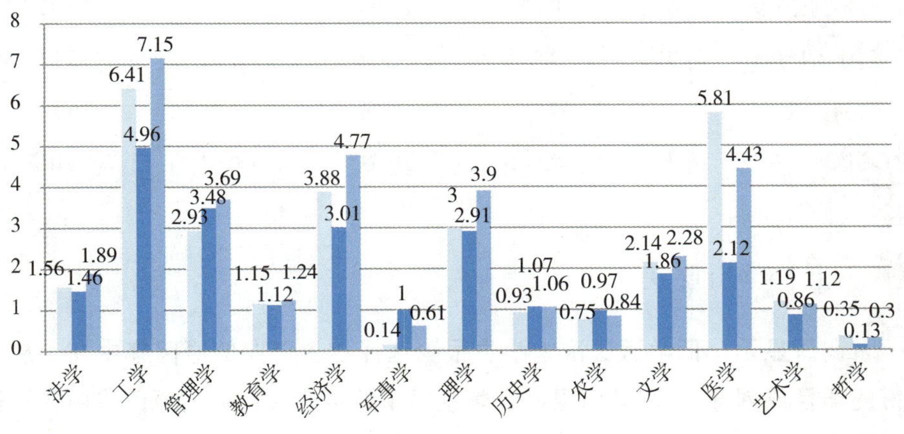

图 2-1-22　不同学科门类大学生很少选择自主创业的原因

（四）学校类型

不同学校类型学生很少选择创业的原因存在差异。211、985高校选择“缺乏好的项目和创意”较多，高职高专和普通本科高校大学生选择“害怕风险”的较多。

表 2-1-23　不同学校类型大学生很少选择自主创业的原因

（单位：%）

很少选择自主创业原因	985 院校	211 院校	普通本科	高职高专
缺乏好的项目或创意	3.19	12.15	12.75	5.16
害怕风险	8.72	6.54	12.31	2.66
追求稳定就业	3.90	9.78	8.07	3.22
缺乏有效支持	6.97	9.06	6.97	1.91
缺乏足够的资金	5.43	7.28	8.14	2.69
与学业矛盾	1.79	7.57	9.36	3.73
缺乏创业意识	4.34	7.23	6.22	1.53
缺乏社会关系	7.85	4.00	3.57	1.51
社会舆论压力	1.81	2.85	2.10	1.33
亲友不支持创业	2.80	0.64	0.83	0.66
看不到创业的美好前景	0.82	1.04	1.73	0.39
创业素质低	0.29	1.17	1.51	0.52
对创业没兴趣	0.79	0.76	0.78	0.16
其他	0.08	0.03	0.03	0.01

（五）学历层次

调研显示，低学历层次大学生很少选择自主创业的原因集中在“缺乏好的项目或创意”，高学历层次大学生很少选择自主创业的原因集中在“追求稳定就业”。

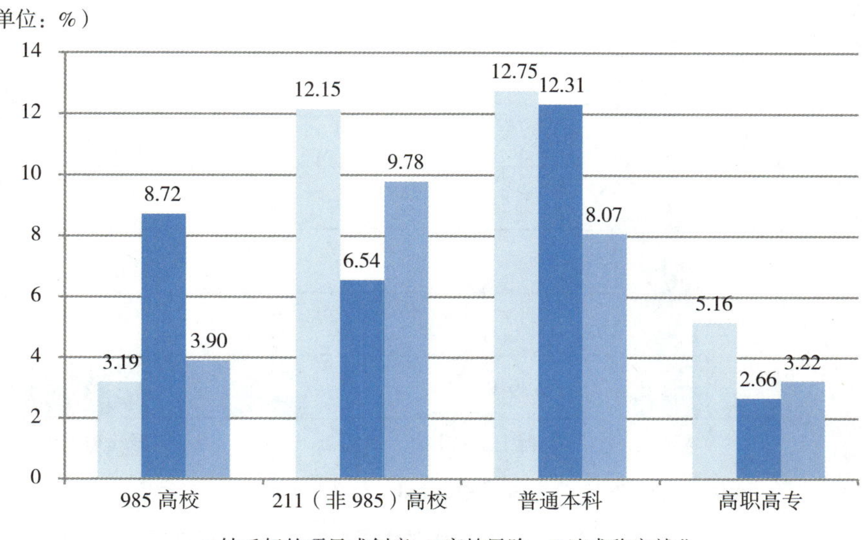

图 2-1-23　不同学校类型大学生很少选择自主创业的原因

表 2-1-24　不同学历层次大学生很少选择自主创业的原因

（单位：%）

很少选择自主创业原因	本科	博士研究生	专科	硕士研究生
害怕风险	24.95	0.39	2.67	2.22
学业的矛盾	18.97	0.32	1.73	1.44
缺乏好的项目或创意	26.92	0.47	2.66	3.20
追求稳定就业	18.79	0.50	2.25	3.43
缺乏创业意识	14.85	0.43	1.73	2.56
缺乏有效支持	19.77	0.48	1.80	2.86
缺乏社会关系	12.90	0.30	2.01	1.72
缺乏资金	18.40	0.25	2.69	2.20
社会舆论压力	6.19	0.21	0.93	0.77
亲友不支持创业	3.88	0.09	0.45	0.51
对创业没兴趣	1.90	0.04	0.16	0.39
看不到前景	3.01	0.10	0.39	0.47
创业素质低	2.68	0.06	0.37	0.39
其他	0.10	0.00	0.03	0.02

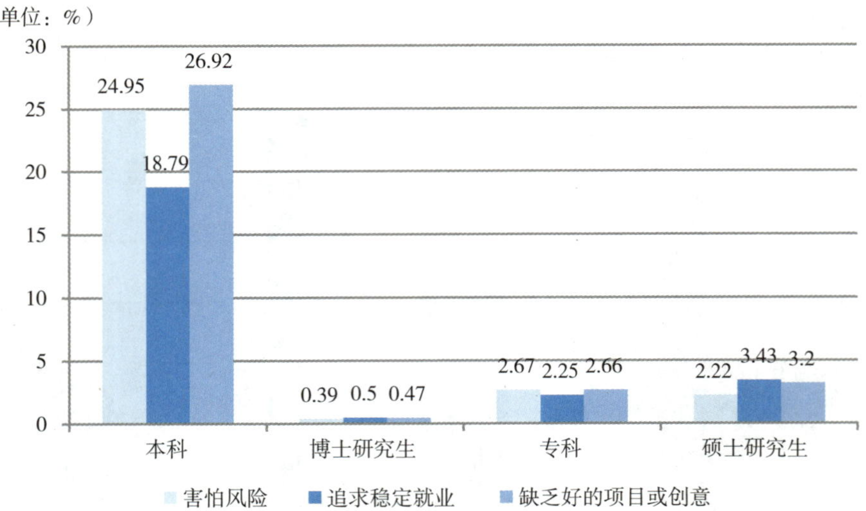

图 2-1-24　不同学历层次大学生很少选择自主创业的原因

图 2-1-24 显示了不同学历层次大学生很少选择自主创业的原因，可以看出，低学历层次学生很少选择自主创业的原因集中在“缺乏好的项目或创意”，如大专学历占 2.66%，本科学历占 26.92%。高学历层次学生很少选择自主创业的原因集中在“追求稳定就业”，如硕士研究生占 3.43%，博士研究生占 0.5%。

（六）学习成绩

不同成绩大学生很少选择创业的原因存在差异。学习成绩排名靠前的学生选择“缺乏好的项目或创意”居多，成绩排名靠后的学生选择“害怕风险”居多。

表 2-1-25　不同学习成绩大学生很少选择自主创业的原因

（单位：%）

很少选择自主创业原因	前 10%	11%—30%	31%—70%	71%—90%	后 10%
害怕风险	7.98	10.24	9.97	1.19	0.85
与学业矛盾	5.46	9.06	6.76	0.80	0.39
创业素质低	1.14	1.37	0.73	0.14	0.11
亲友不支持创业	1.23	2.34	1.10	0.16	0.10
缺乏资金	6.68	10.24	5.41	0.81	0.40

很少选择自主创业原因	前 10%	11%—30%	31%—70%	71%—90%	后 10%
社会舆论压力	2.17	4.03	1.51	0.31	0.09
看不到创业前景	0.96	1.75	1.03	0.17	0.08
对创业没兴趣	0.54	1.18	0.64	0.10	0.03
缺乏好的项目或创意	8.05	13.92	9.31	1.31	0.69
缺乏社会关系	4.57	7.38	4.01	0.65	0.32
追求稳定就业	6.64	11.27	5.51	1.07	0.49
缺乏创业意识	5.57	8.47	4.42	0.72	0.39
缺乏有效支持	5.92	11.60	6.10	0.87	0.42
其他	0.02	0.15	0.06	0.03	0.06

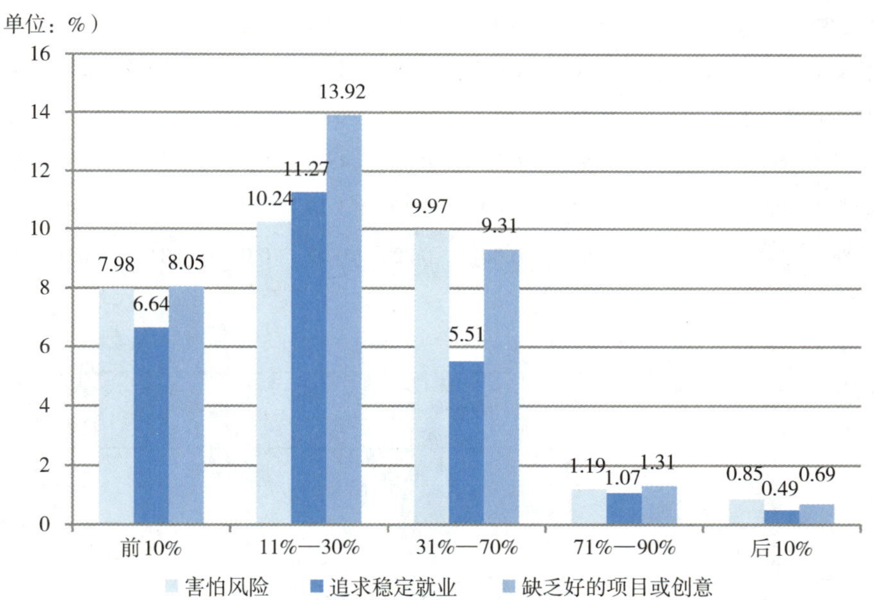

图 2-1-25 不同学习成绩大学生很少选择自主创业的原因

（七）生源所在地

不同生源所在地大学生很少选择创业的原因存在差异。华北、华东、西北和西南地区的大学生很少选择自主创业的原因集中在“缺乏好的项目或创意”，东北、华中地区的大学生很少选择自主创业的原因集中在“追求稳定就业”，华南地区大学生很少选择自主创业的原因则主要集中为“害怕风险”。

表 2-1-26　不同生源所在地大学生很少选择自主创业的原因

（单位：%）

很少选择自主创业原因	东北	港澳台	华北	华东	华南	华中	西北	西南
害怕风险	1.45	0.07	2.71	10.49	9.23	3.01	1.37	1.90
与学业的矛盾	1.60	0.03	2.37	7.64	5.68	2.38	1.26	1.49
缺乏好的项目或创意	2.56	0.05	3.51	11.12	6.20	4.51	1.80	3.50
追求稳定就业	2.78	0.00	3.44	8.75	2.74	4.51	1.46	1.29
缺乏创业意识	2.33	0.02	2.38	7.06	1.97	3.85	0.99	0.98
缺乏有效支持	2.49	0.03	2.78	8.08	2.54	4.00	1.67	3.33
缺乏社会关系	1.66	0.00	2.04	6.49	2.08	2.71	1.00	0.96
缺乏资金	2.02	0.02	2.44	8.30	2.95	3.32	1.25	3.24
社会舆论压力	0.94	0.01	1.06	2.92	0.84	1.25	0.69	0.38
亲友不支持创业	0.46	0.00	0.66	1.84	0.63	0.76	0.23	0.35
对创业没兴趣	0.33	0.00	0.32	0.89	0.29	0.31	0.23	0.12
看不到前景	0.43	0.00	0.36	1.23	0.56	0.51	0.15	0.74
创业素质低	0.21	0.00	0.40	1.19	0.66	0.56	0.19	0.28
其他	0.01	0.00	0.02	0.07	0.03	0.01	0.02	0.00

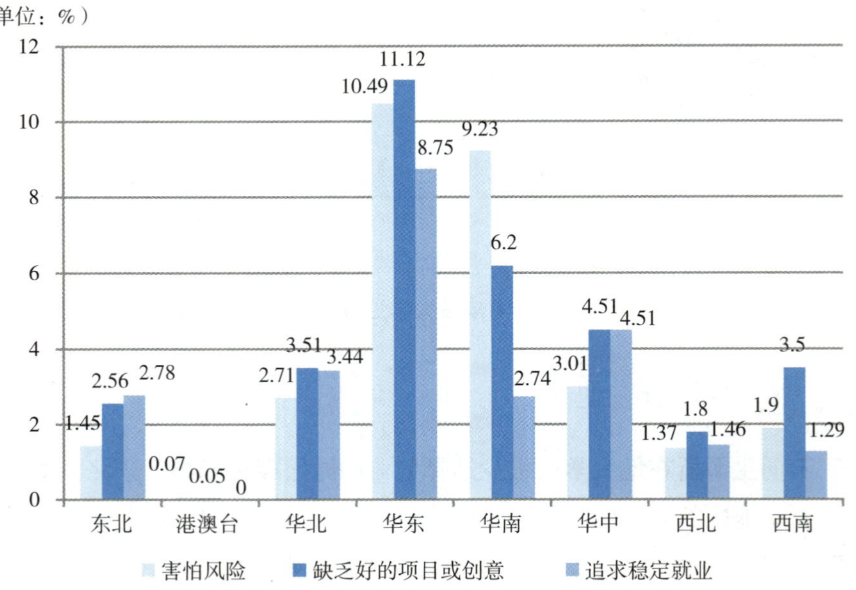

图 2-1-26　不同生源所在地大学生很少选择自主创业的原因

（八）高校所在地

不同高校所在地大学生很少选择创业的原因存在差异。东北、华东和西南地区高校大学生很少选择自主创业的原因集中在“缺乏好的项目或创意”，华中地区选择“追求稳定就业”的居多，华南地区则选择“害怕风险”的居多。

表 2-1-27 不同高校所在地区大学生很少选择自主创业的原因

（单位：%）

很少选择自主创业原因	东北	港澳台	海外	华北	华东	华南	华中	西北	西南
害怕风险	1.08	0.06	0.04	3.79	10.64	9.34	2.70	1.02	1.55
学业的矛盾	0.93	0.05	0.04	3.23	8.78	5.09	2.55	0.69	1.10
缺乏好的项目或创意	1.38	0.04	0.07	3.81	11.98	6.49	5.36	1.17	2.95
追求稳定就业	1.03	0.01	0.01	2.82	9.08	3.15	6.91	0.88	1.07
缺乏创业意识	0.82	0.03	0.01	2.04	7.15	2.31	5.87	0.69	0.68
缺乏有效支持	0.85	0.02	0.02	2.45	8.14	2.76	7.12	0.63	2.92
缺乏社会关系	0.77	0.00	0.04	1.72	7.21	2.08	3.69	0.54	0.87
缺乏资金	1.00	0.02	0.06	2.17	8.95	3.26	4.22	0.85	3.02
社会舆论压力	0.46	0.01	0.01	0.68	3.77	0.78	1.94	0.21	0.24
亲友不支持创业	0.27	0.03	0.00	0.57	2.10	0.63	0.93	0.14	0.25
对创业没兴趣	0.08	0.01	0.00	0.24	0.95	0.33	0.68	0.09	0.10
看不到前景	0.22	0.00	0.01	0.36	1.26	0.61	0.74	0.12	0.67
创业素质低	0.13	0.01	0.02	0.38	1.33	0.69	0.55	0.11	0.26
其他	0.01	0.00	0.00	0.02	0.07	0.03	0.01	0.01	0.01

（九）家庭收入

调研显示，低收入家庭的大学生很少选择自主创业的原因集中在“害怕风险”，高收入家庭的学生则集中在“缺乏好的项目或创意”。

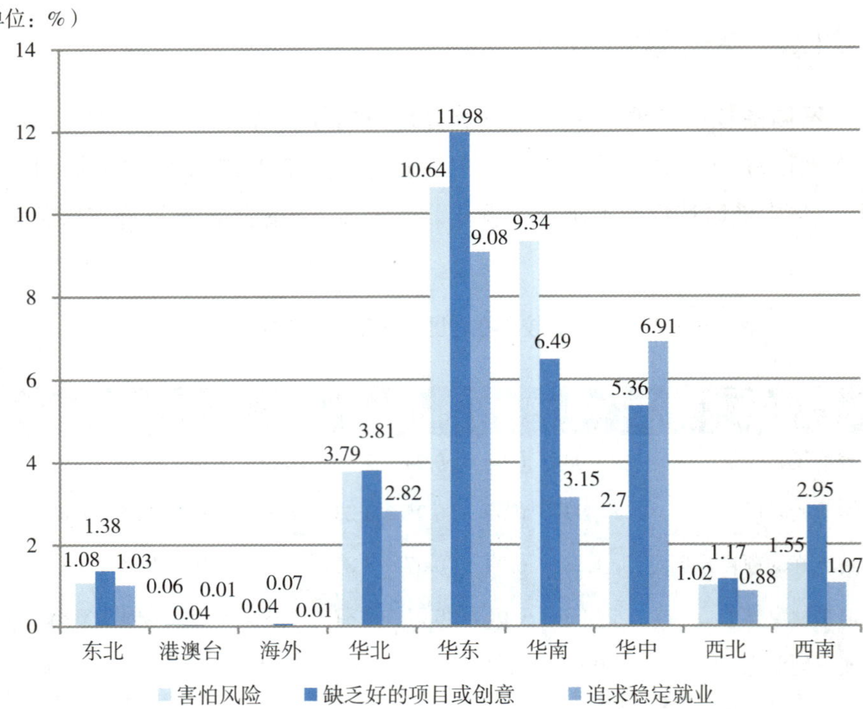

图 2-1-27 不同高校所在地大学生很少选择自主创业的原因

表 2-1-28 不同家庭收入大学生很少选择自主创业的原因

（单位：%）

很少选择自主创业原因	2 万元及以下	2 万—5 万元	5 万—10 万元	10 万—15 万元	15 万—20 万元	20 万元及以上
害怕风险	7.29	7.91	6.22	5.71	1.71	1.42
缺乏资金	4.29	5.85	5.61	3.79	2.68	1.32
创业素质低	0.80	1.11	0.72	0.31	0.32	0.23
社会舆论压力	0.83	1.89	2.60	1.66	0.71	0.42
对创业没兴趣	0.58	0.60	0.56	0.43	0.18	0.14
看不到前景	0.69	1.32	0.74	0.44	0.43	0.36
亲友不支持创业	0.73	1.26	1.35	0.85	0.41	0.33
与学业矛盾	3.77	4.72	5.38	5.44	1.96	1.19
缺乏好的项目或创意	5.40	8.26	7.66	6.61	3.50	1.83
追求稳定就业	4.28	6.97	6.16	4.12	2.26	1.18

很少选择自主创业原因	2万元及以下	2万—5万元	5万—10万元	10万—15万元	15万—20万元	20万元及以上
缺乏创业意识	3.37	5.39	4.92	3.08	1.80	1.01
缺乏有效支持	3.74	5.88	6.30	4.44	3.38	1.18
缺乏社会关系	2.85	4.68	4.54	2.70	1.39	0.77
其他	0.12	0.13	0.04	0.02	0.00	0.00

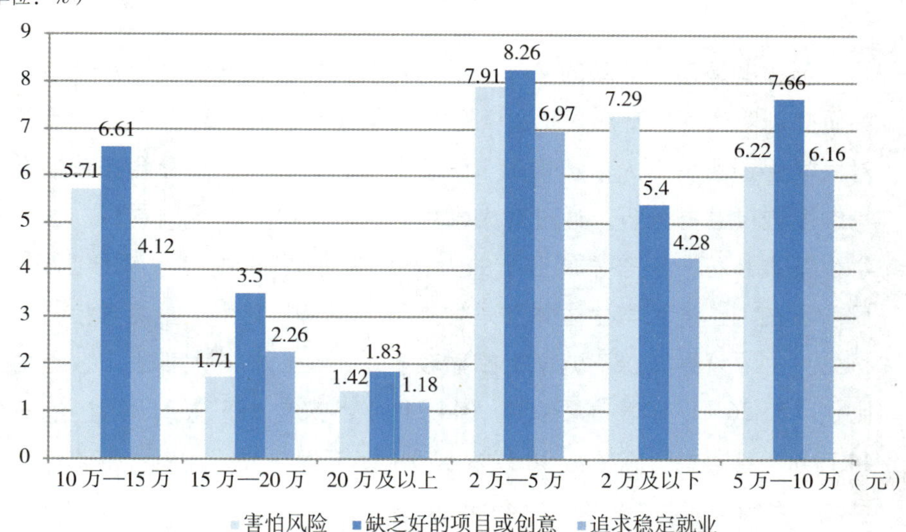

图 2-1-28 不同家庭收入大学生很少选择自主创业的原因

第二章 创业者

创业者是创业活动的主体。对创业者各方面情况的调查是全面观察研究创业活动的基础，此次调研共收集有效问卷4935份。本章将针对大学生创业者个人自然情况、学业情况、家庭情况、社会实践情况等维度进行数据分析。通过对大学生创业者的分析，主要展现创业大学生基本特征，回答“什么样的大学生在创业”的问题。调研显示：目前正在创业的大学生主体上是优秀学生，其中男生、重点学校、本科生、生源为县城以下的学生相对较多。正在创业的大学生中，男生比例（55.26%）显著高于女生（44.74%）；来自985与211高校的占44.19%，普通本科高校占38.12%；70%以上学习成绩优良；生源地为县城、乡镇、农村的学生占54.64%。

一、自然情况

（一）性别

创业大学生中，男生人数显著高于女生人数。在回收的4935份有效问卷中，大学生创业者男生2727人，占样本总数的55.26%。女生2208人，占样本总数的44.74%。根据教育部网站公布最新数据，全国大学普通本专科生一共有2391万余人，其中女生人数超男生64.78万人，占51.35%；全国硕士研究生人数143万余人，女硕士比男硕士多了4万人。可见，目前高校女生多于男生。然而，在这种情况下，参与创业的男大学生人数仍高于女大学生人数，说明高校大学生中男生创业比例较高。

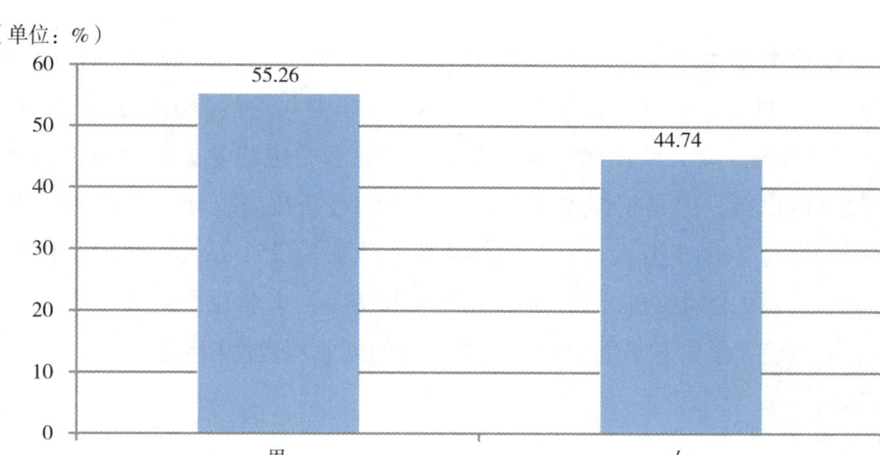

图 2-2-1 大学生创业者性别分布

（二）民族

创业大学生中汉族与少数民族相对比例基本持平。汉族有 4656 人，占样本总数的 94.35%。少数民族 279 人，占样本总数的 5.65%。虽然汉族创业者的比例远远高于少数民族创业者比例，但我国人口的自然情况是汉族占全国总人口的约 92%，所以汉族创业比例与少数民族大学生创业相对比例无明显差异。

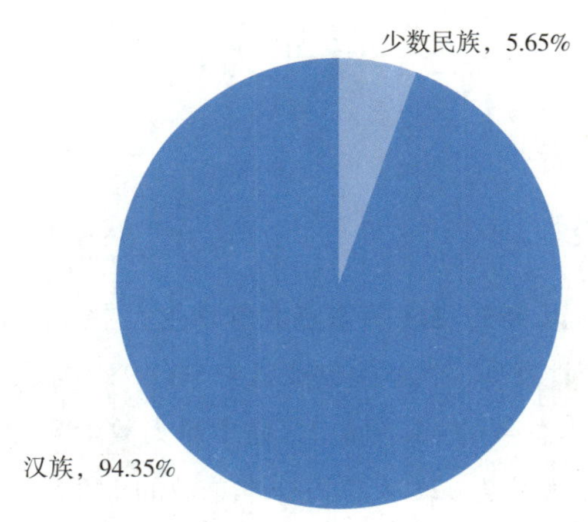

图 2-2-2 大学生创业者民族分布

（三）政治面貌

创业大学生中党员的比例相对较高。 在参与调研的大学生创业者中，中共党员 1122 人，占样本总数的 22.74%。非中共党员 3813 人，占样本总数的 77.26%。从人数比例上看，大学生创业者中中共党员比例明显低于非中共党员比例。但是根据国家统计局发布的最新数据统计，2014 年中国在校大学生有 2468.1 万人，在校大学生党员人数有 251 万人，约占全校总数的 10%，而大学生创业者中党员比例为 22.74%。大学生创业者中党员的比例高于在校大学生党员的比例，说明党员的创业积极性相对较高。

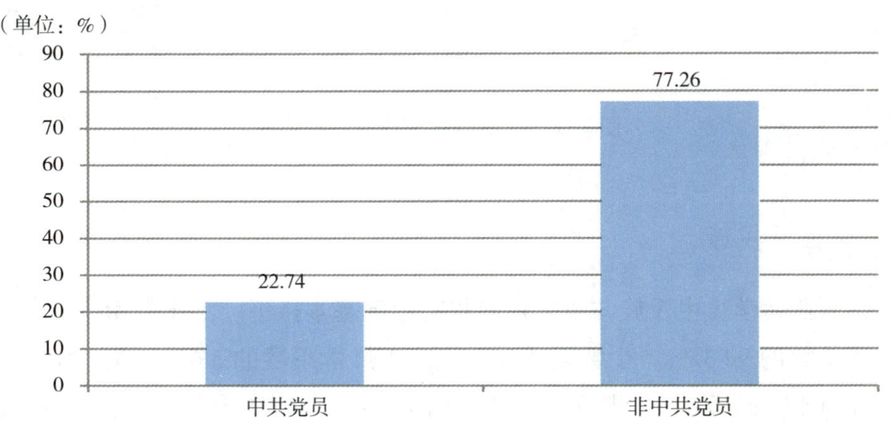

图 2-2-3　大学生创业者政治面貌分布

二、学业情况

（一）学校类型

创业大学生中以 985、211 等重点大学学生为主。 根据对大学生创业者就读学校类别的统计发现，大学生创业者中来自 985 高校与 211 高校的人数为 2181 人，占样本总数的 44.19%。普通本科人数 1881 人，占样本总数的 38.12%。高职高专人数为 723 人，占样本总数的 14.65%。独立学院及其他科研院所共 150 人，占样本总数的 3.04%。在 985、211 高校学生总数明显低于普通本科高校学生总数的情况下，985、211高校的创业人数比例依然最高。这说明创业大学生中还是以985、211等重点大学学生为主。

表2-2-1　不同学校类型大学生创业者分布

学校类型	人　数	比例（%）
普通本科	1881	38.12
985、211高校	2181	44.19
高职高专	723	14.65
独立学院	72	1.46
科研院所	24	0.49
其他	54	1.09

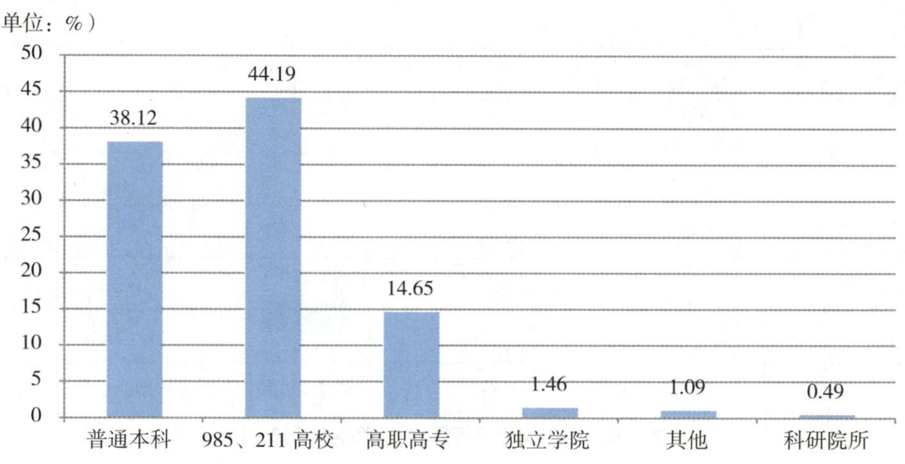

图2-2-4　大学生创业者就读高校类型分布

（二）学历层次

创业大学生中本科生是主体，研究生创业比例高于本科生。根据对大学生创业者学历统计发现，本科3399人，占样本总数的68.87%。专科858人，占样本总数的17.39%。硕士研究生600人，占样本总数的12.16%。博士研究生78人，占样本总数的1.58%。可见，创业大学生中本科生是主体。虽然研究生（博士研究生、硕士研究生）在创业大学生中所占的比例仅为13.74%，目前我国在校研究生人数是本科生人数的约7%。但创业者大学生中研究生人数是本科生人数的约20%。这说明创业大学生中研究生比例虽然相对较低，但研究生创业比例相对高于本科生创业比例。

表 2-2-2　不同学历层次大学生创业者分布

学历层次	人　数	比例（%）
专科	858	17.39
本科	3399	68.87
硕士研究生	600	12.16
博士研究生	78	1.58

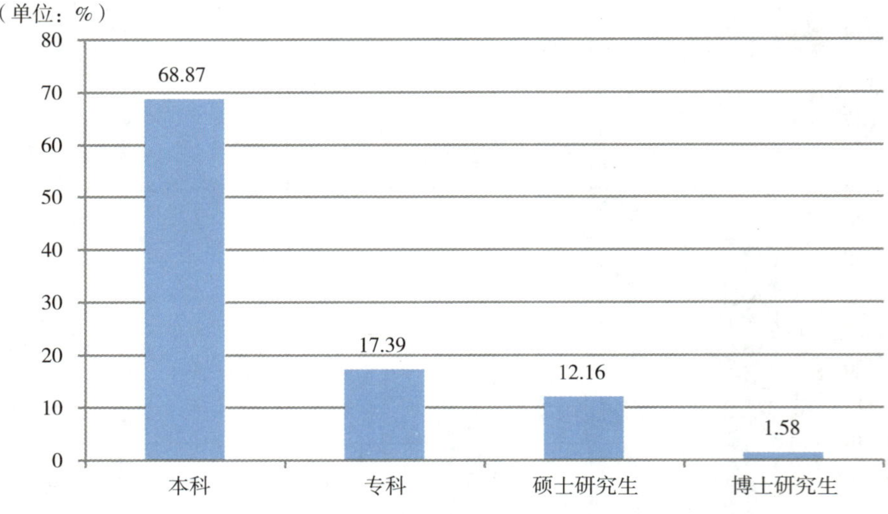

图 2-2-5　不同学历层次大学生创业者分布

（三）学科门类

创业大学生中以工学、经济学、管理学专业学生为主。根据各专业大学生创业者的数量统计，各专业人数从高到低依次是工学1344人（占样本总数27.28%）、经济学978人（占样本总数19.85%）、管理学828人（占样本总数16.81%）、艺术学372人（占样本总数7.55%）、理学327人（占样本总数6.64%）、法学300人（占样本总数6.09%）、其他255人（占样本总数5.18%）、教育学174人（占样本总数3.53%）、文学162人（占样本总数3.29%）、哲学105人（占样本总数2.13%）、农学45人（占样本总数0.9%）、历史学 27 人（占样本总数 0.55%）、军事学 9 人（占样本总数 0.18%）。按照数量级划分为四个层次。在创业者的主修专业中人数比例最高的专业为工学，占创业大学生总数的 27.28%。其次是经济学、管理学，占创业大学生总数的 36.66%。再次是艺术学、理学、法学，占创业大学生总数的 20.28%。最后是教育学、文学、哲学、农学、历史学、军事学，占创业大学生总数的 10.59%。创业大学生中以工学、经济学、管理学专业学生为主。

表 2–2–3 不同学科类别大学生创业者统计

学科门类	人 数	比例（%）
工 学	1344	27.28
经济学	978	19.85
管理学	828	16.81
艺术学	372	7.55
理 学	327	6.64
法 学	300	6.09
其 他	255	5.18
教育学	174	3.53
文 学	162	3.29
哲 学	105	2.13
农 学	45	0.90
历史学	27	0.55
军事学	9	0.18

（四）学习成绩

创业大学生中 70% 以上学生学习成绩优良。根据对大学生创业者学习成绩的统计，可以看到，学习成绩在班级排在前 5% 的人数为 1068 人，占样本总数的 21.64%。学习成绩排名在 5%—10% 的人数为 1221 人，占样本总数的 24.74%。学习成绩排名在 10%—30% 的人数为 1389 人，占样本总数的 28.15%。学习成绩排名在 30%—50% 的人数为 1107 人，占样本总数的 22.43%。学习成绩排在班级前 30% 的大学生创业者数量为 3678 人，占样本总数的 74.53%。说明创业大学生中学习成绩优良学生为主体。

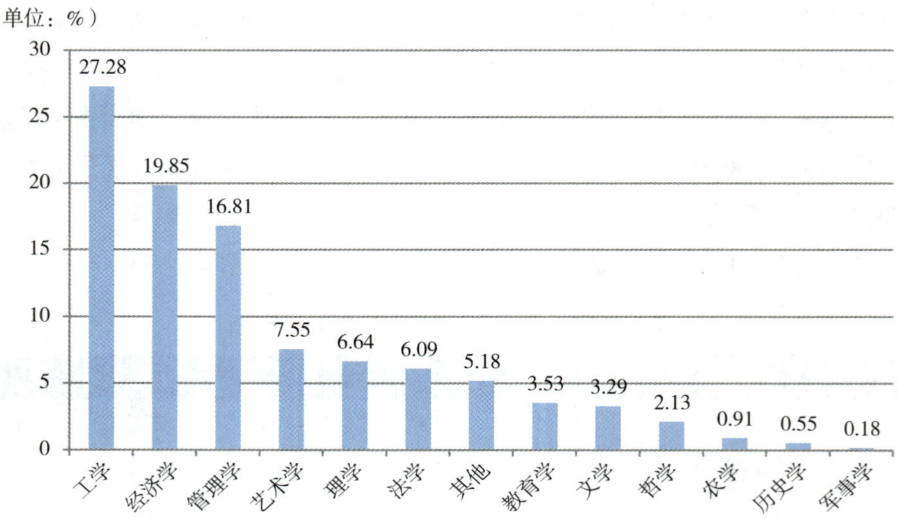

图 2-2-6　大学生创业者所学专业分布

表 2-2-4　不同学习成绩大学生创业者分布

学习成绩	人　数	比例（%）
前 5%	1068	21.64
5%—10%	1221	24.74
10%—30%	1389	28.15
30%—50%	1107	22.43
其他	150	3.04

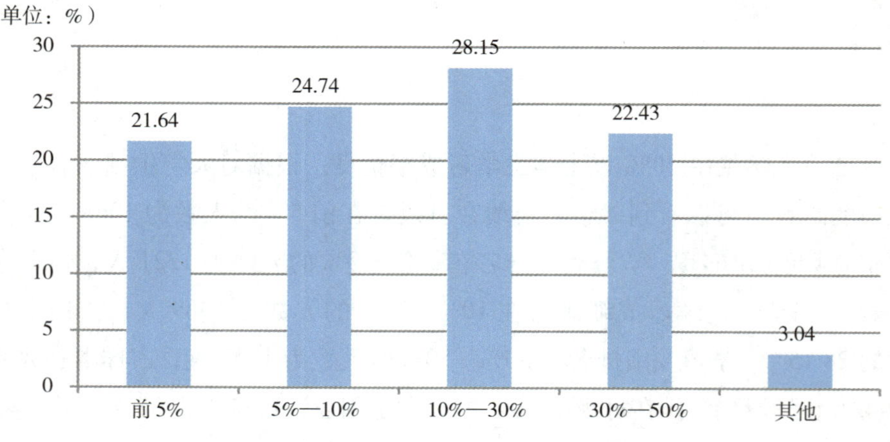

图 2-2-7　大学生创业者学习成绩分布

三、家庭情况

（一）生源地

创业大学生中生源地为县城、乡镇、农村的学生比例更高。根据对大学生创业者家庭长期居住地的统计，长期居住地点人数由高到低依次是农村 1188 人（占样本总数 24.07%）、地级市城区 1140 人（占样本总数 23.1%）、县城 828 人（占样本总数 16.78%）、省会城市 714 人（占样本总数 14.47%）、乡镇 696 人（占样本总数 14.1%）、直辖市 369 人（占样本总数 7.48%）。其中，生源地为县城、乡镇、农村的大学生创业者 2712 人，占总数的约 55%。说明创业大学生中生源地为县城、乡镇、农村的学生比例更高。

表 2-2-5 不同生源地大学生创业者

生源地	人 数	比例（%）
直辖市	369	7.48
省会城市	714	14.47
地级市城区	1140	23.10
县城	828	16.78
乡镇	696	14.10
农村	1188	24.07

（二）父亲情况

父亲为企业员工、农（林、牧、渔）民、党政机关工作人员的大学生创业比例更高。根据对创业者父亲工作单位的统计，人数由高到低分别是民营企业 942 人（占样本总数 19.31%），农（林、牧、渔）民 831 人（占样本总数 17.04%），国有企业 660 人（占样本总数 13.53%），党政机关 426 人（占样本总数 8.73%），事业单位 324 人（占样本总数 6.64%），外资企业 264 人

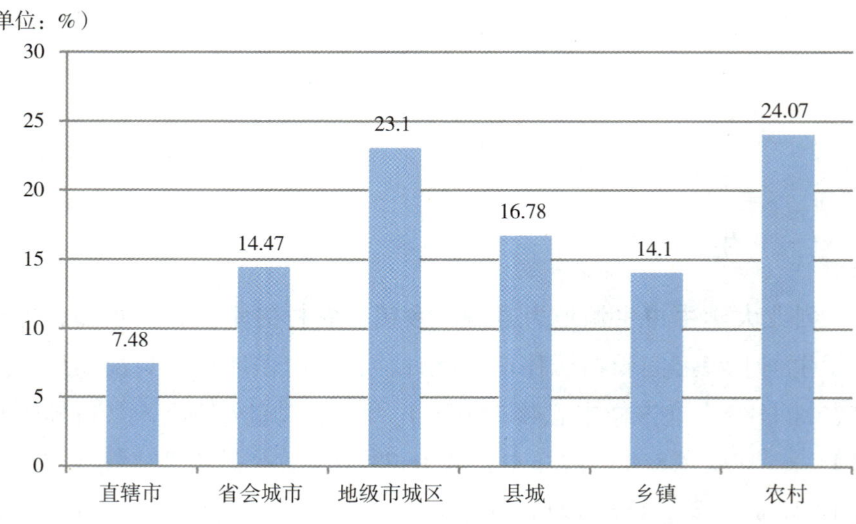

图 2-2-8 大学生创业者入学前家庭长期居住地

（占样本总数 5.41%），无业、失业、半失业共 240 人（占样本总数 4.92%），中、初级教育单位 141 人（占样本总数 2.89%），离退休 135 人（占样本总数 2.77%），高等教育单位 78 人（占样本总数 1.60%），医疗卫生单位 72 人（占样本总数 1.48%），科研单位 45 人（占样本总数 0.92%），部队 27 人（占样本总数 0.55%）。其中企业员工和农（林、牧、渔）民占样本总数比例的近 50%。

表 2-2-6 大学生创业者父亲工作单位

父亲工作单位	人　数	比例（%）
部队	27	0.55
科研单位	45	0.92
医疗卫生单位	72	1.48
高等教育单位	78	1.60
离退休	135	2.77
中、初级教育单位	141	2.89
无业、失业、半失业	240	4.92
外资企业	264	5.41

父亲工作单位	人 数	比例（%）
其他事业单位	324	6.64
党政机关	426	8.73
国有企业	660	13.53
农（林、牧、渔）民	831	17.04
民营企业	942	19.31
其他	693	14.21

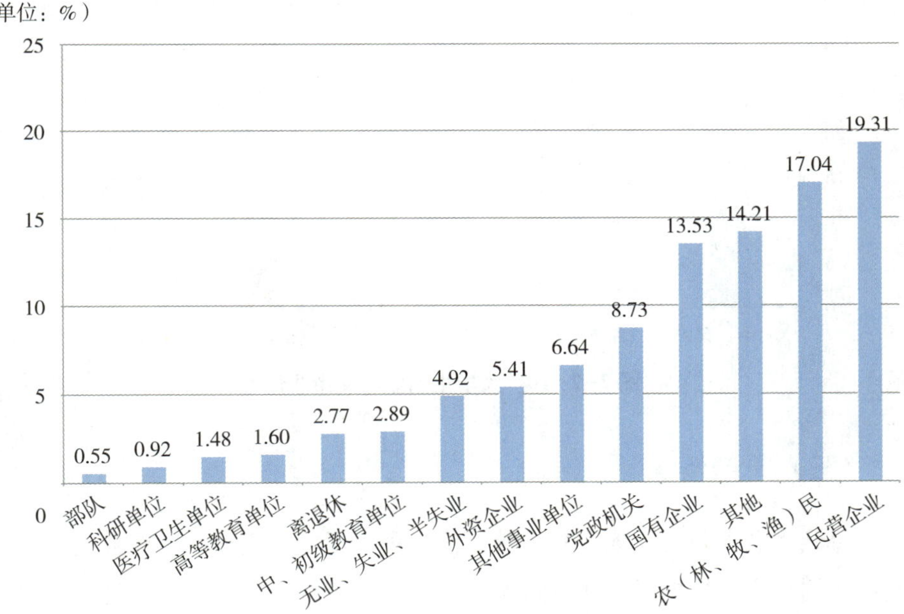

图 2-2-9 大学生创业者父亲工作单位

创业大学生父亲多数是普通管理人员、普通工人、个体或农民。根据对创业者父亲职位的统计，创业者父亲职位人数由高到低为个体或农民、普通管理人员、普通工人、高层管理人员、技术人员。其中，高层管理人员、技术人员的人数为 1041 人，占样本总数的 21.43%，普通工人、普通管理人员、个体或农民的人数为 3816 人，占样本总数的 78.57%。说明创业大学生父亲多数是个体或农民、普通管理人员、普通工人。

表 2-2-7　大学生创业者父亲职位

父亲职业	人　数	比例（%）
个体、农民	1440	29.65
普通管理人员	1209	24.89
普通工人	1167	24.03
技术人员	405	8.34
高层管理人员	636	13.09

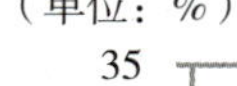

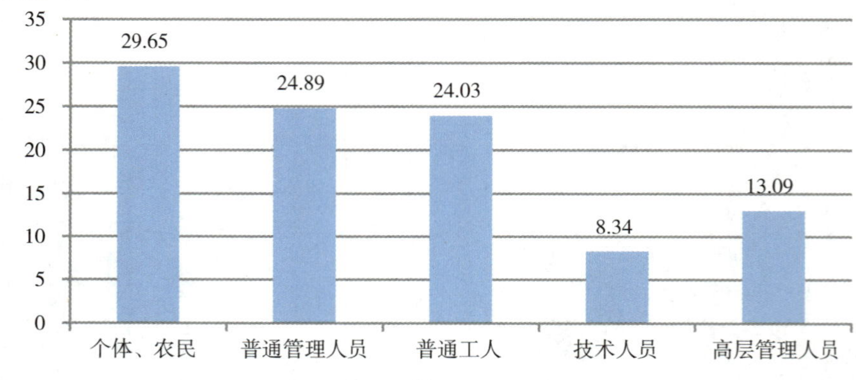

图 2-2-10　大学生创业者父亲职位

（三）母亲情况

母亲为企业员工、农（林、牧、渔）民，无业、失业、半失业的大学生创业比例更高。根据对创业者母亲工作单位的统计，人数由高到低分别是民营企业 900 人（占样本总数 18.65%），农（林、牧、渔）民 819 人（占样本总数 16.97%），无业、失业、半失业共 498 人（占样本总数 10.32%），国有企业 405 人（占样本总数 8.39%），事业单位 282 人（占样本总数 5.84%），外资企业 234 人（占样本总数 4.85%），中、初级教育单位 207 人（占样本总数 4.29%），离退休 204 人（占样本总数 4.23%），党政机关 150 人（占样本总数 3.11%），医疗卫生单位 132 人（占样本总数 2.73%），高等教育单位 99 人（占样本总数 2.05%），科研单位 57 人（占样本总数 1.18%），部队 27 人（占样本总数 0.56%），个体 3 人（占样本总数 0.06%）。母亲处于无业、失业、半失业状态的人数明显高于父亲处于无业、失业、半失业状态的人数。

表 2-2-8 大学生创业者母亲工作单位

母亲工作单位	人 数	比例（%）
个体	3	0.06
部队	27	0.56
科研单位	57	1.18
高等教育单位	99	2.05
医疗卫生单位	132	2.73
党政机关	150	3.11
离退休	204	4.23
中、初级教育单位	207	4.29
外资企业	234	4.85
其他事业单位	282	5.84
国有企业	405	8.39
无业、失业、半失业	498	10.32
农（林、牧、渔）民	819	16.97
民营企业	900	18.65
其他	810	16.77

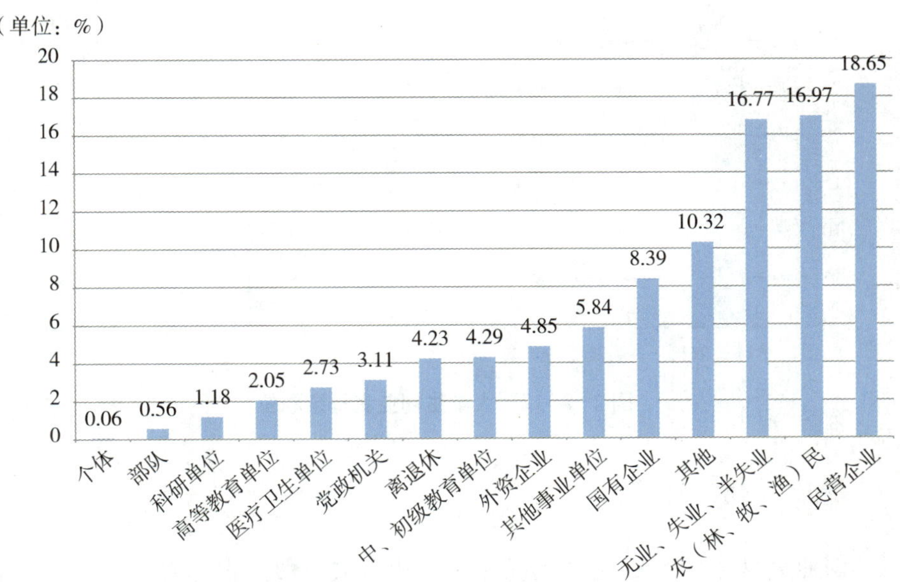

图 2-2-11 大学生创业者母亲工作单位

创业大学生母亲多数是普通管理人员、普通工人、个体或农民。根据对创业者母亲职位的统计，创业者母亲职位人数由高到低依次为个体或农民、普通工人、普通管理人员、技术人员、高层管理人员。其中，高层管理人员、技术人员的人数为705人，占样本总数的14.64%，普通工人、普通管理人员、个体或农民的人数为4110人，占样本总数的85.36%。母亲为高层管理人员、技术人员比例低于父亲为高层管理人员、技术人员比例。

表2-2-9　大学生创业者母亲职位

母亲职业	人　数	比例（%）
个体、农民	2031	42.18
普通管理人员	804	16.70
普通工人	1275	26.48
技术人员	408	8.47
高层管理人员	297	6.17

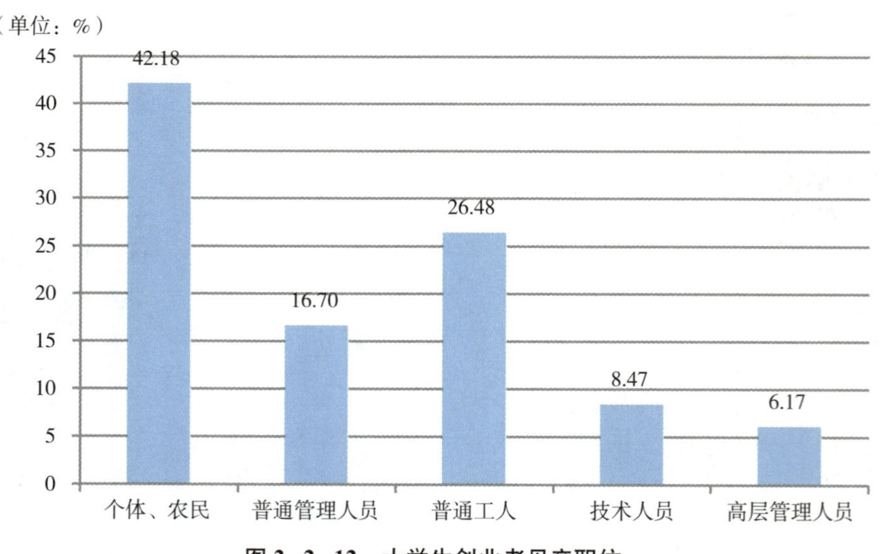

图2-2-12　大学生创业者母亲职位

（四）家庭经济状况

创业大学生的家庭经济状况多数比较差或一般。根据对大学生创业者家庭经济状况的统计，认为家庭经济状况一般的创业者有3009人，占样本总数的61.2%；而认为家庭经济状况很好、比较好的创业者894人，占样本总数的18.18%；认为家庭经济状况很差、比较差的创业者1014人，占样本总数的20.62%。

表2-2-10 大学生创业者家庭经济状况

家庭经济状况	人 数	比例（%）
很 好	270	5.49
比较好	624	12.69
一 般	3009	61.20
比较差	756	15.38
很 差	258	5.24

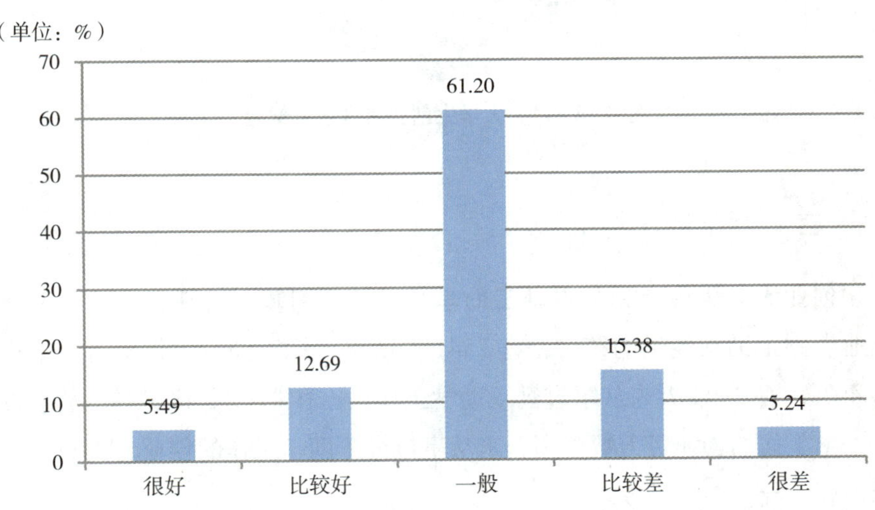

图2-2-13 大学生创业者家庭经济状况

四、社会实践情况

（一）学生干部经历

创业大学生中多数在校期间担任过学生干部。根据对大学生创业者学生干部经历的统计，曾经担任过学生干部的人数为3633人，比例为

73.62%；从未担任过学生干部的人数为1302人，比例为26.38%。由此可见，有学生干部经历的大学生参与创业活动的可能性比没有学生干部经历的大学生参与创业活动的可能性高。大学生在担任学生干部期间所接受的锻炼、塑造的能力对大学生创业者今后的创业想法的萌生和创业计划的实行，起到了一定的作用。

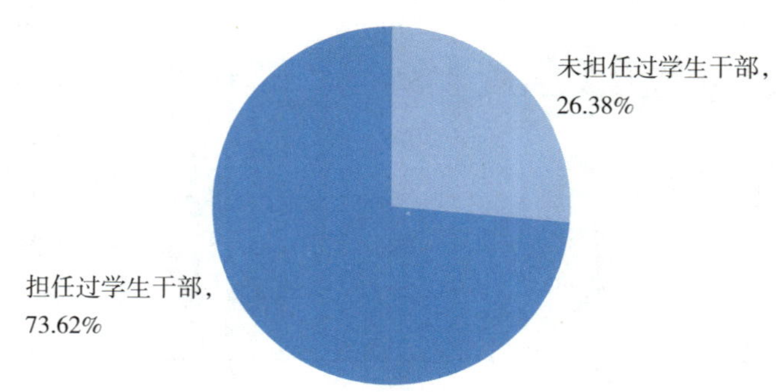

图 2-2-14　大学生创业者学生干部经历

（二）勤工助学经历

创业大学生中有无从事勤工助学经历的比例基本持平。通过对大学生创业者勤工助学经历的统计，有2541人从事过勤工助学工作，占样本总数51.49%；有2394人未从事过勤工助学工作，占样本总数48.51%。从事过勤工助学工作的创业者人数略高于未从事过勤工助学工作的创业者人数，二者无显著差异。

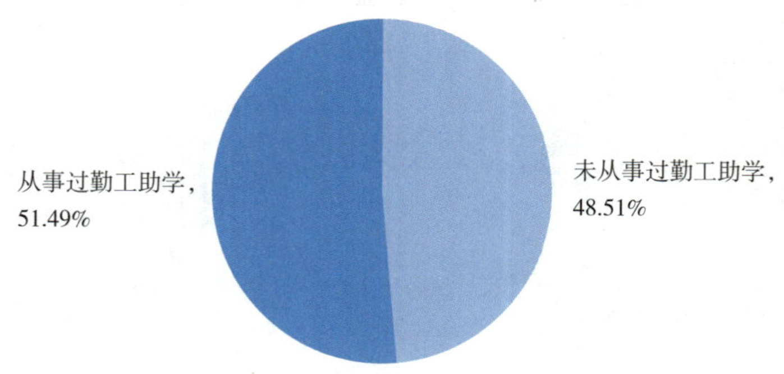

图 2-2-15　大学生创业者勤工助学经历

第三章　创业决策

创业决策主要是分析大学生创业者创业兴趣、创业时机选择、创业原因、创业影响因素等问题，核心是要回答“大学生为什么选择创业”的问题。调查结果显示，大学生创业者创业兴趣度较高，70.02%的大学生创业者表示对创业感兴趣；大学生创业者普遍认同的最佳创业时机是工作1—3年后（36.77%）和在校期间（33.5%）；关于创业原因，最主要的三个原因是准备创业的朋友的带动（20.82%）、个人理想就是成为创业者（18.5%）、有好的创业项目（17.12%）。在创业影响因素方面，合作意识（20.96%）、创新精神（20.29%）、市场意识（17.44%）和责任感（17.28%）成为现今大学生考虑创业的最重要的四个主观因素；市场环境（24.02%）、资金（20.29%）、人脉关系（20.36%）和政策（11.97%）成为现今大学生考虑创业的最重要的四个客观因素。在不同性别、学校类型、学历层次等层面上，大学生创业者创业时机选择和创业原因有不同程度的差异。

相关数据说明：

创业兴趣度：本次调研对于创业兴趣度的调查设置了1个问题（“我对创业很感兴趣”），5个选项（完全赞同、比较赞同、说不清楚、比较不赞同、完全不赞同）。同时采用计分制，其中“完全赞同”是5分，“比较赞同”是4分，“说不清楚”是3分，“比较不赞同”是2分，“完全不赞同”是1分；通过平均分显示大学生整体创业兴趣度。

一、创业兴趣

（一）创业兴趣度

大学生创业者总体创业兴趣度较高，大部分创业者对创业表示比较感兴趣。调研结果显示，在4935份有效问卷中，明确填写创业兴趣度的有4686人，在“我对创业很感兴趣”的选项中，1392人（29.71%）选择“完全赞同”，1875人（40.31%）选择“比较赞同”，1083人（22.81%）选择“说不清楚”，264人（5.63%）选择“比较不赞同”，72人（1.54%）选择“完全不赞同”。

选择“完全赞同”和“比较赞同”的总共有3267人，占总数的70.02%，即超过三分之二的人对创业感兴趣。另外，通过计分制统计出整体创业兴趣度的平均分是3.9，十分接近“比较赞同”，说明大学生创业者整体上对创业比较感兴趣。

表2-3-1 大学生创业者关于“我对创业很感兴趣”评价情况

选　项	选项人数	百分比（%）
完全不赞同（1分）	72	1.54
比较不赞同（2分）	264	5.63
说不清楚（3分）	1083	22.81
比较赞同（4分）	1875	40.31
完全赞同（5分）	1392	29.71
总计	4686	100
平均分	3.9分	

（二）创业兴趣产生时间

大学生创业者创业兴趣产生时间总体上集中在大三以前（包括大三）。

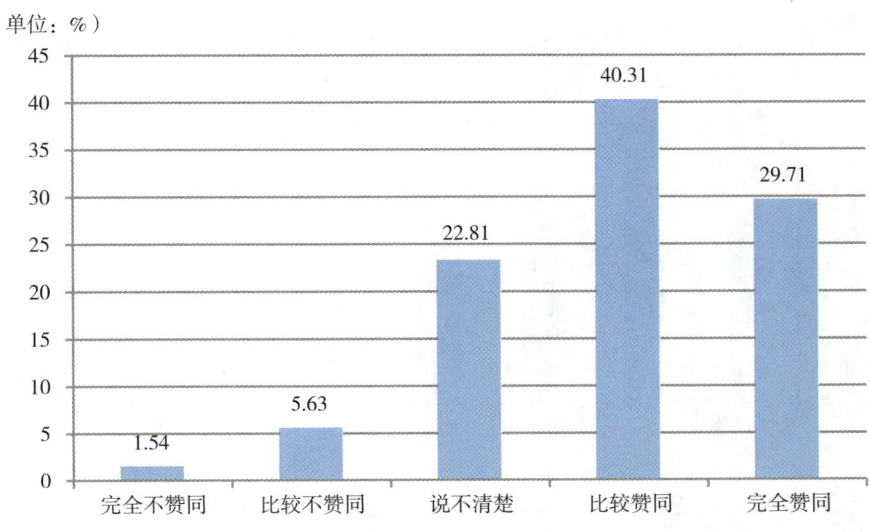

图 2-3-1　大学生创业者关于“我对创业很感兴趣”评价情况

在大学以前产生创业兴趣的创业者比例最高，达到 23.47%；其次是大二，达到 22.31%；大一和大三分别达到 21.58% 和 18.02%。在大四到博士研究生期间产生创业兴趣的创业者仅占 14.61%，比例较低。

表 2-3-2　大学生创业者创业兴趣产生时间情况

创业兴趣产生时间	创业人数	百分比（%）
大学以前	969	23.47
大一	891	21.58
大二	921	22.31
大三	744	18.02
大四	369	8.95
大五	33	0.80
硕士研究生	183	4.43
博士研究生	18	0.44
总计	4128	100

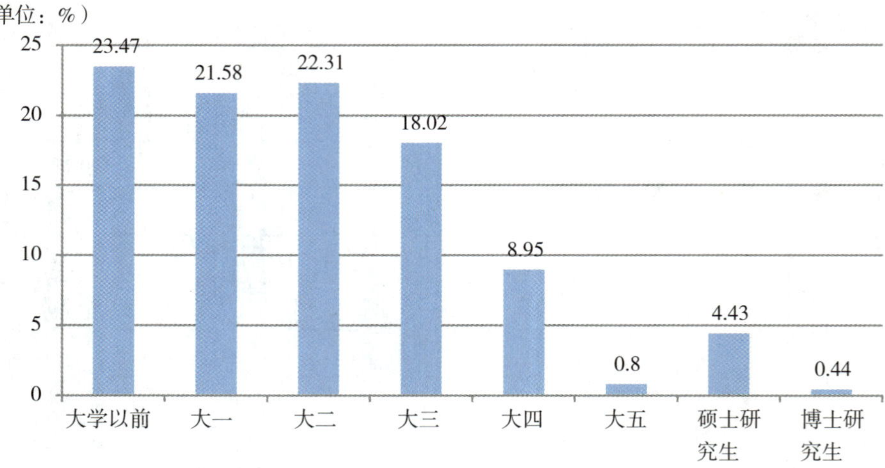

图 2-3-2 大学生创业者创业兴趣产生时间情况

二、创业时机

（一）总体概述

大学生创业者认同度最高的最佳创业时机是工作 1—3 年后和在校期间。调研数据显示，4854 名被访者明确填写自己认为的最佳创业时机，其中 1785 人选择工作 1—3 年后为最佳创业时机，占 36.77%；1626 人选择在校期间（不包括毕业当年）为最佳创业时机，占 33.5%；762 人选择毕业当年为最佳创业时机，占 15.7%；552 人选择自由职业 1—3 年后为最佳创业时机，占 11.37%；43 人选择其他时间为最佳创业时机，仅占总人数的 2.66%。

表 2-3-3 大学生创业者最佳创业时机选择情况

最佳创业时机	人 数	百分比（%）
在校期间	1626	33.50
毕业当年	762	15.70
工作 1—3 年后	1785	36.77
自由职业 1—3 年后	552	11.37

最佳创业时机	人　数	百分比（%）
其他	129	2.66
合计	4854	100

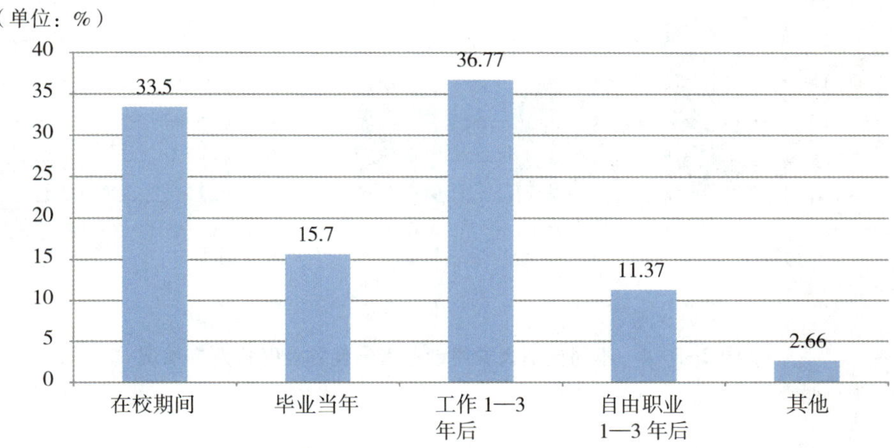

图 2-3-3　大学生创业者最佳创业时机选择情况

（二）性别差异

调研数据显示，在最佳创业时机的选择上没有显著的性别差异。男、女大学生创业者大部分都认同工作 1—3 年后（35.71%、38.14%）和在校期间（33.19%、33.9%）是最佳创业时机。

表 2-3-4　不同性别大学生创业者最佳创业时机选择情况

最佳创业时机	男　生		女　生	
	人　数	百分比（%）	人　数	百分比（%）
在校期间	906	33.19	720	33.90
毕业当年	441	16.15	321	15.11
工作 1—3 年后	975	35.71	810	38.14
自由职业 1—3 后	312	11.43	240	11.30
其他	96	3.52	33	1.55
合计	2730	100	2124	100

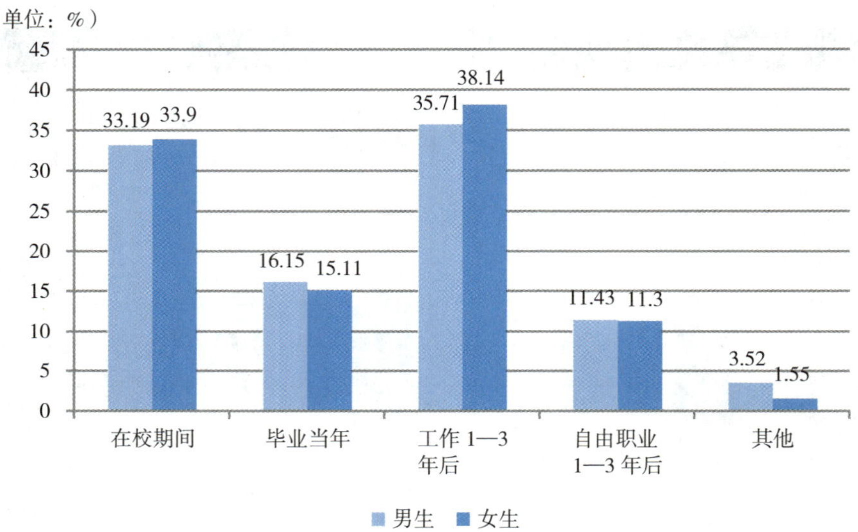

图 2-3-4　不同性别大学生创业者最佳创业时机选择情况

（三）学校类型

整体上看，除独立学院外的各个类型学校的大学生创业者基本都认同在校期间和工作 1—3 年后为最佳创业时机。985 高校大学生创业者分别有 33.1%、32.75% 选择工作 1—3 年后和在校期间为最佳创业时机；211 高校大学生创业者分别有 34.35%、33.74% 选择工作 1—3 年后和在校期间为最佳创业时机；普通本科类高校大学生创业者分别有 35.58%、35.58% 选择工作 1—3 年后和在校期间为最佳创业时机；高职高专类高校大学生创业者分别有 47.15%、33.68% 选择工作 1—3 年后和在校期间为最佳创业时机；与其他类院校不同的是，独立学院的大学生创业者认同工作 1—3 年（50%）后和毕业当年（20.83%）是最佳创业时机。

表 2-3-5　不同学校类型大学生创业者最佳创业时机选择情况

最佳创业时机	985 高校		211 高校		普通本科		独立学院		高职高专	
	人数	百分比（%）	人数	百分比（%）	人数	百分比（%）	人数	百分比（%）	人数	百分比（%）
在校期间	282	32.75	333	33.74	681	35.58	3	4.17	195	33.68
毕业当年	159	18.47	165	16.72	279	14.58	15	20.83	45	7.77

最佳创业时机	985 高校		211 高校		普通本科		独立学院		高职高专	
	人数	百分比（%）	人数	百分比（%）	人数	百分比（%）	人数	百分比（%）	人数	百分比（%）
工作 1—3 后	285	33.10	339	34.35	681	35.58	36	50.00	273	47.15
自由职业 1—3 年后	105	12.20	114	11.55	234	12.22	9	12.50	63	10.88
其他	30	3.48	36	3.64	39	2.04	9	12.50	3	0.52
合计	861	100	987	100	1914	100	72	100	579	100

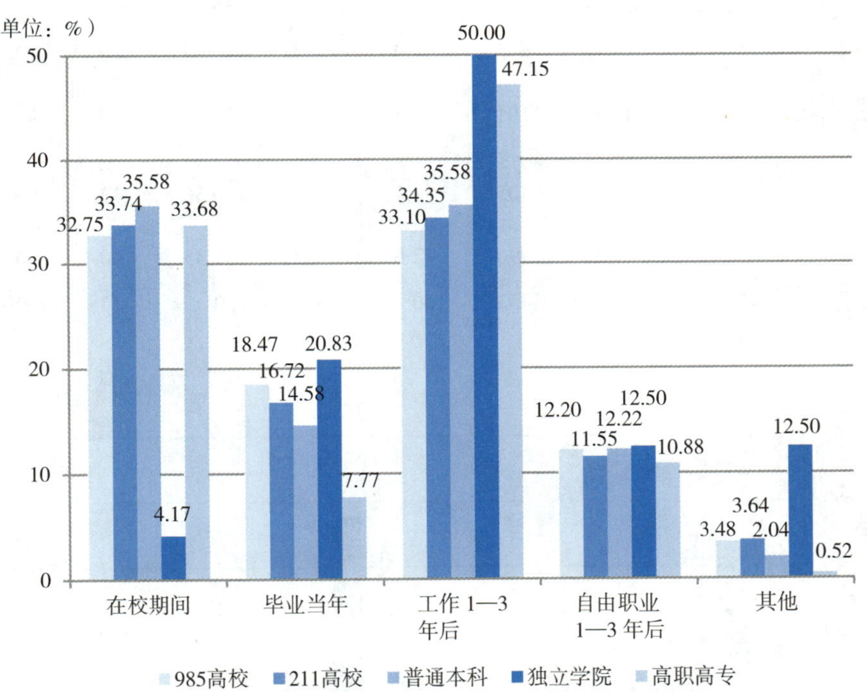

图 2-3-5 不同学校类型大学生创业者最佳创业时机选择情况

（四）学历层次

调研数据显示，不同学历层次大学生创业者在创业时机选择上没有显著差异，基本都认同工作 1—3 年后和在校期间为最佳创业时机。专科大学生创业者分别有 46.41%、31.22% 选择工作 1—3 年后和在校期间为最佳创业时机；本科大学生分别有 34.49%、33.71% 选择工作 1—3 年后和在校期间为最佳创业时机；硕士研究生大学生创业者分别有 37.2%、35.75% 选择工作 1—3 年后和在校期间为最佳创业时机；博士研究生大学生创业者分别有 48%、24% 选择工作 1—3 年后和在校期间为最佳创业时机。

表 2-3-6　不同学历层次大学生创业者最佳创业时机选择情况

最佳创业时机	专科		本科		硕士研究生		博士研究生	
	人数	百分比（%）	人数	百分比（%）	人数	百分比（%）	人数	百分比（%）
在校期间	222	31.22	1164	33.71	222	35.75	18	24.00
毕业当年	72	10.13	603	17.46	81	13.04	9	12.00
工作 1—3 后	330	46.41	1191	34.49	231	37.20	36	48.00
自由职业 1—3 年后	75	10.55	405	11.73	60	9.66	12	16.00
其他	12	1.69	90	2.61	27	4.35	0	0.00
合计	711	100	3453	100	621	100	75	100

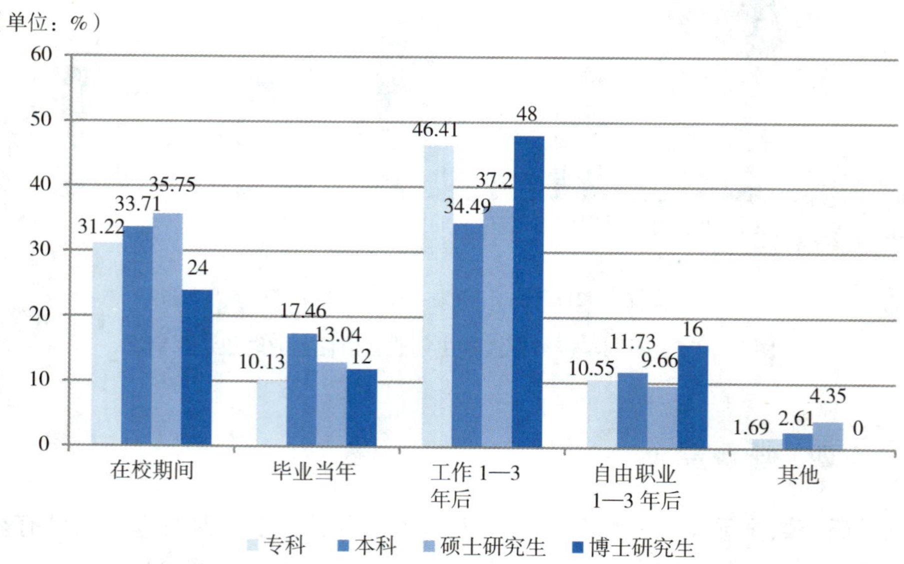

图 2-3-6　不同学历层次大学生创业者最佳创业时机选择情况

三、创业原因

（一）创业想法来源

1. 总体概述

大学生创业者创业想法最重要的三个来源是“朋友影响”（21.84%）、“社会实践启发”（19.17%）和“接触商业、企业活动影响”（16.54%）。其他来源比例由高到低分别是“学校创业教育影响”（16.5%）、“家庭影响”（13.53%）和“传媒影响”（12.42%）。

表 2-3-7 大学生创业者创业想法来源情况

创业想法来源	人 数	百分比（%）
朋友影响	1743	21.84
社会实践启发	1530	19.17
接触商业、企业活动影响	1320	16.54
学校创业教育影响	1317	16.50
家庭影响	1080	13.53
传媒影响	990	12.42

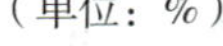

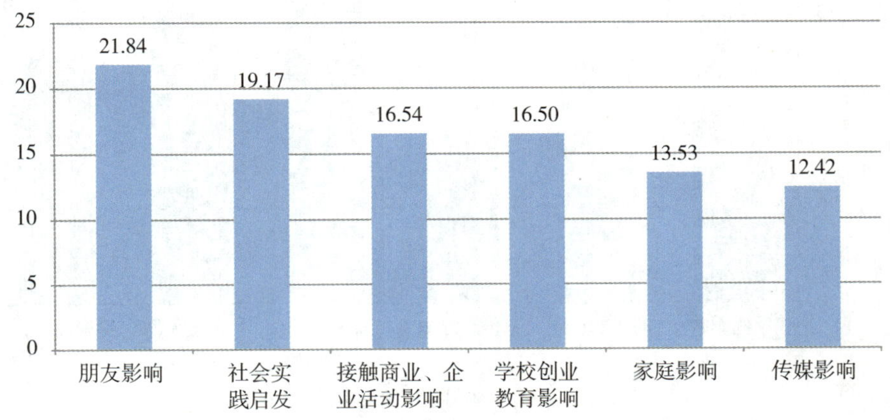

图 2-3-7 大学生创业者创业想法来源情况

2. 性别差异

整体上看，在创业想法的来源上没有明显的性别差异。对于男大学生创业者来说，最重要的三个创业想法来源是“朋友影响”（21.11%）、“社会实践启发”（19.08%）、“接触商业、企业活动影响”（18.05%）；对于女大学生创业者来说，最重要的三个创业想法来源“是朋友影响”（22.86%）、“社会实践启发”（19.38%）、“学校创业教育影响”（15.89%）。

表 2-3-8　不同性别大学生创业者创业想法来源情况统计

创业想法来源	男　生		女　生	
	人　数	百分比（%）	人　数	百分比（%）
家庭影响	567	12.35	510	15.18
朋友影响	969	21.11	768	22.86
传媒影响	573	12.48	411	12.23
学校创业教育影响	777	16.93	534	15.89
社会实践启发	876	19.08	651	19.38
接触商业、企业活动影响	828	18.05	486	14.46

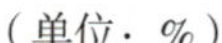

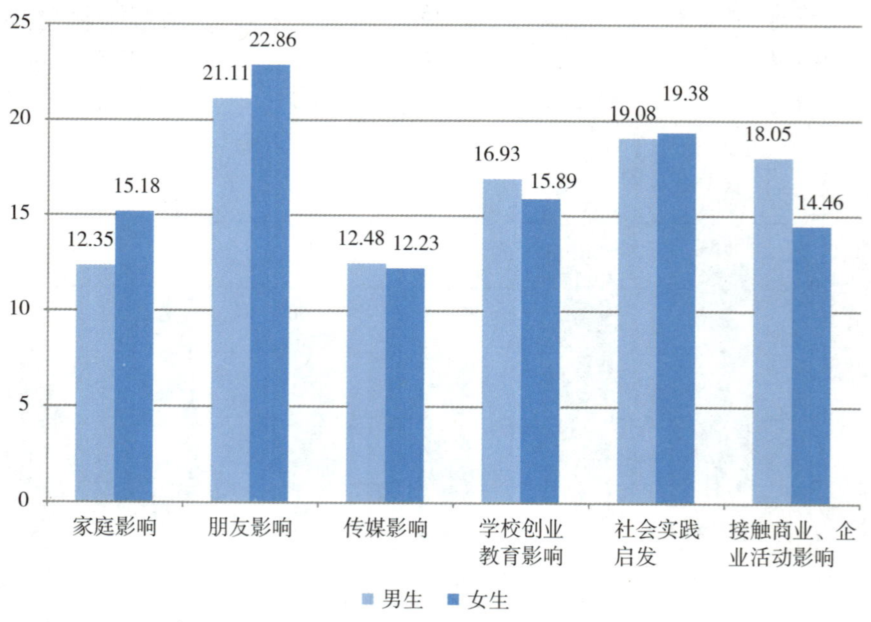

图 2-3-8　不同性别大学生创业者创业想法来源情况

3. 学校类型

调研数据显示，学校类型不同，大学生创业者的创业想法来源存在明显差异。在创业想法来源上，985 高校大学生创业者主要是“朋友影响”(23.4%)、“社会实践启发”(19.15%)、“接触商业、企业活动影响”(15.6%)；211 高校主要是“朋友影响”(23.06%)、“接触商业、企业活动影响”(19.95%)、“学校创业教育影响”(18.12%)；普通本科类高校主要是“朋友影响”(21.16%)、“社会实践启发”(19.69%)、“学校创业教育影响”(17.22%)；独立学院类高校主要是“接触商业、企业活动影响”(29.74%)、“社会实践启发”(24.32%)、“家庭影响”和“传媒影响”(各占 13.51%)；高职高专类高校主要是“社会实践启发”(25.34%)、“家庭影响”(21.23%)、“朋友影响”(17.47%)。

表 2-3-9 不同学校类型大学生创业者创业想法来源情况

创业想法来源	985 高校		211 高校		普通本科		独立学院		高职高专	
	人数	百分比(%)	人数	百分比(%)	人数	百分比(%)	人数	百分比(%)	人数	百分比(%)
家庭影响	168	13.24	180	9.88	423	13.88	15	13.51	186	21.23
朋友影响	297	23.40	420	23.06	645	21.16	12	10.81	153	17.47
传媒影响	168	13.24	222	12.19	366	12.01	15	13.51	123	14.04
学校创业教育影响	195	15.37	330	18.12	525	17.22	9	8.11	105	11.99
社会实践启发	243	19.15	306	16.80	600	19.69	27	24.32	222	25.34
接触商业、企业活动影响	198	15.60	363	19.95	489	16.04	33	29.74	87	9.93

4. 学历层次

整体上看，不同层次学历的大学生创业者的创业想法来源存在显著差异。专科（高职高专）大学生创业者创业想法主要来源于“社会实践启发”(23.88%)、“家庭影响”(22.19%)、“朋友影响”(17.42%)；本科大学生创业者创业想法主要来源于“朋友影响”(22.37%)、“社会实践启发”(18.51%)、“学校创业教育影响”(17.4%)；硕士研究生创业者创业想法主要来源于“朋

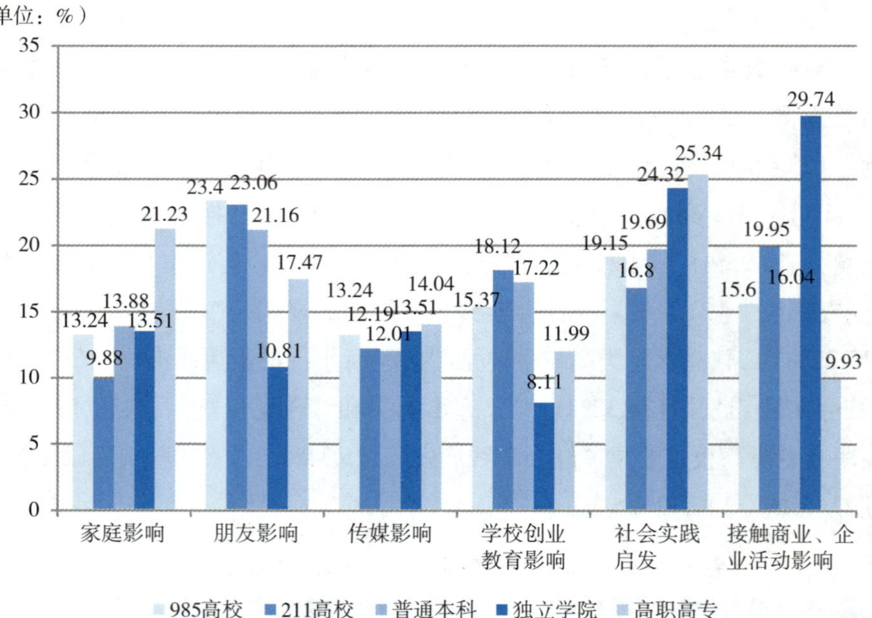

图 2-3-9　不同学校类型大学生创业者创业想法来源情况

友影响”（23.56%）、“接触商业、企业活动影响”（21.27%）、“社会实践启发”（18.1%）；博士研究生创业者创业想法主要来源于“学校创业教育的影响”（21.57%）、“朋友影响”（19.61%）、“社会实践启发”和“接触商业、企业活动影响”（各占 19.61%）。

表 2-3-10　不同学历层次大学生创业者创业想法来源情况

创业想法来源	专科（高职高专）		本　科		硕士研究生		博士研究生	
	人数	百分比（%）	人数	百分比（%）	人数	百分比（%）	人数	百分比（%）
家庭影响	237	22.19	714	12.59	114	10.92	12	7.84
朋友影响	186	17.42	1269	22.37	246	23.56	30	19.61
传媒影响	141	13.20	714	12.59	111	10.63	18	11.76
学校创业教育影响	129	12.08	987	17.40	162	15.52	33	21.57
社会实践启发	255	23.88	1050	18.51	189	18.10	30	19.61
接触商业、企业活动影响	120	11.23	939	16.54	222	21.27	30	19.61

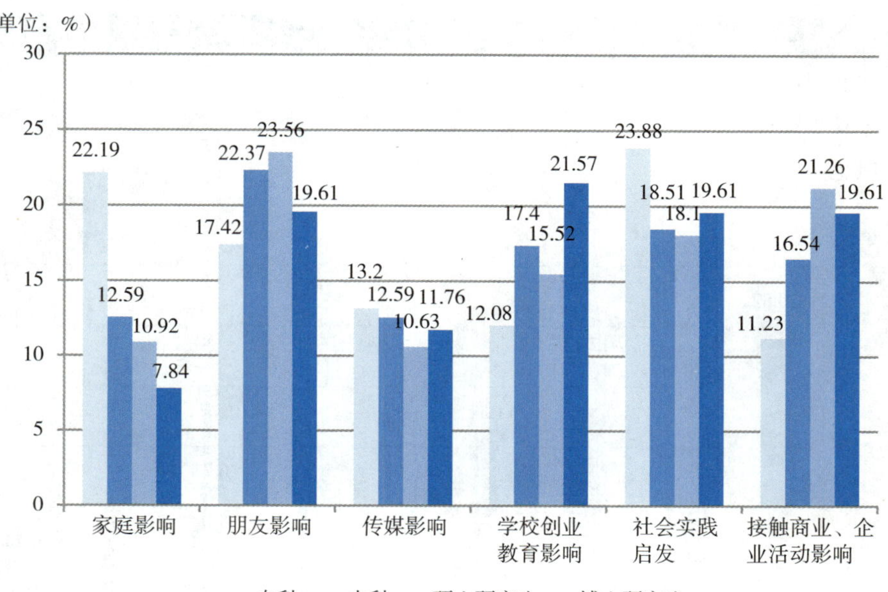

图 2-3-10 不同学历层次大学生创业者创业想法来源情况

（二）创业原因

1. 总体概述

大学生创业者作出创业决策的最重要的三个原因是“准备创业的朋友的带动”（20.82%）、“个人理想就是成为创业者”（18.5%）、“有好的创业项目”（17.12%）。其他原因选择人数百分比由高到低分别是“可以获得更高收入”（11.54%）、“家庭支持”（10.46%）、“想抓住好商机”（10.31%）、“未找到合适的工作”（6.71%）、“学校支持”（3.8%）、“其他”（0.74%）。

表 2-3-11 大学生创业者创业原因情况

创业原因	人 数	百分比（%）
准备创业的朋友的带动	1266	20.82
个人理想就是成为创业者	1125	18.50
有好的创业项目	1041	17.12
可以获得更高收入	702	11.54
家庭支持	636	10.46
想抓住好商机	627	10.31

创业原因	人　数	百分比（%）
未找到合适的工作	408	6.71
学校支持	231	3.80
其他	45	0.74

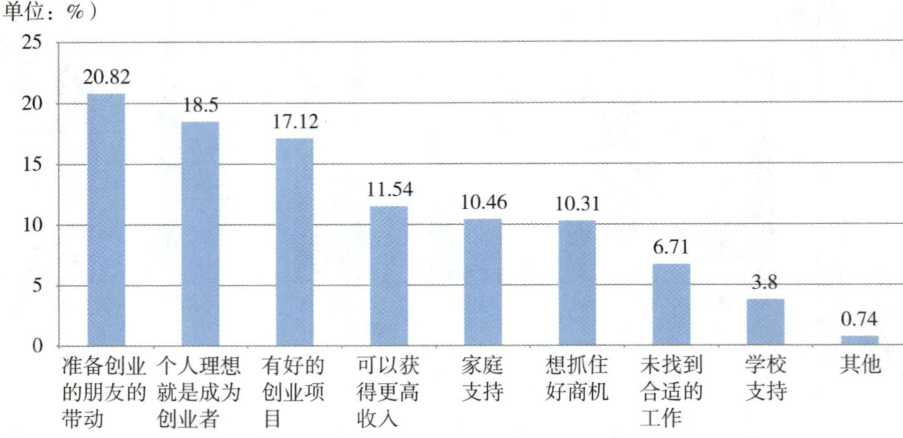

图 2-3-11　大学生创业者创业原因情况

2. 性别差异

调研结果显示，性别不同，大学生创业者选择创业的原因存在明显差异。对于男性大学生创业者来说，选择创业最重要的原因是“个人理想就是成为创业者”（21.58%），其次是“准备创业的朋友的带动”（18.54%）和“有好的创业项目”（17.42%）；对于女性大学生创业者来说，选择创业最重要的原因是“准备创业的朋友的带动”（23.79%），其次是“有好的创业项目”（16.86%）和“个人理想就是成为创业者”（14.43%）。

表 2-3-12　不同性别大学生创业者创业原因情况

创业原因	男		女	
	人　数	百分比（%）	人　数	百分比（%）
未找到合适的工作	237	6.85	171	6.58
准备创业的朋友的带动	642	18.54	618	23.79
家庭支持	327	9.45	306	11.78
有好的创业项目	603	17.42	438	16.86

创业原因	男		女	
	人 数	百分比（%）	人 数	百分比（%）
想抓住好商机	354	10.23	270	10.39
个人理想就是成为创业者	747	21.58	375	14.43
可以获得更高收入	396	11.44	303	11.66
学校支持	129	3.71	99	3.81
其他	27	0.78	18	0.70

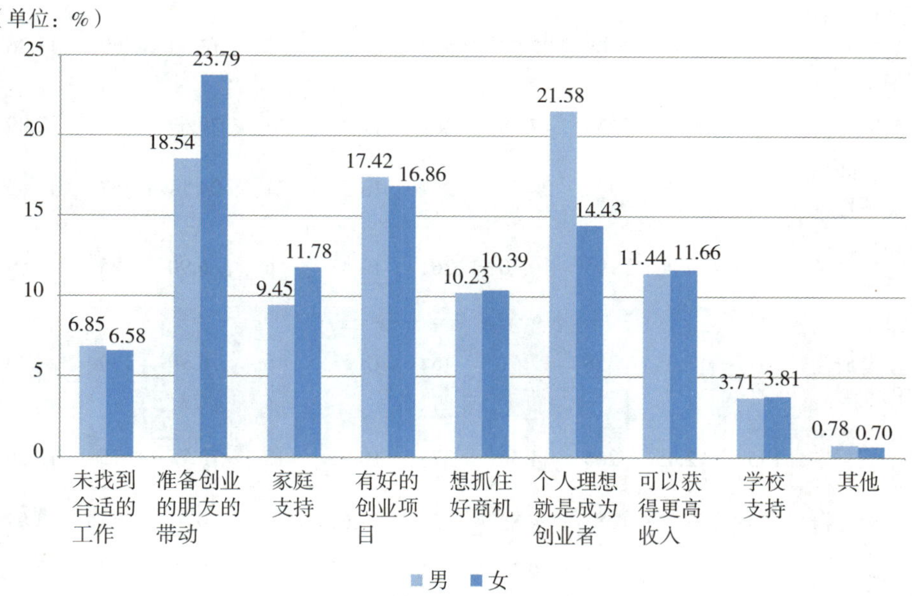

图 2-3-12　不同性别大学生创业者创业原因情况

3. 学校类型

整体上看，学校类型不同，大学生创业者选择创业的原因有差异。985 高校、211 高校、普通本科类高校大学生创业者创业原因主要都是“准备创业的朋友的带动”（分别占 22.61%、22.59%、21.18%）、“有好的创业项目”（分别占 18.2%、20.76%、15.52%）、“个人理想就是成为创业者”（分别占 17.05%、17.61%、18.53%）；独立学院类高校大学生创业者创业原因主要是“有好的创业项目”（24.14%）、“家庭支持”（20.69%）、“准备创业的朋友的带动”和“可以获得更高收入”（各占 13.79%）；高职高专类高校大学生创业者创业原因主要是“个人理想就是成为创业者”（24.74%）、“家庭支持”（12.89%）、“想抓住好商机”（12.89%）、“可以获得更高收入”（12.89%）。

表 2-3-13　不同学校类型大学生创业者创业原因情况

创业原因	985 高校		211 高校		普通本科		独立学院		高职高专	
	人数	百分比（%）	人数	百分比（%）	人数	百分比（%）	人数	百分比（%）	人数	百分比（%）
未找到合适的工作	102	6.51	81	4.49	189	7.58	6	6.90	45	7.73
准备创业的朋友的带动	354	22.61	408	22.59	528	21.18	12	13.79	69	11.86
家庭支持	153	9.77	135	7.48	282	11.31	18	20.69	75	12.89
有好的创业项目	285	18.20	375	20.76	387	15.52	21	24.14	69	11.86
想抓住好商机	141	9.00	195	10.80	261	10.47	6	6.90	75	12.89
个人理想就是成为创业者	267	17.05	318	17.61	462	18.53	6	6.90	144	24.74
可以获得更高收入	195	12.45	204	11.30	273	10.95	12	13.79	75	12.89
学校支持	66	4.21	87	4.82	90	3.61	0	0.00	18	3.09
其他	3	0.20	3	0.15	21	0.85	6	6.89	12	2.05

4. 学历层次

调研结果显示，学历层次不同，大学生创业者选择创业的原因有差异。学历为专科的大学生创业者创业原因主要是“个人理想就是成为创业者”（22.89%）、“家庭支持”（16.87%）、“准备创业的朋友的带动”（13.65%）；学历为本科的大学生创业者创业原因主要是“准备创业的朋友的带动”（22.11%）、“个人理想就是成为创业者”（18.32%）、“有好的创业项目”（16.8%）；学历为硕、博研究生的大学生创业者创业原因主要是“有好的创业项目”（分别占 22.78%、31.58%）、“准备创业的朋友的带动”（分别占 21%、15.79%）、“个人理想就是成为创业者”（分别占 16.01%、15.79%）。

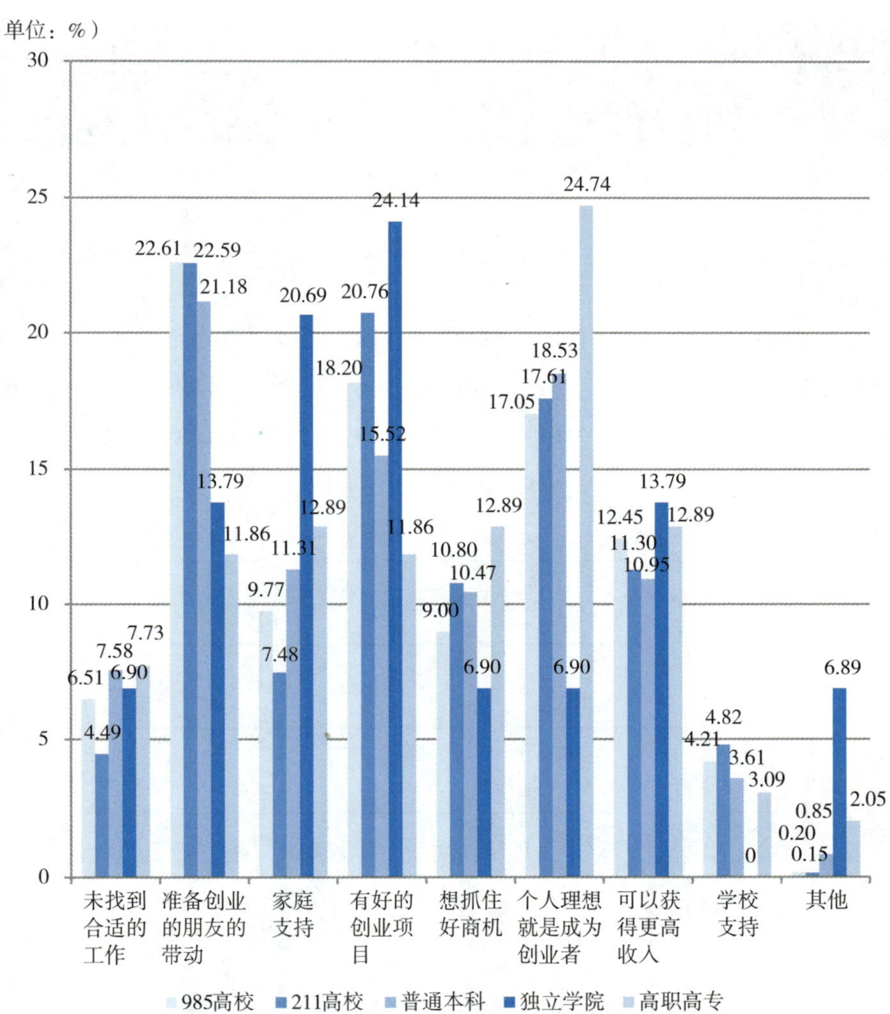

图 2-3-13 不同学校类型大学生创业者创业原因情况

表 2-3-14 不同学历层次大学生创业者创业原因情况

创业原因	专科		本科		硕士研究生		博士研究生	
	人数	百分比（%）	人数	百分比（%）	人数	百分比（%）	人数	百分比（%）
未找到合适的工作	69	9.24	294	6.75	42	4.98	3	2.63
准备创业的朋友的带动	102	13.65	963	22.11	177	21.00	18	15.79
家庭支持	126	16.87	426	9.78	72	8.54	12	10.53

创业原因	专科		本科		硕士研究生		博士研究生	
	人数	百分比（%）	人数	百分比（%）	人数	百分比（%）	人数	百分比（%）
有好的创业项目	81	10.84	732	16.80	192	22.78	36	31.58
想抓住好商机	78	10.44	438	10.06	96	11.39	12	10.53
个人理想就是成为创业者	171	22.89	798	18.32	135	16.01	18	15.79
可以获得更高收入	87	11.65	507	11.64	87	10.32	12	10.53
学校支持	18	2.41	168	3.86	42	4.98	3	2.63
其他	15	2.01	30	0.68	0	0.00	0	0.00

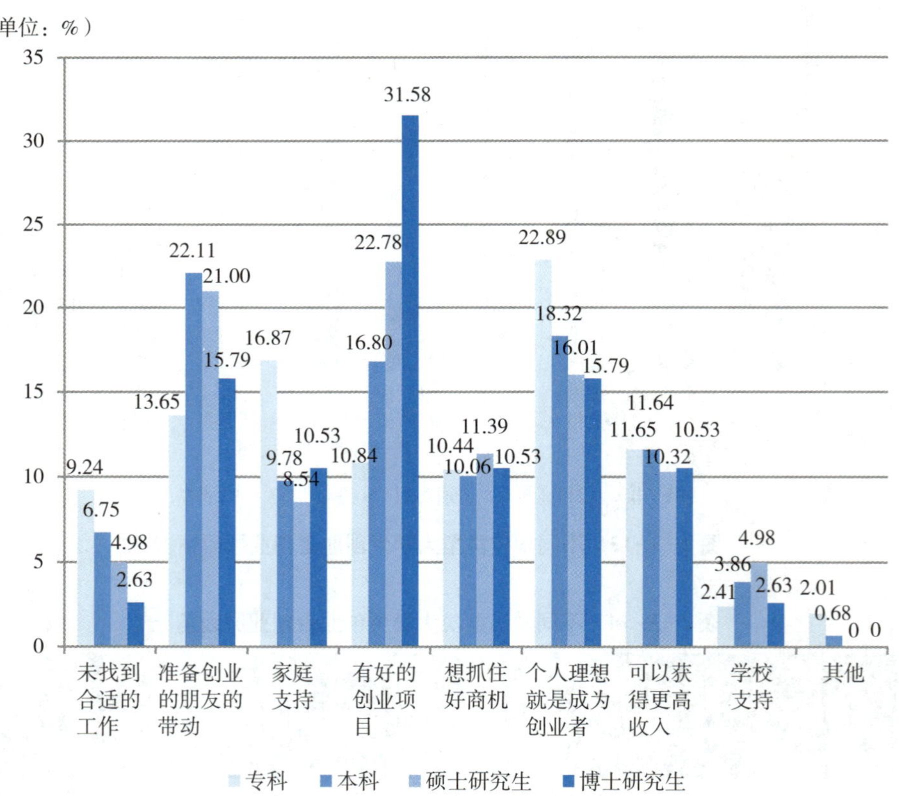

图 2-3-14　不同学历层次大学生创业者创业原因情况

四、创业影响因素

（一）影响创业的主观因素

调研结果显示，合作意识、创新精神、市场意识和责任感成为现今大学生考虑创业的最重要的四个主观因素。其中，合作意识占20.96%；创新精神占20.29%；市场意识占17.44%；责任感占17.28%。其他因素分别是专业技能（8.49%）、知行统一（7.18%）、个人性格（4.62%）、兴趣爱好（3.5%）、其他（0.24%）。

表2-3-15 影响大学生创业的主观因素

影响大学生创业的主观因素	人 数	百分比（%）
合作意识	2733	20.96
创新精神	2646	20.29
市场意识	2274	17.44
责任感	2253	17.28
专业技能	1107	8.49
知行统一	936	7.18
个人性格	603	4.62
兴趣爱好	456	3.50
其 他	33	0.24

（二）影响大学生创业的客观因素

调研结果显示，市场环境、资金、人脉关系和政策成为现今大学生考虑创业的最重要的四个客观因素。其中，市场环境占24.02%；资金占21.78%；人脉关系占20.36%；政策占11.97%。其他因素分别是社会阅历（9.32%）、工作经验（8.71%）、家族产业基础（2.38%）、亲朋好友意见（1.23%）、其他（0.23%）。

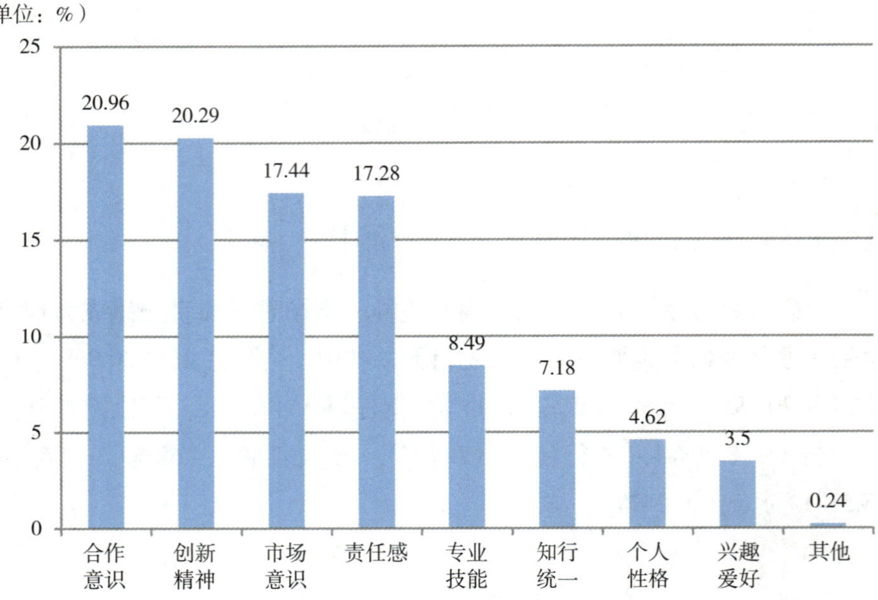

图 2-3-15　影响大学生创业的主观因素

表 2-3-16　影响大学生创业的客观因素

影响大学生创业的客观因素	人　数	百分比（%）
市场环境	3093	24.02
资金	2805	21.78
人脉关系	2622	20.36
政策	1542	11.97
社会阅历	1200	9.32
工作经验	1122	8.71
家族产业基础	306	2.38
亲朋好友意见	159	1.23
其他	30	0.23

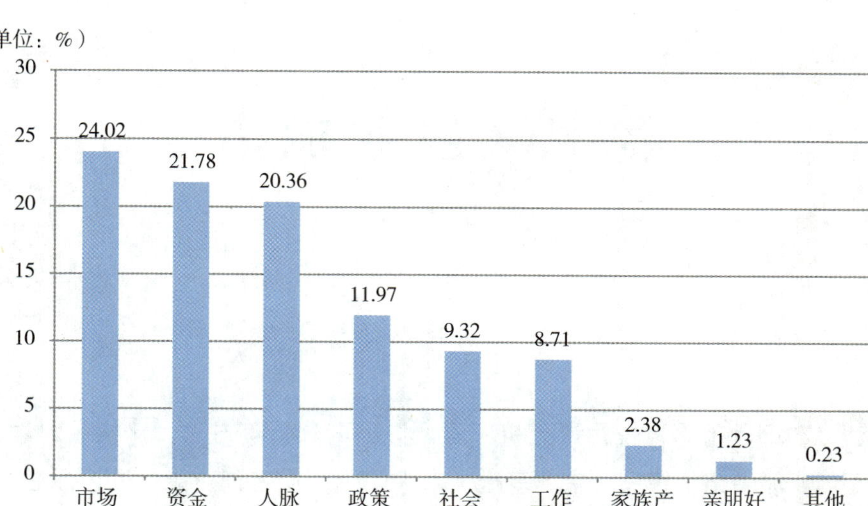

图 2-3-16 影响大学生创业的客观因素

第四章 创业能力

本章运用探索性因素分析、验证性因素分析等方法，建构了大学生创业能力结构模型，在此基础上对大学生创业者创业能力进行评估，核心是要回到“大学生创业能力水平如何”的问题。总体看，大学生创业者的创业能力整体较好，他们更注重的是领导能力、机会把握能力和创新能力。研究发现：大学生创业能力主要包括创业人格（踏实执着、责任担当、勇气胆识和自信乐观）、基本创业能力（实践、学习与分析能力）、核心创业能力（资源整合能力、领导能力、创新能力和机遇把握能力）和社会应对能力（人际交往能力、团队合作能力和抗压能力）四个维度、14 个具体能力；大学生创业者认为最重要的创业能力主要是领导能力（40.3%）、机遇把握能力（37.62%）、创新能力（35.1%）、资源整合能力（27.03%）；大学生创业者在创业能力量化评估方面平均得分为 3.58 分（满分为 5 分），且有 53% 的大学生创业者赞同“自身创业能力很好”的评价，这表明大学生创业者创业能力状况总体较好；学校层次、学历层次高的大学生创业者，创业能力评估分数更高；对创业伙伴的素质，大学生创业者认为最重要的是能够给予自己创业信心（46.04%）、具有良好的人际资源（32.47%）、在资金上能够给予自己帮助（30.42%）、具有较强的团队合作能力（27.94%）、与自己的性格互补（27.15%）；大学生创业者认为，与其他群体相比，大学生创业者的创业优势在于学习能力强、创新能力强、年轻有活力、接受能力强、专业素质高。

一、创业能力结构

（一）大学生创业能力结构的要素分析

1. 学生角度的创业能力要素分析

我们选取了北京大学、吉林大学、东北师范大学、浙江大学、复旦大学等 14 所高校近 400 名大学生进行了创业能力的访谈。但是从访谈过程中我们发现，由于一些大学生对于创业和创业能力从未考虑过，这使得对一些大学生的访谈无法继续进行下去，最终，我们通过有效性筛选，将访谈中的 237 名大学生访谈内容作为最终的研究分析对象。同时，为了提高我们访谈结果的针对性和有效性，我们挑选出 60 名优秀毕业生，进行了创业能力的访谈，最终获得 297 个有效访谈材料。通过整理、分析、归纳、总结、合并，最终提取出 21 个大学生自身认为较为重要的创业能力要素。（见表 2–4–1）

表 2–4–1 大学生创业能力要素

创业能力要素	频次	频率（%）	创业能力要素	频次	频率（%）
创业方向（认知、目标）	143	48	吃苦耐劳（勤奋、钻研）	45	15
融资能力	98	33	沟通表达能力	39	13
领导能力（组织规划管理）	95	32	团队合作能力	36	12
发现机遇、抓住机遇的能力	92	31	积极乐观	15	5
独立思考能力	83	28	诚实守信	9	3
人脉资源	80	27	自我认知	9	3
人际交往能力	65	22	家人支持（家庭背景）	9	3
学习能力（专业技能）	65	22	抗压能力（忍耐力）	6	2
毅力（执着坚持、专注）	59	20	自信	6	2
知识积累（社会经验）	59	20	危机意识	6	2
实践能力（付诸行动）	45	15			

2. 社会角度的创业能力要素分析

（1）基于创业名人事迹分析大学生创业能力要素

我们收集了大量国内外成功创业名人的创业案例和个人传记，如国内的创业名人——华为创始人任正非、腾讯创始人马化腾、盛大创始人陈天桥；国外的创业名人——微软帝国的创始人比尔·盖茨、耐克的创始人菲尔·耐特、零售巨头沃尔玛的创始人沃尔特·沃尔顿等。在此基础上，从中挑选出具有代表性的国内创业名人 19 位，国外创业名人 12 位，合计 31 位创业名人，对其创业经历和个人传记进行了详细阅读和研究，即通过抓住每一位创业名人创业历程中对其创业发展起着关键性作用的事件进行分析，并结合其个人的为人处世过程中的态度和做法进行关键要素提取、能力归纳、合并汇总，最终提取出 28 个影响其成功创业的能力指标。（见表 2-4-2）

表 2-4-2　创业名人创业能力要素

创业能力要素	频次	频率（%）	创业能力要素	频次	频率（%）
发现机遇、抓住机遇的能力	28	90	自我认知（了解自己）	7	23
勇气（不畏困难）	16	52	危机意识	5	16
诚实守信	13	42	人际交往	4	13
学习能力（专业技能）	11	35	知识积累（经验、政策法规）	4	13
毅力（执着坚持、专注）	11	35	（社会）责任感	4	13
创新能力	10	32	融资能力	3	10
团队合作能力	10	32	抗压能力（忍耐力）	3	10
吃苦耐劳（勤奋、钻研）	9	29	实践的能力（付诸行动）	3	10
积极乐观（有热情、激情）	9	29	奉献精神	2	6
认真踏实（谨慎、低调）	8	26	沟通表达能力	2	6
领导能力（组织规划管理）	8	26	整合资源能力	2	6
自信	7	23	人脉资源	1	3
创业方向（认知、目标）	7	23	家人的支持（家庭背景）	1	3
独立思考能力	7	23	适应能力（应变能力）	1	3

（2）基于大学生创业典型分析的大学生创业能力要素

我们研读大量关于大学生自主创业的典型案例，如重庆大学出版社出

版的《大学生创业实战个案》、中国轻工业出版社出版的《我和创业有个约会》、大连理工大学出版社出版的《大学生自主创业典型案例》等与大学生创业真实案例相关的书籍，分析其中所涉及的经典故事，尽量排除影响创业的个人特殊因素，最终确定了包括北京斯伯乐科技发展有限公司创始人沈阳化工学院毕业生刘宽胜、大连华星旅行社创始人东北财经大学毕业生韩黎黎等 96 位大学生创业典型。通过研读、分析他们的创业历程，提取出影响其创业成功的重要创业能力要素，通过统计分析，形成了基于 96 位大学生创业典型的 27 项创业能力要素。（见表 2-4-3）

表 2-4-3 大学生创业典型的创业能力要素

创业能力要素	频次	频率（%）	创业能力要素	频次	频率（%）
发现机遇、抓住机遇的能力	78	81	积极乐观（有热情、激情）	18	19
学习能力（专业技能）	62	65	沟通表达能力	18	19
领导能力（组织规划管理）	57	59	认真踏实（谨慎、低调）	15	16
吃苦耐劳（勤奋、钻研）	55	57	自信	15	16
毅力（执着坚持、专注）	49	51	独立思考能力	13	14
创业方向（认知、目标）	49	51	分析、判断与决策能力	13	14
抗压能力（忍耐力）	47	49	危机意识	13	14
创新能力	44	46	（社会）责任感	11	11
知识积累（经验、政策法规）	41	43	诚实守信	11	11
融资能力	23	24	整合资源能力	8	8
自我认知（了解自己）	21	22	实践能力（付诸行动）	5	5
勇气（不畏困难）	21	22	奉献精神	5	5
团队合作能力	21	22	人脉资源	3	3
人际交往	21	22			

3. 文献角度的创业能力要素分析

我们全面收集国内外有关创业能力结构要素的文献资料，进行研读和分析，挑选出被引频次高、参考价值高且具有强实践指导意义的文献 33 篇作为我们进行创业能力分析的基础文献。由于不同研究机构和学者对于创业能力构成要素的理解不尽相同，经过仔细研读、分析、归纳和总结，将文献中的不同名称的创业能力要素进行提取和定义解释，然后把从 33 个文献中提取出来的所有能力指标进行汇总，并将只是名称定义不同但同指的是一个能力的指标进行合并。最终获得 22 个创业能力要素。（见表 2-4-4）

表 2-4-4 研究文献的创业能力要素

创业能力要素	频次	频率（%）	创业能力要素	频次	频率（%）
领导能力（组织规划管理）	27	82	自信	3	9
学习能力（专业技能）	23	70	思考能力	3	9
抗压能力（忍耐力）	20	61	实践能力（付诸行动）	3	9
人际交往	18	55	自我认知（理解自己）	3	9
发现机遇、抓住机遇的能力	17	52	吃苦耐劳（勤奋、钻研）	3	9
创新能力	16	48	知识积累（社会经验）	2	6
分析与决策能力	13	39	奉献精神	2	6
沟通表达能力	10	30	（社会）责任感	2	6
团队合作能力	9	27	毅力	1	3
适应能力（应变能力）	5	15	创业方向（认知、目标）	1	3
整合资源能力	4	12	诚实守信	1	3

综合以上三个维度的要素分析，我们初步认为大学生创业能力主要涉及四个维度，有 29 种能力被广泛提及：创业知识积累、学习能力、实践能力、独立思考能力、分析与决策能力、创新能力、领导能力、创业认知、资源整合能力、融资能力、机遇把握能力、人脉资源、吃苦耐劳、执着、自信、积极乐观、诚实守信、认真踏实、自我认知、危机意识、奉献精神、社会责任感、勇气、人际交往能力、沟通表达能力、团队合作能力、适应能力、抗压能力、社会支持。

（二）大学生创业能力结构模型的初步构想

当前不同研究者在大学生创业能力结构的维度与具体指标上存有争议，还没有形成关于大学生创业能力结构的一致看法。但综合当前有关研究以及我们自己所做的访谈、调研等情况来看，大学生创业能力具有复杂的结构，可划分为多维度多层次。我们认为，大学生创业能力可以归到四个主要维度下：一是基本创业能力，即一个大学生想要成功创业所必备的一些最为基本的能力，比如上述研究中广泛提及的学习能力、实践能力、思维能力、分析能力和决策能力等；二是核心创业能力，是与大学生创业发展相关更为密切和直接的能力品质，比如有关研究提到的创新能力、领导能力、资源整合与机遇把握能力等；三是创业人格，即那些与大学生创业密切相关的个性品质，比如吃苦耐劳、毅力、自信、乐观、诚信、踏实、奉献、责任、勇气等等；四是社会应对能力，即那些在创业过程中处理个人与自我之间、个人与他人之间、个人与社会之间关系的能力，比如人际交往、沟通表达能力、团队合作能力、适应能力、抗压能力，等等。这四个维度可以涵盖我们提取出来的 29 种创业能力要素。由此，我们初步提出一个 4 个二级维度、29 种具体要素构成的大学生创业能力结构设想，即大学生创业能力的结构模式。(见图 2-4-1)

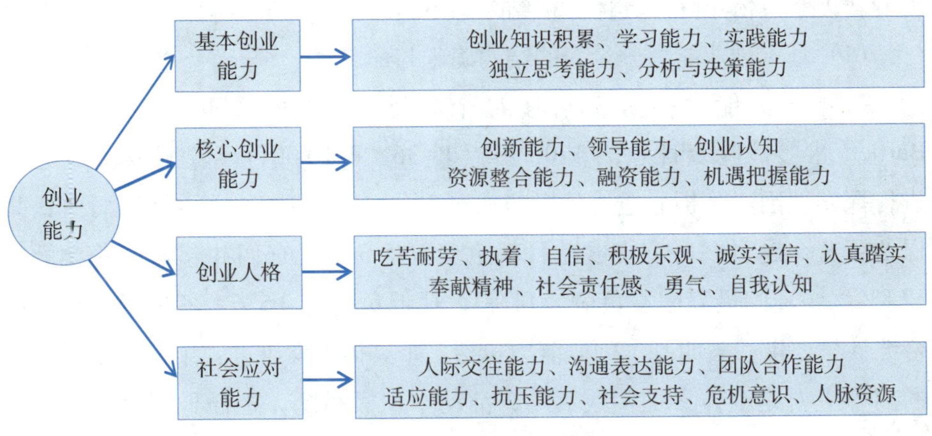

图 2-4-1　大学生创业能力结构构想

（三）大学生创业能力结构模型建构的实证研究

1. 大学生创业能力结构模型的初步确定

根据大学生创业能力的理论构想，编制大学生创业能力自评量表，测验题目包括创业人格、基本创业能力、核心创业能力、社会应对能力四个维度，按 29 个具体创业能力要素编制大学生创业能力自评量表，测验题目共计 206 项。问卷采用李克特自评 5 点量表形式，每个项目从“非常不符合”

到“非常符合”分别记1分到5分。

为保证问卷结构合理、通俗易懂，请相关专家、部分大学师生对问卷进行评定，找出题项意思表达含糊不清、难以理解的题项，进行反复修订、整理，共保留了148个题项。通过对吉林省三所高校689名学生测试数据的项目分析和探索性因素分析，形成了包含创业人格、基本创业能力、核心创业能力、社会应对能力4个分问卷共计90个项目的正式施测问卷。以此问卷对北京、上海、吉林、黑龙江、辽宁、安徽、重庆、广东、湖南、福建、陕西11个省市的2300名学生进行正式测验。回收有效问卷2189份，有效率95%。将有效问卷按单、双数平均分成两份样本数据。使用SPSS15.0软件对样本数据一进行探索性因素分析（采用主成分分析法和最大变异法）初步确定大学生创业能力的构成因素。具体来说，本研究对四个分量表分别进行主成分分析，提取共同因素，求得初始因素负荷矩阵，再用最大变异法求得旋转因素负荷矩阵。具体分析结果如下：

（1）基本创业能力分量表的结构确定与命名

基本创业能力分量表原有22个题目，量表的KMO指数为0.840，Bartlett球形检验统计量为1705.961（df=36，P＜0.001），表明该量表适合进行探索性因素分析。通过分析共抽取3个因素，因素特征值都大于1；共保留了9个题目，每个维度题目都至少包括3个，它们共解释总变异量的57.8%；题项的最高因素负荷为0.783，最低负荷为0.536。各项指标完全符合统计学要求，表明基本创业能力包括三个具体因素维度：第一个因素涉及的内容主要是个体参加实践活动，活动中积极活跃，担任干部等，命名为“实践能力”；第二个因素与个体的分析能力密切相关，体现了个体善于发现关键问题，透过问题看其本质的能力，命名为“分析能力”；第三个因素涉及学习成绩、学习信息获取、学习难题解决等，主要体现个体学习方面的能力，命名为“学习能力”。（见表2-4-5）

表2-4-5　基本创业能力问卷正式题项之因素分析结果

题　号	题　项	共同度	因素负荷
因素一（特征值1.836，贡献率20.403）			
a19	我经常参加各种社会实践活动	0.617	0.754

题 号	题 项	共同度	因素负荷
a88	我在学校的各种活动中是一个活跃分子	0.615	0.747
a23	我做过学生干部，而且工作出色	0.584	0.744
	因素二（特征值 1.685，贡献率 18.724）		
a73	我善于发现一个问题的本质所在	0.634	0.783
a74	面对一个问题，我常反复思考它的实质所在、努力寻求更有效的解决方式	0.624	0.774
a78	我善于发现生活或工作中存在的关键问题	0.472	0.536
	因素三（特征值 1.679，贡献率 18.654）		
a44	我大学期间的专业成绩很好	0.561	0.726
a36	我善于有针对性地高效获取与学习、工作相关的信息	0.579	0.710
a66	我能很好地解决学习或工作中遇到的难题	0.513	0.639

（2）核心创业能力分量表的结构确定与命名

核心创业能力分量表原有 20 个题目，量表的 KMO 指数为 0.892，Bartlett 球形检验统计量为 1617.917（df=66，P＜0.001），表明该量表适合进行探索性因素分析。通过分析共抽取 4 个因素，因素特征值都大于 1；共保留了 12 个题目，每个维度题目都至少包括 3 个，它们共解释总变异量的 58.1%；题项的最高因素负荷为 0.799，最低负荷为 0.460。各项指标完全符合统计学要求，表明核心创业能力包括四个具体因素维度：第一个因素主要涉及个体资源整合、建立社会关系资源，以及组织人力资源的能力，命名为“资源整合”；第二个因素是关于个体原创性、创造性方面的能力，命名为“创新能力”；第三个因素涉及个体抓住机遇、把握机遇，创造条件实现理想的能力，命名为“机遇把握”；第四个因素涉及个体领导公司，寻求发展，管理、组织协调方面的能力，命名为“领导能力”。（见表 2-4-6）

表 2-4-6 核心创业能力问卷正式题项之因素分析结果

题 号	题 项	共同度	因素负荷
	因素一（特征值 1.869，贡献率 15.577）		
a15	我善于把分散的资源整合起来去实现个人或团队的发展目标	0.710	0.799

题　号	题　项	共同度	因素负荷
a14	我有一个能给我的职业发展提供巨大帮助的社会关系网	0.653	0.773
a17	我善于带领他人一起攻坚克难	0.514	0.570
	因素二（特征值 1.783，贡献率 14.862）		
a72	我经常会提出一些带有原创性的想法	0.638	0.777
a57	我善于创造性思考	0.598	0.720
a82	在有很多不确定性因素的情况下，我也能想出好的方法或创意	0.544	0.580
	因素三（特征值 1.723，贡献率 14.355）		
a32	我能充分地做好准备，把握发展的机遇	0.586	0.746
a5	我相信自己能抓住每一次发展机会	0.469	0.620
a84	一旦我抓到一个机会，我常常能很好地实现它	0.446	0.460
	因素四（特征值 1.596，贡献率 13.301）		
a8	如果让我管理一家公司，我一定能胜任	0.697	0.775
a21	如果我管理一个公司，我相信自己有能力为公司谋求发展之路	0.651	0.726
a38	在团队中，我有能力安排恰当的人去做恰当的工作	0.465	0.464

（3）创业人格结构的初步确定与子维度命名

创业人格分量表原有 28 个题目，量表的 KMO 指数为 0.866，Bartlett 球形检验统计量为 2454.503（df=78，P＜0.001），表明该量表适合进行探索性因素分析。通过分析抽取了四个因素，因素特征值都大于 1；共保留了 13 个题目，每个维度题目都至少包括 3 个；题项最高因素负荷为 0.809，最低负荷为 0.465；四个因素 13 个题目共解释了总变异量的 54.9%。各项指标完全符合统计学要求，表明创业人格包括三个具体因素维度：第一个因素涉及的内容主要是个体踏实、坚持、执着方面的特质，命名为“踏实执着”；第二个因素涉及个体清楚自身责任，并敢于承担风险、承认错误的良好品质，命名为“责任担当”；第三个因素涉及个体勇于冒险、坚持观点、不畏艰险的良好品质，命名为“勇气胆识”；第四个因素涉及个体满意、自信、乐观的良好品质，命名为“自信乐观”。（见表 2-4-7）

表 2-4-9 大学生创业能力各分量表结构模型的验证性因素分析结果

拟合指数	χ^2	df	χ^2/df	RMSEA	NFI	RFI	IFI	TLI	CFI
创业人格四因素模型	428.691	61	7.028	0.052	0.915	0.874	0.927	0.890	0.926

表 2-4-9 的数据说明此 13 个观测变量由 4 个潜变量所决定，研究构想的结构模型是比较合理的。大学生创业人格模型包括四个维度，分别是踏实执着、责任担当、勇气胆识和自信乐观。据此建构的协方差结构模型，如图 2-4-4 所示。

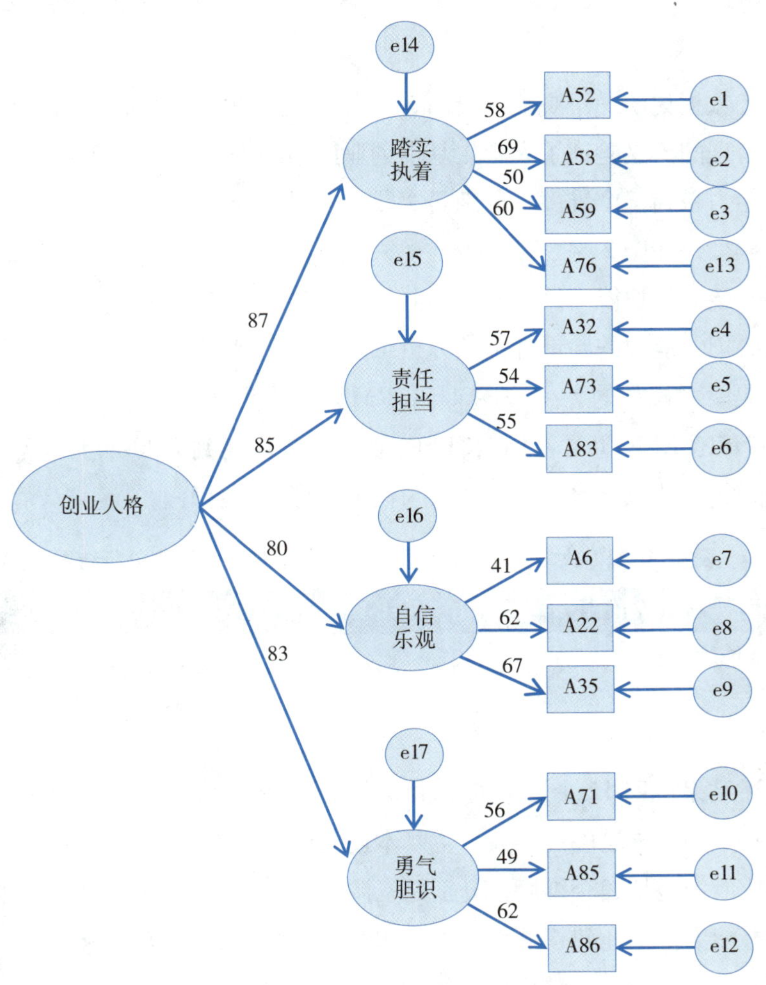

图 2-4-4 大学生创业人格的结构模型

（2）基本创业能力结构模型的验证

基本创业能力的验证性因素分析结果见表 2-4-10。由表 2-4-10 可以看出，基本创业能力结构模型的 χ^2/df 为 3.01，RMSEA 值为 0.030，小于 0.1，其余各项指标 NFI、RFI、IFI、TLI、CFI 的拟合指数均达到 0.90 以上，各拟合指数均达到较好的拟合水平，可以认为模型的拟合度良好。

表 2-4-10　大学生基本创业能力结构模型验证性因素分析结果

拟合指数	χ^2	df	χ^2/df	RMSEA	NFI	RFI	IFI	TLI	CFI
基本创业能力三因素模型	72.131	24	3.005	0.030	0.977	0.957	0.984	0.971	0.984

以上数据说明 9 个观测变量由 3 个潜变量所决定，研究构想的结构模型是比较合理的。这验证了大学生基本创业能力结构模型的设想，即大学生基本创业能力包括三个维度，分别是实践、学习与分析能力。据此建构的协方差结构模型，如图 2-4-5 所示。

（3）核心创业能力结构模型的验证

核心创业能力的验证性因素分析结果见表 2-4-11。由表 2-4-11 可知，核心创业能力模型的 χ^2/df 为 4.417，RMSEA 值为 0.040，小于 0.1，其余各项指标 NFI、RFI、IFI、TLI、CFI 的拟合指数均达到 0.90 以上，各拟合指数均达到较好的拟合水平，可以认为模型的拟合度良好。

表 2-4-11　大学生核心创业能力结构模型验证性因素分析结果

拟合指数	χ^2	df	χ^2/df	RMSEA	NFI	RFI	IFI	TLI	CFI
核心创业能力三因素模型	220.831	50	4.417	0.040	0.959	0.937	0.968	0.950	0.968

上述结果说明 12 个观测变量由 4 个潜变量所决定。研究构想的结构模型是比较合理的。这验证了大学生基本创业能力结构模型的设想，即大学生核心创业能力包括四个维度，分别是资源整合能力、领导能力、创新能力和机遇把握能力。据此建构的协方差结构模型，如图 2-4-6 所示。

（4）社会应对能力结构模型的验证

社会应对能力结构模型的验证性因素分析结果（见表 2-4-12）显示，

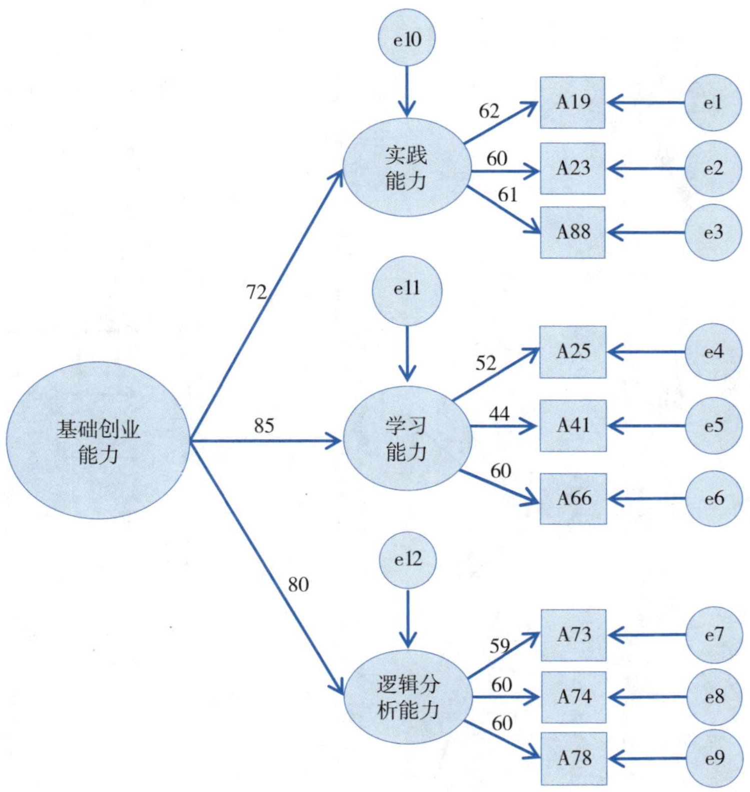

图 2-4-5 大学生基本创业能力的协方差结构模型

χ^2/df 为 5.748，RMSEA 值为 0.047，小于 0.1，其余各项指标 NFI、RFI、IFI、TLI、CFI 的值也均在 0.80 以上，达到了很好的拟合水平，可以认为模型的拟合度较好，可以接受关于社会应对能力结构模型的建构。

表 2-4-12 大学生创业能力各分量表结构模型的验证性因素分析结果

拟合指数	χ^2	df	χ^2/df	RMSEA	NFI	RFI	IFI	TLI	CFI
社会应对能力三因素模型	137.949	24	5.748	0.047	0.940	0.887	0.950	0.905	0.949

上述数据说明 9 个观测变量由 3 个潜变量所决定。这验证了大学生社会应对能力结构模型的设想，即大学生基本创业能力包括三个维度，分别是人际交往能力、团队合作能力和抗压能力。据此建构的协方差结构模型，如图 2-4-7 所示。

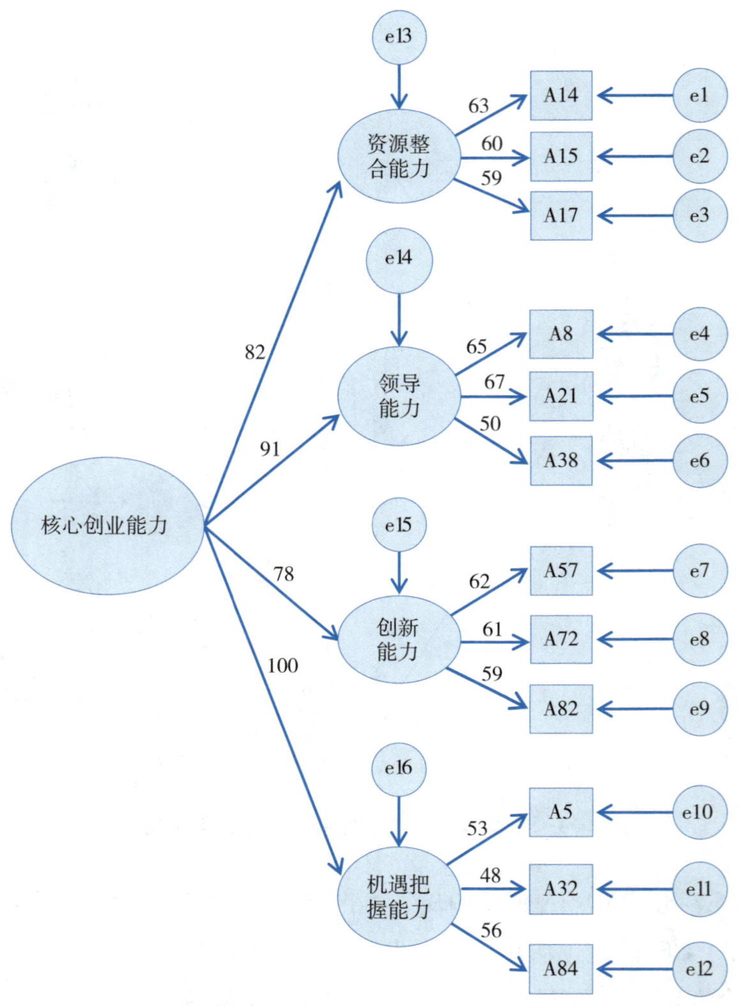

图 2-4-6　大学生核心创业能力的结构模型

（5）大学生创业能力结构模型的验证

大学生创业能力四个分量表的结构模型的各拟合指数均达到较好的拟合水平，接下来，我们需要验证这四个维度能否集中反应创业能力这一总维度。这就需要以创业能力为一级维度，以基本创业能力、核心创业能力、创业人格及社会应对能力为二级维度进行验证性因素分析（结果见表2-4-13）。由表 2-4-13 可以看出，创业能力结构模型的 χ^2/df 为 87.90，RMSEA 值为 0.199，这两个指标虽然不是十分理想，但各项拟合指标 NFI、RFI、IFI、TLI、CFI 的值均在 0.80 以上，达到了很好的拟合水平，可以认

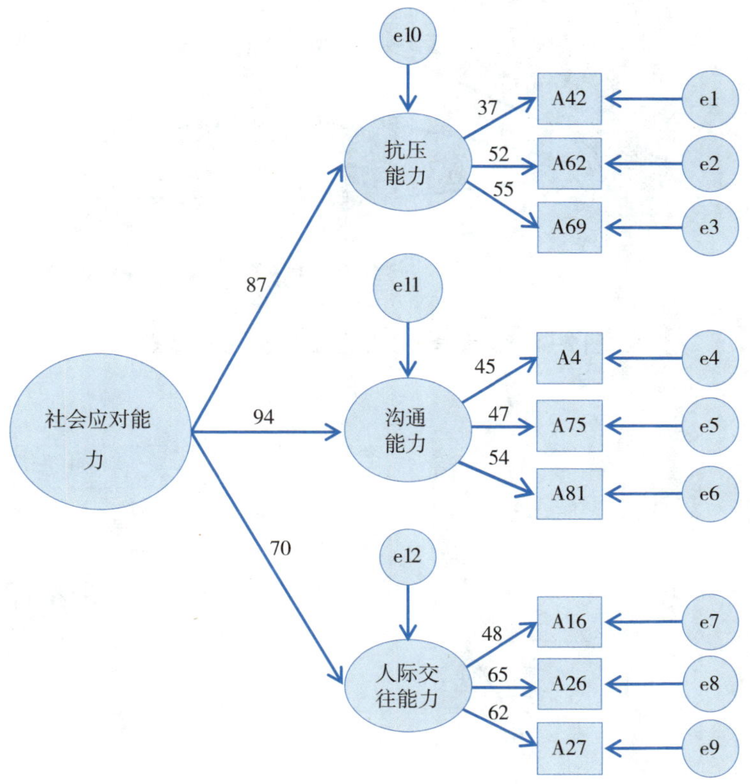

图 2-4-7 大学生社会应对能力的结构模型

为模型的拟合度较好，可以接受关于大学生创业能力结构总模型的建构。

表 2-4-13 大学生创业能力总模型的验证性因素分析结果

拟合指数	χ^2	df	χ^2/df	RMSEA	NFI	RFI	IFI	TLI	CFI
创业能力四因素模型	175.801	2	87.90	0.199	0.966	0.897	0.966	0.898	0.966

从上数据验证了我们的理论构想是比较合理的。大学生创业能力模型包括四个维度，分别是基本创业能力、核心创业能力、创业人格和社会应对能力。大学生创业能力结构模型，如图 2-4-8 所示。

综上所述，本研究通过探索性因素分析与验证性因素分析，结果表明，我们所建构的大学生创业能力量表与结构模型是比较合理的。我们最终确定的大学生创业能力的结构模型。（见图 2-4-9）

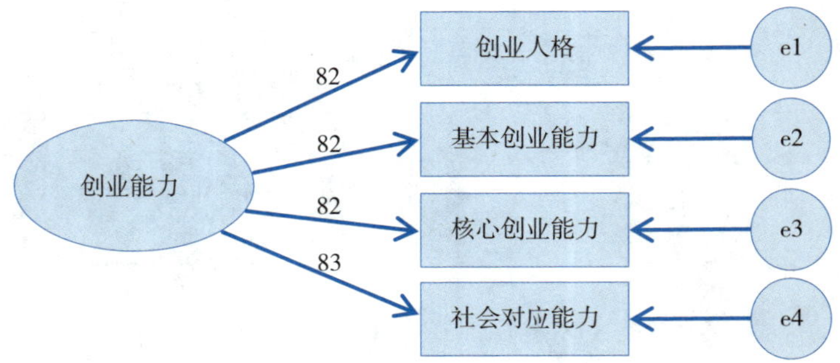

图 2-4-8　大学生创业能力的结构模型简图

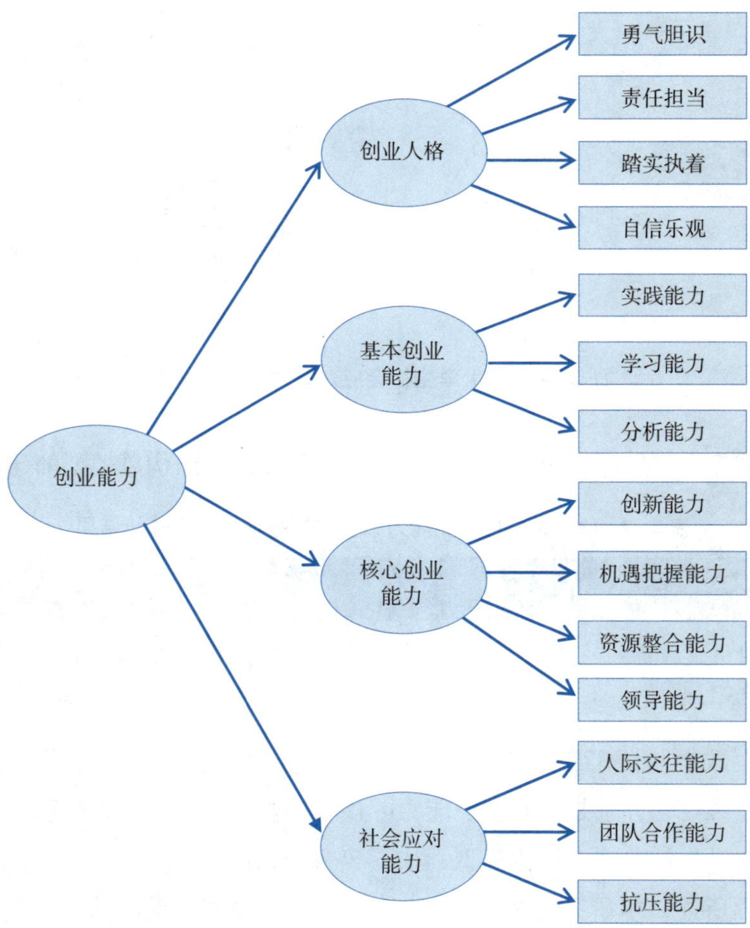

图 2-4-9　大学生创业能力结构模型详图

二、创业能力评估

（一）重要性评估

基于以上研究，调研组把创业能力具体细化为包括勇气胆识、责任担当、踏实执着、自信乐观、实践能力、学习能力、分析能力、创新能力、机遇把握能力、资源整合能力、领导能力、人际交往能力、团队合作能力、抗压能力等 14 项能力（见图 2－4－9）。这 14 项能力在创业活动中的重要性是不一样的，调研组根据被调查者认为的在这些能力中最重要的三种能力的选择频次及频率将其重要性加以区分。各项能力的具体选择频次和频率见表 2－4－14。

表 2－4－14　大学生创业者对各具体创业能力重要性评价

具体能力	频　次	频率（%）
领导能力	1323	16.46
机遇把握能力	1236	15.38
创新能力	1155	14.37
资源整合能力	888	11.05
团队合作能力	626	7.79
人际交往能力	615	7.65
抗压能力	462	5.75
实践能力	438	5.45
学习能力	405	5.04
责任担当	258	3.21
逻辑分析能力	198	2.46
勇气胆识	165	2.05
踏实执着	147	1.83
自信乐观	123	1.53

观察图 2－4－10、表 2－4－14 可知，在大学生看来，14 项具体创业能力

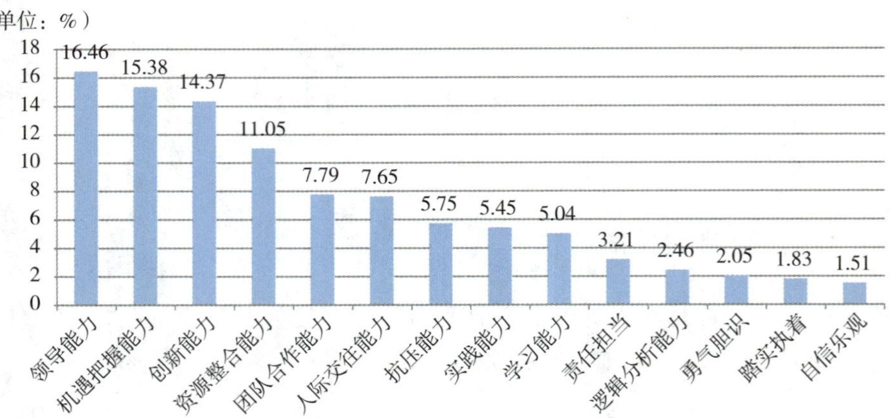

图 2-4-10　大学生创业者对各具体创业能力重要性评价

中最重要的前三项能力是领导能力、机遇把握能力以及创新能力，这三项能力的被选频率都在 10% 以上，远远高于其与 11 项能力，其在创业活动中的重要性是显而易见的。

根据以上数据的统计以及由此进行的重要性分析，调研组将领导能力、机遇把握能力以及创新能力这三项能力确定为大学生创业的核心创业能力。

（二）总体水平评估

1. 总体概况

大学生群体对自身的创业能力持较为肯定的态度，认为自身的创业能力较好。对于“我自身的创业能力很好”这一表述是否赞同，赞同程度分为五个等级，分别为“完全赞同”、“比较赞同”、“说不清楚”、“比较不赞同”、“完全不赞同”，其对应的分值分别为 5、4、3、2、1，调研组尝试通过各赞同程度的选择人数、比例以及总体的平均分来分析说明大学生对自身创业能力的评估。对于这一问题，共有 4722 人参与了调查，其具体人数及比例见表 2-4-15。

表 2-4-15　大学生对“自身创业能力很好”的赞同情况人数、比例及平均分分布

	完全赞同	比较赞同	说不清楚	比较不赞同	完全不赞同
人数（人）	798	1707	1449	606	162
比例（%）	17	36	31	13	3
平均分			3.50		

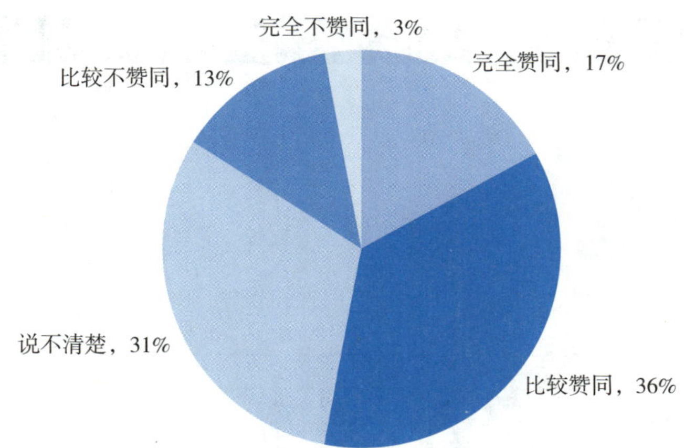

图 2-4-11 大学生对“自身创业能力很好”的赞同情况

观察图 2-4-11、表 2-4-15 可知，就整体状况而言，大学生对“自身创业能力很好”这一观点的态度倾向于“赞同”，“比较不赞同”和“完全不赞同”的只占总人数的 16%，而在“比较赞同”和“说不清楚”这两个等级上，选择的人数总和为 3156 人，占参与调查总人数的 67%，可以说是大部分。并且通过计算得出，参与调查者在这一问题上给出的分数的平均分约为 3.50 分，由此可见，大学生群体对自身的创业能力持较为肯定的态度，认为自身的创业能力较好。

2. 性别差异

在对自身创业能力的评估上，男大学生较女大学生更为乐观，在创业方面的自信心更足。男女大学生之间存在着诸如个人能力、自我定位等的差异，所以在对自身创业能力的评估上，男女大学生也呈现出一定的差异性。其对“自身创业能力很好”的赞同情况具体人数、比例及平均分，见表 2-4-16。

表 2-4-16 不同性别大学生对“自身创业能力很好”的赞同情况人数、比例及平均分分布

	完全赞同	比较赞同	说不清楚	比较不赞同	完全不赞同
男性（人）	513	996	768	294	87
比例（%）	19	38	29	11	3

	完全赞同	比较赞同	说不清楚	比较不赞同	完全不赞同
平均分			3.58		
女性（人）	276	708	678	309	75
比例（%）	13	35	33	15	4
平均分			3.39		

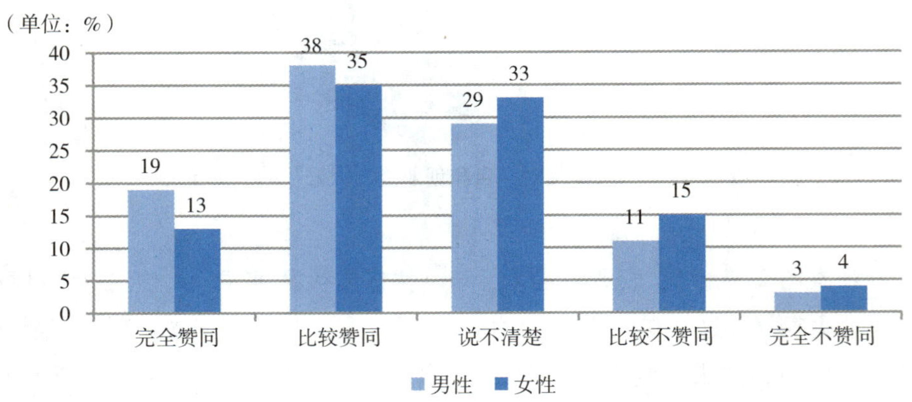

图 2-4-12　男、女大学生对“自身创业能力很好”的赞同情况对比

观察图 2-4-12、表 2-4-16 可以看出，男、女大学生对“自身创业能力很好”的赞同度情况大致相仿；但其中存在最大差异的是对“自身创业能力很好”中的“完全赞同”这一选项的选择比例，为男 19%，女 13%，相差 6%，若将“完全赞同”和“比较赞同”这两个选项结合起来看，相差的比例则更大，达到了 9%。并且男大学生在这一问题上给出的分数的平均分约为 3.6 分，而女大学生则约为 3.4 分。

以上数据都说明了在对自身创业能力的评估上，男大学生较女大学生更为乐观，在创业方面的自信心更足，这无疑会对其创业活动起到促进作用，而女大学生受传统观念及性别固有差异的影响，对自身的创业能力的评估较男大学生稍显不自信，但两者的差异并不悬殊，女大学生经过一定的创业培训等应该会有改观。

3. 学校类型差异

在对自身创业能力的评估上，呈现出学校层次越高对自身的创业能力评估越乐观的趋势。不同学校类型大学生之间存在着诸如个人能力、理论素养、实践能力等的差异，所以在对自身创业能力的评估上也呈现出一定的差异性，其对“自身创业能力很好”的赞同情况具体人数、比例及平均分见表2-4-17。

表 2-4-17 不同学校类型大学生对“自身创业能力很好”的赞同情况统计表

	完全赞同	比较赞同	说不清楚	比较不赞同	完全不赞同
985 高校（人）	222	390	363	171	48
比例（%）	18.70	32.31	30.56	14.39	4.04
平均分			3.47		
211 高校（人）	216	531	357	150	45
比例（%）	16.71	41.07	27.61	11.60	3.01
平均分			3.56		
普通本科（人）	327	711	519	234	33
比例（%）	18.05	39.24	28.64	12.25	1.82
平均分			3.58		
独立学院（人）	27	18	6	9	3
比例（%）	42.86	28.57	10.52	11.79	6.26
平均分			3.90		
高职高专（人）	69	177	276	81	33
比例（%）	11.00	28.23	43.02	12.49	5.26
平均分			3.26		
科研院所（人）	9	9	3	0	0
比例（%）	42.86	42.86	14.28	0	0
平均分			4.29		

观察图 2-4-13、表 2-4-17 可知，不同学校层次的大学生对自身的创业能力的评估有一个显著特点，即独立学院和科研院所的大学生对自身的创业能力的评估远高于其他学校层次的大学生，其平均分均接近或超过了 4.0 分，可见，这两个学校层次的大学生在创业方面有着其独特的优势。另外，不同学校层次的大学生在对自身创业能力的评估上，呈现出学校层次越高对自身的创业能力评估越乐观的趋势。

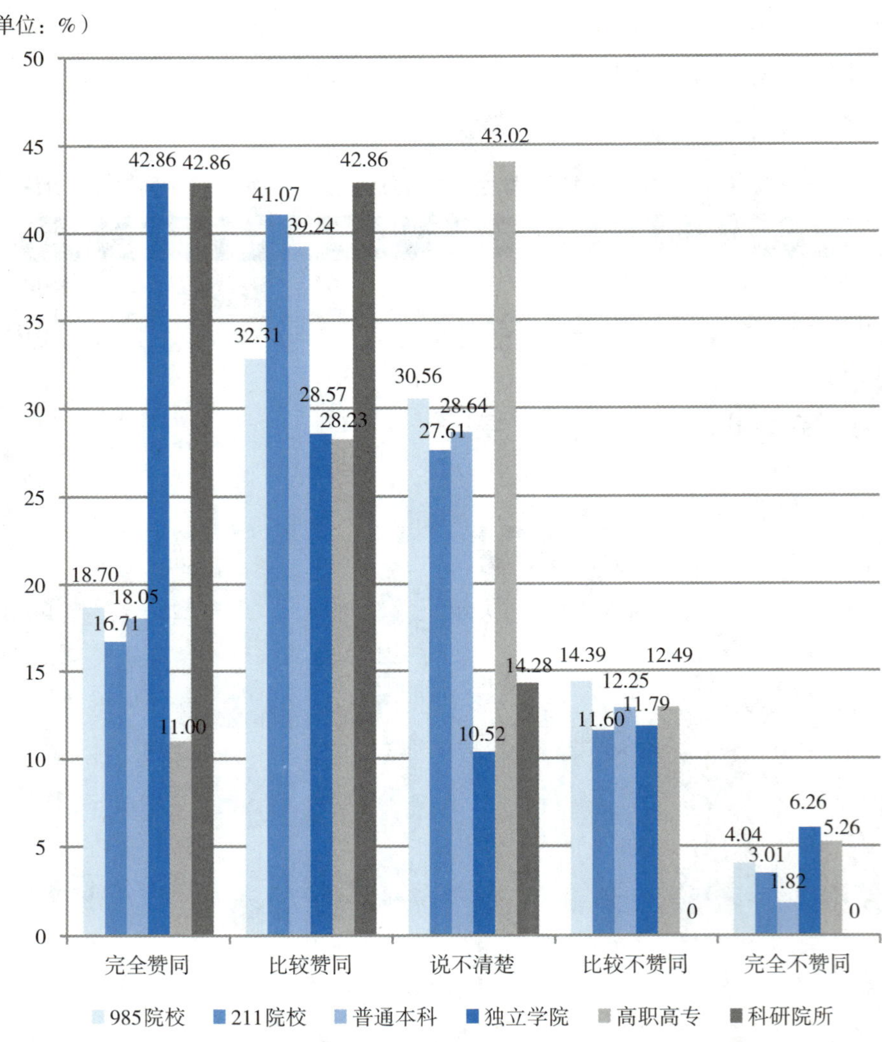

图 2-4-13　不同学校层次大学生对“自身创业能力很好”的赞同情况

4. 学历层次差异

不同学历层次学生对自身创业能力的评价，按照专科（高职高专）、本科生、硕士研究生、博士研究生的顺序，呈现出“学历层次越高，对自身创业能力的评价越高”的特点。不同学历层次的大学生由于其学习层级不同，导致其理论素养、实践能力都有所差异，从而使其在创业实践中展现出来的实际能力也各有不同。其对“自身创业能力很好”的赞同情况具体人数、比例及平均分，见表 2-4-18。

表 2-4-18 不同学历层次大学生对“自身创业能力很好”的赞同情况

	完全赞同	比较赞同	说不清楚	比较不赞同	完全不赞同
专科生（人）	42	96	315	96	42
比例（%）	7	16	54	16	7
平均分			3		
本科生（人）	573	1227	966	414	102
比例（%）	18	37	29	13	3
平均分			3.53		
硕士生（人）	84	346	153	90	18
比例（%）	14	42	26	15	3
平均分			3.56		
博士生（人）	33	27	15	6	0
比例（%）	41	33	19	7	0
平均分			4.07		

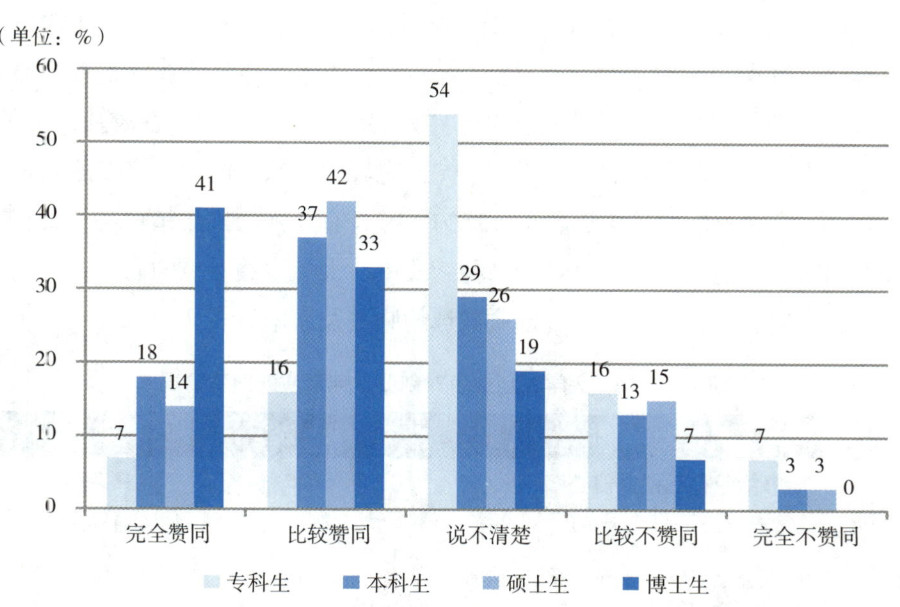

图 2-4-14 不同学历层次大学生对“自身创业能力很好”的赞同情况

由图 2-4-14、表 2-4-18 可以看出，专科（高职高专）、本科生、硕士研究生、博士研究生对“自身创业能力很好”这一观点持赞同态度的人数比例分别为23%、55%、56%、74%，不同学历层次大学生对自身创业能力的评估出现了较大差异，特别是专科生与其他学历层次的大学生相比，对创业的自信程度呈较低状态（专科生的平均分最低）。调研组认为，造成这一现象一方面是由于专科生接受的教育层次水平不及本科生、硕士研究生及博士研究生，这导致了其理论素养和时间能力方面一定程度上的相对欠缺；另一方面，则是因为整个社会及专科生自己对自我的定位存在不妥之处，没有认识到专科生的职业技术更强，在某些创业方面存在较明显的比较优势，而一味地认为专科生的学历较低，能力也较弱，这对其创业活动是存在不利影响的。

三、创业伙伴素质

（一）重要性评估

创业活动中大学生往往会与许多创业伙伴合作，其对创业伙伴的素质也有着多种期望，主要包括："能够给予自己创业信心"、"在资金上能够给予自己帮助"、"与自己的性格互补"、"熟悉法律法规"、"具备较强的管理、领导能力"、"具有良好的人际资源"、"具有较强的创新能力"、"专业知识技术较好"、"具有较强的沟通和交际能力"、"具有较强的挑战精神"、"具有较强的团队合作能力"等。在这十余种素质中，大学生最看重的有哪些？调研组就这一问题进行了分析，各素质被选的频次及频率见表2-4-28。

表2-4-19　大学生创业者对创业伙伴素质的期望情况

创业伙伴素质	频　次	频率（%）
能够给予自己创业信心	2025	16.29%
具有良好的人际资源	1428	11.49%
在资金上能够给予自己帮助	1338	10.76%
具有较强的团队合作能力	1229	9.89%
与自己的性格互补	1194	9.61%
具备较强的管理、领导能力	1092	8.78%

创业伙伴素质	频　次	频率（%）
具有较强的创新能力	1080	8.69%
具有较强的沟通和交际能力	1005	8.08%
具有较强的挑战精神	831	6.68%
熟悉法律法规	588	4.73%
专业知识技术较好	558	4.49%
其他	63	0.51%

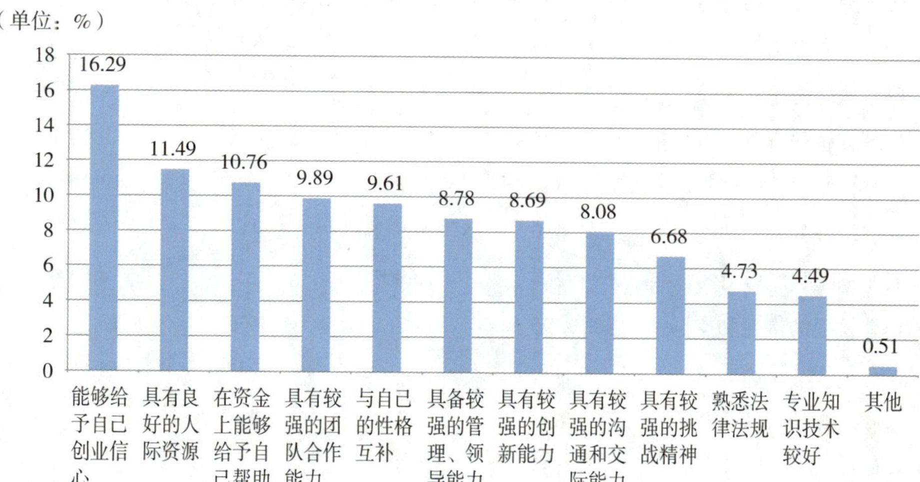

图 2-4-15　大学生创业者对创业伙伴素质的期望情况

观察表 2-4-19 可知，被选频率排在前三位的伙伴素质依次是：“能够给予自己创业信心”、“具有良好的人际资源”、“在资金上能够给予自己帮助”。由此可见，这三种素质在大学生对创业伙伴的期待中是最为重要的。

（二）性别差异

男女大学生中对期望自己的创业伙伴能给自己创业信心的人数都是最多的，但在其他方面存在一定差异。在收回的有效调查问卷中，男性与女性对“认为创业伙伴应当具备哪种素质”这一问题的认识大致相同，都认为创业伙伴应当具备“能够给予自己创业信心”是最重要的。其中有 1077 名男性认为创业伙伴应当具备“能够给予自己创业信心”，有 684 名女性认为创业伙伴应当具备“能够给予自己创业信心”。抛开其他因素的影响，都认为创业伙伴应当具备专业的知识技术是最不重要的。其中，只有 264 名男性认为创业伙伴应当具备专业的知识技术，只有 204 名女性认为创业伙伴应当具备专业的知识技术。

表 2-4-20　不同性别大学生创业者对创业伙伴素质的期望情况

伙伴素质	男性频次	男性频率（%）	女性频次	女性频率（%）
能够给予自己创业信心	1077	24.49%	684	15.55%
在资金上能够给予自己帮助	591	13.44%	507	11.53%
与自己的性格互补	603	13.71%	393	6.94%
熟悉法律法规	279	6.34%	192	4.37%
具备较强的管理、领导能力	495	11.26%	426	9.69%
具有良好的人际资源	543	12.35%	543	12.35%
具有较强的创新能力	480	10.91%	414	9.41%
专业知识技术较好	264	6.00%	204	4.64%
具有较强的沟通和交际能力	495	11.26%	465	10.30%
具有较强的挑战精神	435	9.89%	240	5.46%
具有较强的团队合作能力	633	14.39%	411	9.35%
其他	39	0.89%	18	0.41%

从横向比较来看，在男性认为创业伙伴应当具备哪种素质时，“能够给予自己创业信心”的创业伙伴成为首选的素质，与参与调查人数所选择的中位数 582 相比，相差了 648。在女性认为创业伙伴应当具备哪种素质时，“能够给予自己创业信心”的创业伙伴，与参与调查人数选择的中位数相比，两者相差了 300。说明，男性比女性更为看重创业伙伴“能够给予自己创业信心”。从纵向比较来看，男性与女性都特别重视创业伙伴“能够给予自己创业信心”，都认为创业伙伴具有专业的知识技术不是特别重要。说明男性与女性都更为看重的是创业伙伴的“软实力”。

综上所述，男性和女性对创业没有抱有较大的信心，都希望自己的创业伙伴能够给予自己创业信心。高校对大学生关于创业方面的教育应该由此得到启示，应该加强对大学生创业信心的培养。

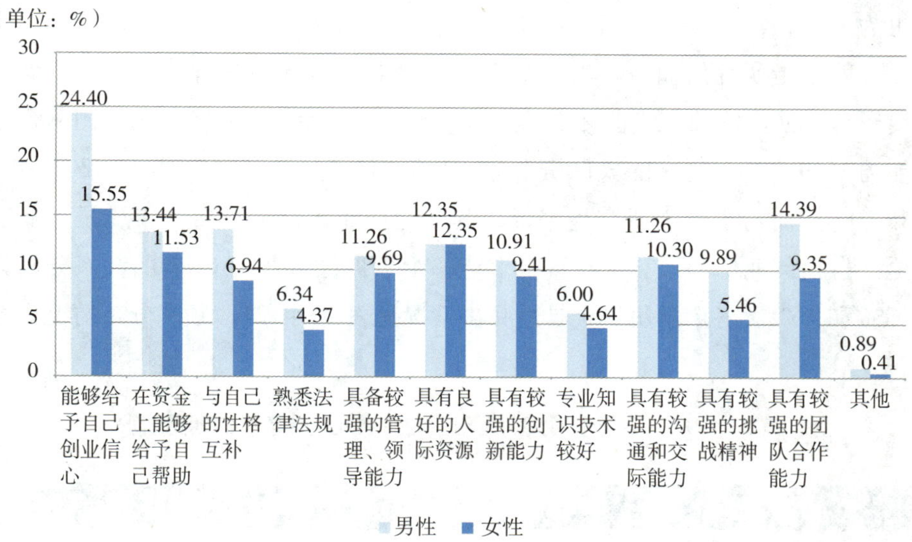

图 2-4-16 不同性别大学生创业者对创业伙伴素质的期望情况

（三）学历层次差异

不论何种学历程度的学生，在创业及挑选创业伙伴时，最看重的都是“能够给予自己创业信心”这一素质，其所占的频率为 16%—18% 不等。有学者提出，不同学历的人群，在创业的能力上存在较大的差异。为此我们对不同学历情况的人群的创业状况及其创业能力进行了调查，在收回的 3897 份有效问卷中，有 2898 人对其学历程度进行了回答。

就“您认为您的创业伙伴应当具备何种素质”这个问题，不同学历的人群答案相对比较集中，并没有特别明显的差异。对于学历是专科的人来说，排名前三位的答案是“能够给予自己创业信心”、“在资金上能够给予自己帮助”和“具有较强的团队合作能力”，这三者在总体中所占的频率分别为 16%、11% 和 11%。除此之外，专科学生还比较注重创业伙伴“与自己性格互补”和“具有良好的人际资源”这两种素质，各占了 10% 的频率。

在调查数据最为广泛的本科生中，其情况与专科生略有不同。有 1443 人次认为创业伙伴应具备的最重要的素质为“能够给予自己创业信心”，占所有人次的 16%；有 1002 人次希望伙伴“具有良好的人际资源”，频率为 11%；另外有 945 人次希望创业伙伴“在资金上能够给予自己帮助”，频率也为 11%。

就硕士研究生而言，他们最希望自己的创业伙伴具备的素质是“能够给予自己创业信心”、“在资金上能够给予自己帮助”、“具有较强的团队合作能力”和“具有良好的人际资源”，其所占的频率分别为 17%、11%、10% 和 10%。而对于博士研究生来说，其认为创业伙伴最重要的素质是“能够给予自己创业信心”和“在资金上能够给予自己帮助”，二者的频率分别为 18% 和 16%。各个学历调查具体频次情况见表 2-4-21，频率分布情况见图 2-4-17。

表 2-4-21　不同学历大学生创业者对创业伙伴素质的期望情况

（单位：人）

伙伴素质	专　科	本　科	硕士研究生	博士研究生
能够给予自己创业信心	267	1443	273	39
在资金上能够给予自己帮助	177	945	183	36
与自己的性格互补	162	867	147	18
熟悉法律法规	114	387	72	15
具备较强的管理、领导能力	153	798	129	15
具有良好的人际资源	168	1002	159	18
具有较强的创新能力	138	801	129	6
专业知识技术较好	63	390	84	21
具有较强的沟通和交际能力	120	717	153	15
具有较强的挑战精神	90	621	108	15
具有较强的团队合作能力	183	927	162	21
其他	0	51	15	0

对大学生来说，在创业过程中尤其是创业初期，创业项目的经营运作必然会面临一系列问题，而此时拥有一个优秀的创业伙伴就显得格外重要。他不仅能给创业者提供信心和鼓励，还能通过自己的优势，帮助团队化解危机，渡过难关。通过分析图 2-4-17 和表 2-4-21 中的数据，我们不难看出，

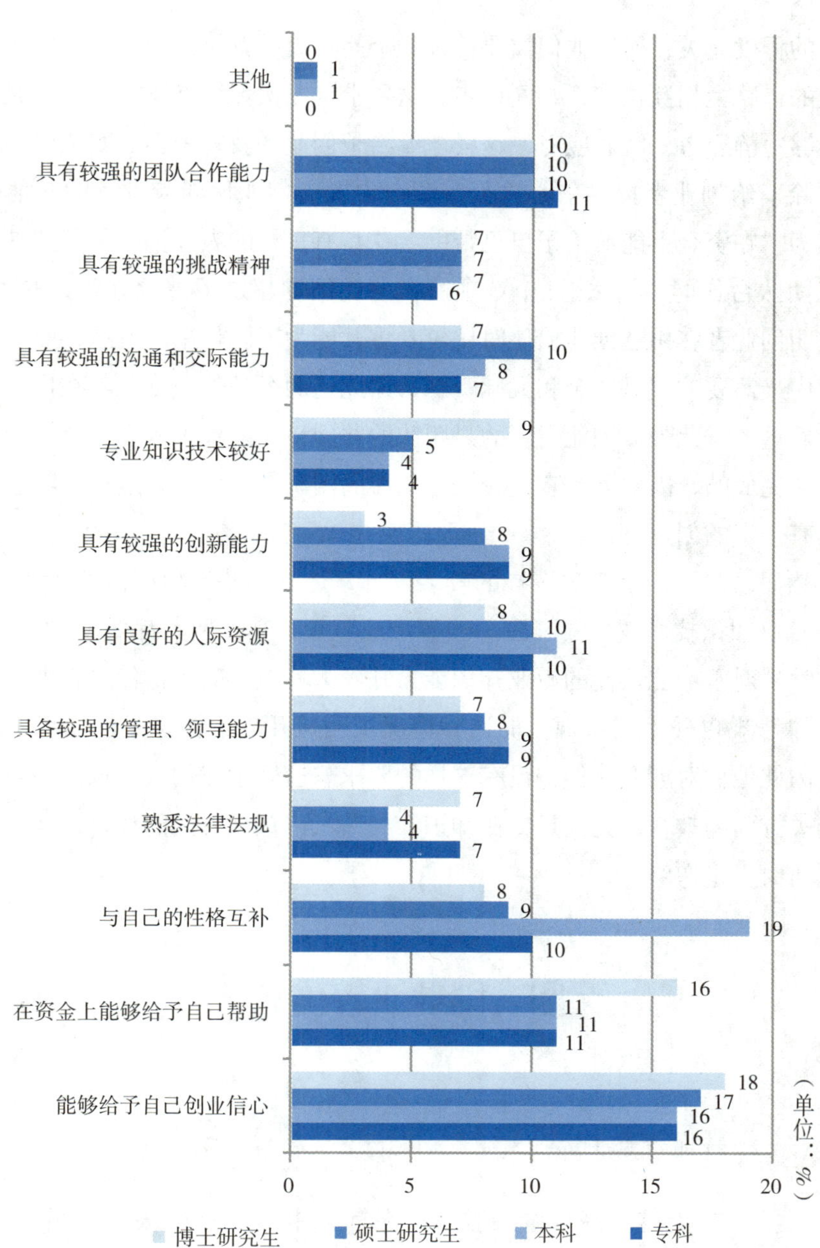

图 2-4-17 不同学历大学生对创业伙伴素质的期望情况

不论何种学历程度的学生，在创业及挑选创业伙伴时，最看重的都是“能够给予自己创业信心”这一素质，其所占的比例为 16%—18% 不等。这说明，大学生在创业时普遍存在心理不自信的情况，这是一个普遍现象，与其接受教育的程度无关。所以他们需要挑选一个能够给予自己信心的创业伙伴，在创业的道路上相互扶持，共同进步。这要求创业伙伴性格积极乐观，遇到事情能够冷静思考、沉着应对，这样才能给予创业者及整个创业团队信心。

除了给创业者提供信心之外，调查中发现创业伙伴应具备的其他素质分别为“在资金上能够给予自己帮助”、“具有良好的人际资源”和“具有较强的团队合作能力”，这几个选项所占的比例均超过了被调查总数的 10%。这说明创业者在挑选创业伙伴时比较看重其能为团队带来的贡献，而在创业过程中最需要的便是资金和人脉资源，因此这两个条件是创业者在挑选伙伴时也看重的。此外，创业需要的是团队的共同协作，仅仅依靠一个人的努力是无法完成的，因此创业者比较注重伙伴的团队合作能力，这也说明了创业者具有一定的创业意识。

然而，除了以上三项选择的较多以外，还有一些选项所占的比例较小，如“专业知识技术较好”、“熟悉法律法规”等，其比例大都低于 5%。这说明大学生对于创业伙伴的专业知识能力并不太看重，对于伙伴是否熟悉相关的法律法规也并不很重视，而这种情况说明这几项恰恰也是创业者所缺乏的，因此他们对创业伙伴并没有这样的要求。这启示我们，应该加强对大学生相关方面的教育，尤其是专业知识和相关法律法规方面的教育，让大学生在创业时少走弯路。

四、创业比较优势

（一）最强优势评估

大学生接受过较高质量的教育，在社会中属于较特殊的一部分群体。由于接受的教育、年龄、文化水平等的特殊性，大学生相对于其他社会阶层在创业活动中有其比较优势，包括年轻有活力、专业素质高、学习能力强、创新能力强、家庭负担轻、政策支持多、接受能力强等。那最明显、最强的优势有哪些？调研组就此问题进行了分析。各优势被选频次及频率见表 2-4-22。

表 2-4-22 大学生创业者对大学生创业比较优势的评价情况

优 势	频 次	频率（%）
学习能力强	2808	22.16
创新能力强	2805	22.14
年轻有活力	2415	19.06
接受能力强	1527	12.05
专业素质高	1368	10.80
政策支持多	903	7.13
家庭负担轻	762	6.00
其他	84	0.66

由此可见，大学生认为自身相对于其他社会阶层在创业活动中的前三位最强优势依次是“学习能力强”、“创新能力强”、“年轻有活力”，即这三种优势是大学生相对于其他社会阶层最明显的。

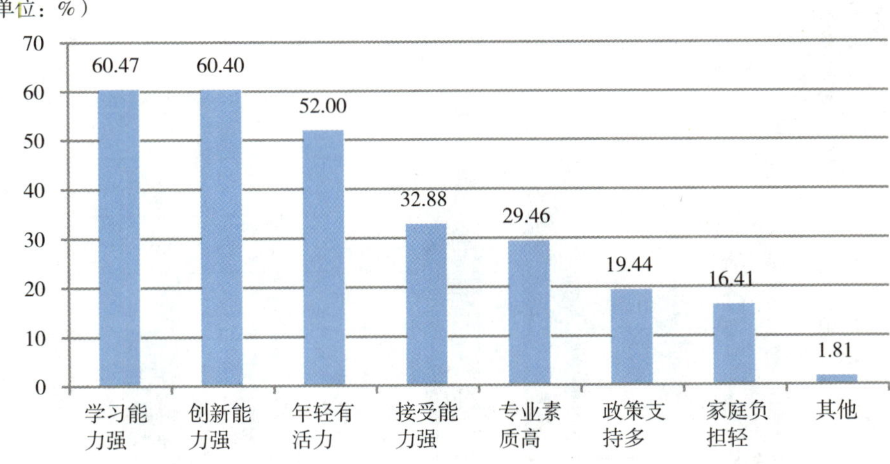

图 2-4-18 大学生创业者对大学生创业比较优势的评价情况

（二）性别

收回的有效调查问卷显示，男性与女性对“大学生创业相对于其他社会阶层具有的优势”这一问题的认识中存在着分歧。其中，男性认为大学

生创业相对于其他社会阶层具有的最大优势是“创新能力强”，女性认为大学生创业相对于其他社会阶层具有的最大优势是“学习能力强”。其中，有1341名男性认为大学生“创新能力强”是相对于其他社会阶层最大的创业优势，有948名女性认为“学习能力强”是相对于其他社会阶层最大的创业优势。但是在“大学生创业相对于其他社会阶层具有的优势”这一选项中，男性和女性选择“家庭负担轻”这一选项的人数最少，只有360名男性和276名女性。

表2-4-23　不同性别大学生创业者对大学生创业比较优势的评价情况

比较优势	年轻有活力	专业素质高	学习能力强	创新能力强	家庭负担轻	政策支持	接受能力强	其他
男性频次	1191	636	1320	1341	360	396	726	36
男性频率（%）	25.65	13.70	28.42	28.88	7.75	8.53	15.63	0.78
女性频次	780	468	942	948	276	387	462	24
女性频率（%）	16.80	10.08	20.28	20.41	5.94	8.33	9.95	0.52

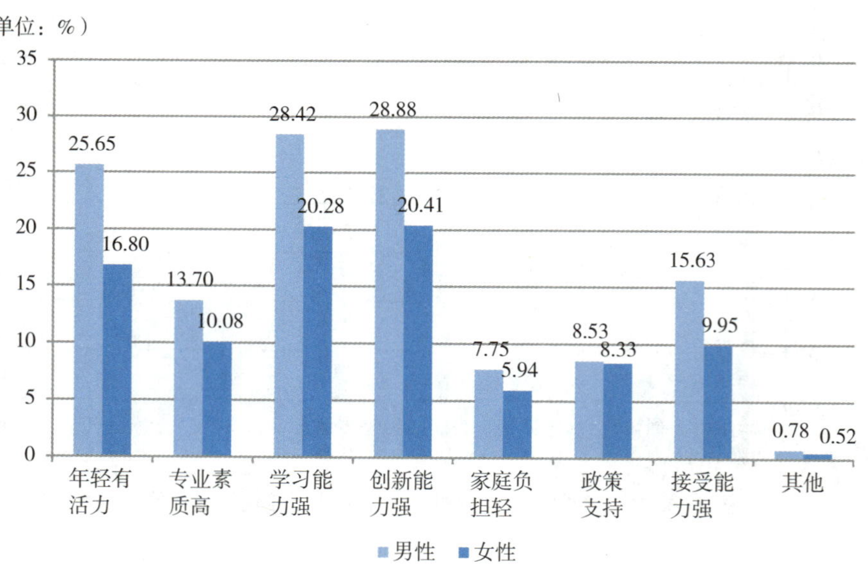

图2-4-19　不同性别大学生创业者对大学生创业比较优势的评价情况

虽然男性与女性对“认为大学生创业相对于其他社会阶层具有的优势”这一问题的认识中存在着分歧，但是在一定程度上还是有相似之处的。即有1341名男性选择了“创新能力强”是大学生相对于其他社会阶层创业具有的优势，有1320名男性选择了“学习能力强”是大学生相对于其他社会阶层创业具有的优势，有1191名男性选择“年轻有活力”是大学生相对于其他社会阶层创业具有的优势。与之相比较，有948名女性选择了“创新能力强”是大学生相对于其他社会阶层创业具有的优势，有942名女性选择了“学习能力强”是大学生相对于其他社会阶层创业具有的优势，有780名女性选择“年轻有活力”是大学生相对于其他社会阶层创业具有的优势。男性与女性在“认为大学生创业相对于其他社会阶层具有的优势”这一选项的选择中，都认为这三者比较重要。

通过对以上数据的分析可知，男性与女性都比较看重大学生的“创新能力”和“学习能力”，所以高校在对大学生进行创业教育时，要着重培养大学生的创新能力和学习能力。

（三）学校类型

收回的有效调查问卷显示，985高校、211高校或普通本科高校等不同学校层次大学生对大学生的创业优势的认识有所不同，但在某些方面还是具有一定的相似性。根据调查结果显示，985高校、211高校或是普通本科高校大学生，基本都认为相比于社会的其他阶层来说，大学生有两个显著的优势：“学习能力强”和“创新能力强”。参与问卷调查的人数中，其中选择“学习能力强”的总人数为1011人，选择“创新能力强的总人数”为1002人。除此之外，不同学校大学生类型对认为还有一个相似之处，即基本很少认为“家庭负担轻”这一因素是大学生创业相对于其他社会阶层所具有的优势，参与调查的人数中仅有261人认为“家庭负担轻”是优势。

由图2-4-20可以看出，参与调查的人员中，985高校的学生们认为“年轻有活力”是“大学生创业相对于其他社会阶层的优势”这一选项的人数较少，只有136人。这在一定程度上也反映了全国一流大学中大部分高校生缺乏活力的现象，学校方面应多组织兼带娱乐的教育活动，不鼓励“死读书”。

综上所述，国家的创新型教育政策起到了积极的作用。不论是985高校、211高校，还是普通本科及其他院校大学生，都对自己的学习能力和创新能力有很大的自信。但是家庭负担太重似乎是众多大学生不愿创业的原因

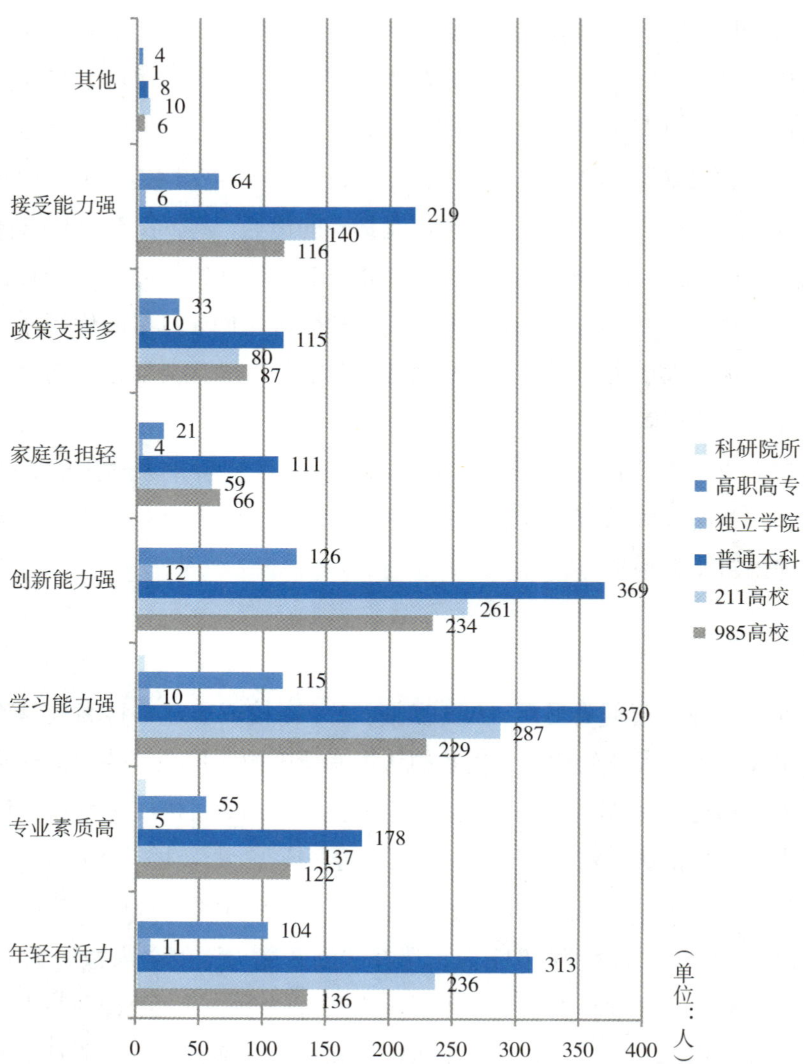

图 2-4-20 不同学校层次大学生创业者对大学生创业比较优势的评价情况

之一。要从根本上解决这个问题，就必须提高人民的生活水平，加快建设全面小康社会的步伐。

（四）学历层次

对于“您认为大学生创业相对于社会其他阶层的优势在哪里”这个问题，各个学历层次的回答也基本上大同小异，没有较大的差异。对于专科的学生来说，他们认为大学生创业的主要优势是“创新能力强”和“学习能力强”，二者都达到了22%的频率；其次就是“年轻有活力”，频率为18%。就本科学生而言，有861人次认为最突出的优势是“学习能力强”，占总数的24%；其次有783人次选择“创新能力强”，频率为21%；而后有708人次选择了“年轻有活力”，其频率为19%。对于硕士研究生来说，情况与专科生和本科生大致相同，排在前三位的也是“学习能力强”、“创新能力强”和“年轻有活力”，频率分别为22%、22%和19%；而对于调查数量较小的博士研究生来说，情况则有不同。在接受调查的192人次中，认为大学生创业所具备的最突出的优势是“年轻有活力”，其频率高达25%，其他频率较高的选项则是“创新能力强”、“学习能力强”和“政策支持多”，所占的频率分别为19%、16%和16%。具体人数分布见表2－4－24，频率分布见图2－4－21。

表2－4－24 不同学历层次大学生创业者对大学生创业比较优势的评价情况

（单位：人）

优　势	专　科	本　科	硕士研究生	博士研究生
年轻有活力	558	708	939	48
专业素质高	366	411	534	15
学习能力强	687	861	1110	30
创新能力强	702	783	1107	36
家庭负担轻	198	177	333	12
政策支持多	261	240	345	30
接受能力强	348	420	657	18
其他	18	30	24	3

分析表2－4－24和图2－4－21中的数据，我们能够发现，对于大学生来说，他们认为与其他社会阶层相比，自己具备的最突出的优势是学习能力与创新能力比较强，这是大学生们特有的，也是大学教育所赋予他们的能够优于别人的地方。经历过多年的素质教育和形形色色的考试，大学生们学习各种知识的能力是毋庸置疑的，同时接触时代前沿思想、思维活跃的大学生们也具有比较高的创新能力。而大学生能够具备这两个特点的前提便是“年轻有活力”，年龄优势是大学生们奋斗和拼搏的本钱，尤其是对于专科、本科和硕士研究生来说，他们完成学业时还比较年轻，有足够的精力和资本去

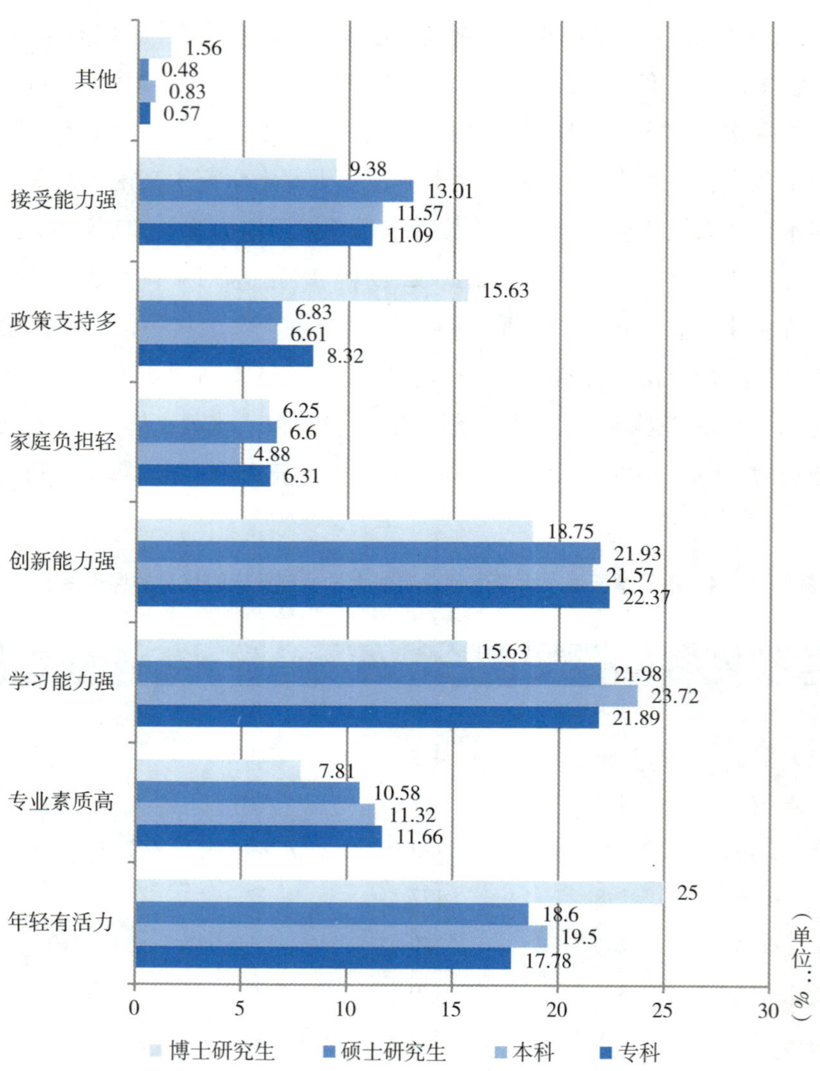

图 2-4-21　不同学历层次大学生创业者对大学生创业比较优势的评价情况

进行创业，去开拓自己的一份天地。而对于博士研究生来说，他们的情况就与其他三类学生不同，他们认为大学生创业最突出的优势是“年轻有活力”，并且这个选项占了相当大的比重，远超出学习能力和创新能力。他们把“年轻有活力”当成是大学生创业的最重要的优势，这也能够引发我们深深的思考，即创业是否越年轻越好，年龄对于创业是否存在影响，这也是需要研究的问题。

第五章　创业选择

创业选择主要是调查分析大学生创业者区域选择、行业选择、领域选择、形式选择以及融资选择，核心是要解决“大学生的创业行为特点”的问题。调查结果显示，大学生创业者主要选择在生源地或高校所在地创业，创业领域主要是自己感兴趣的或与自身专业密切结合的领域，主要创业行业是信息传输、计算机服务业，文化、体育娱乐业以及批发和零售业。具体而言，在创业地域选择方面，从回生源地创业和不回生源地创业比较来看，回生源地创业是多数大学生创业者的选择，占57.12%；从高校所在地与非高校所在地创业比较来看，选择在高校所在区域创业的较多，占73.28%；选择其他创业区域的创业者主要选择华东地区。在创业行业选择方面，大学生创业者选择最多的行业为信息传输和计算机服务业，占18.54%；文化体育娱乐业，占14.64%；批发和零售业，占11.53%。

在创业领域选择方面，多数大学生创业者选择自己感兴趣的领域创业，占38.86%；其次会选择与自身专业相结合的领域，占27.34%；往当今热门的方向发展的占19.86%；选择启动资金少、容易开业且风险相对较低的领域占16.14%。在创业形式选择方面，大学生创业者多数会选择“合伙投资经营，采取自我雇佣式管理”(31.1%)、“将自身专长或技术发明通过技术入股创办公司”(14.42%)以及“借助网络平台、电子商务等进行商贸交易”(13.92%)。在创业融资选择方面，大学生创业者多数通过家人或亲友融资，占23.58%；靠个人积累的占25.3%；与朋友或他人合资的占17.36%。

一、区域选择

根据大学生创业实际情况，本次调研将东北地区、华北地区、华中地区、西南地区、中南地区、华东地区、华南地区七大区域，黑龙江、吉林、辽宁、北京、天津、山东、陕西、武汉、四川、湖北、上海、浙江、江苏、广东、福建15个地级市作为研究重点，对生源地创业、高校所在地创业、其他创业选择进行深入分析，从而更深一步掌握大学生创业选择的实际情况。

（一）总体概述

近些年来，从整体的调研结果上看，华东地区和华北地区是大多数大学生创业者的首选区域，本研究结果也是如此。为此，本研究着重分析创业区域选择的具体特点。

（二）生源地创业

回生源地创业是多数大学生创业者的选择。回生源地创业的大学生占57.12%，明显高于未回生源地创业的比例42.88%。

表2-5-1 大学生创业者生源地区域分布

（单位：%）

区域分布	回生源地比例	未回生源地比例
华南地区	54.04	45.96
西南地区	65.83	34.17
东北地区	73.48	26.52
华中地区	54.17	45.83
华东地区	63.07	36.93
中南地区	46.86	53.14
华北地区	37.13	62.87

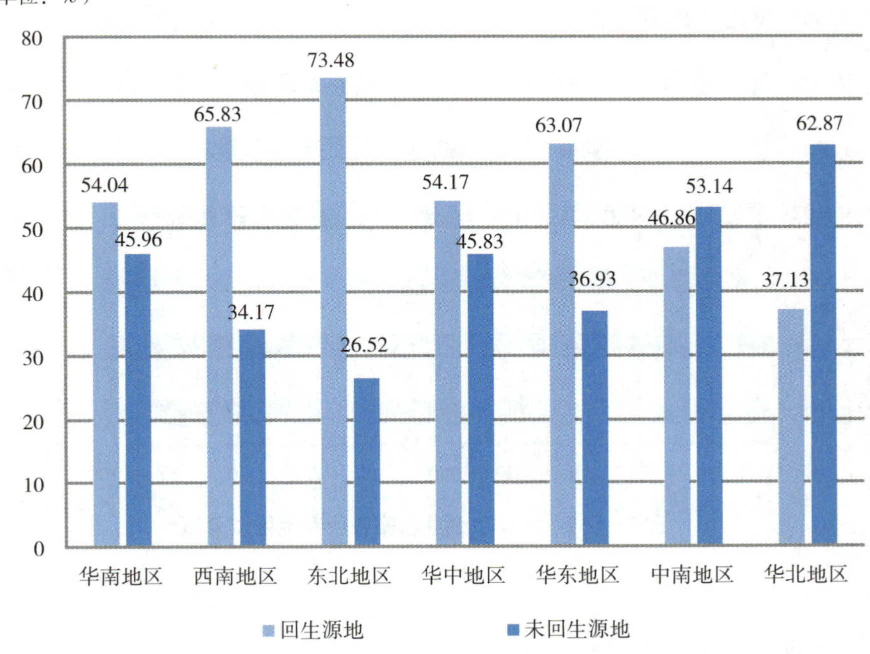

图 2-5-1　大学生创业者生源地区域分布

（三）高校所在地创业

选择在高校所在区域创业的较多，占 73.28%。大学生创业者在高校所在区域创业比例由高到低排序依次是：中南地区 87.12%、华北地区 86.84%、东北地区 80.1%、华南地区 71.21%、西南地区 62.1%、华东地区 45.68%、华中地区 43.54%。

表 2-5-2　大学生创业者高校所在地区域分布

（单位：%）

创业区域＼高校所在地	华南地区	西南地区	东北地区	华中地区	华东地区	中南地区	华北地区
本地区	71.21	62.10	80.10	43.54	45.68	87.12	86.84
其他地区	28.79	37.90	19.90	56.46	54.32	12.88	13.16

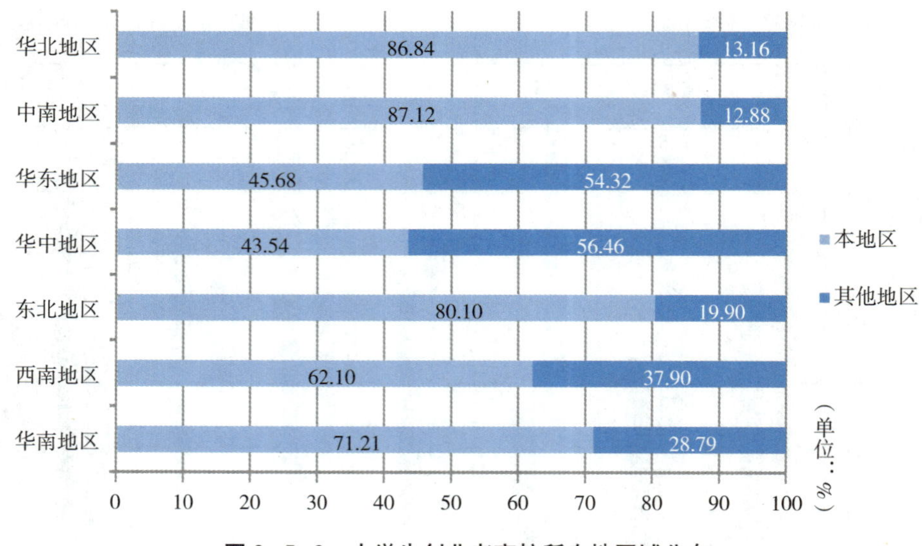

图 2-5-2　大学生创业者高校所在地区域分布

（四）其他区域创业

既不在生源地创业，也不在高校所在地创业的大学生多数会选择在华东地区创业，总体而言，大学生创业者选择其他所在地创业的较少。图 2-5-3 报告了大学生创业者在其他区域创业的情况。

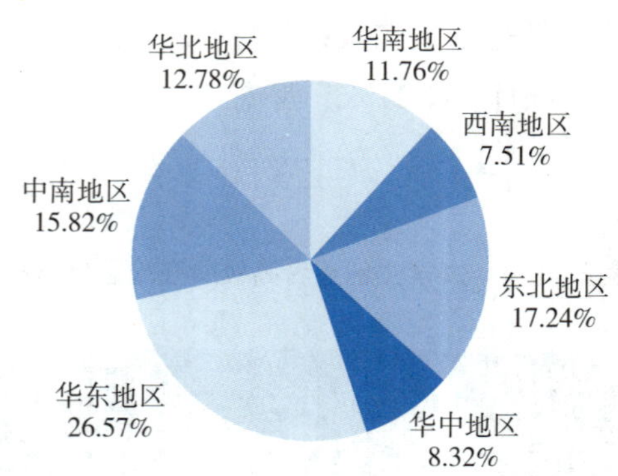

图 2-5-3　大学生创业者其他创业区域分布

二、行业选择

根据大学生创业实际情况，本次调研将21个行业作为考察重点，对性别差异、学历层次、高校类别、学科门类的行业选择进行分析，从而进一步掌握大学生创业行业选择的实际情况。

（一）总体概述

在创业行业分布上，大学生创业者选择最多的行业为信息传输、计算机服务业，文化、体育娱乐业以及批发零售业。公司所属的行业主要分布在信息传输、计算机服务业，占18.54%；文化、体育娱乐业，占14.64%；批发和零售业，占11.53%；农、林、牧、渔业，水利、环境和公共设施管理业均占8.41%；制造业占8.1%。从数据中我们不难看出，信息传输、计算机服务行业和文化、体育娱乐业这两大行业在大学生创业者选择行业中占的比重较大。

表2-5-3 大学生创业者创业行业分布

（单位：%）

行业分布	分布比例
信息传输、计算机服务业	18.54
文化、体育和娱乐业	14.64
批发和零售业	11.53
租赁和商务服务业	8.41
制造业	8.1
科学研究和技术服务业	6.31
住宿和餐饮业	4.98
教育业	4.6
电力、燃气及生产和供应业	4.28
农、林、牧、渔业	3.82

行业分布	分布比例
水利、环境和公共设施管理业	2.73
金融业	2.65
居民服务、修理和其他服务业	2.26
交通运输、仓储和邮政业	2.02
建筑业	1.48
采矿业	1.25
房地产业	1.01
公共管理、社会保障和社会组织	0.86
环保	0.23
卫生和社会工作	0.23
国际组织	0.07

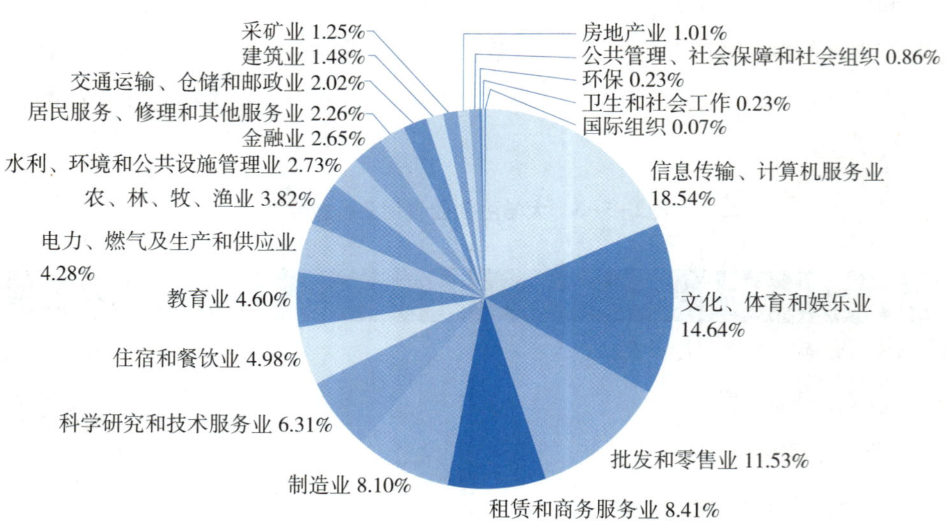

图 2-5-4　大学生创业者创业行业分布

（二）性别差异

男性大学生创业者更侧重于信息传输、计算机服务业，女性大学生创业者更侧重于批发零售业。女性大学生在创业行业选择时，批发零售业是首选行业，占 16.26%，文化、体育和娱乐业占 15.12%，信息传输、计算机服务业占11.91%，而租赁、商务服务业占9.64%。从整体上看，女性大学生在创业行业选择上较少涉及房地产业、采矿业、建筑业以及公共管理、社会保障业和社会组织。男性大学生在创业行业选择时，信息传输、计算机服务业是首选行业，占23.23%，文化、体育和娱乐业占14.15%，制造业占8.81%，而科学研究和技术服务业占7.61%。从整体上看，男性大学生在创业行业选择上较少涉及金融业、居民服务业、房地产业。

表2-5-4 不同性别大学生创业者创业行业分布

行 业	男（%）	行 业	女（%）
信息传输、计算机服务业	23.23	批发和零售业	16.26
文化、体育和娱乐业	14.15	文化、体育和娱乐业	15.12
制造业	8.81	信息传输、计算机服务业	11.91
批发和零售业	8.14	租赁和商务服务业	9.64
科学研究和技术服务业	7.61	制造业	7.18
租赁和商务服务业	7.61	住宿和餐饮业	6.62
教育业	4.41	电力、热力、燃气及水生产和供应业	5.67
农、林、牧、渔业	4.01	教育业	4.91
住宿和餐饮业	3.87	科学研究和技术服务业	4.35
电力、热力、燃气及水生产和供应业	3.2	农、林、牧、渔业	3.59
水利、环境和公共设施管理业	3.07	金融业	3.02
金融业	2.4	居民服务、修理和其他服务业	2.84
交通运输、仓储和邮政业	2	水利、环境和公共设施管理业	2.27
居民服务、修理和其他服务业	1.87	交通运输、仓储和邮政业	2.08
建筑业	1.74	建筑业	1.13
采矿业	1.47	房地产业	1.13
公共管理、社会保障和社会组织	1.07	采矿业	0.95
房地产业	0.93	公共管理、社会保障和社会组织	0.57
卫生和社会工作	0.27	国际组织	0.57
环保	0.13	卫生和社会工作	0.19
国际组织	0.01	环保	0

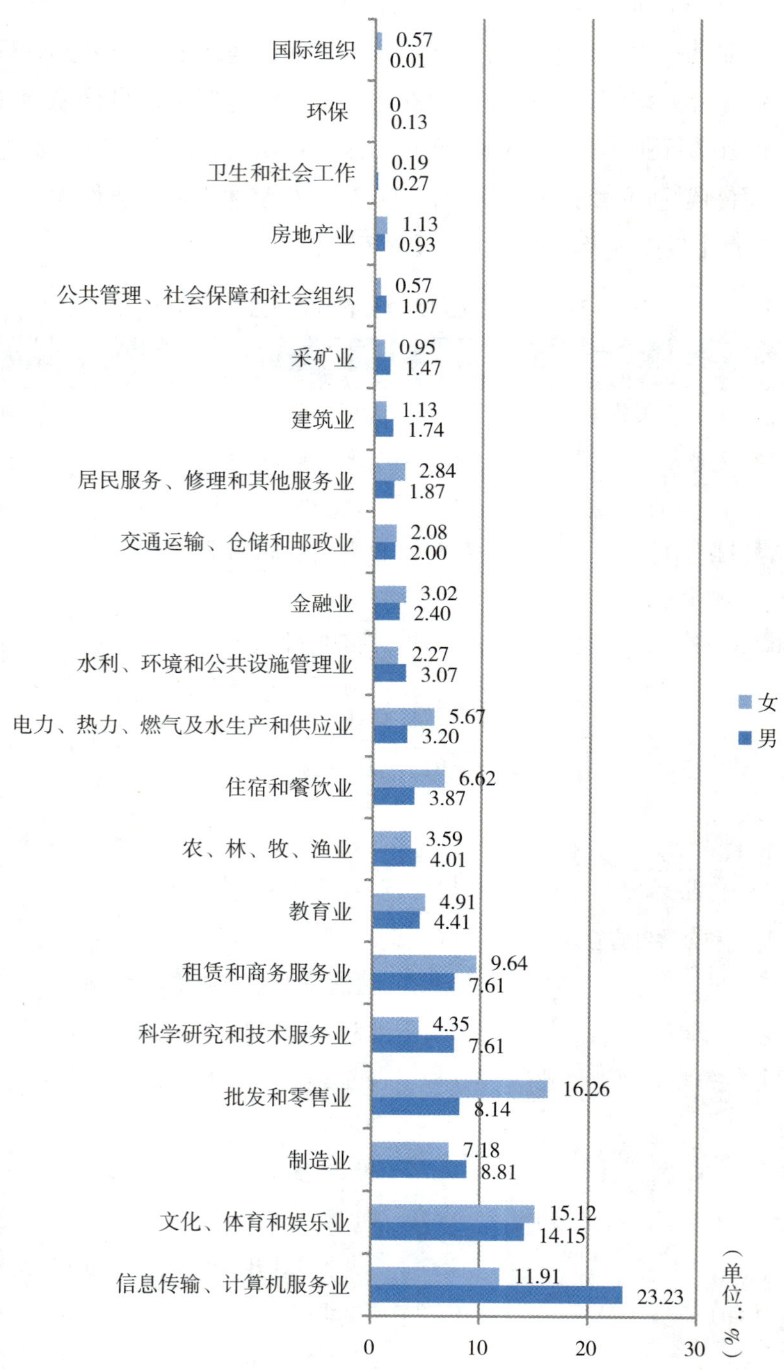

图 2-5-5　不同性别大学生创业者创业行业分布

（三）学历层次

研究生学历的创业者更倾向于信息传输、计算机服务业和文化、体育和娱乐业以及科学研究和技术服务业，本科学历的创业者更倾向于计算机服务业和金融业，而专科学历的创业者更倾向于制造业和金融业。

表 2-5-5　不同学历层次大学生创业者创业行业分布统计表

（单位：%）

行业分布	研究生比例	本科比例	专科比例
农、林、牧、渔业	3.66	4.08	1.68
采矿业	0.46	1.15	3.36
制造业	7.32	7.73	12.61
电力、燃气生产和供应业	2.74	3.34	0.84
建筑业	1.83	1.57	0.84
金融业	0.91	2.51	9.24
房地产业	0.46	1.36	0
水利、环境和公共设施管理业	6.10	1.88	0.84
居民服务、修理和其他服务业	2.74	1.99	3.36
卫生和社会工作	0.91	0.42	0
公共管理、社会保障和社会组织	0.91	0.73	1.68
交通运输、仓储和邮政业	3.20	2.09	2.52
住宿和餐饮业	6.86	5.12	0
国际组织	0.02	0.31	0
教育	3.66	5.12	2.52
信息传输、计算机服务业	16.46	18.91	23.53
租赁和商务服务业	3.35	9.82	2.52
文化、体育和娱乐业	16.46	14.11	18.49
科学研究和技术服务业	16.46	5.02	5.88
批发和零售业	5.49	12.74	12.61

如图 2-5-6 所示，研究生学历的大学生创业者选择文化、体育和娱乐业，科学研究和技术服务业以及信息传输、计算机服务业较多，占 16.46%，

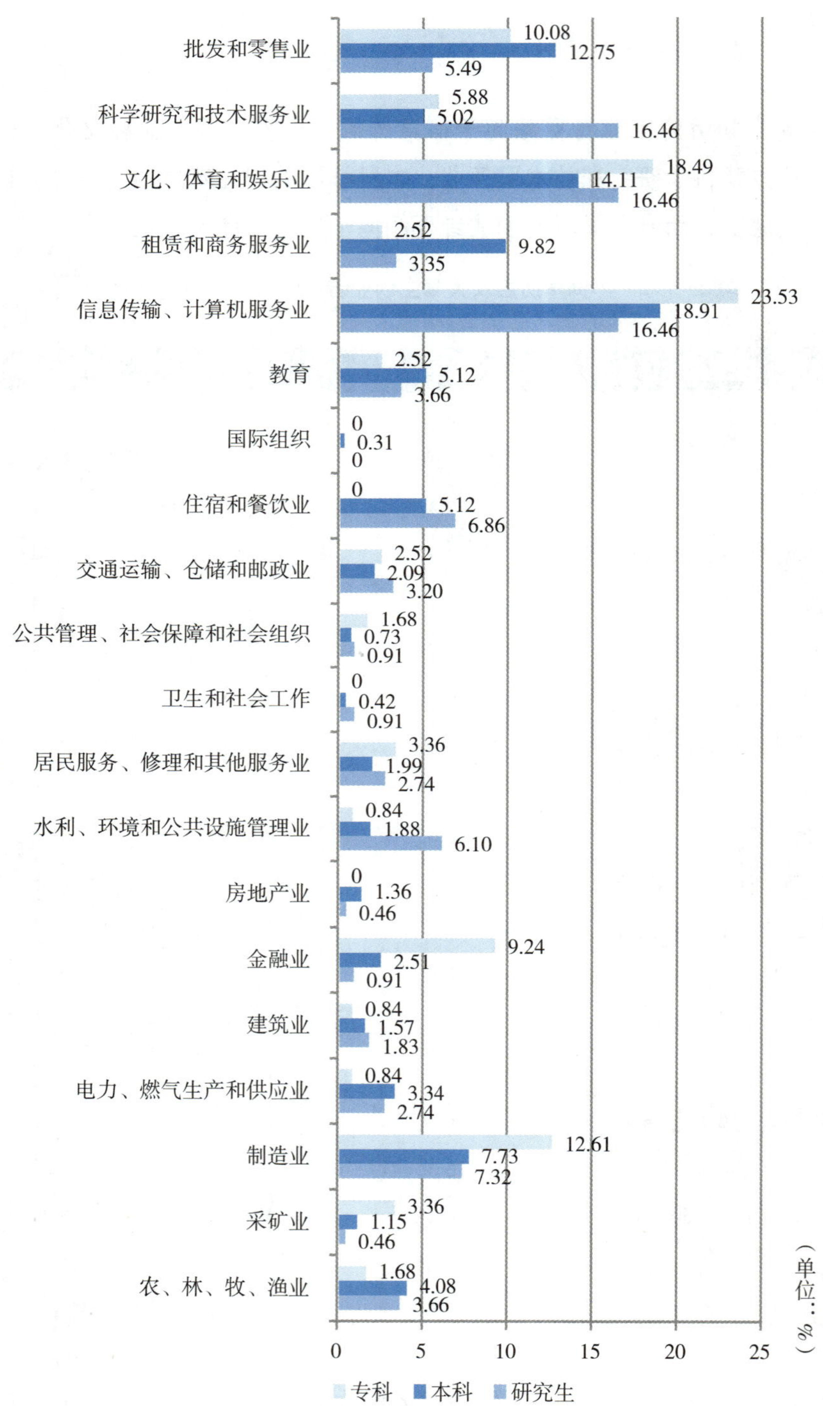

图 2-5-6　不同学历层次大学生创业者创业行业分布

制造业占7.32%，住宿和餐饮业占6.86%，批发零售业占5.49%，农、林、牧、渔业占3.66%，采矿业和房地产也较少涉及，仅占0.46%；本科学历的大学生创业者选择行业从高到低排序依次是，信息传输、计算机服务业占18.91%，文化、体育和娱乐业占14.11%，批发零售业占12.74%，制造业占7.73%，教育业占5.12%，卫生和社会工作及国际组织较少涉及，分别占0.42%和0.31%；专科学历的大学生创业者选择较多选择信息传输、计算机服务业及文化、体育和娱乐业，分别占23.53%、18.49%，房地产业、住宿和餐饮业、国际组织、卫生和社会工作处于空白状态。

（四）高校类型

不同高校类型在选择创业行业分布上无显著差异。信息传输、计算机服务业以及文化、体育和娱乐业是各类高校创业者在创业行业上的首选，并且选择科学研究和技术服务业的较多。985高校学生侧重于知识、科技创业，211和其他院校更侧重实践创业。

对于不同高校类型的大学生创业行业选择情况，因卫生和社会工作、环保、国际组织具有特殊性，并且三类高校均较少涉及，因此仅对18个行业进行具体分析。985高校大学生创业者主要集中在信息传输、计算机服务业，文化、体育和娱乐业，以及科学研究和技术服务业，而在采矿业、公共管理和社会保障、建筑业较少涉及；211高校大学生创业者主要集中在信息传输、计算机服务业，文化、体育和娱乐业，批发和零售业，而在金融业、建筑业、采矿业较少涉及；其他院校的大学生创业者主要集中在信息传输、计算机服务业，文化、体育和娱乐业以及科学研究和技术服务业，而在公共管理和社会保障、采矿业、房地产业较少涉及。

表2-5-6 不同高校类型大学生创业者创业行业分布

（单位：%）

行业	985高校比例	211高校比例	其他院校比例
采矿业	0.54	1.81	0.67
电力、燃气及生产和供应业	7.84	3.63	2.85

行业	985 高校比例	211 高校比例	其他院校比例
房地产业	1.08	0.30	1.34
公共管理、社会保障和社会组织	0.81	0.30	0.84
国际组织	0.27	0.00	0.34
环保	0.27	0.30	0.00
建筑业	2.16	1.51	1.68
交通运输、仓储和邮政业	4.59	5.44	1.34
教育业	7.03	4.83	3.19
金融业	2.43	1.51	2.68
居民服务、修理和其他服务业	2.70	2.42	1.68
科学研究和技术服务业	9.19	3.63	5.25
农、林、牧、渔业	2.43	4.83	3.52
批发和零售业	4.32	9.67	16.94
水利、环境和公共设施管理业	7.30	2.72	1.51
卫生和社会工作	0.00	0.00	0.50
文化、体育和娱乐业	11.35	12.08	16.43
信息传输、计算机服务业	20.54	29.91	11.57
制造业	8.92	5.14	7.71
住宿和餐饮业	4.32	4.53	6.20
租赁和商务服务业	1.91	4.03	13.76

（五）学科门类

不同学科门类的大学生创业者在创业行业选择上存在显著差异，呈现不同特点。表 2-5-7 报告了不同学科门类创业者的创业行业分布，具体呈现为以下类型：

行业单一化：农学的创业者从事农、林、牧、渔业比例达到 88.16%，经济学的创业者从事金融业比例达到 37.48%，教育学的创业者从事教育

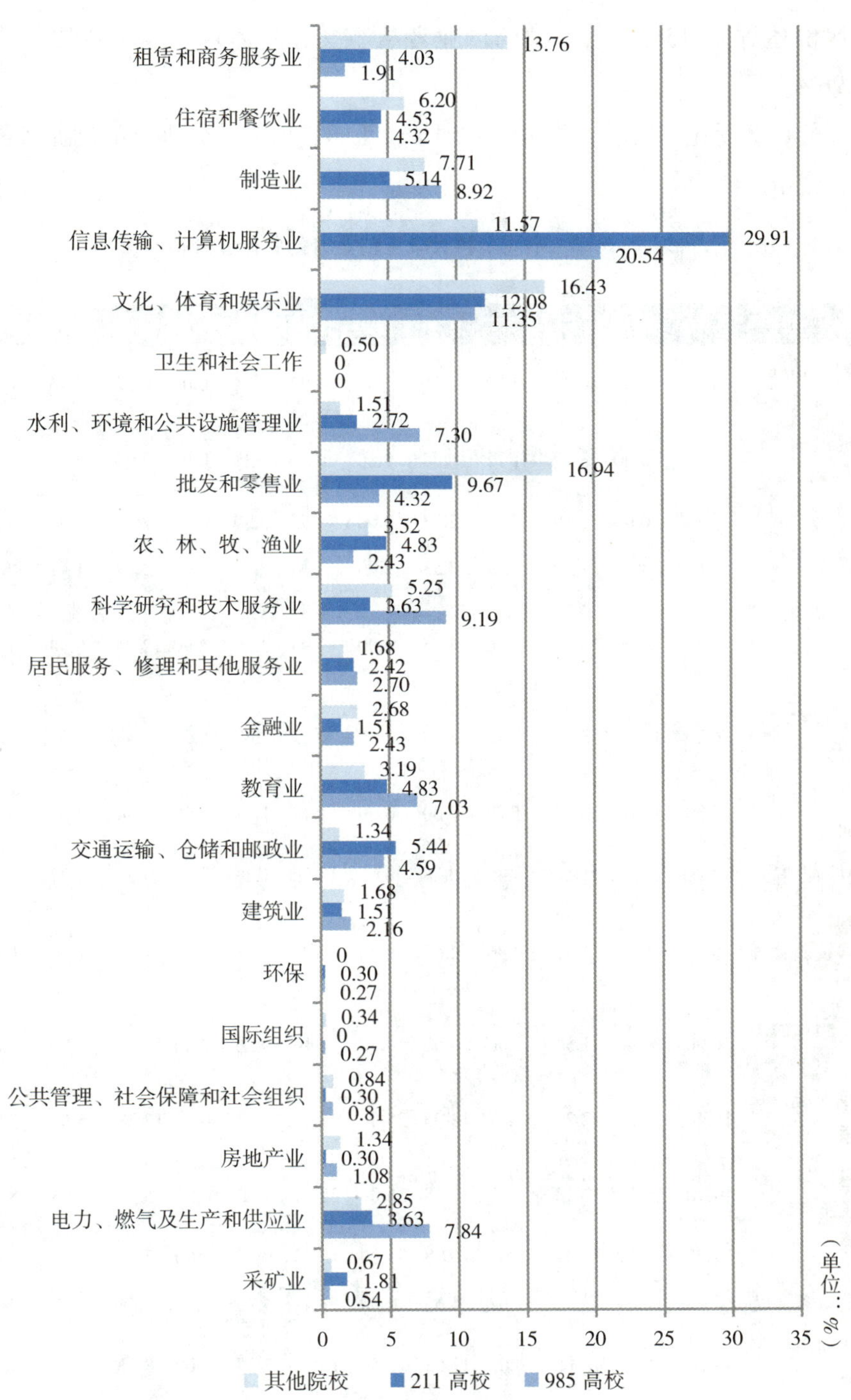

图 2-5-7 不同高校类型大学生创业者创业行业分布

业比例达到61.13%，艺术学的创业者从事文化、体育和娱乐业比例达到63.96%。

行业多元化：法学、历史学、理学、工学、医学、管理学的创业者创业行业分布广泛。

表2-5-7　不同学科大学生创业者创业行业分布

（单位：%）

行　业	经济学	哲学	法学	教育学	文学	历史学	理学	工学	农学	医学	管理学	艺术学
电力、燃气及生产和供应业	2.78	4.55	14.29	5.17	9.30	12.50	6.82	3.94	0.00	0.52	2.45	0.00
交通运输、仓储和邮政业	3.98	0.00	3.17	1.72	2.33	0.00	0.00	1.31	0.00	2.94	2.94	0.90
教育业	5.11	0.00	1.59	60.34	2.33	0.00	4.55	6.30	0.00	7.79	3.92	0.90
金融业	0.07	4.55	1.59	2.59	2.33	0.00	1.14	0.52	0.00	3.98	1.47	2.70
居民服务、修理和其他服务业	1.14	0.00	3.17	0.86	4.65	0.00	7.95	2.36	2.00	12.80	0.98	1.80
科学研究和技术服务业	6.25	13.64	3.17	1.72	4.65	0.00	10.23	7.09	6.00	3.63	6.37	0.90
农、林、牧、渔业	7.39	13.64	3.17	1.72	0.00	0.00	1.14	1.31	88.00	9.34	4.90	3.60
批发和零售业	14.20	13.64	11.11	3.45	16.28	0.00	12.50	11.29	2.00	3.81	14.22	7.21
水利、环境和公共设施管理业	0.57	0.00	1.59	0.86	4.65	0.00	2.27	5.77	0.00	2.42	1.96	0.00
卫生和社会工作	0.00	0.00	1.59	0.00	0.00	0.00	1.14	0.26	0.00	14.71	0.00	0.00
文化、体育和娱乐业	16.48	27.27	22.22	5.17	13.95	25.00	3.41	11.02	0.00	12.28	15.69	63.96
信息传输、计算机服务业	14.20	4.55	22.22	5.17	16.28	25.00	22.73	27.82	0.00	5.02	18.63	8.11
制造业	7.95	9.09	10.01	6.03	6.98	25.00	10.23	9.45	0.00	7.61	8.33	3.60
住宿和餐饮业	5.68	8.05	9.52	1.02	4.65	0.00	3.41	4.20	0.00	4.84	6.37	4.50
租赁和商务服务业	14.20	0.57	0.11	0.03	11.62	12.50	12.48	7.87	4.00	8.31	11.71	1.82

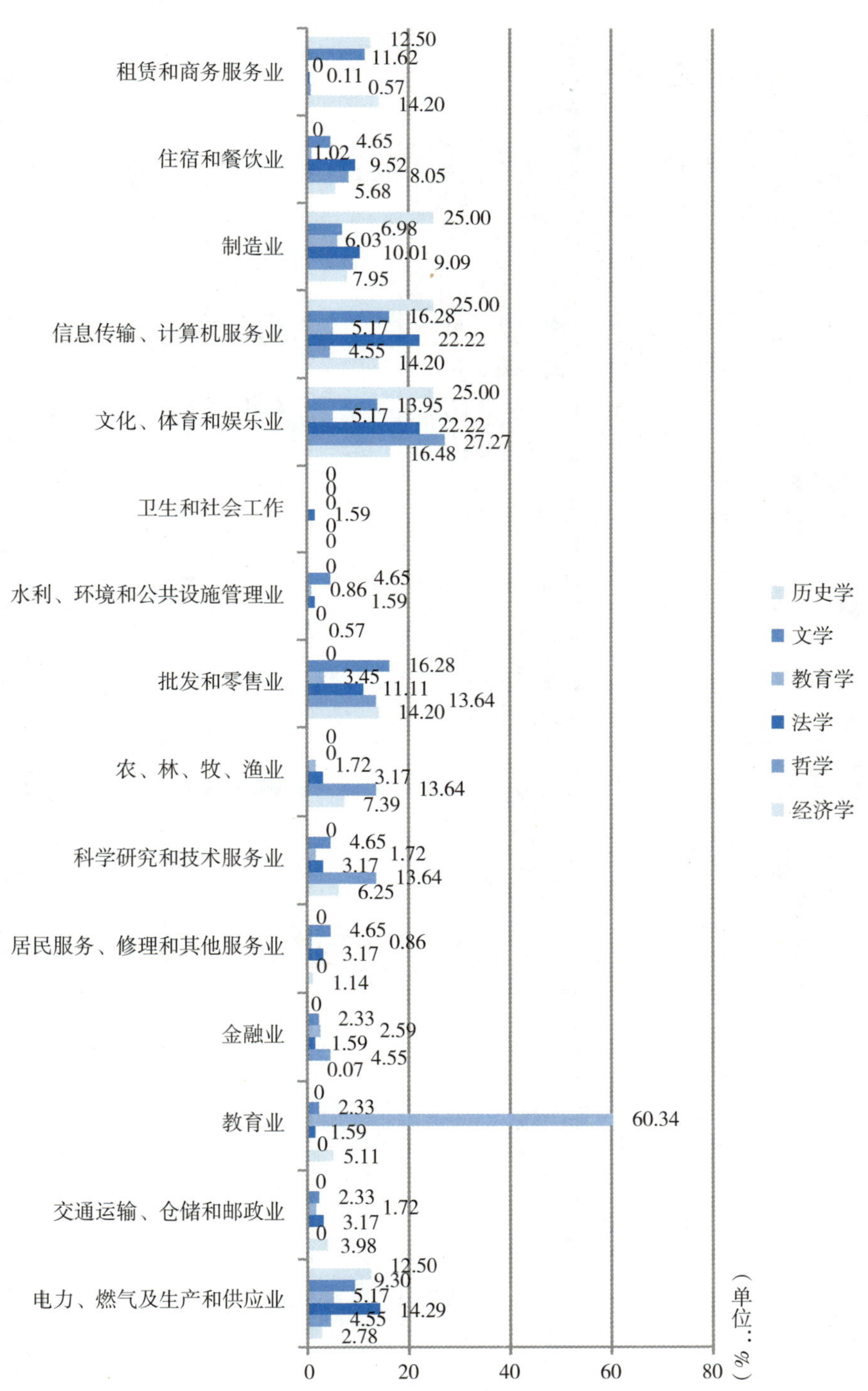

图 2-5-8 不同学科大学生创业者创业行业分布（1）

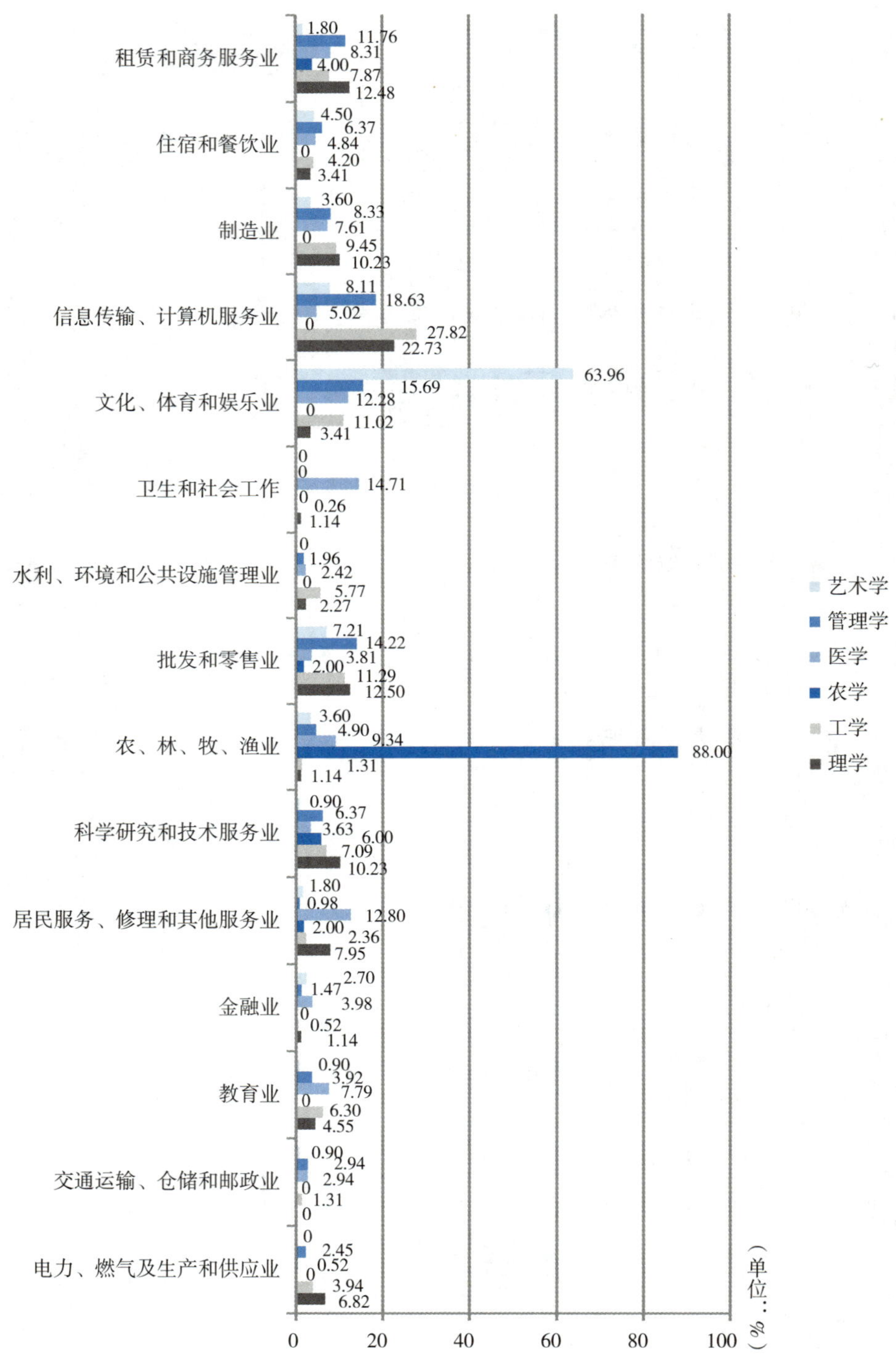

图 2-5-8　不同学科大学生创业者创业行业分布（2）

三、领域选择

（一）总体概述

多数大学生创业者会选择自己感兴趣的领域创业。大学生选择自己感兴趣的领域创业的较多，占 38.86%；其次会选择与自身专业相结合的领域，占 27.34%；往当今热门的方向发展的领域，占 19.86%；选择启动资金少、容易开业且风险相对较低的领域，占 13.94%。

表 2-5-8 大学生创业者创业领域分布

创业领域	分布（%）
自己感兴趣的领域	38.86
与自身专业相结合的领域	27.34
往当今热门的方向发展（如软件、网络等高科技行业）	19.86
启动资金少、容易开业且风险相对较低的领域	13.94

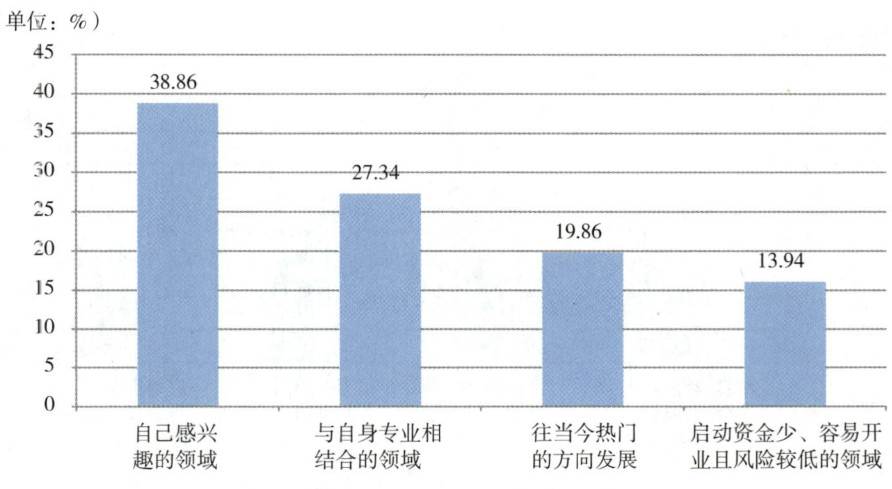

图 2-5-9 大学生创业者创业领域分布

（二）性别差异

男性和女性大学生创业者在选择创业领域时，均会优先考虑自身感兴趣的领域和与自身专业相结合的领域。根据不同性别的大学生创业者创业领域选择的统计，男性大学生创业者选择自己兴趣的领域，占36.34%；选择与自己专业相关的领域，占27.23%；选择当今热门的方向发展的领域，占20.25%；选择资金少、容易开业且风险较低的领域，占16.18%。女性大学生创业者选择自身兴趣的领域，占41.01%；选择与自己专业相关的领域，占23.77%；选择资金少、容易开业且风险较低的领域，占18.58%；选择当今热门的方向发展的领域，占16.64%。

表2-5-9　不同性别创业领域分布统计表

（单位：%）

领　域	男生比例	女生比例
与自身专业相结合的领域	27.23	23.77
自己感兴趣的领域	36.34	41.01
往当今热门的方向发展（如软件、网络等高科技行业）	20.25	16.64
启动资金少、容易开业且风险相对较低的领域	16.18	18.58

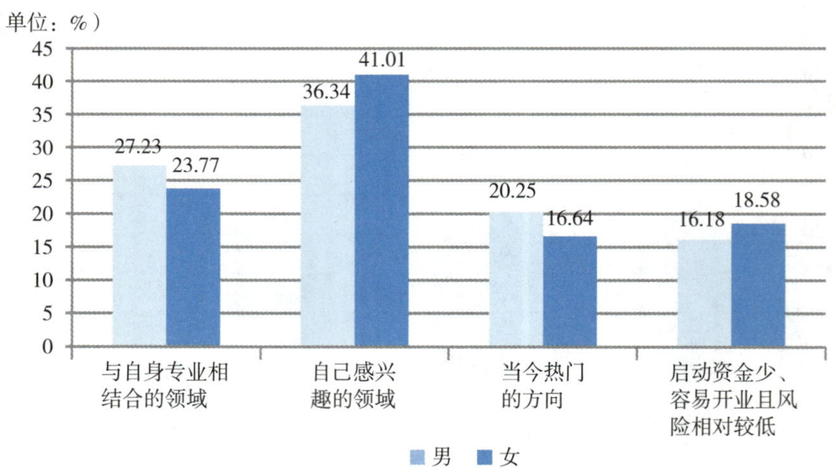

图2-5-10　不同性别创业领域分布

（三）学历层次

不同学历层次的大学生创业者在选择创业领域分布上存在明显差异，博士、硕士研究生会依次选择兴趣和专业两个相关领域，本科生会选择兴趣和是否热门两个相关领域。具体来看，博士、硕士研究生创业者更侧重于自己感兴趣的领域以及与自己专业相结合的领域；本科生创业者则与其有所不同，多数会优先考虑兴趣以及是否热门两个方面的因素；专科生创业者选择较热门发展的方向领域和启动资金少、容易开业且风险较低的领域两者比较均衡。

表 2-5-10 不同学历层次创业领域分布

（单位：%）

创业领域	专　科	本　科	硕士研究生	博士研究生
与自身专业相结合的领域	26.12	23.65	32.74	34.21
自己感兴趣的领域	33.34	24.14	36.31	41.82
往当今热门的方向发展（如软件、网络等高科技行业）	21.27	29.75	19.84	17.96
启动资金少、容易开业且风险相对较低的领域	19.27	22.46	11.11	6.01

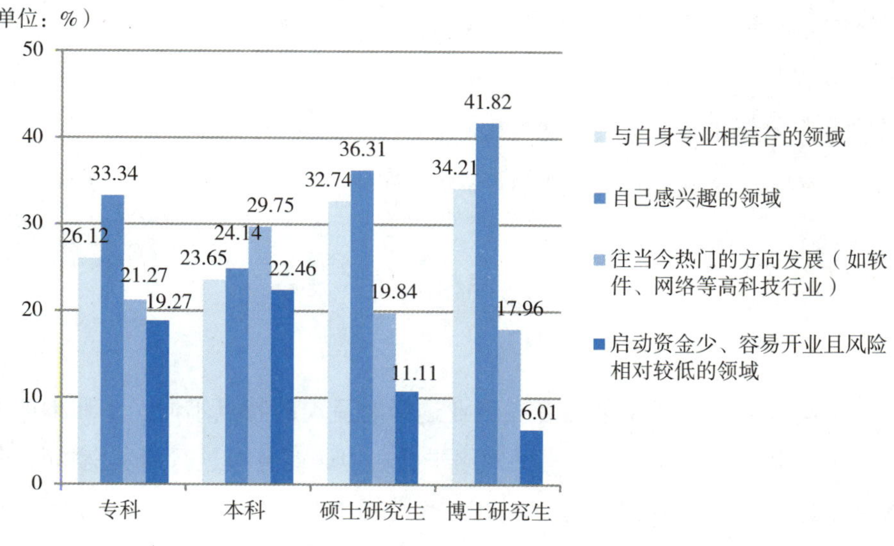

图 2-5-11 不同学历层次创业领域分布

四、形式选择

（一）总体概述

从整体上看，大学生创业者较多选择合伙投资经营，采取自我雇佣式管理创业形式。“合伙投资经营，采取自我雇佣式管理”、“将自身专长或技术发明通过技术入股创办公司”的创业形式，分别占总数的 31.10% 和 14.42%。相对而言，选择“个体独立投资经营或利用自身专长自谋职业”和“加盟直营、区域代理或购买特许经营权”的创业形式的较少，分别占总数的 8.2% 和 8.97%。

表 2-5-11　大学生创业者创业形式分布

创业形式	数量（人）	比例（%）
合伙投资经营，采取自我雇佣式管理	1695	31.10
将自身专长或技术发明通过技术入股创办公司	786	14.42
借助网络平台、电子商务等进行商贸交易	759	13.92
争取创业基金投资支持进行创业项目孵化	690	12.66
以具有创新性的设想或创意进行创业活动	567	10.40
加盟直营、区域代理或购买特许经营权	489	8.97
个体独立投资经营或利用自身专长自谋职业	447	8.20
其他	18	0.33

（二）高校区域

不同区域的大学生创业者在创业选择时呈现的特点不同。华北地区的大学生创业者会优先考虑“借助网络平台、电子商务等进行商贸交易”，其次会考虑选择“争取创业基金投资支持进行创业项目孵化”以及“将自身专长或技术发明通过技术入股创办公司”，最后会选择“以具有创新性的

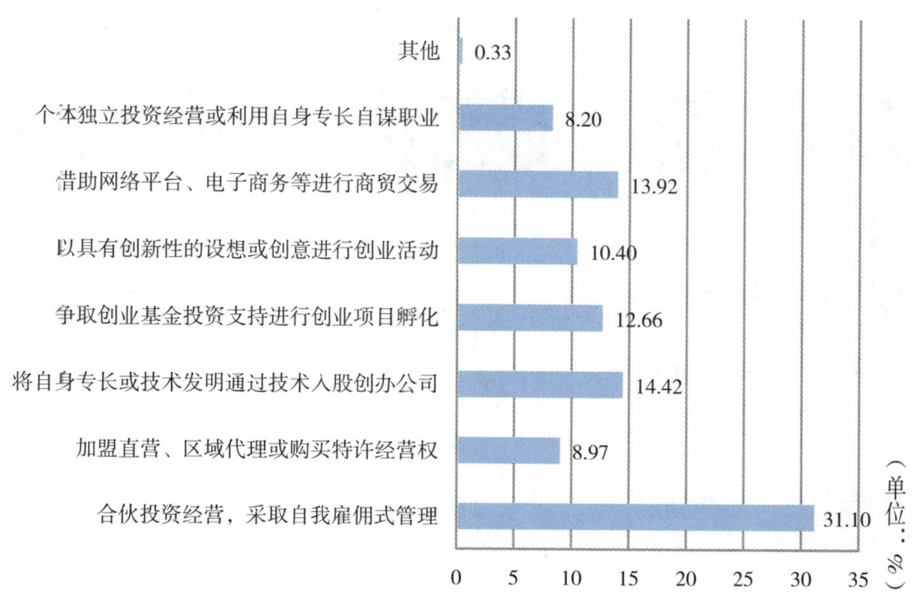

图 2-5-12 大学生创业者创业形式分布

设想或创意进行创业活动”、“加盟直营、区域代理或购买特许经营权”；中南地区的大学生创业者则会优先考虑“将自身专长或技术发明通过技术入股创办公司”，其他创业形式均衡选择；华东地区的大学生创业者优先考虑“将自身专长或技术发明通过技术入股创办公司”，其次考虑“借助网络平台、电子商务等进行商贸交易”、“争取创业基金投资支持进行创业项目孵化”。东北地区的大学生创业者较少选择“加盟直营、区域代理或购买特许经营权”，选择“个体独立投资经营或利用自身专长自谋职业”的创业形式与“借助网络平台、电子商务等进行商贸交易”的持平；西南地区选择“争取创业基金投资支持进行创业项目孵化”的和“将自身专长或技术发明通过技术入股创办公司”的持平，选择“以具有创新性的设想或创意进行创业活动”的以及“加盟直营、区域代理或购买特许经营权”的较少；华中地区选择“其他”创业形式的较多，相对而言，选择“个体独立投资经营或利用自身专长自谋职业”的较少；华南地区选择“个体独立投资经营或利用自身专长自谋职业”的创业形式、“加盟直营、区域代理或购买特许经营权”的较少。

表 2-5-12　不同高校所在区域创业形式分布

（单位：人）

创业形式	华南地区	华中地区	西南地区	东北地区	华东地区	中南地区	华北地区
合伙投资经营，采取自我雇佣式管理	84	213	51	144	849	75	231
加盟直营、区域代理或购买特许经营权	9	24	15	45	315	3	51
将自身专长或技术发明通过技术入股创办公司	21	129	30	72	384	33	99
争取创业基金投资支持进行创业项目孵化	33	111	30	57	330	18	96
以具有创新性的设想或创意进行创业活动	24	114	12	57	237	15	87
借助网络平台、电子商务等进行商贸交易	54	123	33	66	339	15	105
个体独立投资经营或利用自身专长自谋职业	30	42	6	66	258	15	21
其他	0	0	3	0	9	6	0

五、融资选择

多数大学生创业者的创业资金来源于个人积累和家人或亲友支持。创业资金主要来源于家人或亲友支持的占 23.58%，来源于个人积累的占 25.3%，与朋友或他人合资的占 17.35%，政府创业基金与风险投资的占 9.94%，风险投资占 9.7%，选择私人借款与政策性贷款的较少。

表 2-5-13　不同大学生创业者创业融资分布

创业资金来源	数量（人）	比例（%）
个人积累	1635	25.30
家人或亲友支持	1524	23.58

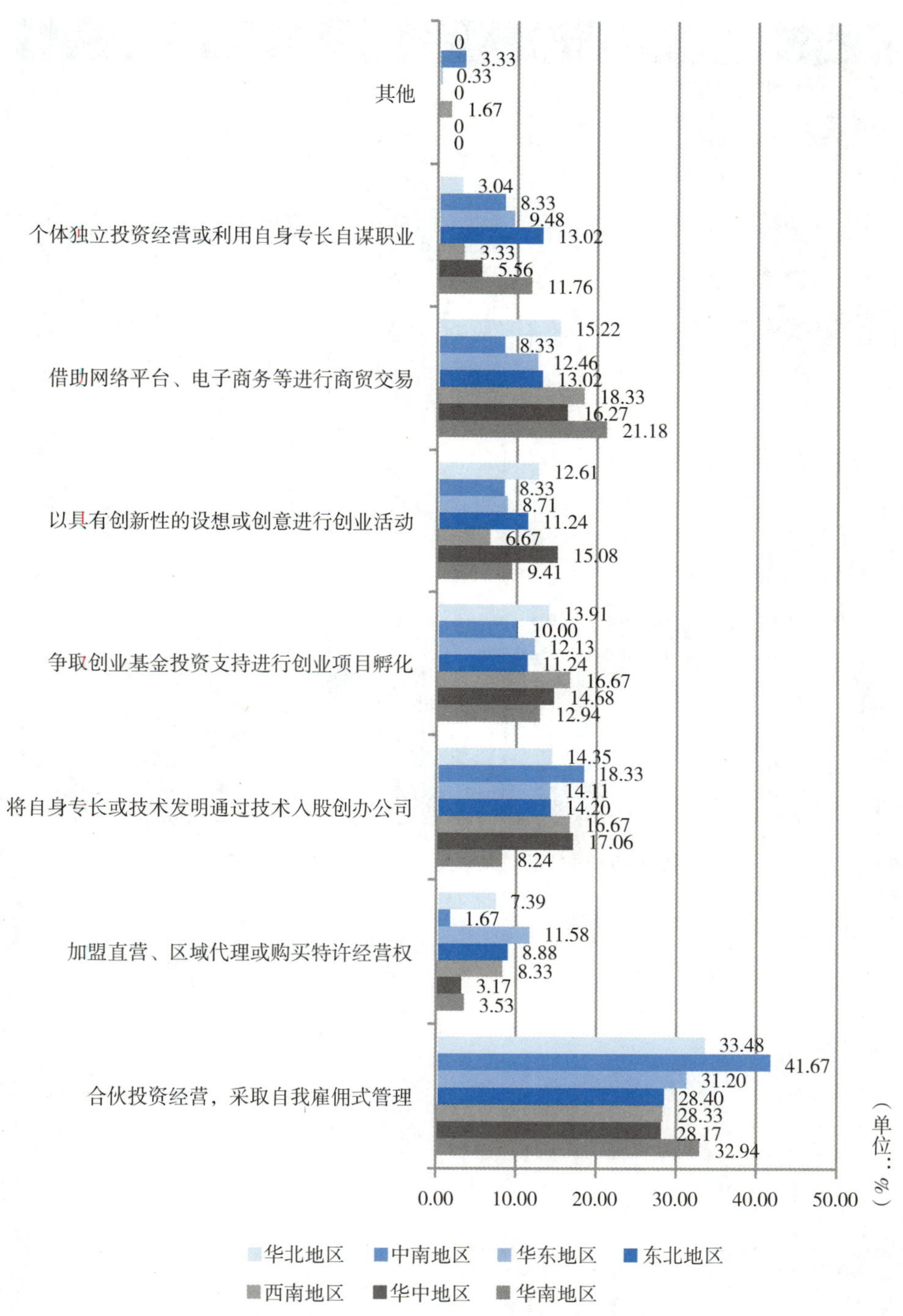

图 2-5-13 不同高校所在区域创业形式分布

创业资金来源	数量（人）	比例（%）
与朋友或他人合资	1122	17.36
政府创业基金等	642	9.94
风险投资	627	9.70
银行贷款	294	4.55
政策性贷款	288	4.46
私人借款	288	4.46
其他	42	0.65

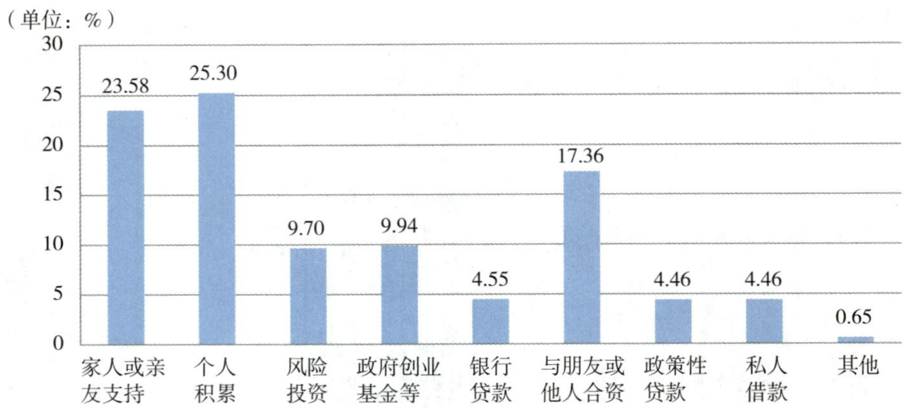

图 2-5-14　不同大学生创业者创业融资分布

第六章　创业质量

大学生创业质量是指大学生所创办企业的运营效果，是企业核心竞争力的主要体现，它决定着大学生所创办的企业能否长远发展，其核心是要回答“大学生创业水平”的问题。大学生创业质量不仅关系到大学生本人及其家庭的发展，还会对国家经济的发展造成一定的影响，甚至还会在一定程度上加速经济产业结构的调整。对于大学生创业质量的研究，不仅能了解现在大学生创业企业的发展情况，而且能找出影响大学生创业质量的相关因素，为进一步提高大学生创业质量提供参考和依据。

本次调研实地走访了涵盖东北地区、华北地区、华中地区、西南地区、中南地区、华东地区、华南地区等七大区域的16个典型城市的高校和创业园。具体城市为北京市、天津市、上海市、西安市、成都市、南京市、杭州市、温州市、义乌市、宁波市、武汉市、深圳市、广州市、中山市、哈尔滨市、大连市，走访对象包括毕业创业者和在校大学生创业者。经过筛选，获得有效样本4935个，大学生创业企业1131家。

本章将从大学生创业企业的基本情况、企业规模、盈利情况、发展预期和平均每个创业者和创业企业能带动的就业岗位数等方面对大学生创业质量进行分析。从调研结果来看，总体上，大学生创业企业规模较小，有一定的盈利能力，就业促进效应较为显著。具体而言，创业企业规模普遍较小，平均企业全职员工数16.9人，平均固定资产为42.5万元，多数属于小微企业。大学生创办的企业总体上处于盈利状态，年利润在 10 万以下的，占 55.97%；年利润在 50 万元以下的占 79.84%；有 0.53% 的企业出现亏损；个别企业（0.53%）已经实现高盈利模式，盈利额度达 1000 万元。大多数大学生创业企业员工的平均年收入在 2 万至 5 万元之间。有 74.81% 的企业员工平均年收入在 5 万元以下；有 12.47% 的企业员工年平均收入在 1 万元以下；企业员工平均年收入超过 10 万元的占 2.39%。大学生创业显现出较好的就业效应，平均每个大学生创业者能拉动 3.63 人就业；平均每个创业企业能提供 16.72 个就业岗位。大学生创业企业对预期未来 5 年企业人数的预期是：56.76% 认为将会达到 20—60 人；32.89% 的认为可达 100 人以上；甚至有 9.02% 的认为企业人数将会达到 200 人以上。大学生创业企业对预期未来 5 年企业利润的预期是：认为未来 5 年利润预期不足 10 万的有 22.02%；利润预期在 10 万—50 万元的占 21.22%；利润预期在 50 万—100 万元的占 16.45%；有 2.12% 企业的利润预期在 1000 万以上。

一、基本情况

（一）创办时间

国家有关创业的政策对大学生创业具有明显的促进作用。近年来，国家开始重视大学生创业，通过颁布一系列大学生创业优惠政策来鼓励大学生创业。从图 2-6-1 可以看出，大学生创办企业数量有三个重要的时间节点。第一个节点出现在 2008 年，创业企业数从 2007 年的 6 家突增到 21 家，正涨幅达 3 倍多。主要原因是 2007 年党的十七大报告指出：“实施扩大就业的发展战略，促进以创业带动就业。”“完善支持自主创业、自谋职业政策，加强就业观念教育，使更多劳动者成为创业者。”有部分大学生选择通过创业来解决自身的就业问题。第二个节点出现在 2010 年。2010 年 5 月初，教育部颁布了《教育部关于大力推进高等学校创新创业教育和大学生自主创业工作的意见》（教办［2010］3号），为大学生自主创业提供了政策导向。大学生创业意识开始增强，创业活动逐渐活跃，创办企业成为热潮，创业企业猛增至78家。第三个节点在2013年，大学生创业企业数达到前所未有的数量，剧增至342家。2012年，党的十八大报告再次强调："推动实现更高质量的就业。""促进创业带动就业，做好以高校毕业生为重点的青年就业工作和农村转移劳动力、城镇困难人员、退役军人就业工作。"需要说明的是，由于本次调研时间截至2014年10月，并未掌握2014年全年情况，因此在数量上略有下降，但全年肯定还会保持增长的势头。

表 2-6-1 大学生创业企业成立时间

成立时间	企业数	成立时间	企业数
2000年以前	18	2008年	21
2001年	3	2009年	54
2002年	6	2010年	78
2003年	6	2011年	78
2004年	6	2012年	192
2005年	6	2013年	342
2006年	9	2014年	306
2007年	6		

（二）创业类型

1. 总体概况

从创业决策最直接的原因来看，大学生的创业动机大多数属于生存型创业。2001年，雷诺兹在全球创业观察（GEM）报告中最先提出了机会型创业和生存型创业的概念，并在接下来的几年对机会型创业和生存型创业的概念进行丰富。如2002年GEM报告指出，机会型创业是指那些为了追求一个商业机会而从事的创业活动；生存型创业是那些由于没有其他就业选择或对其他就业选择不满意而从事的创业活动。根据GEM中创业企业类型的划分理论，本次调研中，我们把问卷中只包含A（未找到合适的工作）、B（准备创业的朋友的带动）、C（家庭支持）、G（可以获得更高收入）、H（学

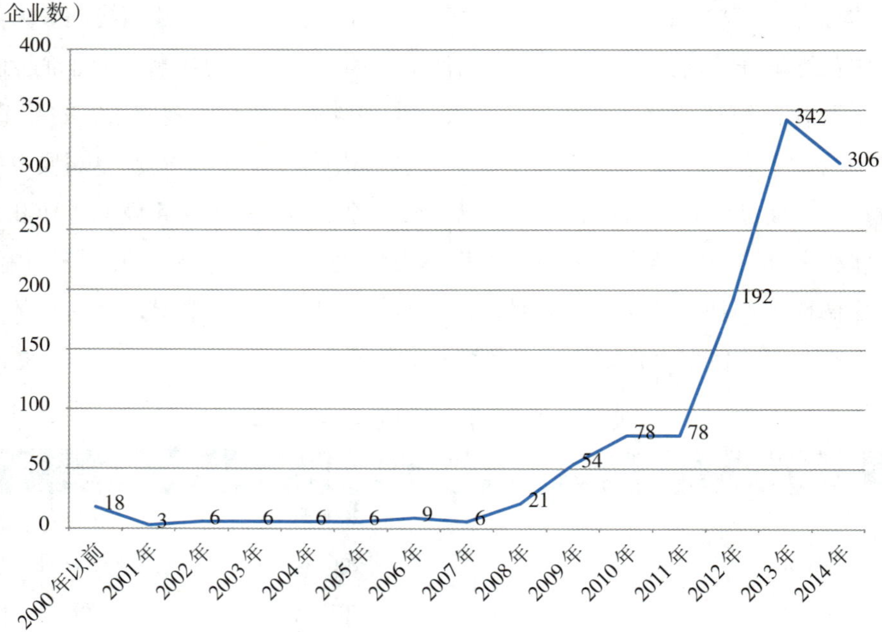

图 2-6-1　大学生创业企业成立时间

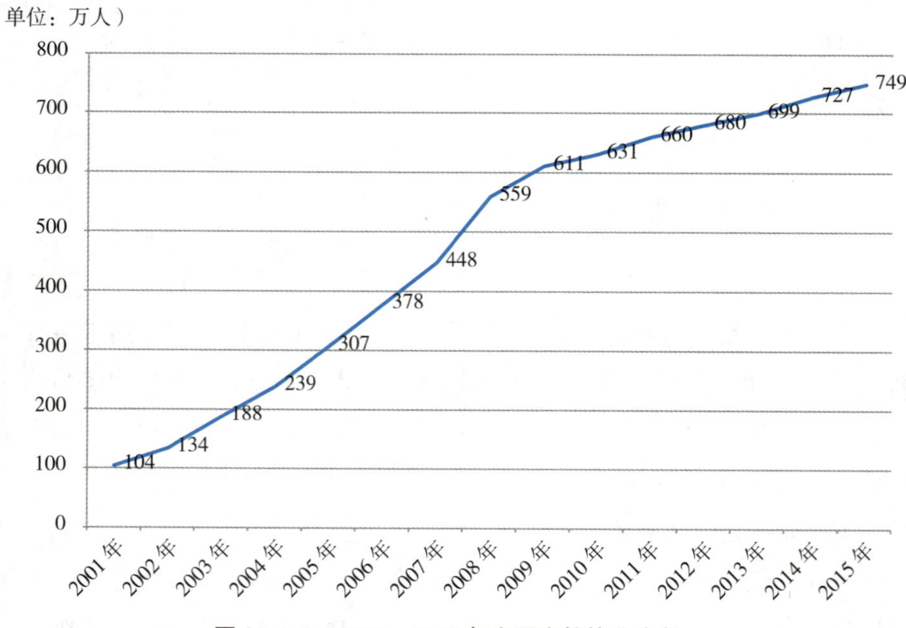

图 2-6-2　2001—2015 年全国高校毕业生数

校支持)、I（其他）六项中任意一项或几项都有的企业归为生存型创业，此类企业有 483 家，占全部企业的 42.71%。把问卷答案中只含有 D 选项（有好的创业项目)、E 选项（想抓住好商机)、F 选项（个人理想就是成为创业者）三项中任意一项或几项都有的企业归为机会型创业，此类企业有 432 家，占全部企业的 38.2%。把既含有机会型特征选项又含有生存型特征选项的企业归为综合型创业，此类企业所占比重不大，仅为 19.1%。

表 2-6-2 大学生创业者创业类型

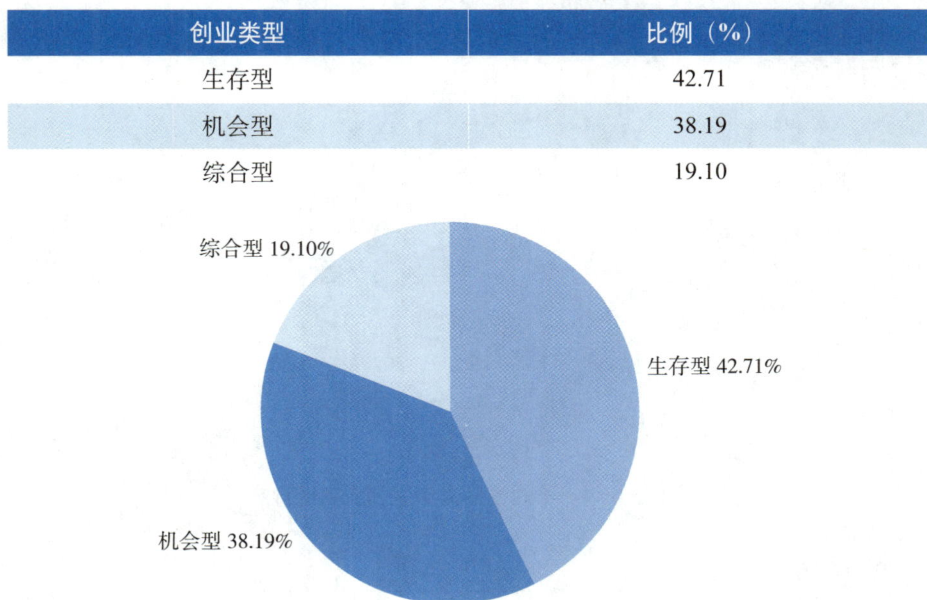

创业类型	比例（%）
生存型	42.71
机会型	38.19
综合型	19.10

图 2-6-3 大学生创业者创业类型

2. 性别

从性别上看，在创业企业总数比较上，男性创业者创办企业数多于女性创业者。调研数据显示，所有创办企业中，男性创业企业多达 684 家，占 60.48%。（见图 2-6-4）另外，从创业类型来看，也都是男性创业企业多于女生。（见表 2-6-3）如图 2-6-5 所示，从数量上来看，男性更加偏向机会型创业企业，其次是综合型创业，最后才是生存型创业，分别为 68.06%、62.5%、52.8%；而女性创业以生存型创业为主，占 47.2%，其次是综合型创业，占 37.5%，机会型创业所占比例略少，为 31.94%。在大学生创业不同类型中，生存型创业比重较大，主要在于女性创业多属于生存型创业。究其原因，很多用人单位存在性别歧视，导致女大学生对就业选择不满意，就业不顺利，从而迫使她们不得不创业。

表 2-6-3　不同性别大学生创业者创业类型

性　别	生存型企业		机会型企业		综合型企业	
	数　量	比例（%）	数　量	比例（%）	数　量	比例（%）
男	255	52.80	294	68.06	135	62.50
女	228	47.20	138	31.94	81	37.50
合计	483	100	432	100	216	100

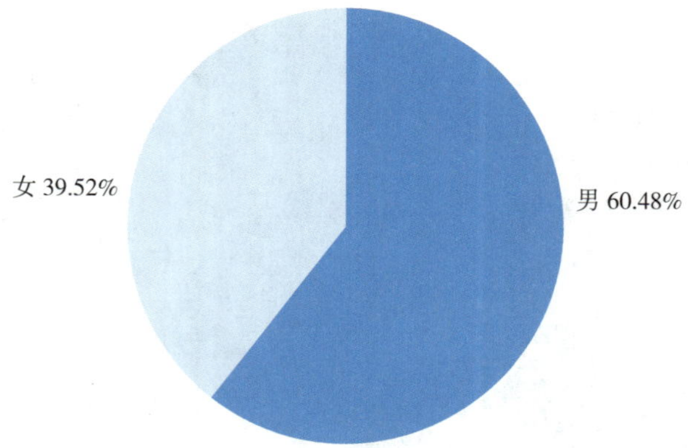

图 2-6-4　不同性别大学生创业者统计

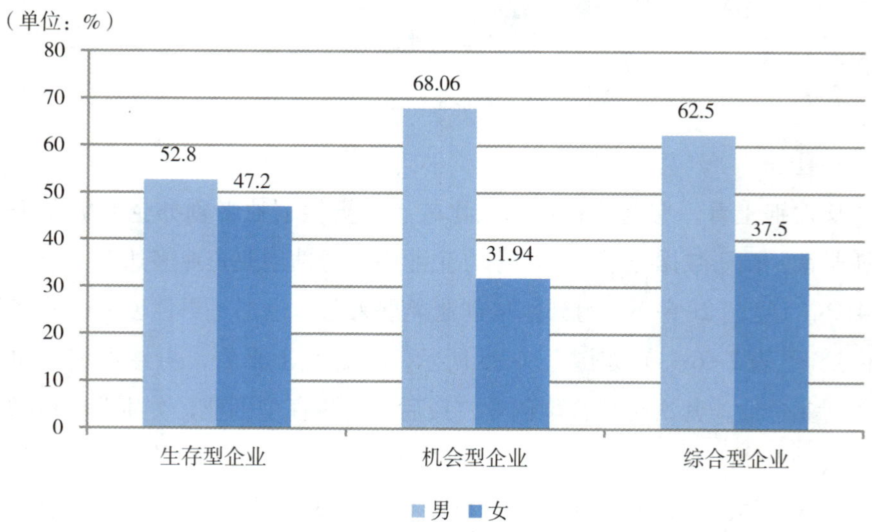

图 2-6-5　不同性别大学生创业者创办企业类型

3. 不同学历层次

大学生创业者以本科学历为主，硕士研究生次之，博士研究生最少。如图 2-6-6 所示，在所调研的企业中，本科学历的创业者高达 68.18%，博士研究生仅占 2.91%。

表 2-6-4 不同学历层次大学生创业者的创业类型

	专 科	本 科	硕士研究生	博士研究生
创业企业数	108	771	219	33
比例	9.55%	68.18%	19.36%	2.91%

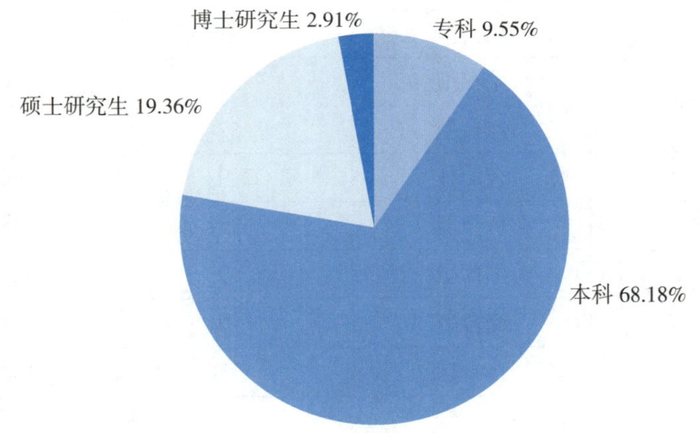

图 2-6-6 不同学历大学生创业者统计

专科、本科学历创业者以生存型创业企业为主，硕士研究生学历创业者生存型和机会型创业较均衡，博士研究生学历创业者以机会型创业为主。此外，我们从中看出，随着学历层次的提高，生存型所占比重在下降，机会型比重则上升。从图 2-6-7 我们可以看出，专科学历创业者中生存型创业所占比例近半，为 47.22%，依次是机会型、综合型，分别占 36.11%、16.67%；本科学历创业者创业类型较为均衡，依次为生存型、综合型、机会型，所占比例分别为 44.36%、38.52%、17.12%；硕士研究生学历创业者机会型、生存型均为 36.99%，综合型仅为 26.02%；博士研究生学历创业者近一半为机会型创业，占 45.45%，综合型创业为 27.27%，生存型为 27.28%。

表 2-6-5　不同学历层次大学生创业者创业类型

学　历	类　型	创业企业数	比例（%）
专科	机会型	39	36.11
	生存型	51	47.22
	综合型	18	16.67
	合　计	108	100.00
本科	机会型	297	38.52
	生存型	342	44.36
	综合型	132	17.12
	合　计	771	100.00
硕士研究生	机会型	81	36.99
	生存型	81	36.99
	综合型	57	26.02
	合　计	219	100.00
博士研究生	机会型	15	45.45
	生存型	9	27.27
	综合型	9	27.28
	合　计	33	100.00

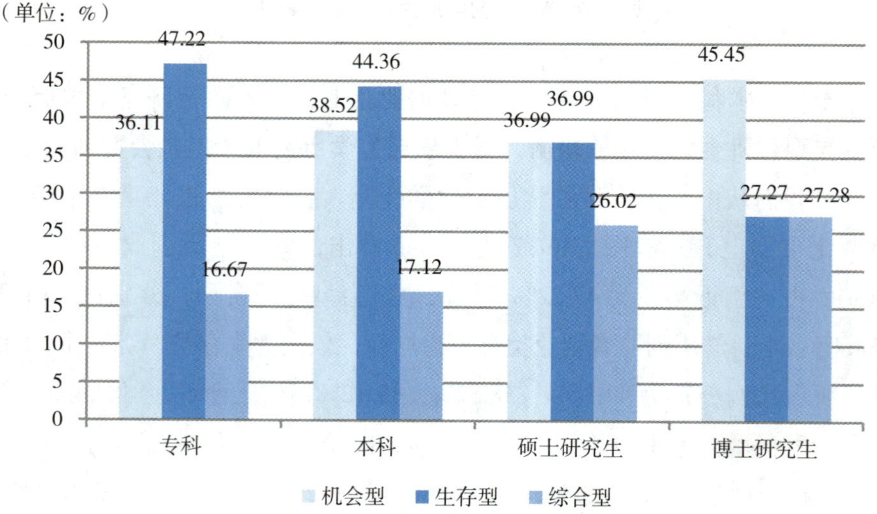

图 2-6-7　不同学历大学生创业类型

4. 高校类型

985 和 211 高校、普通本科高校、独立学院学生创业以生存型为主，企业类型较为均衡，高职高专、科研院所以机会型创业为主。从图中可以看出，985 和 211 高校、普通本科**高校**、独立学院创业类型依次为生存型、机会型和综合型；以 985 和 211 高校为例，这三种类型所占比例分别为 45.64%、38.46%、15.90%。高职院校创业类型则依次为机会型、生存型和综合型，其比例为 44.83%、37.93%、17.69%。

表 2-6-6 不同高校类型大学生创业者创业类型

高校层次	类　型	创业企业数	比例（%）
985、211 高校	机会型	225	38.46
	生存型	267	45.64
	综合型	93	15.90
	合　计	585	100.00
独立学院	机会型	12	36.36
	生存型	15	45.45
	综合型	6	18.19
	合　计	33	100.00
高职高专	机会型	39	44.83
	生存型	33	37.93
	综合型	15	17.69
	合　计	87	100.00
科研院所	机会型	3	100.00
普通本科	机会型	150	36.23
	生存型	165	39.86
	综合型	99	23.91
	合　计	414	100.00

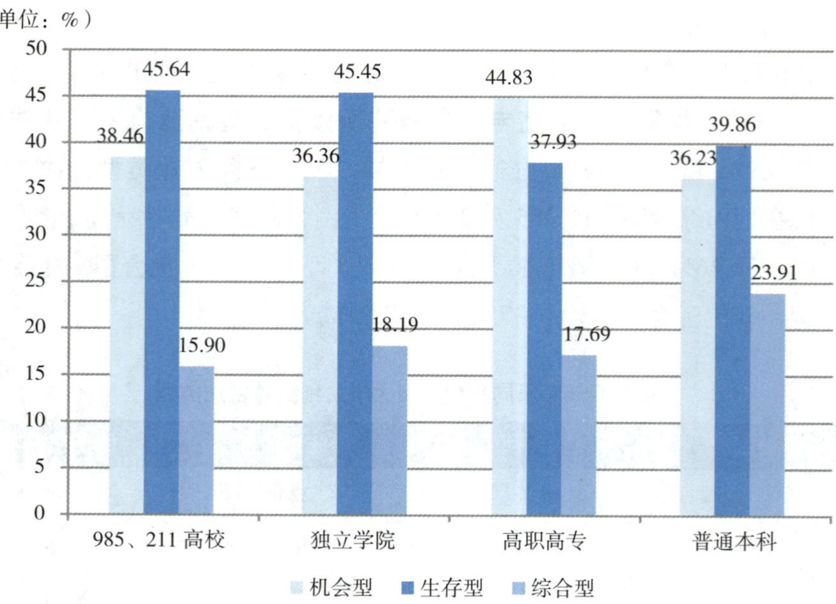

图 2-6-8　不同高校类型大学生创业者创业类型图

（三）企业人数

1. 总体概况

从企业人数来看，大学生创业企业多数为微小企业①，也开始涌现出一

① 根据 2011 年 7 月工业和信息化部、国家统计局、国家发改委和财政部四部门研究制定了《中小企业划型标准规定》，中小企业划分为中型、小型、微型三种类型，具体标准根据企业从业人员、营业收入、资产总额等指标，结合行业特点制定。其中，微型企业为："（一）农、林、牧、渔业。营业收入 50 万元以下的为微型企业。（二）工业。从业人员 20 人以下或营业收入 300 万元以下的为微型企业。（三）建筑业。营业收入 300 万元以下或资产总额 300 万元以下的为微型企业。（四）批发业。从业人员 5 人以下或营业收入 1000 万元以下的为微型企业。（五）零售业。从业人员 10 人以下或营业收入 100 万元以下的为微型企业。（六）交通运输业。从业人员 20 人以下或营业收入 200 万元以下的为微型企业。（七）仓储业。从业人员 20 人以下或营业收入 100 万元以下的为微型企业。（八）邮政业。从业人员 20 人以下或营业收入 100 万元以下的为微型企业。（九）住宿业。从业人员 10 人以下或营业收入 100 万元以下的为微型企业。（十）餐饮业。从业人员 10 人以下或营业收入 100 万元以下的为微型企业。（十一）信息传输业。从业人员 10 人以下或营业收入 100 万元以下的为微型企业。（十二）软件和信息技术服务业。从业人员 10 人以下或营业收入 50 万元以下的为微型企业。（十三）房地产开发经营。营业收

些中小微型企业。根据 2011 年 7 月工业和信息化部、国家统计局、国家发改委和财政部四部门研究制定了《中小企业划型标准规定》，大部分大学生创业企业属于微型企业，企业人数在 10 人以下。如图 2–6–9 所示，人数在 10 人以下的企业有 675 家，占全部的 59.68%。微型企业具有雇员少、规模小、组织结构简单等特点。且微型企业的创立只需要很少的创业资本，这就大大降低了创业者承担的风险。再加上微型企业行业进入壁垒低、建设周期短、经营灵活、易于管理等特征，这恰恰适合于创业整体实力薄弱、缺乏实际管理经验、涉世不深的大学生创业者，因此，微型企业自然而然成为大学生创业的主要形式。当然，在调研中，也开始涌现出一些企业人数在 100 人以上中小微型企业，甚至出现了在 500 人以上的中型企业，这说明大学生创业也逐渐走向成长期，呈良性发展势头。

表 2–6–7　大学生创业企业员工人数统计

企业人数	5 人以下	6—10 人	11—15 人	16—20 人	21—25 人	26—30 人
企业数	333	342	126	123	39	48
比例（%）	29.44	30.24	11.14	9.88	3.45	4.24
企业人数	31—35 人	36—40 人	41—45 人	46—50 人	50—100 人	100 人以上
企业数	18	12	12	27	39	24
比例（%）	1.59	1.03	1.03	2.39	3.45	2.12

2. 行业类型

大学生目前创业的行业现在已经涉及各个领域，创业形势呈多样化发展。对每个行业的创业企业的员工数进行分析，我们发现排名前三位的分别是“文化、体育和娱乐业”（2616 人），“信息传输、计算机服务和软件业”（2379 人），“制造业”（2307 人），而排名后三位的分别是“国际关系”、“卫生和社会工作”、“建筑业”。我们从以上数据可以看出，大学生创业一般偏向于偏市场化、偏技术化的行业，因为这些行业对于创业者经验的要求较

入 100 万元以下或资产总额 2000 万元以下的为微型企业。（十四）物业管理。从业人员 100 人以下或营业收入 500 万元以下的为微型企业。（十五）租赁和商务服务业。从业人员 10 人以下或资产总额 100 万元以下的为微型企业。（十六）其他未列明行业。从业人员 10 人以下的为微型企业。”

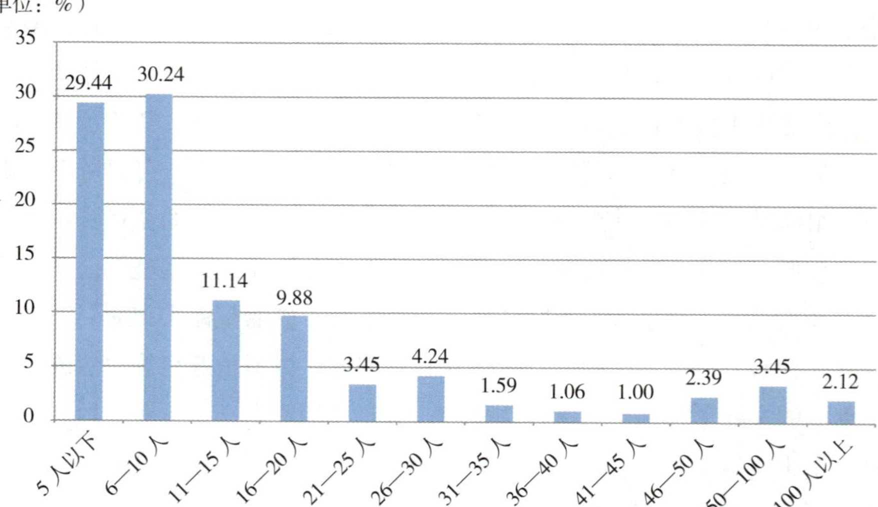

图2-6-9 大学生创业企业员工人数统计

少，掌握一些基本的技术就可以开始创业。而一些较为政府化的工作，由于其对于创业者的个人素质要求较高，需要具有较多的社会经验与工作经验，因此大学生创业涉及的较少。由此可以推断，目前我国大学生创业涉及的行业种类较多，但是有侧重，我国未来创业的发展趋势也将是呈多样化发展。

表2-6-8 不同行业创业企业员工人数统计

公司所属行业	A	B	C	D	E	F	G	H	I	J
全职员工总数	2058	1737	2307	708	282	1872	1524	1344	2379	1458
样本量	108	72	114	69	27	138	30	66	192	39
公司所属行业	K	L	M	N	O	P	Q	R	S	T
全职员工总数	1182	1008	1236	327	411	855	123	2616	564	63
样本量	18	63	78	24	39	75	9	237	21	3

注：A—T代表的行业为，A：农、林、牧、渔业，B：采矿业，C：制造业，D：电力、燃气、水的生产及供应业，E：建筑业，F：批发和零售业，G：交通运输、仓储和邮政业，H：住宿和餐饮业，I：信息传输、计算机服务和软件业；J：金融业，K：房地产业，L：租赁和商务服务业，M：科学研究和技术服务业，N：水利、环境和公共设施管理业，O：居民服务、修理和其他服务，P：教育，Q：卫生和社会工作，R：文化、体育和娱乐业，S：公共管理、社会保障和社会组织，T：国际组织。本章内下同。

3. 创业类型

不同创业类型企业人数大体差距很小，生存型企业人数略低于其他类

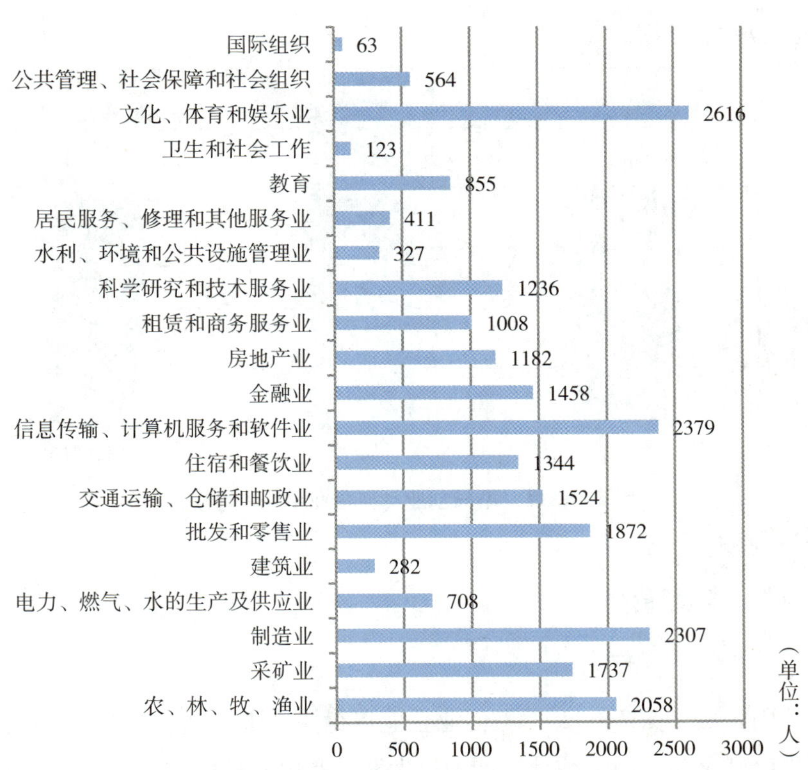

图 2-6-10 不同行业创业企业员工人数统计

型的企业人数，生存型与机会型企业人数基本持平。大学生目前创业的类型有存在机会型、生存型以及综合性，对每个创业类型的创业企业员工数进行分析，我们发现企业平均人数排名最高的创业类型是机会型创业（54.9 人），其次是综合型创业（54.3 人），排名最靠后的创业类型是生存型创业（40.8 人）。从以上数据可以看出，大学生创业一般偏向商机更多、更能体现人生价值的类型，这样的创业企业拥有更多的员工数，要求创业者决定创业的动因是个人理想或者想抓住好的商机，而并非因为创业能够带来更多的经济收益。

表 2-6-9 不同创业类型企业人数统计

（单位：人）

创业类型	平均人数
生存型	40.8
机会型	54.9
综合型	54.3

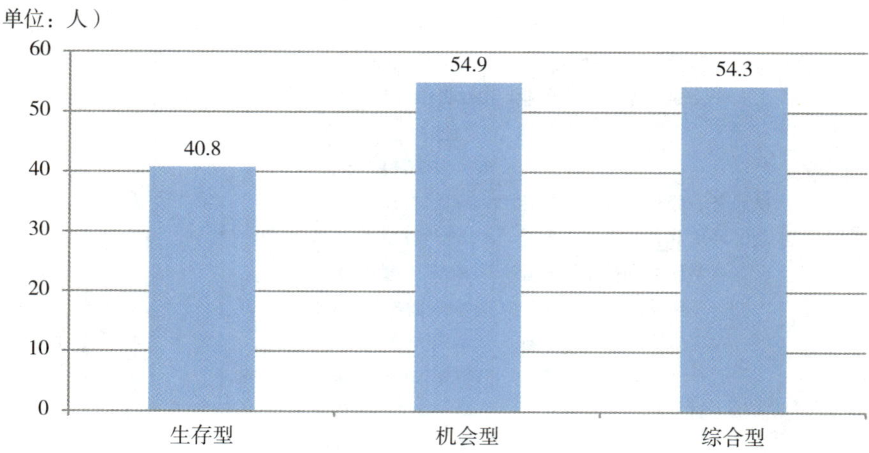

图 2-6-11　不同创业类型企业平均人数统计

（四）固定资产

1. 总体概况

从固定资产来看，大学生创业企业以微型企业为主。根据 2011 年 7 月工业和信息化部、国家统计局、国家发改委和财政部四部门研究制定了《中小企业划型标准规定》，企业的固定资产处于 50 万以下的为微型企业。如图 2-6-12 所示，大学生创办企业固定资产总体偏低，主要集中在 20 万以下，占 68.17%，50 万元以下的占 80.90%。但也有部分企业资产过 100 万，甚至有 3 家企业资产总额达到 1000 万以上。

表 2-6-10　大学生创业企业固定资产统计

固定资产（元）	1 万元以下	2 万—20 万	21 万—40 万	41 万—50 万	51 万—100 万	101 万—1000 万	1000 万元以上
比例（%）	15.92	52.25	5.57	7.16	11.67	7.16	0.27

2. 行业类型

交通运输、仓储和邮政业等行业的固定资产大于服务行业。如表 2-6-11 所示，总体来看，各创业企业的固定资产大体上均在 100 万元以下，但以交通运输为代表的企业的固定资产远远高于其他行业，为其他行业的 10 倍左右。由于一些行业自身的特殊性，如运营范围广、土地需求大、原料提

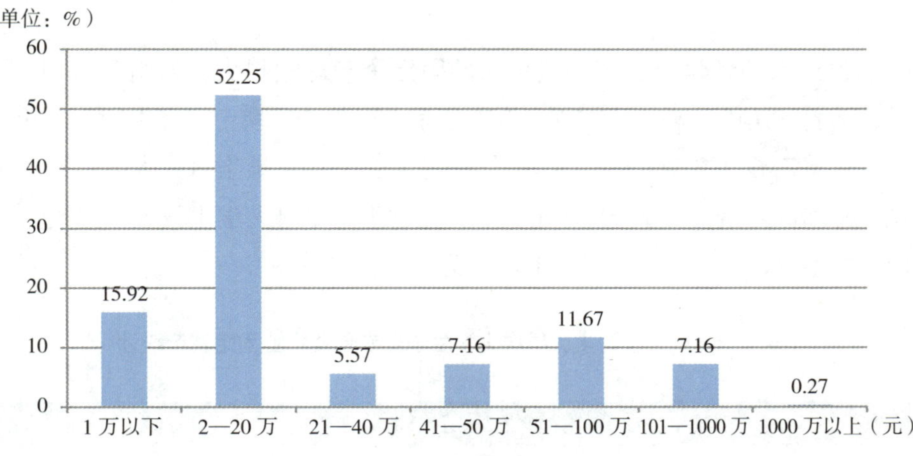

图 2-6-12 企业固定资产统计

取工程大等因，因此需要加大固定资产的投资。排名第一的交通运输、仓储和邮政业，在固定资产投资上远远超过其他行业，平均为 345 万元。排名第二的农、林、牧、渔业（表中的 A 类），该行业平均固定资产为 78 万元。排名第三的电力、燃气及水的生产和供应业（表中的 D 类），该行业的平均固定资产为 67 万元。其余的排名先后依次为金融业（57 万元），房地产业（52 万元），水利、环境和公共设施管理业（47 万元），租赁和商务服务业（43 万元），采矿业、教育行业（均为 42 万元），信息传输、计算机服务和软件业、卫生和社会工作（均为 37 万元），居民服务、修理和其他服务业（32 万元），科学研究和技术服务业（30 万元），制造业、批发和零售业（均为 29 万元），建筑业（28 万元），住宿和餐饮业（27 万元），国际组织（24 万元），公共管理、社会保障和社会组织（21 万元）。平均固定资产远低于其他行业的是文化、体育和娱乐业。

表 2-6-11 不同行业大学生创业企业固定资产统计

（单位：万元）

公司所属行业	A	B	C	D	E	F	G	H	I	J
平均固定资产	78	42	29	67	28	29	345	27	37	57
公司所属行业	K	L	M	N	O	P	Q	R	S	T
平均固定资产	52	43	30	47	32	42	37	8	21	24

3. 学历层次

企业创办者学历越高，该企业的固定资产总额越大。如图 2−6−13 所示，随着学历的升高，平均固定资产值呈上升趋势。博士研究生所创办的企业固定资产投入总额最高，平均达 87 万元；其次是硕士研究生所创办的企业，平均固定资产投入 55 万元；本科大学生与专科大学生投入固定资产总额相差不大，分别是 38 万元和 37 万元。

表 2−6−12　不同学历层次大学生创业者创业企业固定资产统计

（单位：万元）

学　历	专　科	本　科	硕士研究生	博士研究生
固定资产	37	38	55	87

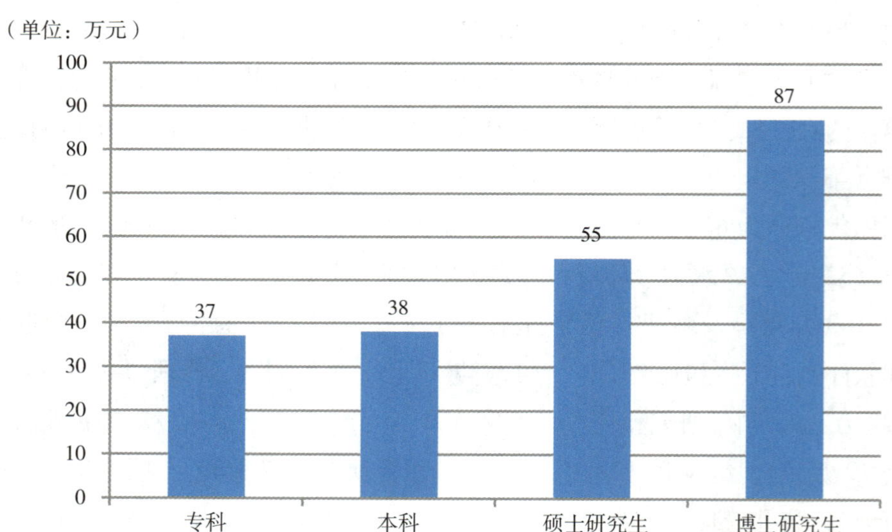

图 2−6−13　不同学历层次大学生创业者创业企业固定资产统计

4. 高校类型

985、211 高校创业者创业企业固定资产远高于其他类型的学校。如图 2−6−14 所示，985 高校的大学生创业者为企业投入的平均固定资产总额最多，达到 73.5 万元。排在第二的是 211 高校，平均固定资产总额为 29.2 万元。与其相差不多的是普通本科，总额为 27.6 万元。独立学院与高职高专院校也相差不大，分别是 22.3 万元和 23.6 万元。

表 2-6-13 不同高校类型大学生创业者创业企业固定资产统计

（单位：万元）

高校类型	985 高校	211 高校	普通本科
固定资产总额	73.5	29.2	27.6
高校类型	独立学院	高职高专	科研院所
固定资产总额	22.3	23.6	10

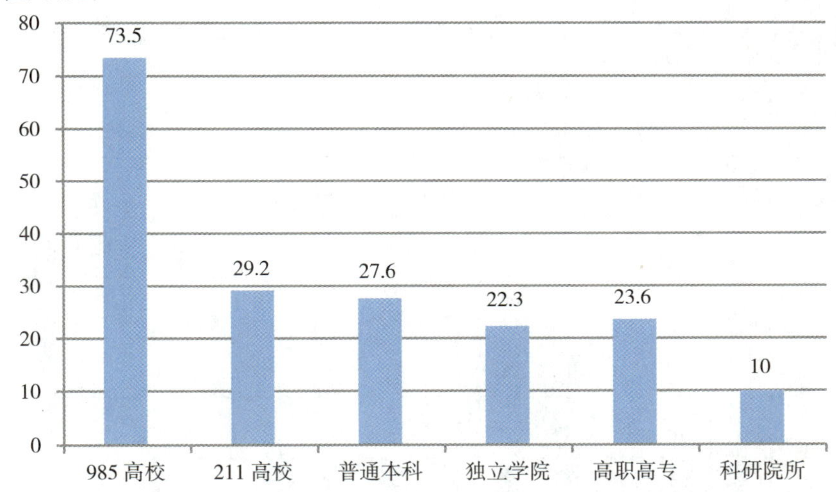

图 2-6-14 不同高校类型大学生创业者创业企业固定资产统计

5. 学科门类

哲学类、艺术类与文学和理学类创业者对固定资产的投入量较大，而其他学科门类创业者所创办的企业的固定资产均在 50 万元以下。如图 2-6-15 所示，哲学类学生创办的企业平均固定资产总额达到了 110 万元，其次是艺术学类，投资也高达 81 万元。文学和理学学生的固定资产投入在 70 万元左右。投入较少的历史类和教育学类，其固定资产总额在 20 万元以下。而经济学、法学、工农学类的固定资产总额集中于 20 万元到 30 万元之间。可以看出，学习成本高的学科门类在固定资产投入上金额大，如艺术类。这一学科门类的学习成本高，创办者的经济条件较好，固定资产总额也高。

表 2-6-14　不同学科门类大学生创业企业固定资产统计表

学科门类	哲　学	经济学	法　学	教育学	文　学	历　史	理　学
固定资产（万元）	110	20	23	18	66	10	69
样本量	10	47	24	16	16	2	32
学科门类	工　学	农　学	医　学	管理学	军事学	艺术学	其　他
固定资产（万元）	36	32	0	25	0	81	74
样本量	112	4	0	61	0	32	22

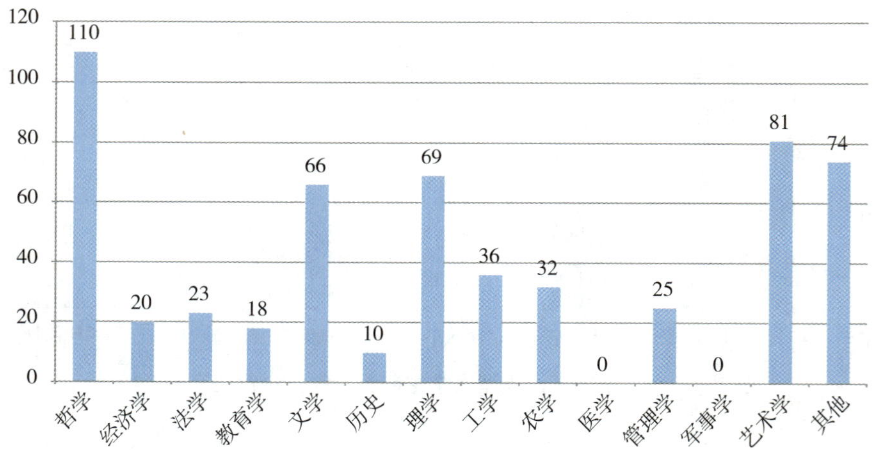

图 2-6-15　不同学科门类大学生创业者创业企业固定资产统计

6. 创业形式

合伙创业企业固定资产略高于自主创业固定资产。如图 2-6-16 所示，合伙创业企业固定资产数为 171 万元，占总固定资产数的 58%；自主创业企业固定资产数为 126 万元，占总固定资产数的 42%。由此可见，合伙创业企业在资金筹备方面还是占据一定的优势。

表 2-6-15　不同创业形式企业固定资产统计

创业形式	自主创业	合伙创业
固定资产（万元）	126	171

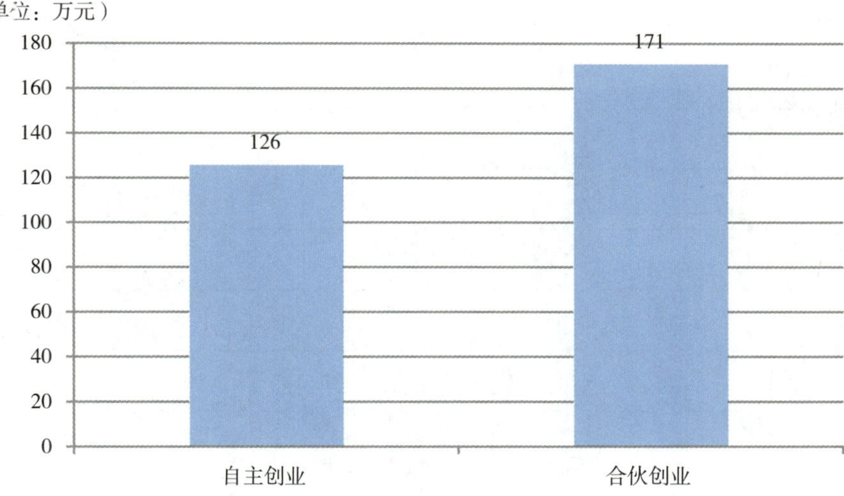

图 2-6-16 不同创业形式企业固定资产统计

二、盈利情况

（一）企业利润

1. 总体概况

整体来看，大学生创办企业盈利状况呈金字塔形，主体上是盈利的，但也存在个别亏损、暴富现象。如图 2-6-17 所示，年利润在 10 万以下的，占 55.97%；年利润在 50 万元以下的占 79.84%；有 0.53% 的企业出现亏损。令人欣喜的是，个别企业已经实现高盈利模式，盈利额度达 1000 万元。调研数据生动地表明，创业有风险，投资要谨慎。

表 2-6-16 企业年利润总体情况统计

利润（元）	亏损	1 万元以下	1 万—10 万	11 万—20 万	21 万—50 万	51 万—100 万	101 万—500 万	501 万—1000 万	1000 万元以上
比例（%）	0.53	19.63	36.34	13.79	10.08	10.61	8.22	0.27	0.53

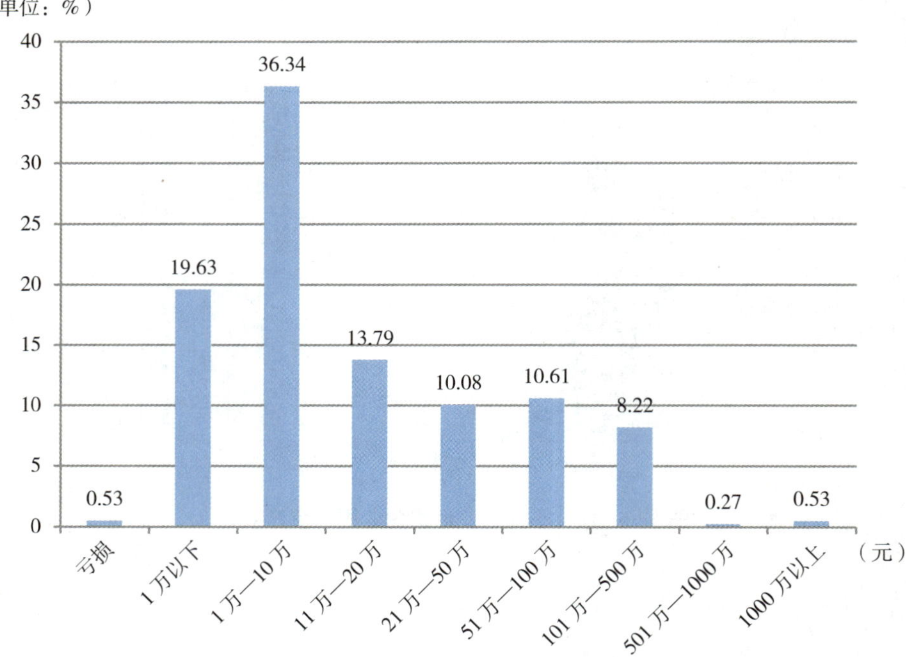

图 2-6-17　企业年利润总体情况统计

2. 行业类型

大学生创业企业各行业利润有较大差异。如表 2-6-17 所示，平均年利润总额最为突出的是水利、环境及公共管理事业，高达 185.63 万元；其次是金融业，盈利额达 169.55 万元；其余的行业平均年利润集中在 20 万到 50 万元之间，也有部分行业利润较低，在 10 万元以下，如批发零售业。

表 2-6-17　不同行业大学生创业企业年利润统计

行业类型	A	B	C	D	E
年利润（万元）	21.37	8.49	13.51	18.9	19.49
行业类型	F	G	H	I	J
年利润（万元）	7.87	23.58	28.32	54.57	169.55
行业类型	K	L	M	N	O
年利润（万元）	68.5	17.34	78	185.63	22.62
行业类型	P	Q	R	S	T
年利润（万元）	48.53	60	27.89	24	4

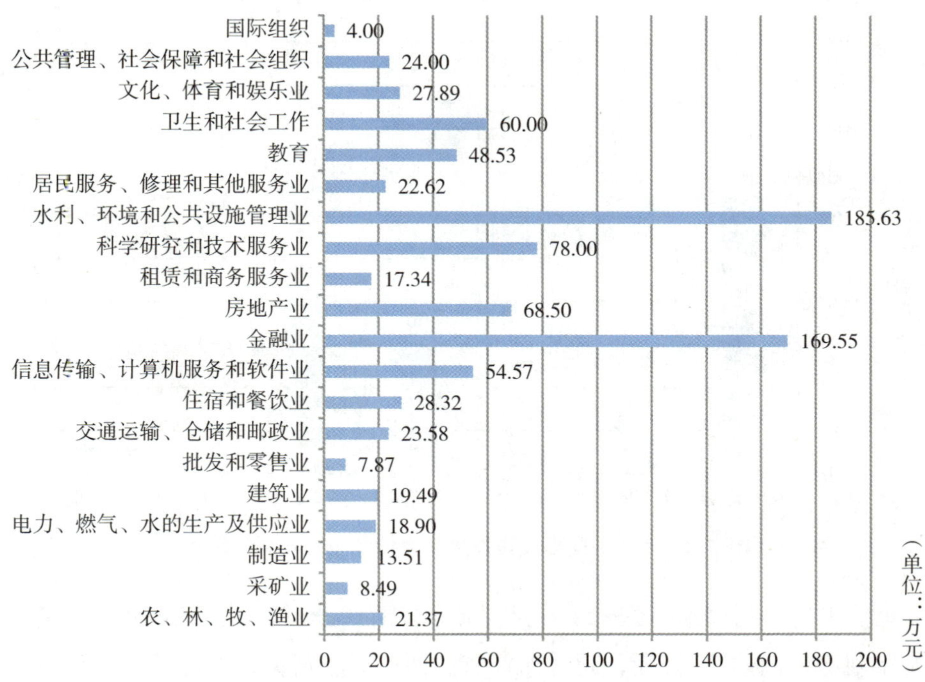

图 2-6-18 不同行业大学生创业企业年利润统计

3. 高校类型

985 高校和高职高专创业企业年利润较高。如图 2-6-19 所示，985 高校的大学生所创造企业年利润远高于其他高校，创造出平均年利润 93 万元的佳绩。值得注意的是，高职高专大学生创业企业的平均年利润超过了 211 高校和普通本科高校，平均利润率也高达 41 万元。其余的依次是独立学院（30 万元）、普通本科（19 万元）、211 高校（11 万元）、科研院所（4 万元）。

表 2-6-18 不同高校类型大学生创业企业年利润统计

学校类型	985 高校	211 高校	普通本科	独立学院	高职高专	科研院所	其他
年利润（万元）	93	11	19	30	41	4	6

4. 创业企业所在地

上海、四川等地大学生创业企业的年利润高于其他地区。如图 2-6-20 所示，上海的大学生创业企业平均年利润最多，高达 131 万元，四川省的创

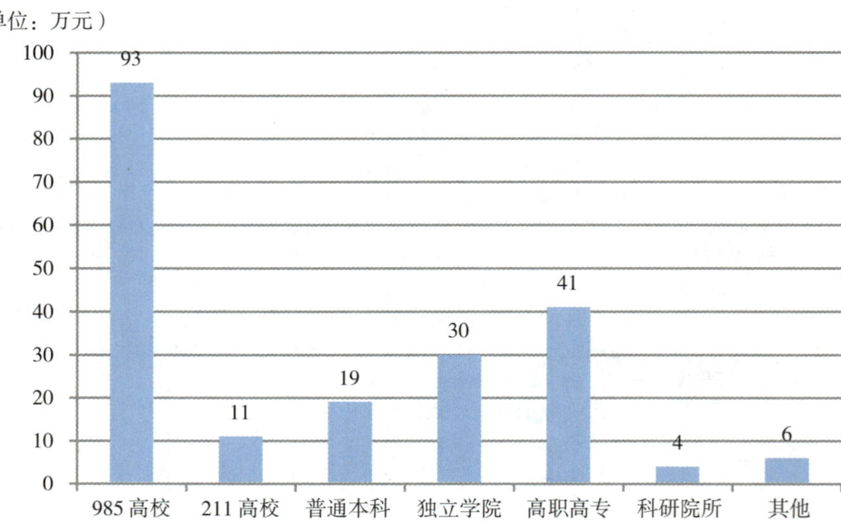

图 2-6-19　不同高校类型大学生创业企业年利润统计

业企业平均年利润也高达 124 万元，北京、浙江进入前列。陕西省企业的平均年利润也高达 55 万元，超过浙江省。而山东、河南、黑龙江、江西省则处于劣势，年均利润均不到 10 万元。

表 2-6-19　不同省份大学生创业企业年利润统计

高校所在地	广　东	吉　林	福　建	澳　门	四　川
年利润（万元）	29	18	25	10	124
高校所在地	天　津	黑龙江	江　苏	江　西	陕　西
年利润（万元）	19.5	7	24	8	55
高校所在地	北　京	山　东	河　南	浙　江	辽　宁
年利润（万元）	67	6	2.5	51	11
高校所在地	海　南	湖　北	上　海	重　庆	海　外
年利润（万元）	17	28	131	13	8

（二）员工收入

1. 总体概况

绝大多数企业员工的平均年收入在 2 万至 5 万元之间。如图 2-6-21 所

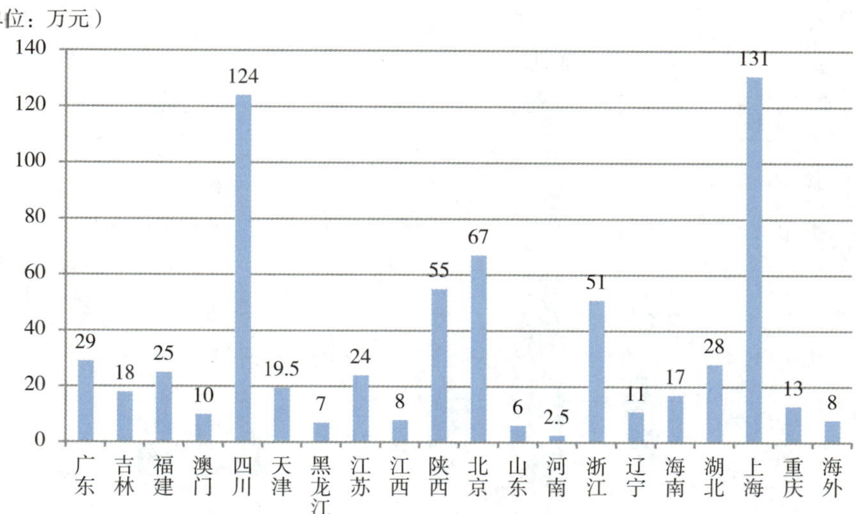

图 2-6-20 不同省份大学生创业企业年利润统计

示，有 525 家企业的员工平均年收入在 2 万至 5 万元之间，占 46.42%；有 74.81% 的企业员工平均年收入在 5 万元以下；还有 12.47% 的企业员工年平均收入在 1 万元以下，处于较低水准，接近城市的最低工资标准。企业员工平均年收入超过 10 万元的有 27 家，占 2.39%。

表 2-6-20 大学生创业企业员工收入统计

年收入（元）	1 万元以下	1—2 万	2—5 万	5—6 万	6—7 万	7—8 万	8—10 万	10 万以上
公司数	141	180	525	138	33	36	51	27
比例（%）	12.47	15.92	46.42	12.20	2.92	3.18	4.51	2.38

2. 不同高校类型

985 高校和科研院所的大学生创业者企业员工年收入较高，而高职高专最低。从图 2-6-22 可以看出，985 高校的大学生创业者企业员工的年收入水平大幅高出其他类型院校，达到 42153 元。科研院所的大学生创业者企业员工的年收入也达到 30000 元，211 高校紧随其后。其余依次为独立学院、普通本科，分别为 24255 元、20164 元。高职高专最低，为 13145 元。

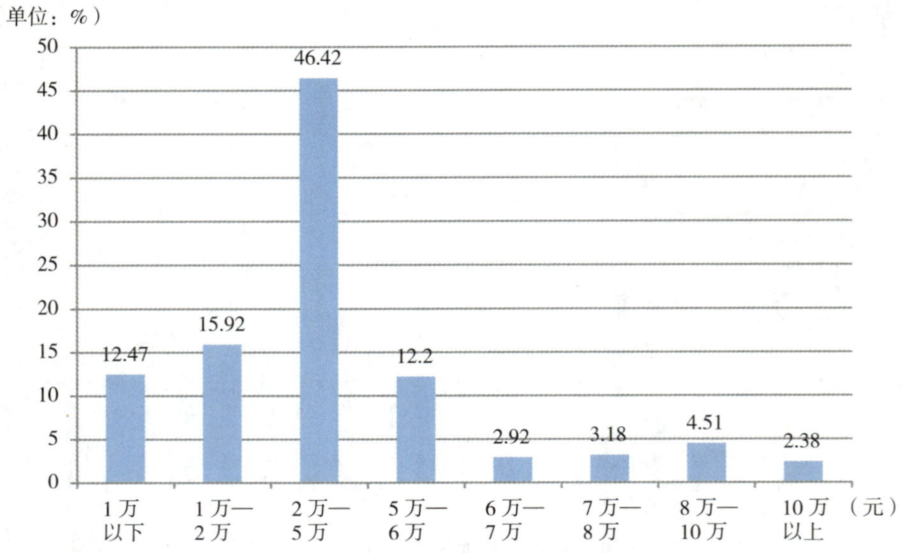

图 2-6-21　大学生创业企业员工收入统计

表 2-6-21　不同高校类型大学生创业企业员工收入统计

高校类型	985 高校	211 高校	普通本科	独立学院	高职高专	科研院所
员工收入（元）	42153	27369	20164	24255	13145	30000

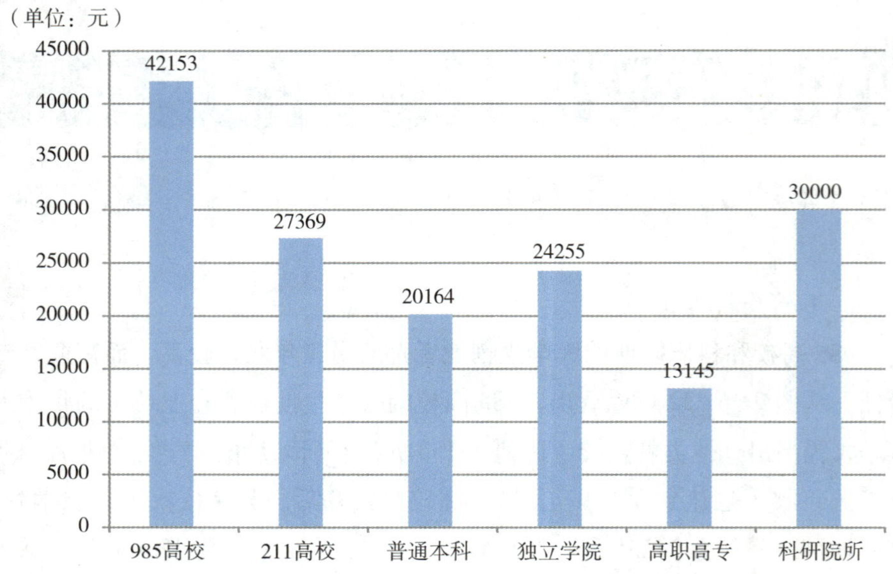

图 2-6-22　不同高校类型大学生创业企业员工收入统计

3. 学历层次

大学生创业者的学历层次越高，其所创办的企业员工年收入越高。如图2-6-23所示，博士研究生学历的创业者企业员工的平均年收入近6万元，而学历为专科的创业者企业员工平均年收入仅为25818元。本科、硕士研究生学历创业者的企业员工年收入基本持平，在35000—40000元之间。

表2-6-22 不同学历层次大学生创业企业员工收入统计

学历层次	专　科	本　科	硕士研究生	博士研究生
员工收入（元）	25818	39752	38495	59178

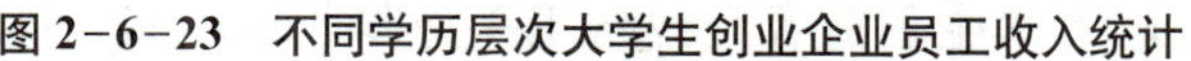

图2-6-23 不同学历层次大学生创业企业员工收入统计

4. 性别

女性大学生创业者的企业员工平均年收入高于男性创业者。如图2-6-24所示，女性创业者企业员工年收入为28900元，而男性只有25955元。造成这种现象的原因可能是由于男女性格差异产生的。女性大学生创业者更注重人与人之间的关系和谐，更倾向于给别人更多的关爱，而创业者对员工的关爱很大程度上表现在工资水平上，尽量给员工更高的工资会大大提升员工对企业的满意度与忠诚度。男性创业者则会更多注重企业整体的效益和结果，对员工的关怀往往不像女性那样细致入微。因此，男性管理者给员工发的工资自然会比女性略少。

表 2-6-23　不同性别大学生创业企业员工收入统计

性　别	员工收入（元）
男	25955
女	28900

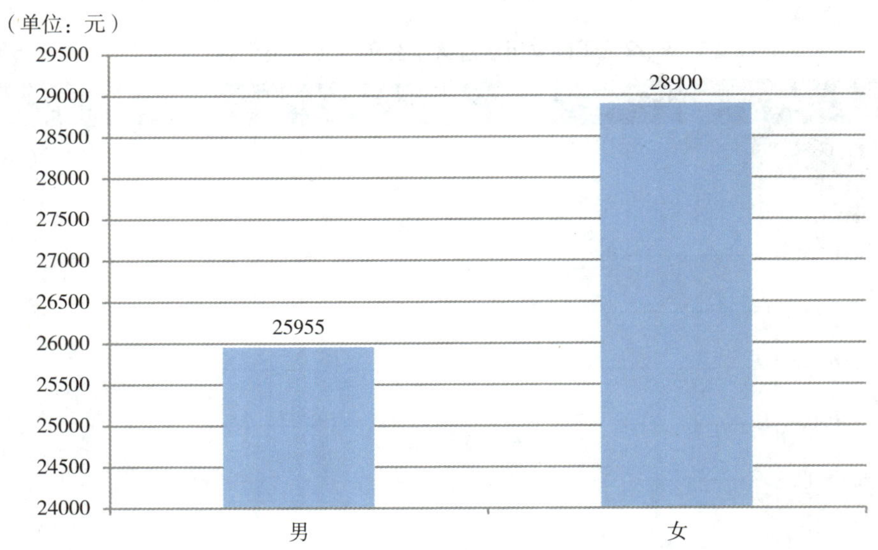

图 2-6-24　不同性别大学生创业企业员工收入统计

5. 学科门类

法学与哲学大学生创业者企业员工平均年收入最多。图 2-6-25 中显示，法学大学生创业者企业员工的平均年收入最高达到 41146 元，其次是哲学专业，达到了 38630 元，经济学、文学、管理学处于中等水平，员工平均年收入最低的是农学，仅为 13800 元。

法学大学生创业方向涉及法律相关领域，整体盈利水平较高，而涉及其他领域创业也由于对法律知识了解较为透彻，能够很好地在合法的前提下为企业获得更多的利润，另外法学的创业者会更多地用法律思维思考，因此，为了客观提高企业效益就必须给予员工相应的报酬。农学创业专业领域的利润本身就比较低，同时农学相关创业企业的员工大多是农民，而且很多情况下还是农闲的农民，所以薪酬要求就会很低，员工年收入偏低也是正常现象。

表 2-6-24 不同专业大学生创业企业员工收入统计

主修专业	哲 学	经济学	法 学	教育学	文 学	历 史	理 学
年收入（元）	38630	27699	41146	22344	27431	16500	23734
样本量	10	47	24	16	16	2	32
主修专业	工 学	农 学	医 学	管理学	军事学	艺术学	其 他
年收入（元）	26950	13800	—	24898	—	23009	28552
样本量	112	4	—	61	—	32	22

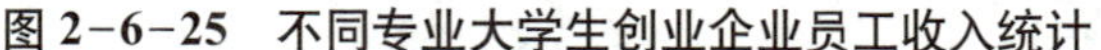

图 2-6-25 不同专业大学生创业企业员工收入统计

（三）盈利分析

总体上看，我国创业企业盈利状况良好，大部分的企业都属于盈利或收支平衡状态，少部分企业处于亏损状态或利润丰厚状态。企业盈利状况反映的是该企业总体的盈亏情况。在这次调查中我们将企业的盈亏状况分为五个层次，分别是：亏损严重、稍有亏损、收支平衡、稍有盈余、利润丰厚。从图 2-6-27 中可以看出，大学生创办的企业属于盈余状况的还是超过一半的，占总数的 55.7%。而不亏损企业占总数的 86.2%，亏损的企业占总数的 13.8%。稍有盈余的企业数所占比例超过总数的 1/3，达到 41.91%；其次是收支平衡的企业，占总数的 30.5%；而利润丰厚的企业数与略有亏损的企业数相差不大，分别是13.79%、11.67%；出现严重亏损的企业数较少，占总数的2.13%。从这个角度来看，大学生创业成功的例子还是很多的，而有些企业由于经验缺乏，经营管理模式出现问题，处于暂时的亏损阶段，只要找到调整的方法，改变经营发展的模式，弥补不足，还是能继续在市场中生存下去的。

表 2-6-25 大学生创业企业盈利状况统计

盈利状况	利润丰厚	稍有盈余	收支平衡	略有亏损	亏损严重
公司数	156	474	345	132	24
比例（%）	13.79	41.91	30.50	11.67	2.13

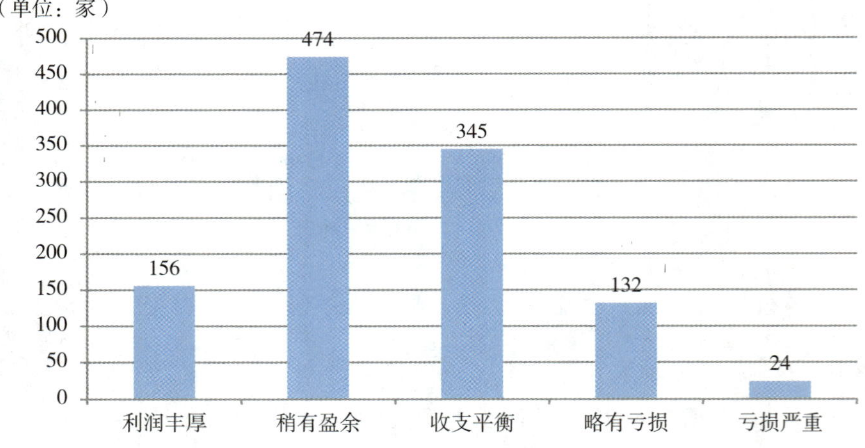

图 2-6-26 大学生创业企业盈利状况统计（1）

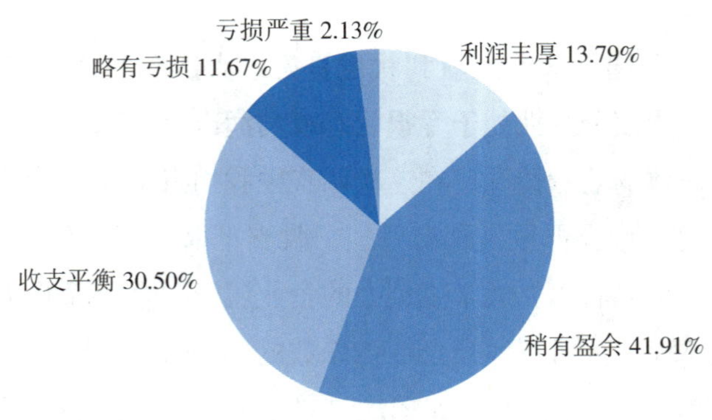

图 2-6-27 大学生创业企业盈利状况统计（2）

三、发展预期

（一）人数预期

未来5年，大学生创办企业前景较好，企业人数预期呈现着上升的趋势。如表2-6-26所示，41.12%的预期创业企业的人数在未来5年将会达到20—60人；24.67%的预期创业企业的人数将达到20—40人。部分企业预期未来的发展规模会扩张更快，32.88%的企业预期5年后的企业人数可达100人以上；有9%预期的企业人数将会达到200人以上。研究表明，我国的创业政策有利于创业企业的发展，未来的创业发展势头良好，大学生创业者们对自己的企业未来前景充满信心。

表2-6-26 大学生创业企业5年后人数预期统计

人数	20人以下	20—40人	40—60人	60—80人	80—100人	100—120人
比例（%）	15.65	24.67	16.45	9.02	1.33	15.12
人数	120—140人	140—160人	160—180人	180—200人	200人以上	
比例（%）	0.27	2.12	0.27	6.10	9.00	

（二）利润预期

大学生创业企业预期未来5年企业前景较好，企业利润增长显著。图2-6-29直观地反映了企业未来5年年利润的分布。未来5年，利润预期不足10万的创业企业仅有22.02%；利润预期在10万—50万元的占21.22%；利润预期在50万—100万元的占16.45%，甚至有2.11%企业的利润预期在1000万元以上。总体来看，大学生创业企业对未来发展普遍看好，充满信心。

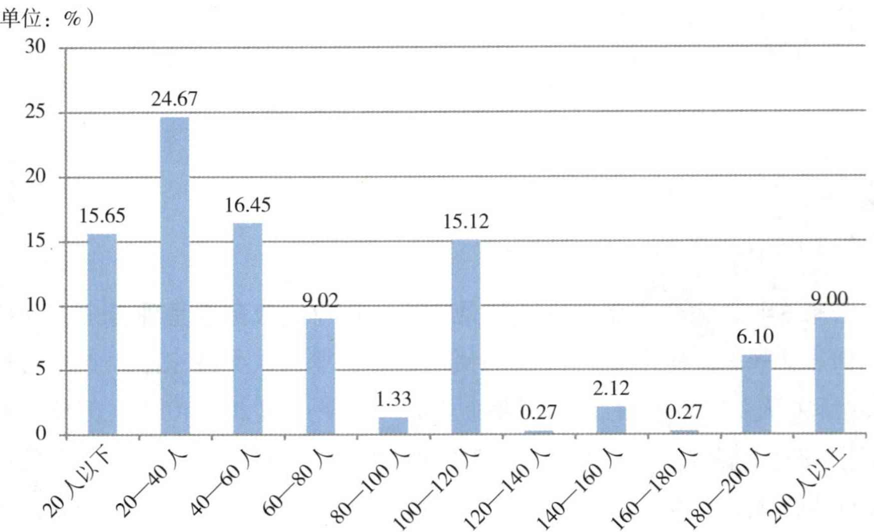

图 2-6-28 大学生创业企业 5 年后人数预期统计

表 2-6-27 大学生创业企业 5 年后年利润预期统计

5 年后年利润（元）	10 万元以下	10—50 万	50—100 万	100—200 万	200—500 万	500—1000 万	1000 万元以上
比例（%）	22.02	21.22	16.45	18.57	10.88	8.75	2.11

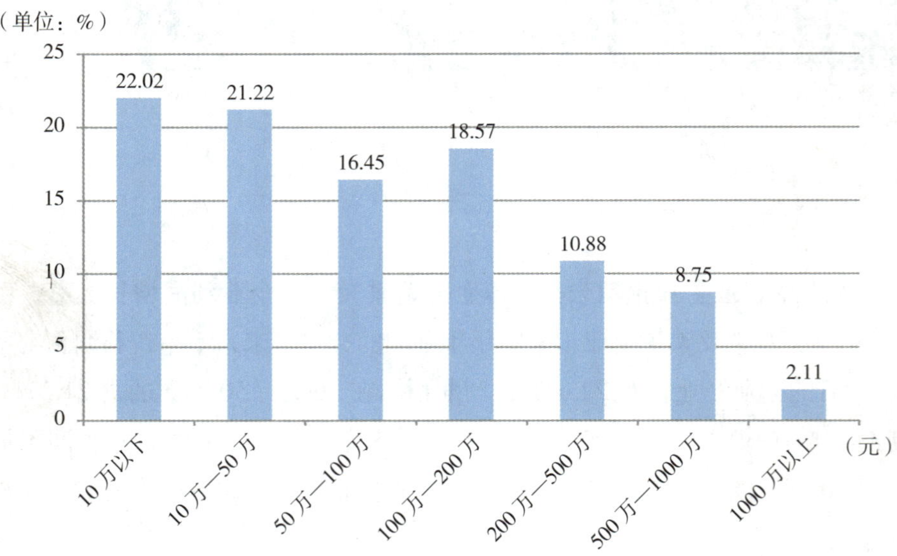

图 2-6-29 大学生创业企业 5 年后年利润预期统计

四、创业的就业促进效应

创业是具有扩大就业促进效应的，创业不仅能解决创业者个人的就业问题，而且在扩大就业方面具有促进效应，一人创业可以带动多人就业。① 因此，我们应该对就业促进效应进行界定。

大学生创业者的就业促进效应，是指平均每个大学生创业者带动的全职就业人数。具体算法为：

大学生创业者的就业促进效应 =（创业企业的全职人数 – 创业者人数）/ 创业者人数

创业企业的就业促进效应，是指平均每个创业企业能提供的全职就业岗位数。具体算法为：

大学生创业企业的就业促进效应 = 创业企业的全职人数 / 创业企业数

见表 2–6–28，平均每个大学生创业者能带动 3.63 人就业，平均每个创业企业能提供 16.72 个就业岗位。

表 2–6–28 大学生创业就业促进效应统计

创业者人数	创业企业数	新增全职岗位数	大学生创业者的就业促进效应（人）	大学生创业企业的就业促进效应（人）
4086	1131	18915	3.63	16.72

① 参见杨晓慧：《中国大学生就业创业发展报告・2011》，人民出版社 2013 年版。

第七章　创业教育

创业教育作为高校教育的重要组成部分，在大学生创业过程中起着举足轻重的作用。调研创业教育开展情况，从创业知识来源、创业教育经历、创业教育满意度和创业教育形式偏好四个方面入手，分别探索大学生创业知识来源，了解大学生创业教育经历，评价创业教育满意程度，分析最受欢迎创业教育形式，核心是回答“大学生创业者需要什么样有效创业教育”的问题，从而为提升创业教育的针对性和实效性提供依据。

调研发现，大学生创业者获取创业知识的最主要来源是亲身实践（22.81%）、创业讲座（20.62%）、创业课程（15.01%）、同学或朋友（11.73%）、家庭环境（10.36%）、媒体和社会宣传（9.95%）。多数大学生创业者没有接受过系统的创业教育。58.56% 的听过一些创业课程或讲座，24.09% 的从未接受过创业教育，9.27% 听过很多创业课程或讲座，5.93% 接受过较为系统的创业教育，2.15% 的接受过非常系统的创业教育。相当一部分大学生创业者认为学校创业教育的帮助不大。42.91% 的大学生创业者对“当前学校的创业教育对大学生创业帮助很大”表示赞同，有 15.74% 的明确表示不赞同。大学生创业者认为最好的高校创业教育形式是到企业实习实践（22.99%）、创业园实训（17.96%）和 KAB 教学或 ERP 沙盘教学（12.79%）。

一、创业知识来源

（一）总体概述

大学生获取创业知识的最主要来源是亲身实践、创业讲座和创业课程。纵观大学生获取创业知识的来源（见表2-7-1和图2-7-1），选择人数比例由大到小分别是亲身实践（22.81%）、创业讲座（20.62%）、创业课程（15.01%）、同学或朋友（11.73%）、家庭环境（10.36%）、媒体和社会宣传（9.95%）、阅读有关书籍（7.73%）、创业培训（1.71%）和其他（0.08%）。可见，大多数人的创业知识来自于实践经验、创业讲座和创业课程，同时我们也可以看到媒体和社会宣传的舆论引导尚有待加强，创业相关书籍的影响力尚有待提高，系统的创业培训缺失或者缺乏实效性等问题依然亟待我们去解决。

表2-7-1　大学生获取创业知识来源统计

创业知识来源	频　次	比例（%）
亲身实践	2001	22.81
创业讲座	1809	20.62
创业课程	1317	15.01
同学或朋友	1029	11.73
家庭环境	909	10.36
媒体和社会宣传	873	9.95
阅读有关书籍	678	7.73
创业培训	150	1.71
其他	6	0.08

（二）性别

男女大学生获取创业知识来源大体上是一致的，仅在亲身实践和创业讲座这两个维度上男女大学生存在细微差异，男性更多从亲身实践中获取创业知识，而女性则更多通过创业讲座获取创业知识。由表2-7-2和

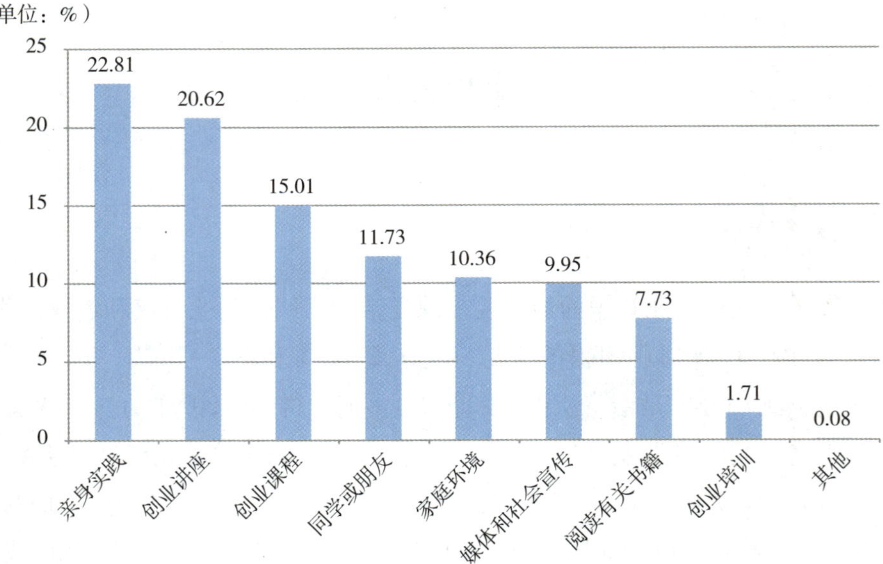

图 2-7-1　大学生获取创业知识来源统计

图 2-7-2 可见，男大学生在校学习期间获取创业知识来源前三位由高到低分别是亲身实践（24.1%）、创业讲座（19.85%）和创业课程（14.47%），而女大学生则是创业讲座（21.63%）、亲身实践（20.81%）和创业课程（15.77%）。除这三方面外，无论男大学生还是女大学生，获取创业知识来源其他渠道由高到低分别为同学或朋友、家庭环境、媒体和社会宣传、阅读有关书籍、创业培训和其他。

表 2-7-2　不同性别大学生获取创业知识来源统计

创业知识来源	男		女	
	频　次	比例（%）	频　次	比例（%）
创业课程	735	14.47	582	15.77
创业讲座	1008	19.85	798	21.63
亲身实践	1224	24.10	768	20.81
家庭环境	510	10.04	396	10.73
同学或朋友	594	11.70	429	11.63
媒体和社会宣传	483	9.51	390	10.57

创业知识来源	男		女	
	频　次	比例（%）	频　次	比例（%）
阅读有关书籍	429	8.45	267	7.24
创业培训	93	1.83	57	1.54
其他	3	0.06	3	0.08

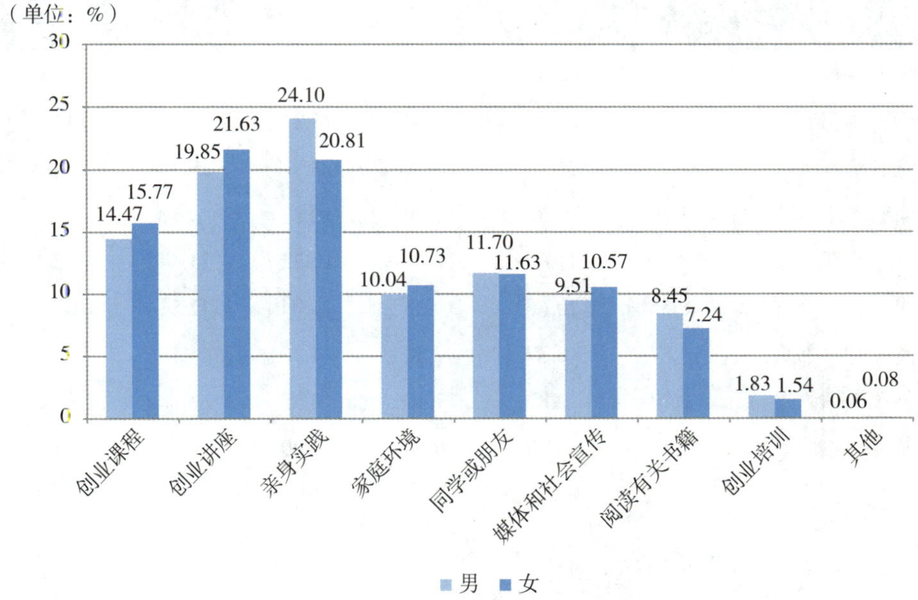

图 2-7-2　不同性别大学生获取创业知识来源统计

（三）学校类型

在学校类型上，大学生获取创业知识来源差异并不十分显著。我们将学校类型分成 985 高校、211 高校、普通本科、独立学院、高职高专、科研院所和其他几种类型。调研对象学校主要集中在 985 高校、211 高校、普通本科和高职高专四个类型上。对 985 高校、普通本科和独立学院学生来说，获取创业知识的来源前三位分别是亲身实践、创业讲座和创业课程；对于 211 高校和高职高专学校学生来说，通过创业讲座获取创业知识人数比例最高，分别为 21.91% 和 23.11%，其次是亲身实践和创业课程；对科研院所学生来说，获取创业知识主要方式是亲身实践和创业课程并列第一位，人数比例为 26.09%，创业讲座排名第三，人数比例为 21.74%。虽然对于不同学校类型大学生，获取创业知识主要来源稍有不同，但是均集中在创业课程、创业讲座和亲身实践三个渠道上，通过阅读相关书籍和创业培训获取创业知识的人数很少。

表 2-7-3　不同学校类型大学生获取创业知识来源统计

（单位：%）

项　目	985 高校	211 高校	普通本科	独立学院	高职高专	科研院所
创业课程	14.37	12.95	15.49	13.04	18.99	26.09
创业讲座	19.84	21.91	20.44	15.22	23.11	21.74
亲身实践	22.23	21.71	23.41	23.91	19.22	26.09
家庭环境	11.40	9.56	11.10	10.87	9.38	4.34
同学或朋友	13.45	11.85	10.61	15.22	11.44	13.04
媒体和社会宣传	8.55	10.66	10.33	13.04	12.81	8.70
阅读有关书籍	7.87	8.37	7.50	4.35	4.35	0.00
创业培训	2.17	2.89	1.12	4.35	0.70	0.00
其他	0.12	0.10	0.00	0.00	0.00	0.00

（四）高校所在省份

通过对不同省份高校大学生获取创业知识来源进行调研发现，各个地域高校大学生获取创业知识来源多样迥异，具有地方性特点。调研对象高校主要集中于北京、广东省、黑龙江省、湖北省、山东省、江苏省、辽宁省、陕西省、上海市、四川省和浙江省。对北京高校大学生来说，创业知识获取的主要渠道是创业讲座（22.19%）、亲身实践（20.63%）、创业课程（16.97%）；对广东省高校大学生来说，创业知识获取渠道前三位分别是亲身实践（26.36%）、家庭环境（15.45%）、同学或朋友（14.55%），这可能与广东具有良好的创业氛围和条件有关；对黑龙江高校大学生来说，亲身实践（26.19%）、创业讲座（16.67%）、阅读有关书籍（14.76%）则是他们获取创业知识的主要途径，阅读有关书籍这一点与大部分地区高校创业知识获取途径都有所不同；对湖北省、山东省、江苏省和浙江省高校大学生来说，创业知识获取主要途径前三位分别是亲身实践、创业讲座、创业课程；辽宁省高

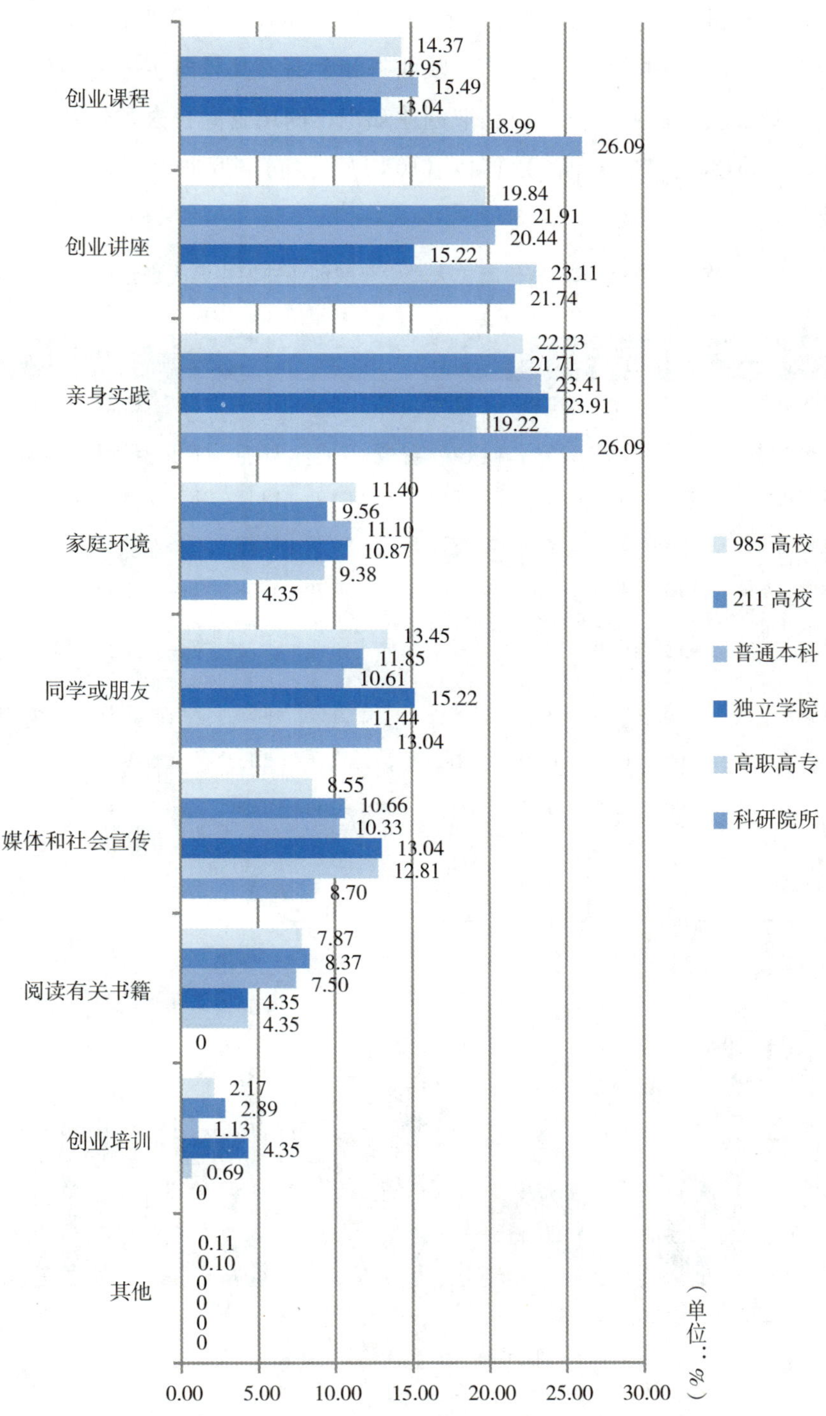

图 2-7-3　不同学校类型的大学生获取创业知识来源

校大学生则主要从亲身实践（19.15%）、创业讲座（17.02%）、媒体和社会宣传（17.02%）中获取创业知识；陕西省和上海市高校学生主要通过创业讲座、亲身实践、创业课程渠道获取创业知识；四川省高校大学生则通过创业讲座（27.31%）、媒体和社会宣传（16.81%）、同学或朋友（15.55%）获取创业知识。

表 2-7-4　不同省份高校大学生获取创业知识来源人数统计

（单位：%）

项　目	北京	广东	黑龙江	湖北	山东	江苏	辽宁	陕西	上海	四川	浙江
创业课程	16.97	11.82	13.81	12.37	16.05	15.61	10.64	12.96	13.27	10.50	19.07
创业讲座	22.19	13.64	16.67	17.87	24.69	17.94	17.02	28.70	24.64	27.31	19.34
亲身实践	20.63	26.36	26.19	24.74	30.86	25.25	19.15	21.30	18.01	15.13	23.84
家庭环境	11.49	15.45	7.62	9.62	12.35	10.30	12.77	6.48	10.43	8.40	11.13
同学或朋友	12.53	14.55	11.43	11.34	7.41	11.30	6.38	12.04	12.80	15.55	9.93
媒体和社会宣传	9.14	10.00	9.52	12.03	6.17	10.96	17.02	9.26	13.27	16.81	5.83
阅读有关书籍	4.96	8.18	14.76	6.87	1.23	4.65	14.89	7.41	7.11	3.78	10.33
创业培训	2.09	0.00	0.00	5.16	1.24	3.66	2.13	1.85	0.00	2.52	0.53
其他	0.00	0.00	0.00	0.00	0.00	0.33	0.00	0.00	0.47	0.00	0.00

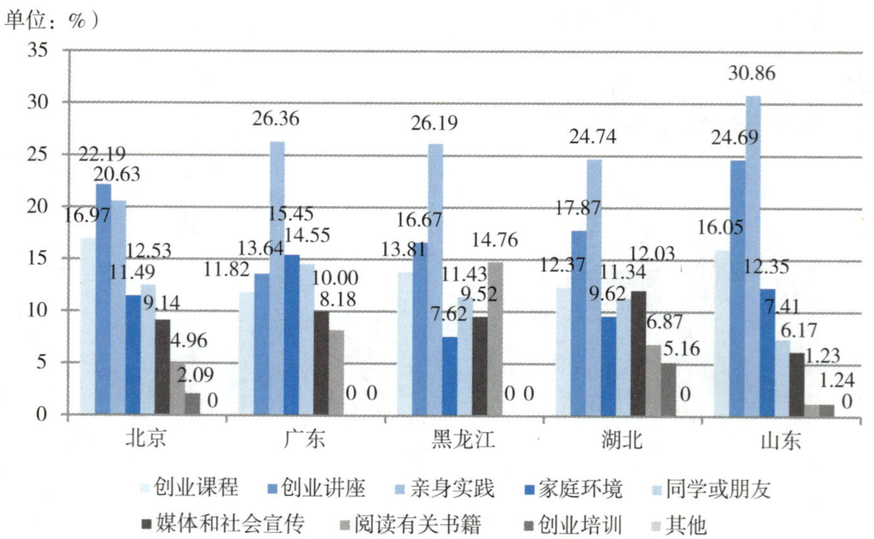

图 2-7-4　不同省份高校大学生获取创业知识来源统计（1）

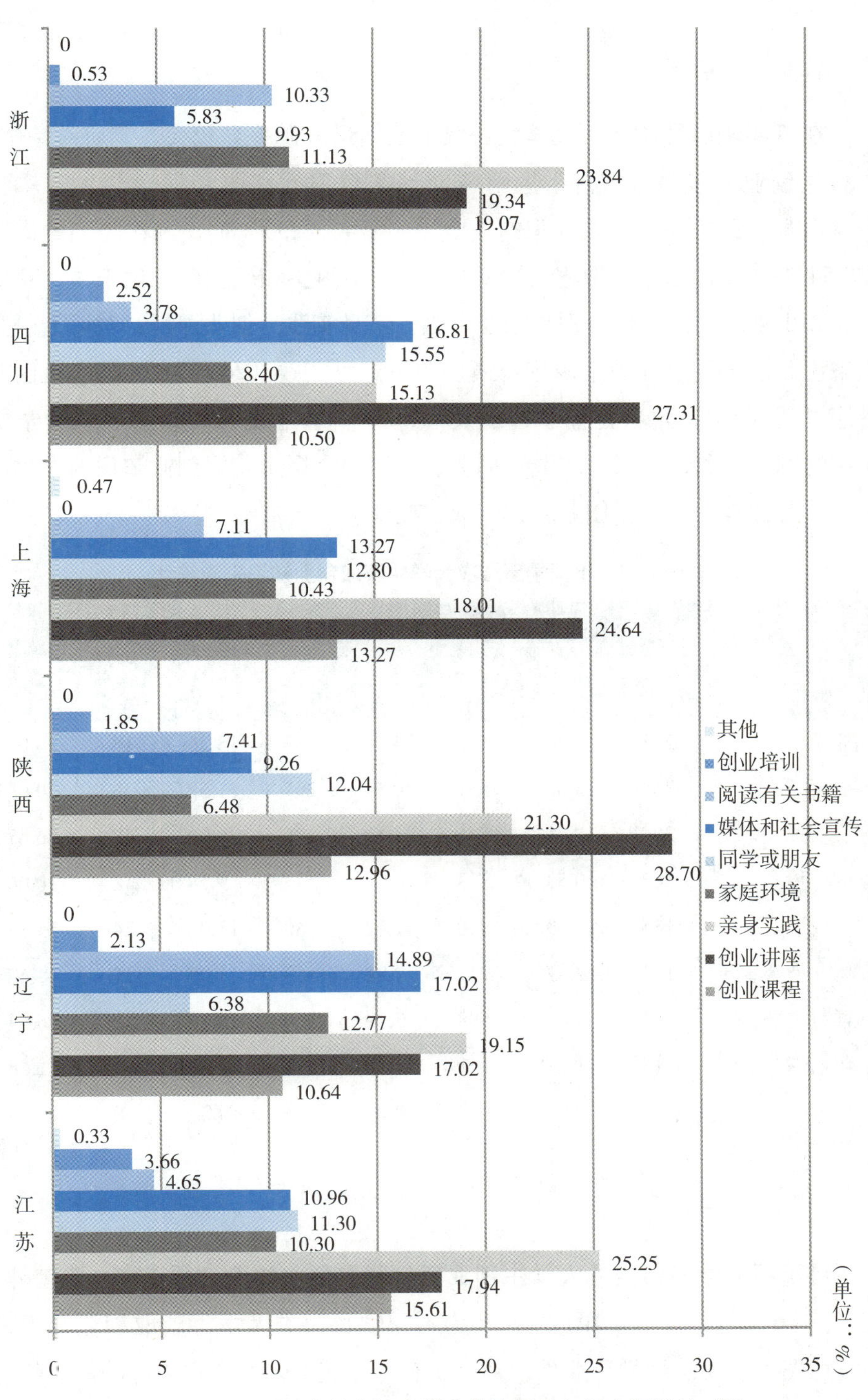

图 2-7-5 不同省份高校大学生获取创业知识来源统计（2）

（五）学历层次

在不同学历层次上，大学生获取创业知识来源差异较大。调研对象中，本科生创业人数最多，博士生则最少。表 2-7-5 和图 2-7-6 表明，本科生从亲身实践中获取创业知识的人数比例最大（23.12%），其次是创业讲座（20.54%），再次是创业课程（14.94%）；对专科生和硕士研究生来说，获取创业知识来源的前三位分别是创业讲座、亲身实践、创业课程；对博士研究生来说，获取创业知识来源选择最多的是亲身实践（26.67%），其次是创业讲座（20.00%），再次是同学或朋友（13.33%）。总的来说，对于各个学历层次的调研对象，从亲身实践、创业讲座这两个渠道获取创业知识的人数最多，从阅读有关书籍、创业培训获取创业知识的人数最少。

表 2-7-5　不同学历层次大学生获取创业知识来源统计

项　目	专　科		本　科		硕士研究生		博士研究生	
	频次	比例（%）	频次	比例（%）	频次	比例（%）	频次	比例（%）
创业课程	273	17.74	1128	14.94	183	13.26	18	10.00
创业讲座	354	23.00	1551	20.54	297	21.52	36	20.00
亲身实践	288	18.71	1746	23.12	276	20.00	48	26.67
家庭环境	162	10.53	813	10.77	135	9.78	18	10.00
同学或朋友	186	12.09	840	11.12	180	13.04	24	13.33
媒体和社会宣传	195	12.67	741	9.81	153	11.09	21	11.67
阅读有关书籍	63	4.09	588	7.79	120	8.70	12	6.67
创业培训	18	1.17	141	1.87	33	2.39	3	1.66
其他	0	0.00	3	0.04	3	0.22	0	0.00

（六）学科门类

对于不同学科门类的大学生创业者，获取创业知识来源存在一定差异。表 2-7-6、图 2-7-7 和图 2-7-8 为不同学科门类大学生获取创业知识来源统计图，表明除理学专业外，其余所有专业获取创业知识来源的前三位均为亲身实践、创业讲座、创业课程。而理学专业学生最主要的创业知识获

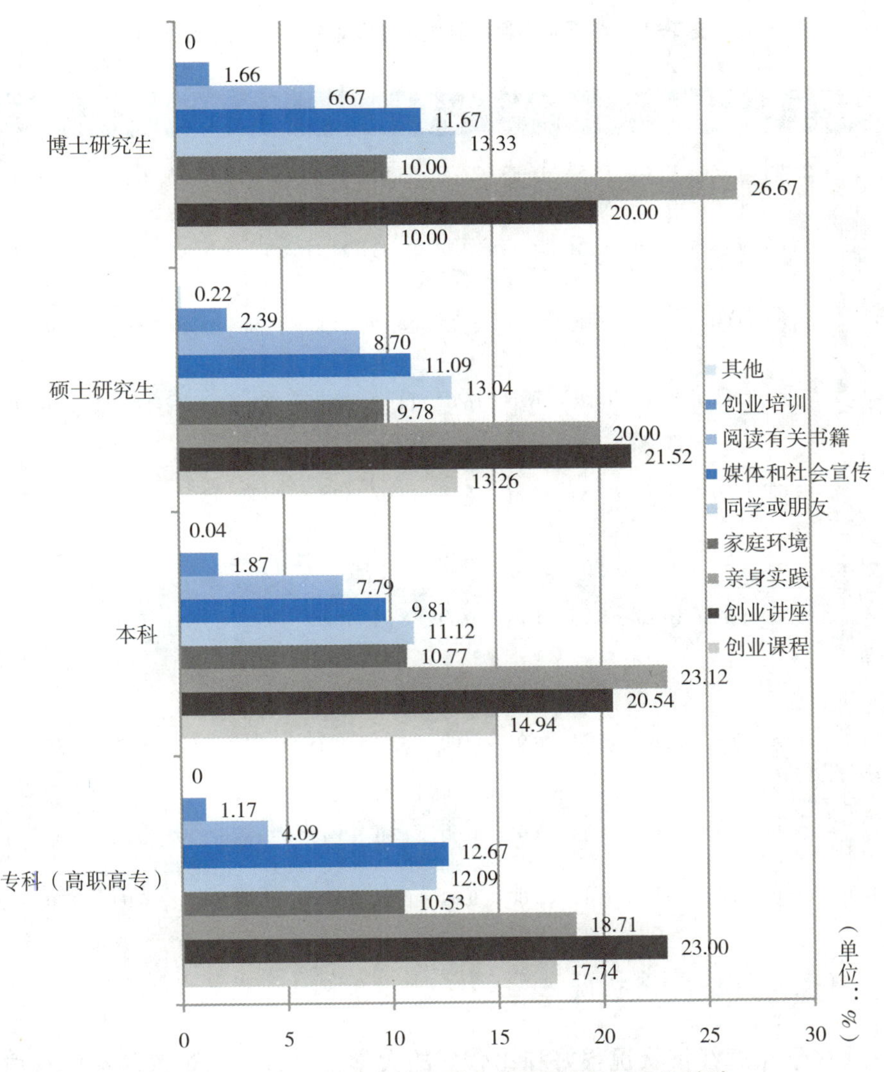

图 2-7-6 不同学历层次大学生获取创业知识来源统计

取来源为亲身实践，比例为 24.12%；其次是创业讲座，比例为 22.11%；再次是家庭环境，比例为 14.57%。哲学和其他类专业大学生最少从媒体和社会宣传、创业培训和其他方面获取创业知识；经济学、法学、教育学、历史学、理学、管理学和艺术学最少从阅读有关书籍、创业培训和其他方面获取创业知识；文学、工学、农学则最少从家庭环境、创业培训和其他方面获取创业知识。

表 2-7-6 不同学科门类大学生获取创业知识来源统计

（单位：%）

项目	哲学	经济	法学	教育	文学	历史	理学	工学	农学	管理	军事	艺术	其他
创业课程	23.08	15.54	17.44	15.57	16.83	27.77	11.06	13.87	10.71	15.17	28.57	16.50	13.48
创业讲座	25.00	20.57	20.00	21.31	16.83	27.78	22.11	21.51	25.00	20.37	28.57	16.00	19.86
亲身实践	23.08	24.07	20.00	20.49	23.76	22.22	24.12	21.83	17.86	23.49	28.57	26.50	22.70
家庭环境	9.62	10.94	14.36	14.75	6.93	16.67	14.57	8.71	7.14	8.11	14.29	11.50	12.06
同学或朋友	9.62	9.63	8.21	9.84	13.86	5.56	13.07	12.69	10.71	13.31	0.00	11.00	12.77
媒体和社会宣传	1.92	10.72	10.26	8.20	8.91	0.00	8.54	10.97	10.71	9.98	0.00	9.00	8.51
阅读有关书籍	7.68	7.66	6.67	5.74	8.91	0.00	5.03	9.25	10.71	7.07	0.00	7.50	9.93
创业培训	0.00	0.87	3.06	3.28	3.97	0.00	1.50	1.17	7.16	2.29	0.00	2.00	0.69
其他	0.00	0.00	0.00	0.82	0.00	0.00	0.00	0.00	0.00	0.21	0.00	0.00	0.00

（七）家庭经济状况

对于家庭经济状况很好和比较好的大学生来说，通过家庭环境获取创业知识的人数较多。表 2-7-7 和图 2-7-9 为不同家庭经济状况的大学生获取创业知识来源统计。可以看出，无论对何种家庭经济状况的大学生来说，创业课程、创业讲座、亲身实践都是大学生获取创业知识的主要渠道，从阅读有关书籍、创业培训和其他方面获取创业知识的人数最少。具体来说，对于家庭经济状况很好和比较好的大学生来说，通过家庭环境获取创业知识的人数较多，比例分别达到 17.91% 和 17.57%；对于家庭经济状况一般，比较差和很差的大学生来说，通过创业讲座、同学或朋友、媒体和社会宣传、阅读有关书籍渠道获取创业知识的人数则相对较多。

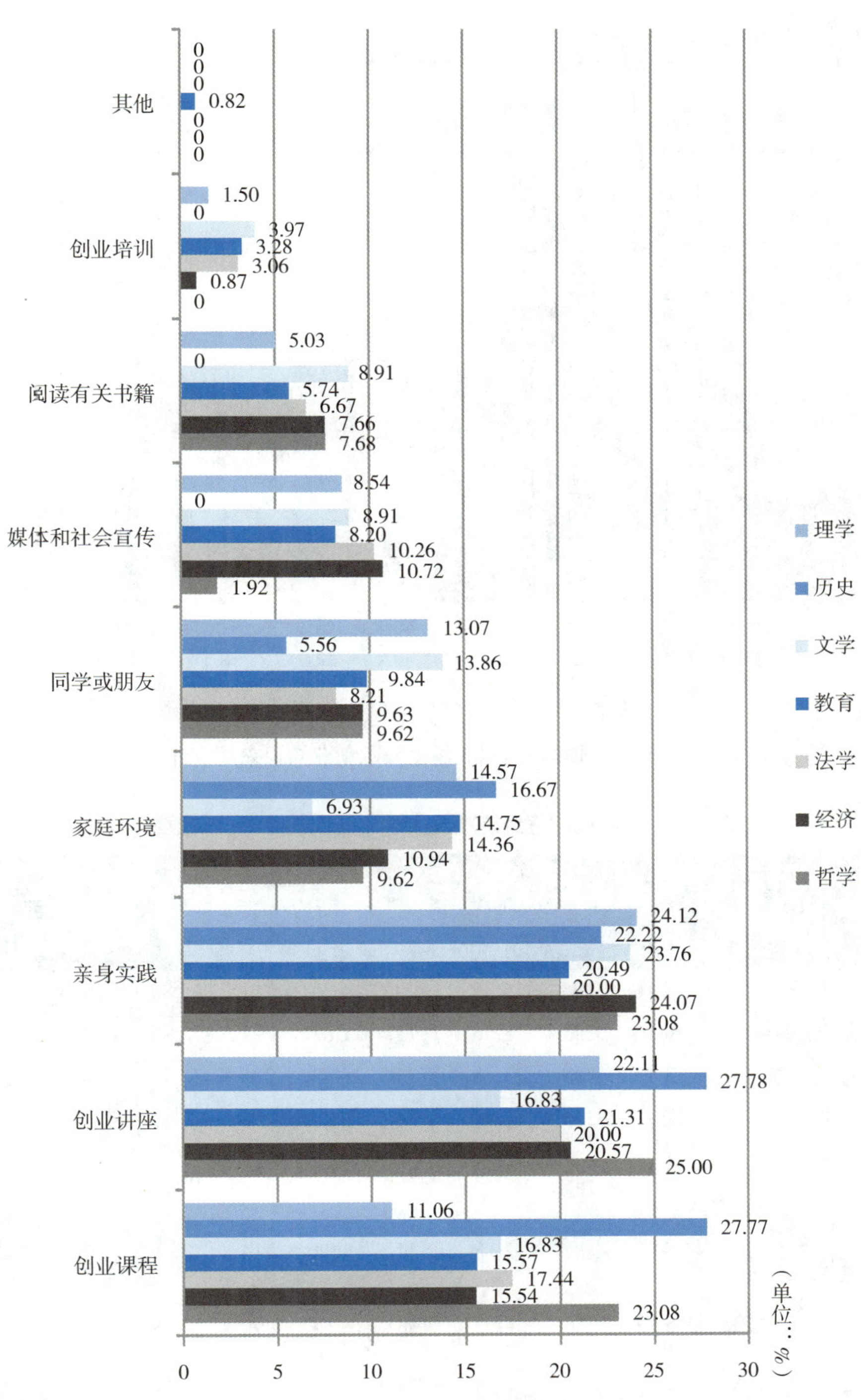

图 2-7-7 不同学科门类大学生获取创业知识来源统计（1）

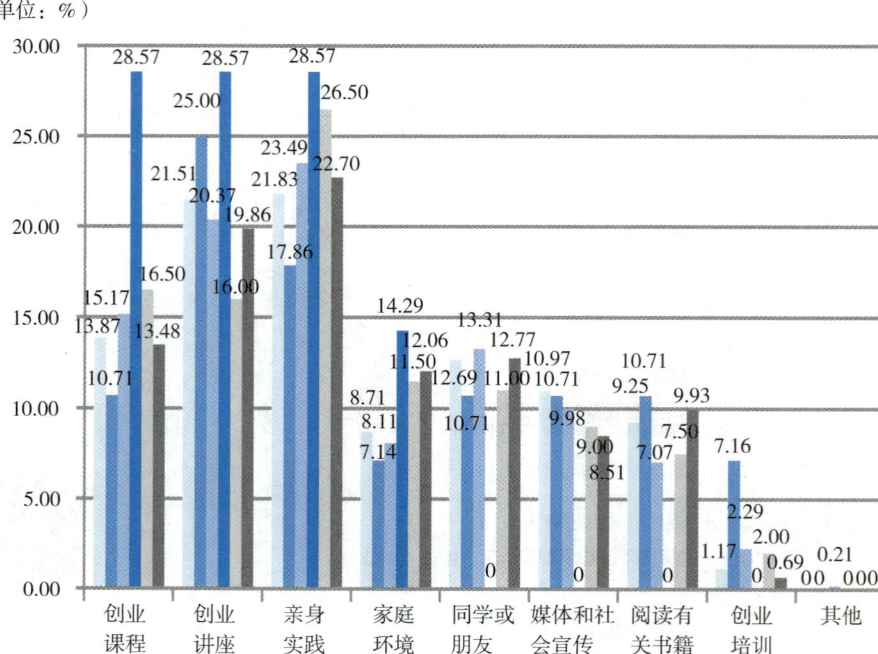

图 2-7-8　不同学科门类大学生获取创业知识来源统计（2）

表 2-7-7　不同家庭经济状况大学生获取创业知识来源统计

项　目	很好		比较好		一般		比较差		很差	
	频次	比例（%）	频次	比例（%）	频次	比例（%）	频次	比例（%）	频次	比例（%）
创业课程	69	17.16	186	15.35	900	16.75	201	15.80	60	13.25
创业讲座	81	20.15	225	18.56	1173	21.83	291	22.88	117	25.83
亲身实践	93	23.13	288	23.76	1173	21.83	285	22.41	96	21.19
家庭环境	72	17.91	213	17.57	474	8.82	93	7.31	27	5.96
同学或朋友	33	8.21	138	11.39	588	10.94	180	14.15	57	12.58
媒体和社会宣传	21	5.22	87	7.18	534	9.94	114	8.96	57	12.58
阅读有关书籍	21	5.22	60	4.95	438	8.15	90	7.08	30	6.62
创业培训	9	2.24	15	1.24	93	1.74	15	1.18	9	1.99
其他	3	0.76	0	0.00	0	0.00	3	0.23	0	0.00

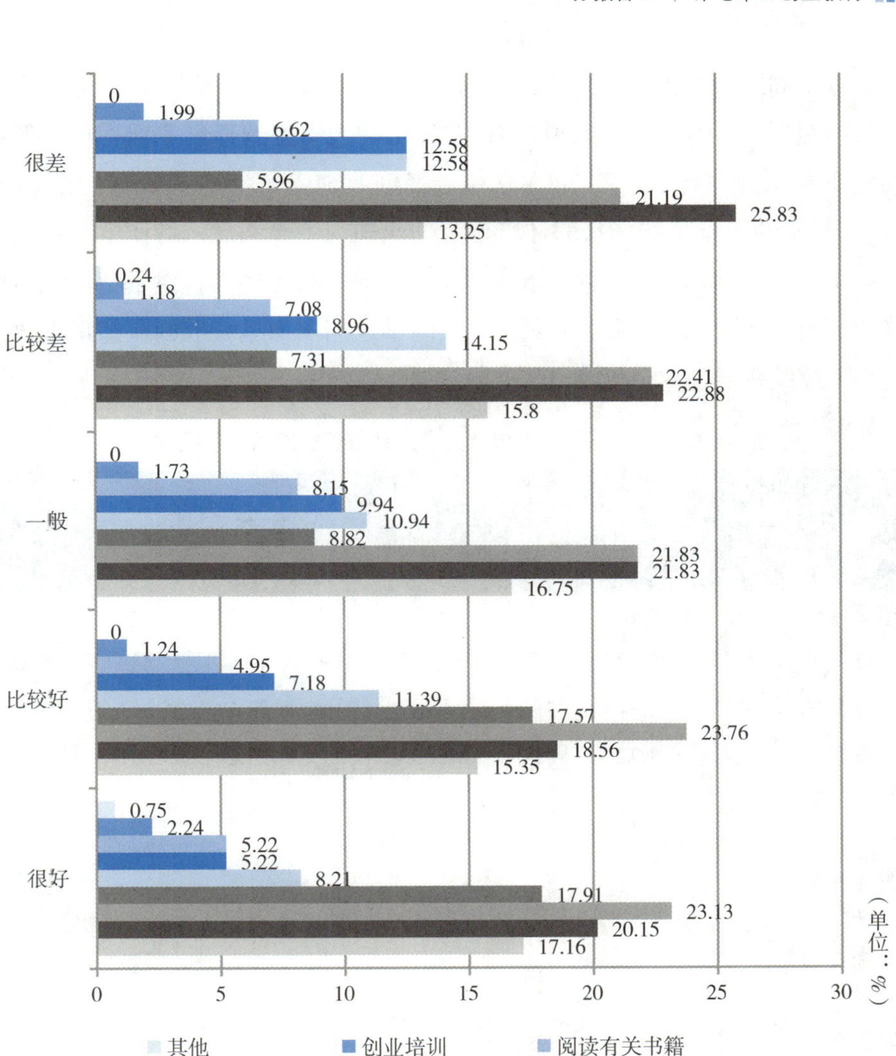

图 2-7-9 不同家庭经济状况大学生获取创业知识来源统计

（八）学习成绩

对于成绩靠前的学生，从创业课程、创业讲座、家庭环境获取创业知识的人数比例更大，对于成绩靠后的学生，从同学或朋友获取创业知识的人数比例更大。表 2-7-8 和图 2-7-10 为不同学习成绩的大学生获取创业知识来源的统计，可以看出亲身实践为大多数大学生创业者获取创业知识来源的首选，同时创业讲座、创业课程也是主要获取创业知识的来源。对于学习成绩排名前 5% 的大学生来说，有 17.16% 的大学生选择创业课程作为创业知识主要来源，有 22.77% 的大学生选择创业讲座作为创业知识主要来源，有 11.22% 的大学生选择家庭环境作为创业知识主要来源，均比学习成绩排名前 10%、前 30% 和前 50% 选择创业课程的人数比例大；对于学习成绩排名前 30% 和前 50% 的大学生来说，从同学或朋友那里获取创业知识人数比例多于成绩排名前 5% 和前 10% 的大学生。

表 2-7-8　不同学习成绩大学生获取创业知识来源统计

项　目	前 5%		前 10%		前 30%		前 50%	
	频次	比例（%）	频次	比例（%）	频次	比例（%）	频次	比例（%）
创业课程	312	17.16	318	14.95	360	14.65	297	13.85
创业讲座	414	22.77	411	19.32	480	19.54	450	20.98
亲身实践	411	22.61	516	24.26	525	21.37	513	23.92
家庭环境	204	11.22	231	10.86	228	9.28	231	10.77
同学或朋友	162	8.91	228	10.72	357	14.53	264	12.31
媒体和社会宣传	129	7.10	228	10.72	282	11.48	192	8.95
阅读有关书籍	129	7.10	156	7.33	195	7.94	171	7.97
创业培训	54	2.97	39	1.84	30	1.21	24	1.12
其他	3	0.16	0	0.00	0	0.00	3	0.13

二、教育经历

（一）总体概述

大多数创业者没有接受过系统的创业教育。从表 2-7-9 和图 2-7-11 中我们可以看出，听过一些创业课程或讲座的人数比例最多，达到 58.56%；

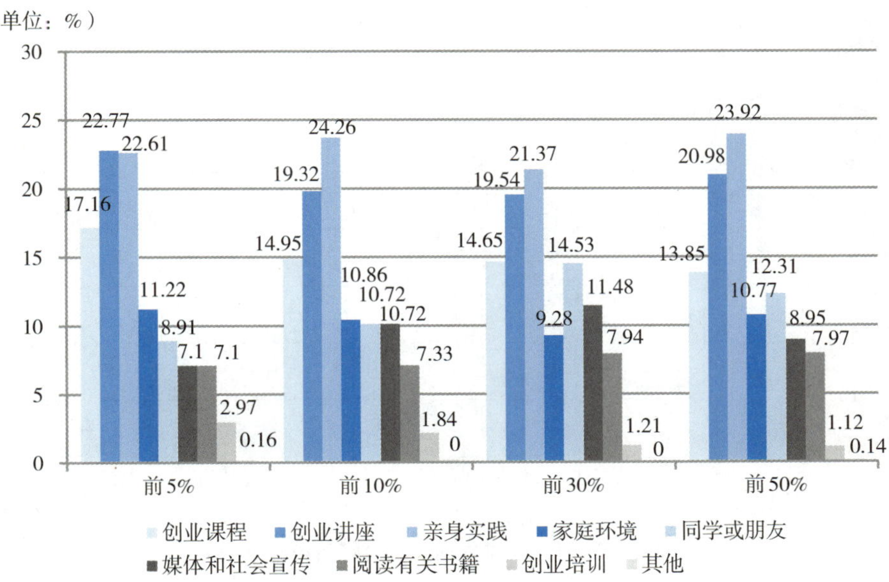

图 2-7-10　不同学习成绩的大学生获取创业知识来源统计

从未接受过创业教育的人数比例次之，为 24.09%；然后是听过很多创业课程或讲座的人数居中，比例为 9.27%；再次是接受过较为系统的创业教育的人数，比例为 5.93%；最后则是接受过非常系统的创业教育的创业者，比例为 2.15%。创业教育的缺失可见一斑。创业教育是提升创业者创业能力的重要途径，是成功创业的基础保障。系统的创业教育的缺失，势必会导致创业者走弯路、走错路，增加创业失败风险和几率，因此如何有效开展创业教育，如何全面普及创业教育，如何全民重视、全民参与创业教育，是我们当前面临的重要任务。

表 2-7-9　大学生创业教育经历统计

创业教育经历	频　次	比例（%）
听过一些创业课程或讲座	2370	58.56
从未接受过创业教育	975	24.09
听过很多创业课程或讲座	375	9.27
接受过较为系统的创业教育	240	5.93
接受过非常系统的创业教育	87	2.15

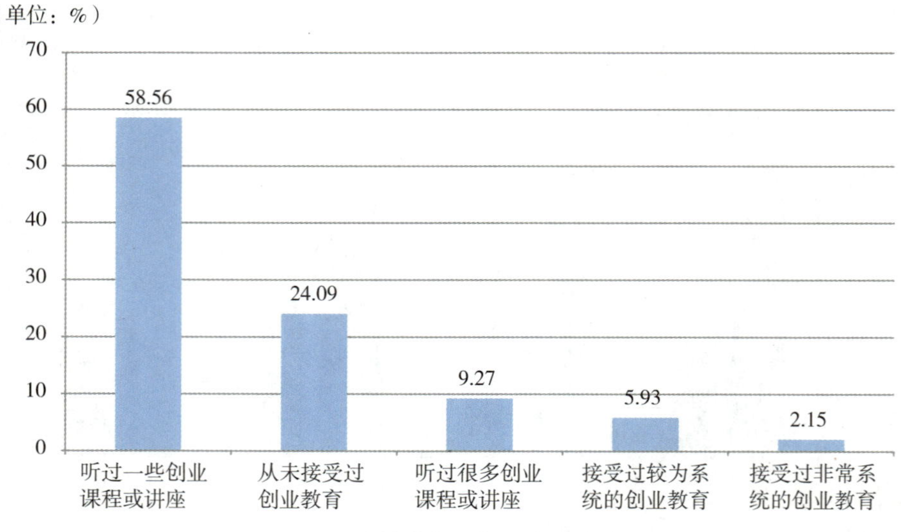

图 2-7-11　大学生创业教育经历统计（1）

将从未接受过创业教育和听过一些创业课程或讲座的数据合并，作为接受过较少系统创业教育的数据，将听过很多创业课程或讲座、接受过较为系统的创业教育、接受过非常系统的创业教育的数据合并，作为接受过较多系统创业教育的数据。（见表 2-7-10 和图 2-7-12）可知，接受过较少系统创业教育的人数比例为 85.65%，几乎是接受过较多系统创业人数的 5 倍。

表 2-7-10　大学生创业教育经历统计

创业教育经历	频　次	比例（%）
接受过较少系统创业教育	3345	82.65
接受过较多系统创业教育	702	17.35

（二）性别

在创业教育经历上，女生接受创业教育情况要好于男生。表 2-7-11 和图 2-7-13 为不同性别大学生创业教育经历统计，可知从未接受过创业教育的男生（25.99%）多于女生（21.37%），听过一些创业课程或讲座的男生（56.60%）少于女生（61.37%），听过很多创业课程或讲座的男生（8.97%）少于女生（9.74%），接受过非常系统的创业教育的男生（1.84%）少于女生

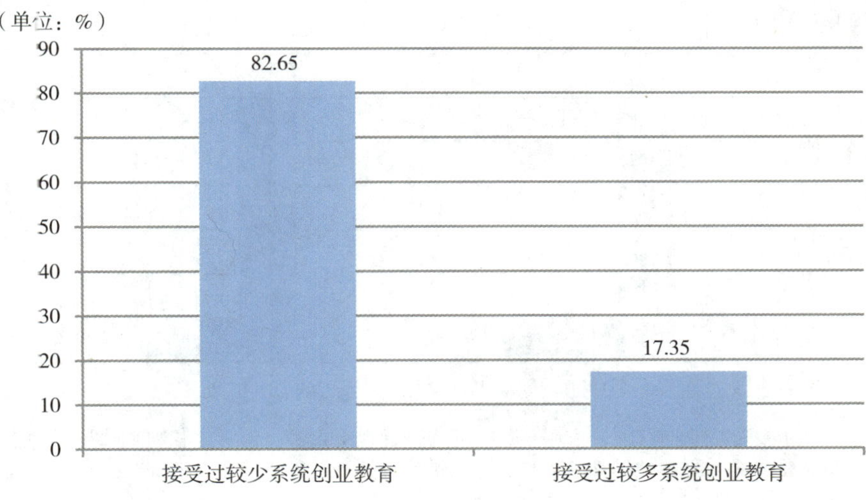

图 2-7-12 大学生创业教育经历统计（2）

(2.39%)。同时，在总体趋势上，无论男女，听过一些创业课程或讲座的人数比例最高，男生为 56.6%，女生为 61.37%，均超过了 50%。其次分别是从未接受过创业教育、听过很多创业课程或讲座、接受过较为系统的创业教育、接受过非常系统的创业教育。

表 2-7-11 不同性别大学生创业教育经历统计

创业教育经历	男		女	
	频 次	比例（%）	频 次	比例（%）
从未接受过创业教育	591	25.99	375	21.37
听过一些创业课程或讲座	1287	56.60	1077	61.37
听过很多创业课程或讲座	204	8.97	171	9.74
接受过较为系统的创业教育	150	6.60	90	5.13
接受过非常系统的创业教育	42	1.84	42	2.39

（三）学校类型

大学生创业教育经历在学校类型上存在一定差异，科研院所大学生从未接受过创业教育和接受过非常系统的创业教育的人数比例均比其他院校高。由表 2-7-12 和图 2-7-14 可见，总体来说，除科研院所和其他类学校

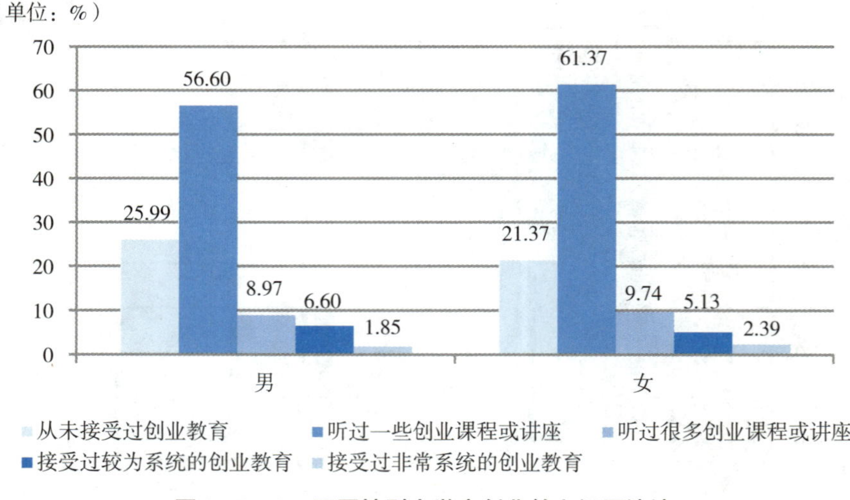

图 2-7-13　不同性别大学生创业教育经历统计

外，对其余所有学校类型的大学生而言，均是听过一些创业课程或讲座的学生人数比例最大，均超过 50%；其次是从未接受过创业教育；再次是听过很多创业课程或讲座和接受过较为系统的创业教育；接受过非常系统的创业教育的大学生人数比例最低。对科研院所大学生创业者而言，相较于其余所有院校，从未接受过创业教育的人数比例最高，为 62.5%。独立学院接受过较为系统的创业教育和接受过非常系统的创业教育的人数比例最低。

表 2-7-12　不同学校类型的大学生创业教育经历统计

（单位：%）

项　目	985 高校	211 高校	普通本科	独立学院	高职高专	科研院所
从未接受过创业教育	22.41	18.84	25.58	36.36	27.10	62.50
听过一些创业课程或讲座	60.17	65.22	55.58	54.55	56.13	12.50
听过很多创业课程或讲座	9.54	9.06	9.04	9.09	10.97	12.50
接受过较为系统的创业教育	4.98	3.99	7.88	0.00	4.52	0.00
接受过非常系统的创业教育	2.90	2.89	1.92	0.00	1.28	12.50

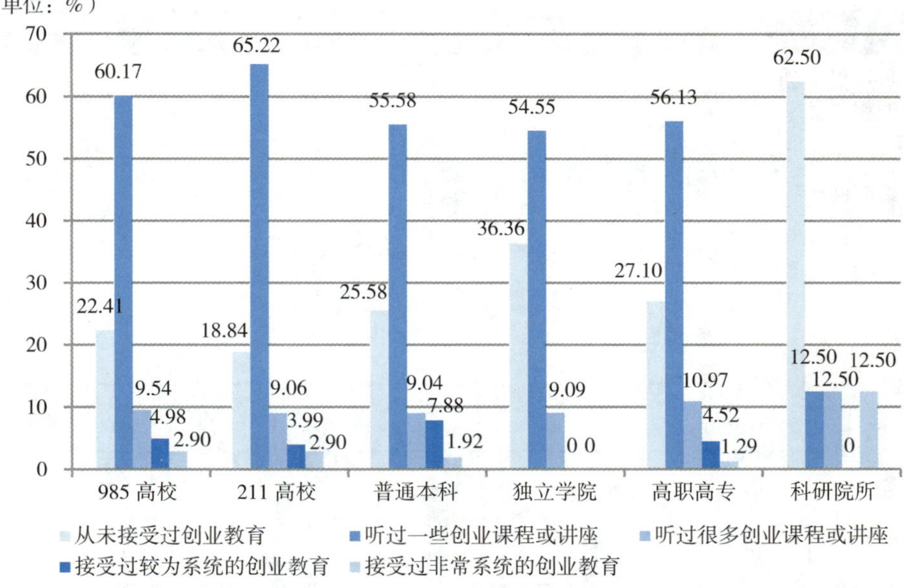

图 2-7-14 不同学校类型的大学生创业教育经历统计

（四）高校所在省份

各个地域高校大学生创业教育经历多样迥异，具有地方性特点。浙江省高校大学生、江苏省高校大学生和黑龙江省高校大学生，接受过较多系统的创业教育的人数比例最大。表 2-7-13、图 2-7-15 和图 2-7-16 为不同省份高校大学生创业教育经历统计情况，调研对象高校集中于北京市、广东省、黑龙江省、湖北省、山东省、江苏省、陕西省、上海市、四川省、浙江省等省市地区。对大多数区域高校大学生来说，都是听过一些创业课程或讲座的人占最多；其次是从未接受过创业教育；再次是听过很多创业课程或讲座；又次是接受过较为系统的创业教育；最后是接受过非常系统的创业教育。

表 2-7-13 不同高校所在省份大学生创业教育经历统计

（单位：%）

项 目	北京	广东	黑龙江	湖北	山东	江苏	陕西	上海	四川	浙江
从未接受过创业教育	17.02	33.34	14.43	22.61	13.33	19.61	19.35	26.85	36.94	15.06
听过一些创业课程或讲座	56.38	50.00	54.64	53.42	60.00	47.47	62.90	54.63	49.55	48.57

项　目	北京	广东	黑龙江	湖北	山东	江苏	陕西	上海	四川	浙江
听过很多创业课程或讲座	10.64	12.50	10.31	11.64	8.89	14.56	6.45	12.96	9.01	16.36
接受过较为系统的创业教育	10.11	2.08	14.43	8.22	11.11	12.66	3.23	4.63	2.70	12.47
接受过非常系统的创业教育	5.85	2.08	6.19	4.11	6.67	5.70	8.07	0.93	1.80	7.54

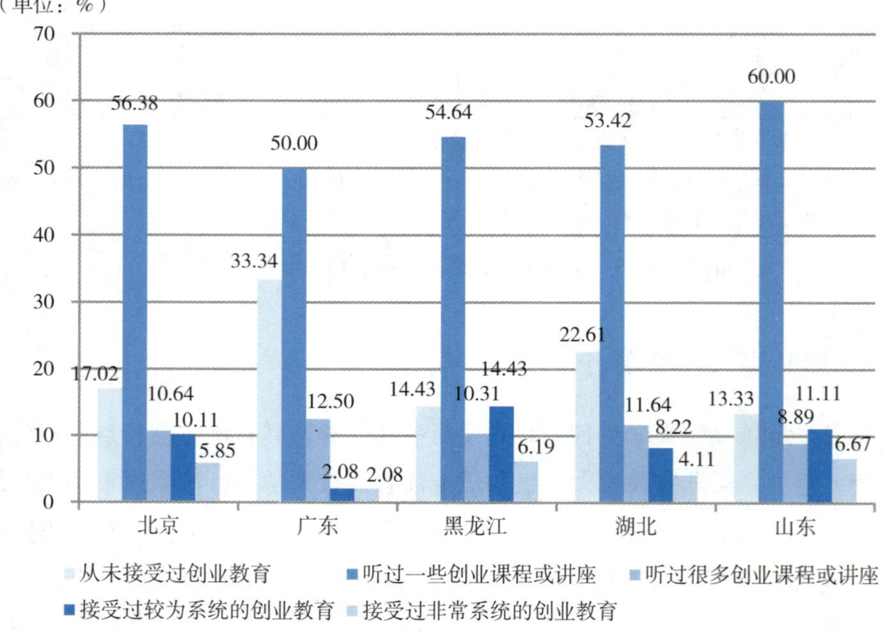

图 2-7-15　不同省份高校大学生创业教育经历统计（1）

将从未接受过创业教育和听过一些创业课程或讲座的数据合并，作为接受过较少系统创业教育的数据，将听过很多创业课程或讲座、接受过较为系统的创业教育、接受过非常系统的创业教育的数据合并，作为接受过较多系统创业教育的数据。（见表 2-7-14 和图 2-7-17）可以看出，浙江省高校大学生、江苏省高校大学生和黑龙江省高校大学生，接受过较多系统的创业教育的人数比例最大，分别为 36.36%，32.91% 和 30.93%。四川省高校大学生、广东省高校大学生和陕西省高校大学生接受过较多系统的创业教育的人数比例最小，分别为 13.51%、16.67% 和 17.74%。

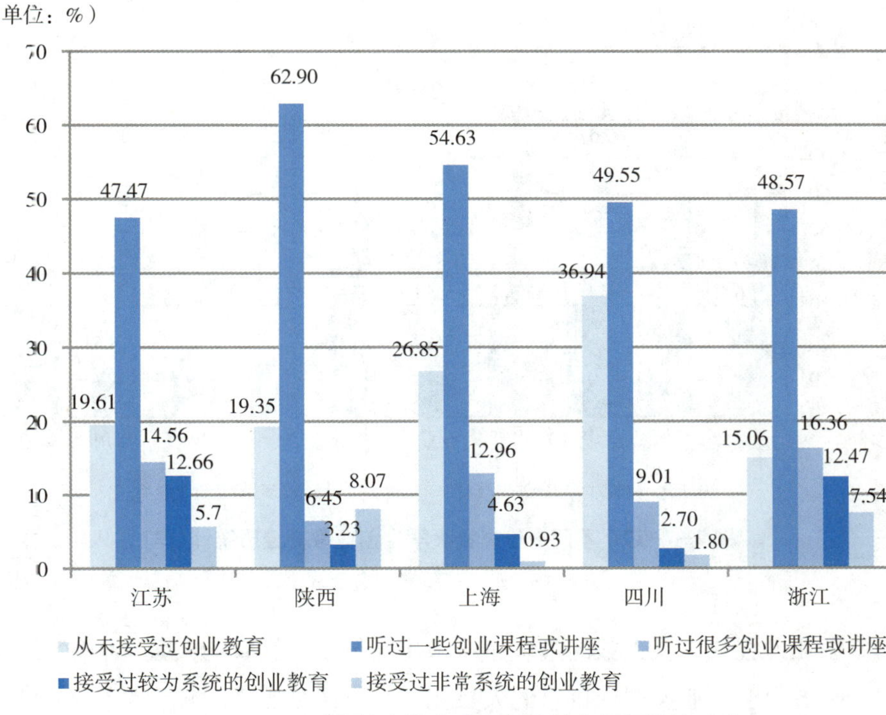

图 2-7-16 不同省份高校大学生创业教育经历统计（2）

表 2-7-14 不同高校所在省份大学生创业教育经历统计

（单位：%）

项 目	北京	广东	黑龙江	湖北	山东	江苏	陕西	上海	四川	浙江
接受过较少系统创业教育	73.40	83.33	69.07	76.03	73.33	67.09	82.26	81.48	86.49	63.64
接受过较多系统创业教育	26.60	16.67	30.93	23.97	26.67	32.91	17.74	18.52	13.51	36.36

（五）学历层次

硕士研究生接受过较多系统创业教育的人数最少，博士研究生接受过较多系统创业教育的人数最多。表 2-7-15 和图 2-7-18 显示，对于各个学历层次的调研对象来说，非常系统的创业教育的缺失都是显而易见的。仅仅博士研究生听过很多创业课程或讲座人数的比例（13.04%），比从未接受过创业教育人数的比例（8.7%）大。其余各个学历层次的大学生，都是听过

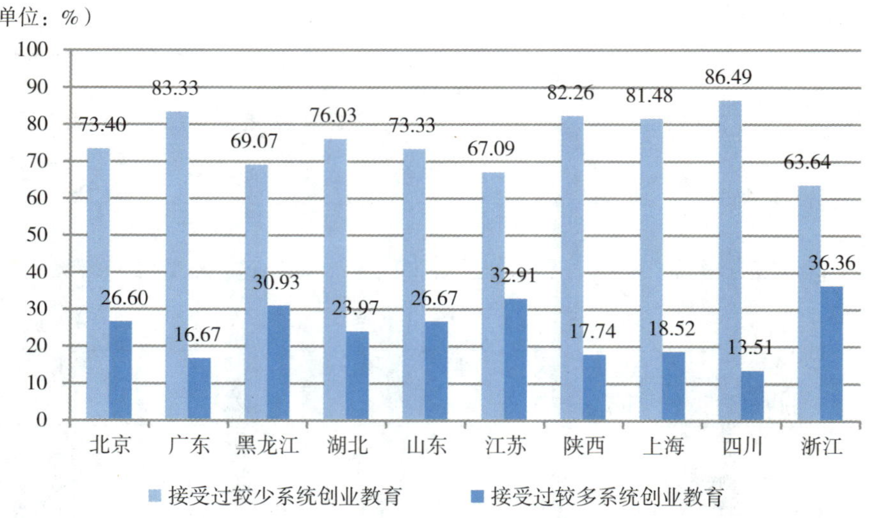

图 2－7－17　不同省份高校大学生创业教育经历统计（3）

一些创业课程或讲座人数的最多；从未接受过创业教育的人数位居第二；其次是听过很多创业课程或讲座的人数比例；再次是接受过较为系统的创业教育的人数比例；而接受过非常系统的创业教育的人寥寥无几。

表 2－7－15　不同学历层次大学生获取创业知识来源统计

项　目	专　科		本　科		硕士研究生		博士研究生	
	频次	比例（%）	频次	比例（%）	频次	比例（%）	频次	比例（%）
从未接受过创业教育	180	29.13	675	23.94	99	16.58	6	8.70
听过一些创业课程或讲座	339	54.85	1635	57.98	423	70.85	48	69.57
听过很多创业课程或讲座	48	7.77	279	9.89	39	6.53	9	13.04
接受过较为系统的创业教育	45	7.28	168	5.96	21	3.52	3	4.35
接受过非常系统的创业教育	6	0.97	63	2.23	15	2.52	3	4.34

将从未接受过创业教育、听过一些创业课程或讲座的数据合并，作为接受过较少系统创业教育的数据；将听过很多创业课程或讲座、接受过较为

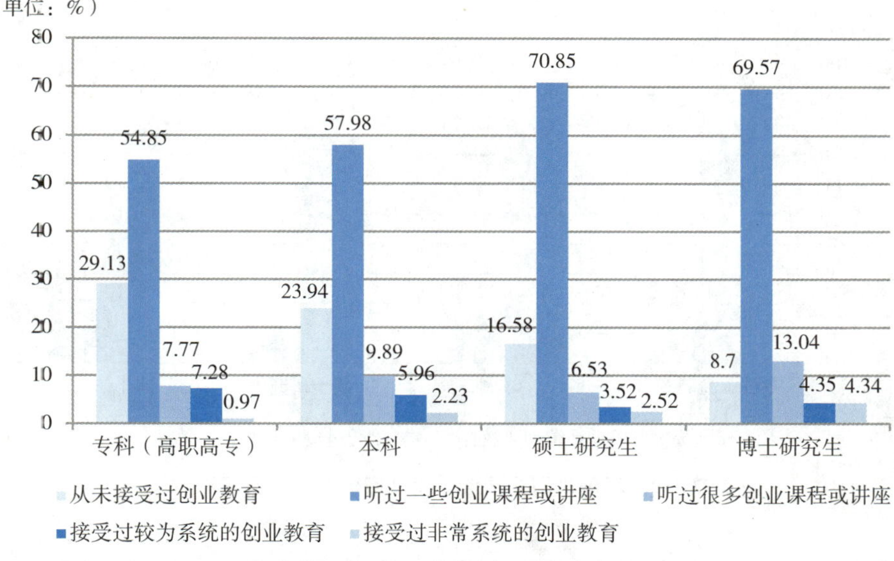

图 2-7-18　不同学历层次大学生获取创业知识来源统计（1）

系统的创业教育、接受过非常系统的创业教育的数据合并，作为接受过较多系统创业教育的数据。（见表 2-7-16 和图 2-7-19）可以看出，硕士研究生接受较多系统创业教育的人数比例最小，为 12.56%；博士研究生接受较多系统创业教育的人数比例最大，为 21.74%。

表 2-7-16　不同学历层次大学生获取创业知识来源统计

项　目	专　科		本　科		硕士研究生		博士研究生	
	频次	比例（%）	频次	比例（%）	频次	比例（%）	频次	比例（%）
接受过较少系统创业教育	519	83.98	2310	81.91	522	87.44	54	78.26
接受过较多系统创业教育	99	16.02	510	18.09	75	12.56	15	21.74

（六）学科门类

通过对不同学科门类大学生的创业教育经历进行统计发现，军事学、历史学、教育学和法学大学生，接受过较多系统创业教育的人数比例最高。表 2-7-17、图 2-7-20 和图 2-7-21 显示，除法学、教育学、历史学和

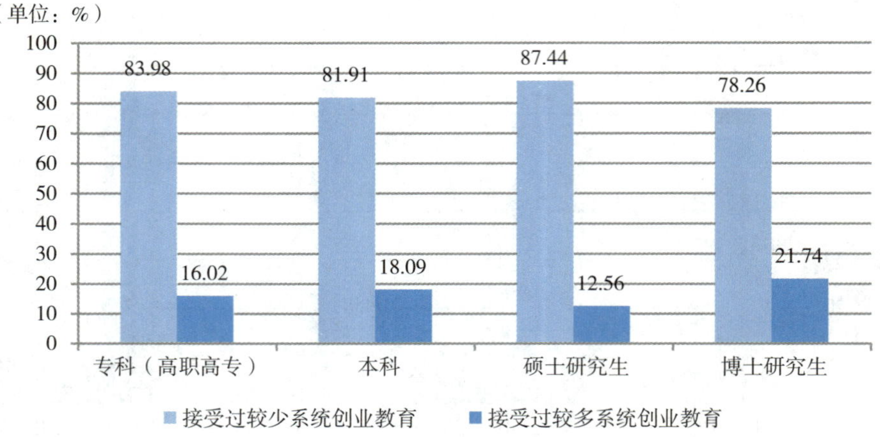

图 2-7-19　不同学历层次大学生获取创业知识来源统计（2）

管理学外，其余所有学科大学生创业教育经历都是听过一些创业课程或讲座的人数最多；其次是从未接受过创业教育的；再次是听过很多创业课程获讲座的；又次是接受过较为系统的创业教育的；最后是接受过非常系统的创业教育的。对于法学大学生来说，听过很多创业课程或讲座的人数比例（19.8%）多于从未接受过创业教育的（13.86%）；对于教育学大学生来说，接受过非常系统的创业教育的（11.59%）多于接受过较为系统的创业教育的（5.8%）；对于历史学创业者来说，由于受访者人数较少，呈现从未接受过创业教育、接受过非常系统的创业教育的人数相当（20%），多于听过很多创业课程或讲座（10%）、接受过较为系统的创业教育的（10%）特点；对于管理学大学生来说，则是听过很多创业课程或讲座、接受过较为系统的创业教育的人数所差无几（20%）。

表 2-7-17　不同学科门类大学生创业教育经历统计表

（单位：%）

项　目	哲学	经济	法学	教育	文学	历史	理学	工学	农学	管理	军事	艺术
从未接受过创业教育	17.24	18.75	13.86	14.49	20.75	20.00	17.31	20.09	30.77	21.57	40.00	25.00
听过一些创业课程或讲座	55.17	50.89	52.48	46.38	52.83	40.00	51.92	56.03	46.15	50.98	0.00	53.41

项　目	哲学	经济	法学	教育	文学	历史	理学	工学	农学	管理	军事	艺术
听过很多创业课程或讲座	13.79	13.39	19.80	21.74	15.09	10.00	14.42	10.49	15.38	11.37	20.00	7.95
接受过较为系统的创业教育	10.34	10.71	6.93	5.80	9.43	10.00	8.65	8.48	7.70	11.76	20.00	6.82
接受过非常系统的创业教育	3.46	6.26	6.93	11.59	1.90	20.00	7.70	4.91	0.00	4.32	20.00	6.82

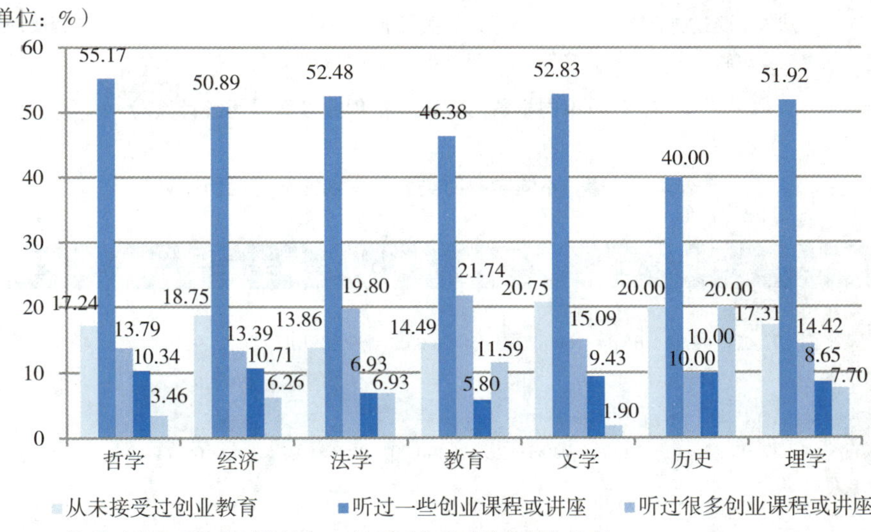

图 2-7-20　不同学科门类大学生创业教育经历统计（1）

将从未接受过创业教育、听过一些创业课程或讲座的数据合并，作为接受过较少系统创业教育的数据，将听过很多创业课程或讲座、接受过较为系统的创业教育、接受过非常系统的创业教育的数据合并，作为接受过较多系统创业教育的数据。（见表 2-7-18 和图 2-7-22）可以看出，军事学、历史学、教育学、法学大学生，接受过较多系统创业教育的人数比例最高，分别为 60%、40%、39.13%、33.66%。艺术学、农学、工学学科接受过较多系统创业教育的人数比例最低，分别为 21.59%、23.08%、23.88%。

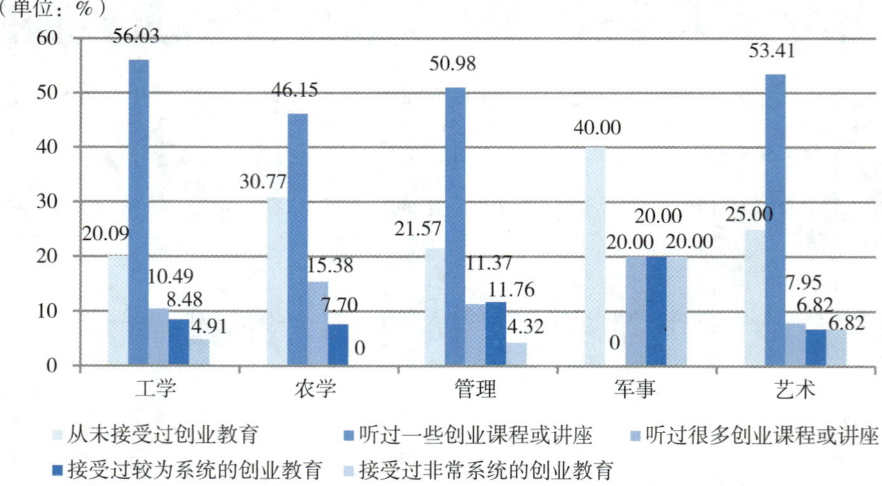

图 2-7-21　不同学科门类大学生创业教育经历统计（2）

表 2-7-18　不同学科门类大学生创业教育经历统计

（单位：%）

项目	哲学	经济	法学	教育	文学	历史	理学	工学	农学	管理	军事	艺术
接受过较少系统创业教育	72.41	69.64	66.34	60.87	73.58	60.00	69.23	76.12	76.92	72.55	40.00	78.41
接受过较多系统创业教育	27.59	30.36	33.66	39.13	26.42	40.00	30.77	23.88	23.08	27.45	60.00	21.59

（七）家庭经济状况

家庭经济比较好的大学生，接受过较多创业教育的人数比例最大。家庭经济状况比较差的大学生，接受过较多创业教育的人数比例最小。表 2-7-19 和图 2-7-23 显示，除家庭经济状况很好的大学生外，其余所有学生创业教育经历人数由多到少分别为：听过一些创业课程或讲座、从未接受过创业教育、听过很多创业课程或讲座、接受过较为系统的创业教育、接受过非常系统的创业教育。而对于家庭经济状况很好的大学生来说，接受过非常系统的创业教育人数比例（12.85%）大于接受过较为系统的创业教育的人数比例（4.29%）。

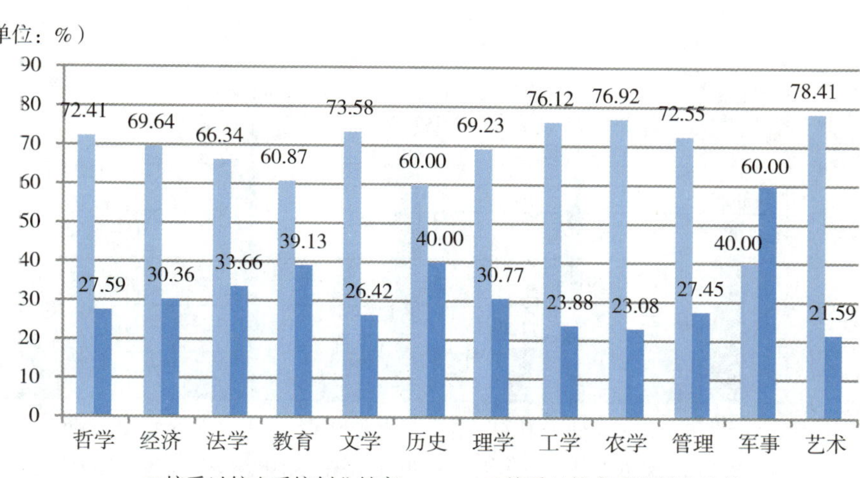

图 2-7-22 不同学科门类大学生创业教育经历统计（3）

表 2-7-19 不同家庭经济状况的大学生创业教育经历统计

创业教育经历	很好		比较好		一般		比较差		很差	
	频次	比例（%）	频次	比例（%）	频次	比例（%）	频次	比例（%）	频次	比例（%）
从未接受过创业教育	66	31.43	129	21.29	570	20.86	150	23.04	78	31.33
听过一些创业课程或讲座	81	38.57	288	47.52	1452	53.13	384	58.99	108	43.37
听过很多创业课程或讲座	27	12.86	84	13.86	333	12.18	54	8.29	27	10.84
接受过较为系统的创业教育	9	4.29	69	11.39	243	8.89	39	5.99	24	9.64
接受过非常系统的创业教育	27	12.85	36	5.94	135	4.94	24	3.69	12	4.82

将从未接受过创业教育、听过一些创业课程或讲座的数据合并，作为接受过较少系统创业教育的数据，将听过很多创业课程或讲座、接受过较

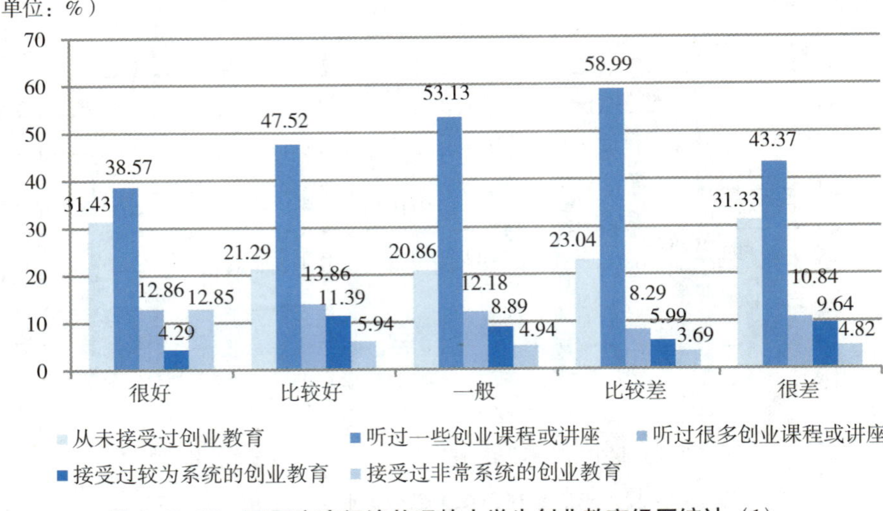

图 2-7-23　不同家庭经济状况的大学生创业教育经历统计（1）

为系统的创业教育、接受过非常系统的创业教育的数据合并，作为接受过较多系统创业教育的数据。（见表 2-7-20 和图 2-7-24）结果显示，家庭经济状况比较好的大学生，接受过较多创业教育的人数比例最大，为 31.19%。家庭经济状况比较差的大学生，接受过较多创业教育的人数比例最少，为 17.97%。同时，家庭经济状况很好的学生接受过较多系统创业教育的人数比例（30%）要大于家庭经济状况一般（26.02%）和很差（25.3%）的学生。

表 2-7-20　不同家庭经济状况的大学生创业教育经历统计

创业教育经历	很好		比较好		一般		比较差		很差	
	频次	比例（%）	频次	比例（%）	频次	比例（%）	频次	比例（%）	频次	比例（%）
接受过较少系统创业教育	147	70.00	417	68.81	2022	73.98	534	82.03	186	74.70
接受过较多系统创业教育	63	30.00	189	31.19	711	26.02	117	17.97	63	25.30

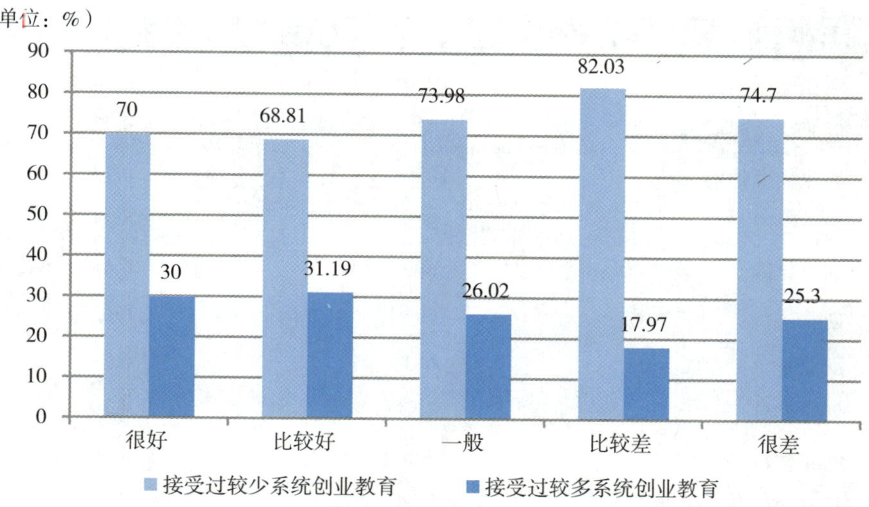

图 2-7-24 不同家庭经济状况的大学生创业教育经历统计（2）

三、教育满意度

（一）最满意的方面

1. 总体概述

大学生对高校创业教育最满意的前三位分别是创业项目、创业竞赛和创业课程。表2-7-21和图2-7-25显示，满意度由高到低依次是创业项目、创业竞赛、创业课程、创业科技园或孵化器、创业教育师资、创业讲座、创业氛围、创业实践、创业基金、创业辅导、创业社团、基本没接受过创业教育、其他。可见，创业项目、创业竞赛、创业课程是大学生对当前高校创业教育最为满意的前三方面，比例分别为 15.25%、13.96% 和 10.32%。

表 2-7-21 大学生对高校创业教育满意度统计

项目	频次	比例（%）
创业项目	1596	15.25
创业竞赛	1461	13.96

项目	频次	比例（%）
创业课程	1080	10.32
创业科技园或孵化器	1038	9.92
创业教育师资	1020	9.74
创业讲座	873	8.34
创业氛围	699	6.68
创业实践	696	6.65
创业基金	681	6.51
创业辅导	492	4.70
创业社团	435	4.16
基本没接受过创业教育	372	3.55
其他	24	0.22

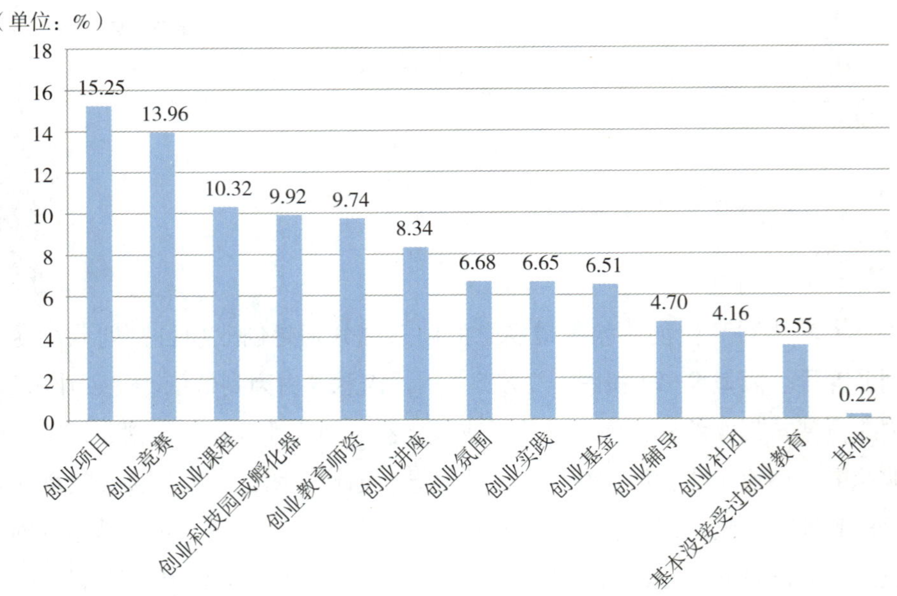

图 2-7-25　大学生对高校创业教育最满意的情况统计

2. 性别

男生对创业科技园或孵化器满意度更高，女生对创业课程满意度更高。 表 2-7-22 和图 2-7-26 显示，对男生来说，对创业教育最满意的是创业项目，选择人数比例为 15.56%；其次是创业竞赛，选择人数比例为 13.74%；再次是创业科技园或孵化器，选择人数比例为 10.45%。对女生来说，对创业教育最满意的是创业项目，选择人数比例为 14.84%；其次是创业竞赛，选择人数比例为 14.24%；再次是创业课程，选择人数比例为 10.71%。

表 2-7-22 不同性别大学生对高校创业教育满意度统计

项 目	男		女	
	频 次	比例（%）	频 次	比例（%）
创业课程	594	10.00	483	10.71
创业教育师资	564	9.49	453	10.05
创业项目	924	15.56	669	14.84
创业竞赛	816	13.74	642	14.24
创业讲座	480	8.08	390	8.65
创业辅导	300	5.05	192	4.26
创业社团	219	3.69	216	4.79
创业基金	378	6.36	303	6.72
创业氛围	426	7.17	273	6.05
创业科技园或孵化器	621	10.45	417	9.25
创业实践	381	6.41	312	6.92
基本没接受过创业教育	216	3.64	156	3.46
其他	21	0.36	3	0.06

3. 学校类型

不同学校类型的大学生对高校创业教育最满意的情况存在差异。985 高校和科研院所大学生对创业教育师资满意度更高，211 高校大学生对创业科技园或孵化器满意度更高，普通本科高校和高职高专大学生对创业课程满意度更高，独立学院对创业氛围和创业科技园或孵化器满意度更高，其他类院校对创业教育师资和创业辅导的满意度更高。表 2-7-23 和图 2-7-27 显示，985 高校大学生对创业教育最满意的前三位分别是创业竞赛（16.45%）、创业项目（16.09%）、创业教育师资（10.61%）；211 高校大学生对创业教育最满意的前三位分别是创业项目（16.44%）、创业竞赛（14.96%）、创业科

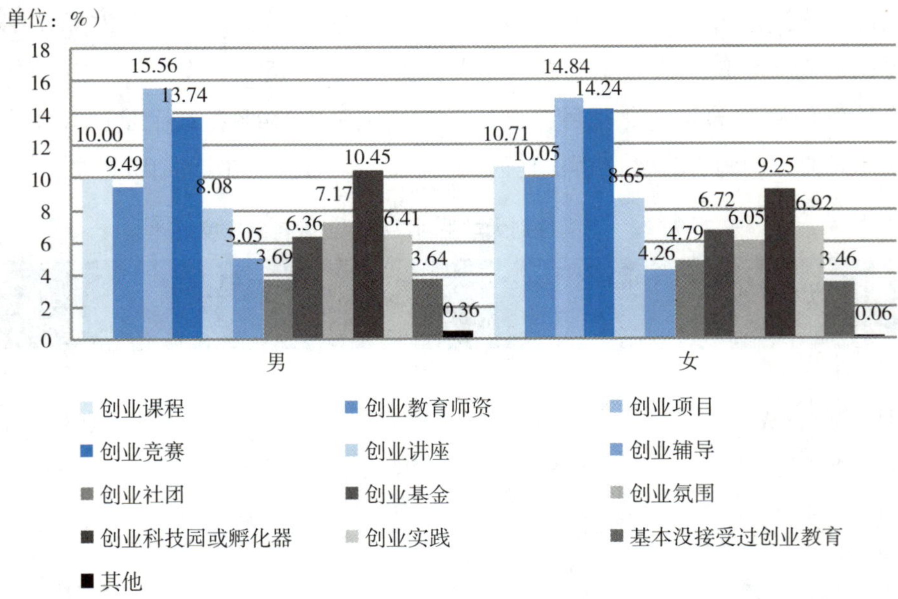

图 2-7-26　不同性别大学生对高校创业教育最满意的情况统计

技园或孵化器（11.56%）；普通本科高校大学生对创业教育最满意的前三位分别是创业项目（14.49%）、创业竞赛（12.29%）、创业课程（10.51%）；高职高专大学生对创业教育最满意的前三位分别是创业项目（13.69%）、创业竞赛（13.45%）、创业课程（12.47%）；科研院所大学生对创业教育最满意的前三位分别为创业教育师资（30.43%）、创业项目（30.43%）、创业竞赛（17.39%）。

表 2-7-23　不同学校类型大学生对高校创业教育满意度统计

（单位：%）

项　目	985 高校	211 高校	普通本科	独立学院	高职高专	科研院所
创业课程	9.77	9.78	10.51	2.50	12.47	8.70
创业教育师资	10.61	8.15	9.68	5.00	10.27	30.43
创业项目	16.09	16.44	14.49	10.00	13.69	30.43
创业竞赛	16.45	14.96	12.29	10.00	13.45	17.39
创业讲座	8.22	7.85	8.59	5.00	8.80	4.35
创业辅导	3.22	4.44	5.63	5.00	4.65	0.00

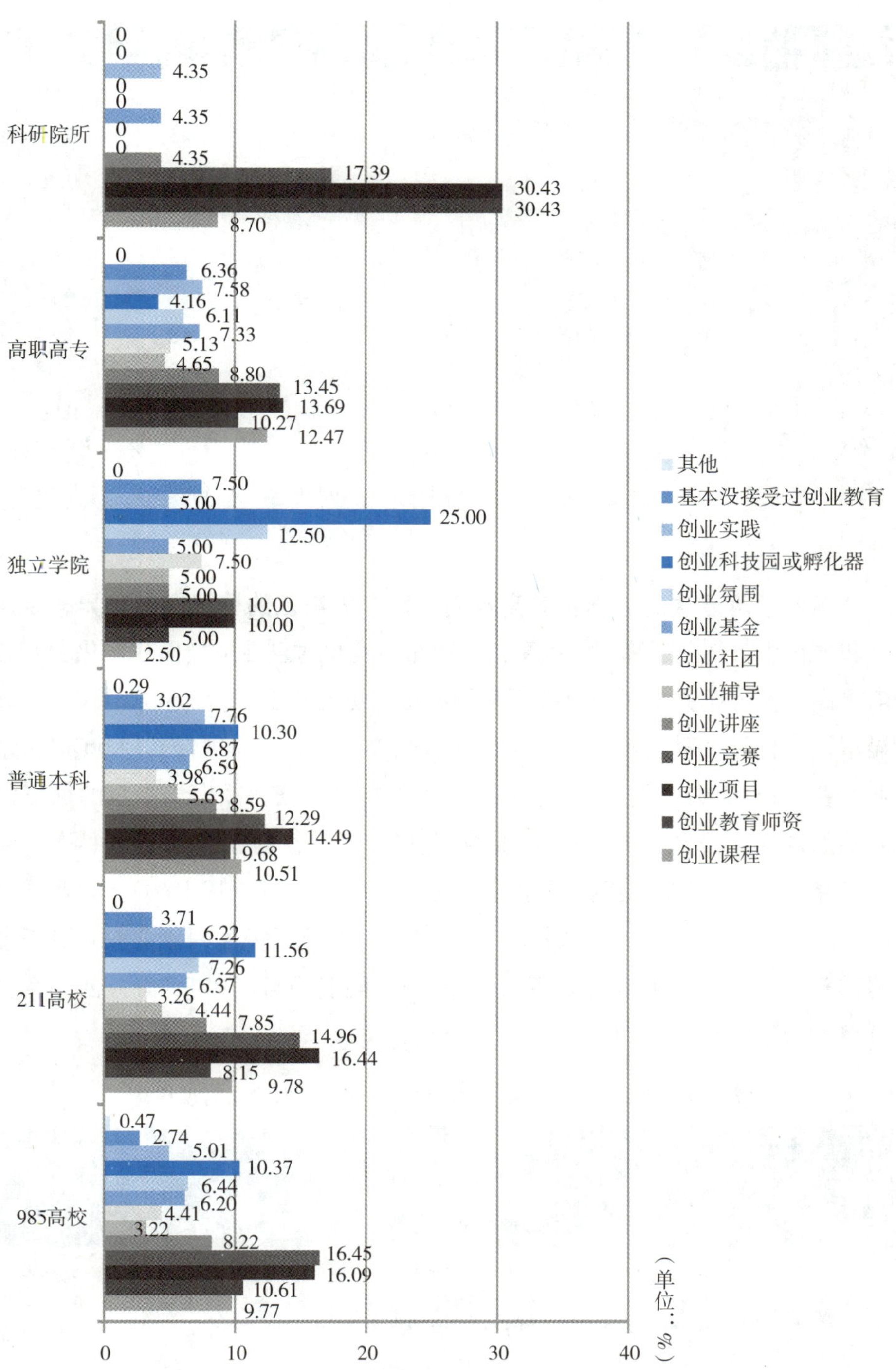

图 2-7-27 不同学校类型大学生对高校创业教育最满意的情况统计

项　目	985 高校	211 高校	普通本科	独立学院	高职高专	科研院所
创业社团	4.41	3.26	3.98	7.50	5.13	0.00
创业基金	6.20	6.37	6.59	5.00	7.33	4.35
创业氛围	6.44	7.26	6.87	12.50	6.11	0.00
创业科技园或孵化器	10.37	11.56	10.30	25.00	4.16	0.00
创业实践	5.01	6.22	7.76	5.00	7.58	4.35
基本没接受过创业教育	2.74	3.71	3.02	7.50	6.36	0.00
其他	0.47	0.00	0.29	0.00	0.00	0.00

4. 学历层次

不同学历层次的大学生对高校创业教育最满意的情况存在差异。专科生和本科生对创业课程满意度更高，硕士研究生对创业科技园或孵化器满意度更高，博士研究生对创业教育师资满意度更高。表 2-7-24 和图 2-7-28 显示，专科学生对创业教育最满意的前三位分别是创业项目（14.66%）、创业竞赛（13.03%）、创业课程（11.41%）；本科对创业教育最满意的前三位分别是创业项目（15.73%）、创业竞赛（13.91%）、创业课程（10.4%）；硕士研究生对创业教育最满意的前三位分别是创业竞赛（19.18%）、创业项目（12.93%）、创业科技园或孵化器（12.93%）；博士研究生对创业教育最满意的前三位分别是创业教育师资（16.39%）、创业项目（14.75%）、创业竞赛（14.75%）。

表 2-7-24　不同学历层次大学生对高校创业教育满意度统计

项　目	专　科		本　科		硕士研究生		博士研究生	
	频次	比例（%）	频次	比例（%）	频次	比例（%）	频次	比例（%）
创业课程	168	11.41	774	10.40	126	9.05	9	4.92
创业教育师资	159	10.79	720	9.68	108	7.76	30	16.39
创业项目	216	14.66	1170	15.73	180	12.93	27	14.75

项 目	专 科		本 科		硕士研究生		博士研究生	
	频次	比例（%）	频次	比例（%）	频次	比例（%）	频次	比例（%）
创业竞赛	192	13.03	1035	13.91	267	19.18	27	14.75
创业讲座	138	9.37	594	7.98	117	8.41	21	11.48
创业辅导	72	4.89	342	4.60	63	4.53	12	6.56
创业社团	72	4.89	312	4.19	48	3.45	0	0.00
创业基金	102	6.92	453	6.09	114	8.19	6	3.28
创业氛围	81	5.50	516	6.94	87	6.25	12	6.56
创业科技园或孵化器	66	4.48	765	10.28	180	12.93	18	9.84
创业实践	120	8.15	501	6.73	54	3.88	18	9.84
基本没接受过创业教育	87	5.91	240	3.23	42	3.02	3	1.63
其他	0	0.00	18	0.24	6	0.42	0	0.00

（二）最不满意的方面

1. 总体概述

大学生对高校创业教育最不满意的前三位分别是创业教育师资、创业项目、创业课程。表 2-7-25 和图 2-7-29 显示，大学生对高校创业教育最不满意的前三位分别是创业教育师资、创业项目、创业课程，人数比例分别为 12.56%、11.92%、11.61%；其次不满意程度居中的有创业氛围、创业基金、创业竞赛、基本没接受过创业教育、创业辅导、创业实践；再次，不满意程度相对较低的分别为创业科技园或孵化园、创业讲座、创业社团、其他。

表 2-7-25 大学生对高校创业教育不满意度统计

项目	频次	比例（%）
创业教育师资	1113	12.56
创业项目	1056	11.92
创业课程	1029	11.61
创业氛围	927	10.46

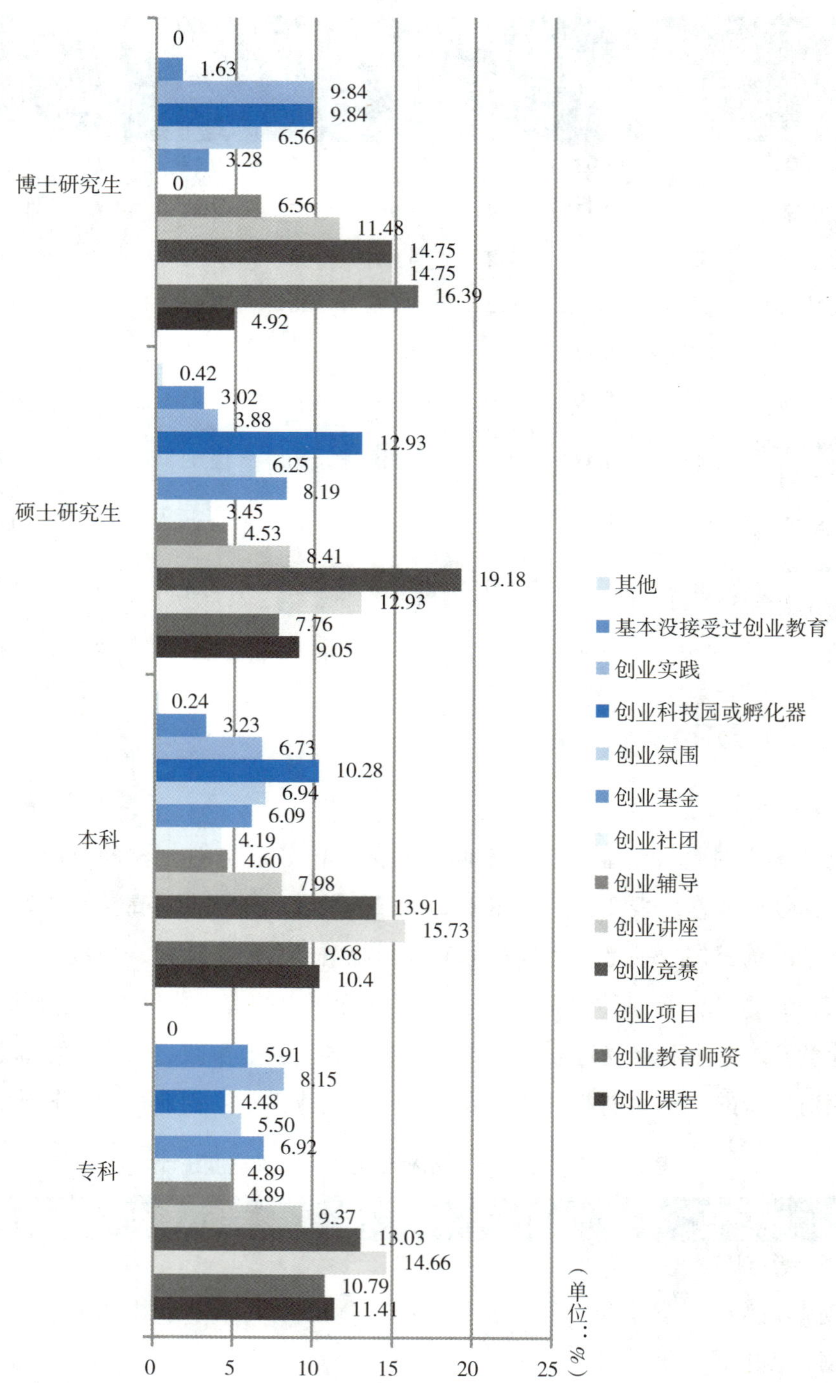

图 2-7-28　不同学历层次大学生对高校创业教育最满意的情况统计

项目	频次	比例（%）
创业基金	885	9.99
创业竞赛	816	9.21
基本没接受过创业教育	624	7.04
创业辅导	561	6.33
创业实践	465	5.25
创业科技园或孵化园	453	5.11
创业讲座	450	5.08
创业社团	444	5.01
其他	39	0.43

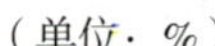

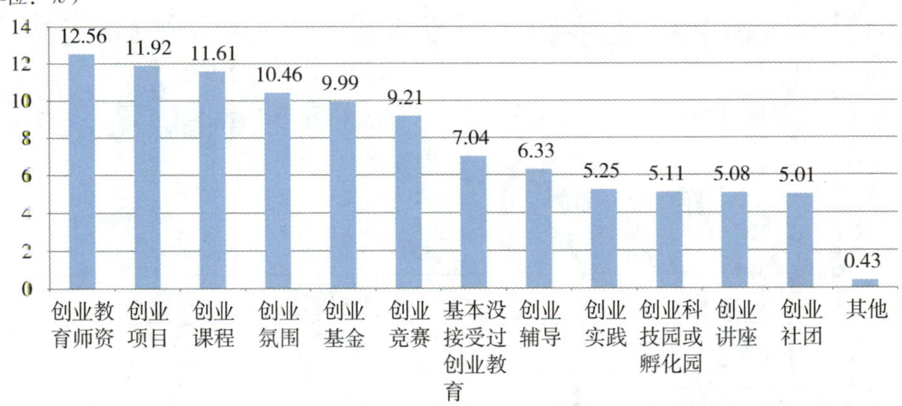

图 2-7-29 大学生对高校创业教育最不满意的情况统计

2. 性别

不同性别大学生对高校创业教育最不满意的方面不同，男生对创业课程不满意程度更高，女生对创业氛围不满意程度更高。表 2-7-26 和图 2-7-30 显示，男生对高校创业教育最不满意的前三位分别是创业教育师资、创业项目、创业课程，选择人数比例分别为 13.15%、11.89%、11.65%；女生对高校创业教育最不满意的前三位分别是创业项目、创业教育师资、创业氛围，选择人数比例分别为 12.01%、11.86%、11.78%。

表 2-7-26　不同性别大学生对高校创业教育不满意度统计

项　目	男		女	
	频　次	比例（%）	频　次	比例（%）
创业课程	582	11.65	447	11.62
创业教育师资	657	13.15	456	11.86
创业项目	594	11.89	462	12.01
创业竞赛	480	9.61	330	8.58
创业讲座	285	5.71	165	4.29
创业辅导	330	6.61	231	6.01
创业社团	234	4.68	210	5.46
创业基金	507	10.15	372	9.67
创业氛围	465	9.31	453	11.78
创业科技园或孵化器	261	5.23	192	4.99
创业实践	246	4.92	219	5.69
基本没接受过创业教育	333	6.67	291	7.57
其他	21	0.42	18	0.47

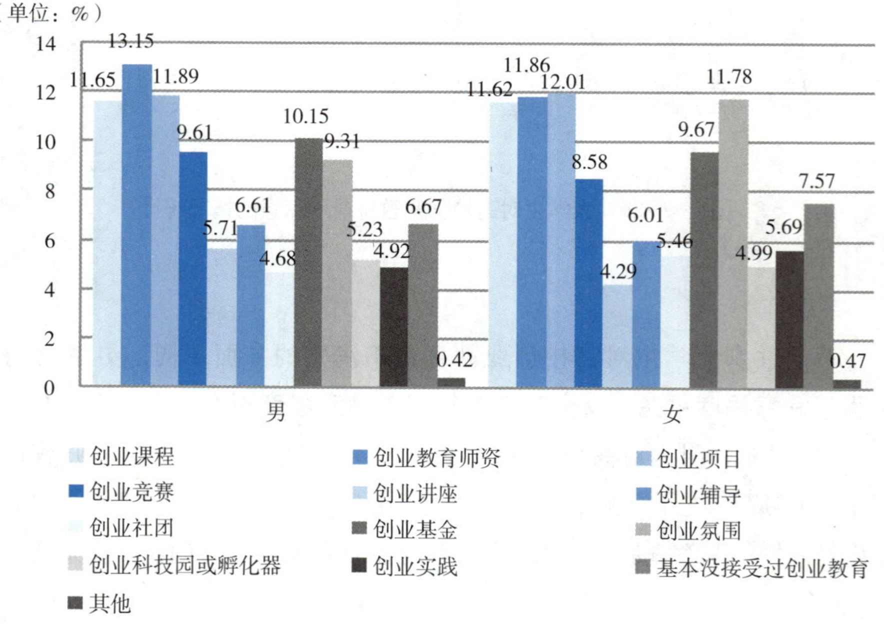

图 2-7-30　不同性别大学生对高校创业教育最不满意的情况统计

3. 学校类型

不同学校类型的大学生对高校创业教育最不满意的情况有所不同。985高校大学生对创业课程、创业氛围不满意程度更高，211高校大学生对创业项目、创业基金不满意程度更高，普通本科对创业项目、创业氛围不满意程度更高，独立学院对创业课程、创业实践、基本没接受过创业教育的不满意程度更高，高职高专对创业课程、创业项目不满意程度更高，科研院所对创业项目、创业讲座不满意程度更高。表2-7-27和图2-7-31显示，985院校大学生对创业教育最不满意的前三位分别是创业课程、创业教育师资、创业氛围，选择人数比例分别为13.11%、12.16%、11.07%；211高校大学生对创业教育最不满意的前三位分别是创业教育师资、创业基金、创业项目，选择人数比例分别为14.68%、12.63%、11.77%；普通本科大学生对创业教育最不满意的前三位分别是创业项目、创业氛围、创业教育师资，选择人数比例分别为12.59%、11.84%、11.42%；独立学院大学生对创业教育最不满意的前四位分别是创业课程、创业教育师资、创业实践、基本没接受过创业教育，选择人数比例分别为20.93%、11.63%、11.63%、11.63%；高职高专大学生对创业教育最不满意的前三位分别是创业课程、创业教育师资、创业项目，选择人数比例分别为12.87%、12.57%、12.28%；科研院所大学生对创业教育最不满意的前三位分别是创业项目、创业教育师资、创业讲座，选择人数比例分别为31.82%、22.73%、22.73%。

表2-7-27 不同学校类型大学生对高校创业教育不满意度统计

（单位：%）

项　目	985高校	211高校	普通本科	独立学院	高职高专	科研院所
创业课程	13.11	9.56	11.34	20.93	12.28	4.55
创业教育师资	12.16	14.68	11.42	11.63	12.87	22.73
创业项目	10.38	11.77	12.59	9.30	12.57	31.82
创业竞赛	10.11	9.90	9.07	2.33	7.89	9.09
创业讲座	4.92	4.78	4.95	2.33	6.14	22.73
创业辅导	6.15	6.48	6.55	6.98	5.85	0.00

项　目	985 高校	211 高校	普通本科	独立学院	高职高专	科研院所
创业社团	4.37	5.12	5.54	2.33	4.39	4.55
创业基金	9.56	12.63	9.91	2.33	8.48	0.00
创业氛围	11.07	8.87	11.84	4.65	8.19	0.00
创业科技园或孵化器	5.60	7.17	4.03	9.30	4.09	0.00
创业实践	5.87	3.24	5.37	11.63	6.14	0.00
基本没接受过创业教育	6.56	5.29	7.14	11.63	9.94	4.53
其他	0.14	0.51	0.25	4.63	1.17	0.00

4. 学历层次

不同学历层次的大学生对高校创业教育最不满意的情况有所不同。专科生和本科生对创业课程不满意程度更高，硕士研究生和博士研究生对创业基金不满意程度更高。表 2-7-28 和图 2-7-32 显示，对专科生而言，对高校创业教育最不满意的前三位分别是创业教育师资（12.56%）、创业课程（12.32%）、创业项目（12.07%）；对本科生而言，对高校创业教育最不满意的前三位分别是创业教育师资（12.45%）、创业项目（11.74%）、创业课程（11.65%）；对硕士研究生而言，对高校创业教育最不满意的前三位分别是创业教育师资（13.07%）、创业项目（13.07%）、创业基金（11.65%）；对博士研究生而言，对高校创业教育最不满意的前三位分别是创业教育师资（13.56%）、创业项目（13.56%）、创业基金（13.56%）。

表 2-7-28　不同学历层次大学生对高校创业教育不满意度统计

项　目	专　科		本　科		硕士研究生		博士研究生	
	频次	比例（%）	频次	比例（%）	频次	比例（%）	频次	比例（%）
创业课程	150	12.32	741	11.65	120	11.36	12	6.78
创业教育师资	153	12.56	792	12.45	138	13.07	24	13.56

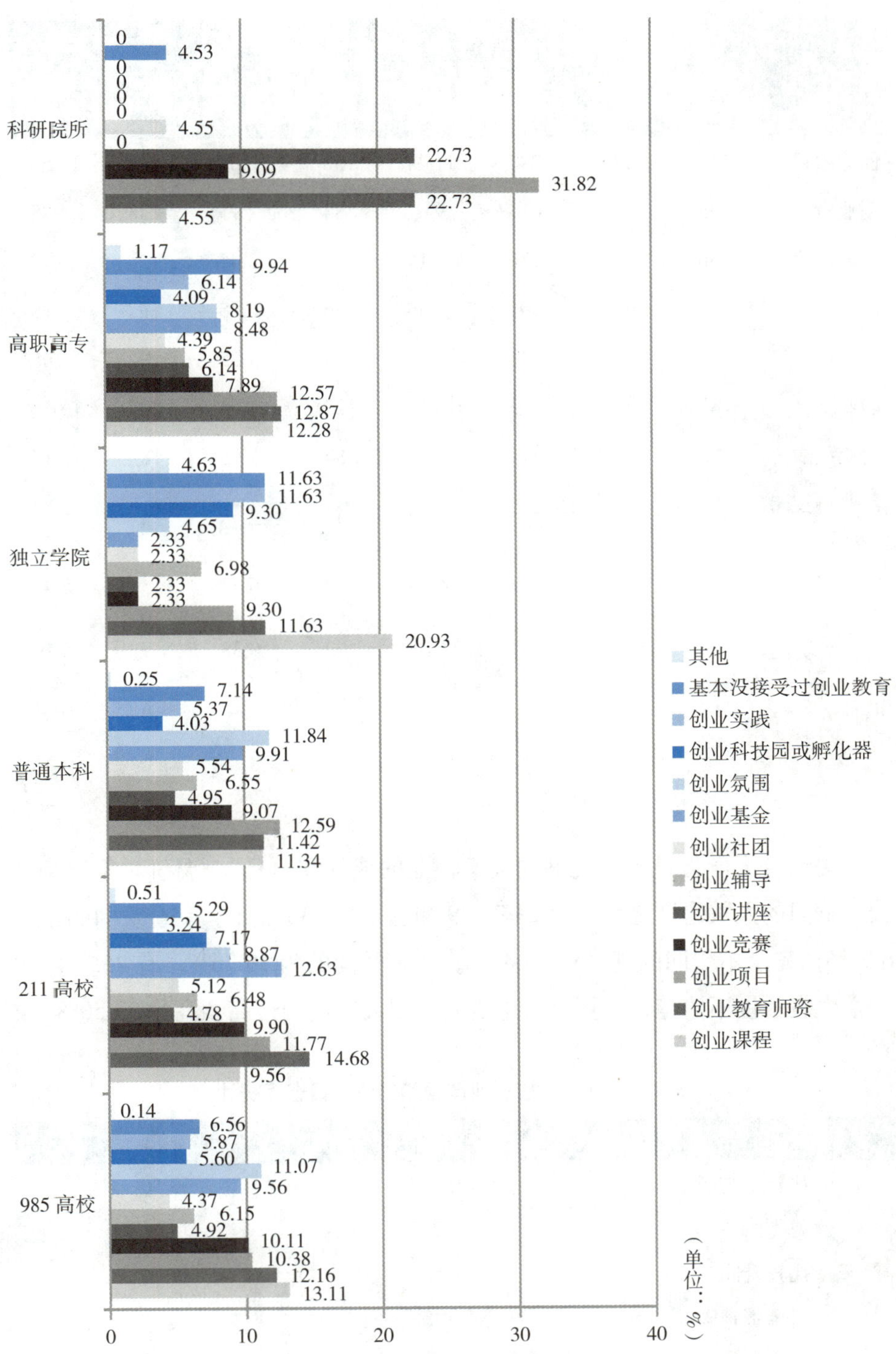

图 2-7-31 不同学校类型大学生对高校创业教育最不满意的情况统计

项　目	专　科		本　科		硕士研究生		博士研究生	
	频次	比例（%）	频次	比例（%）	频次	比例（%）	频次	比例（%）
创业项目	147	12.07	747	11.74	138	13.07	24	13.56
创业竞赛	105	8.62	615	9.67	84	7.95	12	6.78
创业讲座	66	5.42	330	5.19	36	3.41	12	6.78
创业辅导	63	5.17	405	6.36	66	6.25	9	5.08
创业社团	54	4.43	333	5.23	48	4.55	9	5.08
创业基金	87	7.14	645	10.14	123	11.65	24	13.56
创业氛围	105	8.62	717	11.27	84	7.95	18	10.17
创业科技园或孵化器	48	3.94	351	5.52	45	4.26	9	5.08
创业实践	93	7.64	285	4.48	69	6.53	15	8.47
基本没接受过创业教育	132	10.84	384	6.03	99	9.38	9	5.10
其他	15	1.23	18	0.27	6	0.60	0	0.00

（三）创业课程和项目

关于“大学里设置了足够的关于创业的课程和项目”，调研对象选择比较不赞同的人数比例最大。表 2-7-29 和图 2-7-33 显示，完全赞同的仅占 6.57%，完全不赞同的则高达 14.47%。比较赞同的为 19.76%，有 25.71% 的大学生表示说不清楚，选择比较不赞同的则人数比例最高，高达 33.50%。

表 2-7-29　高校创业课程和创业项目态度统计

态　度	频　次	比例（%）
比较不赞同	1653	33.50
说不清楚	1269	25.71
比较赞同	975	19.76
完全不赞同	714	14.47
完全赞同	324	6.56

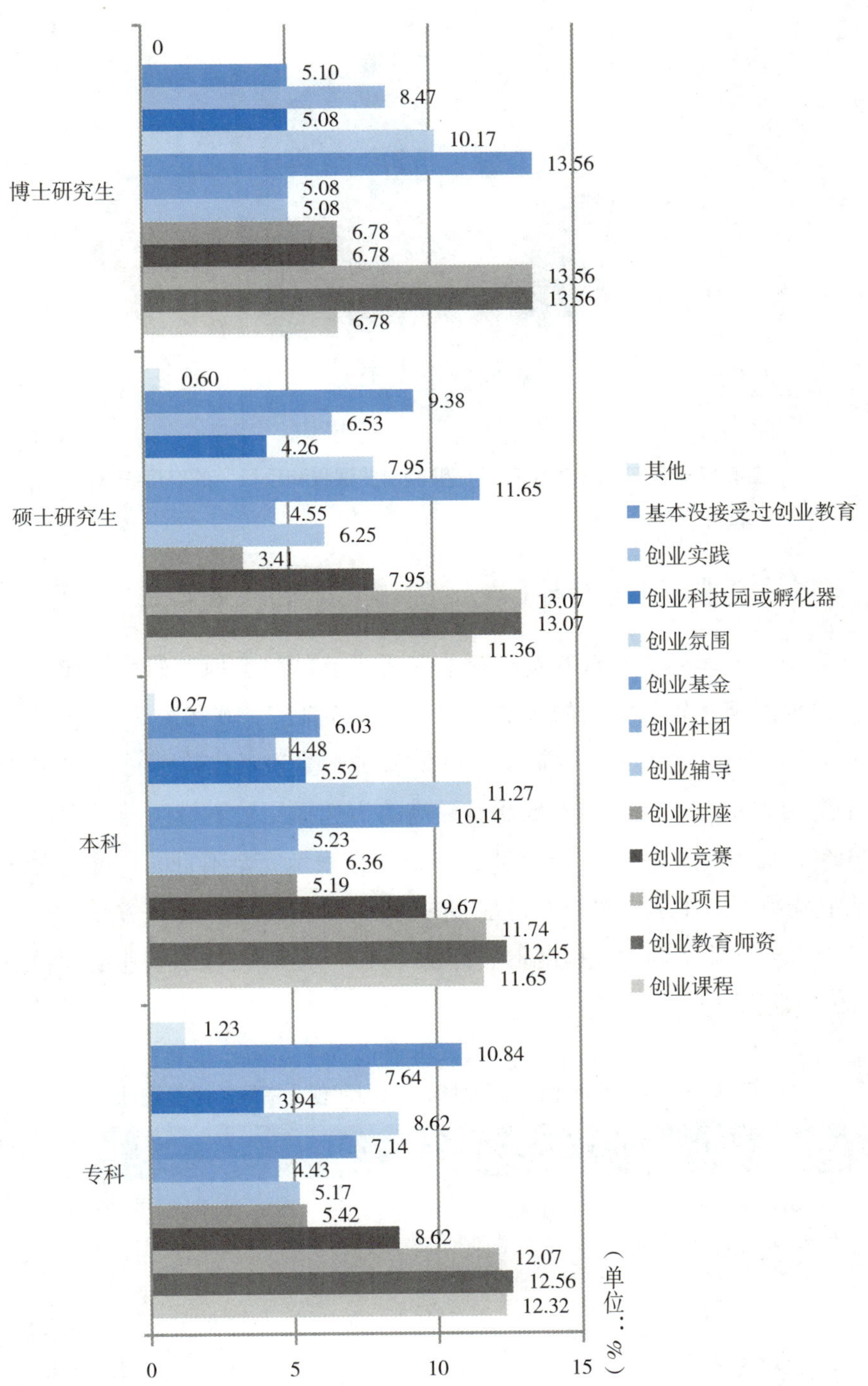

图 2-7-32　不同学历层次的大学生对高校创业教育最不满意的情况统计

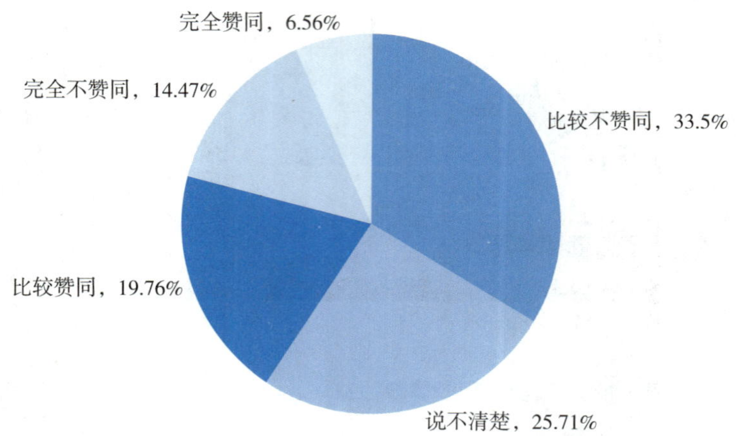

图 2-7-33 “大学里设置了足够的创业课程和项目”的态度统计

（四）创业培训和指导

关于“大学生创业者在需要时能获得足够的关于创业的培训和指导”，调研对象选择比较不赞同的人数比例最大。表 2-7-30 和图 2-7-34 显示。仅有 4.74% 的学生表示完全赞同，15.26% 的学生表示比较赞同，有 24.98% 的学生则表示说不清楚；人数比例最高的为选择比较不赞同的学生，高达 38.36%，而值得关注的是 16.66% 的调研对象表示完全不赞同。可见大学创业者在需要时，很多人没有获得足够的创业培训和指导。这一方面可能与创业者个人对创业培训重视程度不够有关，另一方面则可能与创业培训和指导数量严重不足有关。

表 2-7-30 大学生创业者对创业培训和创业指导的态度统计

态 度	频 次	比例（%）
比较不赞同	1893	38.36
说不清楚	1233	24.98
完全不赞同	822	16.66
比较赞同	753	15.26
完全赞同	234	4.74

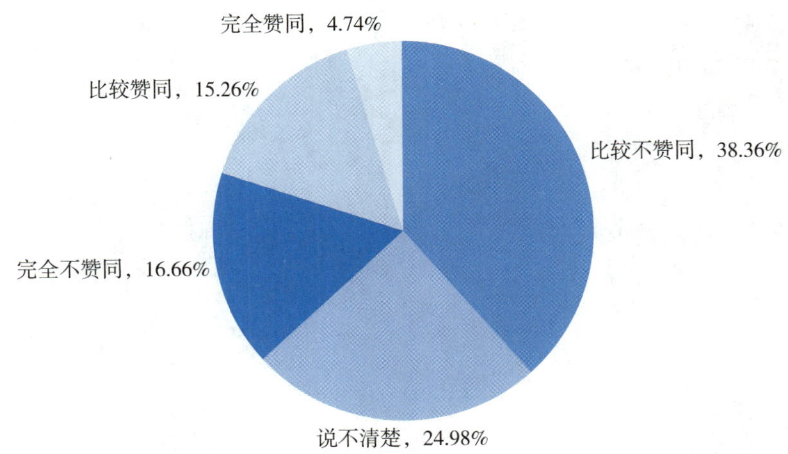

图 2-7-34 “大学生创业者在需要时能获得足够的创业培训和指导”的态度统计

（五）创业教育作用

关于“当前学校的创业教育对大学生创业帮助很大”，调研对象选择比较不赞同的人数比例最大。表 2-7-31 和图 2-7-35 显示，选择比较不赞同“当前学校的创业教育对大学生创业帮助很大”的人数比例最高，达到 38.05%，选择完全赞同的人数比例最低，为 4.87%，而近乎 1/5 的人选择完全不赞同。

表 2-7-31 学校创业教育对大学生创业帮助很大的态度统计

态 度	频 次	比例（%）
比较不赞同	1878	38.05
说不清楚	1341	27.17
完全不赞同	939	19.03
比较赞同	537	10.88
完全赞同	240	4.87

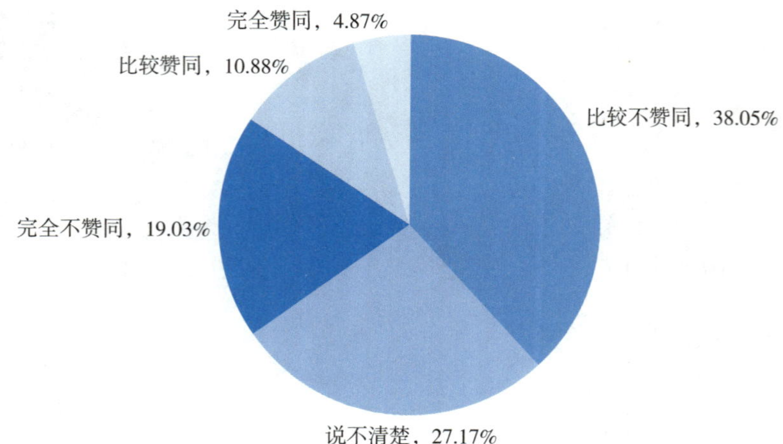

图 2-7-35 “当前学校的创业教育对大学生创业帮助很大”的态度统计

四、教育形式偏爱

（一）总体概述

大学生认为最好的高校创业教育形式前三位分别是到企业实习实践、创业园实训、KAB 教学或 ERP 沙盘教学。我们将创业教育形式分为创业园实训、到企业实习实践、KAB 教学或 ERP 沙盘、创业指导课程、企业家创业讲座、专家或创业者创业讲座、创业计划大赛和创业社团会俱乐部等方面。表 2-7-32 和图 2-7-36 为不同创业教育形式受欢迎程度统计。结果显示，调研对象认为最好的高校创业教育形式前三位分别是到企业实习实践（22.99%）、创业园实训（17.96%）、KAB 教学或 ERP 沙盘教学（12.79%），最后四位分别是创业指导课程（10.17%）、企业家创业讲座（6.71%）、专家或创业者创业讲座（6.03%）、其他（0.33%）。可见，相对于理论传授和经验分享，调研对象认为实践形式的高校创业教育更具有实效性。

表 2-7-32 不同创业教育形式受欢迎程度统计

项 目	频 次	比例（%）
到企业实习实践	2550	22.99
创业园实训	1992	17.96
KAB 教学或 ERP 沙盘	1419	12.79
创业计划大赛	1350	12.17
创业社团会俱乐部	1203	10.85
创业指导课程	1128	10.17
企业家创业讲座	744	6.71
专家或创业者创业讲座	669	6.03
其他	36	0.33

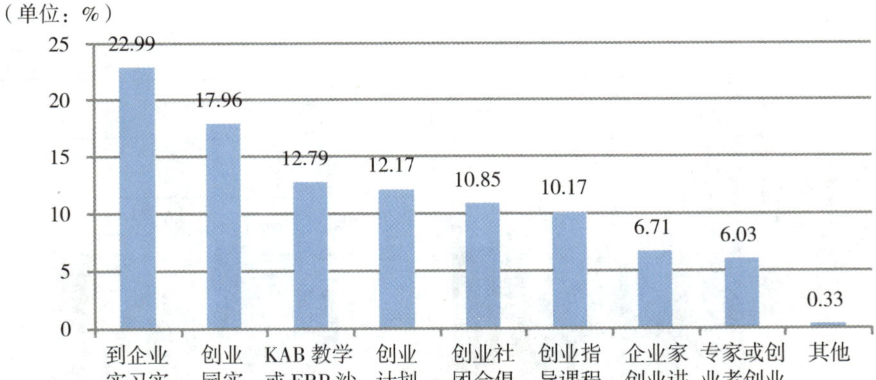

图 2-7-36 不同创业教育形式受欢迎程度统计

（二）性别

大学生认为最好的创业教育形式在性别方面没有明显差异。表 2-7-33 和图 2-7-37 显示，男生认为的最好的创业教育形式前三位分别是到企业实习实践、创业园实训、KAB 教学或 ERP 沙盘，选择人数比例分别为 22.77%、17.73%、12.41%；女生认为的最好的创业教育形式前三位分别是到企业实习实践、创业园实训、KAB 教学或 ERP 沙盘，选择人数比例分别为 23.25%、18.30%、13.18%。

表 2-7-33　不同性别大学生认为最好的创业教育形式统计

项　目	男		女	
	频　次	比例（%）	频　次	比例（%）
创业园实训	1089	17.73	900	18.30
到企业实习实践	1398	22.77	1143	23.25
KAB 教学或 ERP 沙盘	762	12.41	648	13.18
创业指导课程	582	9.48	546	11.10
企业家创业讲座	441	7.18	303	6.16
专家或创业者创业讲座	432	7.03	234	4.76
创业计划大赛	747	12.16	600	12.20
创业社团会俱乐部	669	10.89	528	10.74
其他	21	0.35	15	0.31

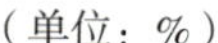

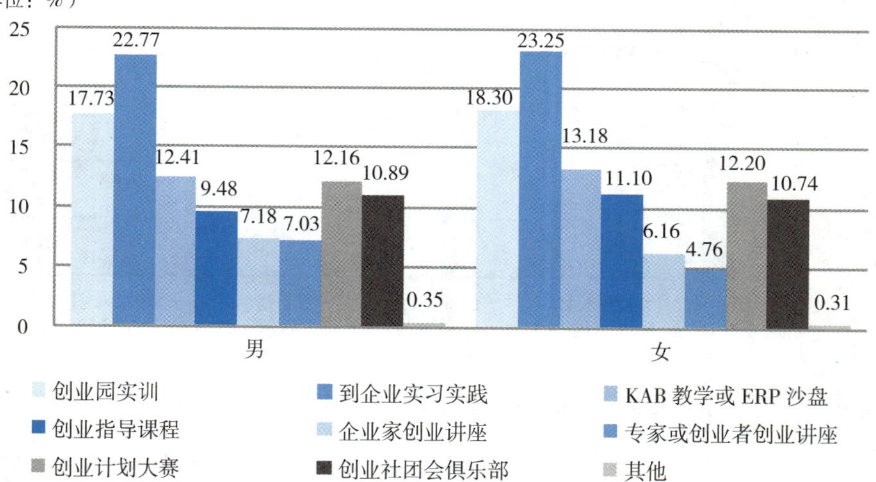

图 2-7-37　不同性别大学生认为最好的创业教育形式统计

（三）学校类型

大学生认为最好的创业教育形式在学校类型方面差异较大。985 高校和 211 高校大学生认为创业计划大赛这种创业教育形式相对更好，普通本科和高职高专学生认为 KAB 教学或 ERP 沙盘这种创业教育形式相对更好，科研院所大学生认为企业家创业讲座、专家或创业者创业讲座这两种创业教

育形式相对更好。表 2-7-34 和图 2-7-38 显示，985 高校大学生认为的最好的创业教育形式前三位分别是到企业实习实践（21.58%）、创业园实训（16.38%）、创业计划大赛（13.88%）；211 高校大学生认为最好的创业教育形式前三位分别是到企业实习实践（22.94%）、创业园实训（18.30%）、创业计划大赛（13.93%）；普通本科高校大学生认为的最好的创业教育形式前三位分别是到企业实习实践（23.55%）、创业园实训（19.25%）、KAB 教学或 ERP 沙盘（13.31%）；独立学院大学生认为最好的创业教育形式前两位分别是到企业实习实践（23.53%）、创业园实训（15.69%）；高职高专学生认为最好的创业教育形式前三位分别是到企业实习实践（24.77%）、创业园实训（17.13%）、KAB 教学或 ERP 沙盘（12.73%）；科研院所大学生认为的最好的创业教育形式前三位分别是专家或创业者创业讲座（26.09%）、企业家创业讲座（21.74%）、KAB 教学或 ERP 沙盘（21.74%）；其他类院校大学生认为的最好的创业教育形式前三位分别是到企业实习实践（23.68%）、创业园实训（15.79%）、专家或创业者创业讲座（15.79%）。

表 2-7-34　不同学校类型大学生认为最好的创业教育形式统计

（单位：%）

项　目	985 高校	211 高校	普通本科	独立学院	高职高专	科研院所
创业园实训	16.38	18.30	19.25	15.69	17.13	13.04
到企业实习实践	21.58	22.94	23.55	23.53	24.77	8.70
KAB 教学或 ERP 沙盘	12.47	12.20	13.31	11.76	12.73	21.74
创业指导课程	10.09	9.81	10.65	11.76	9.49	4.35
企业家创业讲座	6.40	6.50	6.83	1.98	7.18	21.74
专家或创业者创业讲座	6.29	5.17	5.73	11.76	5.55	26.09
创业计划大赛	13.88	13.93	10.65	11.76	11.11	0.00
创业社团会俱乐部	12.58	10.74	9.62	11.76	12.04	4.34
其他	0.33	0.41	0.41	0.00	0.00	0.00

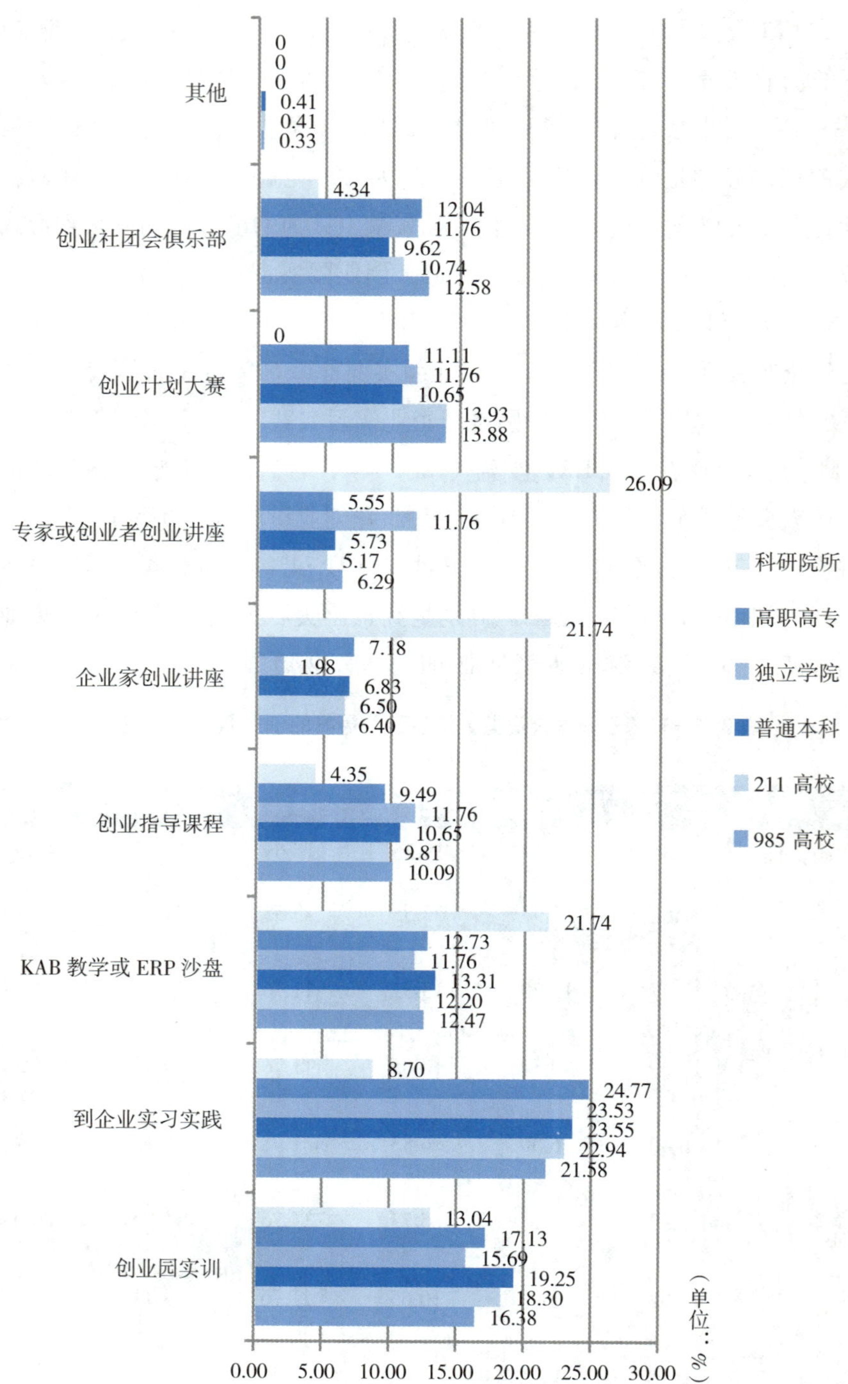

图 2-7-38　不同学校类型的大学生认为最好的创业教育形式统计

（四）学历层次

不同学历层次大学生认为的最好的创业教育形式有所不同。专科生和本科生认为 KAB 教学或 ERP 沙盘这种创业教育形式更好，硕士研究生认为创业计划大赛这种创业教育形式更佳，博士研究生则认为创业社团会俱乐部这种创业教育形式更佳。表 2-7-35 和图 2-7-39 显示，专科生认为最好的创业教育形式前三位分别是到企业实习实践（24.08%）、创业园实训（16.89%）、KAB 教学或 ERP 沙盘（12.62%）；本科生认为最好的创业教育形式前三位分别是到企业实习实践（23.44%）、创业园实训（18.16%）、KAB 教学或 ERP 沙盘（12.89%）；硕士研究生认为最好的创业教育形式前三位分别是到企业实习实践（19.62%）、创业园实训（18.12%）、创业计划大赛（14.07%）；博士研究生认为最好的创业教育形式前几位分别是到企业实习实践（21.88%）、创业园实训（17.19%）、创业计划大赛（12.50%）、创业社团会俱乐部（12.50%）。

表 2-7-35 不同学历层次大学生认为最好的创业教育形式统计

项 目	专 科		本 科		硕士研究生		博士研究生	
	频次	比例（%）	频次	比例（%）	频次	比例（%）	频次	比例（%）
创业园实训	261	16.89	1437	18.16	255	18.12	33	17.19
到企业实习实践	372	24.08	1854	23.44	276	19.62	42	21.88
KAB 教学或 ERP 沙盘	195	12.62	1020	12.89	180	12.79	15	7.81
创业指导课程	165	10.68	795	10.05	147	10.45	18	9.38
企业家创业讲座	102	6.60	498	6.30	120	8.53	21	10.94
专家或创业者创业讲座	93	6.02	489	6.18	72	5.12	15	7.80
创业计划大赛	165	10.68	963	12.17	198	14.07	24	12.50
创业社团会俱乐部	192	12.43	825	10.43	153	10.87	24	12.50
其他	0	0.00	30	0.38	6	0.43	0	0.00

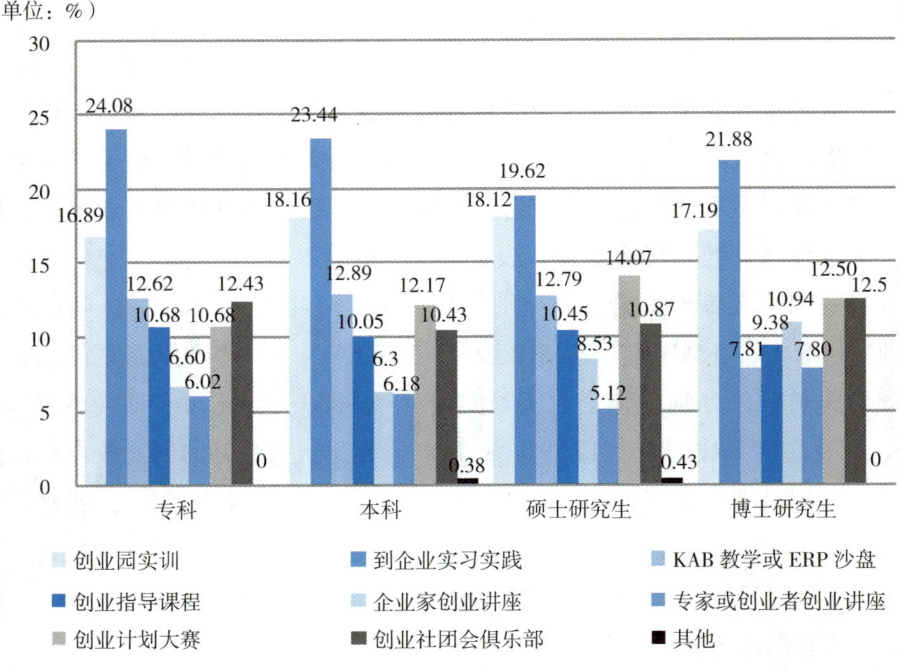

图 2-7-39　不同学历层次大学生认为最好的创业教育形式统计

第八章　创业扶持

本章通过对2014年大学生创业过程中所面临的困境、大学生渴望得到的帮助、国家对大学生创业的扶持政策以及大学生创业环境四个维度的调研，对现行的大学生创业相关帮扶措施以及大学生创业环境进行分析，核心是回答“大学生创业者亟须什么样的扶持”的问题。调查发现，大学生创业者面临的主要创业困境是个人创业经验能力不足（51%）、资金短缺（26%）以及团队合作不好（23%）。大学生创业者最需要的帮扶措施是创业基金支持（43.77%）、小额贷款及税收减免等政策扶持（36.47%）和社会专业机构的服务（19.76%）。多数大学生创业者对目前的创业政策评价较高。有61.85%的大学生创业者赞同“政府对大学生有许多优惠政策”观点，71.13%的赞同“鼓励大学生创业的政策对大学生创业很有作用”。大学生创业者认为“有待落实的创业政策”主要是资金扶持政策（54.77%）、提供科技创业基地实习（32.40%）、培训指导服务政策（31.31%）。52.44%的大学生创业者认为“当前大学生创业的社会环境好”；64.77%的认为“学校的校园文化鼓励创造、创新和创业”；46.56%的认为“大学生创业者很受学校、亲朋的理解和支持”。多数大学生创业者认为目前大学生创业面临良好机遇。66.71的认为“大学生有很多创办新公司的好机会”，43.99%的认为“大学生个人可以很容易把握创业机会”。

一、创业困境

（一）总体概述

个人创业经验能力不足、资金短缺以及团队合作不好是大学生创业过程中面临的最主要的困境。在众多大学生面临的创业困境中，个人创业能力经验不足出现频率最高，达到 50.52%，超过总人数的一半以上；其次，资金短缺的问题出现比率为 25.53%，超过了总人数的 1/4；团队合作得不好出现频率达到 20.91%，也是大学生创业普遍面临的问题。出现频率最低的创业困境是合作伙伴难找和政策变动影响大，均为 8% 左右，可见，这两者在大学生创业困境中并不是常出现的问题。

表 2-8-1　大学生创业者面临的创业困境统计

创业困境	数　量	比例（%）
个人创业能力经验不足	2493	50.52
缺乏亲友的支持	894	18.12
团队合作得不好	1032	20.91
缺乏充足的创业信息服务	921	18.66
难以找到合格、稳定的员工	570	11.55
政策变动影响大	411	8.33
市场进入门槛高	633	13.43
难以找到合适的经营场所	450	9.12
找不到合适的项目	501	10.15
资金短缺	1260	25.53
用工成本高	432	8.57
市场竞争激烈	549	11.12
缺乏社会关系	735	14.89
合作伙伴难找	381	7.72
其他	36	0.73

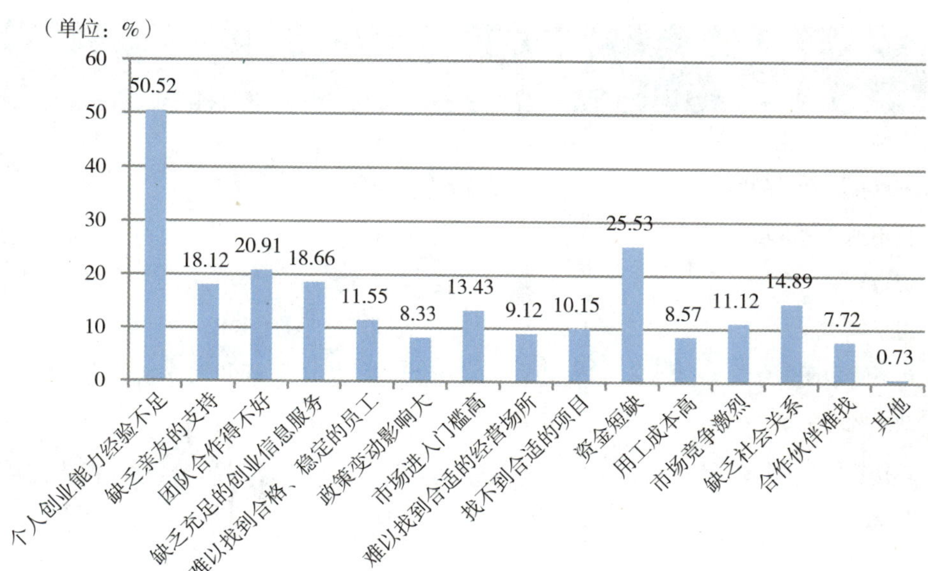

图 2-8-1　大学生创业者面临的创业困境

（二）性别

大学生创业所面临的主要困境在性别方面无明显差异。在个人创业能力经验不足、团队合作不好以及缺乏亲友支持这些困境上，女生比例略高于男生。在资金短缺及缺乏充足的创业信息服务的问题上，男生比例略高于女生。其中个人创业能力经验不足问题最为突出，男女所占比例均在 50% 左右。

表 2-8-2　不同性别大学生创业者面临主要创业困境

主要创业困境	男		女	
	数　量	比例（%）	数　量	比例（%）
个人创业能力经验不足	1371	50.4	1119	50.8
缺乏亲友的支持	516	19.0	372	16.9
团队合作得不好	552	20.3	477	21.7
缺乏充足的创业信息服务	534	19.6	387	17.6
难以找到合格、稳定的员工	681	13.0	573	9.7
政策变动影响大	255	9.4	156	7.1

主要创业困境	男		女	
	数　量	比例（%）	数　量	比例（%）
市场进入门槛高	381	14.0	282	12.8
难以找到合适的经营场所	267	9.8	183	8.3
找不到合适的项目	288	10.6	213	9.7
资金短缺	681	25.1	573	26.0
用工成本高	264	9.7	159	7.2
市场竞争激烈	303	11.1	246	11.2
缺乏社会关系	420	15.5	312	14.2
合作伙伴难找	195	7.2	186	8.4
其他	18	0.7	18	0.8

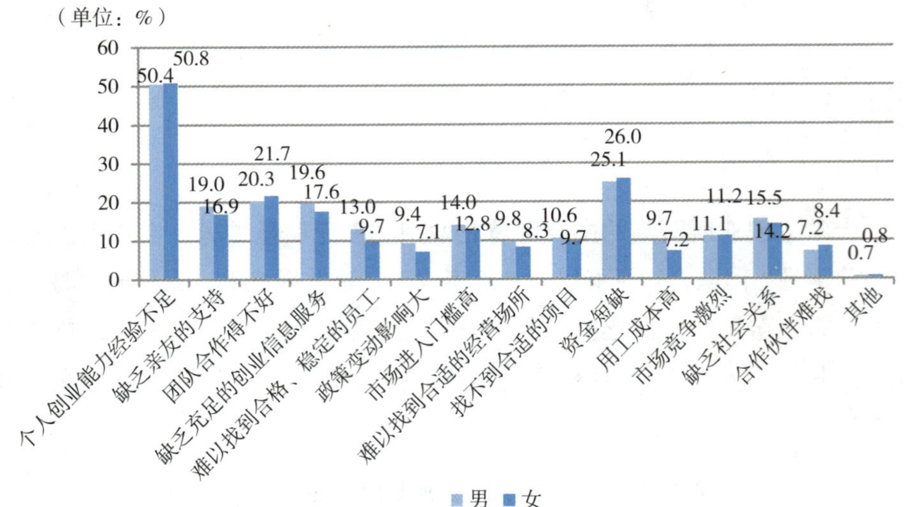

图 2-8-2　不同性别大学生创业者面临的主要困境

（三）学校类型

不同学校类型的大学生所面临的创业困境存在明显差异。在资金短缺方面，独立学院大学生所面临的困境远远高于其他类型学校大学生。在个人创业能力不足方面，普通本科高校大学生存在的问题最为突出，所占比例高达 55.52%，明显高于其他类型学校大学生。

表 2-8-3 不同学校类型大学生面临的主要创业困境

主要创业困境	985 高校		211 高校		普通本科		独立学院		高职高专	
	数量	比例（%）	数量	比例（%）	数量	比例（%）	数量	比例（%）	数量	比例（%）
个人创业能力经验不足	420	49.65	474	49.53	1041	55.52	33	45.83	303	41.91
缺乏亲友的支持	159	18.79	201	21.00	318	16.96	12	16.67	108	14.94
团队合作得不好	171	20.21	168	17.55	444	23.68	9	12.50	141	19.50
缺乏充足的创业信息服务	153	18.09	156	16.30	393	20.96	12	16.67	108	14.94
难以找到合格、稳定的员工	96	11.35	126	13.17	219	11.68	12	16.67	54	7.47
政策变动影响大	84	9.93	105	10.97	132	7.04	9	12.50	45	6.22
市场进入门槛高	129	15.25	174	18.18	225	12.00	0	0.00	75	10.37
难以找到合适的经营场所	48	5.67	117	12.23	192	10.24	9	12.50	27	3.73
找不到合适的项目	87	10.28	81	8.46	192	10.24	9	12.50	72	9.96
资金短缺	180	21.28	279	29.15	498	26.56	90	41.67	450	20.75
用工成本高	84	9.93	117	12.23	162	8.64	6	25.00	15	2.07
市场竞争激烈	90	10.64	105	10.97	231	12.32	3	4.17	69	9.54
缺乏社会关系	87	10.28	180	18.81	318	16.96	15	20.83	60	8.30
合作伙伴难找	69	8.16	75	7.84	147	7.84	3	4.17	54	7.47
其他	3	0.35	9	0.94	21	1.12	0	0.00	0	0.00

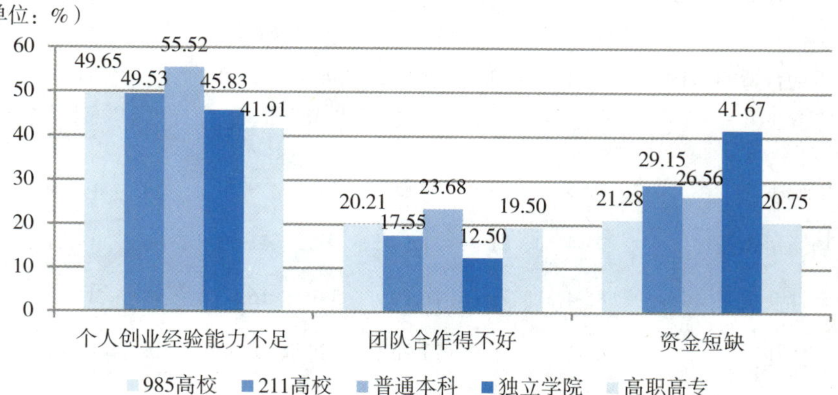

图 2-8-3 不同学校类型大学生面临的主要创业困境

（四）学历层次

不同学历层次的大学生在所面临的主要创业困境分布上存在明显差异。在个人创业经验能力不足以及资金短缺方面，硕士研究生所占的比例最高。在团队合作问题上，博士研究生存在的问题更为突出，所占比例高达22.22%。

表 2-8-4　不同学历层次大学生面临的主要创业困境

主要创业困境	专科		本科		硕士研究生		博士研究生	
	比例（%）	数量	比例（%）	数量	比例（%）	数量	比例（%）	数量
个人创业能力经验不足	41.96	360	50.88	1725	61.50	369	40.74	33
缺乏亲友的支持	13.99	120	20.00	678	13.50	81	18.52	15
团队合作得不好	19.58	168	21.95	744	17.00	102	22.22	18
缺乏充足的创业信息服务	13.64	117	20.18	684	17.00	102	18.52	15
难以找到合格、稳定的员工	7.34	63	11.86	402	14.00	84	25.93	21
政策变动影响大	6.64	57	8.76	297	8.00	48	11.11	9
市场进入门槛高	10.49	90	14.51	492	11.50	69	14.81	12
难以找到合适的经营场所	5.24	45	9.73	330	11.00	66	11.11	9
找不到合适的项目	10.84	93	10.27	348	8.50	51	11.11	9
资金短缺	18.88	162	25.66	870	34.00	204	22.22	18
用工成本高	3.85	33	9.82	333	9.00	54	3.70	3
市场竞争激烈	9.44	81	11.50	390	11.00	66	14.81	12
缺乏社会关系	8.74	75	16.19	549	16.50	99	11.11	9
合作伙伴难找	8.04	69	7.96	270	6.00	36	7.41	6
其他	0.00	0	0.97	33	0.50	3	0.00	0

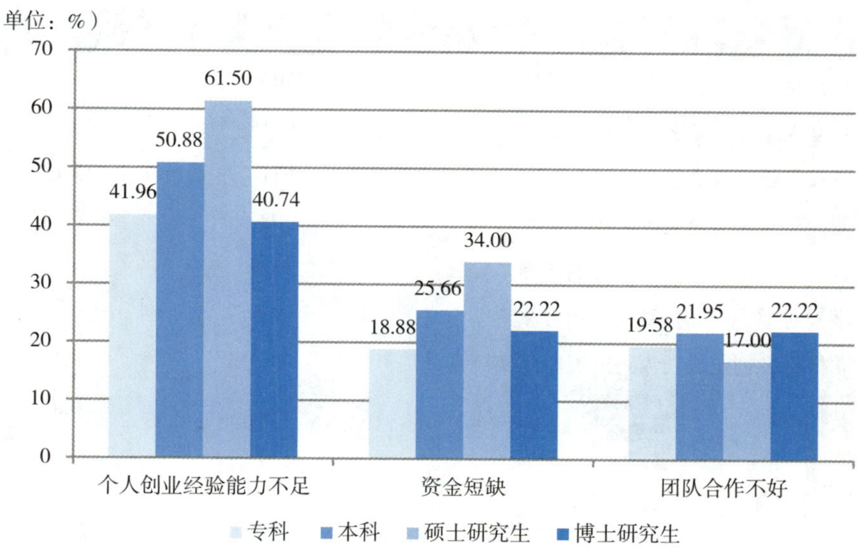

图 2-8-4 不同学历层次大学生面临的主要创业困境

二、创业帮扶

（一）总体概述

经过调研分析，在各项大学生创业扶持政策中，大学生最需要的三项帮扶措施分别为“创业基金支持”、“小额贷款及税收减免等政策扶持”和“社会专业机构的服务”。希望加强资金扶持政策的创业者比率占到 43.8%，是诸多创业支持政策中关注度最高。“小额贷款及税收减免等政策扶持”、“社会专业机构的服务”、“开展创业能力与实务培训”这三项创业支持政策受创业者关注的比率分别为 36.47%、22.98% 和 20.43%，关注人数约在总人数的 1/4—1/3 之间，同样是创业者较为关注的创业政策。

表 2-8-5 大学生创业者所需要的创业帮扶

创业帮扶	数 量	比例（%）
创业基金支持	2160	43.77
社会专业机构的服务	1134	22.98

创业帮扶	数　量	比例（%）
小额贷款及税收减免等政策扶持	1800	36.47
建立大学生创业孵化基地	921	18.66
开设创业指导课程	651	13.19
开展创业能力与实务培训	1008	20.43
宣传鼓励，营造鼓励创业的氛围	552	11.19
学校对学生创业提供更多指导和帮助	873	17.69
获得更多创业成功人士的经验与实际帮助	909	18.42
其他	42	0.85

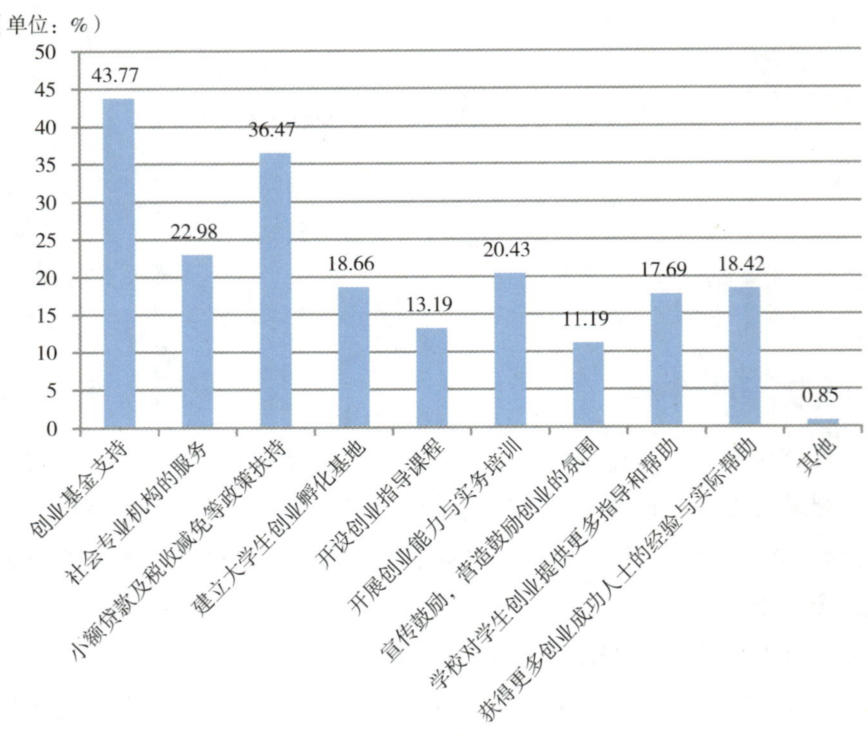

图 2-8-5　大学生创业者所需要的创业帮扶

（二）性别

大学生所需要获得的创业帮扶在性别方面无明显差异。在资金支持以及社会专业机构服务方面男生比例高于女生，在小额贷款及税收减免等政策扶持上女生比例略高于男生。

表 2-8-6 不同性别大学生所需要获得的创业帮扶情况

创业帮扶	男		女	
	数 量	比例（%）	数 量	比例（%）
创业基金支持	1221	44.92	930	42.23
社会专业机构的服务	642	23.62	492	22.34
小额贷款及税收减免等政策扶持	978	35.98	819	37.19
建立大学生创业孵化基地	504	18.54	417	18.94
开设创业指导课程	357	13.13	294	13.35
开展创业能力与实务培训	489	17.99	516	23.43
宣传鼓励，营造鼓励创业的氛围	288	10.60	264	11.99
学校对学生创业提供更多指导和帮助	492	18.10	372	16.89
获得更多创业成功人士的经验与实际帮助	504	18.54	402	18.26
其他	21	0.77	21	0.95

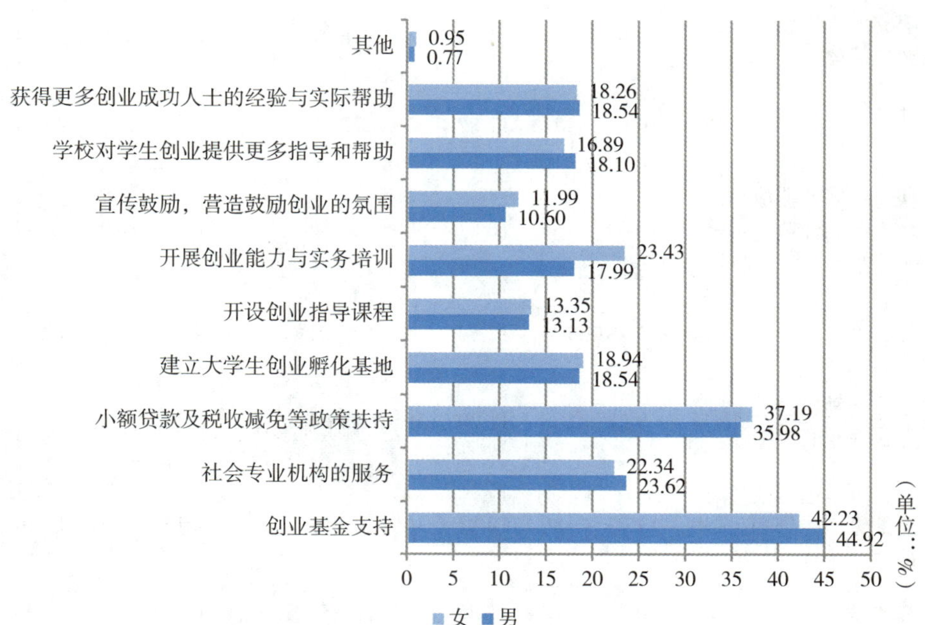

图 2-8-6 不同性别大学生所需要获得的创业帮扶情况

（三）学校类型

大学生所需要获得的创业帮扶在学校类型方面存在明显差异。在小额贷款及税收减免等政策扶持方面，独立学院所占比例高达54.17%，高出其他类型学校十多个百分点，说明独立院校所需要获得的小额贷款及税收减免方面政策的帮扶较多。在社会专业机构的服务方面，各院校并无明显差异。

表2-8-7　不同学校类型大学生所需要获得的创业帮扶情况统计表

创业帮扶	985高校		211高校		普通本科		独立学院		高职高专	
	数量	比例（%）	数量	比例（%）	数量	比例（%）	数量	比例（%）	数量	比例（%）
创业基金支持	369	43.62	438	45.77	876	46.72	27	37.50	249	34.44
社会专业机构的服务	195	23.05	246	25.71	468	24.96	15	20.83	111	15.35
小额贷款及税收减免等政策扶持	246	29.08	366	38.24	759	40.48	39	54.17	183	25.31
建立大学生创业孵化基地	144	17.02	201	21.00	342	18.24	6	8.33	111	15.35
开展创业能力与实务培训	141	16.67	171	17.87	423	22.56	12	16.67	147	20.33
获得更多创业成功人士的经验与实际帮助	153	18.09	159	16.61	390	20.80	12	16.67	99	13.69
开设创业指导课程	114	13.48	120	12.54	267	14.24	3	4.17	96	13.28
宣传鼓励，营造鼓励创业的氛围	78	9.22	108	11.29	255	13.60	3	4.17	60	8.30
学校对学生创业提供更多指导和帮助	150	17.73	180	18.81	366	19.52	3	4.17	81	11.20
其他	6	0.71	12	1.25	15	0.80	0	0.00	0	0.00

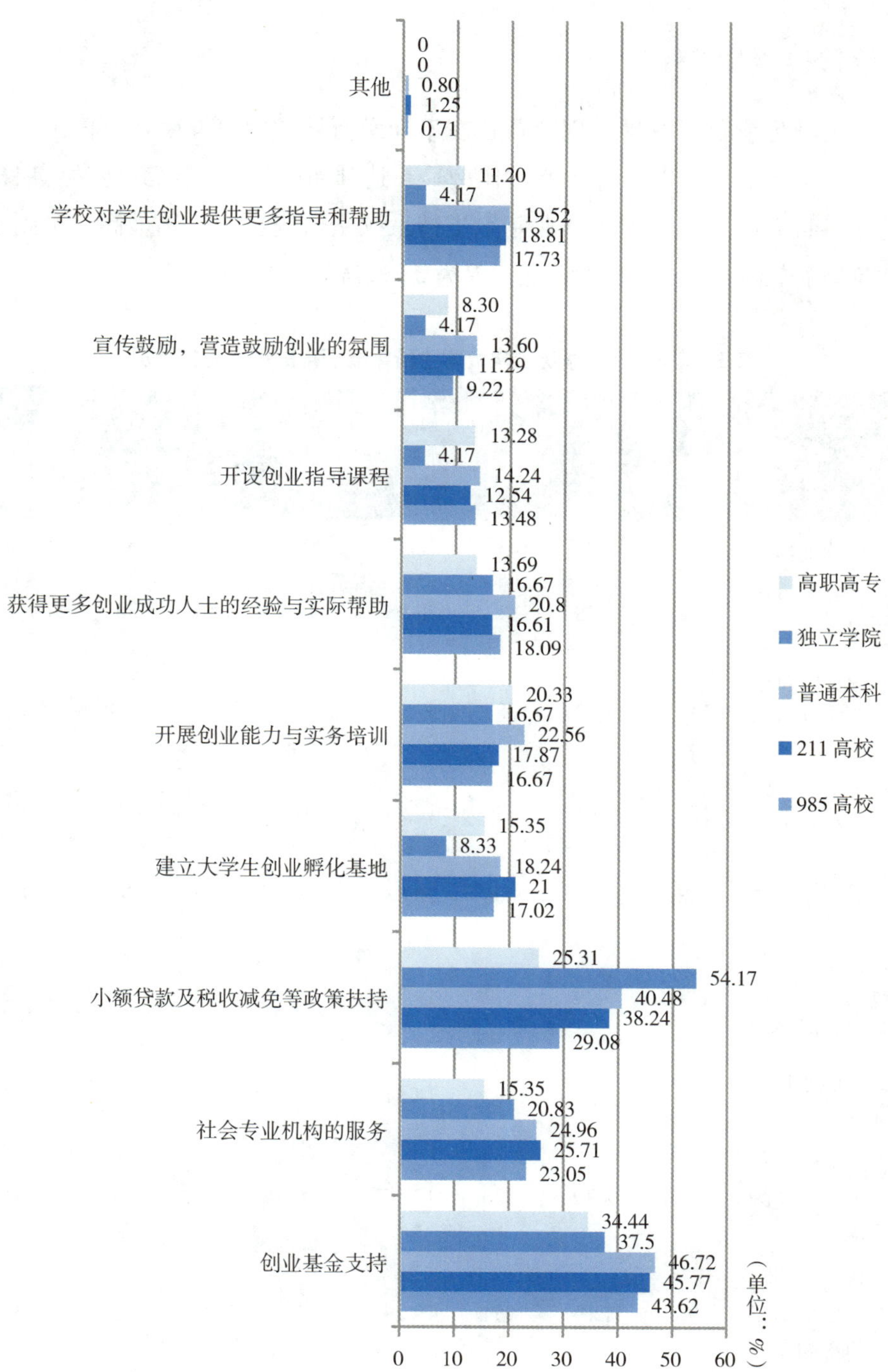

图 2-8-7　不同学校类型大学生所需要获得的创业帮扶情况

（四）学历层次

大学生所需要获得的创业帮扶在不同学历层次上差异明显。博士研究生在社会专业机构的服务中所占比例最高达到40.74%，高出其他学历层次的学生近20%。在大学生创业基金支持上硕士研究生的比例最高，达到了48%，而专科生所占的比例最低，仅为33.92%。

表2-8-8　不同学历层次大学生所需要获得的创业帮扶情况

创业帮扶	专科		本科		硕士研究生		博士研究生	
	数量	比例（%）	数量	比例（%）	数量	比例（%）	数量	比例（%）
创业基金支持	291	33.92	1542	45.49	288	48.00	33	40.74
社会专业机构的服务	144	16.78	813	23.98	141	23.50	33	40.74
小额贷款及税收减免等政策扶持	237	27.62	1287	37.96	252	42.00	18	22.22
建立大学生创业孵化基地	129	15.03	642	18.94	126	21.00	21	25.93
开展创业能力与实务培训	168	19.58	708	20.88	108	18.00	24	29.63
获得更多创业成功人士的经验与实际帮助	114	13.29	672	19.82	108	18.00	15	18.52
开设创业指导课程	105	12.24	492	14.51	51	8.50	3	3.70
宣传鼓励，营造鼓励创业的氛围	72	8.39	426	12.57	48	8.00	6	7.41
学校对学生创业提供更多指导和帮助	96	11.19	654	19.29	102	17.00	21	25.93
其他	0	0.00	27	0.80	15	2.50	0	0.00

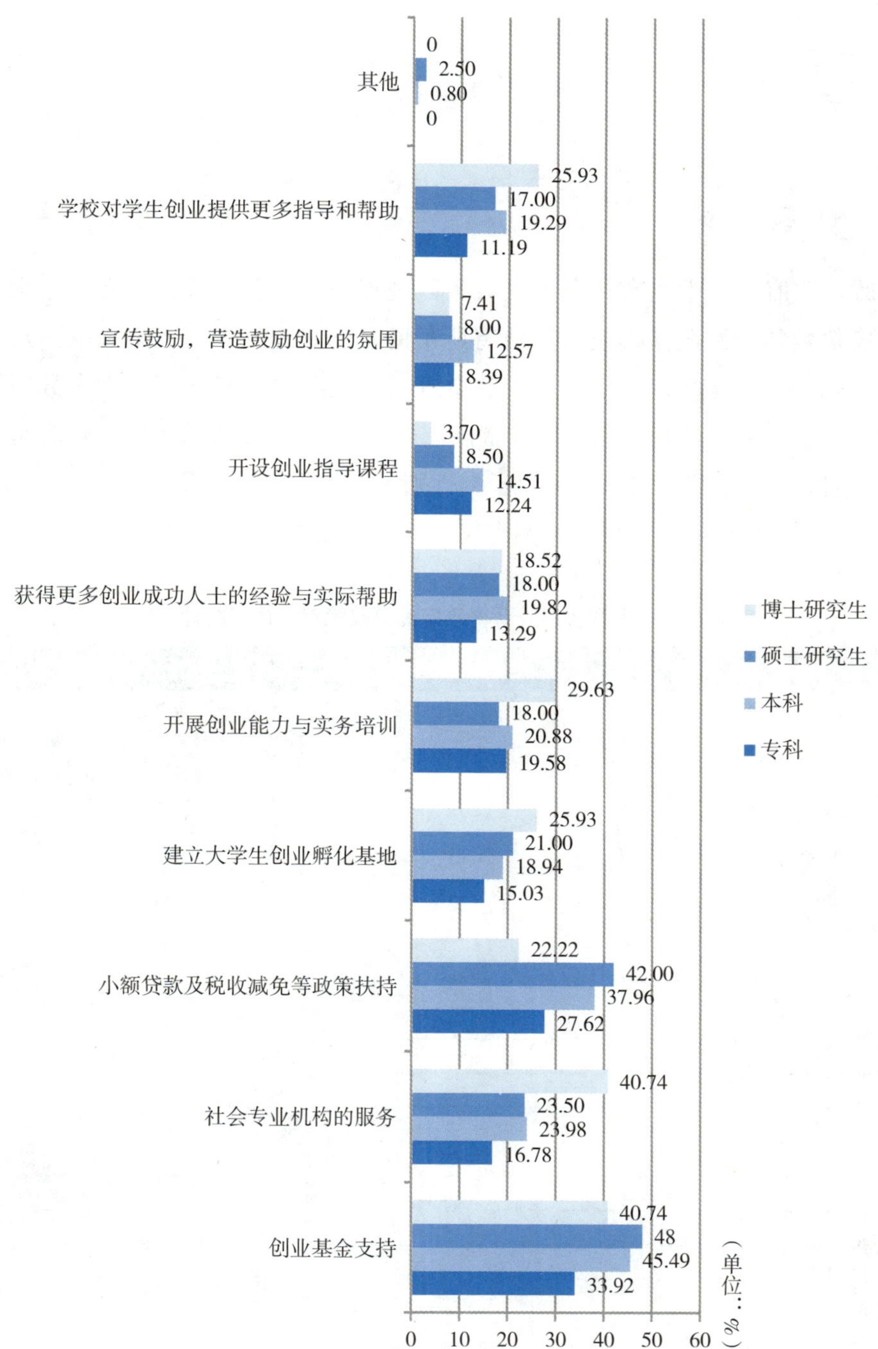

图 2-8-8 不同学历层次大学生所需要获得的创业帮扶情况

三、创业政策

（一）政策感知

就“政府对大学生有许多优惠政策”观点而言，创业者较为支持，说明政府提供的优惠政策确实对创业有所帮助。创业者群体中“不赞成”及“比较不赞成”观点的有 11.03%，“完全赞同”观点的有 17.56%，大多数创业者选择了“说不清楚”和“比较赞同”。如图 2-8-10 所示，在“政府对大学生创业有许多优惠政策”观点上，性别差异并不明显。最突出的“说不清楚”项，女性创业者选择的比例也仅比男性创业者高出 5 个百分点。

表 2-8-9　大学生创业获得政府优惠政策支持情况统计

创业者态度	数　量	比例（%）
完全不赞同	60	1.29
比较不赞同	456	9.74
说不清楚	1269	27.12
比较赞同	2073	44.29
完全赞同	822	17.56

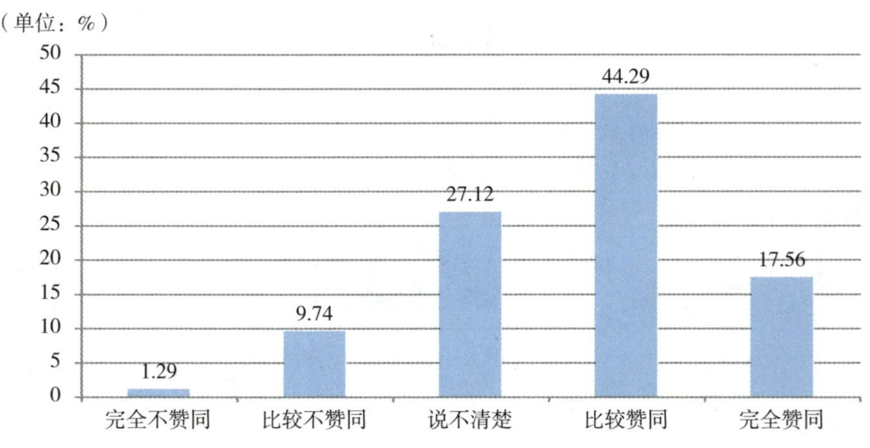

图 2-8-9　大学生创业获得政府优惠政策支持情况

表 2-8-10 不同性别大学生获得政府优惠创业政策支持情况统计

创业者态度	男		女	
	数量	比例（%）	数量	比例（%）
完全不赞同	33	1.25	27	1.33
比较不赞同	258	9.78	198	9.76
说不清楚	657	24.91	609	30.03
比较赞同	1209	45.85	861	42.46
完全赞同	480	18.20	333	16.42

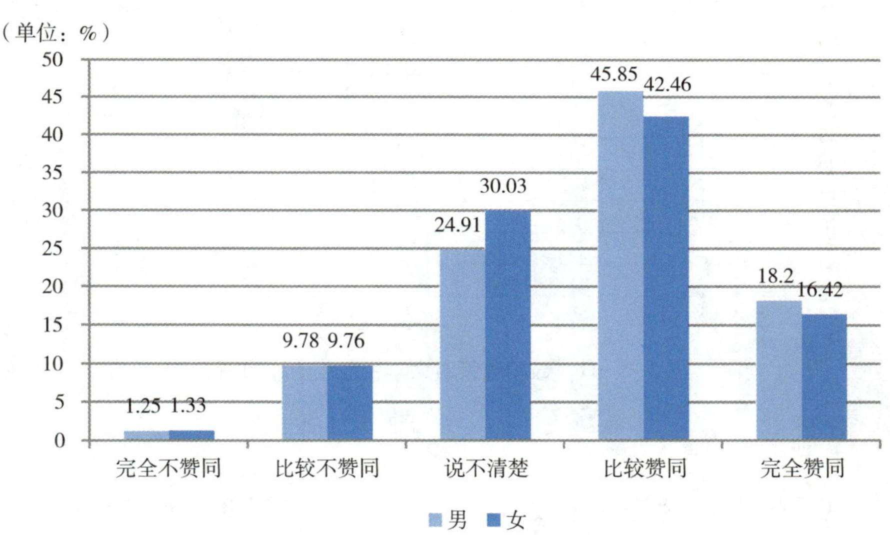

图 2-8-10 不同性别大学生获得政府优惠创业政策支持情况

（二）政策作用

1. 总体概述

总体来看，创业者普遍认为鼓励大学生创业的政策有效。对“鼓励大学生创业的政策对大学生创业很有作用”观点持比较赞同的占大多数，为46.61%。而完全不赞同与比较不赞同占9.15%。持完全赞同和比较赞同的共占71.13%。

表 2-8-11　鼓励政策对大学生创业的作用情况统计

创业者态度	数　量	比例（%）
完全不赞同	93	1.98
比较不赞同	336	7.17
说不清楚	924	19.72
比较赞同	2184	46.61
完全赞同	1149	24.52

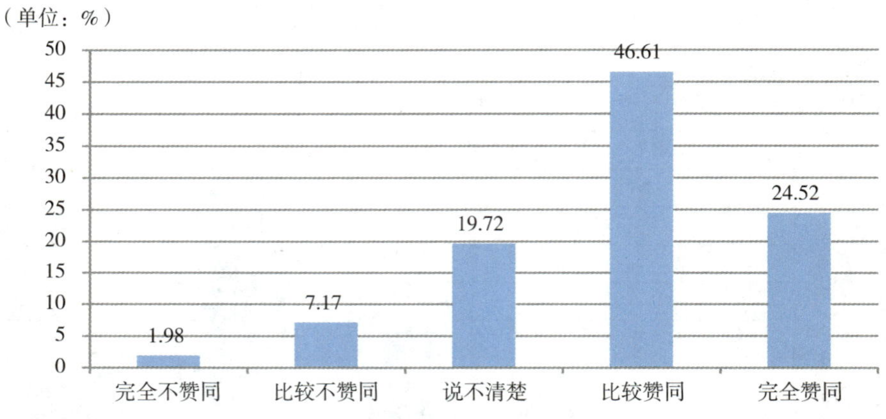

图 2-8-11　鼓励政策对大学生创业的作用情况

2. 性别

在“鼓励大学生创业的政策对大学生创业很有作用”观点方面，男女大学生创业者的差异并不大。女性相比而言选择比较赞同的更多，高出男性5个百分点。

表 2-8-12　不同性别大学生对创业鼓励政策作用看法情况统计

创业者态度	男		女	
	数　量	比例（%）	数　量	比例（%）
完全不赞同	54	2.05	39	1.92
比较不赞同	192	7.28	144	7.08
说不清楚	567	21.50	354	17.40
比较赞同	1185	44.94	999	49.12
完全赞同	639	24.23	498	24.48

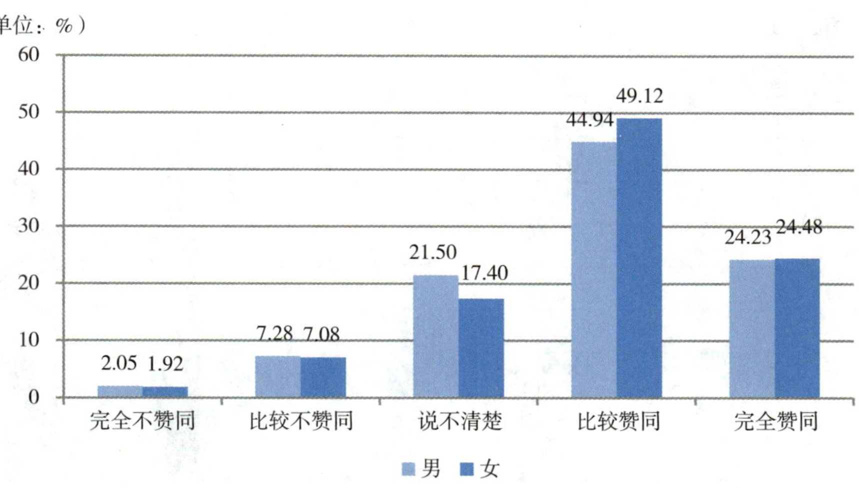

图 2-8-12 不同性别大学生对创业鼓励政策作用的看法情况

3. 学校类型

不同学校类型的大学生在创业政策起鼓励作用这一观点上差异明显。独立学院的创业者选择完全赞同"鼓励大学生创业的政策对大学生创业很有作用"观点的最多，为 42.86%，高出均值 19 个百分点。而普通本科高校与高职高专在完全赞同选项的人数比率上也高于 985 高校与 211 高校。在其他方面各学校类型差异不大。

表 2-8-13 不同学校类型大学生对创业鼓励政策作用看法情况统计

创业者态度	985 高校		211 高校		普通本科		独立学院		高职高专	
	数量	比例（%）	数量	比例（%）	数量	比例（%）	数量	比例（%）	数量	比例（%）
完全不赞同	27	3.24	24	2.58	12	0.67	0	0	15	2.39
比较不赞同	66	7.91	78	8.39	114	6.4	3	4.76	39	6.22
说不清楚	195	23.38	192	20.65	345	19.36	6	9.52	135	21.53
比较赞同	381	45.68	426	45.80	837	46.97	27	42.86	279	44.50
完全赞同	165	19.79	210	22.58	474	26.60	27	42.86	159	25.36

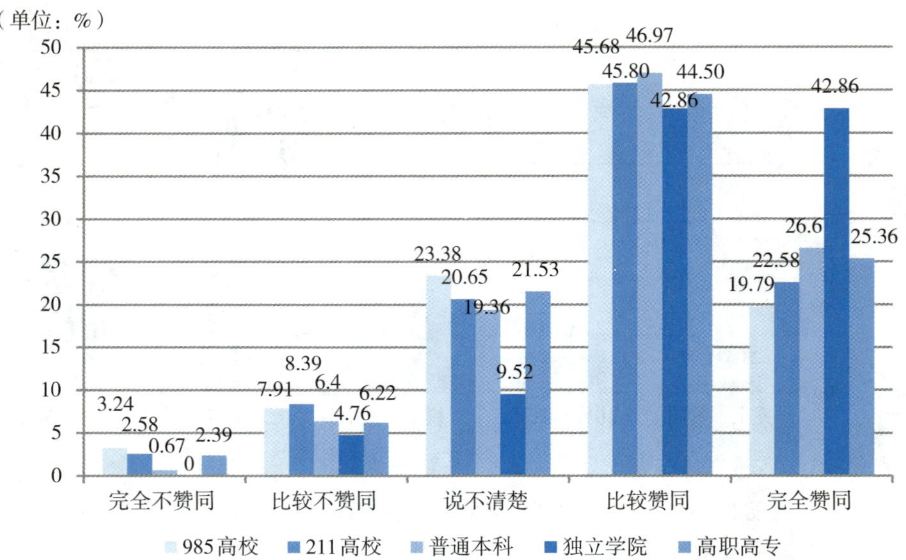

图 2-8-13　不同学校类型大学生对创业鼓励政策作用的看法情况

4. 学历层次

不同学历层次的大学生在创业政策起鼓励作用这一观点上差异并不明显。硕士研究生学历的创业者比较不赞同"鼓励大学生创业的政策对大学生创业很有作用"观点的人数比例最多，为11.17%。而专科与本科学历的创业者持完全赞同观点的较硕士研究生、博士研究生的比例多些。其余差别不大。

表 2-8-14　不同学历大学生对创业鼓励政策作用看法情况统计

创业者态度	专　科		本　科		硕士研究生		博士研究生	
	数量	比例（%）	数量	比例（%）	数量	比例（%）	数量	比例（%）
完全不赞同	18	2.39	60	1.84	15	2.54	0	0
比较不赞同	45	5.98	219	6.72	66	11.17	6	7.69
说不清楚	147	19.52	642	19.71	117	19.80	18	23.08
比较赞同	330	43.82	1518	46.59	291	49.24	39	50.00
完全赞同	213	28.29	819	25.14	102	17.25	15	19.23

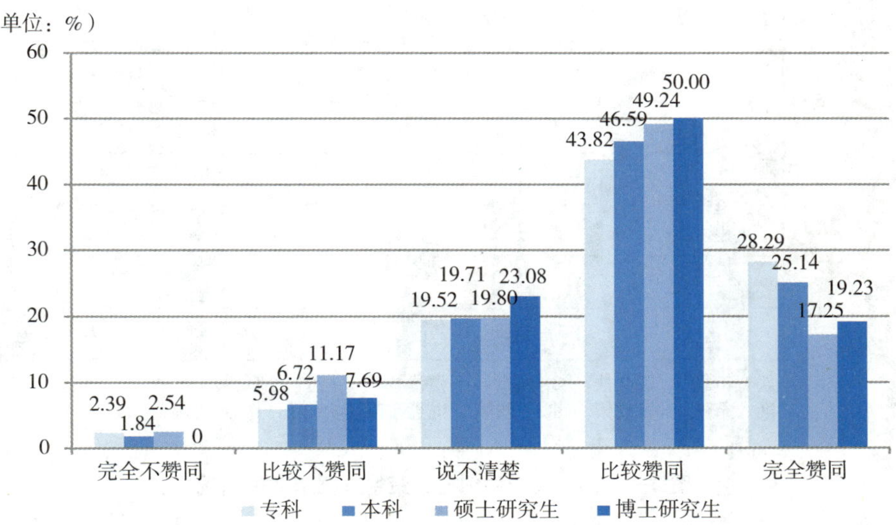

图 2-8-14 不同学历大学生对创业鼓励政策作用的看法情况

（三）政策落实

在关于有待落实的创业政策的调查中，选择“资金扶持政策”的人数最多，占全部创业者的 54.77%，高出第二名 23 个百分点。“放宽市场准入条件”、“培训服务政策”、“税费减免优惠政策”、“提供科技创业基地实习”等项比例相近，均占 30% 上下。“创业地办理落户手续”比例最低，为 13.13%，说明它落实得最好或最不为创业者关心。

表 2-8-15 大学生创业政策待加强落实的情况统计

创业政策	数 量	比例（%）
放宽市场准入条件	1236	25.05
资金扶持政策	2703	54.77
培训指导服务政策	1545	31.31
税费减免优惠政策	1374	27.84
在创业地办理落户手续	648	13.13
提供科技创业基地实习	1599	32.40
其他	78	1.58

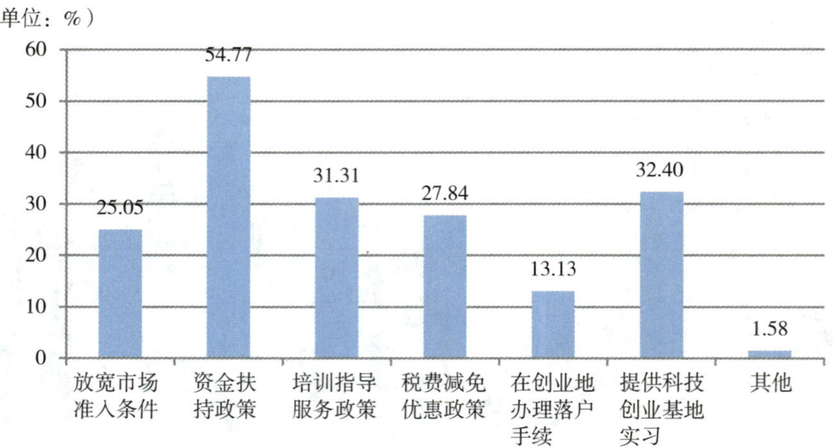

图 2-8-15　大学生创业政策待加强落实的情况

四、创业环境

（一）创业社会环境

1. 总体概述

创业者在“当前大学生创业的社会环境好”的观点上更多地选择了有所保留的答案。在“当前大学生创业的社会环境好”的观点上，选择比较赞同的比例最高，为 38.13%；完全不赞同和比较不赞同的创业者占 13.61%；完全赞同的为 14.30%。

表 2-8-16　大学生对创业有良好社会环境的看法统计

创业者态度	数　量	比例（%）
完全不赞同	162	3.47
比较不赞同	636	13.61
说不清楚	1425	30.49
比较赞同	1782	38.13
完全赞同	669	14.30

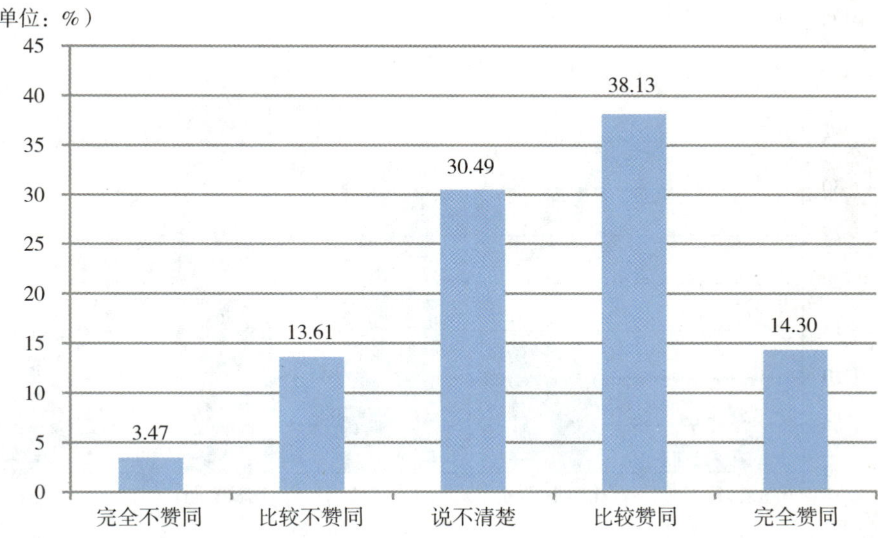

图 2-8-16 大学生创业者对大学生创业有良好社会环境的看法

2. 性别差异

不同性别的大学生对“当前大学生创业的社会环境好”观点的评价无明显差异。男性创业者在完全赞同选项上略高于女性，女性创业者在比较赞同选项上略高于男性，差异均在 3 个百分点左右。

表 2-8-17 不同性别大学生对创业有良好社会环境观点的看法

创业者态度	男		女	
	数 量	比例（%）	数 量	比例（%）
完全不赞同	102	3.86	60	2.97
比较不赞同	351	13.30	282	13.97
说不清楚	792	30.00	633	31.35
比较赞同	987	37.39	789	39.08
完全赞同	408	15.45	255	12.63

3. 学校类型

不同学校类型的大学生对“当前大学生创业的社会环境好”观点的评价无明显差异。独立学院比较赞成的人数较少，低于均值 6 个百分点；完全赞同的高于均值 3 个百分点。其余均接近均值。

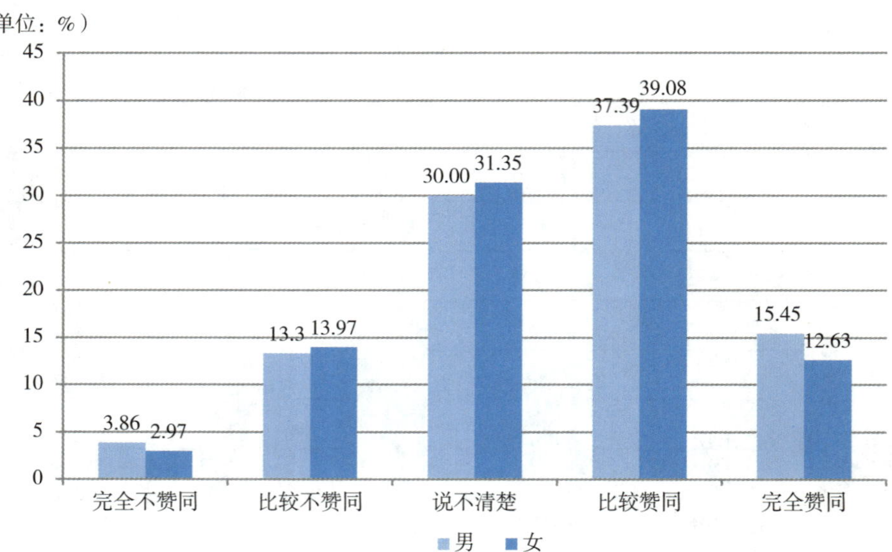

图 2-8-17　不同性别大学生对创业有良好社会环境的看法

表 2-8-18　不同学校类型大学生对创业有良好社会环境的看法

创业者态度	985 高校		211 高校		普通本科		独立学院		高职高专	
	数量	比例（%）	数量	比例（%）	数量	比例（%）	数量	比例（%）	数量	比例（%）
完全不赞同	39	4.73	27	2.87	48	2.72	6	8.70	24	3.86
比较不赞同	105	12.73	156	16.56	234	13.24	9	13.04	84	13.53
说不清楚	243	29.45	264	28.03	570	32.26	21	30.43	192	30.92
比较赞同	327	39.64	342	36.31	672	38.03	21	30.43	234	37.68
完全赞同	111	13.45	153	16.23	243	13.75	21	17.40	87	14.01

4. 学历层次

在不同学历层次上，博士研究生对“当前大学生创业的社会环境好”观点的态度较为特殊，专科生、本科生与硕士研究生观点相近。博士研究生“说不清楚”的比率较少，为 22.22%；比较赞同的比例最高，为 48.15%。其余学历层次在各个选项上比例相近。

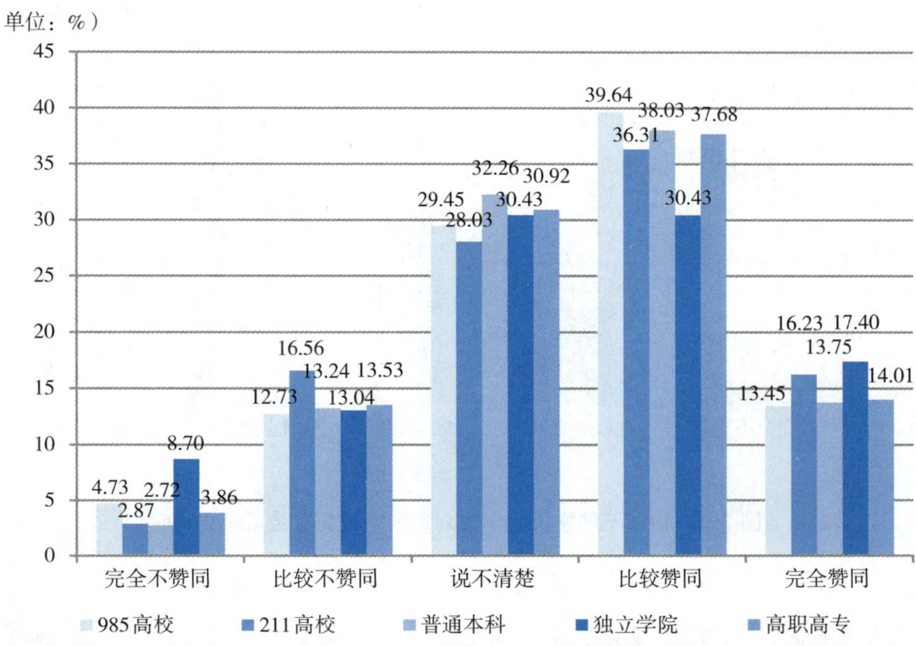

图 2-8-18 不同学校类型大学生对创业有良好社会环境的看法

表 2-8-19 不同学历大学生对创业有良好社会环境的看法

创业者态度	专科		本科		硕士研究生		博士研究生	
	数量	比例（%）	数量	比例（%）	数量	比例（%）	数量	比例（%）
完全不赞同	33	4.38	102	3.15	27	4.52	0	0
比较不赞同	96	12.75	447	13.81	81	13.57	12	14.81
说不清楚	225	29.88	999	30.86	183	30.65	18	22.22
比较赞同	294	39.04	1200	37.07	243	40.70	39	48.15
完全赞同	105	13.95	489	15.11	63	10.56	12	14.82

（二）校园文化环境

1. 总体概述

总体看来，创业者对“学校的校园文化鼓励创造、创新和创业”观点认同率较高。选择比较赞同与完全赞同的创业者占 64.77%。完全不赞同与比较不赞同的仅占 13.26%。

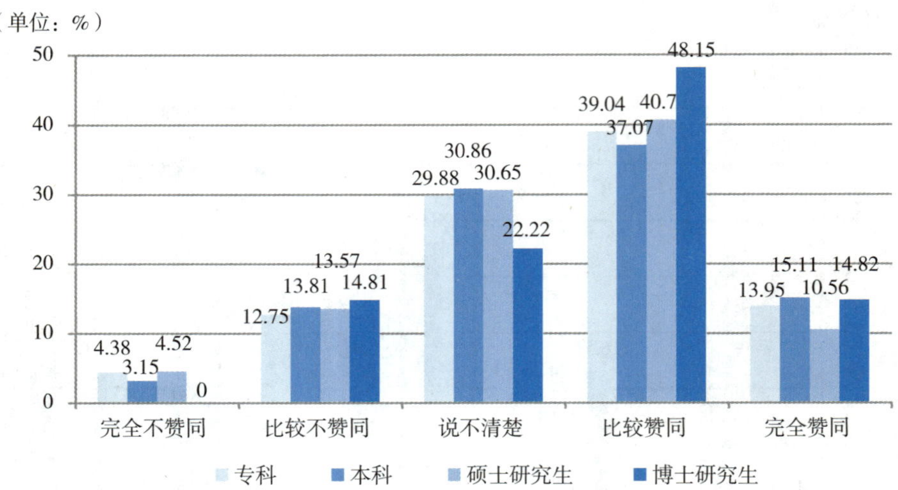

图 2-8-19　不同学历大学生对创业有良好社会环境的看法

表 2-8-20　大学生对校园文化有助于创业的看法

创业者态度	数　量	比例（%）
完全不赞同	126	2.69
比较不赞同	495	10.57
说不清楚	1029	21.97
比较赞同	1992	42.54
完全赞同	1041	22.23

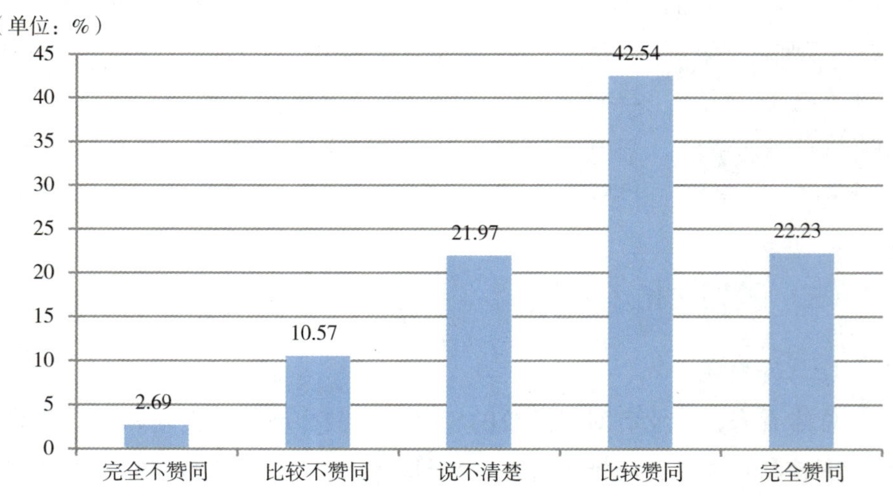

图 2-8-20　大学生对校园文化有助于创业的看法

2. 性别

在“学校的校园文化鼓励创造、创新和创业”观点上，男女大学生创业者并无明显差异。在差异最突出的比较赞同选项上，女性创业者高于男性5个百分点。

表 2-8-21 不同性别大学生对校园文化有助于创业的看法统计

创业者态度	男		女	
	数　量	比例（%）	数　量	比例（%）
完全不赞同	90	3.41	36	1.78
比较不赞同	282	10.67	213	10.50
说不清楚	615	23.27	414	20.41
比较赞同	1074	40.64	915	45.12
完全赞同	582	22.01	450	22.19

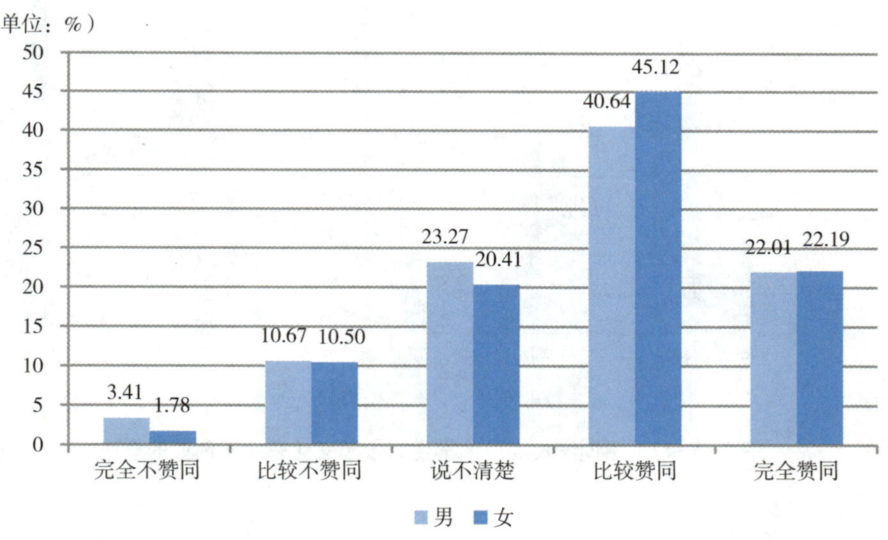

图 2-8-21 不同性别大学生对校园文化有助于创业的看法

3. 学校类型

在不同学校类型关于“学校的校园文化鼓励创造、创新和创业”观点的认同度上，独立院校最高。独立学院大学生比较不赞同比例最低，为4.35%；完全赞同与比较赞同比例最高，为73.91%。在其余学校类型中，211高校比较赞同的比例最高，而完全赞同的比例最低。

表 2-8-22　不同学校类型大学生对校园文化有助于创业的看法统计表

创业者态度	985 高校		211 高校		普通本科		独立学院		高职高专	
	数量	比例（%）	数量	比例（%）	数量	比例（%）	数量	比例（%）	数量	比例（%）
完全不赞同	27	3.26	21	2.24	51	2.87	0	0.00	12	1.93
比较不赞同	102	12.32	123	13.10	183	10.30	3	4.35	48	7.73
说不清楚	192	23.19	213	22.68	393	22.13	27	21.74	132	21.26
比较赞同	312	37.68	426	45.37	753	42.40	27	39.13	270	43.48
完全赞同	195	23.55	156	16.61	396	22.30	27	34.78	159	25.60

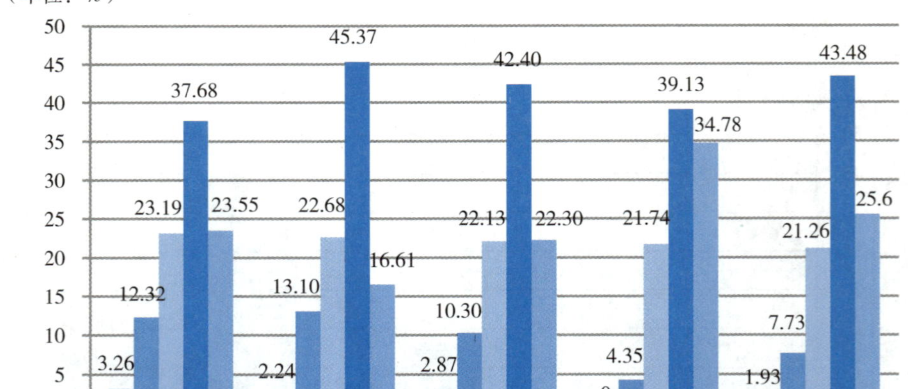

图 2-8-22　不同学校类型大学生对校园文化有助于创业的看法

4. 学历层次

在不同学历关于“学校的校园文化鼓励创造、创新和创业”观点上，博士研究生与硕士研究生两个学历层次的创业者答案比较突出。博士研究生学历的创业者比较赞同比例最低，为 30.77%；比较不赞同比例最高，为 19.23%。硕士研究生比较赞同比例最高，为 47.98%。其余选项各学历创业者选择相近。

表 2-8-23 不同学历大学生对校园文化有助于创业的看法统计

创业者态度	专 科		本 科		硕士研究生		博士研究生	
	数量	比例（%）	数量	比例（%）	数量	比例（%）	数量	比例（%）
完全不赞同	15	2.01	93	2.85	18	3.03	0	0
比较不赞同	57	7.63	366	11.23	57	9.60	15	19.23
说不清楚	156	20.88	729	22.38	126	21.21	18	23.08
比较赞同	321	42.97	1362	41.80	285	47.98	24	30.77
完全赞同	198	26.51	708	21.74	108	18.18	21	26.92

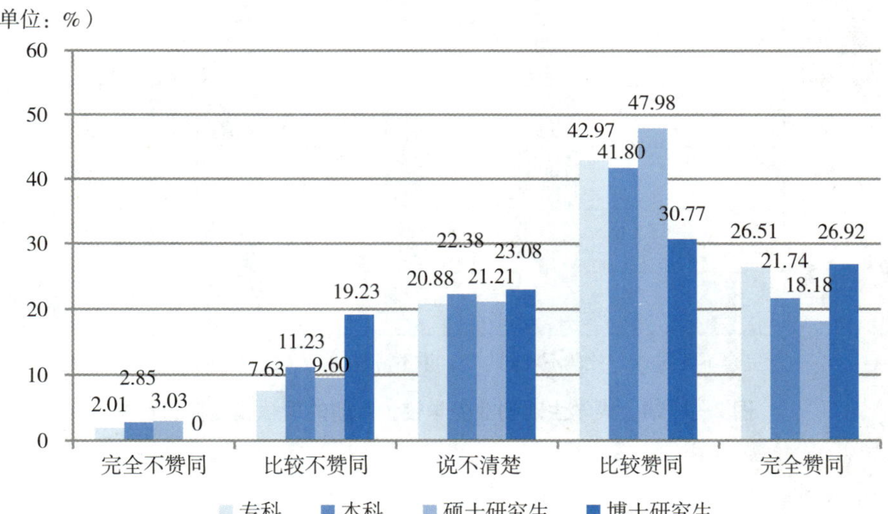

图 2-8-23 不同学历大学生对校园文化有助于创业的观点看法

（三）创业心理环境

1. 总体概述

总体上，创业者对于“大学生创业者很受学校、亲朋的理解和支持”观点的认同度一般。比较赞同与完全赞同的占 46.56%，完全不赞同与比较不赞同的占 23.25%。说不清楚的较高，为 30.19%。

表 2-8-24　大学生对创业受学校、亲朋理解和支持的看法

创业者态度	数　量	比例（%）
完全不赞同	207	4.43
比较不赞同	879	18.82
说不清楚	1410	30.19
比较赞同	1521	32.56
完全赞同	654	14.00

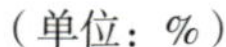

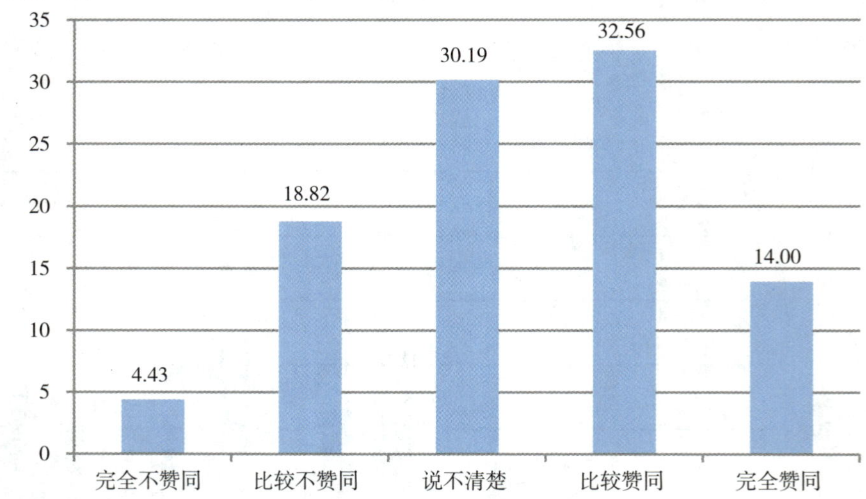

图 2-8-24　大学生对创业受学校、亲朋的理解和支持的看法

2. 性别

不同性别大学生创业者对于“大学生创业者很受学校、亲朋的理解和支持”观点的认同感，并没有明显差异。女性“说不清楚”比例高于男性 3 个百分点，其余选项无明显差异。

表 2-8-25　不同性别大学生对创业受学校、亲朋理解和支持的看法统计

创业者态度	男		女	
	数　量	比例（%）	数　量	比例（%）
完全不赞同	129	4.89	78	3.87
比较不赞同	507	19.20	366	18.16

创业者态度	男		女	
	数 量	比例（%）	数 量	比例（%）
说不清楚	765	28.98	645	31.99
比较赞同	864	32.73	657	32.59
完全赞同	375	14.20	270	13.39

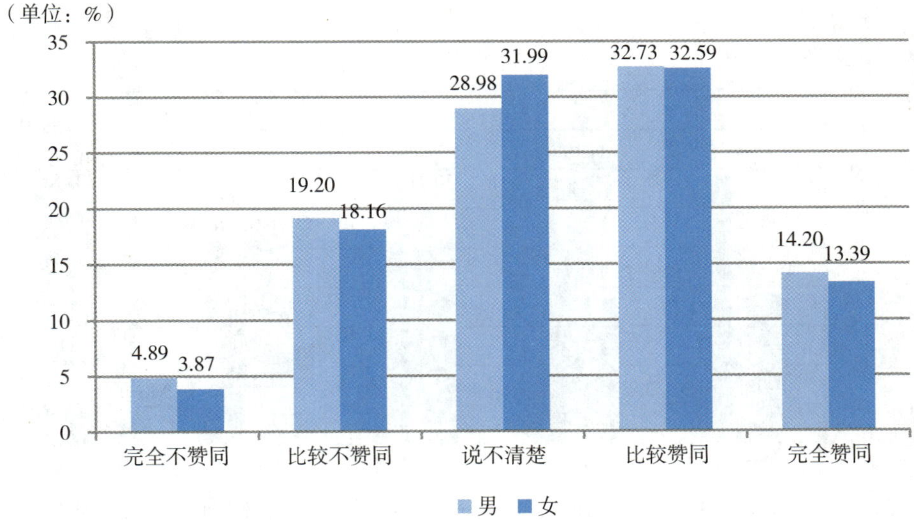

（单位：%）

	男	女
完全不赞同	4.89	3.87
比较不赞同	19.20	18.16
说不清楚	28.98	31.99
比较赞同	32.73	32.59
完全赞同	14.20	13.39

图 2-8-25 不同性别大学生对创业受学校、亲朋的理解和支持的看法

3. 学校类型

在来自不同学校类型的大学生创业者中，独立学院创业者对“大学生创业者很受学校、亲朋的理解和支持”观点分化最为严重。独立学院完全不赞同比例最高，为 8.7%；完全赞同比例也最高，为 26.09%。211 高校说不清楚比例最高，为 34.19%，高于均值 5 个百分点。

表 2-8-26 不同学校类型大学生对创业受学校、亲朋理解和支持的看法

创业者态度	985 高校		211 高校		普通本科		独立学院		高职高专	
	数量	比例（%）	数量	比例（%）	数量	比例（%）	数量	比例（%）	数量	比例（%）
完全不赞同	54	6.55	36	3.87	69	3.89	6	8.70	24	3.81
比较不赞同	159	19.27	174	18.71	348	19.59	9	13.04	99	15.71

创业者态度	985高校		211高校		普通本科		独立学院		高职高专	
	数量	比例（%）	数量	比例（%）	数量	比例（%）	数量	比例（%）	数量	比例（%）
说不清楚	213	25.82	318	34.19	540	30.41	18	26.09	201	31.90
比较赞同	282	34.18	273	29.35	615	34.63	18	26.09	192	30.48
完全赞同	117	14.18	129	13.88	204	11.48	18	26.08	114	38.10

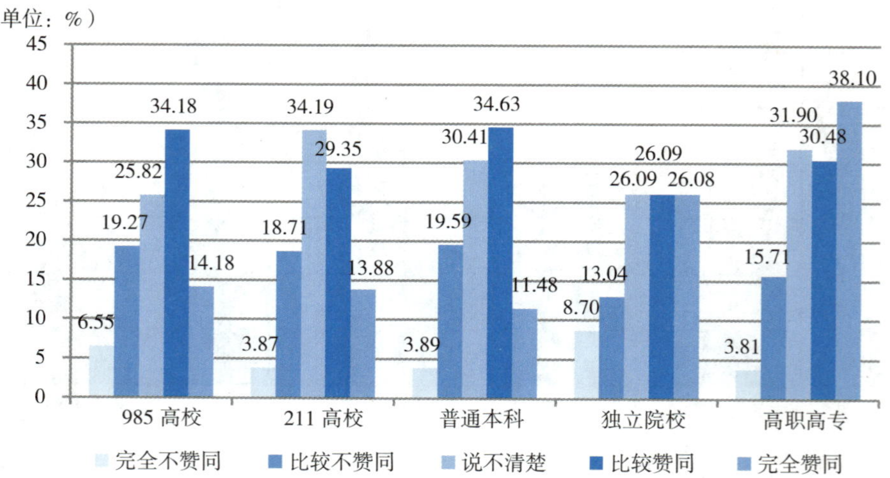

图 2-8-26　不同学校类型大学生对创业受学校、亲朋理解和支持的看法

4. 学历层次

在不同学历层次的大学生创业者中，比较不赞同的比例随着学历的提高而升高。博士研究生学历的创业者较为突出，选择比较赞同与比较不赞同的比例最高，为44.44%和25.93%。其余选项上各学历层次无明显差别。

表 2-8-27　不同学历大学生对创业受学校、亲朋理解和支持的看法

创业者态度	专科		本科		硕士研究生		博士研究生	
	数量	比例（%）	数量	比例（%）	数量	比例（%）	数量	比例（%）
完全不赞同	36	4.76	132	4.08	39	6.60	0	0.00
比较不赞同	111	14.68	618	19.00	132	22.34	21	25.93
说不清楚	225	30.16	1014	31.14	162	27.41	12	14.81

创业者态度	专科		本科		硕士研究生		博士研究生	
	数量	比例（%）	数量	比例（%）	数量	比例（%）	数量	比例（%）
比较赞同	246	32.94	1056	32.44	186	31.47	36	44.44
完全赞同	129	17.46	435	13.34	72	12.18	12	14.82

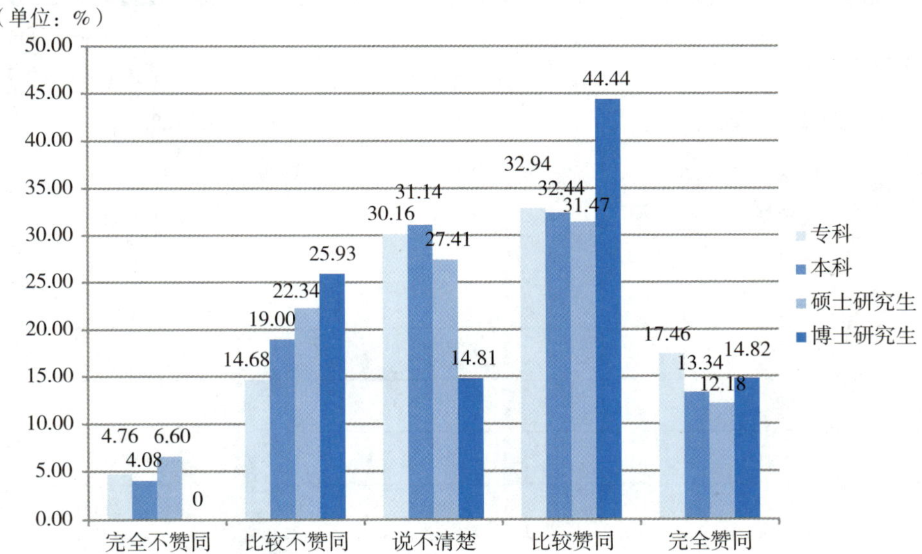

图 2-8-27　不同学历大学生对创业受学校、亲朋理解和支持的看法

五、机遇把握

创业机遇的把握对大学生成功开展创业活动至关重要。客观来说，创业机遇的把握对于大学生而言并不简单，大学生必须在成绩、工作能力以及学历等各方面充实自我，才能充分利用社会提供的良好创业环境，把握住较好的创业机遇，从而为创业活动的最终成功打下良好的基础。

（一）总体概况

随着我国社会主义市场经济的发展和对外开放程度的提高，创业机遇是很多的，所以大学生创业的外部环境是较为优越的。在调查中，对“对于大学生而言，有相当多创办新公司的好机遇”这一观点上，具体回答人数分布情况见表 2-8-28 和图 2-8-28。

表 2-8-28　大学生对“大学生有很多创办新公司的好机会”的看法统计

创业者态度	数量	比例（%）
完全不赞同	78	1.64
比较不赞同	534	11.22
说不清楚	972	20.43
比较赞同	1956	41.11
完全赞同	1218	25.60

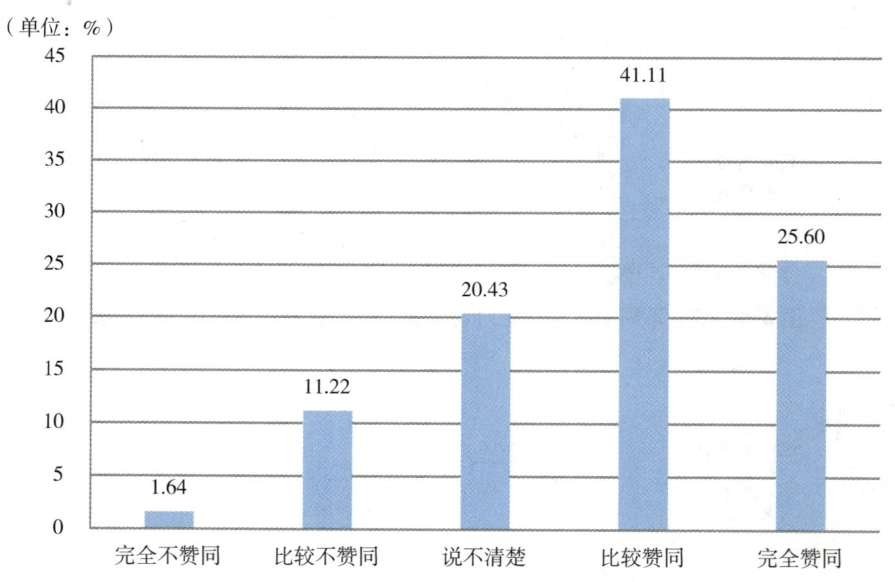

图 2-8-28　大学生对“大学生有很多创办新公司的好机会”的看法

由表 2-8-28 和图 2-8-28 可知，大学生群体中的绝大多数（66.71%）赞同“大学生有很多创办新公司的好机会”，可见由于我国社会主义市场经济的发展，社会上的创业机遇较多，对于大学生创业，外部环境是较为优越的。这对大学生的创业活动会起到积极的推动作用。这一结论，在图 2-8-28 中也得到了验证。

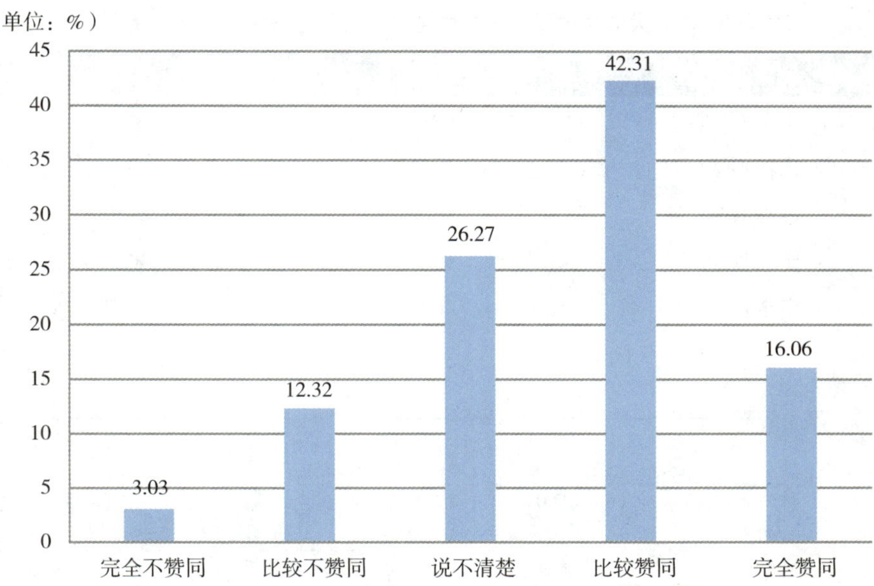

图 2-8-29 “对于大学生而言，创办公司的好机会在过去 5 年内大量增长”的看法

在本调查中，“过去 5 年”指的是 2008 年金融危机之后的 5 年。在这期间，中国政府出台了四万亿刺激经济增长计划，中国社会虽然也受到了金融危机的冲击，但政府的一系列正确决策为经济的保增长打下了坚实的基础，这也直接影响到“过去5年”内创办公司的机会。观察图2-8-29可以得出，58.37% 的大学生赞同“对于大学生而言，创办公司的好机会在过去 5 年内大量增长”这一观点，这说明社会上的创业机遇是很多的，关键在于大学生自身如何把握。

（二）个人对于创业机遇的把握

1. 个人把握

大学生中的大多数认为他们可以很容易把握创业机遇，但是赞同这一观点的大学生人数只是稍多于不赞同的人数，大学生是否真的可以很容易地把握创业机遇还需进一步考证。本次调查就“对于大学生而言，个人可以很容易把握创业机会”这一观点进行了研究，具体回答的人数分布情况见表 2-8-29 和图 2-8-30。

表 2-8-29　大学生对于“大学生可以很容易把握创业机会”的看法

创业者态度	数量	比例（%）
完全不赞同	213	4.74
比较不赞同	1215	27.04
说不清楚	1302	24.23
比较赞同	1371	30.51
完全赞同	606	13.48

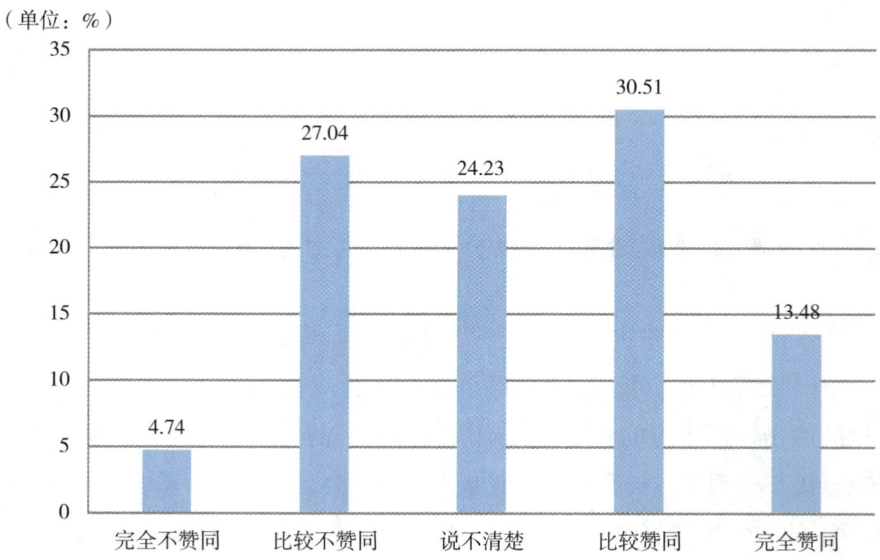

图 2-8-30　大学生对于“大学生可以很容易把握创业机会”的看法

观察图 2-8-30 可知，就大学生整体而言，其对于“大学生可以很容易把握创业机会”的态度稍偏向于赞同，其比例达到了 43.99%，高于不赞同的比例（31.78%）。由此可见，大学生中的多数认为可以很容易把握创业机遇，但是应当看到，赞同这一观点的大学生人数只是稍多于不赞同的人数，大学生是否真的可以很容易地把握创业机遇还需进一步考证。另外，为达到使大学生真正可以很容易地把握创业机遇，学校和社会应当有所作为，如加强教育和政策支持、提供更多的创业实践机会等。

2. 学历层次

学历不同意味着理论素养、实践能力等存在着差异，而这些差异也必

将影响到大学生对创业机遇的把握。在不同学历层次的大学生中，本科生和硕士研究生不容易把握住创业机遇。各学历层次大学生对“大学生可以很容易把握创业机会”的赞同情况，见表 2-8-30 和图 2-8-31。

表 2-8-30　不同学历大学生对“大学生可以很容易把握创业机会”的看法

创业者态度	专　科		本　科		硕士研究生		博士研究生	
	比例（%）	数量	比例（%）	数量	比例（%）	数量	比例（%）	数量
完全不赞同	1.56	12	4.03	132	7.11	42	0	0
比较不赞同	8.95	69	25.16	825	31.47	186	37.04	30
说不清楚	27.24	210	27.63	906	28.43	168	18.52	15
比较赞同	37.74	291	29.64	972	26.90	159	25.93	21
完全赞同	24.51	189	13.54	444	6.09	36	18.51	15

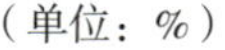

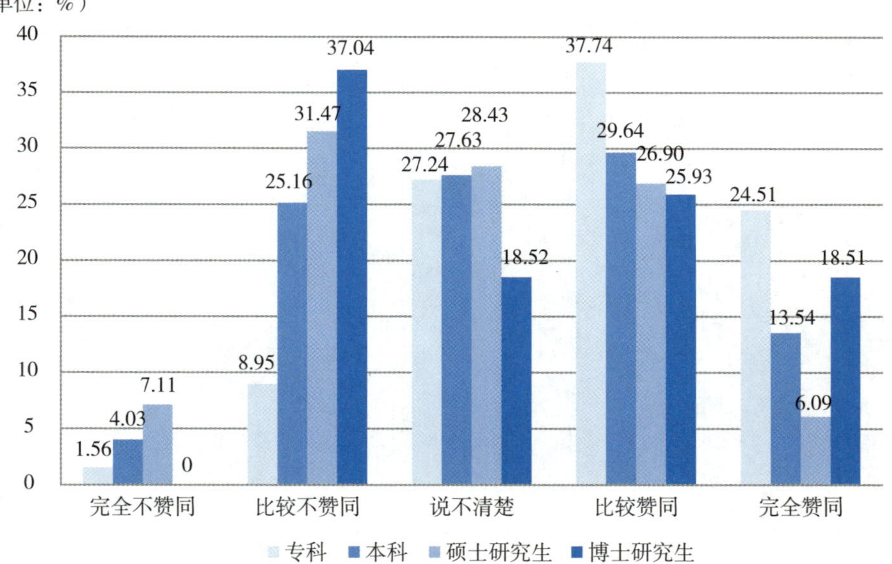

图 2-8-31　不同学历大学生对“大学生可以很容易把握创业机会”的看法

观察图 2-8-31，可以看出专科生和博士研究生对“大学生可以很容易把握创业机会”的态度偏向于赞同，其比例分别为 62.25% 和 44.44%；而本科生和硕士研究生对“大学生可以很容易把握创业机会”的态度偏向于不赞同，其比例达到了 29.19% 和 38.58%。经过分析，调研组认为出现这种情况的原因主要在于，本科生和硕士研究生处于学历层次的中流水平，较之专科生其对创业机遇的要求更高，较之博士研究生其理论素养、实践能力较低，这就使其呈现出一种“高不成，低不就”的状态，从而本科生和硕士研究生不容易把握住创业机遇。但应当看到，本科生和硕士研究生是我国人才的主要组成部分，其不能较好地把握创业机遇，对于整个社会的发展必然是不利的。因此，本科生和硕士研究生应当转变心态，积极投入到创业活动中去，而学校及社会则应进行反思，改善本科生和硕士研究生的教育及创业环境，为使其能更好地把握创业机遇而努力。

图表索引

主报告 中国大学生就业创业发展报告

分报告一 中国大学生就业发展报告

第一章 就 业 率

第二章　就业去向

第三章　就 业 质 量

第四章 就业能力

第五章　求职行为

第六章　就 业 政 策

第七章　就业服务

第八章　教育教学反馈

分 报 告 二　中国大学生创业发展报告

第一章　创 业 率

第二章　创 业 者

第三章　创业决策

第四章　创业能力

第五章　创业选择

第六章　创 业 质 量

第七章 创业教育

第八章 创业扶持

参考文献

一、专著类

1. 麦可思研究院编著：《2014年中国大学生就业报告》，社会科学文献出版社2014年版。

2. 麦可思研究院编著：《2013年中国大学生就业报告》，社会科学文献出版社2013年版。

3. 麦可思研究院编著：《2012年中国大学生就业报告》，社会科学文献出版社2012年版。

4. 麦可思研究院编著：《2011年中国大学生就业报告》，社会科学文献出版社2011年版。

5. 麦可思研究院编著：《2010年中国大学生就业报告》，社会科学文献出版社2010年版。

6. 麦可思研究院编著：《2009年中国大学生就业报告》，社会科学文献出版社2009年版。

7. 黄敬宝：《2008—2010年北京大学生就业与创业调查报告》，中国社会科学出版社2012年版。

8. 王继平：《中国中等职业学校毕业生就业分析报告（2006—2012年）》，北京理工大学出版社2013年版。

9. 谢敏、王积建：《大学生创业指数研究：基于全球创业观察中国报告》，中国社会科学出版社2013年版。

10. 中国就业培训技术指导中心：《中国社会职业发展观察报告（1978—2008）》，中国劳动社会保障出版社 2010 年版。

11. 聂荣华：《大学生就业指南》，湖南科学技术出版社 1995 年版。

12. 北京市就业中心：《北京高校毕业生就业流向及其分析》，气象出版社 2000 年版。

13. 刘燕斌：《面向新世纪的全球就业》，劳动社会保障出版社 2000 年版。

14. 郭继严、王永锡：《中国就业战略研究》，经济管理出版社 2001 年版。

15. 谢维和、王洪才：《从分配到择业——大学毕业生就业状况的实证研究》，教育科学出版社 2001 年版。

16. 曾毅：《21 世纪中国人口与经济发展》，社会科学文献出版社 2006 年版。

17. 张抗私：《就业问题：理论与实际研究》，社会科学文献出版社 2007 年版。

18. 赖德胜：《中国就业 60 年（1949—2009）》，中国劳动社会保障出版社 2010 年版。

19. 全国高等学校学生信息咨询与就业指导中心：《全国高校毕业生就业状况（2004—2008）》，北京大学出版社 2009 年版。

20. 赖德胜、孟大虎：《中国大学毕业生失业问题研究》，中国劳动社会保障出版社 2008 年版。

21. 曾湘泉：《中国就业战略报告（2008—2010）》，中国人民大学出版社 2010 年版。

22. 胡鞍钢等：《扩大就业与挑战失业：中国就业政策评估》，劳动社会保障出版社 2002 年版。

23. 劳保部发行中心：《新编就业与培训政策问答》，中国人事出版社 2004 年版。

24. 曾湘泉：《面向市场的中国就业与失业测量研究》，中国人民大学出版社 2006 年版。

25. 史及伟、杜辉：《中国式充分就业与适度失业率控制研究》，人民出版社 2006 年版。

26. 任远：《转型期就业：城市社区就业状况与社会政策分析》，复旦大学出版社 2007 年版。

27. 蔡昉：《2002 年中国人口与劳动问题报告》，社会科学文献出版社 2002 年版。

28. 蔡昉：《中国人口与劳动问题报告（No.4）》，社会科学文献出版社 2003 年版。

29. 蔡昉：《中国人口与劳动问题报告（No.5）》，社会科学文献出版社 2004 年版。

30. 蔡昉：《中国人口与劳动问题报告（No.6）》，社会科学文献出版社 2005 年版。

31. 蔡昉：《中国人口与劳动问题报告（No.7）》，社会科学文献出版社 2006 年版。

32. 蔡昉：《中国人口与劳动问题报告（No.8）》，社会科学文献出版社 2007 年版。

33. 蔡昉：《中国人口与劳动问题报告（No.9）》，社会科学文献出版社2008年版。

34. 蔡昉：《中国人口与劳动问题报告（No.10）》，社会科学文献出版社2009年版。

35. 蔡昉：《中国人口与劳动问题报告（No.11）》，社会科学文献出版社2010年版。

36. 蔡昉：《中国人口与劳动问题报告（No.12）》，社会科学文献出版社2011年版。

37. 蔡昉：《中国人口与劳动问题报告（No.13）》，社会科学文献出版社2012年版。

38. 毛立言：《世界主要国家劳动就业政策概观》，大百科全书出版社1995年版。

39. 曾湘泉：《变革中的就业环境与中国大学生就业》，中国人民大学出版社2004年版。

40. 张跃豪、马国栋：《研究生就业状况调查与就业指导》，劳动社会保障出版社2004年版。

41. 姚裕群：《走向市场的中国就业》，中国人民大学出版社2005年版。

42. 刘文：《高等教育投资与毕业生供求研究》，中国经济出版社2006年版。

43. 郭宇强：《中国职业结构变迁研究》，首都经济贸易大学出版社2009年版。

44. 裴长洪、夏杰长等：《中国服务业发展报告（No.8）》，社会科学文献出版社2010年版。

45. 何德旭等：《中国服务业发展报告（No.7）》，社会科学文献出版社2009年版。

46. 何德旭等：《中国服务业发展报告（No.6）》，社会科学文献出版社2008年版。

47. 何德旭等：《中国服务业发展报告（No.5）》，社会科学文献出版社2007年版。

48. 何德旭等：《中国服务业发展报告（No.4）》，社会科学文献出版社2006年版。

49. 江小娟、裴长洪等：《中国服务业发展报告（No.3）》，社会科学文献出版社2005年版。

50. 孙长缨：《当代大学生就业研究》，高等教育出版社2008年版。

二、论 文 类

1. 李家华、吴庆：《2001年北京地区大学生就业状况调查报告》，《中国青年研究》2001年第3期。

2. 李家华、吴庆：《2001年北京地区大学生就业状况调查报告》，《中国青年研究》2002年第1期。

3. 潘莉莉:《经济困难大学生毕业生就业状况调查》,《中国青年研究》2008年第2期。

4. 黄建美、蒋林:《经济困难大学生就业状况分析与对策》,《湖南科技大学学报》(社会科学版)2009年第3期。

5. 张存贵:《职技高师毕业生就业状况调查与分析》,《职业技术教育》2009年第8期。

6. 马景娥:《大学生就业状况解析》,《科技信息》(学术研究)2008年第22期。

7. 崔胜利:《浅析我国大学生就业状况及对策》,《科技信息》2009年第21期。

8. 张君生:《主体回应:大学生就业率统计方式的重构》,《温州大学学报》2006年第5期。

9. 沈超:《对高校毕业生就业状况评价的理性思考》,《江苏高教》2007年第6期。

10. 金钢:《高校毕业生就业率统计方法探析》,《南京林业大学学报》2008年第4期。

11. 翁杰、周必彧、韩翼祥:《中国大学毕业生就业稳定性的变迁——基于浙江省的实证研究》,《中国人口科学》2008年第2期。

12. 王新清、侯书栋:《我国大众化高等教育的发展:问题与对策》,《中国人民大学学报》2007年第6期。

13. 尉建文:《父母的社会地位与社会资本——家庭因素对大学生就业意愿的影响》,《青年研究》2009年第2期。

14. 杨雄:《当前大学生就业形势与社会稳定》,《社会科学》2005年第2期。

15. 杨宜勇、周帅:《我国社会就业压力与大学生就业难题的破解》,《中国高等教育》2006年第24期。

16. 杨宜勇、朱小玉:《大学生就业问题成因及其对策》,《中国高等教育》2007年第23期。

17. 曾湘泉:《变革中的就业环境与中国大学生就业》,《经济研究》2004年第6期。

18. 周骏宇:《二元户籍壁垒与大学生就业困境——基于托达罗模型的分析》,《青年研究》2007年第11期。

19. 何丽君:《高等教育性别与公平问题探究》,《江苏高教》2000年第1期。

20. 周小李:《我国教育性别不平等问题研究的回顾与反思》,《上海教育科研》2007年第3期。

21. 王香丽:《女性高等教育入学机会:问题、原因及对策》,《集美大学学报》(哲学社会科学版)1999年第3期。

22. 陈仲常、谢曼、张薇:《我国教育机会性别均等与教育结果性别差异分析》,《高等工程教育研究》2003 年第 2 期。

23. 文东茅：《我国高等教育机会、学业及就业的性别比较》，《清华高等教育研究》2005 年第 5 期。

24. 宋韬：《浅析我国高等教育入学机会性别差异的主要原因》，《北京科技学院学报》2005 年第 9 期。

25. 应松宝、李良：《大学生求职性别差异的实证分析》，《软科学》2007 年第 1 期。

26. 李炜、岳昌君：《2007 年高校毕业生就业影响因素分析》，《清华大学教育研究》2009 年第 1 期。

27. 闵维方、丁小浩、文东茅、岳昌君：《2005 年高校毕业生就业状况的调查分析》，《高等教育研究》2006 年第 1 期。

28. 荆德刚：《国外高校毕业生就业模式研究》，《教育研究》2009 年第 8 期。

29. 王占仁、刘志、刘海滨：《部分发达国家及地区的大学生就业工作》，《中国高等教育》2009 年第 10 期。

30. 刘海滨、徐文：《高校毕业生就业状况监测指标体系分析与建构》，《东北师大学报》（哲学社会科学版）2011 年第 2 期。

31 刘海滨、杨颖秀、陈雷：《基于 AHP 的大学生就业创业教育评价指标体系构建》，《东北师大学报》（哲学社会科学版）2012 年第 6 期。

32. 刘志、徐文：《中国高校毕业生就业状况监测研究的最新进展》，《社会科学战线》2011 年第 3 期。

33. 王占仁、董超：《英国高校毕业生就业状况监测运行机制研究》，《外国教育研究》2011 年第 3 期。

34. 朱春楠、范军、邹云龙：《基于多元统计分析的高校毕业生就业状况监测应用》，《东北师大学报》（哲学社会科学版）2012 年第 1 期。

35. 李春玲：《80 后大学毕业生就业状况及影响因素分析——基于 6 所 985 高校毕业生的调查》，《江苏社会科学》2012 年第 3 期。

36. 杨钋、郭建如、金轶男：《高职高专毕业生就业质量分析》，《教育发展研究》2013 年第 21 期。

37. 闵维方、丁小浩、文东茅、岳昌君：《2005 年高校毕业生就业状况的调查分析》，《高等教育研究》2006 年第 1 期。

38. 汪习根、汪沛：《我国高校法学专业毕业生就业对策研究——构建面向基层法治改革的就业新模式》，《武汉大学学报》（哲学社会科学版）2011 年第 1 期。

39. 卿石松、曾湘泉：《就业能力、实习经历与高校毕业生就业——基于山东省 2007 届高校毕业生的实证检验》，《中国人口科学》2009 年第 6 期。

40. 陈海平：《人力资本、社会资本与高校毕业生就业——对高校毕业生就业影响因素的研究》，《青年研究》2005 年第 11 期。

责任编辑:钟金铃
封面设计:汪　莹

图书在版编目(CIP)数据

中国大学生就业创业发展报告.2013~2014/杨晓慧 主编.
-北京:人民出版社,2015.12
ISBN 978-7-01-015637-8

Ⅰ.①中…　Ⅱ.①杨…　Ⅲ.①大学生-职业选择-研究报告-中国-2013~2014
Ⅳ.①G647.38

中国版本图书馆 CIP 数据核字(2015)第 308828 号

中国大学生就业创业发展报告(2013—2014)
ZHONGGUO DAXUESHENG JIUYE CHUANGYE FAZHAN BAOGAO(2013—2014)

杨晓慧　主编

人民出版社 出版发行
(100706　北京市东城区隆福寺街 99 号)

北京盛通印刷股份有限公司印刷　新华书店经销

2015 年 12 月第 1 版　2015 年 12 月北京第 1 次印刷
开本:710 毫米×1000 毫米 1/16　印张:35.75
字数:550 千字　印数:0,001-3,000 册

ISBN 978-7-01-015637-8　定价:108.00 元

邮购地址 100706　北京市东城区隆福寺街 99 号
人民东方图书销售中心　电话 (010)65250042　65289539